한 번에 합격, 자격증은 이기적

이렇게 기막힌 적중률

함께 공부하고 특별한 혜택까지!

이기적 스터디 카페 🔍

구독자 13만 명, 전강 무료!

이기적 유튜브 🔍

자격증 독학, 어렵지 않다!
수험생 합격 전담마크

이기적 스터디 카페

 스터디 만들어 함께 공부

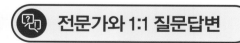 전문가와 1:1 질문답변

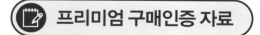 프리미엄 구매인증 자료

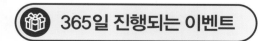 365일 진행되는 이벤트

이기적 스터디 카페

인증만 하면, 고퀄리티 강의가 무료!

100% 무료 강의

STEP 1
이기적
홈페이지
접속하기

STEP 2
무료동영상
게시판에서
과목 선택하기

STEP 3
ISBN 코드
입력 & 단어
인증하기

STEP 4
이기적이 준비한
명품 강의로
본격 학습하기

1년 365일 이기적이 쏜다!

365일 진행되는 이벤트에 참여하고 다양한 혜택을 누리세요.

EVENT ❶
기출문제 복원

- 이기적 독자 수험생 대상
- 응시일로부터 7일 이내 시험만 가능
- 스터디 카페의 링크 클릭하여 제보

이벤트 자세히 보기 ▶

EVENT ❷
합격 후기 작성

- 이기적 스터디 카페의 가이드 준수
- 네이버 카페 또는 개인 SNS에 등록 후
  이기적 스터디 카페에 인증

이벤트 자세히 보기 ▶

EVENT ❸
온라인 서점 리뷰

- 온라인 서점 구매자 대상
- 한줄평 또는 텍스트 & 포토리뷰 작성 후
  이기적 스터디 카페에 인증

이벤트 자세히 보기 ▶

EVENT ❹
정오표 제보

- 이름, 연락처 필수 기재
- 도서명, 페이지, 수정사항 작성
- book2@youngjin.com으로 제보

이벤트 자세히 보기 ▶

N Pay
네이버페이
포인트 쿠폰
20,000원

영진닷컴 쇼핑몰
30,000원

- N페이 포인트 5,000~20,000원 지급
- 영진닷컴 쇼핑몰 30,000원 적립
- 30,000원 미만의 영진닷컴 도서 증정

※ 이벤트별 혜택은 변경될 수 있으므로 자세한 내용은 해당 QR을 참고하세요.

이렇게
기막힌
적중률

멀티미디어콘텐츠제작전문가
필기 핵심이론+기출문제

"이" 한 권으로 합격의 "기적"을 경험하세요!

YoungJin.com Y.
영진닷컴

해설과 함께 보는 상시 기출문제

- 각 문항을 문제의 난이도 등급에 따라 상·중·하로 분류하였습니다.
- 중요✔ 표시가 있는 문제는 출제 빈도가 높은 문제입니다.
- 문제의 이해도에 따라 ○△✕ 체크하여 완벽하게 정리하세요.

해설과 따로 보는 상시 기출문제

- 각 문항을 문제의 난이도 등급에 따라 상·중·하로 분류하였습니다.
- 중요✔ 표시가 있는 문제는 출제 빈도가 높은 문제입니다.
- 문제의 이해도에 따라 ○△✕ 체크하여 완벽하게 정리하세요.

구매 인증 실기시험 핵심요약

- 실기 시험에 임하기 전 꼭 필요한 핵심요약 PDF를 이기적 스터디 카페에서 구매 인증을 통해 받으실 수 있습니다.
- PDF 사용기간은 1판 1쇄 기준 2년간 유효합니다.

실기시험 핵심요약 **PDF**

유료 합격 강의 현재 '해설과 따로 보는 상시 기출문제 – 상시 기출문제 01회' 기출 강의를 맛보기로 무료 제공하고 있습니다. 추가 기출 강의가 필요하신 경우 저자분의 유튜브(http://www.youtube.com/@60kim)에서 유료로 이용하실 수 있습니다.

핵심이론 POINT 125선

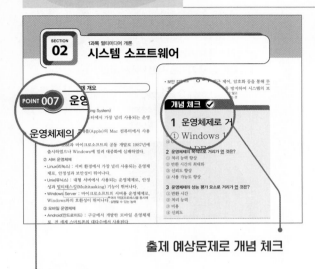

출제 예상문제로 개념 체크

125가지 포인트로 빠르게 핵심이론 정리

자주 출제되는 기출문제 140선

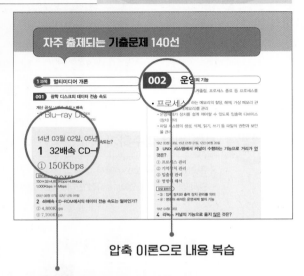

압축 이론으로 내용 복습

빈출 문제로 출제 유형 파악

해설과 함께 보는 상시 기출문제

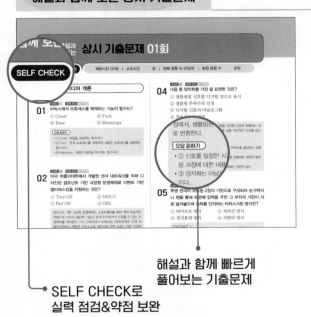

해설과 함께 빠르게
풀어보는 기출문제

SELF CHECK로
실력 점검&약점 보완

해설과 따로 보는 상시 기출문제

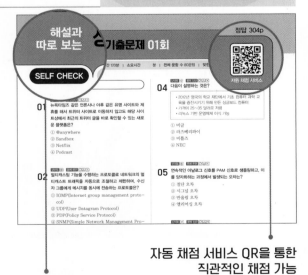

자동 채점 서비스 QR을 통한
직관적인 채점 가능

해설과 따로 실전처럼 풀어보는
기출문제

시험의 모든 것

자격검정 응시 절차 안내

시험 절차 및 내용은
반드시 시행처를 다시 한 번 확인하세요.

Step 01 응시 자격 조건
- 누구나 응시 가능
- 정확한 응시 자격은 시행처에서 확인

Step 02 시험 원서 접수하기
- 큐넷(www.q-net.co.kr)에서 접수
- 원서 접수 기간에 앱이나 직접 인터넷으로 접수

Step 03 시험 응시하기
- 신분증, 수험표 지참
- CBT 시험 방식으로 진행

Step 04 합격 여부 확인하기
- 시험 종료와 동시에 합격 여부 확인
- 큐넷 홈페이지에서도 확인 가능

Step 05 실기 시험 접수하기
- 큐넷(www.q-net.co.kr)에서 접수
- 원서 접수 기간에 앱이나 직접 인터넷으로 접수

※ 시험과 관련된 사항은 시행처를 다시 한 번 확인하세요.

01 응시 자격

제한 없음

02 응시 수수료

- 필기 : 19,400원
- 실기 : 26,300원

03 합격 기준

필기 시험	100점 만점에 과목당 40점 이상, 전 과목 평균 60점 이상
실기 시험	100점 만점에 60점 이상

04 합격자 발표

- CBT 시험으로 진행되며, 시험 종료과 동시에 합격 여부 확인 가능
- 시험 이후 큐넷(Q-net) 홈페이지에서 확인 가능

05 자격증 수령

신규	인터넷 신청 후 우편 배송

인터넷 발급	• 인터넷 발급 신청하여 우편 수령
	• 인터넷 자격증 발급 신청 접수 기간 : 월요일~일요일(24시간) 연중 무휴
	• 인터넷을 이용한 자격증 발급 신청이 가능한 경우
	  – 배송 신청 가능자 : 공단이 본인 확인용 사진을 보유한 경우(2005년 9월 이후 자격 취득자 및 공인인증 가능자)
	• 인터넷 우편 배송 신청 전 공단에 직접 방문하여야 하는 경우
	  – 공단에서 확인된 본인 사진이 없는 경우
	  – 신분 미확인자인 경우(사진 상이자 포함)
	  – 법령 개정으로 자격 종목의 선택이 필요한 경우
	• 인터넷 자격증 발급 시 비용
	  – 수수료 : 3,100원 / 배송비 : 3,010원

발급 문의	한국산업인력공단 32개 지부/지사

※ 시험과 관련된 사항은 시행처에서 반드시 확인하세요.

06 출제 기준(적용 기간 : 2025.01.01.~2027.12.31.)

- 멀티미디어 개론

멀티미디어 시스템과 활용	멀티미디어시스템, 멀티미디어 활용
멀티미디어 기술 발전	미디어 기술, 인터넷, 정보보안, 저작권

- 멀티미디어기획 및 디자인

기획 및 구성	콘텐츠 기획, 콘텐츠 구성
멀티미디어 디자인 일반	디자인 일반, 디자인 요소와 원리, 화면디자인
컬러 디자인 일반	색채지각, 색의 분류/성질/혼합, 색의 표시, 색채 조화

- 멀티미디어 저작

멀티미디어 프로그래밍	HTML과 자바스크립트, HTML5 멀티미디어
데이터베이스	데이터베이스 일반, 관계형 데이터베이스 모델과 언어

- 멀티미디어 제작기술

디지털 영상 콘텐츠 제작	디지털 영상 콘텐츠 제작, 디지털 음향 콘텐츠 제작, 디지털 코덱
애니메이션 콘텐츠 제작	애니메이션 개요
그래픽 콘텐츠 제작	2D 콘텐츠, 3D 콘텐츠

시험 출제 경향

1 과목 멀티미디어 개론

기본을 튼튼하게, 12개 이상을 목표로 도전! 1과목의 내용 중 4과목의 '디지털 영상 압축 기술' 부문과 중복되어 출제되는 범위가 있습니다. 따라서 기본 개념을 잘 잡고 공부하시면 추가로 맞을 수 있는 문제의 수가 늘어날 수 있습니다.

- 멀티미디어 시스템과 활용 ····· 40%
- 멀티미디어 기술 발전 ········· 60%

2 과목 멀티미디어기획 및 디자인

전체적으로 다른 과목보다 쉽고 재미있는 과목입니다. 기획과 디자인에 대해 가볍게 배울 수 있는 부분이며, 4과목 중 '디지털 이미지' 부문과 중복되어 출제되는 범위가 있습니다.

- 기획 및 구성 ················ 30%
- 멀티미디어 디자인 일반 ····· 30%
- 컬러 디자인 일반 ············· 40%

3 과목 멀티미디어 저작

모든 과목 중에 가장 어려운 부분입니다. JavaScript, HTML, SQL 등 생소한 개념과 내용에 대해 다루고 있으므로, 다른 과목보다 더 많은 시간 투자가 필요합니다. 무조건 외우기보다는 구체적이고 자세한 원리에 대해 이해해야 합니다.

- 멀티미디어 프로그래밍 ········ 40%
- 데이터베이스 ················· 60%

4 과목 멀티미디어 제작기술

영상에 대한 개념과 관련 지식들을 가장 많이 배우는 부분입니다. 특히 디지털 영상 콘텐츠 제작 부문의 경우, 가장 많이 나오는 내용이므로 가볍게 넘어가지 말고 꼼꼼한 학습이 필요합니다.

- 디지털 영상 콘텐츠 제작 ····· 50%
- 애니메이션 콘텐츠 제작 ······· 20%
- 그래픽 콘텐츠 제작 ·········· 30%

CBT란?

CBT는 시험지와 필기구로 응시하는 일반 필기 시험과 달리, 컴퓨터 화면으로 시험 문제를 확인하고 그에 따른 정답을 클릭하면 네트워크를 통하여 감독자 PC에 자동으로 수험자의 답안이 저장되는 방식의 시험입니다.
오른쪽 QR코드를 스캔해서 큐넷 CBT를 체험해 보세요!

큐넷 CBT
체험하기

CBT 응시 유의사항

• 수험자마다 문제가 모두 달라요. 문제은행에서 자동 출제됩니다!
• 답지는 따로 없어요.
• 문제를 다 풀면, 반드시 '제출' 버튼을 눌러야만 시험이 종료되어요!
• 시험 종료 안내방송이 따로 없어요.

CBT 진행 순서

좌석 번호, 수험자 정보 확인	수험자 접속 대기 화면에서 본인의 좌석 번호를 확인한 후, 시험 감독관이 수험자의 신분을 확인합니다. 신분 확인이 끝나면 시험이 시작됩니다.
안내사항, 유의사항 확인	시험 안내사항을 확인하고, 다음을 클릭하면 시험 관련 유의사항을 확인합니다.
문제풀이 메뉴 설명	시험을 볼 때 필요한 메뉴에 대한 설명을 확인합니다. 메뉴를 이용해 글자 크기와 화면 배치를 조정할 수 있습니다. 남은 시간을 확인하며 답을 표기하고, 필요한 경우 아래의 계산기를 이용할 수 있습니다.
문제풀이 연습	시험 보기 전, 연습해 보는 단계입니다. 직접 시험 메뉴화면을 클릭하며, CBT가 어떻게 진행되는지 확인합니다.
시험 준비 완료	문제풀이 연습을 모두 마친 후 [시험 준비 완료] 버튼을 클릭하면 시험 감독관의 지시에 따라 시험이 시작됩니다.
시험 시작	시험이 시작되었습니다. 수험자는 제한 시간에 맞추어 문제 풀이를 시작합니다.
답안 제출, 최종 확인	시험을 완료하면 [답안 제출] 버튼을 클릭합니다. 답안 수정을 위해 시험화면으로 돌아가고 싶으면 [아니오] 버튼을 클릭합니다. 답안 제출 메뉴에서 [예] 버튼을 클릭하면, 수험자의 실수를 방지하기 위해 한 번 더 주의 문구가 나타납니다. 완벽히 시험 문제 풀이가 끝났다면 [예] 버튼을 클릭하여 최종 제출합니다.
합격 발표	CBT 시험이 모두 종료되면, 퇴실할 수 있습니다.

이제 완벽하게 CBT 필기 시험에 대해 이해하셨나요?
그렇다면 이기적이 준비한 CBT 온라인 문제집으로 학습해 보세요!
이기적 온라인 문제집 : https://cbt.youngjin.com

이기적 CBT
바로가기

날로 확장되는 인터넷 플랫폼과 멀티미디어 기술의 발전은 전문적인 영상 편집 기술과 전문가의 필요성을 더욱 높이고 있습니다. 멀티미디어콘텐츠제작전문가는 멀티미디어콘텐츠 제작과 관련된 기술과 능력을 갖춘 전문가를 양성하기 위한 시험입니다. 그러나 자격증의 인기와 전망에 비해, 시험에 대한 정보는 아직 많지 않은 실정입니다. 따라서 독자들에게 도움을 드리고자 오랜 시간 동안 멀티미디어 콘텐츠 분야를 연구하고, 수많은 응시생들을 지도하며 쌓은 노하우를 '이기적 멀티미디어콘텐츠제작전문가 필기 최신문제집'에 고스란히 담았습니다.

이 책은 단순히 이론을 나열하거나 문제를 모아놓은 것이 아닙니다. 시험의 출제 경향을 꼼꼼히 분석하여 핵심 이론을 명확히 정리하고, 실제 시험에 출제된 기출문제를 바탕으로 실전 감각을 키울 수 있도록 구성했습니다. 특히, 이론과 문제 풀이를 연계하여 단순한 암기가 아닌 이해와 적용을 동시에 이루어낼 수 있도록 설계했습니다. 이를 통해 응시생 여러분이 시험장에서 당황하지 않고, 자신 있게 문제를 풀어나갈 수 있도록 도와줄 것입니다. 또한 각 장마다 제시된 핵심 개념과 기출문제 풀이는 여러분의 실력을 한층 업그레이드해 줄 것입니다.
더불어 자주 출제되는 유형과 빈출 주제를 집중적으로 다뤄, 효율적인 시간 관리와 학습 전략을 세울 수 있도록 구성하여 충분히 합격을 향해 나아가고자 하였습니다.

도서를 통해 얻을 수 있는 것은 단순히 자격증 하나가 아닙니다. 멀티미디어 콘텐츠 분야에서 필요한 전문 지식과 실무 능력을 갖출 수 있는 첫 단추가 될 것입니다. 이 책이 여러분의 노력과 열정을 결실로 이끌어내는 데 보탬이 되길 바랍니다.
여러분의 합격을 기원합니다.

저자 김유경

도서뿐만 아니라 멀티미디어콘텐츠제작전문가 자격증과 관련된 자료 및 강의가 필요하시다면,
저자가 직접 운영하는 유튜브와 카페를 확인해 보세요!

* 유튜브 : 60kim(https://www.youtube.com/@60kim)

* 카페 : 멀티미디어 자격증 길라잡이(https://cafe.naver.com/multiguide)

핵심이론

POINT
125선

CONTENTS

하드웨어 환경

POINT 001 컴퓨터의 구성요소

▶ 입출력 장치

- 입력 장치의 예 : 키보드, 마우스, 터치패드(Touchpad), 웹캠(Webcam), 마이크, 스캐너, <u>그래픽 태블릿(Graphics Tablet)</u>, 터치스크린(Touch Screen)
  ○스타일러스 펜을 사용하여 그림을 그리거나 글씨를 씀
- 출력 장치의 예 : 모니터, 프린터, <u>플로터(Plotter)</u>, 프로젝터(Projector), 스피커, 헤드셋(Headset)
  ○설계도, 도면, 지도, 대형 포스터 등을 인쇄

▲ 플로터

▶ 처리 장치

- CPU(Central Processing Unit, 중앙 처리 장치) : 컴퓨터의 두뇌 역할을 하며 명령의 해석과 실행, 프로그램의 연산과 제어를 담당하는 핵심적인 장치이다.
- GPU(Graphics Processing Unit, 그래픽 처리 장치) : 그래픽과 영상에 특화된 장치로 복잡한 그래픽 작업(이미지 처리, 비디오 처리, 3D 그래픽 렌더링 등)이나 대규모 연산(인공지능 연산 등)에 효과적이다.
- MPU(Media Processing Unit, 미디어 처리 장치) : 미디어(오디오, 비디오 등)에 특화된 장치로 데이터의 압축, 스트리밍, 실시간 미디어 처리 등에 사용된다.

▶ 저장 장치

① RAM(Random Access Memory, 램) : 임시 데이터를 저장하는 휘발성 메모리로, 전원이 꺼지면 데이터가 사라진다.
② ROM(Read-Only Memory, 롬) : 고정된 데이터를 저장하는 비휘발성 메모리로 데이터를 영구적으로 저장한다.

③ 스토리지(Storage, 저장소)

- HDD(Hard Disk Drive, 하드 디스크 드라이브) : 전통적인 저장 장치로 용량이 크고 가격이 저렴하지만, 상대적으로 속도가 느리다.
- SSD(Solid State Drive, 솔리드 스테이트 드라이브) : 플래시 메모리를 사용하는 저장 장치로 가격이 다소 비싸지만, HDD 보다 속도와 내구성이 뛰어나다.
  ○비휘발성 메모리의 한 종류
- 외장 스토리지 : 휴대할 수 있는 저장 장치로 외장 하드 드라이브, USB, 광학 디스크, 네트워크 스토리지 등이 있다.

▶ 기타 구성요소

- 메인보드(Motherboard, 마더보드) : 컴퓨터 중심 회로 기판으로, CPU, RAM, 저장 장치, 그래픽 카드 등 다양한 컴퓨터 부품을 연결하는 역할을 한다.
- 전원공급장치(PSU, Power Supply Unit) : 컴퓨터에 전력을 공급하는 장치로, AC 전원을 DC 전원으로 변환하여 컴퓨터의 각 부품에 적절한 전압과 전류를 제공한다.
- 통신제어장치(CCU, Communication Control Unit) : 인터넷이나 네트워크의 연결을 제어하는 장치로 모뎀(Modem), 스위치(Switch), 라우터(Router) 등이 있다.

개념 체크 ✅

1 다음 중 입력 장치로 거리가 가장 <u>먼</u> 것은?
① 마우스　　　　　② 터치스크린
③ 키보드　　　　　④ 프린터

2 멀티미디어 시스템의 입력 장치로 거리가 <u>먼</u> 것은?
① 키보드　　　　　② 마우스
③ 스캐너　　　　　④ 스피커

3 데이터를 일시적으로 저장하였다가 쓸 수 있는 휘발성 기억장치는?
① ROM　　　　　② RAM
③ BIT　　　　　④ CPU

＊ 1, 2 문제처럼 문항이나 내용 하나만 다른 문제라도 자주 출제되는 경우가 있어 두 문제 모두 도서에 수록하였습니다.

POINT 002 대표적인 입력 장치 스캐너

▶ 스캐너

① 특징
- 디지털 변환 : 스캐너는 컴퓨터 입력 장치 중 하나로, 텍스트, 사진, 그림 등을 비트맵(Bitmap)으로 변환하여 저장한다.
  └ ○픽셀 단위로 표현한 디지털 이미지
- 해상도와 이미지 품질 : 스캐너의 해상도는 dpi(Dots per Inch, 인치당 도트 수)로 측정되며, 해상도가 높을수록 더 정밀한 이미지를 얻는다.
- 컬러 및 흑백 스캔 : 대부분 컬러와 흑백 모두 지원한다.

② 스캐너의 종류
- 플랫베드 스캐너(Flatbed Scanner, 평판형 스캐너) : 가장 일반적인 형태로, 평평한 유리판 위에 문서나 사진 등을 놓고 스캔한다.
- 핸드헬드 스캐너(Handheld Scanner, 핸드형 스캐너) : 사용자가 직접 스캐너를 움직여 스캔하는 방식으로 휴대가 간편하고 작은 영역을 스캔하는 데 적합하다.
- 드럼 스캐너(Drum Scanner) : 고해상도 스캔이 가능하며, 전자출판 등 고급 인쇄에 사용된다.
- 필름 스캐너(Film Scanner) : 필름이나 슬라이드를 스캔하는 데 특화된 스캐너이다.

▲ 필름 스캐너

③ 스캐너의 연결 방식
- USB 인터페이스 : 설치가 쉽고 대부분의 컴퓨터와 호환된다.
- SCSI 인터페이스 : 과거에 많이 사용되던 방식으로, 고속 데이터 전송이 가능하다.

▲ SCSI 인터페이스

④ 스캐너의 스캔 방식

1패스 스캔 (One-pass Scan)	일반적으로 사용. 한 번의 스캔으로 모든 색상 정보를 캡처함
3패스 스캔 (Three-pass Scan)	과거 일부 사용. 빨강(R), 초록(G), 파랑(B)을 별도로 스캔하여 1패스 스캔에 비해 시간이 오래 걸림
멀티패스 스캔 (Multipass Scan)	고해상도 스캔이 필요할 때 사용. 여러 번의 스캔을 통해 더 정밀하게 캡처함
라인 스캔 (Line Scan)	산업용 스캐너에서 사용. 한 줄씩 스캔함
드럼 스캔 (Drum Scan)	드럼 스캐너에서 사용. 고해상도와 높은 색상 정확도를 제공함

> **기적의TIP dpi**
> - 1인치(2.54cm) 안에 몇 개의 점(도트)을 찍을 수 있는가를 나타내는 단위
> - 300dpi는 1인치당 300개의 점이 있다는 의미로, 인쇄물의 해상도로 사용

개념 체크 ✓

1 텍스트나 이미지를 비트맵 형태의 디지털 데이터로 저장하는 하드웨어 장치는?
① 스캐너(Scanner)
② 터치스크린(Touch Screen)
③ 플로터(Plotter)
④ 전자펜(Electronic Pen)

2 종이로 된 인쇄물을 컴퓨터로 입력하는 장치인 스캐너의 해상도 단위로 가장 적절한 것은?
① dpi(Dots per Inch)
② lpi(Line per Inch)
③ bit(Binary DIgit)
④ bps(Bit per Second)

3 다음 중 스캐너의 종류로 볼 수 없는 것은?
① 플랫베드형   ② 핸드형
③ 트랙볼형   ④ 필름형

대표적인 출력 장치 모니터

① 모니터의 종류

• CRT(Cathode Ray Tube, 브라운관, 음극선관) : 전자빔을 사용하여 형광 화면에 이미지를 표시하는 방식으로 부피가 크고 무거우며, 전력 소모가 많다.

새도우 마스크
형광면
편향요크(편향판)
전자빔 방향
전자총

▲ CRT 구조

• LCD(Liquid Crystal Display) : 액정 셀을 사용하여 빛을 조절하는 방식으로 얇고 가벼우며 전력 소모가 적다.

• LED(Light Emitting Diodes) : LCD 모니터 백라이트로 LED를 사용하는 방식으로, LCD보다 더 얇고 가벼우며 에너지 효율이 높다.

• OLED(Organic Light Emitting Diodes, 유기 발광 다이오드, 올레드) : 유기 화합물을 사용하여 자체 발광하는 방식으로 색 재현력이 뛰어나다.

• AMOLED(Active Matrix Organic Light Emitting Diodes, 능동형 유기 발광 다이오드, 아몰레드) : 각 픽셀을 박막 트랜지스터(TFT, Thin-Film Transistor)로 개별 제어하여, 전력 소모가 적고 OLED보다 더 정교한 화면을 구현할 수 있다. °각 픽셀을 개별적으로 키거나 끌 수 있도록 제어하는 역할을 함

• QLED 모니터 (Quantum Dot LED, 퀀텀 닷 발광 다이오드, 큐엘이디) : 퀀텀 닷(Quantum Dot) 기술을 사용하여 색 재현력을 향상시킨 모니터로 높은 밝기와 색 정확도를 제공한다. °나노미터 반도체 입자로 모니터의 색 재현력과 밝기를 향상시키는 기술

② 모니터의 특성

• RGB 컬러 : 빛의 삼원색인 빨강(Red), 초록(Green), 파랑(Blue) 세 가지 색을 사용하여 화면을 표시한다.

• 해상도(Resolution)와 선명도 : 해상도는 단위 영역당 픽셀의 개수(pixels per inch, PPI)를 나타내며, 해상도가 높을수록 더 많은 픽셀이 사용되어 화면의 선명도가 증가한다.

• 활성화율(Refresh Rate)
 – 화면이 초당 몇 번 갱신되는지를 나타내는 회수로, 높은 활성화율은 화면의 깜빡임을 줄여 눈의 피로를 덜어준다.
 – 단위는 Hz(헤르츠)를 사용하며 60Hz의 활성화율은 화면이 1초에 60번 새로 고쳐진다는 뜻이다.

개념 체크 ✓

1 각 픽셀을 박막 트랜지스터(TFT)로 작동하게 하는 능동형 유기 발광 다이오드로, 전력 소모가 상대적으로 적으며 더 정교한 화면을 구현할 수 있는 장점이 있는 것은?
① LCD
② AMOLED
③ PMOLED
④ CRT

2 CRT 모니터에 대한 설명 중 활성화율(Refresh Rate)에 대하여 가장 적절하게 설명한 것은?
① 단위 영역 당 픽셀의 개수를 나타내는 비율이다.
② 초당 화면의 몇 번 칠해지는가를 나타내는 회수이다.
③ 편광판에 가해지는 전압의 크기를 나타낸다.
④ 전자빔이 특정 위치에 형광물질에 도달되는 회수를 나타낸다.

3 CRT 모니터에 대한 설명으로 거리가 가장 먼 것은?
① 전자총에 의해 반사된 전자빔이 편광판 사이를 지나 새도우 마스크 금속판을 걸쳐 형광물질에 도달한다.
② 컬러 CRT는 빛의 삼원색인 RGB를 사용하여 화면에 표시한다.
③ 장시간 이용 시 눈의 피로가 높다.
④ 해상도가 낮을수록 선명도가 높다.

POINT 004 미디어 처리 장치

① 주요 오디오 처리 장치

- **사운드 카드** : 오디오 신호를 처리하고 출력하는 장치이다.
- **스피커** : 오디오 신호를 소리로 변환하여 출력하는 장치이다.
- **마이크로폰** : 소리를 오디오 신호로 변환하여 입력하는 장치이다.
- **믹서(Mixer)** : 여러 개의 오디오 신호를 하나로 합치거나, 여러 개로 나누는 장치이다.
- **컴프레서(Compressor)** : 오디오 신호의 <u>다이내믹 레인지(Dynamic Range, 동적 범위)</u>를 줄여주는 장치로, <u>임계치 이상의 진폭을 설정된 진폭으로 억제하여 소리의 크기를 일정하게 유지한다.</u> 가장 큰 신호(최강음)와 가장 작은 신호(최약음) 사이의 범위
- **이퀄라이저(Equalizer)** : 특정 주파수 대역의 소리를 조절하여 원하는 음색을 만들어 주는 장치이다.
- **리미터(Limiter)** : 오디오 신호의 피크를 제한하여 과도한 신호가 출력되지 않도록 하는 장치이다.
- **프리앰프(Pre-amplifier)** : 마이크나 기타 입력 장치에서 들어오는 미약한 신호를 증폭하여 다음 단계의 장비로 전달하는 장치이다.

② 주요 비디오 처리 장치

- **그래픽 카드(Graphics Card, Graphics Board, Video Card)** : 비디오 신호를 처리하고 모니터에 출력하는 장치로 게임이나 그래픽 디자인 작업에 필수적이다.
- **프레임 그래버(Frame Grabber) 보드** : 영상 캡처에 사용되며, 외부 장치(비디오카메라, VCR 등)에서 입력되는 아날로그 영상 신호를 디지털 신호로 변환한다.
- **영상 오버레이(Video Overlay, 비디오 중첩) 보드** : 외부에서 입력되는 아날로그 영상 신호와 컴퓨터 영상을 <u>중첩</u>시켜 주는 장치이다. 두 개 이상을 겹침
- **젠락(Genlock, Generator Lock)** : 여러 비디오 신호를 동기화하여 일관된 타이밍을 유지함으로써, 화면 전환 시 끊김이나 왜곡 없이 부드럽게 전환되도록 하는 장치이다.

> **기적의 TIP 오버레이 카드 사용 예시**
> - 비디오를 컴퓨터와 연결시켜 비디오테이프의 내용을 모니터 화면에서 볼 수 있음
> - 그래픽 카드에 보내는 화면과 TV 수신 카드가 보내는 화면을 서로 중첩시켜 하나의 화면에 동시에 표시

개념 체크 ✅

1 멀티미디어 하드웨어 환경에서 미디어 처리 장치 중 성격이 <u>다른</u> 하나는?
① 사운드 카드
② 스피커
③ 마이크로폰
④ 비디오 카드

2 오디오 콘솔의 기능 중 마이크 입력에서 들어오는 미약한 신호를 증폭하기 위한 기기는?
① Pre-amplifier
② Post-amplifier
③ Mid-amplifier
④ Re-amplifier

3 영상 관련 하드웨어 중 외부에서 입력되는 아날로그 영상 신호와 컴퓨터 영상을 중첩시켜 주는 기능을 하는 장치는?
① 프레임 그레버 보드
② 그래픽 카드
③ 비디오 오버레이 보드
④ MPEG 카드

POINT 005 외장 스토리지

▶ USB(Universal Serial Bus, 범용 직렬 버스)
컴퓨터와 주변 장치를 연결하기 위한 버스 규격이다.

여러 장치 간에 데이터와 전력을 전송하기 위한 통신 경로(통로)

▶ 광학 디스크
① CD(Compact Disc)
• 1980년대에 개발되었으며, 저장 매체로 널리 사용되었다.
• CD 표준에 대한 규격서
   - 레드북(Red Book) : 오디오용 CD의 표준(크기, 특성, 트랙 구조, 회전 속도 등)을 정의한다.
   - 옐로북(Yellow Book) : CD-ROM(Compact Disc Read Only Memory)의 표준을 정의한다.
   - 오렌지북(Orange Book) : CD의 기록에 대한 표준을 정의한다.

CD-R (Recordable)	한 번만 기록 가능. CD-WO(Write Once)라고도 함
CD-RW (ReWritable)	여러 번 기록하고 삭제 가능. CD-RW 호환 드라이브 필요
CD-MO (Magneto-Optical)	여러 번 기록하고 삭제 가능. 전용 드라이브 필요. 안정성과 내구성을 높인 자기 광학 기술 사용

   - 그린북(Green Book) : CD-I(Interactive, 상호작용, 쌍방향)의 표준을 정의한다.
   - 블루북(Blue Book) : Extra CD의 표준을 정의한다.

> **기적의TIP Extra CD**
> 오디오 CD와 데이터 CD의 기능을 결합한 멀티세션 CD로, LD(Laser Disc)라고도 함

② DVD(Digital Versatile Disc, 디지털 다기능 디스크) : 양면 기록이 가능하여 기록면이 단면인 CD보다 더 많은 데이터를 저장할 수 있다.
③ Blu-ray(블루레이) Disc : 최대 100GB 이상 저장할 수 있어 고화질 영상(HD, 4K UHD 등) 및 대용량 데이터 저장에 사용된다.
④ M-DISC(Millennial Disc) : 디스크 표면의 특수한 무기물 층에 데이터를 기록하여 영구적 데이터 보존이 가능하다.
미국의 밀레니어타(Millenniata)사에서 개발

▶ 네트워크 스토리지
• NAS(Network Attached Storage, 네트워크 결합 스토리지) : 이더넷(Ethernet)을 통해 파일을 공유하고 저장하며, 여러 사용자가 동시에 접근할 수 있어 가정이나 소규모 비즈니스 환경에서 많이 사용된다.
랜선(이더넷 케이블)으로 연결된 로컬 네트워크
• SAN(Storage Area Network, 스토리지 영역 네트워크) : 고속 네트워크를 통해 연결하며, 주로 대규모 데이터 센터에서 사용된다.

▶ DAS(Direct Attached Storage, 직접 연결 스토리지)
네트워크를 거치지 않고 USB나 SATA(Serial ATA)로 서버나 컴퓨터에 직접 연결된다.
마더보드와 HDD, SSD 등을 연결하는 버스

> **기적의TIP**
> **직렬 버스의 장점**
> 데이터를 한 번에 한 비트씩 전송하므로 신호의 간섭이 적어, 병렬 버스보다 더 긴 거리를 안정적으로 고속 전송
>
> **블루레이**
> 파란색 레이저는 기존 DVD에서 사용되는 적색 레이저보다 파장이 짧아 더 작은 피트(점)를 만들 수 있으며, 이로 인해 DVD보다 더 많은 정보를 저장할 수 있음

개념 체크 ✓

1 USB 저장장치에 대한 설명으로 틀린 것은?
① PC와 주변장치를 접속하는 버스 규격이다.
② 소형 경량이어서 휴대용 저장장치로 각광받고 있다.
③ 병렬 버스 형태로 구성되어 있다.
④ USB는 Universal Serial Bus의 약자이다.

2 다음 중 CD-ROM(Compact Disc Read Only Memory)과 관련된 규격서는?
① 레드북(Red Book)
② 옐로우 북(Yellow Book)
③ 그린 북(Green Book)
④ 오렌지 북(Orange Book)

3 다음 중 오렌지북(Orange Book)에서 규정한 저장장치에 해당되지 않는 것은?
① CD-I
② CD-R
③ CD-WO
④ CD-MO

POINT 006 통신제어 장치

▶ 모뎀

신호 변환

아날로그 신호를 디지털 신호로 변조(Modulation)하거나
복조(Demodulation)하여 인터넷에 연결하는 장치로, 전화
선, 케이블, 광섬유 등을 통해 연결된다.

└─○변조된 신호를 다시 원래 형태로 가는 것

▶ 허브

네트워크의 여러 장치에 데이터를 전송하는 기본적인 장치
로, 허브에 연결된 모든 장치로 데이터를 무작위로 전송한다.

▶ 게이트웨이(Gateway)

서로 다른 네트워크 간에 데이터 전송을 연결한다.

▶ 브리지(Bridge)

네트워크를 나누어 관리하는 장치로, 데이터를 어느 쪽 네
트워크로 보낼지 선택해 준다.

▶ 스위치

허브와 브리지의 기능을 혼합한 형태로, 데이터를 필요한
장치에만 보내 빠르고 효율적이다.

▶ 라우터(경로 설정 장치)

IP 주소를 기반으로 데이터를 목적지까지 전달한다.

▶ CSU/DSU

┌─○논리적, 물리적 통신 경로

- CSU(Channel Service Unit) : 통신회선의 신호 품질을 유
  지하고, 전송 중 신호가 약해지거나 문제가 생기지 않도
  록 한다.
- DSU(Data Service Unit) : 데이터를 네트워크 장비가 이해
  할 수 있는 형태로 변환하여 올바르게 송수신되도록 한다.

> **기적의TIP 모뎀의 어원**
> 모뎀(Modem)은 Modulator(변조기)와 Demodulator(복조기)의 합성어

개념 체크 ✔

1 통신제어장치(CCU; Communication Control Unit)의
역할은?
① 데이터 전송의 특성을 변조시킨다.
② 통신회선을 통하여 송수신되는 자료를 제어하고 감시
한다.
③ 수신신호에서 아이 패턴을 복조한다.
④ 통신회선을 거쳐 온 전송신호를 아날로그 데이터로 변
환시킨다.

2 디지털 신호를 아날로그 신호로 변조하여 보내고, 아날로
그 신호를 원래로 디지털 신호로 복조하는 전자장치를 무엇
이라 하는가?
① FEP
② MODEM
③ CCP
④ FTP

3 다음 중 허브와 브리지의 기능을 혼합시킨 네트워크 장
비는?
① Gateway
② Switch
③ Router
④ CSU/DSU

시스템 소프트웨어

POINT 007 운영체제 개요

▶ 운영체제의 종류

① PC 운영체제(OS, Operating System)

- Windows : 개인용 컴퓨터에서 가장 널리 사용되는 운영체제이다.
- OS X(오에스 텐) : 애플(Apple)의 Mac 컴퓨터에서 사용되는 운영체제이다.
- OS/2 : IBM과 마이크로소프트의 공동 개발로 1987년에 출시하였으나 Windows에 밀려 대중화에 실패하였다.

② 서버 운영체제

- Linux(리눅스) : 서버 환경에서 가장 널리 사용되는 운영체제로, 안정성과 보안성이 뛰어나다.
- Unix(유닉스) : 대형 서버에서 사용되는 운영체제로, 안정성과 멀티태스킹(Multitasking) 기능이 뛰어나다.
- Windows Server : 마이크로소프트의 서버용 운영체제로, Windows와의 호환성이 뛰어나다.　　○ 여러 작업(프로세스)을 동시에 실행할 수 있는 능력

③ 모바일 운영체제

- Android(안드로이드) : 구글에서 개발한 모바일 운영체제로, 전 세계 스마트폰의 대다수에서 사용된다.
- iOS(아이오에스) : 애플의 아이폰과 아이패드에서 사용되는 운영체제이다.
- HarmonyOS(鴻蒙, 훙멍) : 화웨이(Huawei)에서 개발한 운영체제로 화웨이 기기에서 사용된다.

▶ 주요 목적과 성능 평가

- 효율적인 자원 관리 : CPU, 메모리, 스토리지 등의 시스템 자원을 효율적으로 관리하여 최적 성능을 유지하고, 자원의 낭비를 최소화한다.　　○ CPU 사용 시간을 여러 프로세스에 분배하는 작업
- 처리 능력 향상 : 프로세스 스케줄링(Process Scheduling), 멀티태스킹 등을 통해 반환 시간을 단축하고 처리 효율을 높인다.
- 신뢰도 향상 : 오류 제어, 데이터 백업, 시스템 복구 등을 통해 시스템의 안정적 작동과 오류 최소화를 통해 신뢰성을 높인다.
- 사용 가능도 향상 : 시스템이 항상 사용 가능하도록 보장하여 가용성을 높인다.

- 보안 강화 : 사용자 인증, 접근 제어, 암호화 등을 통해 무결성을 보호하고 불법적인 접근을 방지하여 시스템의 보안을 강화한다.　　○ 손상되거나 변조되지 않고 원래의 상태로 유지되는 것

개념 체크 ✓

1 운영체제로 거리가 먼 것은?
① Windows 10
② RADEON 5
③ Linux
④ OS/2

2 운영체제의 목적으로 거리가 먼 것은?
① 처리 능력 향상
② 반환 시간의 최대화
③ 신뢰도 향상
④ 사용 가능도 향상

3 운영체제의 성능 평가 요소로 거리가 먼 것은?
① 반환 시간
② 처리 능력
③ 비용
④ 신뢰도

POINT 008 운영체제 프로세스

▶ 관련 용어

- 프로세스(Process) : 컴퓨터에서 실행 중인 프로그램을 의미한다.
- 인스턴스(Instance) : 프로세스가 실행 중인 상태로, 어느 한 프로그램을 실행하면 하나의 인스턴스가 생성된다.
- 큐(Queue) : 프로세스를 처리하기 위한 대기 공간이다.
- 세마포어(Semaphore) : 운영체제에서 여러 프로세스가 공유 자원에 접근하는 것을 조율하기 위해 사용되는 동기화 도구이다.

- 데드락(Deadlock, 교착 상태) : 두 개 이상의 프로세스가 서로 필요한 자원을 기다리며 무한정 대기하는 상태로, 어떤 자원을 사용하고 있는 프로세스가 도중에 갑자기 문제가 생겨서 멈추면, 그 자원을 다른 작업이 계속 기다리게 되면서 발생한다.
- 좀비 프로세스(Zombie Process) : 프로세스가 정지된 상태지만, 그 정보가 삭제되지 않고 메모리에 계속 남아있는 상태이다.
- 레지스터(Register) : CPU 안에 있는 아주 작은 저장 공간으로 데이터를 임시로 저장하여 CPU의 연산 수행을 보조한다.

▶ 프로세스 스케줄링

① 목적
- CPU 이용률 극대화 : CPU가 가능한 한 유휴 상태가 되지 않도록 하여 CPU의 사용률을 최대화한다.
- 우선순위 관리 : 우선순위가 높은 프로세스가 더 빨리 실행될 수 있도록 하여 중요한 작업이 지연되지 않도록 한다.
- 공평성 : 모든 프로세스에 공평하게 CPU 시간을 할당하여 특정 프로세스가 자원을 독점하지 않도록 한다.
- 대기 시간 최소화 : 프로세스가 대기열에서 기다리는 시간을 최소화하여 효율성을 높인다.
- 응답시간 최소화 : 사용자 명령에 대한 응답시간을 빠르게 하여 사용자 경험을 향상시킨다.
- 처리량 증가 : 단위 시간당 완료되는 프로세스의 수를 최대화하여 시스템의 전반적인 처리량을 증가시킨다.

② 스케줄링 기법
- FCFS(First-Come, First-Served, 선착순 처리) : 가장 먼저 도착한 프로세스가 먼저 처리되는 방식이다.
- SJF(Shortest Job First, 최단 작업 우선) : 실행 시간이 가장 짧은 프로세스를 먼저 실행하는 방식이다.
- Priority(프라이어리티, 우선순위) Scheduling : 우선순위가 높은 프로세스를 먼저 실행하는 방식이다.
- RR(Round Robin, 라운드 로빈, 순환순서) : 각 프로세스가 동일한 시간 할당량을 가지고 순환하며 실행되는 방식이다.
- HRN(Highest Response Ratio Next, 최대 응답 비율 순서) : 대기 시간이 길어질수록 우선순위가 높아지는 방식으로, 기다리기만 하고 실행되지 못하는 상황을 완화한다.

POINT 009 운영체제 구성요소

▶ 커널(Kernel)

① 역할 : 운영체제의 핵심 부분으로, 하드웨어와 직접 상호작용하며 시스템 자원을 관리한다.

② 주요 기능
- 프로세스 관리 : 프로세스 관리자에 의해 프로세스의 실행(프로세스 생성, 스케줄링, 종료 등)을 관리한다.
- 기억장치(메모리) 관리 : 메모리 관리자에 의해 효율적인 메모리 사용(메모리 할당, 해제, 가상 메모리 관리 등)을 보장한다.
- 장치(Device) 관리 : 장치 관리자에 의해 하드웨어 장치와의 통신을 관리하고, 장치 드라이버를 통해 입출력을 처리한다.
- 파일 시스템 관리 : 파일 시스템 관리자에 의해 파일과 디렉토리의 저장, 검색, 삭제 등을 관리한다.
- 인터럽트(Interrupt) 처리 : 하드웨어나 소프트웨어 인터럽트를 처리하여 시스템의 응답성을 유지한다.

입력, 알림, 오류 등이 발생했을 때 커널에게 알리는 신호(통신)

▶ 쉘(Shell)

① 역할 : 운영체제를 둘러싸고 있는 인터페이스로, 사용자가 명령어를 입력하면 이를 해석하여 커널에 전달한다.

② 주요 종류

Bash(Bourne Again Shell, 배시)	리눅스에서 가장 널리 사용되는 쉘
Bourne Shell(sh, 본 쉘)	유닉스 시스템의 기본 쉘
C Shell(csh)	C 언어 스타일의 문법을 가진 쉘
Command Prompt (cmd.exe, 프롬프트)	MS-DOS부터 사용되어 온 전통적인 기본 쉘

▶ 파일 시스템(File System)

① 역할 : 데이터의 저장, 검색, 삭제 등을 관리하며 파일과 폴더(Directory, 디렉토리)에 대한 접근을 제어한다.

② 데이터 구조

• 유닉스 및 리눅스
  - inode(아이노드) : 파일의 메타데이터(Metadata)를 저장하는 데이터 구조로, 파일의 실제 데이터가 아닌 파일에 대한 정보(파일 소유자의 식별 번호, 파일 크기, 최종 수정시간, 파일의 링크 개수, 파일이 저장된 디스크 블록의 위치 등)를 가지고 있다.
  - 디렉토리 엔트리(Entry) : 파일 이름과 해당 파일의 inode 번호를 매핑(Mapping)하는 구조로, 파일 이름을 통해 inode를 찾을 수 있다.
    ┄┄┄○ 서로 다른 데이터를 연결
• 윈도우
  - MFT(Master File Table) : NTFS 파일 시스템에서 사용되는 데이터 구조로 파일의 메타데이터와 파일이 저장된 디스크 위치를 관리한다.
  - FAT(File Allocation Table) : FAT 파일 시스템에서 사용되는 데이터 구조로, 파일의 시작 클러스터(Cluster)와 다음 클러스터의 위치를 파악하여 파일 저장 위치를 쉽게 찾을 수 있도록 한다.   디스크 공간 관리 단위

③ 윈도우 파일 시스템의 종류

• FAT16, FAT32(File Allocation Table) : USB 드라이브나 메모리 카드에서 사용된다.
• NTFS(New Technology File System) : 윈도우에서 사용된다.
• exFAT(Extended File Allocation Table) : FAT32의 확장판으로, 대용량 파일을 지원하며, USB 드라이브와 외장 하드 드라이브에서 사용된다.

▶ 유틸리티(Utilities)

• 역할 : 다양한 소프트웨어 도구로, 시스템의 유지보수 및 관리를 돕는다.
• 주요 유틸리티

파일 관리	파일 탐색기(Windows), Finder(MacOS), Nautilus (Linux)
디스크 관리	디스크 조각 모음, 디스크 정리
보안	바이러스 백신, 방화벽
시스템 모니터링	작업 관리자(Windows), Activity Monitor(macOS), htop(Linux)
압축 및 압축 해제	WinZip, WinRAR, 7-Zip, TAR(Linux/UNIX)
텍스트 편집기	vi(UNIX), 메모장(Windows), TextEdit(macOS)
하드웨어 관리	장치 관리자(Device Manager), 플러그 앤 플레이 (Plug and Play, PnP)

새로운 장치를 꽂으면 자동으로 장치 드라이버를 설치

기적의TIP 메타데이터
다른 데이터에 대한 정보를 제공하는 데이터로 사진 파일의 메타데이터에는 촬영 날짜, 카메라 설정, 위치 정보 등이 포함

개념 체크 ✓

1 UNIX 시스템의 구성요소가 아닌 것은?
① Shell
② Kernel
③ Input
④ Utility

2 리눅스 커널의 주요 기능이 아닌 것은?
① 장치 관리
② 파일 관리
③ 사용자 관리
④ 메모리 관리

3 UNIX의 쉘(Shell)에 관한 설명으로 옳지 않은 것은?
① 명령어 해석기이다.
② 프로세스, 기억장치, 입출력 관리를 수행한다.
③ 시스템과 사용자 간의 인터페이스를 담당한다.
④ 여러 종류의 쉘이 있다.

POINT 010 운영체제 시스템 명령어

분류	기능	유닉스/ 리눅스	도스 (MS–DOS)
네트워크	원격 로그인	rlogin, ssh	telnet
	원격 파일 전송	ftp, scp	ftp
	네트워크 설정 확인	ip, ifconfig	ipconfig
파일	읽기, 쓰기, 실행 접근 권한 변경	chmod	icacls
	내용 보기(파일 내용 화면 출력)	cat	type
	복사	cp	copy
	삭제	rm	del
	소유자 변경	chown	icacls
	이동	mv	move
	텍스트 검색	grep	findstr
	디렉토리 현재 위치 확인	pwd	cd, chdir
	디렉토리 목록 보기	ls	dir
	디렉토리 생성	mkdir	
프로세스	통신 경로 생성		(pipe 기호)	
	실시간 모니터링	top	tasklist
	복제	fork	–
	종료	kill	taskkill
시스템	파일 시스템 디스크 사용량 확인	df	chkdsk
	i-node 사용량 확인	df -i	–
	로그인한 사용자 정보 확인	finger, id	whoami
	시스템 매뉴얼 보기	man	help
	시스템 정보 확인	uname	systeminfo

개념 체크 ✓

1 UNIX 명령 중 도스(DOS) 명령 「dir」과 유사한 기능을 갖는 것은?

① cp

② dr

③ ls

④ rm

2 UNIX 명령어 중 현재 작업 디렉토리의 위치 정보를 알려주는 명령어는?

① kill

② mk

③ pwd

④ rm

3 UNIX에서 파일에 대한 읽기, 쓰기, 실행 접근 권한을 변경하는 명령어는?

① chprv

② chmod

③ chass

④ chown

POINT **011** 그래픽의 분류

래스터(Raster, Bitmap(비트맵))

① 방식 : 픽셀(Pixel, Picture Element)의 집합으로 각 픽셀은 특정한 색상 값을 가지며, 이 픽셀들이 모여 전체 이미지를 구성한다. ○ 디지털 이미지를 구성하는 기본 단위

② 특징
• 해상도 의존적 : 화질은 픽셀의 수와 밀도에 따라 달라지며, 픽셀이 많을수록 해상도가 높아진다.

▲ 저해상도와 고해상도의 차이

• 파일 크기 : 해상도에 비례한다.

③ 장점
• 복잡한 이미지 표현에 유리 : 자연과 같은 복잡한 이미지를 표현하는 데 적합하다.
• 다양한 색상 표현 : 각 픽셀은 개별적으로 색상을 지정할 수 있어 색상의 점진적인 변화 표현에 유용하다.

④ 단점
• 해상도 제한 : 이미지를 확대하면 화질이 저하된다.
• 큰 파일 크기 : 고해상도 이미지는 많은 픽셀을 포함하므로 파일 크기가 크다.

⑤ 포맷(Format)

JPEG(Joint Photographic Experts Group)	사진에 사용
PNG(Portable Network Graphics)	투명도 지원
GIF(Graphics Interchange Format)	256색 지원
BMP(Bitmap)	품질이 높지만 파일 크기 큼
TIFF(Tagged Image File Format)	고품질 이미지 저장에 사용
PCX(Picture Exchange)	과거에는 널리 사용되었으나, 현재는 JPEG, PNG 포맷으로 대체

벡터(Vector)

① 방식 : 그리기 도구를 이용하여 이미지를 기하학적 개체(점, 선, 곡선, 원 등)로 생성하며, 각 개체는 수학적 방정식으로 정의된다.

② 특징
• 파일 크기 : 수학적으로 이미지를 정의하기 때문에 래스터에 비해 파일 크기가 작다.
• 색상 표현 : 도형의 경계와 내부 색상을 지정할 수 있고, 투명색과 투명도를 조절할 수 있다.

③ 장점
• 해상도 독립성 : 확대 및 축소 시에도 화질 저하가 없다.
• 작은 파일 크기 : 복잡한 이미지도 래스터에 비해 파일 크기가 작다.
• 편집 용이성 : 이동, 회전, 변형이 쉽고 개별 도형을 쉽게 수정할 수 있다.

④ 단점
• 복잡한 이미지 표현에 부적합 : 사진과 같은 복잡한 이미지를 표현하는 데는 한계가 있다.
• 제한된 색상 표현 : 래스터와 같은 자연스러운 색상 변화가 어렵고 색상 혼합이 제한적이다.

⑤ 포맷
• SVG(Scalable Vector Graphics) : 웹에서 사용한다.
• AI(Adobe Illustrator) : Adobe Illustrator에서 사용한다.
• WMF(Windows Metafile) : Windows 환경에서 호환되며, Microsoft Office와 같은 응용 프로그램(Application, 애플리케이션)에서 그래픽을 삽입하거나 내보낼 때 사용된다.

- EPS(Encapsulated PostScript) : 그래픽 디자인과 출판에서 널리 사용되며, 벡터와 래스터 데이터를 모두 포함할 수 있지만 주로 벡터에서 사용된다.

▲ Adobe Photoshop의 히스토그램 명세화 도구 'Levels(레벨)'

③ 명암대비 스트레칭(Contrast Stretching) : 이미지의 밝기가 비슷한 부분(좁은 범위의 밝기 분포)이 많을 때 그 부분의 밝기 범위를 넓혀서 전체적인 대비를 높이는 기법이다.

개념 체크 ✔

1 픽셀 단위로 그림 정보를 저장하는 파일 형식은?
① 메타 파일
② 포스트스크립트 파일
③ 비트맵 파일
④ 벡터 파일

2 래스터 그래픽에 대한 설명으로 틀린 것은?
① 확대, 축소할 때 화질의 변화가 없다.
② 픽셀단위로 이미지를 저장한다.
③ 비트맵 방식이라고도 한다.
④ GIF, PNG, JPEG 등이 있다.

3 다음 이미지 파일 포맷 중 벡터 정보를 표현할 수 <u>없는</u> 것은?
① AI
② EPS
③ WMF
④ TIFF

POINT 012 이미지 품질 향상

▶ 명암 및 밝기 조절

① 히스토그램 평준화(Histogram Equalization) : 이미지의 전체적인 밝기 분포를 <u>균등</u>하게 조정하여 명암대비를 개선하는 기법이다.

② 히스토그램 명세화(Histogram Specification) : 원하는 명암 분포를 얻기 위해 히스토그램 모양을 조정하는 기법으로, 특정 명암 분포가 중요한 의료 영상이나 위성 사진 분석에 중요한 역할을 한다.

▶ 이미지 개선

원하지 않게 추가된 불필요한 왜곡

① 중위수 필터링(Median Filtering) : 이미지 노이즈(Noise, 잡음)를 제거하기 위해 사용되는 기법으로 각 픽셀을 주변 픽셀들과 비교하여 그 중간값(중위수)으로 대체한다.

② 윤곽선(Edge) 추출 : 밝기 차이가 큰 부분을 강조하여 물체의 경계나 윤곽을 찾아내는 기법이다.

▲ 원본 사진과 Adobe Photoshop의 필터 'Find Edges'를 적용한 사진 비교

③ 샤프닝(Sharpening) : 이미지 경계 부분의 밝은 픽셀은 더 밝게, 어두운 픽셀은 더 어둡게 만들어 대비를 증가시키는 기법으로, 과도하게 사용하면 화질이 저하된다.

④ 디더링(Dithering)

- 제한된 색상 팔레트를 사용할 때 색상 전환이 자연스럽게 <u>그러데이션(Gradation)</u> 되도록 하는 기법이다.
- 수학적 알고리즘을 이용해 가장 가까운 색상으로 매칭한다.
　　　　　⋯○색상이나 명도의 점진적인 변화

▶ 영상 품질 분석 도구

- Vector Scope(벡터 스코프) : 크로미넌스(Chrominance, 색상과 채도)를 측정하는 원형 그래프이다.

▲ Adobe Premiere Pro의 Vectorscope 그래프

- Waveform Monitor(파형 측정기) : 밝기 정보를 분석하는 도구로 Adobe Premiere Pro의 Lumetri Scopes 패널에서 Waveform 모니터를 사용할 수 있다.
- Level Meter(레벨 미터) : 오디오 신호의 레벨을 측정하는 도구로 Adobe Premiere Pro의 Audio Meters(오디오 미터), Audio Track Mixer(믹서 패널), Essential Sound Panel(에센셜 사운드 패널) 등이 있다.

> **기적의TIP 히스토그램 그래프**
> 이미지의 밝기 수준을 나타내는 그래프로, 어두운 부분이 많으면 히스토그램의 왼쪽이 높고, 밝은 부분이 많으면 오른쪽이 높음

이미지 압축 기술

▶ **손실 압축(Lossy Compression)**

① 원리 : 인간의 시각적 특성을 이용하여 일부 정보를 제거하고 압축하는 기법으로, 데이터 압축률이 높아 파일 크기를 크게 줄일 수 있다.
　　　　　　　　　　　　ㅇ 데이터의 양을 줄이기 위한 변환

② 대표적인 표준　　　　　ㅇ 한 장의 이미지

• JPEG : 흑백 및 컬러 정지화상을 위한 국제 표준으로, 압축률이 높아 파일 크기를 크게 줄일 수 있지만 품질이 저하될 수 있다.　　ㅇ 이미지를 여러 층으로 나누어 분석하는 기법

• JPEG 2000 : 웨이블릿(Wavelet, 작은 파동) 변환을 기반으로 한 JPEG의 후속 표준으로, 더 나은 압축률과 품질을 가진다.

▶ **무손실 압축(Lossless Compression)**

① 원리 : 데이터를 압축한 후 원래의 데이터로 완벽하게 복원할 수 있는 압축 기법으로, 텍스트, 실행 파일, 무손실 이미지 포맷 등에서 사용된다.

② 대표적인 표준

• GIF
  – 미국의 컴퓨터 네트워크 회사인 컴퓨터 컴퓨서브(Compuserve) 사에서 개발하였다.
  – 256가지 색상(8bit 컬러)의 이미지를 제공한다.
  – 유니시스(Unisys)사가 특허를 보유한 LZW(Lempel-Ziv-Welch) 압축 알고리즘을 사용한다.
  – 높은 압축률과 실행 속도로 느린 모뎀에서도 빠르게 다운로드된다.
  – GIF의 초기 버전은 87a라고 불렸으며, 향상된 89a 버전부터 애니메이션 기능을 제공한다.
  – 특정 색상을 투명색으로 지정할 수 있다.

• PNG : GIF와 달리 특허 문제 없이 자유롭게 사용할 수 있다.

③ 주요 알고리즘(압축 기술, 부호화 방법)
　　　　　　　　　　　ㅇ 데이터를 특정 형식으로 변환
• 허프만 코딩(Huffman Coding)
  – 데이터의 빈도에 따라 가변길이 코드를 할당하여 압축한다.
  – 빈도가 높은 데이터에는 짧은 코드를, 빈도가 낮은 데이터에는 긴 코드를 할당하여 효율성을 높인다.

• 런랭스 부호화(Run-Length Encoding, RLE)
  – 연속적으로 반복되는 동일한 데이터 값을 하나의 데이터와 반복 횟수로 표현한다.
  – 디지털 이미지 압축에 사용된다.

• Lempel-Ziv-Welch (럼펠-지브-웰치, LZW)
  – 1978년에 아브라함 럼펠과 야콥 지브가 개발한 LZ78 알고리즘을 기반으로, 1984년에 테리 웰치가 개선하였다.
  – 데이터의 패턴을 사전(Ddictionary)에 저장하고 이를 참조하여 압축한다.
  – 빈 사전으로 시작하여, 데이터가 처리됨에 따라 새로운 패턴이 발견되면 사전에 추가한다.

• DEFLATE(디플레이트) : LZ77 알고리즘과 허프만 코딩을 결합한 방식으로, ZIP 파일 포맷과 PNG 이미지 포맷에서 사용된다.
　　　　　　　　　　ㅇ LZ78의 이전 버전

기적의TIP 인간의 시각적 특성
• 밝기 변화보다 색상 변화에 둔감
• 미세한 질감이나 패턴에 둔감
• 급격한 색상 변화보다 연속적인 색상 변화에 둔감

개념 체크 ✓

1 흑백 및 컬러 정지화상을 위한 국제 표준안으로 이미지의 압축 및 복원 방식에 관한 표준안은?
① JPEG
② BMP
③ GIF
④ TIFF

2 다음 중 웨이블렛 변환과 가장 관계있는 표준은?
① H.263
② MPEG-7
③ JPEG
④ JPEG2000

3 GIF에 대한 설명으로 가장 거리가 먼 것은?
① 16비트 컬러를 지원하는 대표적인 압축 포맷이다.
② GIF89a에서는 애니메이션 기능을 제공한다.
③ 웹에서는 JPEG 포맷과 함께 가장 널리 사용된다.
④ 투명색을 지정하여 투명 효과를 줄 수 있다.

사운드 처리 기술

POINT **014** 소리의 3요소

▶ 진폭(Amplitude)
- 소리의 크기나 강도를 나타내는 요소이다.
- 진폭이 클수록 소리는 더 크고 강하게 들리고, 진폭이 작을수록 소리는 더 작고 약하게 들린다.
- 측정 단위 : 데시벨(dB)

▶ 주파수(Frequency)
- 소리의 높낮이를 결정하는 요소이다.
- 1초당 진동수로 높은 주파수는 높은음을, 낮은 주파수는 낮은음을 생성한다.
- 측정 단위 : 헤르츠(Hz)

▶ 음색(Tone Color)
- 소리의 특성을 나타내는 요소이다.
- 같은 진폭과 주파수를 가진 소리라도 서로 다른 음색을 가진다.
- 측정 단위 : 특정 단위로 측정되지 않으며, 주관적인 청각적 인식에 의해 구분된다.

기적의 TIP 소리의 파형

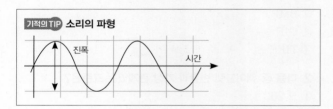

개념 체크 ✅

1 멀티미디어 구성요소 중 오디오/사운드에서 음의 3요소에 속하지 <u>않는</u> 것은?
① 음의 높이
② 음의 크기
③ 음의 길이
④ 음색

2 사운드의 기본 요소 중 음의 크기와 관련이 있는 것은?
① 진폭(Amplitude)
② 잡음(Noise)
③ 음색(Tone Color)
④ 주파수(Frequency)

3 단위 시간당 사이클을 반복하는 횟수를 나타내는 단위는?
① V
② Degree
③ Pulse
④ Hz

POINT **015** 사운드 압축 기술

▶ 파형 부호화(Waveform Coding)
- PCM(Pulse Code Modulation, 펄스 부호 변조) : 가장 널리 사용되는 기본적인 방식으로 아날로그 신호를 주기적으로 표본화(Sampling, 샘플링)하고 양자화(Quantization, 이산적인 값으로 정량화), 부호화(Encoding, 인코딩)한다.┈┈○Discrete, 구분된, 연속적이지 않은
- DPCM(Differential PCM, 차분 펄스 부호 변조) : 연속된 샘플 간의 차분신호(표본 간의 차이)만을 부호화한다.
- ADPCM(Adaptive Differential PCM, 적응 차분 펄스 부호 변조) : DPCM의 변형으로, 샘플 간의 차분신호를 적응적으로 조정하여 부호화한다.

보코딩 방식(Vocoding)

- LPC(Linear Predictive Coding, 선형 예측 부호화) : 음성 신호의 패턴을 수학적으로 예측하여 예측값을 부호화한다.
- CELP(Code Excited Linear Prediction) : 음성의 중요한 특성을 코드로 변환하여 부호화한다.

혼합 부호화 방식(Hybrid Coding, 파형 부호화 + 보코딩)

- AMR(Adaptive Multi-Rate, 적응 다중 속도) : 네트워크 상태에 따라 비트레이트(Bit Rate)를 조정하는 부호화로, GSM(Global System for Mobile Communications) 및 UMTS(Universal Mobile Telecommunications System)에서 사용된다.
  - ○ 1초당 전송되는 비트의 수
  - ○ 2G 이동통신 표준
  - ○ 3G 이동통신 표준
- EVS(Enhanced Voice Services, 향상 음성 서비스) : LTE (Long Term Evolution, 4G) 및 5G 네트워크에서 사용된다.

개념 체크 ✅

1 음성의 디지털 부호화 기술이 <u>아닌</u> 것은?
① 파형 부호화 방식
② 보코딩 방식
③ 압축 부호화 방식
④ 혼합 부호화 방식

2 사운드를 디지털화하는데 널리 사용되는 방법으로 연속적으로 변화하는 아날로그 신호의 강도를 주기적으로 조사하여 변조하는 방식은?
① OCM 방식
② PCM 방식
③ PCR 방식
④ OCR 방식

3 음성의 디지털 부호화 기술 중에 파형 부호화 방식을 적용한 기술은?
① 보코더
② DPCM
③ 선형 예측 부호화
④ 포만트 보코더

POINT 016 PCM 과정

표본화

- 아날로그 신호를 일정한 시간 간격으로 샘플링한다.

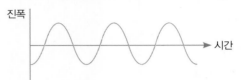

▲ 아날로그 신호

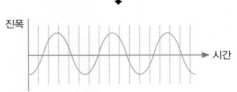

▲ 일정한 시간 간격으로 나눔

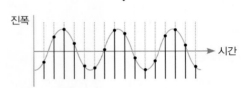

▲ 진폭 값을 얻음

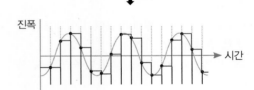

▲ 진폭 값을 연결하여 표본화된 신호(PAM)를 얻음

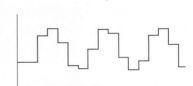

▲ PAM(Pulse Amplitude Modulation) 신호
  - ○ 1초 동안 추출하는 샘플의 수

- 단위 : Hz
- 표본화율(Sampling Rate, 샘플링 레이트, 표본화 주파수)이 높을수록 원음에 가깝고, 데이터양이 증가한다.
- 표본화율은 나이퀴스트 표본화 이론(Nyquist Sampling Theorem)에 따라 원래 아날로그 신호의 <u>최소 2배 이상</u>으로 한다.
  - ○ 아날로그 신호를 디지털로 변환할 때 필요한 최소 샘플링 레이트의 정의
  - ○ 나이퀴스트 레이트 (Nyquist Rate, 최소 샘플링 레이트)

▶ 양자화

① 양자화 : 표본화된 신호의 진폭을 일정한 단계로 나누어 이산적인 값으로 반올림한다.

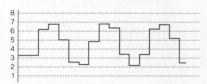

▲ 일정한 단계로 나눔

↓

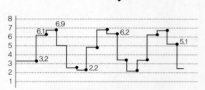

▲ 양자화 단계값(Step, 스텝)을 얻음

↓

▲ 연속적인 값을 이산치로 변환함

② 단위-비트(bit) : 디지털 신호는 이산적인 값만을 가질 수 있어 근사화하는 과정에서 양자화 오차가 발생한다.
　　　　　　　○가장 가까운 값으로 대체

③ 양자화 오차의 종류

• 반올림 오차(Rounding Error) : 원래의 값에서 이산적인 값으로 반올림할 때 발생하는 오차이다.

　예 2.7을 3으로 반올림할 때, 원래 값과 반올림된 값 사이의 차이

• 절단 오차(Truncation Error) : 특정 기준 이하의 값을 버리고 이산적인 값으로 변환할 때 발생하는 오차이다.

　예 2.7을 2로 절단할 때, 원래 값과 절단된 값 사이의 차이

④ 양자화 스텝이 작을수록 반올림 오차가 줄어들지만, 데이터양은 증가한다.

▶ 부호화
　　　　　　　○0과 1로 이루어진 숫자 체계

• 양자화된 값을 이진수로 변환하여 디지털 신호로 만든다.

• 비트 수가 많을수록 원음에 가깝다.

개념 체크 ✓

1 다음 중 아날로그 신호를 디지털 신호로 변환 시에 사용되는 과정이 <u>아닌</u> 것은?

① 복호화(Decoding)

② 표본화(Sampling)

③ 양자화(Quantization)

④ 부호화(Coding)

2 아날로그 사운드를 디지털 형태로 바꾸는 과정 중 표본화(Sampling)에 대한 설명으로 거리가 먼 것은?

① 표본화를 많이 할수록 원음에 가깝게 표현할 수 있다.

② 표본화를 크게 할수록 데이터 저장을 위한 공간이 증가한다.

③ 아날로그 파형을 디지털 형태로 변환하기 위해 표본을 취하는 것이다.

④ 표본화에서의 기록 단위는 데시벨(dB)이다.

3 양자화를 가장 잘 표현한 것은?

① 표본화된 PAM 신호를 진폭영역에서 이산적인 값으로 변환

② 신호가 전송로를 점유하는 시간 분할

③ 통화로의 분기 및 삽입 용이

④ 전송 신호의 위상 변화

POINT 017 **통신 개요**

▶ 기본요소

① 송신자(Sender) : 데이터를 보내는 장치나 사람이다.
② 수신자(Receiver) : 데이터를 받는 장치나 사람이다.
③ 메시지(Message) : 송신자가 수신자에게 보내는 실제 데이터이다.
④ 전송 매체(Transmission Medium)
- 유선 매체 : 전화선, 동축 케이블(Coaxial Cable), 광섬유 케이블(Fiber Optic Cable) 등
- 무선 매체
  - 라디오파(Radio Waves) : Wi-Fi, 블루투스, AM/FM 라디오 등에서 다양한 주파수대역을 사용하여 데이터를 전송한다.
  - 마이크로파(Microwaves) : 지상 기지국 간의 통신이나 위성과 지상 간의 통신 등 장거리 통신에 사용한다.
  - 적외선(Infrared) : 리모컨이나 근거리 데이터 전송에 사용된다.
⑤ 프로토콜(Protocol) : 데이터 통신을 위해 송신자와 수신자가 따라야 하는 규칙, 규약, 절차로 데이터의 형식, 전송 속도, 오류 검출 및 수정 방법 등을 정의한다.
⑥ 단위 : Baud(보)
　　　↳1초에 변조할 수 있는 최대 변조 횟수

▶ 통신방식

- 단방향 통신(Simplex) : 데이터가 한 방향으로만 전송된다.
  예 텔레비전 방송
- 반이중 통신(Half-Duplex) : 데이터가 양방향으로 전송되지만, 동시에 전송되지는 않는다.
  예 무전기
- 전이중 통신(Full-Duplex) : 데이터가 양방향으로 동시에 전송된다.
  예 전화 통화

▶ 전송 기법

① 다중화(Multiplexing)
- 방식 : 여러 개의 신호를 하나의 통신 채널을 통해 동시에 전송한다.
- 종류

FDM(Frequency Division Multiplexing, 주파수 분할 다중화)	각 신호가 서로 다른 주파수 대역을 사용하여 동시에 전송하는 방식으로, 아날로그 신호 전송에 사용
TDM(Time Division Multiplexing, 시간 분할 다중화)	시간 슬롯을 나누어 번갈아 가며 전송하는 방식으로, 디지털 신호 전송에 사용
CDM(Code Division Multiplexing, 코드 분할 다중화)	신호가 서로 간섭하지 않도록 각 신호에 고유한 코드를 부여하여 동시에 전송

② 다중 접속(Multiple Access)
- 방식 : 여러 사용자가 동일한 통신 채널을 공유한다.
- 종류
　　　　↳세계 최초로 디지털 셀룰러폰 (Cellular Phone, 이동전화)에 사용된 기술

FDMA(Frequency Division Multiple Access, 주파수 분할 다중 접속)	각 사용자에게 고유한 주파수 대역을 할당하는 방식으로, 아날로그 시스템에서 사용
TDMA(Time Division Multiple Access, 시간 분할 다중 접속)	각 사용자에게 고유한 시간 슬롯을 할당하는 방식으로 2G 이동통신에서 사용
CDMA(Code Division Multiple Access, 코드 분할 다중 접속)	각 사용자에게 고유한 코드를 할당하여 동시에 전송하는 방식으로 2G 이동통신에서 사용

- WCDMA(Wideband Code Division Multiple Access) : CDMA의 확장된 형태로, 3G 이동통신에서 사용된다.

기적의 TIP

Baud와 BPS
- Baud는 신호의 변조 횟수이고, BPS(Bits Per Second, 초당 전송되는 비트 수)는 실제 전송되는 데이터의 양
- 한 번의 변조에서 여러 비트를 전송할 수 있는 경우, BPS는 Baud보다 커짐

대역 확산(Spread Spectrum) 전송
신호를 넓은 주파수 대역에 걸쳐 분산시켜 전송하는 방식으로 군용 통신에서 사용되었으며, CDMA 기술로 발전하여 상용화됨

---

1 데이터 통신에서 1초에 변조할 수 있는 최대 변조 횟수의 단위는?

① Cps
② Baud
③ Decibel
④ Modulator

2 데이터 통신에 관한 설명 중 거리가 가장 먼 것은?

① 단방향 통신은 공중파 방송과 같이 송신 측과 수신 측이 정해져 있다.
② 전화기는 전이중 통신이 대표적인 예이다.
③ 반이중 통신은 한 번에 한쪽으로만 송수신이 가능하다.
④ 전이중 통신은 무전기와 같이 사용 획득권을 이용하는 방식이다.

3 군용 통신에 이용되었던 대역 확산(Spread Spectrum) 방식을 이동통신에 이용한 방식으로 세계 최초로 디지털 셀룰러 전화에 채택하여 상용화된 기술은?

① FDMA
② TDMA
③ FDDI
④ CDMA

POINT 018 아날로그 TV

▶ 표준 방식

• NTSC(National Television System Committee) : 한국, 미국, 캐나다, 일본 등에서 사용된다.
• PAL(Phase Alternating Line, 팔) : 유럽, 호주, 아프리카, 아시아 일부에서 사용된다.
• SECAM(Séquentiel Couleur à Mémoire, 세캄) : 프랑스, 러시아, 아프리카 일부에서 사용된다.

▶ 해상도

표준	TV 라인	주사선	주사율	채널 대역
NTSC	약 480개	525개	초당 30프레임	6MHz
PAL	약 576개	625개	초당 25프레임	7MHz
SECAM	약 576개	625개	초당 25프레임	8MHz

① TV 라인(TVL)
• 수평해상도를 나타내는 단위로, 화면의 가로 방향으로 몇 개의 수직선이 그려지는지를 의미한다.
• 라인이 많을수록 더 많은 정보를 전송한다.
② 주사선 : 수직해상도를 나타내는 단위로, 화면의 세로 방향으로 몇 개의 수평선이 그려지는지를 의미한다.
③ 주사율(Frame Rate) : 1초 동안 화면에 표시되는 전체 프레임(Frame)의 수를 의미한다. ○── 화면을 구성하는 기본 단위
④ 채널 대역 : 특정 TV 채널이 차지하는 주파수 범위로 대역폭이 넓을수록 더 많은 정보를 전송할 수 있다.
 └──────○데이터를 전송할 수 있는 주파수 범위

▶ 영상 신호 형식

① Composite Video Signal(컴포지트 비디오 신호)
• 구성요소
 – 영상 신호(Video Signal) : 밝기 정보(Y, Luminance, 휘도, 흑백 정보)와 색상 정보(C, Chrominance, 크로미넌스, 색차 정보)를 조합하여 컬러 색상을 재현한다.

> **기적의 TIP YCbCr 색 공간**
> C는 Y에서 파란색 성분을 뺀 값인 Cb와 Y에서 빨간색 성분을 뺀 값인 Cr 신호로 구성되며, 밝기와 색상 정보를 분리하여 더 효율적으로 저장하고 전송

프레임 시작 신호 ○─┐   ┌─○주사선 시작 신호
 – 동기(Sync) 신호 : 수평동기신호(Horizontal Sync)와 수직동기신호(Vertical Sync)를 통해 영상을 안정적으로 재생할 수 있도록 한다. ○── 반복 신호의 특정 위치
 – 컬러 버스트(Color Burst) 신호 : 영상 신호와 동기 신호가 하나의 신호로 결합된 형태로, 색상 신호의 위상(Phase, 페이즈)을 동기화(Synchronization)하여 색상을 정확하게 재현한다. ○── 여러 신호의 타이밍 일치

▲ Composite Video Signal 전송 커넥터 'RCA' [노란색으로 전송]

- IRE
  - 비디오 신호의 전압 수준을 백분율로 나타내는 단위로, 아날로그 비디오 신호의 밝기 수준을 측정한다.
  - 0 IRE : 완전한 블랙 레벨로 화면에 아무런 빛도 표시되지 않는다.
  - 100 IRE : 완전한 화이트 레벨로 화면이 최대 밝기로 표시된다.
  - −40 IRE : 동기 신호(Sync Signal)를 나타낸다.
  - 140 IRE : 동기 신호(−40 IRE)와 비디오 신호(100 IRE)를 합친 전체 신호 범위이다.
② S-Video(Separate Video) Signal : 밝기 정보와 색상 정보를 분리하여 전송하는 방식으로, Composite Video보다 더 나은 화질을 제공한다.

▲ S-Video Signal 전송 커넥터 'Mini DIN 4Pin'

🔊 아날로그 통신장치

- PSTN(Public Switched Telephone Network, 공중 교환 전화망) : 전화기나 전화 교환기를 통해 통화하는 기술로 디지털 전화가 도입되기 전까지 사용되었다.

▲ 전화 교환기 패널

- 스캔 컨버터(Scan Converter) : 컴퓨터의 영상 신호를 방송 규격(NTSC, PAL, SECAM)에 맞게 변환하는 장치로, 컴퓨터 화면을 TV 방송용으로 변환할 때 사용된다.

▲ OSSC(Open Source Scan Converter)

- 텔레텍스트(Teletext, 문자 다중 방송) : 아날로그 방송 신호를 통해 문자와 간단한 그래픽 정보를 전송하는 기술로 뉴스, 일기예보, 주식시세, 스포츠 결과 등 다양한 정보를 제공한다.
- 비디오텍스(Videotex) : 텍스트 기반의 정보 검색을 제공하는 대화형 미디어로, PSTN이나 CATV(Cable Television)를 이용한다.

▲ 캐나다 Bell 사의 비디오텍스 'AlexTel'

개념 체크 ✅

1 다음 중 아날로그 TV 표준형식으로 거리가 가장 <u>먼</u> 것은?
① NTSC
② PAL
③ SECAM
④ HDTV

2 우리나라에서 채택한 아날로그 NTSC 방식의 TV 화상은 초당 몇 프레임을 사용하는가?
① 1초당 15프레임
② 1초당 24프레임
③ 1초당 30프레임
④ 1초당 34프레임

3 컴퓨터의 영상 신호를 방송용으로 활용하기 위해 NTSC 또는 PAL, SECAM 신호로 변환하는 장치를 무엇이라 하는가?
① Free Converter
② Scan Converter
③ Base Converter
④ Generator locking device

POINT 019 디지털 TV

표준 방식

① ATSC(Advanced Television Systems Committee)
- 미국에서 개발된 디지털 방송 표준이다.
- 종류
  - ATSC 1.0 : 초기 디지털 TV 방송 표준으로, SD와 HD 방송을 지원한다.
  - ATSC 3.0 : 차세대 방송 표준으로, 4K UHD 방송을 지원하며, 인터넷과의 통합으로 다양한 기능을 제공한다.

② DVB(Digital Video Broadcasting)
- 유럽에서 개발된 디지털 방송 표준이다.
- 전송 방식 : DVB-T(Terrestrial, 지상파), DVB-S(Satellite, 위성), DVB-C(Cable, 케이블), DVB-H(Handheld, 모바일) 등이 있다.

③ ISDB(Integrated Services Digital Broadcasting)
- 일본에서 개발된 디지털 방송 표준이다.
- 전송 방식 : ISDB-T, ISDB-Tb(브라질에서 ISDB-T를 기반으로 개발), ISDB-S, ISDB-C 등이 있다.

④ DMB(Digital Multimedia Broadcasting)
- 한국에서 개발된 디지털 멀티미디어 방송 표준이다.
- 이동체 수신에 최적화된 표준으로 CD급 음질의 오디오 서비스와 데이터 방송이 가능하다. ┄┄○높은 해상도와 낮은 왜곡
- 전송 방식
  - T-DMB : Eureka-147 표준을 기반으로 개발된 기술로, 지상파를 통해 멀티미디어 콘텐츠를 전송한다.
  - S-DMB : 위성 디지털 멀티미디어 방송 표준이다.

기적의TIP 디지털 TV 해상도

해상도 이름	픽셀 수 (가로 x 세로)	설명
SD(Standard Definition)	720 × 480	표준 해상도
HD(High Definition)	1280 × 720	고화질 해상도
FHD(Full HD)	1920 × 1080	풀 고화질 해상도
QHD(Quad HD)	2560 × 1440	쿼드 HD, 2K 해상도
4K UHD(Ultra HD)	3840 × 2160	울트라 HD, 4K 해상도
8K UHD	7680 × 4320	8K 울트라 HD 해상도

기적의TIP Eureka-147

아날로그 FM 라디오 방송을 대체하기 위해 유럽에서 개발된 디지털 오디오 방송(DAB) 표준으로, T-DMB 멀티미디어 방송 서비스로 발전

개념 체크 ✓

1 다음 중 디지털 방송방식의 종류에 속하지 않는 것은?
① ATSC
② DVB-T
③ NTSC
④ ISDB-T

2 다음 중 유럽의 지상파 디지털TV 전송 방식은?
① DVB-T
② ATSC
③ ISDB-T
④ NTSC

3 Eureka-147을 기반하여 우리나라에서 개발한 지상파 디지털 멀티미디어 방송 표준은?
① T-DMB
② ATSC
③ DVB-T
④ IBOC

POINT 020 통신 기술

매체 접속 방식

① CSMA/CD(Carrier Sense Multiple Access with Collision Detection, 반송파 감지 다중 접속/충돌 탐지)
- 사용 환경 : 유선 네트워크
- 작동 방식 : 데이터 전송 전, 채널이 비어 있는지 확인 → 만약 두 장치가 동시에 데이터를 전송하여 충돌이 발생(충돌 감지)하면 모든 장치의 전송을 중단 → 일정 시간 대기 후 재전송 시도
- 특징 : 충돌을 감지하고 해결하는 데 중점을 두며, 유선 환경에서는 충돌 감지가 비교적 쉽다.

② CSMA/CA(Carrier Sense Multiple Access with Collision Avoidance, 반송파 감지 다중 접속/충돌 회피)
- 사용 환경 : 무선 네트워크
- 작동 방식 : 데이터 전송 전, 채널이 비어 있는지 확인 → 만약 채널이 사용 중이라면, 일정 시간 대기한 후 다시 확인 → 데이터 전송 전 경고 신호를 보내 다른 장치와의 충돌 회피
- 특징 : 충돌 감지가 어려운 무선 환경을 고려하여, 충돌을 사전에 회피하는 데 중점을 둔다.

▶ IEEE 802 유선 네트워크 표준

표준 번호	설명
IEEE 802.3	이더넷 표준
IEEE 802.3u	고속이더넷 표준
IEEE 802.4	토큰(Token, 통신 허용 권한) 패싱(Passing, 전달) 버스 표준
IEEE 802.5	토큰 링(Ring) 구조 네트워크 표준 [현재는 폐기됨]
IEEE 802.6	MAN(Metropolitan Area Network, 대도시 통신망) [현재는 폐기됨]
IEEE 802.8	FDDI(Fiber Distributed Data Interface, 광섬유 분산 데이터 인터페이스) 표준 [현재는 폐기됨]
IEEE 802.9	ISLAN((Integrated Services Local Area Network) 표준 [현재는 폐기됨]
IEEE 802.10	네트워크 보안 및 암호키 관리 표준
IEEE 802.12	100Mbps의 전송 속도를 제공하는 고속 네트워크 표준 [현재는 폐기됨]

▶ 유선 통신 기술

① RS-232C(Recommended Standard 232C) ⟶ 데이터 통신 인터페이스와 전자 신호의 규격을 규정하는 기구
- EIA(Electronic Industries Association, 미국 전자 산업 협회)가 제정한 규격으로, 컴퓨터와 주변 기기 간의 데이터 직렬 전송 표준이다.
- 통신기기, 모뎀, 프린터 등에 사용된다.

▲ RS-232C 케이블

② IEEE 1394(FireWire)
- 애플에서 개발한 직렬 버스 인터페이스 표준이다.
- 외장 하드디스크, 디지털 비디오 카메라 등과 연결하여 고속으로 영상 데이터를 전송한다.

▲ FireWire 케이블

③ HDMI(High-Definition Multimedia Interface)
- 고화질 비디오와 오디오 신호를 전송하기 위한 디지털 인터페이스 표준이다.
- 단일 케이블로 비디오와 오디오를 동시에 전송할 수 있어 AV기기에 적합하다.

▲ HDMI 케이블

▶ IEEE 802 무선 네트워크 표준

표준 번호	설명
IEEE 802.10	네트워크 보안 및 암호키 관리 표준
IEEE 802.11	WLAN 표준
IEEE 802.15	WPAN 표준
IEEE 802.16	WMAN 표준
IEEE 802.16p	사물지능통신(M2M, Machine to Machine) 표준으로 IoT를 지원

▶ 무선 통신 기술

① WLAN(Wireless Local Area Network, 무선 네트워크)
- Wi-Fi(와이파이, Wireless Fidelity) : 가정이나 사무실에서 사용되며, IEEE 802.11 표준을 기반으로 한다.

② WPAN(Wireless Personal Area Network, 무선사설망)
- 블루투스(Bluetooth)
  - 개인 기기 간의 저전력, 근거리 데이터 전송에 사용된다.
  - 주로 음성 전송에 사용되며, IEEE 802.15.1 표준을 기반으로 한다.

- Zigbee(지그비)
  - 블루투스의 저속 버전으로 불리며, IEEE 802.15.4 표준을 기반으로 한다.
  - 다른 무선 통신 기술보다 저전력 및 저비용의 장점을 가지고 있어 IoT(Internet of Things, 사물 인터넷) 기기에서 주로 사용된다.
③ WMAN(Wireless Metropolitan Area Network, 무선 도시권 통신망)
- WiMAX(와이맥스, Worldwide Interoperability for Microwave Access) : 광범위한 지역의 고속 데이터 전송이 가능하여 인프라가 부족한 지역에서 사용되었으나, 현재는 LTE, 5G 등으로 대체되었다.
- WiBro(와이브로, Wireless Broadband) : 한국에서 개발된 무선 광대역 인터넷 서비스로, WiMAX와 유사한 기술을 사용하였으나, 현재는 LTE, 5G 등으로 대체되었다.
④ WWAN(Wireless Wide Area Network, 무선 광역 통신망) : 3G, LTE, 5G 등이 있다.
⑤ RFID(Radio Frequency Identification)
- 방식 : 무선 주파수를 사용하여 태그에 저장된 정보를 읽고 식별한다.
- 구성요소
  - 태그(Tag) : 물체에 부착되며, 고유한 식별 정보를 가지고 있다.
  - 리더기(Reader) : 태그로부터 정보를 읽어 들이는 장치로 안테나를 통해 태그와 통신한다.
  - 안테나(Antenna) : 리더기에 내장되어 있으며, 리더기와 태그 간의 무선 신호를 송수신한다.
  - 소프트웨어 및 데이터베이스 : 수집된 데이터를 처리하고 관리하기 위한 소프트웨어와 데이터베이스이다.

▲ NFC 시스템

> **기적의 TIP NFC(Near Field Communication)**
> RFID 기술의 한 형태로 매우 짧은 거리(몇 cm)에서 데이터를 전송하며 출입 보안, 모바일 결제 등에 사용됨

미디어 기술

POINT 021 **멀티미디어 개요**

▶ 멀티미디어 구성요소

텍스트	가장 기본적인 형태의 데이터로 문서, 자막 등 다양한 형태로 활용
이미지	시각적 요소(사진, 그림, 그래픽 등)로, JPEG, PNG, GIF 등의 포맷이 사용
오디오	음악, 음성, 효과음 등으로 MP3, WAV, AAC 등의 포맷이 사용
비디오(영상)	영화, 애니메이션, 동영상 클립 등으로 MP4, AVI, MOV 등의 포맷이 사용

▶ 멀티미디어 특징

통합성 (Integrity)	멀티미디어 구성요소를 하나의 시스템이나 플랫폼에서 통합하여 제공
상호작용성 (Interactivity)	사용자는 콘텐츠에 직접 조작하고 반응할 수 있음
연결성 (Connectivity)	다양한 콘텐츠가 네트워크에 호환(연결)되고 공유됨
비선형성 (Non Linearity)	사용자가 콘텐츠를 순차적으로 소비하지 않고, 원하는 순서대로 접근할 수 있음
디지털화 (Digitalization)	디지털 형식으로 저장되어 복제, 가공, 검색, 편집, 전송이 용이함

▶ 멀티미디어 기술 핵심 요건

초고속 통신 기술	대용량의 데이터를 원활하게 전송하기 위한 고속 네트워크 필요
고성능 하드웨어	멀티미디어 콘텐츠의 생성, 편집, 재생을 위한 고성능 CPU, GPU, 메모리 등이 필요
하드웨어 소형화	휴대성과 사용 편의성에 기여
효율적인 데이터 압축 기술	저장 공간 절약과 전송 속도 향상을 위한 기술 개발 필요
표준화	멀티미디어 데이터를 공유하고 다양한 기기와 플랫폼 간의 호환성을 위해 멀티미디어 정보의 표준화 필요
소프트웨어 개발	사용자 친화적이고 강력한 기능을 갖춘 콘텐츠 제작 소프트웨어 필요

개념 체크 ✓

1 다음 중 멀티미디어의 특징으로 볼 수 없는 것은?
① 통합성(Integrity)
② 상호작용성(Interactivity)
③ 연결성(Connectivity)
④ 독립성(Independence)

2 다음 멀티미디어 특징 중 디지털 정보에 대한 설명으로 옳지 않은 것은?
① 정보의 검색이 용이하다.
② 가공과 편집이 용이하다.
③ 전송이나 출력에 의한 정보의 질적 저하가 있다.
④ 상호작용성을 부여할 수 있어 상호대화 형태의 조작이 가능하다.

3 다양한 형식의 멀티미디어 데이터를 공유하고 호환하기 위해 필요한 방법은?
① 표준화
② 최소화
③ 정교화
④ 암호화

POINT 022 **텍스트 압축**

▶ 데이터 단위

단위	크기	단위	크기
비트(Bit)	데이터의 기본 단위	메가바이트(MB)	1,024 킬로바이트
니블(Nibble)	4 비트	기가바이트(GB)	1,024 메가바이트
바이트(Byte)	8 비트	테라바이트 (TB)	1,024 기가바이트
킬로바이트(KB)	1,024 바이트	페타바이트 (PB)	1,024 테라바이트

▶ 문자 인코딩

- BCD(Binary Coded Decimal, 2진화 10진수) : 10진수를 2진수로 변환한다.
- BCDIC(Binary Coded Decimal Interchange Code) : IBM에서 개발한 BCD 기반의 코드로, 초기 컴퓨터 시스템에서 문자와 특수 기호 변환에 사용되었다.
- EBCDIC(에브시딕코드, Extended BCDIC) : BCDIC의 확장 버전이다.
- ASCII(아스키코드, American Standard Code for Information Interchange) : 전체 비트를 조합하여 하나의 문자를 나타내는 방식으로, 128개의 문자(알파벳, 숫자, 특수 문자)를 표현한다.
- Unicode(유니코드, Universal Coded Character Set) : 전 세계의 모든 문자를 통일된 코드로 표현하기 위한 국제 표준으로 UTF-8(Unicode Transformation Format-8bit), UTF-16, UTF-32 등이 있다. ┄┄○HTML5의 기본 인코딩 방식
- KSC-5601(Korean Standard Code for Information Interchange) : 한국어 문자를 표현하기 위한 인코딩 표준이다.

▶ 구성단위

인코딩 방식	총 사용 비트	존 비트	디지트 비트
BCD	4 비트	–	–
BCDIC	6 비트	2 비트	4 비트
EBCDIC	8 비트	4 비트	4 비트
ASCII	7 비트	–	–

> **기적의TIP 존 비트와 디지트 비트**
> - 초기 컴퓨터 시스템에서 제한된 비트 수로 다양한 문자를 표현하기 위해 존 비트와 디지트 비트 사용
> - 존 비트(Zone Bits) : 문자의 종류(숫자, 대문자, 소문자, 특수 문자 등)를 구분하는 데 사용되는 상위 비트
> - 디지트 비트(Digit Bits) : 숫자나 문자의 실제 값을 나타내는 하위 비트

POINT 023　오디오 압축

▶ 오디오 코덱(Codec)

- MPEG-1 ┄┄○인코딩(압축)하고 디코딩(재생)하는 알고리즘

MP1 (MPEG-1 Audio Layer I)	MPx의 초기 버전으로 현재는 사용되지 않음
MP2(MPEG-1 Audio Layer II, MUSICAM)	DAB(Digital Audio Broadcasting) 및 DVB에서 사용
MP3 (MPEG-1 Audio Layer III)	1990년대 초반에 개발되어 디지털 오디오의 혁신을 이끌었으며, 현재도 가장 많이 사용

○라디오 방송을 디지털 신호로 전송하는 기술

- AC(Audio Codec)

AC-1	돌비의 초기 버전으로 현재는 사용되지 않음
AC-2	AC-1의 개선된 버전으로 비디오와 함께 사용되기도 했음
AC-3(Dolby Digital, 돌비 디지털)	5.1 채널 서라운드 사운드를 지원하며, 영화, 디지털 TV, DVD, 블루레이 등에서 사용됨

○스피커 5개+서브우퍼

- AAC(Advanced AC) : MP3보다 더 효율적인 압축을 제공하며, 스트리밍 서비스와 모바일 기기에서 사용된다.
- WAV(Waveform Audio File Format) : 고음질을 제공하지만 파일 크기가 크며, 전문적인 오디오 작업에 사용된다.
- FLAC(Free Lossless Audio Codec) : 무손실 압축 코덱으로 원본 음질을 유지하면서 파일 크기를 줄인다.

오류 유형

- **지터(Jitter)** : 디지털 신호의 전달 과정에서 발생하는 시간 축 상의 오차(신호 지연으로 인한 시간적 불일치)로, 신호의 왜곡이 심하면 '찌직' 거리거나 '따닥 따닥' 하는 잡음이 들릴 수 있다.
- **양자화 오차(Quantization Error)** : 양자화 과정에서 발생하는 오류로 디더링(Dithering)이 부족하면 더 두드러진다.　　○ 의도적 잡음 추가
- **앨리어싱(Aliasing)** : 표본화율이 나이퀴스트 레이트보다 낮을 때 발생하는 현상으로, 원래 신호의 고주파 성분이 왜곡되어 잘못된 저주파 성분으로 나타난다.
- **클리핑(Clipping)** : 오디오 신호의 진폭이 최대 범위를 초과할 때 발생한다.

> **기적의TIP 디더링의 역할**
> 오디오 신호의 왜곡을 줄여 음질을 개선하기 위한 것으로, 미세한 잡음을 추가하여 왜곡이 특정 주파수에 집중되지 않도록 함

개념 체크 ✓

1 다음 중 오디오 압축부호화 방식으로 거리가 **먼** 것은?
① DES
② Dolby AC-3
③ MUSICAM
④ MPEG1 audio/layer3

2 다음 중 미국의 돌비 연구소에서 개발한 AC-3 음성 부호화 방식에서 사용되는 기본 채널은?
① 3.1채널
② 4채널
③ 5.1채널
④ 6.2채널

3 디지털 신호의 전달 과정에서 일어나는 시간축 상의 오차, 즉 신호가 지연되어 전달되지 못해 발생하는 신호의 왜곡은?
① 클리핑(Clipping)
② 지터(Jitter)
③ 디더링(Dithering)
④ 노이즈(Noise)

POINT 024　비디오 압축

▶ MPEG(Moving Picture Experts Group, 엠펙)

- **개요**
  - 멀티미디어 기술의 국제 표준을 만드는 기구로 1988년에 설립되었다.
  - ISO(국제 표준화 기구)와 IEC(국제 전기 기술 위원회)의 공동 기술 위원회인 JTC 1의 산하 기관이다.
  - DVD, 디지털 TV(DTV), 고화질 디지털 TV(HDTV), 초고화질 TV(UHDTV), 3D TV, 디지털 멀티미디어 방송(DMB), 인터넷 멀티미디어 등 다양한 분야에서 사용된다.

- **압축 표준**

MPEG-1	초기 비디오 압축 표준으로, VCD(Video CD)와 같은 저해상도 비디오에 사용
MPEG-2	DVD 및 고화질 디지털 방송에 사용
MPEG-4	고효율 압축 기술로 인터넷 스트리밍과 같은 다양한 멀티미디어 응용 프로그램에 사용
MPEG-7	메타데이터 표준 기술로, 다양한 기기나 플랫폼에서 멀티미디어 콘텐츠를 효과적으로 검색하고 관리할 수 있도록 함
MPEG-21	멀티미디어 콘텐츠의 전자상거래를 위한 통합 멀티미디어 프레임워크(Framework)를 제공하는 표준으로, 음악이나 영화 같은 디지털 콘텐츠를 다양한 기기나 플랫폼에서 재생, 구매, 공유할 수 있도록 상호운용성을 보장

　　○ 코드들의 모음(라이브러리, Library)

▶ H.26x

① **개요** : ITU-T(국제전기통신연합-전기통신표준화부문)에서 제정한 영상 압축 표준 그룹이다.

② **압축 표준**

- **H.261**
  - 최초의 영상 압축 기술로 전화선을 통한 화상 회의에 사용되었다.
  - CIF와 QCIF 해상도를 지원하며, 64kbps의 전송 속도를 목표로 한다.
- **H.262** : ITU-T에서는 H.262로, ISO/IEC에서는 MPEG-2로 불리며 DVD 및 고화질 디지털 방송에 사용된다.
- **H.263** : 저속 네트워크(느린 인터넷)에서의 영상 전송을 위해 개발된 표준이다.
- **H.264** : AVC(Advanced Video Coding)라고도 불리며, 높은 압축률과 고화질을 제공하여 블루레이 디스크, 인터넷 스트리밍 서비스(유튜브, 넷플릭스 등)에서 널리 사용된다.

- H.265 : H.264의 후속 표준으로, HEVC(High Effi-ciency Video Coding)라고도 불리며, 4K 및 8K 영상 전송에 적합하다.

기적의 TIP 영상 해상도

해상도 이름	픽셀 수 (가로 × 세로)	설명
QCIF(Quarter CIF)	176 × 144	CIF의 1/4 크기
CIF(Common Intermediate Format)	352 × 288	비디오 표준 해상도
4CIF	704 × 576	CIF의 4배 크기
16CIF	1408 × 1152	CIF의 16배 크기

개념 체크 ✓

1 고화질 디지털 방송을 위해 ISO 산하 MPEG 위원회에서 규정한 국제표준은?
① MPEG-1   ② MPEG-2
③ MPEG-3   ④ MPEG-4

2 다음 중 정보 검색을 위한 내용 표현을 목표로 개발된 영상 압축 표준은?
① MPEG-1   ② MPEG-2
③ MPEG-4   ④ MPEG-7

3 영상 압축의 표준화 방식은?
① Dolby AC-3
② H.264
③ MPEG1 audio/layer3
④ MUSICAM

POINT 025 인터넷 방송

▶ 주요 특징
- 접근성 : 하나의 콘텐츠를 다양한 기기(PC, 스마트폰, 스마트TV, 태블릿 등)에서 끊김없이 시청할 수 있는 환경인 N-Screen(N 스크린)을 지원한다.
- 양방향성 : 채팅, 댓글 등으로 시청자 실시간 소통이 가능하며, 방송 외에 관련 링크나 추가 자료 등 부가적인 내용을 전달할 수 있다.

- 다양한 콘텐츠 : 게임, 음악, 토크쇼, 교육, 요리 등 다양한 분야의 방송이 가능하다.
- 저비용 : 기본적인 장비와 인터넷 연결만으로 누구나 쉽게 방송을 시작할 수 있다.
- VOD(Video on Demand(비디오 온 디맨드, 주문형 비디오) 시청 : 실시간 방송 외에도 녹화된 방송을 언제든지 다시 볼 수 있다.
- 글로벌 시청자 : 전 세계 시청자를 대상으로 방송할 수 있다.

▶ 인터넷 전송 방식

유니캐스트 (Unicast)	하나의 송신자가 하나의 수신자에게 데이터를 전송하는 방식으로 인터넷에서 사용
멀티캐스트 (Multicast)	하나의 송신자가 다수의 수신자에게 동시에 데이터를 전송하는 방식으로 스트리밍 서비스에서 사용
브로드캐스트 (Broadcast)	하나의 송신자가 네트워크 내의 모든 장치에게 데이터를 전송하는 방식으로 로컬 네트워크에서 사용
애니캐스트 (Anycast)	여러 수신자 중 가장 가까운 수신자에게 데이터를 전송하는 방식으로 DNS(Domain Name System) 서버에서 사용 ⌐o웹 주소를 IP 주소로 변환해 주는 시스템
지오캐스트 (Geocast)	특정 지리적 영역 내의 수신자에게 데이터를 전송하는 방식으로 위치 기반 서비스에서 사용

▶ 주요 기술

① 스트리밍(Streaming)
- 동영상을 끊김없이 지속적으로 전송 처리하는 기술이다.
- 데이터 전체가 완전히 전송될 때까지 기다리지 않고 전송된 일부만으로도 재생 가능하다.
- 저장 공간이 거의 필요하지 않다.

② 푸시(Push)
- 사용자의 요구를 미리 파악하고 있다가, 사용자의 요청이 없이도 서버가 미리 준비한 정보를 자동으로 보내는 기술이다.
- 푸시 알림이나 실시간 업데이트에 사용된다.

▶ 응용분야

IP-TV(Internet Protocol Television)	케이블이나 위성 방송과는 달리 인터넷을 통해 디지털 텔레비전 서비스를 제공
OTT(Over The Top) 서비스	넷플릭스, 유튜브, 디즈니+와 같은 플랫폼을 통해 인터넷으로 직접 제공되는 스트리밍 서비스
라이브 스트리밍	트위치, 유튜브 라이브, 페이스북 라이브 등을 통해 실시간으로 방송을 전송
소셜 미디어	인스타그램 라이브, 틱톡, 유튜브 등을 통해 개인이 콘텐츠를 제작하고 방송할 수 있는 플랫폼

1 인터넷 방송에 관한 설명 중 거리가 가장 먼 것은?
① 양방향성을 갖는다.
② 채널수가 제한적이다.
③ 방송 외에 부가적인 내용을 전달할 수 있다.
④ 사용자가 원하는 시간에 볼 수 있다.

2 인터넷 전송 방식 중에서 하나의 송신자가 특정한 다수의 수신자에게 데이터를 전송하는 방식은?
① 유니캐스트
② 이중캐스트
③ 브로드캐스트
④ 멀티캐스트

3 멀티미디어 스트리밍 기술에 대한 설명으로 틀린 것은?
① 데이터 전체가 완전히 전송될 때까지 기다리지 않고, 각 데이터 블록이 도착하는 대로 재생을 시작하는 방식이다.
② 스트리밍 형태의 서비스는 버퍼에 영구적으로 저장됨으로 사용자가 본 데이터는 여러 번 볼 수 있다.
③ 저장 후 재생하는 방법에 비해 저장 공간을 거의 필요로 하지 않는다.
④ 데이터 블록이 만들어지는 대로 클라이언트 측으로 전송하여 바로 재생할 수 있으므로 실시간 방송이 가능하다.

POINT 026 IP TV

▶ IP TV의 특징

- **초고속 광대역 네트워크** : 초고속 광대역 네트워크를 통해 디지털 채널 방송을 안정적으로 전송한다.
- **양방향 데이터 서비스** : 사용자가 단순히 방송을 시청하는 것 외에도 VOD 서비스, 타임 시프트(Time Shift), 개인화된 추천 서비스, 프로그램 예약 등 다양한 상호작용이 가능하다.
  ···◯일시정지, 되감기, 다시보기
- **셋톱박스 사용** : 셋톱박스를 통해 다양한 멀티미디어 기능을 제공한다.
- **컴퓨터 불필요** : TV와 셋톱박스를 통해 서비스를 제공하므로 컴퓨터가 필요하지 않다.

▶ 관련 기술

- **비디오 압축 및 전송** : 고화질 비디오를 효율적으로 전송하기 위해 H.264(AVC) 압축 기술을 사용하고, 전송에는 MPEG-2 표준을 사용한다.
- **CAS(Conditional Access system, 제한 수신 시스템)** : 사용자가 허가된 콘텐츠만 접근할 수 있도록 사용 채널, VOD에 대한 암호화, 시청 권한 등을 제어하는 시스템이다.
- **DRM(Digital Rights Management, 디지털 저작권 관리) 시스템** : 디지털 콘텐츠의 저작권을 보호하고, 무단 복제나 수정, 배포를 방지한다.

DRM 구성요소	설명
콘텐츠 제공자	디지털 콘텐츠를 생성하고 제공하는 주체로, 저작권을 소유하거나 관리
클리어링 하우스	중개역할을 수행하는 기관. 콘텐츠 제공자와 소비자 간의 거래를 조정. 라이선스 발급 및 사용 기록을 관리
콘텐츠 소비자	디지털 콘텐츠를 구매하거나 사용하는 최종 사용자
DRM 시스템 제공자	DRM 기술을 개발하고 제공하는 업체. 콘텐츠 보호를 위한 암호화, 키(Key) 관리, 사용자 인증 등의 기술을 제공 ···◯암호화에 사용되는 값

- **CDN(Content Delivery Network, 콘텐츠 전송망)** : 콘텐츠를 사용자에게 빠르게 전달하기 위해 전 세계에 분산된 서버 네트워크를 활용하는 기술로 지연 시간을 줄이고, 서버 부하를 분산시킨다.

1 다음 중 IP-TV에 대한 설명으로 거리가 먼 것은?
① 초고속 광대역 네트워크를 통해 서비스 되는 디지털 채널 방송이다.
② 양방향의 데이터 서비스를 제공한다.
③ 셋톱박스를 통하여 디지털 비디오 레코딩 기능 등 다양한 멀티미디어 기능을 제공한다.
④ 필수 장비로 컴퓨터가 필요하다.

2 IPTV에서 사용되는 플랫폼 기술 중 실시간 채널에 대한 암호화 및 VOD 콘텐츠의 사전 암호화를 수행하는 것은?
① CAS(Conditional Access System)
② VS(Visual Search)
③ MOC(Media Operation Core)
④ TVod(Transactional Video on Demand)

3 다음 중 웹을 통해 유통되는 디지털 콘텐츠의 불법복제 방지를 위한 보호 방식은 어느 것인가?
① DRM　　② DVM
③ DCM　　④ PCM

SECTION 07

1과목 멀티미디어 개론

인터넷

POINT 027 인터넷 일반

▶ 인터넷의 발전 과정

① 알파넷(ARPANET)
- 시작 시기 : 1960년대 후반
- 주요 특징
  - 미국 국방성의 ARPA(고등연구계획국, 현 DRPA)에서 개발한 인터넷의 전신이다.
  - 1969년 처음으로 네트워크가 구축되었으며, 학술 및 군사 연구 목적으로 사용되었다.
  - 패킷(Packet) 교환 기술로 데이터를 전송하였고, 인터넷 프로토콜(TCP/IP)의 기초가 되었다.
    - ○ 데이터 전송 기본 단위

② 웹(Web) 1.0
- 시작 시기 : 1990년대 초반
- 주요 특징
  - 정적인 웹 페이지 구성으로, 사용자는 정보를 읽기만 할 수 있었다.
  - HTML을 사용하여 웹 페이지를 작성하였으며, 텍스트와 이미지만으로 구성되었다.

③ 웹 2.0
- 시작 시기 : 2000년대 초반
- 주요 특징
  - ○ 일반 사용자가 직접 생성하여 온라인 플랫폼에 업로드한 콘텐츠
  - 사용자 생성 콘텐츠(UGC, User Generated Content) 플랫폼의 등장으로 블로그, SNS(소셜 네트워크 서비스), 위키백과(Wikipedia) 등이 인기를 끌었다.
  - 사용자 경험(UX, User Experience)이 중요해지면서 웹 디자인과 기능이 크게 발전하였다.

④ 웹 3.0
- 시작 시기 : 2010년대 중반부터 현재까지
- 주요 특징
  - 데이터의 의미를 이해하고 처리할 수 있는 지능형 웹(시맨틱 웹, Semantic Web, 의미론적 웹)이 등장하였다.
  - 인공지능, 블록체인(Blockchain), IoT, 가상현실(VR, Virtual Reality) 등 다양한 기술이 결합되었다.

▶ 주요 온라인 플랫폼

① SNS : 페이스북(Facebook), X(Twitter), 인스타그램(Instagram), 유튜브(YouTube), 팟캐스팅(PodCasting), @Anywhere(앳애니웨어) 등

② CMS(콘텐츠 관리 시스템)
- 워드프레스(WordPress) ○ 공개 소프트웨어

  블로그와 웹사이트를 쉽게 만들고 관리할 수 있는 오픈소스(Open Source) CMS로, 2003년 미국의 소프트웨어 개발자 '매트 물렌웨그(Matt Mullenweg)'가 창립하였다.
- 드루팔(Drupal)
  유연성과 확장성이 뛰어나 복잡한 웹사이트나 대규모 커뮤니티 사이트를 구축하는 데 적합하다.

③ 이커머스(Electronic Commerce, 전자상거래) : 쇼피파이(Shopify), 마젠토(Magento), 우커머스(WooCommerce) 등 다양한 플랫폼이 있다.
  - ○ 워드프레스 기반 전자상거래 플러그인

▶ 주요 온라인 도구

○ 크롬(Chrome), 사파리(Safari), 엣지(Edge) 등

① 플러그인(Plugin) : 웹 브라우저(Web Browser)에서 표시하지 못하는 사운드나 동영상 파일들을 웹상에서 구현할 수 있도록 브라우저의 기능을 확장시켜 주는 프로그램이다.
  - 예 은행 보안 모듈

② 쿠키(Cookie)
- 웹사이트의 방문 기록을 남겨 다음 접속 시 빠르게 연결할 수 있도록 사용자와 웹사이트를 매개한다.
  - ○ 연결하는 중간 역할
- 쿠키의 종류

세션(Session) 쿠키	브라우저를 닫을 때 자동으로 삭제되는 쿠키로, 로그인 상태 유지나 장바구니 정보 저장 등에 사용
영구 쿠키	만료 날짜가 설정되어 있어 브라우저를 닫아도 삭제되지 않고 유지되는 쿠키로, 사용자 설정이나 로그인 정보 저장 등에 사용
슈퍼 쿠키	ISP(인터넷 서비스 제공자)나 광고 네트워크가 사용자의 온라인 이용 형태(방문 기록, 검색 패턴, 광고 클릭 등)를 추적하기 위해 사용하는 쿠키로, 강력하고 삭제하기 어려움

개념 체크 ✓

1 인터넷의 시초가 되는 최초의 네트워크는?
① ARPANET
② MILNET
③ NSFNET
④ CSNET

2 다음 중 웹2.0 서비스에 해당하지 <u>않는</u> 것은?
① 페덱스(FedEx)
② 위키피디아(Wikipedia)
③ 팟캐스팅(PodCasting)
④ 소셜 네트워크 서비스(Social Network Service)

3 웹 브라우저에서 내부적으로 처리가 힘든 데이터 형식을 처리할 수 있도록 확장하는 프로그램은 무엇인가?
① Cookie
② Netscape
③ Plug-in
④ Internet Explorer

POINT 028 **WEB 3.0 특징**

시맨틱 웹

① 컴퓨터가 사람을 대신하여 데이터의 의미를 이해하고 가공하여 새로운 정보를 만들어 내는 등 정교한 검색과 정보 처리가 가능하다.

② 핵심요소
• RDF(Resource Description Framework, 자원 기술 프레임워크) : 명시적(Explicit, 익스플리싯) 메타데이터를 표현하기 위한 표준 프레임워크 °명확하고 구체적
• SPARQL(Simple Protocol and RDF Query Language, 스파클) : RDF 데이터를 검색하기 위한 시맨틱 쿼리 언어(Query Language, 질의어) 정보를 검색하고 조작하기 위한 프로그래밍 언어°
• URI(Uniform Resource Identifier, 인터넷 식별자) : 웹상의 자원(웹 페이지, 이미지, 동영상, 링크 등)을 식별하기 위한 문자열

• OWL(Web Ontology Language, 웹 온톨로지 언어) : 온톨로지(데이터의 의미와 관계를 정의하는 구조적 틀)를 작성하기 위한 언어
예 동물 : 최상위 개념으로, 모든 동물을 포함
└ 포유류 : 젖을 먹이는 동물
└ 고양이과 : 육식성
└ 고양이 : 작은 포유류
└ 호랑이 : 대형 포식자
• Logical Reasoning(논리적 추론) : 온톨로지와 RDF 데이터를 기반으로 논리적 추론(데이터 간의 관계를 이해하고 새로운 정보를 도출)을 수행하여 지능적으로 검색

분산형 네트워크

① 중앙 집중화된 서버 없이 데이터를 안전하게 저장하고 관리한다.

② 관련 기술
• 블록체인(Blockchain) : 데이터를 블록 단위의 체인 형태로 연결하여 데이터를 안전하게 관리하는 기술
예 암호화폐, 스마트 계약
• 분산 컴퓨팅(Distributed Computing)

패브릭(Fabric) 컴퓨팅	컴퓨터 시스템을 구성하는 자원을 유연하게 구성하여 분산 환경에서 시스템을 확대, 축소할 수 있는 기술(**예** IBM의 Hyperledger Fabric)
엣지(Edge) 컴퓨팅 사용하는 기기와 가장 가까운 지점°	중앙 데이터센터가 아닌 데이터가 생성되는 근처의 끝단(엣지)에서 데이터를 처리하여 실시간으로 빠르게 응답(**예** 자율주행차, IoT)
클라우드(Cloud) 컴퓨팅	인터넷을 통해 컴퓨팅 자원(서버, 스토리지, 소프트웨어 등)을 제공하는 서비스(**예** 마이크로소프트 애저(Azure), 구글 클라우드 플랫폼(GCP))
클러스터(Cluster) 컴퓨팅	여러 개의 노드(Node)를 하나의 시스템처럼 연결하여 작업을 분산하는 방식으로 대용량 데이터 처리에 사용(**예** 아파치 하둡(Apache Hadoop), 아파치 스파크(Apache Spark)) °독립된 개별 컴퓨터 또는 서버

IoT

• 다양한 기기(사물)들에 센서와 통신 기능을 내장하여 인터넷에 연결하는 기술이다.
• 표준화 단체

oneM2M(원엠투엠)	IoT 응용 프로그램을 위한 공통 서비스 계층 개발
Thread Group	스마트 홈 기기 간의 상호운용성을 위한 무선 통신 프로토콜 개발
IEEE P2413	IoT 아키텍처(Architecture, 구조)의 상호운용성을 위한 표준 개발
OCF(Open Connectivity Foundation)	IoT 기기 간의 상호운용성을 위한 표준 개발

▶ 인공지능

① 컴퓨터 시스템이 인간의 지능적인 행동을 모방하거나 수행하도록 하는 기술이다.

② 관련 기술

머신러닝(Machine Learning, 기계 학습)	데이터를 기반으로 패턴을 학습하고 예측하는 기술 ┈┈○인간의 뇌 구조와 기능을 모방하여 설계된 계산 모델
딥러닝 (Deep Learning)	인공신경망(ANN, Artificial Neural Networks)을 기반으로 한 머신러닝의 한 분야로, 대용량 데이터 처리와 복잡한 패턴 학습에 뛰어남
자연어 처리(NLP, Natural Language Processing)	텍스트 분석, 번역, 감정 분석, 질의응답 시스템 등 인간의 언어를 이해하고 생성하는 기술
챗봇(Chatbot)	자연어 처리 기술을 활용하여 사람과 일상 언어로 대화할 수 있는 소프트웨어
컴퓨터 비전 (Computer Vision)	객체 인식, 얼굴 인식 등 이미지나 비디오에서 정보를 추출하고 해석하는 기술

③ 하드웨어

- GPU(Graphics Processing Unit) : 그래픽 처리 장치로, 대규모 병렬 연산을 수행할 수 있어 딥러닝 모델의 학습과 추론에 사용한다.
  - 예 NVIDIA(엔비디아)의 GPU
- TPU(Tensor Processing Unit) : 구글이 개발한 AI 가속기로, 데이터 분석 및 딥러닝에 특화된 하드웨어이다.
  - 예 알파고

개념 체크 ✓

1 차세대 웹으로 불리는 Semantic Web의 핵심 기술과 가장 거리가 먼 것은?

① Explicit metadata   ② Ontologies

③ Logical reasoning   ④ Zigbee

2 클라우드의 중앙 데이터센터 대신 거리상 가까이 위치한 끝단에서 데이터를 분석하고 이용하는 분산형 클라우드 컴퓨팅 방식은?

① Process Automation   ② Edge Computing

③ Gopher Service   ④ Meltdown

3 사물에 센서와 통신 기능을 내장하여 인터넷에 연결하는 기술을 의미하는 IoT(Internet of Things)의 표준화와 가장 거리가 먼 것은?

① SPICE

② Thread Group

③ IEEE P2413

④ Open Connectivity Foundation

POINT 029 가상현실 증강현실

▶ 가상현실

① 구성요소

현실성	그래픽의 품질, 물리적 법칙의 구현 등 가상환경이 얼마나 실제와 유사한지를 느끼는 요소
몰입감	사용자가 외부 세계를 잊고 가상환경에 집중할 수 있도록 돕는 요소
상호작용	사용자가 가상환경과 어떻게 상호작용할 수 있는지를 나타내는 요소
자율성	사용자가 가상환경 내에서 자유롭게 행동하고 선택할 수 있는 자유도
사용자 인터페이스	사용자가 가상현실 환경을 쉽게 탐색하고 상호작용할 수 있도록 돕는 시스템

② 주요 장치

- HMD(Head Mounted Display) : 사용자의 머리에 착용하는 디스플레이 장치이다.
- Haptic Device(햅틱 디바이스, 촉지각 장치) : 객체를 만지거나 조작할 때 실제와 유사한 감각이나 힘을 느낄 수 있는 장치로 장갑(Gloves), 수트(Suits), 컨트롤러(Controllers), Tactile Displays(택타일 디스플레이, 촉각 디스플레이) 등 다양한 형태가 있다. ○화면을 터치하여 촉각 정보를 얻는 장치
- Data Glove(데이터 글로브) : 손의 움직임과 위치를 추적하는 장치로, 사용자가 손을 움직이면 그 움직임이 가상현실에 반영된다.
- VR 컨트롤러 : 손에 쥐고 사용하는 입력 장치이다.

▲ HMD와 VR 컨트롤러

③ 메타버스(Metaverse)

- 디지털 환경과 우리가 일상적으로 경험하는 현실 세계가 융합된 형태로, 가상현실보다 진보된 개념이다.
- 가상세계 서비스
  - 세컨드 라이프(Second Life) : 사용자들이 아바타 (Avatar, 분신)를 통해 가상세계에서 다양한 활동을 할 수 있는 플랫폼이다.

▲ '세컨드 라이프'의 아바타들

  - 로블록스(Roblox) : 사용자들이 직접 게임을 만들고 다른 사용자들과 공유할 수 있는 플랫폼이다.

▶ 증강현실(AR, Augmented Reality)

① 유형

- 시각기반 증강현실
  - 카메라를 통해 비치는 실제 환경 이미지 위에 디지털 콘텐츠(이미지, 텍스트, 3D 모델 등)를 겹쳐 보여준다.
    예 포켓몬 고
  - 스마트폰, 태블릿, 스마트 안경 등의 장치가 사용된다.
    └ 구글 글래스, 레이밴 메타 등
- 청각 기반 증강현실
  - 특정 위치에 도달했을 때 관련된 오디오 정보를 제공하는 방식이다.
    예 오디오 가이드
  - 애플 에어팟 프로, 구글 픽셀 버즈 등의 장치가 사용된다.
- 촉각 기반 증강현실
  - 햅틱 기술을 사용하여 가상 객체를 만졌을 때 진동이나 압력을 느낀다.
  - 햅틱 장치들이 사용된다.

실시간 처리	빠른 데이터 처리로 사용자의 환경 변화를 실시간으로 반영
상호작용	터치, 제스처, 음성 명령 등을 통해 디지털 콘텐츠와 상호작용
맥락 인식	사용자의 현재 환경과 상황을 이해하고, 그에 맞는 적절한 정보를 제공
영상 정합 (Image Registration)	디지털 객체를 실제 환경에 자연스럽게 겹쳐 보이도록 하는 기술

② 기술 특성

▲ '포켓몬 고'에 적용된 영상 정합

- 추적(Tracking) : 사용자의 위치, 기기의 움직임, 시선 등을 추적하여 디지털 콘텐츠를 실제 환경에 정확히 배치

개념 체크 ✓

1 고도의 컴퓨터 그래픽 기술과 시뮬레이션 기능을 이용하여 실제로는 존재하지 않는 상황을 마치 존재하는 것처럼 느끼게 하는 것을 무엇이라 하는가?
① 오버레이
② 가상현실
③ 폴리
④ 액티브 엑스

2 다음 중 가상현실을 구성하는 요소와 거리가 먼 것은?
① 몰입감
② 정체감
③ 상호작용
④ 자율성

3 다음 중 시각기반 증강현실에서 사용되는 주요 기술로 가장 거리가 먼 것은?
① 상호작용
② 추적
③ 영상 정합
④ 사용자 프로파일

인터넷 표준

관련 기구

IAB(Internet Architecture Board, 인터넷 아키텍처 위원회)	인터넷 아키텍처를 설계하고 프로토콜 표준을 정하는 국제 기구로, IETF와 IRTF를 산하기구로 두고 있음
IETF(Internet Engineering Task Force, 국제 인터넷 표준화 기구)	TCP/IP, DNS, 인터넷 주소 체계(IPv6, IPv4) 등의 인터넷 운영 프로토콜 표준을 만듦
IRTF (Internet Research Task Force, 인터넷 연구 전문위원회)	인터넷과 관련된 연구 및 개발을 수행하는 기구로 RFC 문서를 통해 표준을 제정함
W3C(World Wide Web Consortium, 월드 와이드 웹 컨소시엄)	HTML, CSS 등 웹 기술의 표준을 제정함
ISO(International Organization for Standardization, 국제 표준화 기구)	다양한 산업 분야의 국제 표준을 개발하는 기구
ITU(International Telecommunication Union, 국제 전기통신 연합)	국제 전기통신 표준을 개발 기구로, 인터넷 관련 표준은 ITU-T(ITU-Telecommunication Standardization Sector(전기통신 표준화 부문))에서 제정함
TTA(Telecommunications Technology Association, 한국정보통신기술협회)	한국의 정보통신 기술 표준화 기구로, 국내 산업의 경쟁력을 높이는 역할을 함
ICAN(아이캔, Internet Corporation for Assigned Names and Numbers)	도메인 네임 시스템과 IP 주소의 글로벌 할당을 관리함

도메인의 구조

<u>blog</u>.<u>60kim</u>.<u>com</u>
　③　　②　　①

① 최상위 도메인(TLD, Top Level Domain) : 도메인의 가장 오른쪽 부분

국가 최상위 도메인 (ccTLD)		일반 최상위 도메인 (gTLD)	
.kr	한국	.com	상업용 및 일반 용도
.us	미국	.info	정보 제공 사이트
.cn	중국	.net	네트워크 관련 및 다양한 용도
.jp	일본	.biz	비즈니스 관련 사이트
.de	독일	.edu	교육 기관
.fr	프랑스	.go	정부 기관
.uk	영국	.org	비영리 기관

○ country code TLD　　○ generic TLD

② 2차 도메인(SLD, Second Level Domain) : 최상위 도메인의 왼쪽

③ 3차 도메인(서브 도메인) : 2차 도메인의 왼쪽

> **기적의 TIP** RFC(Request for Comments) 문서
> • 인터넷과 관련된 기술 사양, 프로토콜, 절차, 기타 정보에 대한 문서 시리즈
> • 일련번호가 부여되어 참고가 쉽고, 누구나 열람 가능

개념 체크 ✔

1 다음 중 TCP/IP와 같은 인터넷 운영 프로토콜의 표준을 정의하는 기구는?
① ITU ② ISO
③ IETF ④ TTA

2 도메인 이름에 대한 설명으로 옳지 않은 것은?
① 도메인의 각 부분은 점(.)으로 구분한다.
② com(Commercial)은 최상위 도메인이며 기업을 의미한다.
③ 가장 오른쪽에 있는 도메인을 최상위 도메인이라 한다.
④ 도메인은 항상 4개의 서브 도메인으로 구성되어 있다.

3 다음 중 정부기관을 나타내는 도메인명으로 옳은 것은?
① com ② go
③ co ④ pe

POINT 031 인터넷 주소 체계

IPv4(Internet Protocol version 4)
① 구조
• 32비트 주소 체계이다. ○ 8비트로 구성된 데이터 단위
• 점(.)으로 구분된 4개의 옥텟(Octet)으로 구성되며, 각 옥텟은 0에서 255 사이의 값을 가진다(예 192.0.2.255).
○ 효율적인 주소할당을
② 클래스(Class) 위해 구분

클래스	용도	주소 범위
A	대규모 네트워크(대기업)	0.0.0.0~127.255.255.255
B	중간 규모 네트워크(중소기업)	128.0.0.0~191.255.255.255
C	소규모 네트워크 (소규모 기업 및 개인)	192.0.0.0~223.255.255.255
D	멀티캐스트 (특정 그룹의 장치에 전송)	224.0.0.0~239.255.255.255
E	연구 및 개발용으로 예약	240.0.0.0~255.255.255.255

③ 서브넷 마스크(Subnet Mask, SM, 부분망 마스크) : IP 주소의 네트워크와 호스트 부분을 구분하는 데 사용된다.

클래스	네트워크 ID(☆), 호스트 ID(★) 각 컴퓨터를 식별
A	☆☆☆☆☆☆☆☆.★★★★★★★★.★★★★★★★★.★★★★★★★★
B	☆☆☆☆☆☆☆☆.☆☆☆☆☆☆☆☆.★★★★★★★★.★★★★★★★★
C	☆☆☆☆☆☆☆☆.☆☆☆☆☆☆☆☆.☆☆☆☆☆☆☆☆.★★★★★★★★

(네트워크를 식별 ○ / ○ 네트워크 내의)

클래스	기본 서브넷 마스크	비트 구성
A	255.0.0.0	네트워크 ID 8비트, 호스트 ID 24비트
B	255.255.0.0	네트워크 ID 16비트, 호스트 ID 16비트
C	255.255.255.0	네트워크 ID 24비트, 호스트 ID 8비트

④ 서브넷팅(Subnetting)

• 목적 : 큰 네트워크를 더 작은 서브넷으로 나누어 한정된 IP 주소의 낭비를 막고 효율적으로 네트워크를 관리한다.

• 서브넷 주소 계산하기 : IP 주소와 기본 서브넷 마스크를 이진수로 변환 → AND 연산 수행 → 결과를 십진수로 변환

└─○ 둘 다 1일 때만 1

기적의TIP 이진수 변환 예시(십진수 13)

과정	나누기	몫	나머지
십진수를 2로 나눈다.	13 ÷ 2	6	1
몫을 다시 2로 나눈다	6 ÷ 2	3	0
몫이 0이 될 때까지 반복한다.	3 ÷ 2	1	1
	1 ÷ 2	0	1
나머지를 역순으로 읽는다.	1101		

기적의TIP 십진수 변환 예시(이진수 1101)

과정	자릿수	2의 거듭제곱	값
각 자릿수에 2의 거듭제곱을 한다.	3	$2^3 = 8$	8
	2	$2^2 = 4$	4
자릿수는 가장 오른쪽부터 0으로 시작한다.	1	$2^1 = 2$	0
	0	$2^0 = 1$	1
모든 값을 더한다.	8 + 4 + 0 + 1 = 13		

▶ IPv6(Internet Protocol version)

① 구조

• 128비트 주소 체계이다.

• 8개의 16진수 그룹으로 구성되며, 각 그룹은 콜론(:)으로 구분된다.

  예) 2001:0db8:85a3:0000:0000:8a2e:0370:7334

② 주요 특징

• 확장된 주소 공간 : 유한한 IPv4 주소의 고갈 문제를 해결하였다.

• 확장 헤더(Extension Header) : 확장 헤더를 사용하여 새로운 기술이나 응용 분야에서 요구되는 프로토콜을 쉽게 첨부할 수 있다.

└─○ 패킷의 앞부분에 위치한 데이터 구조

• 헤더의 구조 : 기본 헤더와 확장 헤더가 분리되어, 불필요한 필드를 제거하거나 선택적으로 변경할 수 있다.

• 내장된 보안 : IPv4에서는 선택 사항이었던 IPsec(Internet Protocol Security)을 기본 지원하여, 패킷의 암호화와 인증을 통한 신뢰성과 무결성을 제공한다.

└─○ 인터넷 보안 프로토콜

③ 주소 유형 : 유니캐스트, 애니캐스트, 멀티캐스트

기적의TIP D, E 클래스의 구분

D 클래스는 멀티캐스트 용도로 특정 그룹의 호스트만을 대상으로 하고, E 클래스는 실험적인 목적으로 네트워크 통신에서는 사용되지 않으므로 네트워크와 호스트의 구분이 필요하지 않음

개념 체크 ✓

1 IP 멀티캐스팅을 위한 클래스이며, 전체 주소가 멀티캐스팅을 위해 사용되는 것은?

① Class A   ② Class B
③ Class C   ④ Class D

2 IP 주소 126.3.2.129는 어느 클래스에 속하는가?

① A클래스   ② B클래스
③ C클래스   ④ D클래스

3 IPv6에 대한 설명으로 거리가 가장 먼 것은?

① 새로운 기술이나 응용분야에 의해 요구되는 프로토콜의 확장을 허용하도록 설계되었다.

② IPv6는 3개의 주소 유형 즉, 유니캐스트, 애니캐스트, 멀티캐스트로 구성되어 있다.

③ IPv6는 보안과 관련하여 안전한 통신, 메시지의 발신지 확인, 암호화 기능 등을 제공한다.

④ IPv6에서는 64비트로 표현되어 264개의 주소가 가능하다.

POINT 032 네트워크 표준모델

OSI 7계층

- 목적 : 네트워크 통신을 7개의 계층으로 표준화하여, 다양한 네트워크 장치과 시스템 간의 상호운용성을 보장한다.
- 계층구조

단계	계층 명	역할
7계층	응용계층 (Application Layer)	• 데이터를 네트워크로 보낼 준비 • 응용 프로그램과 연결
6계층	표현계층 (Presentation Layer)	• 서로 다른 시스템 간의 데이터 교환이 가능하도록 데이터 형식을 변환 • 인코딩, 압축, 암호화
5계층	세션계층 (Session Layer)	• 송신과 수신 장치 간의 통신(Session, 세션) 연결 • 세션의 설정, 유지, 종료
4계층	전송계층 (Transport Layer)	• 데이터를 작은 조각으로 나누고 전송에 필요한 정보 추가 • 데이터가 올바른 순서대로 도착하도록 보장
3계층	네트워크계층 (Network Layer)	• 각 패킷에 IP 주소를 추가하여 패킷을 생성 • 최적의 경로 설정(Routing, 라우팅)
2계층	데이터링크계층 (Data Link Layer)	네트워크계층에서 받은 패킷을 프레임(Frame)으로 싸서 캡슐화, Encapsula-tion) 전송할 준비
1계층	물리계층 (Physical Layer)	프레임을 전기적 신호로 변환하여 네트워크 통신 케이블을 통해 전송

- 계층별 데이터 단위

OSI 7계층	단위
응용계층	데이터(Data)
표현계층	
세션계층	
전송계층	TCP ○⋯⋯ (UDP) ○⋯⋯ 세그먼트(Segment), 데이터 그램(Datagram)
네트워크계층	패킷(Packet)
데이터링크계층	프레임(Frame)
물리계층	비트(Bit)

TCP/IP 모델

① 개요 : 인터넷의 발전과 함께 개발된 네트워크 모델로, 인터넷에서 표준으로 사용된다.

② OSI 7계층과의 비교

- OSI 7계층 : 이론적으로 설계된 모델로, 실제 구현보다 개념적 이해에 중점을 둔다.
- TCP/IP(Transmission Control Protocol / Internet Protocol) : 실제 네트워크 환경에서 사용하기 위해 개발되었다.

단계	OSI 7계층	TCP/IP	단계
7계층	응용계층	응용계층	4계층
6계층	표현계층		
5계층	세션계층		
4계층	전송계층	전송계층	3계층
3계층	네트워크계층	네트워크계층	2계층
2계층	데이터링크계층	데이터링크계층	1계층
1계층	물리계층		

프로토콜

- 정의 : 네트워크 통신에서 데이터를 어떻게 전송하고 처리할지를 정의하는 규칙과 절차의 집합이다.
- 기능 : 데이터 형식 정의, 데이터 전송 관리(흐름 제어), 오류 검출 및 수정(에러제어), 주소 지정 및 경로 설정, 연결 설정 및 해제(연결제어), 보안(암호화 및 인증)
- 3요소

구문 (Syntax)	데이터의 형식, 부호화 방식, 데이터 필드의 순서 등 데이터의 형식과 구조를 정의
순서 (timing)	데이터가 올바른 순서와 타이밍으로 전달되도록 데이터 전송의 시간적 측면(데이터 전송 속도, 데이터 전송의 순서, 데이터 전송 간의 시간 간격 등)을 관리
의미 (Semantics)	송신자와 수신자가 데이터의 의미를 동일하게 이해하여 올바른 통신이 되도록 정의

기적의 TIP **캡슐화와 역캡슐화(Decapsulation)**
- 캡슐화 : 데이터가 송신 측 최상위 계층(7계층)에서 최하위 계층(1계층)으로 이동하며, 데이터에 필요한 제어 정보를 부과하는 행위
- 역캡슐화 : 데이터가 수신 측 최하위 계층(1계층)에서 최상위 계층(7계층)으로 이동하며, 해당 계층의 제어 정보를 제거하고 원래의 데이터로 재조립하는 행위

1 OSI 상위 계층에서 하위 계층으로 데이터를 전달할 때, 데이터에 필요한 제어 정보를 부과하는 행위를 무엇이라 하는가?
① 재합성
② 암호화
③ 캡슐화
④ 단편화

2 데이터를 송수신하기 위한 일련의 규칙이나 규약과 포맷의 집합을 의미하는 말은?
① 프로토콜(Protocol)
② 블루투스(Bluetooth)
③ 이더넷(Ethernet)
④ 패킷(Packet)

3 프로토콜의 세 가지 요소가 <u>아닌</u> 것은?
① 구문(Syntax)
② 순서(Timing)
③ 통제(Control)
④ 의미(Semantics)

POINT 033 OSI 응용계층 프로토콜

▶ **웹 페이징 프로토콜**
• HTTP(Hypertext Transfer Protocol) : 웹 페이지 전송(포트 (Port) 번호 : 80)
  식별 숫자 o··········
• HTTPS(HTTP Secure) : 보안 웹 페이지 전송(포트 번호 : 443)

▶ **데이터 전송 프로토콜**
• FTP(File Transfer Protocol) : 파일 전송(포트 번호 : 21)
• TFTP(Trivial File Transfer Protocol, 경량 FTP) : FTP에 비해 속도가 빠르지만, 보안 기능이 없어 신뢰할 수 없다(포트 번호 : 69).

▶ **이메일 및 메시징 프로토콜**
• SMTP(Simple Mail Transfer Protocol) : 이메일 전송(포트 번호 : 25)
• IMAP(Internet Message Access Protocol) : 이메일 관리 및 접근(포트 번호 : 143)
• POP3(Post Office Protocol version 3) : 이메일 수신(포트 번호 : 110)

• MQTT(Message Queuing Telemetry Transport) : IoT 환경에서 사용되는 경량 메시징 프로토콜(포트 번호 : 1883)

▶ **네트워크 관리 및 원격 접속 프로토콜**
• DNS(Domain Name System) : 도메인명 해석(포트 번호 : 53)
• Telnet : 원격 접속(보안 취약)(포트 번호 : 23)
• SSH(Secure Shell) : 보안 원격 접속(포트 번호 : 22)

▶ **멀티미디어 및 스트리밍 프로토콜**
• RTSP(Real Time Streaming Protocol) : 실시간 스트리밍 제어(포트 번호 : 554)
• SIP(Session Initiation Protocol) : 멀티미디어 세션 설정(포트 번호 : 5060)

1 OSI 7 layer 최상위 계층에 속하는 것은?
① 데이터링크 계층
② 응용 계층
③ 네트워크 계층
④ 물리 계층

2 다음 중 국제표준화기구(ISO; International Organization for Standardization)에서 규정한 OSI 7 Layer의 응용 계층에 속하지 <u>않는</u> 것은?
① Telnet
② IP(Internet Protocol)
③ FTP(File Transfer Protocol)
④ SMTP(Simple Mail Transfer Protocol)

3 다음 중 일반적으로 사용하는 네트워크 서비스와 포트번호가 잘못 연결된 것은?
① DNS : 53
② Telnet : 23
③ TFTP : 69
④ SMTP : 53

OSI 전송계층 프로토콜

전송계층의 주요 기능

- **데이터 분할과 재조립** : 상위 계층에서 받은 데이터를 작은 크기로 나누어 하위 계층으로 전달하고, 수신 측에서 다시 원래의 데이터로 재조립한다. ○ 송신 측의 시작 지점(종단)에서 수신 측의 끝 지점(종단)까지를 의미
- **흐름 제어** : 종단 대 종단(단 대 단(Point to Point))의 데이터 전송 속도를 조절하여 데이터 손실을 방지한다.
- **오류 제어** : 전송 중에 발생할 수 있는 오류를 감지하고 수정하여 무결성을 보장한다.
- **연결 제어** : 연결 지향 프로토콜(TCP)을 사용하여 통신 세션을 설정, 유지, 종료한다.
- **서비스 지점 주소 지정** : 여러 응용 프로그램이 동시에 통신할 수 있도록 각 응용 프로그램에 고유한 주소(포트 번호)를 할당하여 데이터를 올바른 응용 프로그램에 전달한다.

주요 프로토콜

① TCP(Transmission Control Protocol)
- **연결형 프로토콜** : 데이터 전송 전에 송신 측과 수신 측 간에 연결을 설정한다.
- **세그먼트(Segment) 전송** ○ TCP에서 사용되는 데이터 전송단위
    - 데이터를 세그먼트 단위로 나누어 전송한다.
    - 세그먼트는 순서 번호가 있어 수신 측에서 올바른 순서대로 재조립한다.
- **신뢰성 있는 전송**
    - 데이터의 손실, 중복, 순서 오류를 방지하기 위해 오류 제어와 흐름을 제어한다.
    - 3-Way Handshake(3번의 악수) 연결 과정

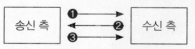

❶ 연결(SYN, Synchronize, 동기화) 요청
❷ 연결 + 수락(SYN + ACK) 응답
❸ 수락(ACK, Acknowledgment, 승인) 확인

② UDP(User Datagram Protocol)
- **비연결형 프로토콜** : 연결 설정 없이 데이터를 전송한다.
- **데이터그램 전송**
    - 데이터를 개별 데이터그램(Datagram)으로 처리하여 전송한다. ○ UDP에서 사용되는 데이터 전송단위
    - 데이터그램은 독립적으로 전송되며, 수신 측에서는 도착한 순서대로 처리하므로 데이터의 순서가 보장되지 않는다.
- **빠른 전송 속도** : 오류 제어나 흐름 제어가 없어 TCP보다 빠르게 전송되나 신뢰할 수 없다.
③ RTP(Real-time Transport Protocol) : **실시간** 멀티미디어 데이터 전송을 위한 프로토콜로, 스트리밍 응용 프로그램에서 사용된다.
④ RMP(Reliable Multicast Protocol) : IP 멀티캐스트 환경에서 데이터그램의 도착 순서가 뒤바뀌거나 손실되지 않도록 오류복구 도구를 제공하여 신뢰성을 보장한다.

> **기적의 TIP** TCP, UDP 암기 TIP
> - TCP : 모범생, 깍듯한 3번의 인사
> - UDP : 금쪽이, 대충대충 빨리빨리

개념 체크 ✓

1 TCP/IP(Transmission Control Protocol Internet Protocol) 프로토콜의 계층 중에서 발신지에 목적지까지 오류제어와 흐름 제어를 제공하면서 전체 메시지가 올바른 순서대로 도착하는 것을 보장하는 것은 어느 것인가?
① 물리계층
② 전송계층
③ 데이터링크 계층
④ 네트워크계층

2 TCP/IP 프로토콜 중에서 단대단(Point to Point) 연결, 데이터 전송 및 흐름 제어 등 서비스를 제공하는 프로토콜은?
① HTTP
② FTP
③ IP
④ TCP

3 비연결 지향 전송계층 프로토콜은?
① UDP
② TCP
③ ICMP
④ SMTP

OSI 네트워크계층 프로토콜

IP(Internet Protocol)

① IP 주소를 사용하여 패킷을 목적지까지 <u>라우팅</u>한다.
  ◦경로설정
② IPv4와 IPv6 두 가지 버전이 있다.
③ 패킷의 구조
- 헤더(Header) : 패킷의 전송과 관련된 다양한 제어 정보를 포함한다.

주요 헤더 필드	내용
IHL(Internet Header Length)	IP 헤더의 길이
VER(Version)	IP 프로토콜의 버전
TTL(Time to Live, 생존시간)	데이터그램이 무한 루프에 빠지는 것을 방지하기 위한 생존 시간제한으로, TTL이 0이 되면 해당 패킷은 폐기된다.

- 페이로드(Payload) : 실제 전송하고자 하는 데이터를 포함한다.
- 트레일러(Trailer) : 데이터 전송 오류를 확인하기 위한 오류 검출 코드 정보를 포함한다.

IPSec(Internet Protocol Security)

① IP 패킷의 인증, 무결성, 기밀성을 보장하기 위한 <u>프로토콜 스위트(Protocol Suite)</u>이다.
  ◦프로토콜 모음
② IPSec 보안 프로토콜
- AH(Authentication Header) : 데이터의 무결성과 출처를 확인하는 역할을 하며, 데이터 암호화는 하지 않는다.
- ESP(Encapsulating Security Payload) : 데이터 암호화를 통해 기밀성을 제공하며, 필요한 경우 선택적으로 무결성 검사를 추가할 수 있다.

ICMP(Internet Control Message Protocol)

① IP 프로토콜의 비연결성을 보완하기 위해 설계되었다.
② 네트워크 장비 간에 오류 메시지와 제어 메시지를 전송한다.
- 네트워크 진단 명령어
  - ping : IP 데이타그램이 도착할 수 있는지 네트워크의 연결 상태를 확인하는 명령어이다.
  - tracert(윈도우), traceroute(리눅스, 유닉스) : 네트워크 경로를 추적하는 명령어이다.

IGMP(Internet Group Management Protocol)

- <u>멀티캐스트 그룹</u> 관리를 위한 프로토콜로, 라우터의 효율
  ◦데이터를 수신하기 위한
  장치들의 집합
  적인 패킷 분배를 돕는다.
- 네트워크 장치가 어떤 멀티캐스트 그룹에 속해 있는지 라우터에게 알려주어, 필요한 수신자 그룹만 데이터를 전송할 수 있도록 멀티캐스트 <u>트래픽</u>(Traffic)을 자동으로 조
  ◦데이터의 양과 흐름
  절하고 제한한다.

ARP(Address Resolution Protocol)
                              네트워크 인터페이스
- <u>IP 주소를 MAC 주소로 변환</u>시켜 준다. ◦카드(NIC, 랜카드)에
                                     할당된 고유 식별자
- 네트워크 통신은 IP 주소와 MAC 주소 모두 필요하다.

	IP 주소	MAC 주소
유형	논리 주소	물리 주소
위치	네트워크상의 위치	데이터를 전달할 장치의 위치
주소 확인 명령어	ipconfig /all	ipconfig

RARP(Reverse Address Resolution Protocol)

- MAC 주소를 IP 주소로 변환시켜 준다.
- 네트워크에 RARP 서버가 있어야 작동하며, 확장성 부족으로 현재는 사용되지 않는다.

라우팅 프로토콜

- BGP(Border Gateway Protocol) : 대규모 네트워크에서 사용한다.
- RIP(Routing Information Protocol) : 소규모 네트워크에서 사용한다.
- OSPF(Open Shortest Path First) : 내부 네트워크에서 사용한다.

> **기적의TIP 패킷과 다이어그램**
> 패킷은 데이터 전송단위의 포괄적 개념이며, 데이터그램은 비연결형 프로토콜에서 사용되는 패킷의 한 종류

1 OSI 7계층 중 경로 설정(routing) 기능을 담당하는 계층은?
① Physical Layer
② Session Layer
③ Network Layer
④ Transport Layer

2 네트워크 패킷(Packet) 중에서도 실제 전송 데이터를 포함하는 부분은?
① 링(ring)
② 페이로드(Payload)
③ 제어 요소
④ 토큰(Token)

3 TCP/IP 프로토콜에서 네트워크계층 프로토콜이 <u>아닌</u> 것은?
① IP
② ICMP
③ DNS
④ ARP

POINT **036** **OSI 데이터링크 계층, 물리계층**

▶ 데이터링크 계층

① 기능
- **프레임 구성** : 데이터를 프레임 단위로 나누어 전송한다.
- **물리적 주소 지정** : MAC 주소를 사용한다.
- **오류 제어** : 전송 중 발생할 수 있는 오류를 검출하고 수정한다.
- **흐름 제어** : 수신 측이 데이터를 처리할 수 있도록 송신 측과 수신 측 간의 데이터 전송 속도를 조절한다.
- **접근 제어** : 여러 장치가 동일한 전송 매체를 공유할 때, 매체에 대한 접근을 제어하여 충돌을 방지한다.

② PPP(Point-to-Point Protocol, 단 대 단 프로토콜)
- 다양한 네트워크 프로토콜을 캡슐화하여 전송할 수 있도록 설계되었으며, 두 노드 간의 직접 연결을 통해 데이터를 전송한다.

- 구성요소

LCP(Link Control Protocol)	링크의 설정, 구성, 테스트 및 종료 담당
NCP(Network Control Protocol)	다양한 네트워크계층 프로토콜의 설정과 관리를 지원
PAP(Password Authentication Protocol)	보안이 낮은 간단한 인증 프로토콜
CHAP(Challenge Handshake Authentic-tion Protocol)	PAP보다 보안이 강화된 인증 프로토콜

▶ 물리계층의 역할

- **비트 전송** : 데이터를 비트(bit) 단위로 전송한다.
- **물리적 매체 제어** : 케이블, 광섬유, 무선 주파수 등 데이터를 전송하기 위한 물리적 매체를 관리한다.
- **신호 변환 및 부호화** : 데이터 전송을 위해 신호를 변조하거나 복조하여 전송에 적합한 형태로 부호화한다.
- **전송 속도 결정** : 전송할 데이터의 속도(비트 전송률)를 결정한다.

1 데이터링크 계층에서 수행하는 기능이 <u>아닌</u> 것은?
① 프레임 구성
② 오류제어
③ 흐름 제어
④ 연결제어

2 OSI 7계층에서 이더넷과 PPP를 지원하는 계층은?
① 표현 계층
② 응용 계층
③ 세션 계층
④ 데이터링크 계층

3 ( ) 안에 들어갈 적절한 단어는?

> OSI 7 Layer 중 물리계층은 물리적인 매체를 통한 ( )를(을) 전송하는데 필요한 기능을 제공한다.

① 프로토콜
② 프로그램
③ 비트
④ 대화제어

1과목 멀티미디어 개론

정보보안

POINT 037 **암호화**

▶ 암호화 핵심요소

① 평문(Plaintext, 플레인 텍스트) : 암호화되지 않은 원본 데이터이다.

② 암호문(Ciphertext, 사이퍼 텍스트) : 암호화 과정을 거친 후의 데이터이다.

③ 키(Key) ┄○암호화의 반대

• 암호화와 복호화 과정에 사용되는 값으로, 키의 길이는 보안 수준에 영향을 준다.
　　　　　　　　　　　　　　○길수록 보안성이 높음

• 키의 종류

공개키(Public Key)	누구나 접근할 수 있는 키로, 암호화에 사용
개인키(Private Key)	소유자만 알고 있는 키로, 복호화에 사용
비밀키(Secret Key)	발신자와 수신자가 공유하며 암호화와 복호화에 모두 사용

④ 키 관리(Key Management) : 키의 생성, 저장, 배포, 폐기 등의 과정이다.

⑤ 암호화 알고리즘(Encryption Algorithm) : 평문을 암호문으로 변환하는 수학적 과정으로 다양한 알고리즘이 있다.

⑥ 복호화 알고리즘(Decryption Algorithm) : 암호문을 다시 평문으로 변환하는 과정으로 암호화 알고리즘의 역과정이다.

⑦ 인증(Authentication) : 전자서명, 인증서를 통해 이루어진다.

⑧ 무결성(Integrity) : 데이터가 전송 중에 변경되지 않았음을 보장한다.

▶ 알고리즘의 종류

① 대칭키(비밀키) 암호화

• 블록 암호화 : 데이터를 고정된 크기의 블록으로 나누어 암호화한다.

AES(Advanced Encryption Standard)	가장 널리 사용되는 대칭키 암호화 알고리즘으로, 다양한 키 길이를 지원
DES(Data Encryption Standard)	현재는 보안상의 이유로 사용되지 않음
3DES(Triple DES)	DES를 세 번 적용하여 보안을 강화
IDEA(International Data Encryption Algorithm)	DES의 대안으로 개발되었으며, 강력한 보안을 제공
SEED(시드)	TTA(한국정보통신기술협회)에서 제정된 표준으로, 국내 전자상거래 및 금융 보안에 사용됨
Blowfish(블로우 피쉬)	빠른 처리 속도와, 다양한 보안 요구 사항에 대한 유연성으로 응용 프로그램에서 사용됨

• 스트림(Stream) 암호화 : 비트 스트림 단위로 암호화하는 방식으로, 실시간 데이터 전송에 적합하다. ┄○연속적인 비트의 흐름

RC4(Rivest Cipher 4) ┄○미국의 암호학자	실시간 데이터 전송, 스트리밍 환경에서 사용되었으나 현재는 보안상의 이유로 사용되지 않음
Salsa20	VPN(Virtual Private Network, 가상 사설망), 파일 암호화, 실시간 통신 등에서 사용
ChaCha20	보안성과 성능이 개선된 Salsa20의 변형으로, QUIC(Quick UDP Internet Connections, 퀵)에서 사용

（Salsa20 행 옆 주석: Ronald Rivest가 설계）
（ChaCha20 행 옆 주석: 구글이 만든 전송계층 통신 프로토콜로 구글 크롬, 유튜브 등에서 사용）

② 비대칭키(공개키) 암호화 알고리즘

• RSA(Rivest−Shamir−Adleman) : 가장 널리 사용되는 비대칭키 암호화 알고리즘으로 데이터 보안, 전자메일 암호화, 전자서명, 인증서 등 다양한 보안 프로토콜과 응용 프로그램에서 사용된다.

• ECC(Elliptic Curve Cryptography, 타원 곡선 암호화) : RSA보다 키의 길이가 짧지만, 동일한 수준의 보안을 제공하며 모바일에서 사용된다.

	암호화	복호화
대칭키 암호화 알고리즘	비밀키	비밀키
비대칭키 암호화 알고리즘	공개키	개인키

▶ 해시 함수(Hash Function)

- 데이터의 무결성을 검증하는 보안 알고리즘으로 전자서명에 사용된다.
- 키를 사용하지 않으며, 입력 데이터의 길이에 상관없이 고정된 길이의 해시값으로 출력한다.
- 서로 다른 두 입력 데이터가 동일한 해시값을 갖지 않는다.
- 단방향성으로 해시값을 통해 원래 입력 데이터의 역추적이 불가능하다.
- 입력 데이터의 작은 변화가 해시값에 큰 변화를 일으킨다 (눈사태 효과, Snowball Effect).
- 종류

SHA-1(Secure Hash Algorithm 1)	현재는 보안상의 이유로 사용되지 않음
SHA-2	높은 보안성으로 널리 사용되며, 다양한 길이의 해시값을 생성
SHA-3	보안성이 강화된 SHA-2의 후속 버전
MD5(Message-Digest Algorithm 5)	현재는 보안상의 이유로 사용되지 않음
HAS-160(Hash Algorithm Standard 160)	SHA-1를 기반으로 국내에서 개발한 대표적인 해시 함수로, KCDSA(Korean Certificate-based Digital Signature Algorithm, 한국 인증서 기반 전자서명 알고리즘)에서 사용

1 정보보호를 위한 암호화에 대한 설명으로 거리가 <u>먼</u> 것은?
① 평문 - 암호화되기 전의 원본 메시지
② 암호문 - 암호화가 적용된 메시지
③ 키(Key) - 적절한 암호화를 위하여 사용하는 값
④ 복호화 - 평문을 암호문으로 바꾸는 작업

2 대칭키 암호 시스템 중 블록 암호 방식이 <u>아닌</u> 것은?
① DES
② RSA
③ SEED
④ IDEA

3 데이터의 무결성을 검증하는 보안 알고리즘은?
① Hash 함수
② DH
③ SHED
④ AES

POINT 038 보안 기술

▶ 보안의 3요소

기밀성(Confidentiality)	인가된 사용자만 허용하여 무단 접근 방지
무결성(Integrity)	인가되지 않은 사용자에 의한 정보의 무단 변경 방지
가용성(Availability)	인가된 사용자가 언제든 정보에 접근할 수 있도록 보장

▶ 인터넷 보안

① IDS/IPS
- IDS(Intrusion Detection System, 침입 탐지 시스템) : 탐지에 중점을 두며, 직접적으로 트래픽을 차단하지는 않는다.
- IPS(Intrusion Prevention System, 침입 방지 시스템) : IDS의 기능을 포함하면서, 악의적인 트래픽을 차단하여 네트워크를 보호한다.

② 방화벽(FireWall)
- 네트워크 격리 및 출입 통제 : 네트워크의 출입로를 통제하여, 외부의 불법적인 접근을 차단하고 내부 네트워크를 보호한다.
- 호스트 시스템의 액세스(Access, 접근) 제어 : 네트워크 트래픽을 선별하여, 특정 호스트의 접근을 허용하거나 차단하는 방식으로 이루어진다.
- 취약 서비스 보호 : 특정 포트를 차단하거나 제한하여 보안에 취약한 서비스에 대한 접근을 통제함으로써 네트워크의 보안성을 높인다.
- 트래픽 활동 기록(Logging, 로깅) : 네트워크 트래픽을 모니터링하고 기록하여 통계자료를 제공한다.
③ NGFW(Next Generation Firewall, 차세대 방화벽) : 전통적인 방화벽 기능에 IDS/IPS 기능을 통합하여 더 안전하게 네트워크를 보호한다.
④ SET(Secure Electronic Transaction) : 전자상거래 시 신용카드 정보를 안전하게 전송하기 위한 지불(Payment) 프로토콜이다.
⑤ WEP(Wired Equivalent Privacy) : IEEE 802.11b 표준에 정의된 WLAN의 초기 보안 프로토콜로, 유선 네트워크와 동등한 수준의 보안을 제공하기 위해 설계되었다.

▶ 인증 및 접근 제어

① 커버로스(Kerberos) ─────○ 사용자와 서버에 암호화 키 전달
- 네트워크 인증 프로토콜로 대칭키 암호화를 사용하여 인증과 키 분배를 수행한다.
- 인증 서버로부터 받은 티켓(ticket)을 접근하려는 서버에 제시하여 인증을 받는다. ─────○ 사용자의 신원 인증, 접근 권한 부여. 입장권과 같은 개념
② OAuth(Open Authorization, 오스) : 사용자가 비밀번호를 직접 입력하지 않고도 다른 서비스에 안전하게 로그인할 수 있도록 허용하는 프로토콜이다.
 ⓔ 카카오 1초 회원가입

▶ 데이터 보안

- SSL(Secure Sockets Layer) : 넷스케이프(Netscape) 사에서 개발한 초기 보안 프로토콜로 데이터의 기밀성, 무결성, 인증을 보장한다.
- TLS(Transport Layer Security) : 현재 사용되는 인터넷 표준으로 SSL의 취약점을 보완하여 더 강력한 보안성을 제공한다.

▶ 보안 취약성 평가

① 포트 스캔(Port Scan)
- TCP와 UDP의 열린 포트를 탐지하는 기술로, 해당 포트가 악의적인 공격에 노출될 가능성이 있는지를 평가한다.
- 대상 시스템의 IP 주소를 기반으로 해당 장치의 포트 상태를 확인한다.
② 네서스(Nessus) : 가장 널리 사용되는 취약성 스캐너로, 정기적인 업데이트로 최신 취약성 정보(잘못된 설정, 보안 패치 누락 등)를 제공한다.

> **기적의TIP 포트 상태**
> TCP/UDP 포트는 0~65535번까지 총 65,536개이며, 열림(Open), 닫힘(Closed), 필터링됨(Filtered) 상태로 구분

개념 체크 ✓

1 다음 중 보안의 3대 요소에 해당하지 <u>않는</u> 것은?
① 기밀성
② 무결성
③ 가용성
④ 휘발성

2 웹 보안 프로토콜 중 RSA 암호화 기술을 기반으로 전송되는 정보를 보호하여 인터넷에서 안전하게 상거래를 할 수 있도록 지원해주는 지불(Payment) 프로토콜은?
① SET
② FTP
③ SEA
④ RS530

3 대칭키 암호방식에 근거한 키 분배 알고리즘은?
① PKI
② RSA
③ Kerberos
④ DSS

메일 보안

전자메일시스템 구성요소

MUA(Mail User Agent, 메일 사용자 에이전트)	사용자가 이메일을 작성하고 읽을 수 있도록 도와주는 소프트웨어 예 Outlook, Gmail
MTA(Mail Transfer Agent, 메일 전송 에이전트)	이메일을 발신자에서 수신자에게 전달하는 소프트웨어 예 Sendmail, Postfix
MDA(Mail Delivery Agent, 메일 배달 에이전트)	수신자의 메일 서버에서 최종적으로 수신자의 메일함에 배달하는 소프트웨어 예 Procmail, Dovecot

전자메일 표준

- RFC 5322(Internet Message Format) : 이메일 메시지의 텍스트 형식을 정의한다.
- MIME(Multipurpose Internet Mail Extensions, 다목적 인터넷 전자 우편) : 이메일에 첨부하는 이미지, 오디오, 비디오 등 다양한 콘텐츠 타입을 정의한다.
  예 image/jpeg, audio/mpeg
- SMTP(Simple Mail Transfer Protocol) : 이메일을 발신자에서 수신자의 메일 서버로 전송하는 데 사용된다.
- POP3(Post Office Protocol version 3) : 수신자의 메일 서버에서 로컬 컴퓨터로 다운로드하는 데 사용된다.
- IMAP(Internet Message Access Protocol) : 수신자의 메일 서버와 로컬 컴퓨터를 동기화하여, 여러 기기에서 이메일을 관리할 수 있도록 한다.

보안 기술

① PGP(Pretty Good Privacy)
- 1991년 필 짐머만(Phil Zimmermann)이 개발한 데이터 암호화 프로그램이다.
- RSA, AES, 3DES, IDEA 및 다양한 해시 함수 알고리즘이 사용된다.

② S/MIME(Secure/MIME)
- 이메일 메시지를 암호화하고 전자서명 하는 데 사용되는 표준이다.
- RSA, AES, 3DES 및 다양한 해시 함수 알고리즘이 사용된다.

③ PEM(Privacy Enhanced Mail, 프라이버시 향상 전자우편)
- STMP의 취약성을 보완하기 위해 만들어진 IETF의 표준안이다.
- RSA 암호화 알고리즘이 사용되었다.
- 구현의 복잡성으로 PGP, S/MIME 등으로 대체되었다.

개념 체크 ✔

1 전자메일시스템을 구성하는 요소로 거리가 먼 것은?
① MUA(Mail User Agent)
② MDA(Mail Delivery Agent)
③ MTA(Mail Transfer Agent)
④ MSA(Mail Server Agent)

2 다음 중 인터넷 메일의 표준화 규격인 MIME에서 JPEG 화상을 전자우편으로 송신할 때의 데이터 유형으로 적절한 것은?
① Multipart
② Video
③ Message
④ Image

3 다음 중 전자우편 보안 기술이 아닌 것은?
① S/MIME
② PGP
③ SSL
④ PEM

악성 소프트웨어

바이러스

- 숙주 프로그램에 붙어 함께 실행되는 악성코드(Malware, 멀웨어)로, 사용자가 감염된 파일을 실행할 때 활성화된다.
- 주요 종류

파일 감염 바이러스 (File Infector Virus)	실행 파일에 감염되어 파일이 실행될 때마다 활성화됨
부트 섹터 바이러스 (Boot Sector Virus)	컴퓨터의 부트 섹터에 감염되어 시스템이 부팅될 때 활성화됨
매크로 바이러스 (Macro Virus)	문서 파일의 매크로 기능을 통해 감염되며 워드, 엑셀 같은 오피스 문서에 영향을 줌
폴리모픽 바이러스 (Polymorphic Virus)	• 자신을 복제할 때마다 코드를 변형하여 탐지를 어렵게 만드는 악성코드 • 안티바이러스 소프트웨어의 탐지를 피하고자 설계되어 있어 매우 교묘함

웜(Worm)

독립적으로 실행되며, 네트워크를 통해 스스로 전파되어 시스템의 자원을 소모하고 네트워크 트래픽을 증가시킨다.

트로이 목마(Trojan Horse)

* 유용한 프로그램인 것처럼 가장하여 설치되지만, 백그라운드에서 악의적인 활동을 수행한다.
* 백도어(Backdoor)를 설치하여 공격자가 시스템에 몰래 접근할 수 있는 숨겨진 경로를 제공한다.

랜섬웨어(Ransomware)

파일을 암호화하여 접근을 차단하고, 해제를 빌미로 금전을 요구한다.

* 주요 종류

워너크라이 (WannaCry)	• 2017년 전 세계적으로 기업과 공공 기관에 큰 피해를 줌 • 윈도우 운영체제의 취약점을 이용해 네트워크로 빠르게 확산함 • 파일을 암호화하고, 비트코인으로 금전을 요구함
록키 (Locky)	• 2016년에 처음 발견된 랜섬웨어로, 이메일 첨부 파일을 통해 전파됨 • 워드 문서나 스크립트 파일을 통해 감염되며, 파일을 암호화한 후 금전을 요구함
테슬라크립트 (TeslaCrypt)	• 2015년 처음 등장한 랜섬웨어로, 게임 파일을 타겟으로 삼음 • 2016년 테슬라크립트의 개발자들이 갑작스럽게 복호화 키를 공개하면서 복구됨
페트야 (Petya)	• 2016년에 처음 발견된 랜섬웨어로, HDD의 마스터 부트 레코드(MBR)를 암호화하여 시스템 자체를 부팅할 수 없게 만듦 • 2017년 변종 낫페트야(NotPetya)는 우크라이나의 은행, 공항, 기업들에 큰 피해를 줌

스파이웨어(Spyware)

사용자 모르게 설치되어 개인정보를 수집하고, 주기적으로 특정 서버에 전송한다.

1 컴퓨터 바이러스의 설명으로 틀린 것은?
① 복제(증식) 기능, 은폐 기능, 파괴 기능과 같은 특징이 있다.
② 감염부위에 따라 부트 바이러스, 파일 바이러스, 부트/파일 바이러스 등으로 분류한다.
③ 매크로 바이러스는 감염대상이 실행파일이다.
④ 감염경로는 불법복사, 인터넷 등이 있다.

2 감염대상이 마이크로소프트사의 엑셀과 워드에서 사용하는 문서 파일을 읽을 때 감염되는 바이러스는?
① 부트 바이러스
② 트로이 목마 바이러스
③ 도스 바이러스
④ 매크로 바이러스

3 악성코드(프로그램) 중 인터넷 또는 네트워크를 통해서 컴퓨터에서 컴퓨터로 전파되는 프로그램으로 다른 컴퓨터의 취약점을 이용하여 스스로 자신을 복제해서 전파되거나 메일로 전파되는 것은?
① 디도스
② 웜
③ 백도어
④ 트로이 목마

POINT 041 해킹 기술

위장

① 스푸핑(Spoofing, 속임수) : 정당한 사용자로 위장하여 시스템에 침투한다.

* 종류

IP 스푸핑	신뢰할 수 있는 IP 주소로 위장하여 시스템에 접근하는 방법으로, 서비스 거부 공격(DoS)에 사용됨
이메일 스푸핑	신뢰할 수 있는 발신자로부터 이메일을 받은 것처럼 이메일 주소를 위조하여 속이는 방법으로, 피싱 공격에 사용됨
웹사이트 스푸핑	가짜 웹사이트를 만들어 사용자가 개인정보를 입력하도록 유도하는 방법으로, 피싱과 파밍 공격에 사용됨
DNS 스푸핑	DNS 서버를 조작하여 사용자가 악성 웹사이트로 접속하도록 유도하는 방법으로, 올바른 URL을 입력해도 가짜 사이트로 연결됨
MAC 스푸핑	MAC 주소를 위조하여 네트워크에 접근하거나 다른 장치로 위장
ARP 스푸핑	공격자의 MAC 주소를 다른 장치의 IP 주소와 연결하여 네트워크 트래픽을 가로채거나 변조함

② 에블 트윈(Evil Twin) : 합법적인 Wi-Fi 네트워크를 복제한 가짜 Wi-Fi 네트워크를 만들어 접속 사용자의 정보를 가로챈다.

③ FTP 바운스 공격

- FTP 서버에 <u>PORT 명령</u>을 보내어 공격하려는 컴퓨터에 파일을 보내도록 한다. ┄┄○사용할 IP 주소와 포트 번호를 지정하는 명령어
- 공격자는 FTP 서버를 통해 자신의 정체를 숨기고 다른 컴퓨터에 접근할 수 있다.

④ Fake Mail(가짜 메일) : FTP 바운스 공격을 이용하여 자신의 정체를 숨기고 메일을 보내는 방법으로, 피싱이나 스팸메일에 사용된다.

⑤ 워터링 홀(Watering Hole) : 표적 집단이 자주 방문하는 웹사이트를 미리 감염시켜, 해당 사이트를 방문하는 사용자들이 악성코드에 감염되도록 한다.

▶ 사회공학(Social Engineering)

- 사람의 심리를 이용하여 공격자의 목적을 위해 행동하도록 만드는 기술이다.
- 종류

피싱(Phishing)	금융기관 등을 사칭하여 개인정보를 탈취하는 사기 수법 ⑩ 링크를 클릭하면 가짜 웹사이트에 접속
파밍(Pharming)	DNS 스푸핑을 이용하여 사용자를 가짜 웹사이트로 유도하는 수법
베이팅(Baiting)	사용자의 호기심을 유발하여 악성 소프트웨어를 설치하게 유도하는 기술 ⑩ 무료 음악, 영화 다운로드 등을 미끼로 사용

▶ 서비스 거부 공격(DoS, Denial of Service)

- 대량의 데이터를 보내 시스템의 과부하를 일으켜 정상적인 서비스를 방해한다.
- 종류

SYN Flooding (플러딩, 범람)	TCP 연결 설정 과정에 다수의 SYN 패킷을 보내고 응답을 기다리지 않음으로써 과도한 트래픽 유발
UDP Flooding	대량의 UDP 패킷을 전송하여 과도한 트래픽 유발
ICMP Flooding	대량의 ICMP 패킷을 전송하여 과도한 트래픽 유발 ┄┄○데이터 저장 공간의 한계를 넘는 상황
Ping of Death	비정상적으로 큰 크기의 ICMP 패킷을 전송하여 오버플로우(Overflow)가 발생하도록 함
Land Attack	패킷의 출발지 IP 주소와 목적지 IP 주소를 동일하게 설정하여 시스템의 혼란 유발
Smurf Attack	• ICMP 프로토콜을 사용한 공격 방법 • 브로드캐스트 주소로 위장한 요청을 보내, 네트워크에 연결된 모든 장치들이 동시에 응답하도록 하여 과도한 트래픽 유발
Fraggle Attack	Smurf Attack과 유사한 공격 방법으로 UDP 프로토콜 사용
DDoS(디도스, Distributed Denial of Service, 분산도스)	여러 시스템을 동시에 사용하여 단일 대상을 플러드 공격(Flood Attack)함 ┄┄○대량 트래픽을 보내 시스템 과부하

감시 및 탐지

① 스니핑(Sniffing, 염탐)

- 스니퍼(Sniffer)를 사용하여 네트워크 트래픽을 엿보는 행위이다.
- 스니퍼 탐지 방법 ⌐◦IP와 MAC 주소 간의 매핑 정보가 저장된 데이터 구조

ARP 감시	ARP 테이블을 모니터링하여 ARP 스푸핑을 통해 패킷을 가로채는 시도를 감시
Ping 방법	모든 호스트에 Ping을 보내고 응답시간을 측정하여 비정상적인 지연을 감지
DNS 테스트 이용	DNS 요청에 대한 비정상적인 응답을 모니터링하여 스니퍼의 존재를 의심할 수 있음
Promiscuous (프러미스큐어스, 혼잡) 모드 탐지	네트워크의 모든 패킷을 수신할 수 있는 모드로, Promiscuous 모드가 설정되어 있는지 의도적으로 잘못된 패킷을 보내 응답을 확인해 봄
Decoy(디코이, 미끼) 이용	네트워크에 가짜 아이디와 패스워드를 뿌려 이 아이디와 패스워드의 접속 시도를 탐지

② 워 드라이빙(War Driving) : 이동체에 무선 장치를 장착하고 주행하며 AP(Access Point)를 탐색하는 것으로, 무선 랜 해킹의 초기 단계에 사용된다. ⌐◦유. 무선 네트워크를 연결하는 중계 장치

암호 해독 공격

- 브루트 포스 공격(Brute-Force Attack) : 가능한 모든 경우의 수를 대입하여 암호를 해독한다.
- 사전 공격(Dictionary Attack) : 사람들이 자주 사용하는 비밀번호나 단어들로 구성된 사전에 있는 단어들을 사용하여 암호를 추측한다. ⌐◦미리 준비된 단어 목록

기적의 TIP

해킹 공격 이름의 유래
- 해킹 공격의 이름을 붙일 때 기술적 특성보다 기억하기 쉬운 이름을 짓는 것이 통상적
- Smurf Attack : 1990년대 후반에 등장한 공격 기법으로, 만화의 주인공 '스머프'들이 작은 존재들이지만 함께 모이면 큰 영향을 미칠 수 있다는 점에서 이름을 착안
- Fraggle Attack : 미국의 어린이 TV 프로그램인 'Fraggle Rock'에서 착안

스니퍼의 사용
네트워크상의 데이터를 캡처하고 분석하는 소프트웨어로, 스니핑은 사용 목적에 따라 합법적일 수도, 불법적일 수도 있음

윈도우의 Promiscuous 모드
윈도우에서는 네트워크 상태를 확인하는 명령어가 없으므로, IDS(Intrusion Detection System, 침입 탐지 시스템)와 같은 네트워크 분석 도구를 사용

개념 체크 ✓

1 스푸핑(Spoofing)의 종류가 <u>아닌</u> 것은?
① RPC Spoofing
② IP Spoofing
③ ARP Spoofing
④ DNS Spoofing

2 서비스거부공격(Denial of Service)과 관련이 가장 적은 것은?
① Fraggle Attack
② Smurf Attack
③ Land Attack
④ Trojan Attack

3 스니퍼를 탐지하는 방법으로 가장 거리가 <u>먼</u> 것은?
① UDP를 이용한 방법
② ARP를 이용한 방법
③ Ping을 이용한 방법
④ DNS를 이용한 방법

POINT 042 **인터넷 비즈니스 모델**

▶ 구성요소

콘텐츠(Contents)	사용자에게 제공하는 디지털 정보로, 가치를 전달하는 핵심요소
커스터마이제이션 (Customization)	개별 사용자의 요구와 선호에 맞춘 맞춤형 서비스
커머스(Commerce)	웹상에서 이루어지는 모든 거래 활동(판매 및 구매)
커뮤니케이션 (Communication)	상호작용을 통하여 의견과 정보를 교환할 수 있도록 하는 요소
커뮤니티 (Community)	공통의 관심사를 가진 사용자들이 모여 의견과 정보를 나누는 공간으로, 유대감 형성에 기여
연결(Connectivity)	인터넷을 통해 사용자와 서비스 간, 사용자와 사용자 간의 연결을 가능하게 하는 요소

▶ 인터넷 비즈니스 모델 유형

① 광고 기반 모델
- 콘텐츠를 무료로 제공하고, 광고를 통해 수익을 창출한다.
- 콘텐츠가 최대한 많은 사용자에게 도달하는 것이 중요하다.

② 구독 모델
- 사용자가 정기적으로 요금을 지불하고 콘텐츠에 접근한다.
- 콘텐츠의 품질과 지속적인 업데이트가 중요하다.

③ 프리미엄 모델
기본 콘텐츠는 무료로 제공하되, 추가 기능이나 고급 콘텐츠에 대해 요금을 부과한다.

④ 전자상거래 모델
- 인터넷을 통해 제품이나 서비스를 직접 판매한다.
- 제품 설명, 리뷰, 이미지 등의 콘텐츠는 구매 결정에 영향을 미친다.

▶ 인터넷 비즈니스 형태

B2B(Business to Business)	기업 간의 거래
B2C(Business to Consumer)	기업과 소비자 간의 직접 거래 예 온라인 쇼핑몰
C2C(Consumer to Consumer)	소비자 간의 거래 예 당근, 이베이
C2B(Consumer to Business)	소비자가 기업에게 가치를 제공 예 소비자 리뷰, 아이디어 공모전
O2O (Online to Offline)	온라인과 오프라인의 장점을 결합한 형태로, 온라인에서 정보를 제공하고 오프라인에서 실제 구매가 이루어지도록 유도 예 카카오T, 야놀자, 배달의 민족
P2P (Peer to Peer)	개인 간의 기술적 직접 연결을 통해 자원을 공유하거나 거래 예 토렌트, P2P 대출 플랫폼

개념 체크 ✔

1 인터넷 비즈니스 모델의 구성요소 중 일부이다. 올바른 설명이 <u>아닌</u> 것은?
① Contents : 웹사이트가 가지고 있는 디지털화된 정보
② Customization : 개별 사용자를 위한 맞춤화 서비스
③ Commerce : 웹상에서 이뤄지는 상품 판매 관련 거래
④ Communication : 자신들의 공통 관심사에 대하여 의견과 정보를 교환하는 사용자 간의 비공식적인 공동체

2 인터넷 비즈니스 모델 중 C to B를 가장 올바르게 표현한 것은?
① Commerce to Business
② Customer to Business
③ Commerce to Buy
④ Customer to Buy

3 온라인과 오프라인 소비 채널을 융합한 마케팅을 통해 소비자의 구매를 촉진하는 새로운 비즈니스 모델은?
① O2O(Online to Offline)
② Open Market
③ Closed Market
④ Complex Market

POINT 043 콘텐츠 소비자 분석

소비자의 제품 가치 판단 기준

합리성	설계가 얼마나 논리적이고 체계적인가를 평가하는 기준으로, 시스템의 효율성과 관련이 있음
심미성	시각적, 청각적 요소를 평가하는 기준으로 그래픽, 오디오 등의 품질과 관련이 있음
독창성	콘텐츠의 창의성과 혁신성은 사용자의 관심을 끌고 유지하는 데 중요한 역할을 함
기능성	원활한 재생과 다양한 콘텐츠 제공 등 사용자의 기대를 충족시키는지 평가함
경제성	제품이나 서비스의 비용이 합리적인지 평가하는 기준

소비 심리 요인

- 문화적 요인 : 소비자의 가치관, 신념, 전통 등이 구매 결정에 영향을 미친다.
- 사회적 요인 : 가족, 친구, 동료 등 사회적 관계와 집단이 소비자 행동에 영향을 미친다.
- 심리적 요인 : 개인의 동기, 인식, 학습, 신념, 태도 등이 소비 행동에 영향을 미친다.
- 개인적 요인 : 연령, 직업, 경제적 상황, 라이프스타일, 성격 등이 소비자 선택에 영향을 미친다.
- 경제적 요인 : 소비자의 소득 수준, 경제 상황, 가격 민감도 등이 구매 결정에 영향을 미친다.

소비자 구매 행동 과정(AIDMA 모델)

주의(Attention)	소비자가 제품이나 서비스에 대한 정보를 처음 접하고 주의를 기울이는 단계
흥미(Interest)	제품이나 서비스에 대한 관심이 생기는 단계
욕망(Desire)	제품이나 서비스를 소유하고자 하는 욕망이 생기는 단계
기억(Memory)	제품이나 서비스에 대한 정보를 기억하는 단계
행동(Action)	실제로 구매 행동을 하는 단계

▲ 아이드마 모델 흐름도

소비자 의사결정 과정

문제인식	소비자가 자신의 필요나 문제를 인식하는 단계
정보탐색	문제를 해결하기 위해 정보를 찾는 단계
대안평가	수집한 정보를 바탕으로 여러 대안을 평가하는 단계
구매결정	최종적으로 구매할 대안을 선택하는 단계
구매 후 행동	구매 후 제품에 대한 만족도 평가 및 후속 행동을 하는 단계

개념 체크 ✓

1 제품의 가치 판단 기준이 바르게 연결된 것은?
① 합리성 : 프로세스, 팀워크, 시스템의 문제
② 독창성 : 사용자의 심리적인 욕망을 충족
③ 경제성 : 디자이너의 조형능력 및 창조력
④ 심미성 : 제품의 경제성 고려

2 소비자의 생활 유형(Life Style)에서 소비자 행동에 영향을 미치는 요인이 아닌 것은?
① 문화적 요인
② 활동적 요인
③ 심리적 요인
④ 사회적 요인

3 소비자 구매 과정을 바르게 나열한 것은?
① 주의 → 흥미 → 욕망 → 기억 → 행동
② 흥미 → 욕망 → 기억 → 행동 → 주의
③ 주의 → 욕망 → 기억 → 흥미 → 행동
④ 욕망 → 흥미 → 행동 → 주의 → 기억

POINT 044 마케팅 개요

기본 개념

- 마케팅(Marketing)이란 생산자로부터 소비자 또는 사용자에 이르는 제품 및 서비스의 흐름을 관리하는 기업 활동이다(미국 마케팅 협회 American Marketing Association, 1960).
- 마케팅은 조직과 이해관계 당사자들에게 이익이 되는 방법으로 고객가치를 창조하고 소통하고 전달하며, 고객관리를 위한 조직의 기능과 일련의 과정이다(미국 마케팅 협회, 2004).
- 경영 활동 전반(소비자의 욕구를 충족시켜 주는 제품 및 서비스 계획, 가격 결정, 촉진, 유통 등)에 대한 체계이다.
  └······○구매유도를 위한 활동

마케팅 기본 원리

- **소비자 욕구 파악** : 소비자의 욕구를 이해하고 충족시키는 것이 마케팅의 핵심이다.
- **소비자 행동 분석** : 소비자의 구매 행동과 선호도를 분석하여 효과적인 마케팅 전략을 수립한다.
- **맞춤형 전략** : 마케팅 목표와 소비자 집단을 명확히 규정하고, 그 특성에 맞는 홍보 및 판매 전략을 선택한다.
- **관계 구축** : 고객과의 장기적인 관계를 구축하여 충성도를 높이고 반복 구매를 유도한다.
- **피드백과 조정** : 소비자 피드백(Feedback)을 수집하여, 제품이나 서비스 개선에 반영한다.
  └○의견, 반응, 조언, 평가

마케팅의 기능

- 촉진 기능

광고	브랜드 인지도를 높이고, 소비자의 구매 의사 자극
홍보(PR, Public Relations)	언론 보도, 이벤트, 사회 공헌 활동 등으로 긍정적인 이미지 구축
판매 촉진(Promotion, 프로모션)	단기적으로 판매를 돕는 활동 예 할인, 쿠폰, 샘플 제공, 경품 행사 등
표준화의 등급화	품질을 일정하게 유지하고 등급을 매겨, 선택 기준을 제공하고 브랜드 신뢰성을 높임

- 교환 기능

가격 설정	제품이나 서비스의 가치를 반영하여 적절한 가격 책정
거래	구매자와 판매자 간의 계약을 체결하여 교환 완료
결제	다양한 결제 수단을 제공하여 원활한 거래 지원

- 물류 기능

운송	생산지에서 소비자에게 전달하는 과정으로, 효율적인 운송은 비용 절감과 신속한 배송에 기여
재고 관리	적절한 양의 제품을 보유하여 수요 변화에 대응
창고 관리	제품을 안전하게 보관하고 필요할 때 신속하게 출고할 수 있도록 관리

- 커뮤니케이션 기능

정보 기능	시장 조사, 소비자 피드백 수집, 경쟁 분석 등을 통해 시장에 대한 정보를 수집하고 분석
제시 기능	광고, 홍보, 판매 촉진 등을 통해 제품이나 서비스의 장점과 혜택을 소비자에게 알림
조정 기능	부서 간 협력, 파트너십 관리 등 기업 내외부의 이해관계 조정을 통해 원활한 마케팅 활동을 보장

개념 체크 ✓

1 현재 또는 잠재적인 소비자의 욕구를 충족시켜 주는 제품 및 서비스에 대해 계획하고, 가격을 결정하며, 판촉활동을 하고 배포하도록 계획된 경영 활동의 전반적인 체계를 무엇이라 하는가?
① 시장조사
② 리서치
③ 기획
④ 마케팅

2 마케팅의 기본 원리와 가장 거리가 먼 내용은?
① 좋은 디자인은 훌륭한 판매자의 역할을 한다
② 소비자의 욕구를 파악한다.
③ 회사의 세무관계를 조사한다.
④ 소비자의 행동을 파악한다.

3 다음 중 마케팅 커뮤니케이션의 기능에 포함되지 않는 것은?
① 정보 기능
② 제시 기능
③ 조정 기능
④ 구조 기능

POINT 045 마케팅 전략 수립

시장 조사(Market Research)

① 소비자의 필요와 욕구를 이해하기 위한 조사 과정이다.

② 소비자 특성(행동, 선호도, 동기 등) 분석, 판매 분석, 트렌드(Trend) 분석 등을 수행한다. ⟶ 경향, 추세, 변화, 흐름

③ 시장 조사 유형

• 질적 조사

 - 소규모의 표본을 대상으로 정성적인 데이터(질적 데이터)를 수집한다. ⟶ 숫자나 통계로 표현되지 않는 데이터

 - 심층 면접, 포커스 그룹(Focus Groups), 관찰, 사례 연구 등이 사용된다. ⟶ 소규모 그룹과의 토론

• 양적 조사

 - 대규모의 표본을 대상으로 수치화된 데이터를 수집한다.

 - 설문조사(Surveys), 실험, 데이터 분석, 패널 조사(Panel Studies) 등이 사용된다. ⟶ 동일 대상을 일정 기간 반복적으로 조사

제품 수명주기(PLC, Product Life Cycle) 분석

도입기 (Introduction Stage)	• 제품이 처음 시장에 출시되는 단계 • 인지도를 높이기 위해 적극적인 광고와 홍보가 필요함 • 시장 침투를 위해 가격을 낮게 설정하거나, 혁신성과 차별성이 있는 제품의 경우 높은 가격을 설정하여 고급 이미지를 구축할 수 있음
성장기 (Growth Stage)	• 인지도가 증가하여 판매량이 급격히 증가하는 단계 • 제품의 차별화, 브랜드 강화, 유통 채널 확장, 가격 경쟁력 유지 등이 필요함 • 경쟁자가 시장에 진입하기 시작함
성숙기 (Maturity Stage)	• 시장이 포화 상태에 이르고, 매출 증가율이 둔화하는 단계 • 경쟁이 치열해지면서 이에 대응하기 위한 마케팅 비용이 증가함 • 가격을 낮추는 전략을 사용하게 되며, 이로 인해 이익이 정지되거나 감소함 • 경쟁이 심화되면서 일부 경쟁자들은 시장에서 퇴출
쇠퇴기 (Decline Stage)	• 시장 수요가 감소하고, 판매량이 줄어드는 단계 • 기술 변화나 소비자 취향의 변화로 제품의 매력이 감소함 • 제품을 철수하거나, 새로운 기능을 추가하여 수명을 연장할 수 있음

STP 전략

① 시장 세분화(Segmentation) 전략

• 전체 시장을 다양한 기준(인구통계, 심리, 행동 등)에 따라 세분화한다.

• 셰어 맵(Share Map) : 시장점유율(Market share, 마켓 셰어)을 시각적으로 나타내는 도구이다.

② 타겟팅(Targeting) 전략 : 세분화된 시장 중에서 제품이나 서비스에 가장 적합한 목표 시장을 선택한다.

③ 포지셔닝(Positioning) 전략

• 목표 시장에서 제품이나 서비스가 차별화될 수 있도록 브랜드 이미지를 구축한다.

• 포지셔닝 맵(Positioning Map)

 - 시장에서 제품이나 브랜드의 위치를 시각적으로 나타내는 도구이다.

 - 2차원 또는 3차원 지도를 통해 소비자 인식 차이를 명확하게 볼 수 있다.

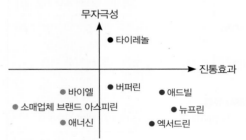

▲ 포지셔닝 맵 예시 '진통제 브랜드'

마케팅 믹스

① 마케팅 4P ⟶ 제품이나 서비스를 성공시키기 위한 전략적 도구

• 기업 중심의 전통적인 마케팅 전략이다.

• 구성요소

제품(Product)	소비자의 욕구를 충족시키는 특성과 품질 결정
가격(Price)	제품이나 서비스의 가치를 반영하여 적절한 가격 설정
유통(Place)	제품의 유통 경로 관리
촉진(Promotion)	광고, 홍보, 판매 촉진 등을 통해 구매 유도

② 마케팅 4C

- 고객 중심의 현대적 마케팅 전략이다.
- 구성요소

고객 (Customer, Consumer)	제품이 아닌 고객의 욕구와 필요를 중심으로 전략 수립
비용(Cost)	단순한 가격이 아닌, 고객이 느끼는 가치와 비용 고려
편의(Convenience, 컨비니언스, 편리성)	쉽게 구매할 수 있도록 유통 경로와 접근성 개선
커뮤니케이션 (Communication, 의사소통)	일방적인 촉진이 아닌 쌍방향 소통을 통해 관계 구축

③ 인터넷 마케팅 4C

- 디지털 환경에 맞춘 고객 관계 중심의 마케팅 전략이다.
- 구성요소

고객(Customer, Consumer)	제품이 아닌 고객의 욕구와 필요를 중심으로 전략 수립
콘텐츠(Content)	고객에게 가치를 제공하는 우수한 콘텐츠를 제작
커뮤니티(Community, 공동체)	고객과의 관계 강화를 위한 온라인 커뮤니티를 구축하고 참여를 유도
상거래(Commerce)	편리한 결재 시스템과 사용자 경험을 제공

> **기적의TIP 설문조사 유형**
> 전화 면접 조사, 우편 질문지 조사, 온라인 설문조사, 대면 설문조사

개념 체크 ✓

1 시장 조사 방법에서 질적 조사 방법에 해당하는 것은?
① 전화 면접법
② 개별 면접 방법
③ 우편 질문지법
④ 심층 면접 방법

2 마케팅 믹스를 통하여 소비자들에게 자사 제품의 정확한 위치를 인식시키기 위하여 자사 제품과 경쟁 제품의 위치를 2, 3차원 공간에 작성한 지도는?
① 크레이즈 맵
② 포지셔닝 맵
③ 버츄얼 맵
④ 커뮤니케이션 맵

3 마케팅 믹스(Marketing mix)의 구성요소가 <u>아닌</u> 것은?
① 제품(Product)
② 가격(Price)
③ 촉진(Promotion)
④ 서비스(Service)

POINT 046 마케팅 도구

▶ **전통적인 매체 광고**

① 신문 광고

- 신문에 게재되는 광고로, 텍스트와 이미지를 사용하여 독자에게 자세한 메시지를 전달한다.
- 신뢰할 수 있는 정보 출처로 인식되기 때문에, 신문에 게재된 광고들도 신뢰성을 얻는다.
- 일간지, 주간지 등 발행주기가 짧아 광고주의 요구에 따른 신속한 광고 게재가 가능하다.
- 다양한 독자층을 대상으로 하며, 지역부터 전국까지 배포되어 직업, 소득, 연령층과 관계없이 광범위한 도달 범위를 가진다.

② 잡지 광고

- 특정 주제나 관심사를 다루는 잡지에 실리는 광고로, 관심 분야에 따른 구체적 독자층을 타켓팅(Targeting)할 수 있다.
- 고품질의 인쇄물로 제공되며, 잡지의 고급스러운 이미지와 연결되어 브랜드 이미지를 강화한다.
- 고해상도 컬러 인쇄와 세련된 디자인은 독자의 <u>소구력</u>을 높인다.   관심을 사로잡는 능력○┈
- 오랫동안 보관하고 반복해서 읽는 경우가 많아 광고 노출 기간이 길다.
- 여러 사람에게 회람되어 발행 부수 이상의 독자를 갖는다.

③ 라디오 광고

라디오 방송을 통해 청취자에게 전달되는 오디오 광고로, 지역적 선택이 가능하다.

④ TV 광고
- TV 프로그램 사이에 방영되는 영상 광고로, 시청자에게 시각적, 청각적 메시지를 전달한다.
- 광고 유형

네트워크(Network) 광고	전국 방송을 통해 송출되는 광고로, 광범위한 시청자에게 도달할 수 있음
로컬(Local) 광고	지역 방송을 통해 송출되는 지역 대상 광고로, 지역 특성에 맞춘 메시지 전달
프로그램 광고(Program Advertisement)	TV 프로그램의 시작이나 끝에 삽입되는 광고로, 프로그램의 타겟 시청자층에 맞춰 광고 선택
스팟(Spot) 광고	프로그램 중간에 삽입되는 광고로, 광고주가 원하는 시간대와 프로그램에 맞춰 전략적으로 배치
특집 광고(Special Advertisement)	이벤트나 캠페인에 맞춰 특별히 제작된 광고로, 특별한 시간대에 집중적으로 방영
스폰서 광고 (Sponsored Ads)	제작비를 지원하는 대가로 프로그램 내에 브랜드나 제품을 노출하는 광고로, 프로그램의 시작이나 끝에 스폰서로 언급되기도 함

▶ 다이렉트 마케팅(Direct Marketing, 직접 마케팅)

다이렉트 우편 (Direct Mail)	우편을 통해 전단지, 카탈로그(Catalog), 엽서 등을 고객에게 직접 발송
이메일 마케팅	이메일을 통해 뉴스레터, 프로모션, 제품 정보 등을 고객에게 직접 발송
전화 마케팅	콜센터나 텔레마케팅을 통해 고객과 직접 대화하며 제품이나 서비스를 소개
SMS 마케팅	문자 메시지를 통해 짧고 간결한 정보를 고객에게 전달

▶ 디지털 광고

검색 광고 (Search Advertising)	검색 엔진 결과 페이지에 표시되는 광고
디스플레이(Display) 광고	웹사이트에 배너(Banner)나 이미지 형태로 표시되는 광고 └─○클릭하면 광고 페이지로 이동
소셜 미디어 광고	페이스북, 인스타그램, 트위터 등 소셜 미디어 플랫폼을 통한 광고
네이티브(Native) 광고	콘텐츠와 자연스럽게 어우러져 광고임을 인식하기 어려움 ⓓ 블로그의 콘텐츠 추천 영역
비디오 광고 (Video Advertising)	유튜브, 웨이브, 트위치 등 스트리밍 플랫폼에서 사용되는 광고
이메일 마케팅 (Email Marketing)	구독자에게 직접 이메일을 보내는 방식

1 신문 광고와 비교하여 잡지 광고가 가지는 특성으로 가장 적절한 것은?
① 자료보관이 어렵고 회람률이 낮다.
② 매일 매일의 시리즈 광고에 적합하다.
③ 관심 분야에 따른 독자층을 선택할 수 있다.
④ 구독률이 매우 높아 광고의 안정성이 높다.

2 다음 중 우리나라 텔레비전 광고의 유형이 <u>아닌</u> 것은?
① 프로그램 광고
② 스팟(Spot) 광고
③ 특집광고
④ 네온사인 광고

3 TV 광고의 장점으로 적절하지 <u>않은</u> 것은?
① 시각과 청각을 결합하여 동적으로 제시할 수 있다.
② 타 매체에 비해 수용자의 규모가 커서 광고의 효과가 높다.
③ 시청자의 특성을 반영한 광고 집행이 가능하다.
④ 다른 매체에 비해 광고제작비와 광고료가 저렴하여 광고주의 부담이 적다.

콘텐츠 기획

POINT **047** 아이디어 발상

▶ 기본 개념
- 새로운 생각이나 개념을 창출하는 과정이다.
- 고정관념을 배제하고 다양한 관점에서 문제를 바라본다.
- 기존의 사실이나 정보를 바탕으로 새로운 해결책을 창출한다.
- 체계적인 사고방법에 따라 훈련된다.

▶ 아이디어 발상 기법
① 브레인스토밍(Brainstorming)
- 자유롭게 아이디어를 제시하는 기법으로, 아이디어의 양을 중시한다.
- 5~7명의 집단이 최적이며, 모든 참가자가 자유롭게 의견을 제시하고 기록한다.
- 비판을 금지하고, 폭넓은 사고를 통하여 우수한 아이디어를 얻는다.
- 민주적인 형식으로 진행되며, 리더는 자유로운 발상을 촉진하는 역할한다.

② 수평적 사고(Lateral Thinking)
- 심리학자 에드워드 데 보노(Edward de Bono)가 제안한 기법이다.
- 논리적이고 직선적인 사고가 아닌 창의적이고 수평적인 사고를 통해 아이디어를 도출한다.

③ 고든법(Gordon Method)
- 문제를 구체적으로 설명하지 않고 일반적인 주제를 제시하여 자유로운 토론을 유도한다.
- 참가자들은 문제의 본질을 모른 채로 아이디어를 제시함으로써 고정관념을 피한다.

④ 시네틱스(Synectics)
- 서로 관련이 없어 보이는 두 개 이상의 요소를 결합하거나 조합하여 새로운 아이디어를 창출한다.
- 직접 유추, 개인적 유추, 상징적 유추를 통해 다른 관점과 사고의 전환을 제공한다.

⑤ KJ법
- 일본의 문화인류학자 가와카타 지로(Kawakita Jiro)의 이름에서 유래한 방법론이다.
- 가설 발견의 방법으로, 직감적으로 관계가 있다고 느끼는 사실이나 정보를 그룹화하여 새로운 아이디어를 얻는다.
- 시각적 배열을 통해 패턴을 발견하고, 문제 해결의 실마리를 찾는다.
- 아이디어 도출 과정 : 포스트잇에 아이디어 수집 → 관련성에 따라 포스트잇 그룹화 → 우선순위 결정 → 실행계획 수립

▶ 아이디어 스케치 기법

스크래치 스케치 (Scratch Sketch)	• 아이디어 발상 초기 단계에서 간략하게 그리는 방법으로, 컬러링과 세부 묘사 생략 • 가장 초보적이고 불완전한 스케치로, 아이디어나 구성을 중심으로 표현
러프 스케치 (Rough Sketch)	• 디자인 요소 간의 구상을 검토하기 위한 스케치 • 대략적인 스케치로, 선과 간단한 음영, 재질을 표현해 입체감을 나타냄
썸네일 스케치 (Thumbnail Sketch)	• 세밀한 묘사보다는 간략하고 신속하게 아이디어의 개요를 잡음 • 아이디어를 빠르게 시각화하기 위해 프리핸드 (Free hand) 스케치함 손으로 직접○
스타일 스케치 (Style Sketch)	• 가장 정밀한 스케치로 외관의 형태, 컬러, 질감 등을 표현 • 최종 결과물에 가까운 형태로, 디자인의 세부 사항을 명확히 나타냄

> 기적의 TIP **우산 디자인 개선 예시**
> - 직접 유추 : 꽃이 피고 지는 과정을 통해 우산의 접고 펴는 방식 개선 아이디어 도출
> - 개인적 유추 : 스스로 우산이 된 상상을 통해 바람에 강한 구조 추가 아이디어 도출
> - 상징적 유추 : 우산을 이동식 지붕으로 비유하여 편안한 손잡이와 손전등 추가 아이디어 도출

1 아이디어 발상에 대한 설명으로 적합하지 <u>않은</u> 것은?

① 생각하거나 미루어 짐작하는 것
② 사실을 전제로 새로운 사실을 만드는 것
③ 궁극적인 효과를 제시하고 분석하는 것
④ 체계적인 사고방법에 의해 훈련되는 것

2 브레인스토밍에 대한 설명으로 옳은 것은?

① 아이디어의 양보다는 질을 중시한다.
② 민주적인 형식으로 자유롭게 아이디어를 제시할 수 있다.
③ 구성원들이 제한된 범위에서만 의견을 개진할 수 있다.
④ 다른 사람의 아이디어를 비판하여 새로운 아이디어를 도출시킨다.

3 썸네일 스케치(Thumbnail Sketch)에 대한 설명으로 옳은 것은?

① 표현대상의 특징과 성질 등을 사진처럼 세밀하게 스케치한다.
② 아이디어를 간략하고 신속하게 스케치한다.
③ 최종 결과물을 보여주는 자세한 스케치를 한다.
④ 형상, 재질, 패턴, 색채 등을 정확하게 스케치한다.

POINT 048 **콘텐츠 구성**

콘텐츠 제작 과정

프리 프로덕션 (Pre-Production)	• 목표 설정 및 기획 : 콘텐츠의 목적과 목표를 명확히 함 • 리서치 및 자료 수집 : 주제와 관련된 정보를 수집하고 분석함 • 콘텐츠 기획 : 콘텐츠의 구조를 설계하고, 흐름을 시각적으로 계획함
프로덕션 (Production)	글쓰기, 영상 촬영, 그래픽 디자인 등 실제 콘텐츠를 제작하는 과정
포스트 프로덕션 (Post-Production)	제작된 콘텐츠를 검토하고 수정하는 과정으로 영상 편집, 음향 작업 등 포함
배포	콘텐츠의 플랫폼, 채널, 배포 일정 등을 결정하고 홍보를 계획
성과 분석	콘텐츠의 성과를 분석하여 목표 달성 여부를 평가함

콘텐츠 기획 세부 과정

① 제안서

• 기획 초기 단계에서 아이디어를 제시하고 승인을 받기 위해 작성된다.
• 제안의 내용, 목표 및 목적, 회사 소개, 개발 조작과 역할, 예산 계획, 일정 계획, 기대 효과 등이 포함된다.

② 기획서

• 명확한 목적과 목표 설정으로 기획서의 방향성을 제시한다.
• 불필요한 서술을 피하고 문장의 의미를 명료하게 전달한다.
• 조적이고 논리적인 구성을 위해 플로차트(Flowchart, 순서도)나 다이어그램(Diagram, 도표) 등을 활용한다.
• 그림, 일러스트레이션, 차트 등 시각적 요소를 효과적으로 사용한다.
• 독자의 요구와 기대를 반영하여 쉽게 이해되도록 작성한다.

③ 시나리오

• 콘텐츠의 구체적인 내용을 서술하는 단계로, 스토리보드(Storyboard) 작성의 토대가 된다.
• 역할
  – 명확한 계획과 구성을 통해 프로젝트의 전반적인 품질을 높인다.
  – 불필요한 작업을 줄여 프로젝트의 효율을 높인다.
  – 이야기의 흐름과 분위기를 통일하여 독자의 이해를 돕고 몰입하도록 한다.
  – 모든 팀원이 프로젝트를 명확히 이해할 수 있도록 하는 커뮤니케이션 도구이다.
  – 창의적인 아이디어의 구체화를 돕는다.
  – 단계별 진행 상황 관리에 유용하여, 프로젝트가 계획대로 진행되도록 한다.
• 전개 과정

단계	설명
발단	스토리의 시작 부분으로, 주요 인물, 배경, 기본 상황이 소개
전개	사건이 진행되면서 갈등이 발생하고, 이야기가 본격적으로 전개
위기	갈등이 심화되며, 주인공이 어려움에 직면
절정	갈등이 최고조에 달하고 긴장감이 극대화
결말	모든 사건이 정리되고 갈등이 해결

• 구성 형식

형식	설명
직선식(Linear, 선형)	사건이 시간 순서대로 진행
비선형(Non Linear)	사건이 시간 순서에 따라 진행되지 않고, 다양한 시간대를 오가며 전개
순환식(Circular)	스토리의 시작과 끝이 연결되어, 끝날 때 처음으로 돌아가는 느낌을 줌
병렬식(Parallel)	두 개 이상의 이야기가 동시에 진행되며, 서로 교차하거나 연결
에피소드식(Episodic)	하나의 주제를 가진 여러 개의 독립적인 스토리로 구성

• 시나리오 구성요소

구성요소	설명
프롤로그(Prologue)	스토리의 시작 부분으로, 배경이나 상황을 소개
에필로그(Epilogue)	본 내용이 끝난 후에 추가되는 결말
모티브(Motive)	스토리의 주제나 중심 아이디어
내러티브(Narrative)	스토리의 구성과 전개, 사건의 흐름
플롯(Plot)	사건들의 인과관계에 따라 배열된 구조
내레이션(Narration)	스토리의 진행을 돕기 위한 설명, 해설

└ㆍㆍㆍ○원인과 결과

④ 스토리보드
• 시나리오를 시각적으로 표현한다.
• 각 화면의 개략적인 구성과 내용을 상세하게 기술한다.
• 프레임 단위로 표현한다.
• 구성요소 : 페이지의 번호와 제목(장면 이름), 장면 설명, 이미지 및 스케치, 대사/내레이션, 카메라 지시 사항, 사운드/음악, 일정과 타임라인, 기타 지시 사항(조명, 특수효과, 소품, 의상 등)
• 주요 스토리보드 용어
　－ BGM(Back Ground Music, 배경음악)
　－ SE(Sound Effect, 효과음)
　－ NAR(Narration, 해설)
　－ D(Dialogue, 대사)
　－ CAM(Camera Directions, 카메라 지시)

1 다음 중 콘텐츠 제작과정이 <u>아닌</u> 것은?
① 프로덕션(Production)
② 프리 프로덕션(Pre-Production)
③ 포스트 프로덕션(Post-Production)
④ 애프터 프로덕션(After-Production)

2 다음 중 기획서 작성 시 유의사항과 거리가 <u>먼</u> 것은?
① 요점을 알 수 있도록 쓰기보다 서술형으로 기록한다.
② 기획의 목적, 목표를 명확하게 작성한다.
③ 그림, 일러스트레이션을 효과적으로 사용한다.
④ 문장의 의미를 명료하게 쓰도록 한다.

3 다음 중 스토리보드에 사용되는 용어의 약자로 옳지 <u>않은</u> 것은?
① 배경음악 : BGM(Back Ground Music)
② 효과음 : SE(Sound effect)
③ 해설 : NAR(Narration)
④ 대사 : M(Ment)

2과목 멀티미디어기획 및 디자인
콘텐츠 제작

POINT 049 UI 디자인

▶ UI(User Interface, 사용자 인터페이스) 유형

그래픽 사용자 인터페이스 (GUI, Graphical User Interface)	키보드, 마우스, 터치스크린, 스타일러스 등으로 입력하며, 아이콘(ICON), 버튼 등 그래픽 요소를 사용하여 직관적인 상호작용을 함
문자 기반 사용자 인터페이스 (CUI(Character-Based UI), CLI(Command-Line Interface)	키보드로 명령어를 입력하며, 명령 프롬프트(윈도우), 터미널(리눅스, 유닉스, macOS) 등을 사용함
음성 사용자 인터페이스 (VUI, Voice User Interface)	음성 명령으로 입력하며, 스마트 스피커, 음성 비서 등을 사용함

▶ UI 디자인 원칙

일관성(Consistency)	인터페이스의 요소(색상, 글꼴, 버튼 스타일, 레이아웃 등)들을 일관되게 유지하여 사용자 경험을 향상시킴
경제성(Efficiency, 효율성)	불필요한 단계나 복잡성을 줄여 시스템을 쉽게 사용할 수 있도록 설계함
조직성(Organization)	정보를 논리적이고 체계적으로 배치하여 사용자가 쉽게 이해할 수 있도록 함
가시성(Visibility)	정보가 명확하게 보이도록 설계하여 필요한 정보를 쉽게 찾을 수 있도록 함
접근성(Accessibility)	다양한 사용자, 특히 장애가 있는 사용자가 쉽게 사용할 수 있도록 설계함

▶ 인터렉션(Interaction, 상호작용) 디자인 조건

- 사용자 중심 설계 : 사용자의 요구와 행동을 이해하고 이를 반영하여 설계한다.
  - 예 자주 사용하는 기능을 메인에 배치
- 대화 구조 강화 : 사용자와 시스템 간의 대화(소통) 구조를 강화하여 상호작용을 원활하게 한다.
  - 예 챗봇
- 철저한 연출 : 자연스럽고 매끄러운 경험을 제공하기 위해 철저하고 치밀한 연출이 필요하다.
  - 예 상품의 장바구니 이동 애니메이션

- 참여 유도 설계 : 사용자의 참여를 적극 유도하기 위해 사용자 맞춤형 콘텐츠, 게임 요소(Gamification, 게이미피케이션) 등을 적용한다.
  - 예 포인트, 레벨, 퀘스트(Quest)
    ┗○특정 임무나 목표

▶ 인터렉션 디자인 요소

메타포(Metaphor)	• 문학에서의 의미 : 어떤 것을 다른 것에 비유하여 표현하는 은유(隱喩) 예 시간은 금이다.┄○유사성을 지닌 다른 말로 대체 • 인터랙션 디자인에서의 의미 : 사용자가 인터페이스를 쉽게 이해하고 사용할 수 있도록, 복잡한 기능이나 개념을 직관적으로 비유된 형상으로 표현 예 폴더 아이콘, 휴지통 아이콘, 장바구니 아이콘
내비게이션 (Navigation, 탐색항해)	사용자가 인터페이스를 쉽게 탐색할 수 있도록 설계함
스토리보드	시스템의 흐름과 사용자 경험을 시각적으로 표현하여 설계 과정을 명확히 함
정보 접근의 유형	필요한 정보를 쉽게 찾고 접근할 수 있도록 함 예 검색 기능, 카테고리 분류, 필터링 옵션
피드백	사용자의 행동이 미친 영향을 알 수 있게 함 예 버튼을 클릭했을 때 색이 변하거나 소리가 난다.
상호작용을 위한 사용성 용이	직관적인 디자인, 명확한 지침, 일관된 인터페이스 등으로 사용자가 쉽게 배우고 사용할 수 있도록 설계함

기적의 TIP 사용자의 인터페이스 인지 순서
형태와 색 〉 아이콘 〉 텍스트

---

1 동작이나 목록이 메뉴나 아이콘으로 표현되며, 키보드나 마우스를 사용하여 진행되는 방식의 직관적인 사용자 인터페이스를 무엇이라 하는가?

① GUI
② CBUI
③ HSV
④ CMYK

2 다음 중 효과적인 인터렉션(Interaction)디자인을 위한 조건이 <u>아닌</u> 것은?

① 사용자의 참여를 적극 유도하여야 한다.
② 철저하고 치밀한 연출이 필요하다.
③ 개발자 중심의 인터페이스 디자인이 필요하다.
④ 대화구조를 강화하고 도전의식을 도취시킨다.

3 다음 중 인터페이스 디자인의 대표적인 기법으로 그 단어가 갖는 원래의 의미는 숨긴 채 비유하는 형상만 드러내어, 표현하려는 대상을 설명하거나 그 특징을 묘사한 것은?

① 그리드(Grid)
② 메타포(Metaphor)
③ 하이퍼미디어(Hyper media)
④ 핫스폿(hotspot)

POINT 050 웹 디자인

▶ 구성요소

① 시각적 구성요소

레이아웃(Layout)	웹페이지의 구조와 배치
색상(Color)	웹사이트의 분위기와 감성을 결정하는 요소
타이포그래피 (Typography)	글꼴의 스타일과 배열
이미지	웹사이트에 사용되는 사진이나 그래픽
아이콘	기능이나 정보를 직관적으로 나타내는 그래픽 요소
로고	브랜드를 대표하는 시각적 <u>아이덴티티(Identity)</u>로 로고 타입과 심벌을 포함 └··○고유한 이미지와 가치
로고타입 (Logotype)	브랜드 이름을 특정한 서체나 텍스트 스타일로 디자인함
심벌(Symbol)	브랜드를 상징하는 그래픽 요소로 텍스트 없이도 브랜드를 인식할 수 있음
픽토그램 (Pictogram)	• 사물이나 개념을 단순화하여 나타낸 그림 문자 • 언어와 문화를 초월하여 세계 공통으로 사용됨

RESTROOM | MEN | WOMEN | DISABLED | ELEVATOR | ESCALATOR

▲ 픽토그램 예시

② 기능적 구성요소

버튼(Buttons), 폼(Forms, 데이터 입력 양식), 링크(Links), 검색(Search), 메뉴, <u>사이트맵(Sitemap)</u>
└··○웹 페이지 간의 계층 구조

▶ 좋은 웹 디자인의 조건

① 내비게이션 최적화
• 사용자가 쉽게 탐색할 수 있도록 명확하고 일관된 내비게이션 구조를 갖춘다.
• 메뉴는 직관적이어야 하며, 사용자가 원하는 정보를 빠르게 찾을 수 있어야 한다.

② 명확한 정보 전달
• 중요한 정보는 눈에 잘 띄게 배치하여 콘텐츠를 부각하고 불필요한 요소는 최소화한다.
• 간결하고 명확한 언어를 사용한다.

③ 일관성 있는 레이아웃
• 사용자가 통일된 경험을 느끼도록 모든 페이지에서 일관된 톤과 스타일을 유지한다.
• 색상, 폰트, 버튼 스타일 등 다양한 디자인 요소에 일관성을 적용한다.

④ 최적화된 이미지 : 매력적이고 현대적인 디자인을 통해 사용자에게 긍정적인 인상을 준다.

⑤ 빠른 로딩 속도
• 빠른 로딩속도를 위해 이미지와 파일 크기를 최적화한다.
• 불필요한 스크립트나 플러그인을 제거하여 성능을 개선한다.

⑥ 브랜드 일관성 : 사이트의 목적에 맞게 브랜드의 아이덴티티를 명확히 전달한다.

▶ 제작 프로세스

주제와 대상 결정	사이트의 주제를 명확히 하여 콘텐츠와 디자인 방향을 설정
아이디어 도출	사이트의 목적과 목표를 설정하고 아이디어를 구체화
내용 구성	사이트에 포함될 콘텐츠를 계획함
웹페이지 작성 준비	필요한 리소스(이미지, 글꼴, 색상 팔레트 등)를 수집하고, 레이아웃을 설계함
디자인 및 프로그래밍	시각적 디자인을 완성하고, HTML, CSS, JavaScript 등을 사용하여 웹페이지를 개발
테스트 및 수정	웹페이지가 제대로 작동하는지 테스트하고 발견된 문제점을 수정, 최적화함
배포 및 유지보수	서버에 업로드하여 운영을 시작하고, 정기적 업데이트, 개선 작업 등을 지속

개념 체크 ✓

1 픽토그램(Pictogram) 디자인에 대한 설명으로 옳은 것은?
① 항상 가까운 거리에서 판독하는 것을 전제로 한다.
② 문자정보의 보조역할로 디자인한다.
③ 기본적으로 디자인의 명료성과 단순화가 요구된다.
④ 문화와 언어 관습의 차이를 반영한다.

2 홈페이지를 구성하는 요소 중 바람직하지 않은 것은?
① 일관성 있는 레이아웃
② 네비게이션의 최적화
③ 최적화된 이미지
④ 높은 해상도의 이미지

3 웹 페이지를 구축할 때 가장 먼저 해야 할 과정은?
① 아이디어 도출
② 주제와 대상의 결정
③ 내용의 구성
④ 웹페이지 작성 준비

멀티미디어 디자인

▶ 멀티미디어 디자인의 특징

① 비선형성 : 원하는 순서대로 콘텐츠에 접근할 수 있는 특성으로, 사용자의 필요에 따라 정보를 선택적으로 탐색할 수 있게 한다.

② 정보의 통합성 : 다양한 형태의 미디어(텍스트, 이미지, 오디오, 비디오 등)가 하나의 콘텐츠를 구성한다.

③ 데이터의 디지털화
• 모든 형태의 미디어가 디지털 형식으로 변환, 저장, 전송된다.
• 디지털 콘텐츠는 편집, 복제, 전송이 용이하여 미디어 콘텐츠의 유연성과 접근성을 높인다.

④ 쌍방향성
• 사용자가 단순히 정보를 수동적으로 받는 것이 아니라, 사용자의 입력에 따라 콘텐츠가 동적으로 변화하며 상호작용한다.
• 사용자는 콘텐츠에 대한 상호작용을 통해 정보를 능동적으로 제어할 수 있다.

⑤ 자유로운 시공간 : 사용자가 원하는 시간과 장소에서 접근할 수 있다.

▶ 멀티미디어 구성요소

시각 요소 (Visual Elements)	• 눈에 보이는 물리적인 요소 • 텍스트, 이미지, 그래픽, 비디오, 애니메이션, 색상
청각 요소 (Auditory elements)	• 소리를 통해 정보 전달 • 배경음악, 효과음, 내레이션, 대화, 자연음
상관 요소 (Interrelated Elements)	• 시각요소들의 관계를 나타냄 • 방향감, 공간감, 위치감, 중량감
개념 요소 (Conceptual Elements)	• 디자인의 방향성과 목적을 설정 • 스토리텔링(Storytelling), 사용자 경험, 정보 구조, 브랜드 아이덴티티

▶ 멀티미디어 구조

① 하이퍼텍스트(Hypertext) 구조

• 정보가 노드와 링크로 연결되어 있어 사용자가 비선형적으로 탐색할 수 있는 구조를 가진다.

• 하이퍼미디어(Hypermedia)를 통해 텍스트 이외에도 이미지, 오디오, 비디오 등 다양한 미디어 요소를 포함할 수 있다. ┈┈○하이퍼텍스트의 확장 개념

구성요소	설명	예시
노드(Node)	정보를 담고 있는 기본단위	책의 한 페이지
링크(Link)	노드 간의 연결을 담당하는 요소	목차-클릭하여 페이지로 이동
앵커(Anchor)	링크의 시작점 또는 끝점을 지정하는 요소	책갈피-클릭할 수 있는 부분을 표시

링크의 종류	설명
참조(Referential) 링크	참고, 인용할 때 사용하는 링크로 관련 글로 바로 연결
조직(Organization) 링크	메뉴, 목차 등 정보를 체계적으로 구조화하는 데 사용
키워드(Keyword) 링크	특정 단어, 주제와 관련된 정보를 연결

② 계층(Hierarchy) 구조 : 계층적 트리구조이다.

　예 디렉토리, 조직도

③ 어드벤처(Adventure) 구조 : 사용자가 경로를 선택할 수 있다.

　예 게임, 대화형 스토리텔링

④ 선형 구조 : 정보가 순차적으로 배열되어 정해진 순서대로 탐색한다.

　예 슬라이드 쇼

SECTION 13

2과목 멀티미디어기획 및 디자인

디자인 일반

POINT 052 **미술사조**

········o 예술적 경향, 스타일

▶ **근대 미술사조(19세기 말~20세기 중반)**

① 아르누보(Art Nouveau) : 자연에서 영감을 받은 장식 예술이다.

▲ 아르누보 스타일 패턴

② 미술공예운동

· 윌리엄 모리스(William Morris)가 주도한 19세기 후반 영국에서 시작된 예술운동이다.

· 산업화에 대한 반발로 수공예와 전통적인 제작 기법을 중시

· 자연의 형태와 색상을 디자인에 반영하였으며, 기능성과 미학의 조화를 강조하였다.

▲ 1883년 윌리엄 모리스가 디자인한 Strawberry Thief(스트로베리 시프, 딸기 도둑) 패턴

③ 큐비즘(Cubism, 입체파, 입체주의) : 여러 시점에서 바라본 사물 형태를 한 화면에 표현하는 기법을 사용한다.

④ 다다이즘(Dadaism) : 제1차 세계대전 중에 시작된 예술운동으로, 전통적인 예술 개념을 부정하고 무의미함을 강조한다.

⑤ 구성주의(Constructivism) : 20세기 초 러시아에서 시작된 예술운동으로, 산업 재료(철, 유리, 플라스틱 등)를 활용한 실용적이고 사회에 도움이 되는 예술을 강조한다.

⑥ 아르데코(Art Deco) : 기하학적인 문양, 직선미, 부드러운 색상, 독특한 패턴(형태의 반복)을 사용한다.

⑦ 모더니즘 (Modernism) : 산업화와 도시화에 영향을 받았으며, 새로운 기술과 재료를 사용한 새로운 표현 방식을 탐구한다.

⑧ 신조형주의(Neoplasticism)

· 큐비즘의 영향을 받은 피에트 몬드리안(Piet Mondrian)이 주창한 예술 이론이다.

· 수직, 수평의 직선과 기본적인 원색을 사용한다.

· 개인의 감정이나 주관적인 해석을 배제하고 보편적인 미학을 추구한다.

· 데 스틸(De Stijl) 운동 : 신조형주의의 원칙을 실천에 옮긴 예술운동으로, 회화, 건축, 디자인 등 다양한 분야에 적용한다.

▲ 신조형주의 화가 피에트 몬드리안의 '빨강, 파랑, 노랑의 컴포지션Ⅱ'

⑨ 바우하우스(Bauhaus)

- 독일에서 시작된 예술 학교로, 기능과 미학의 조화를 강조한다.
- 교육이념
  - 예술과 기술의 결합 : 예술과 기술의 경계를 허물고, 두 분야의 결합을 통해 실용적이고 혁신적인 디자인을 창출한다.
  - 새로운 조형의 실험 : 전통적인 예술 형식에 얽매이지 않고, 새로운 실험을 장려한다.
  - 새로운 재료의 활용 : 금속, 유리, 콘크리트 등 당시 산업 혁명으로 등장한 새로운 재료와 기술을 적극 활용한다.
  - 기능주의 : 디자인의 기능성을 중시하며, 형태는 기능을 따라야 한다는 원칙을 강조한다.
  - 종합 예술 : 건축, 공예, 순수 예술을 통합하여 하나의 종합 예술로 창조한다.

⑩ 독일공작연맹

- 1907년 독일의 건축가 헤르만 무테지우스(Hermann Muthesius)가 설립하였다.
- 예술과 산업의 결합에 의한 미술의 실생활화, 기계 생산품의 미적 규격화(디자인 표준화)를 주장하였다.
- 산업디자인의 발전에 기여하였다.
- 교육 과정

도제(Apprentice, 견습생) 과정	기초적인 예술과 디자인 원리를 배우며, 실습을 통해 손기술을 익힘
직인(Journeyman, 숙련공) 과정	도제 과정보다 심화된 기술과 디자인 원리를 배우며, 프로젝트 수행
준 마이스터(Junior Master, 초급 장인) 과정	자신의 전문 분야에서 능력을 기르는 단계로, 마이스터(장인)로서의 자격을 갖춤

⑪ 시세션(Secession) 운동

- 19세기 말 오스트리아 빈에서 시작된 예술운동이다.
- 전통적인 예술 아카데미의 보수성에 반발하여, 과거 모든 양식으로부터의 분리를 주장한다.

현대 미술사조 (20세기 전반~20세기 후반)

① 아방가르드(Avant Garde) : 급진적이고 혁신적인 예술운동으로, 폭넓은 색채와 형태를 실험적으로 사용한다.

② 포스트모더니즘(Postmodernism)

- 모던디자인의 전통에 대한 반발로 인간의 정서적, 유희적 본성을 중시한다.
- 역사와 전통의 중요성 재인식으로 과거로의 복귀를 추구한다.

개념 체크 ✔

1 영국의 윌리엄 모리스가 19세기 후반 시작했던 예술운동은?
① 데 스틸 운동
② 모더니즘
③ 미술공예운동
④ 시세션 운동

2 피에트 몬드리안이 속하는 미술사조로 개인적인 자의성을 배제한 보편적이고 집단적인 미학을 지칭하는 것은?
① 구성주의
② 절대주의
③ 신조형주의
④ 초현실주의

3 큐비즘에 영향을 받은 몬드리안이 전개한 운동은?
① 퓨리즘 운동
② 팝아트 운동
③ 데스틸 운동
④ 미술공예 운동

POINT **053** **디자인 개요**

디자인(Design)의 어원

- 라틴어 Ddesignare(데시그나레, 지시하다, 계획하다)에서 유래하였다.
- 라틴어 Ddesignare는 이탈리아어 Disegno(디세뇨, 스케치, 소묘)로 파생되었다.
- 프랑스어 Dessein(데쎙, 계획, 의도)와 개념적으로 유사성을 가지고 있다.

디자인의 조건

① 4대 조건

합목적성	• 실용성과 기능성을 강조 • 디자인이 목적에 맞게 사용되도록 함
심미성	• 미적 요소(형태, 색채, 아름다움 등)가 기능과 잘 어우러진 것으로, 감성적 만족감을 제공하여 생활의 질을 높임 • 개인 경험, 시대, 국제적 특성, 민족, 문화 배경 등이 복합된 미의식으로 개인의 취향에 따라 다름
독창성	창의적이고 독특한 디자인 추구
경제성	최소한의 재료와 노력으로 최대의 효과를 얻고자 하는 원리

② 5대 조건

질서성	• 디자인 4대 조건을 하나의 통일체로 융화 • 디자인 요소들 간의 관계를 조절하여 전체적인 조화를 이룸

▶ Good Design 제도

• 제품 및 서비스의 디자인 우수성을 평가하고 인증하는 제도이다.
• 한국에서는 1985년부터 시행하였으며, 선정된 제품에는 GD(Good Design) 마크가 부여된다.
• 디자인 공모, 심사, 평가, 인증서 발급 과정을 거쳐 공식적으로 인정받고, 시장에서의 경쟁력을 강화할 수 있다.
• 디자인의 기능성, 심미성, 독창성, 경제성, 친환경성 등을 기준으로 평가한다.

> **기적의TIP 친환경 디자인(Ecology Design)**
> 인간과 자연의 조화를 목표로 하는 디자인 접근 방식

개념 체크 ✓

1 Design의 어원인 라틴어 Designare의 뜻으로 옳은 것은?
① 지시하다.
② 그리다.
③ 만들다.
④ 상상하다.

2 다음 중 디자인의 조건이 <u>아닌</u> 것은?
① 합목적성
② 경제성
③ 주관성
④ 심미성

3 디자인의 4대 조건으로 합목적성, 심미성, 독창성, 경제성을 말한다. 이를 종합적으로 유지하고 구성하는데 가장 중요한 디자인 요소로 맞는 것은?
① 질서성
② 합리성과 비합리성
③ 친자연성
④ 문화성

POINT 054 디자인 분류

구성 형식	평면 디자인	입체 디자인	시간 기반 디자인
목적 \ 차원	2차원 디자인	3차원 디자인	4차원 디자인
시각디자인	그래픽디자인, 편집디자인	전시 디자인	영상디자인
패키지 디자인	라벨 디자인	포장 디자인	–
산업디자인	–	제품디자인	인터랙티브 제품디자인
환경디자인	–	건축, 인테리어 디자인	–
패션디자인	텍스타일디자인	의류 디자인	–
리– 디자인	기존 디자인의 개선	기존 제품의 재설계	기존 영상의 재편집

▶ 시각 디자인

① 그래픽 디자인 : 로고, 포스터, 사인(Sign), 심벌, 표지판, 아이콘, 픽토그램, 타이포그래피 등
② 편집 디자인(Editorial Design, 에디토리얼 디자인)
• 책, 잡지, 신문, 브로슈어(Brochure) 등 ┈○홍보 소책자
• 편집디자인의 요소

타이포그래피 (Typography)	글꼴의 선택과 글자의 배열을 통해 문자를 디자인
색상	감정과 분위기를 전달하는 요소로 디자인의 톤과 느낌을 결정
이미지와 그래픽	사진, 일러스트레이션, 아이콘 등 시각적 요소
공간, 비율, 균형	디자인에 조화와 일관성을 부여하여 시각적 안정감을 제공
레이아웃 디자인	페이지의 전체적인 구조와 배치를 결정하는 요소로, 구성요소들을 상호 간 기능적으로 배치, 배열

• 레이아웃 구성요소

포맷(Format)	페이지의 크기와 형태
라인업(Line–up)	페이지 내의 요소들이 정렬되는 방식
마진(Margin)	페이지의 가장자리와 콘텐츠 사이의 여백
문자(텍스트)	가독성과 시각적 효과에 영향을 미침
그리드(Grid)	페이지를 일정 간격으로 나눈 구조로, 요소들을 그리드에 맞게 정렬하여 화면의 일관성과 안정감을 유지
가이드라인 (Guideline)	그리드의 보조선으로, 요소 배치 시 참고할 수 있는 기준선
헤더(Header)와 푸터(Footer)	페이지의 상단과 하단으로 제목, 페이지 번호, 날짜 등을 넣는 공간

▶ 포장 디자인

제품 라벨, 스티커, 패키지(상자, 병, 캔 디자인 등)

▶ 산업 디자인

• 가구, 자동차, 가전, 생활용품, 의료기기 등
• 산업 디자인의 조건 : 디자인 4대 조건 + 기능성

              본래의 목적과 용도를 얼마나 ○┈┈┈┈┈
          잘 수행하는지를 나타내는 개념

▶ 환경 디자인

건축, 인테리어, 조경 등

▶ 패션 디자인

의류, 액세서리, 소품, 텍스타일(Textile, 직물)

▶ 리-디자인(Re-Design)

기존 제품의 개선 및 재설계

개념 체크 ✔

1 구성 형식에 의한 디자인 분류 중 평면디자인(2차원적)에 속하지 않은 것은?
① 일러스트레이션
② 편집디자인
③ 포장디자인
④ 타이포그래피

2 편집디자인의 디자인 요소가 아닌 것은?
① 트레이드오프
② 타이포그래피
③ 일러스트레이션
④ 레이아웃

3 다음 중 산업디자인의 기본조건으로 거리가 가장 먼 것은?
① 가독성
② 경제성
③ 독창성
④ 기능성

POINT 055 디자인 요소

구분		설명
개념요소 (기본요소)	점(Point)	형태의 최소 단위
	선(Line)	여러 선이 결합하여 면을 형성
	면(Plane)	선으로 닫힌 2차원 평면
	입체	깊이, 너비, 길이를 가진 평면의 확장
시각요소	형(Shape, 모양)	2차원의 도형
	형태(Form)	3차원 형상
	크기(Size)	요소의 상대적 크기나 비율
	양감(Volume)	물체의 부피
	색채(Color)	색 또는 색의 조합
	질감(Texture)	물체 표면의 시각적, 물리적 특성
	비례(Proportion)	각 요소 간의 크기나 양의 관계
상관요소	공간감	요소들 간의 거리와 배치를 통해 조성
	위치감	요소들이 배치되는 공간적 위치
	방향감	요소들이 가지는 움직임이나 흐름
	중량감	시각적 무게

▶ 점

① 점의 특징
• 위치 표시 : 공간의 위치를 나타내며 크기와 방향은 없다.
• 확대와 축소
  – 크기를 갖지 않지만, 작을수록 점처럼 보이고 클수록 면처럼 보인다.
  – 원형이나 다각형이 축소되면 점으로 인식된다.
• 집중력과 장력 : 공간에 한 점을 두면 집중력이 생기고, 두 점 이상을 가까운 거리로 배치하면 선이나 형의 효과가 생긴다.
• 점의 군집 : 많은 점이 모이면 간격에 따라 방향성이 느껴지기도 한다.

② 점의 생성
• 선과 선의 교차 : 선과 선이 서로 교차할 때, 그 교차점에 점이 생성된다.
• 선의 양쪽 끝 : 선의 양 끝점은 점으로 간주된다.
• 면과 선의 교차 : 면과 선이 교차할 때, 그 교차점에 점이 생성된다.

선

① 선의 특징

- 점의 연장 : 점의 이동 궤적으로, 이동 모양에 따라 직선, 곡선 등이 생성된다.
  └○지나간 경로나 자취
- 방향성과 길이 : 길이, 위치, 방향을 가지며, 여러 선이 결합하여 면을 형성한다.
- 명암, 색채, 질감 : 선의 외관은 명암, 색채, 질감 등의 특성을 가질 수 있다.
- 가시성 : 다른 물체에 의해 가려진 사물의 위치나 움직임을 표시할 수 있다.
- 형태 창조 : 시각적 형상을 표현하고 창조한다.

② 선의 감정

분류	선의 종류	설명
직선	수평선	평화, 안정, 평온, 고요, 안락, 편안함
	수직선	상승, 긴장감
	대각선	무한한 운동성, 활기찬
	지그재그 선	변화, 역동성
	기하직선형	질서가 있는 간결함, 확실, 명료, 강함, 신뢰, 안정
	자유직선형	강력, 예민, 직접적, 남성적, 명쾌, 대담, 활발한
곡선	곡선형	부드러움, 유연함, 우아함, 경쾌함
	자유곡선형	조화로움, 아름답고 매력적
	기하곡선형	질서, 안정감, 우아함, 단순함, 균형감, 조화로움

└○원, 타원, 포물선, 쌍곡선

면

- 선의 집합 : 선의 이동 자취로, 움직임에 의해 형성된다.
- 무한히 넓은 영역 : 2차원의 모든 방향으로 무한한 넓은 영역을 가진다.
- 길이와 너비 : 길이와 너비를 가지며, 두께는 없다.
- 형태 생성 : 구성에서 큰 영향력을 가지며, 다양한 형태와 구조를 만든다.

입체

- 면의 집합 : 면의 이동 자취로, 3차원 공간에 존재한다.
- 표면과 방위 : 표면, 방위, 위치를 가지며 다양한 각도에서 관찰할 수 있다.
- 면의 이동과 회전 : 면의 이동, 회전으로 생성되며, 다양한 각도와 방향으로 변형될 수 있다.
- 구성요소 : 깊이, 너비, 길이(높이)

POINT 056 디자인 조형 원리

형태 분류

형태	하위 형태	설명
이념적 형태	순수형태	점, 선, 면, 입체 등 기본적인 기하학적 요소로 구성
	추상형태	개념적이고 비구상적인 형태
현실적 형태	자연형태	자연에서 발견되는 형태
	인위(인공)형태	인간이 만든 인공적인 사물의 형태

디자인 원리

① 통일(Unity)과 변화(Variety)

- 모든 요소가 일관성을 가지고 조화롭게 연결되는 것이다.
- 서로 다른 성질을 가지면서도 긴밀한 관계를 상호유지하여 미(美)적인 조화를 갖는다.

② 조화(Harmony)

- 디자인 요소들이 서로 잘 어울리도록 배치하는 것이다.
- 형, 색채, 질감 등의 조화를 통해 안정감과 편안함을 준다.
- 적절한 통일과 변화가 잘 어우러질 때 성립된다.

③ 균형(Balance)
- 시각적 무게가 화면에 고르게 분포하여 안정감을 주는 것이다.
- 균형의 유형
  - 대칭(Symmetry, 시메트리) : 디자인의 중심선을 기준으로 양쪽이 서로 대칭을 이루는 형식으로 안정적이고 전통적인 느낌이다.
  - 비대칭(Asymmetric, 애시메트리) : 대칭은 아니지만, 시각적으로 균형을 이루는 방식으로 역동적이고 현대적인 느낌이다.
  - 방사형(Radial, 레이디얼) : 중심점을 기준으로 요소들이 여러 방향으로 퍼져나가거나 모아지는 형태로 집중과 확산의 느낌이다.
  - 비례(Proportion, 프로포션) : 요소들 간의 크기나 비율이 조화롭게 배치한다.

비례의 유형	설명	예시
기하학적 비례	두 수의 비율이 일정하게 유지되는 비례	황금 분할 비율 1.618:1
산술적 비례	두 수의 차이가 일정한 비례	수열 2, 4, 6, 8
조화적 비례	두 수의 역수의 평균이 일정한 비례	음악 화음의 조화

④ 리듬(Rhythm, 율동)
- 디자인 요소들이 반복적으로 배열되어 시각적인 흐름을 만드는 것이다.
- 리듬의 유형

반복	동일한 요소를 2개 이상 배열하여 일정한 간격으로 되풀이
점이	크기, 색상, 형태 등이 점진적으로 변하여 만드는 동적인 흐름으로, 자연 질서의 가장 일반적이고 기본적인 형태이며 반복보다 경쾌한 율동감을 지님
방사	중심점을 기준으로 방사형 배열
변칙	불규칙적으로 배치된 요소들이 만들어내는 리듬으로, 예측 불가능, 자유롭고 창의적임

⑤ 대비(Contrast)
- 요소들 간의 차이를 강조하여 주목성을 높이는 것이다.
- 색상, 크기, 형태, 질감, 밝기 등 다양한 대비가 있다.
⑥ 강조(Emphasis) : 특정 요소를 대비, 분리, 배치, 색채 등으로 두드러지게 만들어, 관심과 시선을 집중시킨다.

> **기적의TIP 모듈러(Modulor)**
> - 인간의 신체 비율을 기준으로 한 기하학적 비례 활용 사례
> - 건축가 르 코르뷔지에(Le Corbusier)가 개발한 비례 체계로, 건축 디자인에서 조화롭고 기능적인 비율을 찾고자 함

개념 체크 ✔

1 다음 중 디자인의 원리에 해당되지 <u>않는</u> 것은?
① 통일
② 다양
③ 균형
④ 비례

2 다음 중 이념적 형태에 해당하는 것은?
① 인위형태
② 자연형태
③ 순수형태
④ 현실형태

3 디자인의 시각 원리 중 동일한 요소를 2개 이상 배열하는 것으로 율동의 가장 기본적인 방법은?
① 통일
② 점증
③ 반복
④ 비례

POINT 057 시각 원리

> **형태 착시**

① 시각적 인식에서 물체의 모양이나 구조가 사실과 다르게 보이는 현상이다.
② 형태 착시의 유형
- 크기 착시 : 물체의 크기가 실제와 다르게 보이는 현상으로, 독일의 심리학자 헤르만 에빙하우스(Hermann Ebbinghaus)의 '에빙하우스 착시'가 대표적이다.

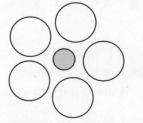

▲ 에빙하우스 착시 – 가운데 원의 크기는 같다.

- 길이 착시 : 선의 길이가 실제와 다르게 보이는 현상으로, 독일의 심리학자 프란츠 카를 뮐러 라이어(Franz Carl Muller Lyer)의 '뮐러 라이어 착시'가 대표적이다.

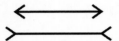

▲ 뮐러 라이어 착시 – 선의 길이는 같다.

(하나의 그림이나 도형이 두 가지 이상의 다른 모습으로 보일 수 있는 이미지)

- 바탕과 도형의 착시(다의 도형(多義圖形)에 의한 착시, 전경과 배경의 착시) : 전경과 배경의 인식 전환에 관련된 현상으로, 덴마크의 심리학자 에드가 루빈(Edgar Rubin)의 '루빈의 컵(Rubin's Vase)'이 대표적이다.

▲ 루빈의 컵

(형태, 구조)

게슈탈트의 법칙(Gestalt Laws)

① 독일의 심리학자 막스 베르트하이머(Max Werteimer) 가 창시한 도형 조직 원리이다.

② 게슈탈트 법칙의 주요 원리

- 유사성(Similarity)의 법칙 : 서로 비슷한 특징(형태, 색채, 질감 등)을 가지고 있는 요소들은 떨어져 있어도 그룹으로 보인다.
- 근접성(Proximity)의 법칙, 접근성의 법칙
  - 가까이 있는 요소들이 그룹 보이는 원리이다.
  - 그룹으로 보이기 위해서는 모양보다 가까이 있는 것이 더 중요하다.
- 폐쇄성(Closure)의 법칙 : 사람의 인식은 일부가 생략되었거나 불완전해도 이를 완전한 형태로 인식하려는 경향이 있다.
- 연속성(Continuity)의 법칙 : 윤곽선이 완전히 연결되어 있지 않더라도 유사한 배열은 하나의 그룹으로 인식된다.

SIMILARITY   PROXIMITY   CLOSURE   CONTINUITY

▲ 유사성, 근접성, 폐쇄성, 연속성의 법칙 예시

- 대칭성(Symmetry)의 법칙 : 떨어져 있더라도 대칭을 이루면 하나로 인식된다.
- 공동운명(Common Fate)의 법칙 : 같은 방향성을 지닌 요소들은 그룹으로 보인다.

POINT **058** 디지털 색채 시스템

▶ RGB 모델
① 색상 구성요소 : 빛의 삼원색 Red(R), Green(G), Blue(B)
② 특징
• 가산 모델(Additive Model)
• 각 색의 값을 더할수록 흰색이 된다.
③ 빛을 사용하는 디지털 디스플레이 장치(모니터, TV, 카메라 등)에서 사용된다.
④ 색상 코드

색명	RGB 색상코드	색명	RGB 색상코드
흰색(White)	(255, 255, 255)	파랑(Blue)	(0, 0, 255)
검정색(Black)	(0, 0, 0)	녹색(Green)	(0, 255, 0)
빨강(Red)	(255, 0, 0)	노랑(Yellow)	(255, 255, 0)

▶ CMYK 모델
① 색상 구성요소 : 색료의 삼원색 Cyan(C, 시안), Magenta(M, 마젠타), Yellow(Y) + Black(K)
② 특징
• 감산 모델(Subtractive Model)
• 색을 섞을수록 검정이 된다.
③ 프린터와 같은 인쇄 장치에서 사용된다.

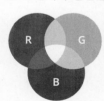 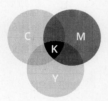

▲ RGB와 CMYK 기본 색상 구성표

▶ HSB/HSV 모델
• 색상 구성요소 : Hue(색상), Saturation(채도), Brightness(Value, 명도)
• 인간이 색을 인식하는 방식과 가장 유사하며, 색의 3속성 (색상, 명도, 채도)으로 나타낸다.
• 그래픽디자인 소프트웨어에서 사용된다.

▶ Index Color(인덱스 컬러) 모델
• 색상 구성요소 : 제한된 색상의 수(256색 이하)를 사용한다.
• 파일 용량을 줄이는 데 유리하다.

▶ LAB 모델(CIE L*a*b*)
CIE(Commission Internationale de l'Eclairage, 국제조명위원회)에서 발표한 색상 모델이다.

> **개념 체크** ✓

1 디지털 색채 시스템으로 거리가 가장 먼 것은?
① CMYK
② CRT
③ RGB
④ LAB

2 빛의 삼원색을 기본색으로 하는 칼라모델로 여러 색의 빛을 더하면 흰색이 되는 빛의 성질을 이용한 컬러모델은?
① RGB 모델
② HSY 모델
③ CMYK 모델
④ Indexed Color 모델

3 컬러모델 중, 인간의 시각 모델과 흡사하며 색의 3속성에 따라 표현하는 것은?
① HSV 모델
② CMYK 모델
③ RGB 모델
④ Index Color

컴퓨터그래픽 이미지

컴퓨터그래픽(CG, computer graphic) 이미지의 특징

① 무한한 이미지 창출
- 디자이너의 의도에 맞는 다양한 표현(실물 재현, 명암, 질감, 색감, 형태 등)을 자유롭게 조작할 수 있다.
- 자연의 질감이나 감성을 완벽히 재현하기에는 한계가 있다.
- 디지털 형식으로 영구 보전이 가능하다.

② 효율성
- 수작업 도구들을 하나의 디지털 도구로 통합하여 작업 능률이 높다.
- 모니터 색상 시스템과 인쇄 색상 시스템이 달라 색 보정 작업이 필요하다.
  - 캘리브레이션(Calibration) : 모니터의 색상과 인쇄물의 색상 차이를 보정하는 작업이다.

③ 상업성
- 판매 촉진을 돕고 소비자에게 오래 기억될 시각적 인상을 제공한다.
- 원고 자체가 아닌 완성된 인쇄물의 편집, 레이아웃 등으로 가치가 평가된다.

그래픽 디자인 과정
- 이미지 구상 : 아이디어를 수집하고 전체적인 컨셉(Con-cept)을 정의한다. ┈┈○ 주제, 개념, 구상
- 제작 도구 선정 : 프로젝트의 요구 사항에 따라 도구(포토샵, 일러스트레이터, 인디자인 등)를 선택한다.
- 레이아웃 디자인 : 디자인의 기본 구조와 배치를 계획한다.
- 색상 선택 : 메시지를 효과적으로 전달하기 위한 적절한 색상 팔레트를 선택한다.

이미지 표현방식

① 픽셀(Pixel)
- 디지털 이미지의 최소 단위로, 'Picture(그림)'와 'Element(구성요소)'의 합성어이다.
- 각 픽셀은 고유의 위치값을 가지며, (x,y) 좌표로 표시된다. ┈┈○ 한 장의 이미지
- 1:1의 종횡비(Aspect Ratio)를 갖는다. ┈┈○ 단위 PPI
- 해상도는 가로 세로의 픽셀 수로 결정된다. (Pixel Per Inch)
- 색상은 Bit Depth(비트뎁스, 색심도)에 따라 결정된다.

Bit Depth	표현 가능한 색상 수	설명
1비트	2가지 색	흑백 ○┈각 픽셀이 얼마나 많은 색을 표현할 수 있는지를 나타내는 비트의 수
8비트	256가지 색	GIF 파일에서 사용
16비트	65,536가지 색	High Color
24비트	약 1,670만 가지 색	True Color(RGB 각각 8비트)

② 비트맵(Bitmap, 래스터(Raster)) 방식
- 여러 개의 점(Pixel)으로 이미지를 표현한다.
- 확대, 축소 시 이미지의 모양이나 외곽선이 변형된다.
- 픽셀의 수가 많을수록 해상도가 높아진다.
- 파일 포맷 : JPEG, GIF, PNG, BMP 등
- 이미지 보정 기법

디더링(Dithering)	제한된 수의 색상을 사용할 때, 팔레트에 없는 색상과 유사하도록 섞어서 표현하는 기법
안티 앨리어싱 (Anti-Aliasing)	저해상도에서 이미지 깨짐 현상(계단 현상)을 줄이기 위해, 물체의 경계면에 물채색과 배경색을 혼합하여 부드럽게 보이도록 하는 기법
그러데이션 (Gradation)	색상을 점진적으로 변화시켜 자연스럽게 칠하는 기법

③ 벡터(Vector) 방식
- 수학적 함수를 사용하여, 기하학적 요소(점, 선, 곡선, 다각형 등)로 이미지를 구성한다.
- 확대, 축소 시에도 이미지의 품질이 유지된다.
- 선 드로잉(Line Drawing)에 사용된다. ┈┈○ 선으로 그림을 그리는 기법
- 파일 포맷 : SVG(Scalable Vector Graphics), AI(Adobe Illustrator), EPS 등

1 컴퓨터그래픽스에 대한 설명으로 틀린 것은?

① 여러 수작업의 도구들을 하나의 도구로 통합하였다.

② 빠르고 정확하게 작업할 수 있다.

③ 작업의 능률성을 높일 수 있다.

④ 자연적인 미나 기교를 완벽히 살릴 수 있다.

2 모니터의 색상을 출력물과 가깝게 조절하는 과정은?

① 세퍼레이션(Separation)

② 캘리브레이션(Calibration)

③ 캘큐레이션(Calculation)

④ 새츄레이션(Saturation)

3 벡터그래픽(Vector Graphic) 파일 포맷으로 적당한 것은?

① gif

② pcx

③ ai

④ bmp

POINT 060 **타이포그래피**

▶ **텍스트(Text)**

① 정보 전달 수단이자, 디자인 요소로도 활용된다.

② 판독성(Legibility)과 가독성(Readability)이 높아야 한다. ┈○뜻을 알기 쉬운 ┈○쉽게 읽히는

③ 폰트 사이즈 1포인트(Point)는 72분의 1인치(Inch)이다.

④ 폰트(Font, 글꼴, 서체)의 종류

• 기술적 구현 방식에 따른 분류

비트맵 폰트	픽셀로 표현된 폰트로, 확대 시 깨질 수 있음
아웃라인(Outline) 폰트	수학적 기법으로 테두리를 형성한 후 내부를 채우는 폰트로, 크기 조절이 자유로움
트루타입(TrueType) 폰트	연산시간이 적고, 어떤 크기에서도 깨끗하게 출력됨
포스트스크립트 (PostScript) 폰트	어도비(Adobe)사에서 개발한 고품질 출력용 폰트로, 인쇄출판 시장에서 널리 사용됨

• 디자인 스타일에 따른 분류

분류	세리프(Serif)	산세리프(Sans-serif)
특징	글자의 끝부분에 삐침이 있음	글자의 끝부분에 삐침이 없음
분위기	전통적이고 정형화된 느낌	현대적이고 깔끔한 느낌
특징	인쇄물에서 가독성이 높음	디지털 화면에서 가독성이 좋음
예시	명조체, 바탕체, Times New Roman	고딕체, 돋움체, Arial, Helvetica

▶ 타이포그래피

① 타입(Type, 문자, 활자)과 그래피(Graphy, 쓰다, 기록하다)의 합성어이다.

② 글자를 디자인하고 배열하여 정보를 전달하는 기술 및 예술이다.

③ 전통적으로는 활판 인쇄술을 의미했으나, 현대에는 글자를 구성하는 디자인을 포함한다.

④ 타이포그래피의 조건
- 글자가 쉽게 읽히도록 디자인한다.
- 정보가 명확하게 전달되도록 한다.
- 서체의 미적 측면을 고려하여 디자인한다.
- 텍스트의 내용과 서체가 잘 어울려야 한다.

⑤ 타이포그래피의 구성요소

서체(Typeface), 자간(Tracking), 줄간격(Leading), 글자 크기(Font Size), 정렬(Alignment)

⑥ 타이포그래피의 종류

모션(Motion) 타이포그래피	글자의 크기, 위치, 색상, 형태 등을 변화시켜 동적인 효과를 줌
캘리그래피 (Calligraphy)	• 그리스어의 καλός(kallos, 아름답다)와 γραφή (graphē, 쓰다)의 합성어 • 붓이나 펜을 사용해 손으로 쓴 문자를 아름답게 묘사하는 기술 및 묘사된 글자 • 좁게는 서예를 가리키고, 넓게는 활자 이외의 서체(Typeface)를 뜻함
레터링(Lettering)	• 넓은 뜻으로는 글자디자인, 글자 표현, 그 기능이나 글자 자체를 의미하며, 다양한 방법으로 구현될 수 있음 • 직접 드로잉(그림을 그리듯 연결)하거나, 이미 만들어진 서체와 디지털 도구를 사용함 • 물리적으로 글자를 새기거나 박음질하는 방식도 레터링의 한 형태

> **기적의TIP 활자와 서체의 차이**
> - 활자 : 인쇄에 사용되는 개별적 문자 블록
> - 서체(폰트) : 특정한 스타일과 디자인을 가진 글자들의 집합

개념 체크 ✔

1 글자디자인의 기본 조건으로 거리가 가장 먼 것은?
① 개성이 있어야 한다.
② 잘 읽을 수 있어야 한다.
③ 현대적인 성격만을 표현해야 한다.
④ 쓰임새에 따라 디자인되어야 한다.

2 글자의 가로, 세로 끝부분에 짧은 획이 붙어 있는 세리프 체가 아닌 것은?
① 바탕체
② 신명조
③ 고딕체
④ Times New Roman

3 캘리그래피(Calligraphy)에 관한 설명으로 옳은 것은?
① 글의 내용과 시각적 내용이 일치되게 하는 방법
② 글자와 글자 사이의 공간 비례
③ 글의 행과 행 사이 균형
④ 펜에 의한 미적으로 묘사된 글자

POINT 061 색 지각 원리

색 지각 요소
- 광원 : 태양, 인공조명 등으로 다양한 파장의 빛을 방출한다.
- 가시광선 : 인간이 볼 수 있는 빛의 파장 영역(380~780 nm)이다.

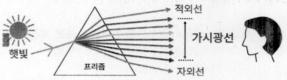

▲ 가시광선 영역

- 물체 : 빛을 반사하여 색을 지각하게 하는 대상이다.
- 시각(눈) : 색을 인식하는 감각 기관이다.
- 뇌 : 최종적으로 색을 인식한다.

색 지각 과정
① 빛의 반사
- 광원에서 나온 빛이 물체에 닿는다.
- 물체는 일부 빛은 흡수하고, 일부 빛은 반사한다.
- 반사된 빛이 우리가 인식하는 색을 결정한다.
  예 빨간 사과는 빨간색 빛을 반사함
② 눈의 수용
- 반사된 빛은 눈의 각막을 통과하여 수정체를 지나 망막에 도달한다.
- 망막에는 빛을 감지하는 추상체(색 감지)와 간상체(명암 감지)가 있다.
- 시각 상태에 따라 추상체와 간상체의 활성화 정도가 달라진다.

시각 상태	설명
명소시	밝은 조명 조건에서의 시각 상태로, 추상체 활성화
암소시	어두운 조명 조건에서의 시각 상태로, 간상체 활성화
박명시	중간 조명 조건에서의 시각 상태로, 추상체와 간상체가 모두 활성화
명순응	어두운 환경에서 밝은 환경으로 이동할 때 눈이 적응하는 과정
암순응	밝은 환경에서 어두운 환경으로 이동할 때 눈이 적응하는 과정

③ 신경 신호 변환 : 추상체와 간상체가 감지한 빛은 시신경을 통해 뇌로 전달된다.
④ 색의 인지 : 뇌는 전달된 정보를 해석하여 어떤 색인지 인지한다.

> **기적의 TIP 명도**
> 물체 표면반사율의 높고 낮음을 나타내는 시감각 속성으로, 명시성(Legibility)에 영향을 미침

개념 체크 ✓

1 태양, 형광등, 백열등, 네온사인 등은 다음 중 어디에 해당하는가?
① 물체색
② 표면색
③ 투과색
④ 광원색

2 색을 지각하기 위한 요소에 속하지 않는 것은?
① 가시광선
② 물체
③ 색입체
④ 시각(눈)

3 명소시와 암소시의 중간 밝기에서 추상체와 간상체 양쪽이 작용하고 있는 시각 상태는?
① 색순응
② 암순응
③ 박명시
④ 중심시

POINT 062 색 지각 현상

▶ 잔상(Afterimage)

① 시각적 자극이 사라진 후에도 그전의 상이나 그 반대의 상이 잠시동안 눈에 남아 있는 현상이다.

② 잔상의 형태

• 정의(Positive) 잔상 : 원래의 자극과 같은 색과 밝기를 가지는 잔상이다.
　예 카메라 플래시를 본 후 눈을 감았을 때 플래시의 빛이 그대로 보임

• 부의(Negative) 잔상 : 원래 자극의 보색으로 나타나는 잔상이다.
　예 빨간 원을 일정 시간 응시한 후 흰 벽을 보면 녹색 원이 나타남

▶ 색의 동화

• 인접한 색들끼리 서로의 영향을 받아 인접한 색에 가깝게 보이는 현상이다.

• 색의 동화 형태

시각적 혼합	작은 색 점들이 서로 가까이 있을 때, 개별 색상이 구분되지 않고 혼합된 색으로 보이는 현상
동화 대비	인접한 색들이 서로의 영향을 받아 색상이 서로 비슷하게 보이는 현상
색상 동화	주변 색상에 의해 특정 색상이 주변 색상과 비슷하게 보이는 현상

▶ 색의 대비

① 연변대비(경계대비)

• 색상대비 : 두 색상이 만나는 경계에서 각 색상이 더 강렬하게 보이는 현상으로, 색상 차이가 경계에서 더 두드러지게 인식된다.

• 명도대비 : 밝기가 다른 두 색이 인접할 때, 밝은색은 더 밝아 보이고 어두운색은 더 어두워 보이는 현상이다.

• 베너리 효과(Benary effect)
　– 흰색 배경 위에 검정색 십자가의 안쪽 회색 삼각형이 바깥쪽 회색 삼각형보다 더 밝게 보인다.
　– 흰색 배경 위에 회색 십자가는 명도 대비효과가 줄어들어 안쪽과 바깥쪽 삼각형이 비슷한 밝기로 보인다.

▲ 베너리 효과 예시

• 채도대비 : 채도가 다른 색상이 만나는 경계에서 채도가 더 뚜렷하게 인식되는 현상으로, 동일한 색이 채도가 낮은 바탕에서는 선명해 보이고, 채도가 높은 바탕에서는 탁해 보인다. ○ 색상환에서 서로 반대쪽에 있는 두 색상(예 빨강과 초록, 파랑과 주황, 노랑과 보라, 마젠타와 녹색)

② 보색대비 : 보색관계에 있는 두 색상이 나란히 있을 때 더 강렬하고 선명하게 보이는 현상이다.

③ 계시대비 : 시간차를 두고 차례로 어떤 색을 본 후 다른 색을 볼 때, 먼저 본 색의 영향으로 색이 다르게 보이는 현상이다.

④ 동시대비 : 가까이 있는 두 가지 이상의 색을 동시에 볼 때, 서로의 영향에 따라 색이 다르게 보이는 현상이다.

⑤ 면적대비 : 색상의 면적 차이에 따라 색이 다르게 인식되는 현상으로, 같은 색이라도 면적이 클수록 작은 면적보다 더 강렬하게 보인다.

개념 체크 ✓

1 다음 중 무채색을 병치시킬 때 두 색의 인접 부분이 어두운 쪽은 밝게, 밝은 쪽은 어둡게 느껴지는 현상은?
① 색상대비
② 명도대비
③ 채도대비
④ 보색대비

2 동일한 색을 채도가 낮은 바탕에 놓았을 때는 선명해 보이고, 채도가 높은 바탕에 놓았을 때는 탁해 보이는 것은 무슨 대비현상 때문인가?
① 색상대비
② 채도대비
③ 명도대비
④ 계시대비

3 어떤 색을 본 후 이어서 다른 색을 볼 때 생기는 대비로 시간차를 두고 일어나는 대비현상은?
① 면적대비
② 보색대비
③ 연변대비
④ 계시대비

POINT 063 색의 시각적 인식

▶ 시각적 인식의 변화 요인

① 푸르킨예 현상(Purkinje Effect) ○장파장, 적색 계열
- 낮에는 파장이 긴 색이 더 밝게 보이고, 어두운 환경에서는 파장이 짧은 색이 더 밝게 보이는 현상이다.

단파장, 청색 계열
- 어두워질수록 파장이 긴 색이 먼저 사라지고, 파장이 짧은 색이 나중에 사라진다.

  예 초저녁에 가까워질수록 나뭇잎이 선명하게 보임

- 어두워질수록 파란색 계열이 더 밝게 인식되기 때문에 밤이 되면 빨간색은 검게 보이고, 파란색은 회색으로 보인다.

  예 빨간 사과가 밤에는 검게 보임

② 에브니 효과(Ebner Effect) : 파장이 같아도 색의 순도(Purity)가 변함에 따라 색상이 변화하는 현상이다.

원색과 가까운 정도

③ 엠베르트 법칙(Emmert's Law)
- 물체가 멀리 있을수록 더 작고 어둡게 보이고, 가까이 있을수록 더 크고 밝게 보인다는 법칙이다. 잔상이 나타나는
- 잔상의 크기는 투사면까지의 거리에 영향을 받아 거리가 멀어질수록 커지고, 가까워질수록 작아진다. ○표면

  예 관객이 앉는 위치에 따라 스크린의 크기와 밝기가 다르게 인식됨

④ 페히너 효과(Fechner Color Effect) : 흑백으로 나눈 면적을 고속으로 회전시키면 파스텔 톤의 연한 유채색이 나타난다.

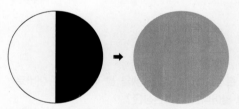

▲ 페히너 효과를 증명한 벤함의 원반(Benham's Top) 실험

⑤ 메타메리즘(Metamerism) : 같은 두 색이 광원에 따라 다르게 보이거나, 서로 다른 두 색이 특정 광원 아래에서 같은 색으로 보이는 현상이다.

  예 자연광과 조명 아래에서 보는 옷 색상이 다름

⑥ 컬러 어피어런스(Color Appearance, 색채 외관) : 어떤 색이 매체, 주변 색, 광원, 조도(밝기) 등에 따라 다르게 보이는 현상이다.

  예 벽지 색이 방의 조명에 의해 다르게 보임

⑦ 베졸드 효과(Bezold Effect, 줄눈 효과, 병치 효과) : 색을 직접 섞지 않고 색 점이나 선을 배열하여, 혼색된 것처럼 중간색이 보이는 효과이다.

  예 붉은 망에 들어간 귤의 색이 본래의 주황보다 붉어 보임

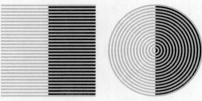

▲ 베졸드 효과 예시 – 같은 회색이라도 흰색 배경에서는 더 어두워 보이고, 검은색 배경에서는 더 밝아 보인다.

⑧ 리프만 효과(Lipmann Eeffect) : 색상대비가 명확하지 않을 때 색의 경계가 흐려져서 시각적으로 구분하기 어려운 현상이다.

▶ 색이 주는 감정(색채 연상)

① 온도감

난색 (Warm Color)	빨강, 주황, 노랑 등으로 따뜻하고 활기찬 느낌을 주며, 에너지와 열정을 연상시킴
한색 (Cool Color)	파랑, 청록, 남색 등으로 차분하고 시원한 느낌을 주며, 안정감과 평온함을 연상시킴
중성색 (Neutral Color)	연두, 녹색, 회색 등 난색과 한색의 중간에 위치하며, 상황에 따라 따뜻하거나 차가운 느낌을 줌

② 경연감
- 색채가 주는 딱딱함과 부드러움의 느낌으로, 명도와 채도에 영향을 받는다.
- 명도가 높고 채도가 낮은 난색은 부드러운 느낌을 준다.
- 명도가 낮고 채도가 높은 한색은 딱딱한 느낌을 준다.

③ 무게감
- 명도가 높은 밝은색은 가볍고 경쾌한 느낌을 준다.
- 명도가 낮은 어두운색은 무겁고 진지한 느낌을 준다.

④ 공간감

진출색	• 시각적으로 가까운 느낌을 주며, 공간이 좁아 보이게 함 • 난색 계열, 고명도 색상, 고채도 색상
후퇴색	• 시각적으로 먼 느낌을 주며, 공간을 넓고 깊게 보이게 함 • 한색 계열, 저명도 색상, 저채도 색상

> **기적의TIP 색의 파장**
> 빛의 색을 결정하는 요소로, 특정 파장의 빛은 특정 색으로 인식

1 낮에는 적색으로 보이는 사과가 어두워지면 검게 보이는 것과 관계있는 것은?

① 푸르킨예 현상
② 베졸트 현상
③ 매스 효과
④ 색음 효과

2 색을 직접 섞지 않고 색점을 배열함으로써 혼색된 것처럼 중간색이 보이는 효과는?

① 비렌 효과
② 베졸드 효과
③ 헬름홀츠 효과
④ 푸르킨예 효과

4 색채의 진출, 후퇴와 팽창, 수축에 대한 설명으로 거리가 가장 먼 것은?

① 진출색은 황색, 적색 등의 난색계열이다.
② 팽창색은 명도가 낮은 어두운 색이다.
③ 수축색은 한색계열이다.
④ 후퇴색은 파랑, 청록 등의 한색계열이다.

POINT **064** 색의 표시

색채 표준(표색계, 색체계)

① 기본 개념 : 색상을 체계적으로 정의하고 분류하여, 다양한 분야에서 일관되게 사용할 수 있도록 만든 기준이다.

② 주요 요소(색의 3속성)

색상(Hue)	색의 종류
명도 (Value, Lightness)	• 색의 밝고 어두운 정도 • 사람의 눈에 가장 민감하게 반응하는 요소
채도 (Chroma, Saturation)	색의 선명도

색채 표준의 조건

• 규칙적인 배열 : 색상, 명도, 채도는 규칙적이고 체계적인 단계로 배열되어야 한다.
• 지각적 등보성 : 배열된 색상 간에는 지각적으로 균등한 차이가 있어야 한다. ······○ 서로 간의 차이가
　　　　　　　　　　　　　　　　일정한 상태
• 실용성 : 색 재현이 쉽고 해독하기 쉬워야 한다.

주요 색채 표준 시스템

① 먼셀(Munsell)의 색체계

• 색상, 명도, 채도를 기준으로 3차원 공간에 배열된 색입체로 표현한다.

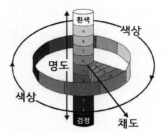

▲ 먼셀의 색입체

• 10색 색상환

– 기본색 R(Red, 빨강), Y(Yellow, 노랑), G(Green, 초록), B(Blue, 파랑), P(Purple, 보라)의 사이에 두 기본색을 혼합한 중간색 YR(Yellow+Red, 주황), GY(Green+Yellow, 연두), BG(Blue+Green, 청록), PB(Purple+Blue, 남색), RP(Red+Purple, 자주)가 위치한다.

– 중간색은 이론적으로 무한대이다.

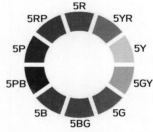

▲ 먼셀의 색상환(색입체 수평 단면도)

• 각 색상은 먼셀기호로 표시한다.

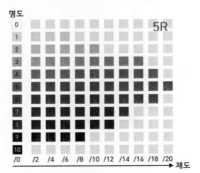

▲ 먼셀의 색입체 수직 단면도

– 먼셀기호 표기법

HV/C
Hue(색상) Value(명도)/Chroma(채도)

- 먼셀기호 표기 예시 : 5R 4/14(5R 4의 14)는 색상 5R (빨강), 명도 4, 채도 14인 빨간색 계열의 중간 정도의 밝기와 높은 채도를 가진 색상이다.

② 오스발트(Ostwald)의 색체계

• 색상환 : 헤링의 4원색(빨강, 노랑, 초록, 남색)을 기준으로, 그 사이에 4가지 색(주황, 청록, 보라, 연두)을 더한 기본 8색을 다시 각각 삼등분하여 24색으로 구성한다.

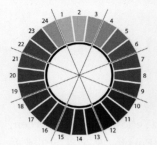

▲ 오스발트의 색상환

••••••• ○색상환의 주요 위치 색(24색)

• 색상 표기
 - 주조색 번호 – 명도% – 채도%
 - 색상 표기 예시 : 2-70%-80%는 주조색 2(노란색), 명도 70%, 채도 80%인 밝고 선명한 노란색이다.

③ CIE L*a*b* 표색계

• L(Lightness)
 - 명도를 0~100으로 나타낸다.
 - 0은 검정색, 100은 흰색이다.

• a
 - 녹색에서 빨간색으로의 색상 축이다.
 - 양수 값(+a)은 빨간색, 음수 값(-a)은 녹색이다.

• b
 - 파랑에서 노란색으로의 색상 축이다.
 - 양수 값(+b)은 노란색, 음수 값(-b)은 파란색이다.

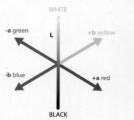 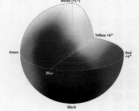

▲ LAB 색공간

색상	L*a*b* 값	색상	L*a*b* 값
흰색	L* = 100, a* = 0, b* = 0	순수한 빨간색	L* = 53, a* = 80, b* = 67
검정색	L* = 0, a* = 0, b* = 0	순수한 파란색	L* = 32, a* = 79, b* = -107

기적의 TIP

색조(Color Tone)
명도와 채도를 통합한 복합개념

명암
물체의 원근감, 중량감, 실재감을 느끼게 하는 표현 요소

무채색
색상과 채도가 없는 흰색, 회색, 검정색

개념 체크 ✓

1 색의 3속성이 아닌 것은?
① 색상
② 채도
③ 순도
④ 명도

2 다음 중 무채색은?
① 청록
② 회색
③ 보라
④ 분홍

3 CIE L*a*b* 색좌표계에서 b*에 해당하는 색의 영역으로 옳은 것은?
① red~green
② yellow~blue
③ black~red
④ white~green

POINT 065 색의 혼합

가산혼합(가법혼색, 색광혼합)

① 기본 원리 : 빛의 혼합을 통해 색을 만든다.

② 3원색 : R(Red), G(Green), B(Blue)

③ 특징

• 색을 혼합할수록 명도가 높아진다.

• 보색을 섞으면 회색 또는 흰색이 된다.

• 디지털 디스플레이, 조명 등에서 사용된다.

색상	RGB 웹 컬러 코드	색상	RGB 웹 컬러 코드
흰색(White)	#FFFFFF	중간 회색 (Medium Gray)	#999999
검정색(Black)	#000000	어두운 회색 (Dark Gray)	#333333

감산혼합(감법혼색, 색료혼합)

① 기본 원리 : 색료(잉크, 물감 등)의 혼합을 통해 색을 만든다.

② 3원색 : C(Cyan), M(Magenta), Y(Yellow)

③ 특징

• 색을 혼합할수록 명도와 채도가 낮아지고 색이 탁해진다.

• 보색을 섞으면 검정색이 된다.

• 프린터 등 인쇄 장치에서 사용된다.

병치혼합

① 기본 원리 : 서로 다른 색의 점이나 선을 가까이 배치하여, 멀리서 보았을 때 혼합된 색으로 보이게 한다.

② 특징

• 색의 면적과 거리에 따라 눈의 망막 위에서 혼합되어 보이는 생리적 현상이다.

• 인상파 화가의 점묘화, 모자이크, 직물 등에서 볼 수 있다.

• 개별 픽셀이 보이지 않고 전체적으로 혼합된 색으로 보이는 TV나 모니터 화면도 병치혼합의 일종이다.

개념 체크 ✓

1 다음 중 가법혼색의 3원색이 <u>아닌</u> 것은?

① 황색(Yellow)

② 빨강(Red)

③ 녹색(Green)

④ 파랑(Blue)

2 색의 혼합방법 중 가산혼합에 대한 설명으로 맞는 것은?

① 색을 혼합하면 혼합할수록 명도가 높아진다.

② 색료혼합이라고 한다.

③ 삼원색을 같은 비율로 혼합하면 짙은 갈색이 된다.

④ 마젠타(Magenta), 옐로우(Yellow), 시안(cyan)의 삼원색이다.

3 점을 찍어가며 그림을 그린 인상파 화가들의 그림과 관련된 혼합 기법은?

① 가산혼합

② 병치혼합

③ 감산혼합

④ 회전혼합

POINT **066**   색채조화론

> ## 요하네스 이텐(Johannes Itten)의 색채조화론
- 보색 대비를 활용하여 색채조화를 이루는 방법 제안
- 12색 상환에서 삼각형, 사각형 등을 그려 2색, 3색, 4색, 5색, 6색의 조화를 주장

2색   3색   4색
▲ 2색, 3색, 4색의 조화

> ## 비렌(Birren)의 색채조화론
- 색삼각형의 연속된 선상에 위치한 색들은 서로 조화롭다는 원리이다.
- White(흰색)-Color(순색)-Black(검정)을 색삼각형의 꼭지점에 배치하고, 3가지 기본색이 합쳐지는 중간 영역의 4가지 색군(Gray, Tint, Shade, Tone)을 만드는 모델을 제시한다.

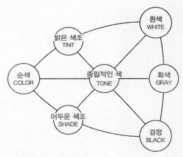

▲ 비렌의 색삼각형

> ## 색채조화 예시
- Color-Shade-Black의 조화는 색채의 깊이와 풍부함이 있다.
- White-Gray-Black의 조화는 모던하고 세련된 느낌을 준다.

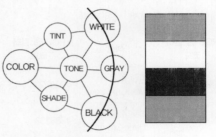

▲ White-Gray-Black의 조화

> ## 슈브뢸(M. E. Chevreul)의 색채조화론
색의 유사성 조화와 대비의 법칙을 사용한다.

조화의 유형	설명	분위기
유사의 조화	명도가 유사한 인접한 색상들의 조화	밝고 화사한 느낌
반대색의 조화	색상환의 반대편에 있는 색상들의 조화	유쾌하고 활기찬 느낌
주조색의 조화	주된 색들이 고명도 저채도인 색상들의 조화 ⋯◦파스텔 컬러	우아하고 차분한 느낌
근접 보색의 조화	보색의 좌우에 위치한 색상들의 조화	친근감
등간격 3색 조화 ⋯◦일정한 간격	색상환에서 일정한 간격을 지닌 3색의 조화	균형감. 부드러운 느낌

▲ 근접 보색

문–스펜서(P. Moon & D. E. Spencer)의 색채조화론

① 색상 조화의 유형

동일 조화	• 하나의 색상에서 명도와 채도를 변화시켜 조화를 이루는 방법 • 통일된 느낌을 주며, 시각적으로 안정적임
유사 조화	• 색상환에서 인접한 색상들을 사용하여 조화를 이루는 방법 • 조화롭고 편안한 분위기를 줌
대비 조화	• 색상, 명도, 채도 등에서 큰 차이를 보이는 색들을 사용하여 조화를 이루는 방법 • 강한 시각적 효과와 주목성을 높임
보색 조화	강한 대비를 통해 시각적 흥미를 유발하며, 색상 간의 균형을 맞춤

② 채도와 면적의 관계

• 저채도의 약한 색은 넓은 면적에 사용 : 저채도의 색상은 시각적으로 덜 자극적이기 때문에 넓은 면적에 사용하여 균형을 맞춘다.
• 고채도의 강한 색은 좁은 면적에 사용 : 고채도의 색상은 시각적으로 강한 자극을 주기 때문에 좁은 면적에 사용하여 균형을 맞춘다.

오스트발트(W. Ostwald)의 색채조화론

① 색채조화를 감정적으로 다루는 대신, 과학적이고 정량적인 방법으로 접근한다.
② 색을 백색량, 흑색량, 순색량으로 나누어 배합한다.

백색량	색에 포함된 흰색의 양을 의미하며, 색의 밝기를 결정함
흑색량	색에 포함된 검은색의 양을 의미하며, 색의 어두움을 결정함
순색량	색의 순수한 정도를 나타내며, 채도와 관련이 있음

③ 등백색 조화를 사용하여 색을 배치한다.

• 등백색 조화란 모든 색이 동일한 양의 흰색을 포함하도록 선택하는 것이다.
• 색의 밝기(명도)를 일정하게 유지하면서 다양한 색을 조합하여, 서로 다른 색상이라도 전체적으로 균형 잡힌 느낌을 준다.

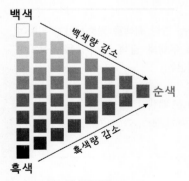

▲ 오스트발트의 색삼각형

져드(D.B.Judd)의 색채조화론

• 명확하고, 규칙적이며, 유사한 특성을 가진 색들은 조화롭다는 원리이다.
• 조화의 유형

질서의 원리	색의 체계에서 일정한 규칙에 따라 선택된 색들은 조화한다는 원리
명료성의 원리 (비모호성의 원리)	색상, 명도, 채도가 명확하게 구분되는 명료한 배색은 조화한다는 원리
유사의 원리 (동류의 원리)	배색에 있어 비슷한 특징(같은 색조)이나 성질(유사한 명도나 채도)을 가진 색들은 조화한다는 원리
친근감의 원리	• 자연의 색과 같이 사람들에게 친숙한 색상끼리는 조화한다는 원리 • 친숙함은 개인의 경험, 문화적 배경, 환경적 요인에 의해 영향을 받음

> **기적의TIP 지역색**
> 특정 지역이나 문화의 고유한 색채를 의미하는 개념으로, 프랑스의 색채 이론가 장 피립 랑클로(Jean–Philippe Lenclos)가 제시

개념 체크 ✓

1 보색 대비의 변형에 기초하여 12색 상환에서 삼각형, 사각형 등을 그려놓고 2색, 3색, 4색, 5색 그리고 6색 조화를 주장한 이론은?
① 져드의 색채조화론
② 요하네스 이텐의 색채조화론
③ 루드의 색채조화론
④ 문–스펜서의 색채조화론

2 문–스펜서 조화론에서 분류하는 조화가 <u>아닌</u> 것은?
① 동일 조화
② 이색 조화
③ 유사 조화
④ 대비 조화

3 져드(D.B.Judd)의 색채조화론과 거리가 <u>먼</u> 것은?
① 질서의 원리
② 숙지의 원리
③ 동류의 원리
④ 모호성의 원리

POINT 067 배색

배색의 구성요소

- 기조색(Base color) : 배색의 중심이 되는 색으로, 전체 이미지나 분위기를 결정한다.
- 주조색(Main color) : 기조색을 보완하며, 배색의 주된 색상으로 사용된다.
- 강조색(Accent color) : 특정 부분을 강조하기 위해 사용되는 색으로, 시각적 포인트를 제공한다.
- 보조색(Assort color) : 기조색이나 주조색만으로 표현하기 어려운 특성을 보완하는 색이다.

배색의 원리

친근감의 원리	자연에서 흔히 접할 수 있는 배색에서 얻어지는 조화의 원리
질서의 원리	색상과 명도의 조화로운 배열을 통해 시각적 질서를 유지하는 원리
명료의 원리	명도와 채도를 조절하여 시각적 명료성을 높이는 원리
대비의 원리	색상, 명도, 채도에서 큰 차이를 보이는 색들을 사용하여 강한 시각적 효과를 주는 원리

배색 기법

톤 온 톤 (Tone on Tone) 배색	동일하거나 유사한 색상에 명도 차이를 크게 두어, 통일성을 유지하면서도 다이나믹한 효과를 주는 기법
톤 인 톤 (Tone in Tone) 배색	유사한 색상과 톤을 사용하여 부드럽고 조화로운 느낌을 주는 기법
세퍼레이션 (Separation) 배색	색상 차이가 큰 두 색 사이에 무채색(흰색, 검정색, 회색)이나 금속성 색상(금색, 은색)을 삽입하여 색상 충돌을 완화하는 기법
비콜로(Bicolor) 배색	하나의 면을 두 가지 색으로 나누어 대비 효과와 단정한 느낌을 주는 기법
모노크롬 (Monochrome) 배색	나의 색상만을 사용하여 다양한 명도와 채도를 조합하는 기법

전통 배색 단청

▲ 전통 사찰의 단청

- 전통 의상, 건축, 예술 등 다양한 분야에서 사용된다.
- 단청에 사용되는 오방색은 방향과 관련된 색상이다.
- 방위와 오방색

동(東)	청색(靑色)
서(西)	백색(白色)
남(南)	적색(赤色)
북(北)	흑색(黑色)
중앙	황색(黃色)

개념 체크 ✓

1 자연에서 흔히 접할 수 있는 노을지는 하늘과 같은 배색에서 얻어지는 조화의 원리는?
① 친근감의 원리
② 질서의 원리
③ 명료의 원리
④ 대비의 원리

2 색상은 동일하거나 유사한 색상으로 하고 2가지 톤의 명도차를 크게 둔 배색기법은?
① 톤 온 톤(Tone on Tone) 배색
② 톤 인 톤(Tone in Tone) 배색
③ 리피티션(Repetition) 배색
④ 세퍼레이션(Separation) 배색

3 색상 차이가 많이 나는 강한 배색을 완충시키기 위하여 두색이 분리될 수 있도록 무채색, 금색, 은색 등을 사용하여 조화를 이루게 하는 배색은?
① 악센트(Accent) 배색
② 톤온톤(Tone on Tone) 배색
③ 세퍼레이션(Separation) 배색
④ 토널(Tonal) 배색

3과목 멀티미디어 저작
HTML

POINT 068 **기본구조**

```
<html>                            ┄o 문서의 정보 영역
<head>
     <meta charset="UTF-8">
     <meta name="description" content=" 웹페이지 설명
문구">
     <meta name="keywords" content="키워드1, 키워드2,
키워드3">
     <meta name="author" content="작성자 이름">

     <title>문서 제목</title>
</head>
 <body>
    <br>
    <h1>웹 페이지 제목</h1>
        <p>웹 페이지 내용을 단락으로 표기</p>
    <br> <br>
        웹 페이지     내용
 </body>
</html>                           ┄o 본문 영역
```

▲ 기본구조 예제 코드

❯ 〈html〉〈/html〉

웹 페이지의 전체 내용을 감싸는 최상위 요소로, HTML 문서의 시작과 끝을 정의한다.

❯ 〈head〉〈/head〉

• 〈meta〉 : 문서의 문자 코드(charset), 간략한 페이지 설명(description), 검색 엔진을 위한 키워드(keywords), 문서 작성자 이름(author) 등과 같은 메타데이터를 설정한다.
• 〈title〉 : 웹 페이지의 제목을 정의하며, 브라우저의 탭에 표시된다.

❯ 〈body〉〈/body〉

• 〈br〉 : 줄 바꿈을 삽입하는 태그이며, 종료 태그 〈/br〉은 없다.
• 〈h1〉 : 제목을 나타내는 태그 중 가장 큰 크기로, 제목 태그에는 6단계(h1~h6)가 있다.
• 〈p〉 : 텍스트를 단락으로 묶어 주며, 단락 사이에는 기본적으로 여백이 추가된다.
•   : 줄 바꿈이 없는 공백을 삽입할 때 사용된다.

> **기적의TIP** HTML(HyperText Markup Language)
> • 웹 페이지를 만들기 위한 표준 마크업 언어
> • 웹 페이지의 구조를 정의하고, 브라우저가 콘텐츠를 어떻게 표시할지를 결정
> • 마크업 언어란 태그(〈 〉)를 사용하여 문서를 정의하는 언어

개념 체크 ✓

1 HTML에 대한 설명으로 거리가 가장 먼 것은?
① 하이퍼텍스트(Hypertext)를 구성하기 위한 언어로 웹 페이지를 만들기 위한 기본 언어로서 파일의 확장자는 .txt가 붙는다.
② 웹브라우저(Web browser)를 통해 사용자가 인터넷에 쉽게 접근할 수 있도록 해준다.
③ 문서의 시작과 끝을 표시하는 태그(Tag)를 넣어야 하며 기본 형식은 <태그이름>내용 </태그이름>이다.
④ 기본 구조는 HEAD 부분과 BODY 부분으로 이루어진다.

2 〈meta〉 태그와 이에 대한 설명으로 틀린 것은?
① 〈meta name="author" content="멀티미디어"〉 : 작성자가 멀티미디어임을 나타낸다.
② 〈meta name="description" content="내용에 대한 설명"〉 : 웹 페이지에 대한 내용을 설명한다.
③ 〈meta name="keyword" content="software"〉 : 콘텐츠의 키워드를 사용자가 구분하기 위한 내용을 기입한다.
④ 〈meta charset="utf-8"〉 : 웹페이지에서 사용하는 문자 코드를 지정한다.

3 다음 중 HTML 태그의 설명이 옳지 않은 것은?
① <p> : 단락구분
②   : 공백문자
③
 : 행 구분
④ 〈h1〉 : 들여쓰기

기본문법

```html
<html>
<head>
    <meta charset="UTF-8">
    <title> HTML 기본문법 </title>
</head>
<body>
    <!-- 텍스트 스타일 -->
    <p><i>이탤릭체</i>로 텍스트를 표시합니다.</p>
    <p><em>강조</em>된 텍스트입니다.</p>
    <p>윗첨자: <sup>&copy;</sup></p>
    <p>아래첨자: H<sub>2</sub>O</p>

    <!-- 글자 크기와 색상 -->
    <font size="5" color="#FF0000">크기가 5이고, 붉
은색의 글씨</font>

    <!-- 이미지 삽입 -->
    <img src="../60example.jpg" alt="예제 이미지">

    <!-- 서식 지정 -->
    <pre>
        미리 서식이 지정된 텍스트입니다.
        들여쓰기와 줄바꿈이 유지됩니다.
    </pre>
</body>
</html>
```

▲ 기본 문법 예제 코드

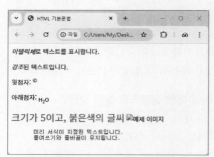

▲ 기본 문법 예제의 브라우저 출력

▶ 주석 태그 〈!-- --〉

• 웹 페이지에는 표시되지 않는다.
• 코드에 대한 설명이나 메모를 작성할 때 사용한다.

▶ 텍스트 속성

• 〈i〉: 텍스트를 이탤릭체로 표시한다.
• 〈em〉: 텍스트를 강조한다.
• 〈sup〉: 텍스트를 위 첨자로 표시한다.
• 〈sub〉: 텍스트를 아래 첨자로 표시한다.

▶ 〈font〉 태그 속성

• size : 텍스트의 크기를 지정. 1부터 7까지의 숫자를 사용할 수 있으며 기본값은 3이다.
• color : 텍스트의 색상을 지정. 색상 이름이나 16진수 색상 코드를 사용한다.

색상명	색상코드	색상명	색상코드
검정색	#000000	녹색	#008000
흰색	#FFFFFF	파란색	#0000FF
빨간색	#FF0000	노란색	#FFFF00

▶ 〈img〉 태그 속성

• src : Source를 의미하며, 이미지 파일의 경로나 이미지의 주소(URL)를 지정한다.
• alt : Alternative Text(대체 텍스트)를 의미하며, 이미지가 로드되지 않거나 시각 장애가 있는 사용자가 화면 읽기 프로그램을 사용할 때 대체 텍스트로 표시된다.

▶ 〈pre〉 태그

• preformatted text(미리 포맷된 텍스트)를 의미한다.
• 태그 안에 있는 텍스트는 작성된 그대로의 공백과 줄 바꿈을 유지한다.
• 텍스트의 형식이 중요한 경우 사용된다.
• 자동으로 줄 바꿈 되지 않기 때문에 긴 문장의 경우 레이아웃에 영향을 줄 수 있다.

개념 체크 ✔

1 다음 중 텍스트의 Tag 속성으로 옳은 것은?
① 〈sup〉: 텍스트를 강조
② 〈em〉: 아래첨자로 효과를 줌
③ 〈ins〉: 위첨자로 강조
④ 〈i〉: 이탤릭체로 표시

2 HTML에서 문자의 크기와 색상을 조절하는 태그는?
① 〈CENTER〉
② 〈BR〉
③ 〈FONT〉
④ 〈HR〉

3 HTML 태그를 이용하여 글자색을 붉은색으로 할 때, ( ) 안에 추가할 알맞은 색상 코드는?

〈FONT COLOR="( )"〉 테스트 〈/FONT〉

① #FF0000
② #D1FF00
③ #000000
④ #FFFF00

링크 정의

```html
<html>
<head>
    <title>링크 걸기</title>
</head>
<body>
    <!-- 이메일 링크 -->
    <a href="mailto:k606060@naver.com">이메일 보내기
</a>

    <!-- 널 링크 -->
    <a href="#">Null Link</a>

    <!-- 새 창에 링크 열기 -->
    <a href="https://www.example.com" target="_
blank">새 창에서 열기</a>
</body>
</html>
```

▲ 링크 걸기 예제 코드

• 앵커 태그 속성

태그	속성		역할
〈a〉 앵커 태그	href		링크 경로 지정. 링크 주소 지정
	target	_blank	새 창에서 링크 열기
		_self	현재 창에서 링크 열기
		_parent	현재 창의 상위 창에서 링크 열기
		_top	최상위 창에서 링크 열기

• 널(Null) 링크 href="#" : #은 이동할 특정 위치가 없음을 나타내며, 클릭하면 새로고침이나 이동이 발생하지 않는다.

링크 색상 정의

```html
<html>
<head>
    <title>링크 색상</title>
</head>
    <body link="blue" alink="red" vlink="purple">
        <a href="https://www.60example.com">링크로
이동합니다.</a>
    </body>
</html>
```

▲ 링크 색상 지정 예제 코드

태그	속성	역할
〈body〉	link	방문하지 않은 링크의 색상 지정
	alink	활성화된 링크(클릭 중인 링크)의 색상 지정
	vlink	방문한 링크의 색상 지정

기적의TIP link, alink, vlink 태그
• 〈body〉 태그의 속성으로, 〈body〉 태그 안에서만 다른 속성과 함께 사용
• 이 속성들은 HTML 4.01 이후로는 더 이상 사용되지 않으며, 현재는 CSS를 사용하여 링크의 색상 지정

개념 체크 ✓

1 웹 페이지의 링크를 클릭했을 때 전자우편 메시지를 보낼 수 있게 하려고 한다. 다음 중 어떤 태그를 이용해야 하는가?
① <A>
② <MAIL>
③ <INPUT>
④ <ADDRESS>

2 HTML 태그 <a> 안의 속성 target 값 중 현재의 창에서 지정한 링크의 내용을 나타내는 것은?
① _self   ② _top
③ _parent   ④ _blank

3 HTML 문서 작성 시 <BODY> 태그 안에 사용하는 속성으로 한 번 이상 방문한 적이 있는 링크의 색상을 정의하는 것은?
① VLINK
② TABLE
③ RADIO
④ KLINK

입력 양식 문법

▶ 입력 폼(Form)

```
<html> <head> <title>입력 폼</title> </head>
<body>
    <form>
        수험생 이름: <input type="text">  <br><br>
        비밀번호: <input type="password">  <br><br>
        분류: <input type="radio"> 필기 <input
        type="radio"> 실기  <br><br>
        <input type="reset">
        <input type="submit">
    </form>
</body> </html>
```

▲ 입력 폼 예제 코드

▲ 입력 폼 예제의 브라우저 출력

태그	요소	속성	역할
⟨from⟩	input type	text	텍스트 입력 필드
		password	별표로 가려지는 비밀번호 입력 필드
		number	숫자 입력 필드. 최소값과 최대값의 설정 가능
		radio	여러 옵션 중 하나를 선택하는 라디오 버튼
		checkbox	여러 옵션을 선택하는 체크박스
		reset	모든 입력값을 초기화하는 버튼
		submit	폼을 제출하는 버튼

▶ 드롭다운 메뉴

```
<html> <head>
    <title>드롭다운 메뉴</title> </head>
<body>
    <form>
        <!-- 일반적인 드롭다운 -->
        과목 선택 :
        <select>
            <option>1과목</option>
            <option>2과목</option>
            <option>3과목</option>
            <option>4과목</option>
        </select>
        <br><br>

        <!-- multiple 속성이 적용된 드롭다운 -->
        과목 다중 선택 :
        <select multiple>
            <option>1과목</option>
            <option>2과목</option>
            <option>3과목</option>
            <option>4과목</option>
        </select>
    </form>
</body> </html>
```

▲ 드롭다운 메뉴 예제 코드

▲ 드롭다운 메뉴 예제의 브라우저 출력

태그	요소	속성	역할
⟨from⟩	select	multiple	여러 개의 옵션 선택 가능

▶ 목록 작성

```
<html> <head>
    <title>목록 리스트</title> </head>
<body>
    순서가 있는 목록 (ol)
    <ol>
        <li>첫 번째 항목</li>
        <li>두 번째 항목</li>
        <li>세 번째 항목</li>
    </ol>

    순서가 없는 목록 (ul)
    <ul>
        <li>첫 번째 항목</li>
        <li>두 번째 항목</li>
        <li>세 번째 항목</li>
    </ul>

    정의 목록 (dl)
    <dl>
        <dt>목록1</dt>
        <dd>목록1에 대한 정의</dd>
        <dt>목록2</dt>
        <dd>목록2에 대한 정의</dd>
    </dl>
</body> </html>
```

▲ 목록 리스트 예제 코드

▲ 목록 리스트 예제의 브라우저 출력

태그	역할
〈ol〉	순서가 있는 목록(Ordered List) 생성 태그. 각 항목은 번호로 표시
〈ul〉	순서가 없는 목록(Unordered List) 생성 태그. 각 항목은 불릿(Bullet) 포인트로 표시
〈li〉	항목을 정의하는 태그. 〈ol〉 또는 〈ul〉 태그 내에서 사용
〈dl〉	정의 목록(Description List) 생성 태그
〈dt〉	정의 목록에서 용어(Term)를 나타내는 태그. 〈dl〉 태그 내에서 사용
〈dd〉	용어에 대한 설명(Description)을 나타내는 태그 〈dl〉 태그 내에서 사용

개념 체크 ✅

1 HTML을 이용한 웹 페이지에서 사용자로부터 정보를 입력받기 위한 <input> 태그 사용 시 모양이나 성격을 지정하는 속성 type의 값으로 설정할 수 없는 것은?

① radio   ② password

③ reset   ④ area

2 select 태그를 사용하여 다중 선택이 가능한 목록을 구성할 때 필요한 속성은?

① submit   ② number

③ radio   ④ multiple

3 다음 코드의 브라우저 출력 결과값은?

```
〈html〉
〈head〉 〈title〉 List 〈/title〉 〈/head〉
 〈body〉
 〈ul〉
    〈li〉1항목〈/li〉
    〈li〉2항목〈/li〉
    〈li〉3항목〈/li〉
 〈/ul〉
 〈/body〉
〈/html〉
```

① ・1항목   ② 1. 1항목
　・2항목   　2. 2항목
　・3항목   　3. 3항목

③ ・1항목   ④ 1. 1항목
　2. 2항목   　・2항목
　3. 3항목   　・3항목

POINT 072 테이블 문법

테이블의 기본구조

```
<html> <head>
    <title>테이블 기본구조</title>
</head> <body>    ┌─○ 가운데 정렬
<div align="center"> <br>
<table width="80%" border="1">
    <!-- width는 테이블의 너비를 지정 -->
    <!-- border는 테이블의 테두리 두께를 지정 -->
    <tr>
        <td>셀 1</td>
        <td>셀 2</td>
    </tr>
</table>
<br>
<table width="80%" border="1" cellspacing="10">
    <!-- cellspacing은 두 셀 사이의 여백을 지정 -->
    <tr>
        <td>셀 1</td>
        <td>셀 2</td>
    </tr> </table> </div>
</body> </html>
```

▲ 테이블 기본구조 예제 코드

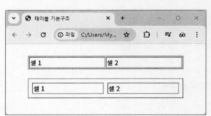

▲ 테이블 기본구조 예제의 브라우저 출력

테이블의 병합

```
<html> <head>
    <title>테이블의 병합</title>
</head> <body>
기본 테이블 <br>
<table border="1" width="80%">
    <tr>
        <td>셀 1</td>
        <td>셀 2</td>
        <td>셀 3</td> </tr>
    <tr>
        <td>셀 4</td>
        <td>셀 5</td>
        <td>셀 6</td> </tr> </table> <br>

행 병합 테이블 <br>
<table border="1" width="80%">
    <tr>
        <td rowspan="2">행 병합</td>
        <td>셀 2</td> </tr>
    <tr>
        <td>셀 3</td> </tr> </table><br>

열 병합 테이블 <br>
<table border="1" width="80%">
    <tr>
        <td>셀 1</td>
        <td colspan="2">열 병합</td> </tr>
</table> </body> </html>
```

▲ 테이블 병합 예제 코드

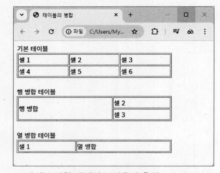

▲ 테이블 병합 예제의 브라우저 출력

① 〈table〉: 테이블을 정의하는 가장 바깥쪽 태그로, 테이블의 시작과 끝을 나타낸다.

② 〈tr〉
- table row의 약자로, 테이블의 행을 정의한다.
- 〈table〉 태그 안에 위치하며, 여러 개의 〈tr〉 태그가 모여 테이블의 행을 구성한다.

③ 〈td〉

- table data의 약자로, 테이블의 셀을 정의한다.
- 〈tr〉 태그 안에 위치하며, 각 행의 데이터를 담는 셀이다.

태그	속성	역할
〈td〉	rowspan	셀이 수직으로 몇 개의 행에 걸쳐 병합될지를 지정
	colspan	셀이 수평으로 몇 개의 열에 걸쳐 병합될지를 지정

개념 체크 ✅

1 HTML의 TABLE 태그를 이용한 그림에서 화살표의 간격이 나타내는 속성 값은?

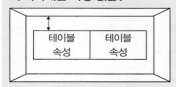

① cellstyle
② cellspacing
③ cellpadding
④ border

2 아래와 같은 테이블을 만들기 위하여, ( ) 안에 들어갈 태그로 옳은 것은?

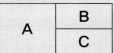

```
〈table width="55%" border="1"〉
〈tr〉
  〈td ( ) = "2"〉 〈div align="center"〉 A 〈/div〉 〈/td〉
  〈td〉 〈div align="center"〉 B 〈/div〉 〈/td〉
〈/tr〉
〈tr〉
  〈td〉 〈div align="center"〉 C 〈/div〉 〈/td〉
〈/tr〉
〈/table〉
```

① cellpadding
② cell
③ rowspan
④ colspan

3 그림과 같은 테이블을 만들기 위하여 ( ) 안에 들어갈 태그는?

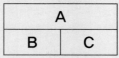

```
〈table width="50%" border="1" align="center"〉
〈tr〉
  〈td ( ) = "2"〉 A 〈/td〉
〈/tr〉
〈tr〉
  〈td〉 B 〈/td〉
  〈td〉 C 〈/td〉
〈/tr〉
〈/table〉
```

① cellpadding
② rowspan
③ div cols
④ colspan

POINT **073** 기본구조

구성요소

```
p {
    color: blue;        /* 텍스트 색상을 파란색으로 지정 */
    font-size: 14px;    /* 글꼴 크기를 14픽셀로 지정 */
    margin: 10px;       /* 외부 여백을 10픽셀로 지정 */
}
```

▲ CSS 기본구조 예제 코드

- 선택자(Selector) : 스타일을 적용할 HTML 요소를 지정한다.
  예 p 선택자는 모든 〈p〉 태그에 스타일을 적용

주요 선택자	표현방식	설명
전체 선택자	*	문서 내의 모든 요소에 스타일을 적용 **예** * { margin: 0; }
태그 선택자	태그명	특정 태그를 가진 모든 요소에 스타일을 적용 **예** p { color: blue; }
클래스 선택자	.클래스명	특정 클래스가 적용된 요소에 스타일을 적용 **예** .button { padding: 10px; }
ID 선택자	#id명	특정 ID를 가진 요소에 스타일을 적용 **예** #header { background: gray; }
자식 선택자	부모〉자식	특정 부모의 바로 아래 자식 요소에 스타일을 적용 **예** ul 〉 li { list-style: none; }
그룹 선택자	선택자1, 선택자2…	여러 선택자에 동일한 스타일을 적용 **예** h1, h2, h3 { font-weight: bold; }
가상클래스 선택자	:가상 클래스명	요소의 특정 상태에 스타일을 적용 **예** a:hover { color: red; } (마우스를 올렸을 때)

- 선언 블록(Declaration Block) : 중괄호 { }로 감싸진 부분으로, 스타일을 정의하는 속성과 속성값의 쌍으로 구성된다.
  속성(Property) **예** { color: blue; } 속성값(Value)
- 속성(Property) : 스타일을 지정할 항목이다.
  예 color, font-size, margin
- 속성값(Value) : 속성에 적용할 구체적인 값이다.
- 구문(Syntax) : 각 속성과 속성값은 콜론(:)으로 구분되며, 각 선언은 세미콜론(;)으로 구분된다.
  예 color: blue; font-size: 14px;
- 주석(Comment) : /*로 시작하고 */로 끝난다.
  예 /* 글꼴 크기를 14픽셀로 지정 */

CSS의 장점
- 여러 페이지에 걸쳐 스타일을 일관되게 적용할 수 있다.
- 스타일을 한 곳에서 관리할 수 있어 개발이 효율적이고 유지보수가 쉽다.
- 요소를 효과적으로 배치하고 레이아웃을 쉽게 조정할 수 있다.

CSS의 단점
- 브라우저의 모든 버전에 동일하게 적용되지 않으며, 브라우저마다 다르게 보일 수 있다.
- 스타일이 복잡해질수록 수정이 어렵다.

> **기적의 TIP CSS(Cascading Style Sheets)**
> - 웹 페이지의 텍스트의 글꼴, 색상, 크기, 배경, 레이아웃 등을 설정
> - HTML과 함께 웹 페이지의 외관을 구성하는 요소로, HTML이 웹 페이지의 구조와 콘텐츠를 정의한다면, CSS는 그 구조를 어떻게 보이게 할지를 결정
> - 확장자 : *.css

개념 체크 ✓

1 HTML 파일에서 스타일 시트를 정의한 외부 파일을 호출하여 사용하려고 한다. 스타일 시트를 정의한 파일의 이름이 mystyle이라면 이 파일의 확장자는?
① html
② css
③ js
④ xml

2 다음 중 CSS 스타일 규칙의 올바른 구조는?
① 속성값 {선택자: 속성}
② 속성 {속성값: 선택자}
③ 속성 {선택자: 속성값;}
④ 선택자 {속성: 속성값;}

3 스타일 시트(CSS)에 대한 장점과 단점의 내용으로 **틀린** 것은?
① 개발이 효율적이고 유연해진다.
② 스타일을 선택적으로 변경할 수 있다.
③ 브라우저의 버전과 상관없이 동일하게 적용된다.
④ 요소를 배치하는데 효과적이다.

POINT **074** 기본 문법

글꼴 스타일 관련 태그

속성	설명	예시
font-family	텍스트에 사용할 글꼴을 지정	Arial, 돋움, Dotum
font-size	텍스트의 크기를 지정	16px, 1em, 100%
font-weight	텍스트의 굵기를 지정	normal, bold, lighter, 숫자값
font-style	텍스트의 기울임꼴을 지정	normal, italic
font-kerning	특정 글자 쌍의 커닝을 지정 ┈o글자 사이의 간격 조정	auto, normal, none
letter-spacing	글자와 글자 사이의 간격 지정	normal, 2px, -1px
line-height	텍스트의 줄 간격 지정	1.5, 24px, 150%

```
body {
    font-family: 'Arial';
    /* 기본 글꼴을 Arial로 설정 */
}

p {
    font-size: 32px; /* 글자 크기를 32px로 설정 */
    font-weight: bold; /* 글자 두께를 굵게 설정 */
    font-style: italic; /* 글자 스타일을 이탤릭체로 설정 */
}
```

▲ 글꼴 스타일 예제 코드

글꼴 배치와 장식 관련 태그

속성	속성 값	설명
text-align 텍스트 정렬	left	텍스트를 왼쪽으로 정렬
	right	텍스트를 오른쪽으로 정렬
	center	텍스트를 중앙으로 정렬
text-decoration 텍스트 장식	none	텍스트에 장식 효과를 적용하지 않음
	underline	텍스트에 밑줄 적용. 〈u〉태그와 동일한 효과
	overline	텍스트에 윗줄 적용
	line-through	텍스트에 취소선 적용. 〈S〉태그와 동일한 효과
	blink	텍스트가 깜빡이도록 설정

	none	대소문자를 변경하지 않음
text-transform 대소문자 변환	capitalize	각 단어의 첫 글자를 대문자로 변환
	uppercase	모든 글자를 대문자로 변환
	lowercase	모든 글자를 소문자로 변환
text-indent 들여쓰기 설정	px	픽셀 단위로 크기를 결정
	em	부모 요소의 폰트 크기를 기준으로 크기를 결정
	rem	html의 폰트 크기를 기준으로 크기를 결정

┈o CSS 스타일 정의 태그

```html
<html> <head> <title>CSS 예제</title>
    <style> ↳
        .centered-text {
            text-align: center; /* 텍스트를 가운데 정렬 */
        }

        .underlined-text {
            text-decoration: underline; /* 텍스트에 밑줄 추가 */
        }

        .uppercase-text {
            text-transform: uppercase; /* 텍스트를 모두 대문자로 변환 */
        }

        .indented-text {
            text-indent: 30px; /* 첫 줄 들여쓰기 설정 */
        }
    </style>
</head>
<body>
    <h1 class="centered-text">가운데 정렬 텍스트</h1>
    <p class="underlined-text">밑줄 문장</p>
    <p class="uppercase-text">대문자 변환</p>
    <p class="indented-text">첫 줄 들여쓰기</p>
</body>
</html>
```

▲ 글꼴 배치와 장식 예제 코드

▶ HTML 문서에 CSS를 적용하는 방법

① 〈style〉 태그 사용

- 〈head〉 태그 내에 위치한다.
- 간단한 스타일을 적용할 때 사용한다.

② 외부 스타일 시트(External Stylesheet)

- 별도의 *.css 파일을 HTML 문서에서 〈link〉 태그로 호출한다.
- 여러 HTML 문서에서 공유할 수 있어 유지보수가 쉽다.

```
<head> <title>외부 스타일 시트 예제</title>
    <link rel="stylesheet" href="60kim.css">
</head>
```

③ 인라인 스타일(Inline Styles)

- style 속성을 사용하여 개별 요소에 직접 적용한다.
- 유지보수가 어렵고 코드가 지저분해질 수 있다.

```
<body>
    <h1 style="color: blue; text-align: center;">
인라인 스타일 1</h1>
    <p style="color: #333; line-height: 1.6;">인라
인 스타일 2</p>
</body>
```

기적의 TIP 배수단위 em과 rem
- CSS에서 글꼴 크기와 관련된 상대 단위
- em : 부모 요소의 글꼴 크기가 16px일 때, 자식 요소에 2em을 설정하면 그 자식 요소의 글꼴 크기는 32px
- rem : html의 글꼴 크기가 16px일 때, 어떤 요소에 3rem을 설정하면 그 요소의 글꼴 크기는 48px

개념 체크 ✅

1 스타일 시트의 텍스트 문자 속성에 대한 설명으로 틀린 것은?

① text-indent : 첫째 줄의 들여쓰기 간격을 지정
② text-align : 글자 정렬
③ text-indent : 소문자를 대문자로 변환
④ text-decoration : 글자에 장식을 지정

2 스타일 시트에서 텍스트에 밑줄이 생기게 하는 속성 지정은?

① text-line : underline
② text-line : line-through
③ text-decoration : underline
④ text-decoration : line-through

3 HTML4.0에서는 <U> 태그를 사용하지 않도록 권장하고 있다. 그렇다면 스타일 시트(CSS)에서 <U>태그를 사용한 것과 같은 효과를 내기 위한 스타일 정의로 맞는 것은?

① text-style:underline
② text-decoration:underline
③ text-line:underline
④ text-variation:underline

SECTION 19

3과목 멀티미디어 저작

HTML5

POINT 075 **기본개념**

HTML5의 특징

- 시맨틱(Semantic, 의미) 마크업의 도입 : ⟨article⟩, ⟨section⟩, ⟨nav⟩, ⟨header⟩, ⟨audio⟩, ⟨video⟩, ⟨footer⟩ 등이 있다.
- 콘텐츠의 접근성과 호환성을 높이기 위한 다양한 기능을 제공한다. ┈◦다양한 브라우저에서 일관되게 작동
- 크로스 브라우징(Cross Browsing)을 지원한다.
- ⟨audio⟩와 ⟨video⟩ 태그를 통해 플러그인 없이 멀티미디어 콘텐츠 삽입과 재생이 가능하다.

HTML5의 기능

- 웹 어플리케이션 개발을 지원하기 위한 다양한 API 제공 : Geolocation, Canvas, WebSocket 등이 있다.
- 다양한 웹 폼(Web Form) 입력 유형 제공

⟨from⟩ 요소	속성	설명
input type	email	이메일 주소 입력 필드
	url	URL 입력 필드
	tel	전화번호 입력 필드
	number	숫자 입력 필드 (숫자만 입력 가능)
	date	날짜 입력 필드
	time	시간 입력 필드
	placeholder	입력 필드에 힌트 텍스트를 제공

```
<!DOCTYPE html>
<html>       ┈◦HTML5 문서임을 선언하는 태그
<head> <title>HTML5 폼 예제</title>
</head>
<body>
    <form>
    전화번호:
        <input type="tel" placeholder="010-1234-
5678"><br>
        <input type="submit" value="제출">
    </form>
</body> </html>
```

▲ placeholder 예제 코드

▲ placeholder 예제의 브라우저 출력

기적의 TIP

시맨틱(Semantic) 태그
- HTML 문서의 구조와 의미를 명확하게 표현하기 위해 사용되는 요소들
- HTML5부터 도입되었으며, 브라우저와 개발자, 검색 엔진이 문서의 내용을 잘 해석하고 처리할 수 있도록 도움

API(Application Programming Interface)
프로그램이 다른 프로그램의 기능을 빌려 쓸 수 있게 해주는 도구
예 어떤 프로그램에 날씨 정보를 넣을 때, 직접 날씨 데이터를 수집할 필요 없이 날씨 정보 API를 사용

개념 체크 ✓

1 HTML5의 특징으로 거리가 먼 것은?
① 시맨틱(Semantic) 마크업을 표현할 수 있다.
② 더 높은 접근성과 호환성을 가질 수 있다.
③ 크로스 브라우징과 연관이 없다.
④ 웹 어플리케이션 개발을 위한 풍부한 API를 제공한다.

2 HTML5에서 새롭게 추가된 Tag가 아닌 것은?
① ⟨article⟩
② ⟨header⟩
③ ⟨time⟩
④ ⟨img⟩

3 HTML5에서 ⟨input⟩ 요소의 속성 중 하나로, 사용자가 입력을 시작하기 전에 필드에 표시되는 안내 텍스트를 설정하여 입력할 내용을 쉽게 이해할 수 있도록 돕는 것은?
① url
② alert
③ autofocus
④ placeholder

POINT 076 시맨틱 태그

시맨틱 태그의 주요 종류

분류	태그	설명
콘텐츠 구조	⟨article⟩	독립적인 콘텐츠의 표시 예 기사, 블로그 글 등
	⟨section⟩	주제를 가진 콘텐츠의 섹션을 정의. 중첩 사용 가능
	⟨nav⟩	웹페이지를 연결하는 내비게이션 링크를 정의. ⟨header⟩나 ⟨footer⟩에 포함될 수 있음
	⟨aside⟩	본문과 간접적으로 관련된 콘텐츠 표시 예 사이드바, 광고 등
문서 구조	⟨header⟩	머리글을 정의
	⟨footer⟩	바닥글을 정의 예 제작 정보, 저작권 정보
	⟨main⟩	주요 콘텐츠 표시
미디어	⟨audio⟩	오디오 콘텐츠를 삽입하고 재생
	⟨video⟩	비디오 콘텐츠를 삽입하고 재생
텍스트 강조	⟨mark⟩	형광펜으로 텍스트에 하이라이트를 줌
시간	⟨time⟩	날짜나 시간을 나타냄
데이터 표현	⟨meter⟩	정량적인 측정값을 시각적으로 표현할 때 사용

```
<!DOCTYPE html>
<html>
<head> <title>HTML5 웹페이지 구조</title> </head>
<body>
    <!-- 페이지의 머리말 -->
    <header>
        <h1>웹사이트 제목</h1>
        <nav>
            <ul>
                <li><a href="#home">홈</a></li>
                <li><a href="#about">소개</a></li>
                <li><a href="#contact">연락처
                </a></li>
            </ul>
        </nav>
    </header>

    <!-- 메인 콘텐츠 영역 -->
    <main>
        <!-- 주요 콘텐츠 섹션 -->
        <section>
            <h2>섹션 제목</h2>
            <p>이곳은 주요 콘텐츠가 들어가는 섹션입니다.
            </p>
        </section>

        <!-- 추가 정보나 관련 콘텐츠 -->
        <aside>
            <h3>관련 정보</h3>
            <p>이곳은 본문과 간접적으로 관련된 콘텐츠가
            들어갑니다.</p>
        </aside>
    </main>

    <!-- 페이지의 바닥글 -->
    <footer>
        <p>© 60kim. 모든 권리 보유.</p>
    </footer>
</body>
</html>
```

▲ HTML5 기본구조 예제 코드

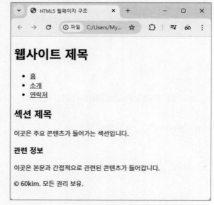

▲ HTML5 기본구조 예제의 브라우저 출력

meter 태그의 속성

태그	속성	설명
⟨meter⟩	value	현재의 상태 값을 나타내는 필수 속성
	min	최소값을 설정
	max	최대값을 설정
	low	'낮음' 범위의 최대값을 지정. 초과하면 그래프의 색상 바뀜
	high	'높음' 범위의 최소값을 지정. 초과하면 그래프의 색상 바뀜

```
<body>
    <h2>배터리 충전 상태</h2>
    <meter value="0.6" min="0" max="1">
        60%
    </meter>
    <p>현재 배터리 충전 상태는 60%입니다.</p>
</body>
```

▲ meter 태그 예제 코드

▲ meter 태그 예제의 브라우저 출력

개념 체크 ✓

1 HTML5 시맨틱(Semantic) 태그에 대한 설명으로 옳은 것은?
① ⟨nav⟩ 태그는 ⟨header⟩나 ⟨footer⟩ 태그에 포함될 수 있다.
② ⟨aside⟩ 태그는 콘텐츠가 해당 페이지에서 삭제되면 메인 콘텐츠도 함께 삭제시키기 위해 사용된다.
③ ⟨section⟩ 태그 안에서 또 다른 ⟨section⟩ 태그를 넣을 수 없다.
④ ⟨h1⟩ ~ ⟨h6⟩ 태그는 6가지 데이터 전송 방식을 정의한다.

2 HTML5의 태그에 대한 설명으로 맞는 것은?
① <article> : 제목과 부제목 표시
② <aside> : 사이트 제작 정보와 저작권 정보 표시
③ <nav> : 문서를 연결하는 내비게이션 링크
④ <footer> : 문서의 주요 콘텐츠 표시

3 HTML5에서 지정된 범위에서 해당 값이 어느 정도 차지하고 있는지를 표현하는 태그로 적절한 것은?
① <col>
② <nav>
③ <span>
④ <meter>

POINT 077 API

API의 주요 종류

API	설명
Geolocation API	사용자의 위치 정보를 얻을 수 있도록 지원
Canvas API	2D 그래픽을 그릴 수 있는 기능을 제공
WebGL API	3D 그래픽을 렌더링할 수 있는 기능을 제공
WebSocket API	웹 애플리케이션과 서버와의 양방향 통신을 가능하게 함
Web Storage API	웹사이트가 사용자 설정이나 데이터를 브라우저에 저장할 수 있게 함
IndexedDB API	데이터를 로컬 저장소에 데이터베이스(DB) 형태로 저장할 수 있게 함
File API	웹 애플리케이션이 사용자의 파일 시스템에 접근할 수 있도록 지원

Canvas API

기능	메서드	설명
선 그리기	lineTo(x, y)	지정된 좌표까지 선을 그림
	moveTo(x, y)	경로의 시작점을 설정
	beginPath()	새로운 경로를 시작
	stroke()	경로를 화면에 나타냄
	strokeStyle	선의 색상을 설정
	quadraticCurveTo(1x, 1y, x, y)	2차 베지어 곡선을 그림
도형 그리기	strokeRect(x, y, width, height)	테두리만 있는 사각형을 그림
	fillStyle	채우기 색상을 설정
	fillRect(x, y, width, height)	채워진 사각형을 그림
텍스트 그리기	fillText(text, x, y)	채워진 텍스트를 그림
	strokeText(text, x, y)	테두리만 있는 텍스트를 그림

이미지 그리기	drawImage(image, x, y)	이미지 객체와 그릴 위치를 지정
그림자 효과	shadowColor	그림자의 색상을 지정
	shadowOffsetX	그림자의 X축 위치를 조정
	shadowOffsetY	그림자의 Y축 위치를 조정
	shadowBlur	그림자의 흐림 정도를 설정

```
<body>
        ┌─○ 캔버스(그림을 그릴 공간) 생성
        <canvas id="myCanvas" width="400" height=
"200"></canvas>
                          └─○ 캔버스의 이름
    <script>    ┌─○ 변수      ┌─○ 이름이 myCanvas인 캔버스 호출
            var c = document.getElementById('myCan-
vas').getContext('2d');
                        └─○ 2D 그리기 도구 호출
        // 그림자 효과 설정
        c.shadowColor = 'rgba(0, 0, 0, 0.5)';
        c.shadowOffsetX = 4;           └─○ 알파(Alpha) 값
        c.shadowOffsetY = 4;
        c.shadowBlur = 5;

        // 채워진 사각형 그리기
        c.fillStyle = 'lightblue';
        c.fillRect(20, 20, 100, 100);

        // 2차 베지어 곡선 그리기
        c.beginPath();  ┌─○ 시작점
        c.moveTo(150, 70);       ┌─○ 제어점
        c.quadraticCurveTo(200, 20, 250, 70);
        c.strokeStyle = 'black';w    └─○ 끝점
        c.stroke();

        // 채워진 텍스트 그리기
        c.font = '30px Arial';
        c.fillStyle = 'black';
        c.fillText('60kim', 20, 160);

        // 테두리만 있는 텍스트 그리기
        c.strokeText('60kim', 150, 160);
    </script>
</body>
```

▲ Canvas 그리기 예제 코드

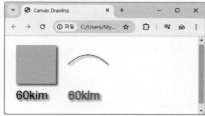

▲ Canvas 그리기 예제의 브라우저 출력

기적의 TIP Canvas API

픽셀 기반의 2D 그래픽을 그릴 수 있는 도구로, JavaScript와 함께 사용하여 다양한 도형, 이미지, 텍스트 등을 그릴 수 있으며, 애니메이션이나 게임과 같은 복잡한 그래픽 작업도 가능

개념 체크 ✓

1 HTML5의 기능에 대한 설명으로 틀린 것은?
① IndexedDB : 로컬 스토리지에 데이터베이스를 제공한다.
② Web Socket : 웹 어플리케이션과 서버 간의 양방향 통신기능을 제공한다.
③ Web Storage : 웹 어플리케이션이 파일 시스템에 접근할 수 있는 기능을 제공한다.
④ Web Form : 입력 형태를 보다 다양하게 제공한다.

2 HTML5에서 선이나 도형을 그릴 수 있는 그래픽 요소를 제공하는 기술은?
① 캔버스
② 색상 팔레트
③ 이미지 프레임
④ CSS3

3 HTML5에서 캔버스에 이미지를 추가할 때 사용하는 메서드는?
① drawImage
② createImage
③ beginPoint
④ stroke

SECTION 20

3과목 멀티미디어 저작

JavaScript

POINT 078 기본개념

자바스크립트의 특징

- ⟨script⟩⟨/script⟩ 태그를 사용하여 HTML의 ⟨head⟩나 ⟨body⟩에 위치한다.
- 인터프리터(Interpreter) 방식으로, 브라우저가 즉시 해석하고 실행한다. ○코드를 한 줄씩 읽고 바로 실행하는 프로그램
- 서버가 아닌 클라이언트 측 브라우저에서 실행되어 반응 시간이 빠르다. ○객체를 중심으로 설계된 언어
- 객체(Object) 기반 언어로, **객체는 속성**(Property)**과 메서드**(Method)를 가진다. ○동작이나 기능을 정의한 함수

기능

- 동적인 웹 페이지를 만든다.
  예 드롭다운 메뉴, 이미지 슬라이더
- 사용자와의 상호작용(Interaction, 쌍방향성)을 지원한다.
  예 이벤트에 따라 페이지의 내용을 즉시 변경
- 멀티미디어 콘텐츠를 제어하거나 애니메이션을 구현한다. ○클릭, 입력, 스크롤 등

자바스크립트의 장단점

① 장점 ○소스코드를 컴퓨터가 이해할 수 있는 기계어로 변환하는 과정
- 빠른 개발 : 컴파일 과정이 없고 HTML, CSS와 함께 사용되므로 개발이 쉽다.
- 쉬운 문법 : 자바(JAVA)에 비해 문법이 간단하여 배우기 쉽다.

② 단점
- 보안 문제 : 소스코드가 노출되기 쉬워 보안에 취약하다.
- 제한된 OOP(Objective Oriented Programming, 객체지향프로그래밍) : 프로토타입(Prototype) 기반의 객체 지향 언어로 전통적인 클래스(Class) 기반의 언어와는 차이가 있다. ○객체의 원형, 기본 틀

특징	클래스 기반 객체 지향 언어	프로토타입 기반 객체 지향 언어
구조	클래스를 기반으로 객체를 생성	객체를 복사하여 새로운 객체를 생성
상속	클래스 간 상속을 통해 속성과 메서드 공유	객체의 특성과 기능을 물려받아 사용
유연성	클래스가 고정된 구조를 제공하여 명확함	객체를 동적으로 변경할 수 있어 유연함
예시 언어	Java, C++, C#, Python	JavaScript
용도	대형 프로젝트, 복잡한 프로그램	웹 개발, 간단한 프로그램

기적의 TIP 프로그래밍의 개념 예시

클래스	자동차 설계도
프로토타입	기본 자동차
객체	내 차, 친구 차
속성	• 내 차 : 빨간색, 4개의 바퀴, 가솔린 엔진 • 친구 차 : 파란색, 4개의 바퀴, 전기 엔진
메서드	주행하기, 멈추기

개념 체크 ✓

1 자바스크립트 코드를 html 파일에 집어넣기 위해 사용하는 태그는?
① BODY
② HEAD
③ NOSCRIPT
④ SCRIPT

2 다음 중 자바스크립트의 장점이 <u>아닌</u> 것은?
① Html 소스코드 안에서 바로 전송되기 때문에 리눅스, 윈도우 등 제한 사항 없이 잘 동작한다.
② Html 소스코드 안에서 바로 작업이 가능하고 컴파일 과정이 없으므로 빠르게 작성할 수 있다.
③ Html 소스 코드 안에 포함되므로 사용자가 복사하여 사용할 수 있다.
④ 자바에 비해 문법이 쉽고 간소화되어 있어 손쉽게 만들 수 있다.

3 다음 중 자바스크립트(JavaScript)에 대한 설명으로 틀린 것은?

① 인터프리터(Interpreter) 방식을 사용한다.
② 프로그램 소스가 노출되어 보안성이 상실된다.
③ HTML 문서와 함께 사용되며 웹브라우저(Web Browser)에서 동작한다.
④ 완벽한 OOP(Objective Oriented Programming)로 클래스(Class)를 가지고 있다.

POINT 079 **기본구조**

▶ 변수(Variables) ·····ㅇ 이름표와 같은 개념

① 데이터 저장공간 : 변수를 통해 컴퓨터 메모리의 특정 위치에 데이터를 저장하고, 필요할 때마다 저장한 데이터를 불러와 사용한다. ·····ㅇ 재사용성을 가짐

② 키워드를 사용하여 변수를 선언

키워드	설명	특징
var(바)	가장 오래된 변수 선언 방법	같은 이름으로 여러 번 선언 가능
let(렛)	주로 사용하는 변수 선언 방법	같은 이름으로 재선언 불가
const (컨스트)	변하지 않는 값을 저장할 때 사용	값 변경 불가

③ 변수 선언 구조

키워드	변수 이름	=	혈당값	;

```
// 변수 선언 구조 예시
var age = 60;
```

④ 변수 이름 선언규칙

• 문자 또는 밑줄(_), 달러 기호($)로 시작한다.
• 문자, 숫자, 밑줄(_), 달러 기호($)를 사용한다.
• 공백을 포함할 수 없다.
• 대소문자를 구분한다.
• 예약어는 변수 이름으로 사용할 수 없다.
  ·····ㅇ 특정한 목적을 위해 미리 정의된 단어들

▶ 데이터 타입(Data Types)

① 숫자(Number) : 정수(소수점 없는 숫자)와 소수를 구분하지 않고 모두 같은 숫자 타입으로 처리한다.

② 문자열(String) : 작은따옴표(' ')나 큰따옴표(" ")로 감싸서 표현한다.

③ 불리언(Boolean)
• 참(True) 또는 거짓(False)을 나타내는 데이터 타입으로 조건문에서 사용한다.
• 하나라도 거짓(False)이면 전체 결과는 거짓(False)이 된다.

```
let 조건1 = true;
let 조건2 = true;
let 결과 = 조건1 && 조건2; // 결과는 true
              ㅇAND 연산자(논리곱)
```

▶ 연산자(Operators)

우선순위 : ( ) 괄호 〉 산술연산자 〉 비트연산자 〉 비교연산자 〉 논리연산자

연산자	우선순위	
산술 연산자	++(증가연산자), ――(감소연산자), *(곱셈), /(나눗셈), %(나머지), +, ―	
비트연산자	&(비트 AND)	두 숫자의 각 비트를 비교하여 둘 다 1인 경우에만 1로 설정
	^ (비트 XOR)	두 숫자의 각 비트를 비교하여 서로 다른 경우에만 1로 설정
	|(OR 연산자)	두 숫자의 각 비트를 비교하여 하나라도 1인 경우 1로 설정
비교연산자	〈, 〈=, 〉, 〉=	
	==(동등 연산자)	두 값이 서로 같은지를 비교. 값이 같으면 true, 그렇지 않으면 false
	!=(부등 연산자)	두 값이 서로 다른지를 비교. 값이 다르면 true, 같으면 false
논리연산자	&&(AND 연산자)	두 조건이 모두 참일 때 전체 결과를 참으로 반환
	||(OR 연산자)	두 조건 중 하나라도 참이면 전체 결과를 참으로 반환

▶ 제어문(Statements)

프로그램의 흐름을 제어하는 데 사용되며, 조건문과 반복문이 대표적이다.

1 자바스크립트에서 정수형 데이터를 가지는 num 변수를 선언하려고 할 때 옳은 것은?

① Int num;

② Float num;

③ Var num;

④ Number num;

2 아래의 문 중에서 JavaScript 변수 할당으로 맞는 것은?

① x = 25

② x >= 25

③ x == y

④ x = Wow

3 다음 중 자바스크립트에서 연산자의 우선순위가 가장 낮은 것은?

① +

② /

③ &&

④ !

POINT 080 자바스크립트 객체

▶ 기본개념

- 여러 개의 데이터를 하나의 단위로 묶어서 관리할 수 있는 데이터 구조이다.
- 키(Key, 속성)와 값(Value)을 한 쌍으로 하는 집합이다.
- 키와 값은 콜론 : 으로 구분하며, 중괄호 { }를 사용하여 정의한다.

```
키워드○    ○변수 이름
let person = {
  name: "60kim",
키○ age: 60    ○값
};    └─○키 └─○값
```

▲ 객체 예제 코드

- 객체에 새로운 속성을 추가하거나 기존 속성의 값을 수정할 수 있다.

```
let person = {
  name: "60kim",
  age: 160, // 수정된 값
  email: "k606060@naver.com" // 추가된 속성
};
```

▲ 객체 속성 수정과 추가 예제 코드

- delete 연산자를 사용하여 객체의 속성을 삭제할 수 있다.

```
let person = {
  name: "60kim",
  age: 160,
  email: "k606060@naver.com"
};

// age 속성 삭제
delete person.age;
```

▲ 객체 속성 삭제 예제 코드

- 객체의 값으로 함수를 정의하며, 함수로 정의된 객체 속성을 메서드라고 한다.

```
let person = {
  name: "60kim",
  email: "k606060@naver.com",    ○함수 정의
  greet: function() {
메서드 이름○console.log("안녕하세요, " + this.name + "입니다.");
  }                                ○객체 참조 키워드
};

// 메서드 호출
person.greet(); // "안녕하세요, 60kim입니다."을 출력한다.
```

▲ 객체 함수 정의 예제 코드

○ 기본적으로 제공하는 객체

▶ 주요 내장객체의 종류

분류	객체	설명
표준 객체	Object	모든 객체의 부모 객체로, 객체를 생성하고 조작
	Function	함수 객체를 생성하고 조작
	Array	배열(순서 있는 리스트)을 생성하고 조작
	String	문자열을 생성하고 조작
	Numbe	숫자를 생성하고 조작
	Boolean	논리값을 나타냄
	Date	날짜와 시간을 처리
	RegExp	정규 표현식을 사용하여 문자열을 검색하고 조작
	Error	에러 객체로, 예외 처리 시 사용
	Math	Math

브라우저 객체	Window	브라우저 창을 나타내며, 브라우저 최상위에 위치 Document Object Model, HTML 문서를 트리 구조로 표현하는 문서 객체 모델
	Document	DOM을 통해 문서의 구조와 내용을 조작
	Navigator	브라우저 정보(브라우저 이름, 버전 등)를 제공
	Screen	사용자화면 정보(화면의 크기, 해상도 등)를 제공
	History	브라우저의 세션 기록(방문한 페이지의 기록)을 제공
	Location	현재 문서의 URL 정보를 제공

개념 체크 ✔

1 자바스크립트에서 객체(Object)에 대한 설명으로 잘못된 것은?

① 객체는 속성과 메서드(Method)를 갖는다.
② 자바스크립트는 내장 객체를 지원하지 않는다.
③ 객체의 속성은 추가, 삭제, 수정할 수 있다.
④ 객체를 정의하는 방법은 예약어 function을 사용하며 생성자 함수를 만들어 정의한다.

2 자바스크립트에서 브라우저 내장 객체에 포함되는 것은?

① Document
② Array
③ RegExp
④ Object

3 자바스크립트의 브라우저(Browser) 내장 객체로 객체의 계층 구조에서 최상위에 있는 객체는?

① Window 객체
② Document 객체
③ History 객체
④ Location 객체

객체 메서드

주요 객체	메서드	설명
Array	pop()	배열의 마지막 요소를 제거하고, 그 요소를 반환
	shift()	배열의 첫 번째 요소를 제거하고, 그 요소를 반환
String	toLowerCase()	문자열을 소문자로 반환
	toUpperCase()	문자열을 대문자로 반환
	charAt()	지정된 특정 인덱스 위치에 있는 단일 문자 반환
	substring()	문자열의 특정 부분을 추출하여 새로운 문자열로 반환
	concat()	두 개 이상의 문자열을 결합하여 반환
	charCodeAt(n)	n번째 위치의 문자 unicode 반환
	indexOf()	특정 문자가 처음 나타나는 인덱스 위치를 반환
	sup( )	위 첨자
	sub( )	아래 첨자
	bold( )	볼드체 문자
	Strike()	취소선 문자
Boolean	toString()	불리언 값을 문자열로 반환
	valueOf()	불리언 객체의 원시값을 반환 기본 데이터 유형
Math	floor()	주어진 숫자보다 작거나 같은 수 중 가장 큰 정수값을 반환
	max()	주어진 숫자 중 가장 큰 값을 반환
	max()	주어진 숫자 중 가장 작은 값을 반환
Window	alert()	사용자에게 경고 메시지를 표시하는 대화상자를 띄움
	confirm()	사용자에게 확인과 취소 버튼이 있는 대화상자를 띄움
	prompt()	사용자로부터 입력을 받을 수 있는 대화상자를 띄움
	open()	새로운 브라우저 창이나 탭을 염
	focus()	현재 창이나 탭에 초점을 맞춤
	location.reload()	현재 페이지 새로고침

1 다음 중 자바스크립트(Javascript)에서 String 객체의 문자열 처리 메서드(method)에 대한 설명으로 <u>틀린</u> 것은?

① concat(문자열) : 두개의 문자열을 연결시킨 결과를 반환

② charCodeAt(n) : 지정된 위치한 문자의 unicode 반환

③ charAt(n) : 지정된 위치에 있는 문자 반환

④ substring(A, n) : A부터 n만큼의 문자열 반환

2 자바스크립트에서 아래 코드의 결과값으로 맞는 것은?

```
Math.floor(1234.567);
```

① 1234

② 1234.5

③ 1234.56

④ 1234.567

3 자바스크립트에 대한 설명 중 바르게 기술된 것은?

① window.focus() : 창을 크게 함

② window.status : 브라우저 크기를 설정한 크기대로 유지

③ window.open() : 열려있는 창에 문자를 입력

④ location.reload() : 새로 고침

POINT 082 제어문

▶ 조건문(Conditional Statements)

① 특정 조건에 따라 다른 코드를 실행한다.

② 형식

• if 문

```
if (조건) {
    // 조건이 참일 때 실행할 문장
}
```

• if...else 문

```
if (조건) {
    // 조건이 참일 때 실행할 문장
} else {
    // 조건이 거짓일 때 실행할 문장
}
```

• switch 문

○ 종료 제어문

```
switch (표현식) {
    case 값1:      // 표현식이 값1과 일치할 때  실행할 문장
        break;     // case 값1 구간이 끝나면 종료
    case 값2:      // 표현식이 값2와 일치할 때  실행할 문장
        break;      // case 값2 구간이 끝나면 종료
}
```

③ 예시

○ 한 줄 주석

```
// if 문은 조건이 참(true)일 경우에만 특정 코드를 실행
// else 문은 if 조건이 거짓(false)일 때 실행할 코드를 지정

if (score >= 60) {
    console.log("합격");
} else {        ○ 메시지 출력 함수
    console.log("불합격");
}

// 해석) score가 60과 같거나 이상이면 합격, 아니면 불합격을 출력한다.
```

▲ 조건문 예제 코드

▶ 반복문(Loops)

① 동일한 작업을 여러 번 실행한다.

② 형식

• for 문

```
for (초기식; 조건; 증감식) {
    // 조건이 참인 동안 반복 실행할 문장
}
```

• while 문

```
while (조건) {
    // 조건이 참인 동안 반복 실행할 문장
}
```

• do...while 문

```
do {
    // 최소 한 번은 실행할 문장
} while (조건);
```

③ 예시

```
for (let i = 0; i < 5; i = i + 1) {
  console.log(i);
}

// 해석) i가 5보다 작으면 반복을 실행, 조건이 거짓이 되면 반
복을 종료한다.
// 0, 1, 2, 3, 4를 순서대로 출력한다.
```

▲ 반복문 예제 코드

개념 체크 ✓

1 자바스크립트에서 다른 세 개의 제어문과 역할이 다른 제어문은?

① do-while
② for
③ if-else
④ while

2 자바스크립트의 제어문 중 for문에 대한 형식으로 올바른 것은?

① for(초기식; 조건; 증감식) { 문장 }
② for(조건) { 문장 }
③ for(수식) { case 값1: 문자1: break case 값2: 문장2: break … default: 문장 }
④ for{ 문장 } while(조건)

3 다음 코드의 출력 결과는?

```
<SCRIPT LANGUAGE="JavaScript">
<!--
for (let i = 1; i <= 10; i = i + 2) {
  document.write(i);
}
//-->
</SCRIPT>
```

① 1, 3, 5, 7, 9
② 2, 4, 6, 8, 10
③ 1, 2, 3, 4, 5, 6, 7, 8, 9, 10
④ 10, 8, 6, 4, 2

POINT 083 전역함수

기본개념

- 특정 객체에 속하지 않고, 어디서든지 호출할 수 있는 함수이다.
- 스크립트의 어느 위치에서나 접근이 가능하다.
- 별도의 객체나 메서드로 정의되지 않는다.
- JavaScript 환경에서 기본적으로 제공되며, 별도의 선언 없이 사용한다.

주요 전역함수

함수 이름	설명
parseInt()	문자열을 정수로 반환
parseFloat()	문자열을 소수점 숫자로 반환
isNaN()	값이 NaN(Not a Number)인지 검사. 숫자가 아니면 참(true), 숫자이면 거짓(false)으로 반환
eval()	문자열로 표현된 수식을 계산하여 반환

개념 체크 ✓

1 다음 자바스크립트 코드 실행 시 결과값은?

```
var nai = '25살'
document.writeln(parseInt(nai));
```

① 25살
② 2
③ 5
④ 25

2 자바스크립트에서 매개변수가 숫자인지 검사하는 함수는?

① isNaN( )
② alart( )
③ confirm( )
④ escape( )

3 자바스크립트의 내장형 함수 중 수식으로 입력한 문자열을 계산하여 출력하는 함수는?

① eval( )
② alert( )
③ confirm( )
④ Number( )

POINT 084 1단계 개념적 설계

▶ 데이터베이스(Database, DB)의 정의와 특징

- **데이터의 집합** : 수집된 데이터를, 효율적으로 저장하고 검색할 수 있도록 설계된 시스템이다.
- **실시간 접근성** : 실시간으로 데이터에 접근하고 처리할 수 있다.
- **중복성 제거** : 데이터를 한 곳에 저장하여 중복성을 최소화한다.
- **무결성 유지** : 데이터의 불일치성을 제거하여 정확성과 일관성을 보장한다.
- **동시 공유** : 여러 사용자가 동시에 데이터를 검색, 수정, 삭제할 수 있다. ┄┄o 일련의 작업들을 하나로 묶는 논리적 작업 단위
- **데이터 일관성** : 트랜잭션(Transaction) 관리기능을 통해 일관성을 유지하고 신뢰성을 보장한다.
- **보안 강화** : 접근 권한을 설정하여 데이터를 보호한다.
- **확장성** : 데이터의 양이 증가하더라도 성능을 유지할 수 있도록 설계된다.

▶ 1단계 개념적 설계

- 현실 세계의 데이터를 추상화하여 개념적 데이터 모델을 설계한다.
- ER 다이어그램(ERD, Entity Relationship Diagram)을 사용하여 객체(Entity, 엔티티), 속성(Attribute, 어트리뷰트), 관계(Relation, 릴레이션)를 정의한다.

⬜ 사각형	객체	◇ 마름모	관계 타입
⬭ 타원	속성	── 실선	객체 타입과 속성 연결
⬭ 밑줄 타원	기본키 속성	⬜◇⬜	객체 간의 관계 타입

▲ ER 다이어그램 요소

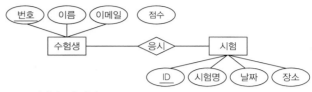

▲ ER 다이어그램 예시

> **기적의TIP** ER 모델(Entity-Relationship Model)
> 데이터베이스의 논리적 구조를 개체, 속성, 관계로 표현하는 추상적 개념으로, ER 다이어그램으로 시각화

개념 체크 ✓

1 데이터베이스의 장점이 <u>아닌</u> 것은?
① 무결성 제거
② 중복성 제거
③ 불일치성 제거
④ 데이터 공유

2 데이터베이스(DB)의 특성으로 가장 거리가 <u>먼</u> 것은?
① 실시간 접근성
② 데이터 일관성 유지
③ 동시공유
④ 정적인 데이터

3 E-R 다이어그램에 사용되는 기호와 의미 표현의 연결이 <u>옳지 않은</u> 것은?
① 밑줄 타원 - 기본키 속성
② 사각형 - 다중 값
③ 마름모 - 관계 타입
④ 타원 - 속성

2단계 논리적 설계

논리적 데이터 모델로 변환

- 개념적 설계에서 정의한 각 엔티티를 테이블로 변환한다.
  예 '수험생' 엔티티는 '수험생' 테이블로 변환
- 각 엔티티의 속성은 테이블의 열로 변환된다.
  예 '번호', '이름', '이메일'은 '수험생' 테이블의 열이 됨
- 변환된 열은 특정 데이터 타입을 가진다.
  예 '번호'는 정수형, '이름'은 문자열형 등으로 정의

수험생 테이블

번호	이름	이메일
1	합격이	aaa@60kim.com
2	기쁨이	bbb@60kim.com
3	희망이	ccc@60kim.com

▲ ER 다이어그램을 논리적 데이터 모델로 변환한 예시

트랜잭션 인터페이스 설계

① 사용자와 데이터베이스 간의 트랜잭션 인터페이스(상호 작용 방법)를 설계한다.

② 트랜잭션 ACID 규칙 ┄┄o 더 이상 나눌 수 없는 상태
- 원자성(Atomicity) : 트랜잭션의 모든 작업이 완전히 실행 되거나 전혀 실행되지 않는다.
  ┄┄┄┄o Transaction Control Language(트랜잭션 제어어)

TCL 명령어	설명
Commit	트랜잭션의 모든 작업이 성공적으로 완료되면 변경 사항 저장
Rollback	작업이 실패하면 모든 변경 사항을 취소하고 원래의 상태로 되돌림

- 일관성(Consistency) : 트랜잭션이 완료되면 데이터베이스 가 일관된 상태를 유지한다.
- 고립성(Isolation) : 동시에 실행되는 트랜잭션은 서로 간섭 하지 않는다.
- 지속성(Durability) : 트랜잭션이 완료되면 그 결과가 영구 적으로 반영된다.

③ 트랜잭션 병행 제어 과정

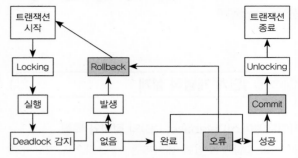

- 트랜잭션 시작 : 동시 공유가 가능하며 각 트랜잭션은 독 립적으로 실행된다.
- Locking(잠금 설정) : 데이터의 일관성을 유지하기 위해 필 수적이다.

잠금 유형	설명
공유 잠금	읽기 작업 수행 때 설정. 여러 트랜잭션이 동시에 공유 잠금을 설정 가능
배타적 잠금	쓰기 작업 수행 때 설정. 다른 트랜잭션이 접근할 수 없음

- 트랜잭션 실행 : 읽기, 쓰기 작업이 실행된다.
- Deadlock(교착 상태) 감지 : Deadlock이 발생하면 강제로 Rollback 된다.
- 트랜잭션 완료 : 성공 시 Commit 되고, 오류 시 Roll-back 된다.
- Unlocking(잠금 해제) : 트랜잭션이 완료되면, 설정된 모든 잠금이 해제된다.

④ 트랜잭션 병행 제어 관련 오류

- 갱신 분실(Lost Update) : 동시에 같은 데이터를 갱신할 때, 한 트랜잭션의 갱신 결과가 다른 트랜잭션에 의해 덮 어씌워지는 문제이다. ┄┄┄o 원래 의도한 상태를 유지하지 못하고 잘못된
- 모순성(Inconsistency) : 여러 트랜잭션이 동시에 실행되면 서 데이터 무결성을 보장하지 못하는 문제이다.
- 연쇄 복귀(Cascading Rollback) : 하나의 트랜잭션이 실패 하여 Rollback이 발생할 때, 다른 트랜잭션들도 연쇄적 으로 Rollback 되는 문제이다.
- Deadlock : 둘 이상의 트랜잭션이 서로의 자원을 기다리 며 무한 대기 상태에 빠지는 문제이다.

▶ 스키마 검토 및 개선

• 스키마(Schema)를 평가하고 정제하여 데이터 중복을 최소화하고 무결성을 유지한다.

DB의 구조, 제약 조건, 릴레이션 등을 정의하는 명세표(설계도)

중복성 제거(정규화)

주요 스키마 요소	설명
테이블(Table)	데이터가 저장되는 기본 단위. 객체에 대한 데이터를 저장
열(Column)	데이터의 속성을 나타내며, 각 열은 특정 데이터 타입을 가짐
기본키	레코드(Record, 행(Row))를 고유하게 식별하는 열 또는 열의 집합
외래키	다른 테이블과의 관계를 정의하는 열
인덱스(Index)	테이블 열에 생성되는 데이터 구조(색인, 책의 목차와 같은 개념)
프로시저(Procedure)	반복적인 작업을 위해 미리 작성되어 있는 SQL 코드의 집합

• 정규화

정규화 단계	조건
제1정규형(1NF)	모든 속성은 원자값을 가짐. 모든 행(Row)은 기본키를 가짐 *더 이상 나눌 수 없는 최소 단위의 값*
제2정규형(2NF)	1NF을 만족. 부분 함수 종속성을 제거. 기본키에 대해 완전 함수 종속 *기본키의 일부에만 종속*
제3정규형(3NF)	2NF을 만족. 이행적 함수 종속성을 제거 *다른 속성에 간접 종속*
BCNF	3NF을 만족. 결정자가 후보 키가 아닌 함수 종속성을 제거 *다른 속성 값을 결정하는 속성*
제4정규형(4NF)	BCNF을 만족. 다치 종속성을 제거 *여러 값이 종속 가능*

▶ 무결성 제약 조건 정의

• 데이터의 정확성과 일관성을 유지하기 위한 제약 조건을 설정한다.

기본키, 외래키, 고유 제약, 체크 제약 등

• 키의 종류

기본키(PRI, Primary Key)	각 행을 고유하게 식별할 수 있는 열
외래키(FK, Foreign Key)	다른 테이블의 기본키를 참조하는 키
후보키 (Candidate Key)	기본키로 선택할 수 있는 후보가 되는 키
대체키(Alternate Key)	후보 키 중 기본키로 선택되지 않은 키
슈퍼키(Super Key)	특정 행을 식별할 수 있는 열 또는 열의 집합(조합)

수험생 테이블

번호	이름	이메일
1	합격이	aaa@60kim.com
2	기쁨이	bbb@60kim.com
3	희망이	ccc@60kim.com

기본키

시험 테이블

ID	시험명	날짜	장소
1	필기	60.01.01	서울
2	필기	60.01.01	부산
3	실기	60.01.01	제주

기본키

응시 테이블

응시번호	수험생 번호	시험ID	점수
101	1	1	80
102	2	2	90
103	3	3	100

기본키   외래키

슈퍼키

> 후보키
> | 기본키 (선택됨) | 대체키 (선택 안됨) |

▲ 키의 예시

• 제약 조건

값이 없음을 의미. 0이나 공백과는 다름

조건	제약 분류	설명
개체 무결성	기본키 제약	기본키는 반드시 값을 가져야 하며 고유해야 함. 널(Null) 값이나 중복값을 가질 수 없음
참조 무결성	외래키 제약	참조하는 테이블의 기본키와 일치해야 함. 참조되는 데이터가 삭제되거나 변경될 때 적절한 조치 필요 *연쇄 삭제, 연쇄 업데이트 등*
도메인 무결성 *속성의 값*	체크 제약	특정 열의 값이 지정된 조건을 만족해야 함
	데이터 타입 제약	각 열의 데이터 타입에 맞는 값만을 저장
고유 무결성	고유 제약	특정 열 또는 열의 조합이 중복된 값을 가질 수 없음
널 무결성	널 제약	특정 열에 NULL을 허용하지 않아 반드시 값을 가짐

완전 함수 종속	학번은 학생 이름을 완전히 결정(하나의 열이 다른 열의 값을 완전하게 결정)
부분 함수 종속	학번은 학생 이름을 완전히 결정(하나의 열이 다른 열의 일부 값만을 결정)
이행적 함수 종속	도시가 주소를 결정하고, 주소가 우편번호를 결정(하나의 열이 또 다른 열을 통해 다른 열의 값을 결정)
다치 종속	한 학생이 여러 과목을 수강하며, 한 과목은 여러 학생이 수강(두 개 이상의 열이 서로 다른 열을 결정)

개념 체크 ✓

1 데이터베이스의 상태를 변환시키기 위한 논리적 작업 단위로 여러 작업을 하나의 단위로 묶어 처리함으로써 데이터베이스의 일관성과 무결성을 유지하는 역할을 하는 것은?

① 프로시저　　　　② 도메인
③ 트랜잭션　　　　④ 후보 키

2 데이터베이스에 대한 명세를 나타내는 것은?

① 데이터베이스 구조
② 데이터베이스 스키마
③ 데이터베이스 제약조건
④ 데이터베이스 다이어그램

3 '관계형 데이터 모델에서 기본키를 구성하는 속성들은 반드시 값을 가져야 하며, 널 값이나 중복 값을 가질 수 없다'에 해당하는 것은?

① 널 무결성
② 필드 무결성
③ 개체 무결성
④ 자료 무결성

POINT 086 3단계 물리적 설계

▶ 주요 작업

① 저장 레코드 양식 설계
- 데이터가 디스크에 어떻게 저장될지를 결정한다.
- 데이터 저장 형식, 레코드의 크기, 블록 크기, 페이지 크기 등을 고려하여 설계한다. ──○인접한 위치에 저장

② 레코드 집중의 분석 및 설계
- 데이터를 물리적으로 가까운 위치에 저장하여 접근 속도를 높인다.
- 데이터의 분산 저장을 통해 병목 현상을 줄인다.

③ 접근 경로 설계
- 인덱스를 설계하여 데이터 검색 속도를 향상시킨다.

주요 인덱싱 기법	설명
B-트리(Tree)	가장 널리 사용되며, 범위 쿼리에 효율적
B+트리	B-트리의 변형으로, 범위 쿼리에 더욱 효율적
K-D 트리	이진 트리 구조, 다차원 점 데이터를 인덱싱
K-D-B 트리	K-D 트리와 B-트리의 개념을 결합한 구조, 다차원 데이터를 인덱싱 ──○지리적 위치
R-트리	공간 데이터베이스에서 사용, 점, 선, 다각형 등의 공간 객체를 인덱싱
해시 인덱스	범위 쿼리에는 적합하지 않지만, 특정 값을 빠르게 찾을 때 유용
비트맵 인덱스	각 값에 대해 비트맵을 생성하여 데이터를 인덱싱, 다차원 쿼리에 효율적

④ 파티셔닝(Partitioning) 설계
- 데이터의 관리와 성능 최적화를 위한 설계이다.
- 대용량 테이블이나 인덱스를 더 작은 조각으로 나누어 관리한다.

> **기적의TIP 범위 쿼리**
> 특정 범위 내의 데이터를 검색하는 쿼리로, BETWEEN, >=, <=, <, > 등의 연산자를 사용하여 작성

1 데이터베이스의 물리적 설계에 포함되지 <u>않는</u> 것은?
① 파티셔닝 설계
② 무결성 제약 조건 정의
③ 레코드 양식 설계
④ 접근 경로 설계

2 데이터베이스 인덱스 설계 기법이 <u>아닌</u> 것은?
① R-트리 인덱스
② 암호화 인덱스
③ 해시 인덱스
④ 비트맵 인덱스

3 공간 데이터베이스를 위한 공간 인덱싱 기법 중 점, 선, 다각형 객체를 모두 지원할 수 있는 것은?
① R-트리
② 메트릭스 쿼드 트리
③ K-D 트리
④ K-D-B 트리

POINT 087 데이터베이스 구조

데이터베이스의 구조 3단계

① **개념 스키마**(Conceptual Schema) 단계
- 목적 : 데이터베이스의 전체적인 논리적 구조를 정의한다.
- 특징 : 모든 데이터 개체, 관계, 제약 조건, 접근 권한, 보안 정책, 무결성 규칙 등을 포함하며, 데이터베이스의 일관성을 유지한다.

② **내부 스키마**(Internal Schema) 단계
- 목적 : 데이터베이스의 물리적 저장 구조를 정의한다.
- 특징 : 데이터가 실제로 저장되는 방법과 저장 장치의 구조를 설명한다.

③ **외부 스키마**(External Schema) 단계
- 목적 : 사용자나 응용프로그램이 데이터베이스를 보는 관점을 정의한다. ┈┈┈o 기본 테이블 기반의 가상 테이블
- 특징 : 사용자별로 다른 뷰(View)를 제공하며, 데이터의 보안과 접근 제어를 지원한다.

뷰의 특징

논리적 독립성 제공	기본 테이블의 구조 변경이 뷰의 정의에 영향을 주지 않음 ┈┈┈o 데이터 검색, 조작 명령어
단순 접근	복잡한 쿼리(Query)를 단순화하여 사용자가 데이터에 쉽게 접근
중첩 정의	뷰 위에 또 다른 뷰를 정의할 수 있음
뷰 무효화	뷰가 정의된 기존 테이블이 삭제되면 뷰도 자동으로 제거
뷰 변경 불가	한번 정의된 뷰는 변경할 수 없으며, 삭제한 후 다시 생성
보안 강화	뷰를 사용하여 사용자가 접근할 수 있는 데이터를 제한
검색 속도와 무관	뷰 자체는 독자적인 인덱스를 가질 수 없음
제한된 데이터 조작	뷰는 삽입, 삭제, 갱신 연산에 제약이 있음

1 데이터베이스에 대한 명세를 나타내는 것은?
① 데이터베이스 구조
② 데이터베이스 스키마
③ 데이터베이스 제약조건
④ 데이터베이스 다이어그램

2 데이터베이스 시스템의 구조에 포함되지 <u>않는</u> 단계는?
① 외부 단계
② 개념 단계
③ 내부 단계
④ 저장 단계

3 SQL문의 뷰(View) 특성으로 틀린 것은?
① 데이터의 논리적 독립성을 제공할 수 있다.
② 뷰 위에 또 다른 뷰를 정의할 수 있다.
③ 뷰는 하나의 테이블에서만 유도되어 만들어진다.
④ 뷰는 가상 테이블이다.

POINT 088 DBMS 개요

논리적 구조

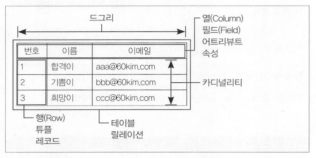

▲ DBMS 용어

- 테이블(Table) : 데이터베이스의 기본 저장 단위로, 행과 열로 구성된다.
- 릴레이션(Relation) : 테이블 자체를 의미한다.
- 어트리뷰트(Attribute) : 테이블의 열을 의미하며, 데이터의 속성을 정의한다.
- 드그리(Degree, 차수) : 어트리뷰트의 개수로, 테이블의 열의 수를 나타낸다.
- 튜플(Tuple) : 테이블의 행을 의미하며, 각 행은 하나의 레코드(Record)를 나타낸다.
- 카디널리티(Cardinality) : 튜플의 개수로, 테이블의 행의 수를 나타낸다.
- 도메인(Domain) : 속성이 가질 수 있는 값들의 집합이다.

DBMS의 필수 기능

- 데이터 정의 기능 : 데이터베이스 구조를 정의한다.
- 데이터 조작 기능 : 데이터를 삽입, 수정, 삭제, 검색할 수 있다.
- 데이터 제어 기능 : 데이터의 보안, 무결성, 동시성을 관리한다.

릴레이션의 특징

- 튜플의 유일성 : 튜플들은 모두 상이해야 하며, 중복된 튜플이 존재할 수 없다.
- 튜플의 무순서성 : 릴레이션에 포함된 튜플 사이에는 순서가 없다.
- 어트리뷰트의 무순서성 : 릴레이션을 구성하는 어트리뷰트 사이에는 순서가 없다.
- 어트리뷰트의 원자성 : 애트리뷰트 값은 원자값이어야 한다.

기적의TIP DBMS(Database Management System)
데이터베이스(DB)를 생성하고 관리하는 소프트웨어 시스템으로, 대표적인 DBMS로는 Oracle, MySQL, Microsoft SQL Server, PostgreSQL 등이 있음

개념 체크 ✓

1 관계형 데이터 모델에서 속성이 최소 단위라면, 최소의 관리 또는 조직 단위를 무엇이라 하는가?
① 튜플
② 레코드
③ 릴레이션
④ 원자값

2 관계형 데이터 모델에서 테이블의 열(Column)을 일컫는 또 다른 용어는?
① 속성(Attribute)
② 도메인(Domain)
③ 튜플(Tuple)
④ 릴레이션(Relation)

3 DBMS(DataBase Management System; 데이테베이스 관리 시스템)의 필수 기능이 아닌 것은?
① 정의 기능
② 조작 기능
③ 제어 기능
④ 접근 기능

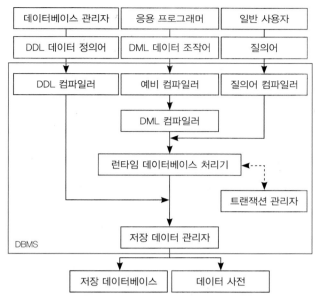

▲ DBMS 구성도

POINT 089 DBMS 구성요소

주요 구성요소

① DDL 컴파일러
- 데이터 정의어(DDL) 명령을 처리한다.
- 데이터베이스의 생성, 수정, 삭제를 수행한다.
- 데이터베이스의 논리적 구조를 정의한다.

② 예비 컴파일러(Precompiler)
- 호스트 언어(C, C++, Java 등) 프로그램에서 SQL 문을 추출한다.
- SQL 문을 DBMS가 이해할 수 있는 형태로 변환한다.

③ DML 컴파일러
데이터 조작어(DML) 명령을 처리하고 최적화한다.

④ 질의어 처리기(Query Processor)
SQL 질의를 해석하고 최적화한다.

⑤ 런타임 데이터베이스 처리기(Runtime Database Processor)
- SQL 명령을 수행한다.
- 검색, 삽입, 갱신, 삭제 등의 데이터베이스 연산을 실행한다.
- 저장 데이터 관리자를 통해 디스크에 저장된 데이터베이스를 실행한다.

⑥ 저장 데이터 관리자(Stored Data Manager)
- 데이터베이스의 물리적 저장, 검색, 갱신을 관리한다.
- 파일 시스템과의 인터페이스를 제공한다.
- 저장된 데이터베이스에 대한 접근을 관리한다.

⑦ 데이터 사전(Data Dictionary, 시스템 카탈로그(System Catalog))
ㅇ메타데이터를 저장하는 테이블
- 데이터베이스 내의 특별한 테이블의 집합체이다.
- 모든 데이터의 정의와 명세에 관한 정보를 유지 관리한다.
- 데이터베이스 객체에 대한 정보를 포함한다.
- 사용자가 일반 질의어를 이용해 내용을 검색할 수 있다.

시스템 카탈로그 구성요소	설명 ㅇ테이블 구조, 인덱스, 뷰, 사용자 권한 등
SYSCOLUMNS	테이블의 각 열에 대한 정보를 저장
SYSTABLES	데이터베이스의 테이블에 대한 정보를 저장
SYSVIEW	데이터베이스의 뷰에 대한 정보를 저장
SYSINDEXES	데이터베이스의 인덱스에 대한 정보를 저장
SYSCONSTRAINTS	데이터베이스의 제약 조건에 대한 정보를 저장
SYSUSERS	데이터베이스 사용자에 대한 정보를 저장

데이터베이스 관리자	응용 프로그래머	일반 사용자
DDL 데이터 정의어	DML 데이터 조작어	질의어
DDL 컴파일러	예비 컴파일러	질의어 컴파일러

DML 컴파일러

런타임 데이터베이스 처리기

트랜잭션 관리자

저장 데이터 관리자

DBMS

저장 데이터베이스	데이터 사전

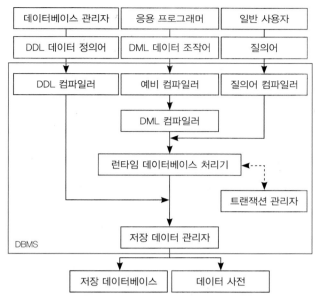

▲ DBMS 구성도

개념 체크 ✓

1 다음 중 DBMS의 구성요소로 가장 거리가 먼 것은?
① DDL컴파일러
② 질의어 컴파일러
③ 예비 컴파일러
④ DBA

2 시스템 카탈로그(System Catalog)라고도 하며 데이터베이스가 취급하는 모든 데이터 객체들에 대한 정의나 명세에 관한 정보를 유지관리하며, 시스템뿐만 아니라 사용자도 접근 가능한 것은?
① 데이터 사전
② 데이터 디렉토리
③ 데이터 파일
④ 데이터 로그

3 데이터베이스 시스템 카탈로그의 구성요소가 아닌 것은?
① SYSCOLUMNS
② SYSTABLES
③ SYSCONTENTS
④ SYSVIEW

POINT **090** SQL DDL

> **DDL(Data Definition Language, 데이터 정의어) 개요**
- 데이터베이스 객체를 정의(생성), 변경(수정), 삭제한다.
- 데이터베이스 설계 및 초기 설정 단계에서 주로 사용된다.

> **DDL의 주요 명령어**
① CREATE
- 새로운 데이터베이스 테이블이나 뷰를 생성한다.
  - **예** CREATE TABLE 시험;
    - → '시험'이라는 테이블을 생성

② ALTER
- 테이블에 새로운 열을 추가하거나 기존 열을 수정, 삭제한다.
  - **예** ALTER TABLE 시험 ADD COLUMN 과목;
    - → 시험 테이블에 '과목'이라는 열을 추가

③ DROP
- 데이터베이스의 테이블이나 뷰를 삭제한다.
  - **예** DROP TABLE 시험; → 시험 테이블을 삭제

④ TRUNCATE(트렁케이트)
- 테이블의 모든 데이터를 삭제하지만 테이블 구조는 유지한다.
  - **예** TRUNCATE TABLE 시험;
    - → 시험 테이블의 데이터 삭제

기적의TIP SQL(Structured Query Language)
관계형 데이터베이스 관리 시스템(RDBMS, Relational Database Management System)에서 데이터를 정의하고 조작하는 데 사용되는 표준 프로그래밍 언어

개념 체크 ✓

1 다음 중 응용프로그램에 사용될 데이터베이스를 규정하거나 그 정의를 변경할 목적으로 사용되는 언어는?
① DSDL(Document Schema Definition Languages)
② DDL(Data Definition Language)
③ DML(Data Manipulation Language)
④ DCL(Data Control Language)

2 데이터의 구조, 정의, 변경, 삭제 시 사용하는 SQL이 <u>아닌</u> 것은?
① ALTER
② CREATE
③ DEL
④ DROP

3 EMP 테이블의 데이터와 테이블 구조 정의 모두 삭제 시 옳은 것은?
① DROP TABLE EMP;
② DELETE EMP;
③ DELETE EMP WHERE 0 >< 1;
④ TRUNC TABLE EMP;

POINT **091** SQL DML

> **DML(Data Manipulation Language, 데이터 조작어) 개요**
- 데이터베이스의 상태를 변경한다.
- 데이터의 조회, 삽입(추가), 수정, 삭제를 포함한다.

▶ DML의 주요 **구문**(Syntax)
└─○쿼리 규칙과 구조

① SELECT 문

- 다양한 조건과 정렬을 통해 원하는 데이터를 검색(조회)한다.
- 기본 문법

| SELECT | 열 이름(필드명) | + | FROM | 테이블 명 | + | WHERE | 조건 |

- 예시

| SELECT 이름, 나이
FROM 학생
WHERE 나이 > 20; | ➡ | 이름과 나이 열에서 검색
학생 테이블에서 정보를 가져옴
나이가 20를 초과하는 데이터 |

→ 학생 테이블에서 나이가 21세 이상인 이름과 나이 정보를 조회

② INSERT 문

- 테이블에 새로운 데이터를 삽입한다.
- 기본 문법

| INSERT | INTO | 테이블 명 (열1, 열2..) | + | WHERE | 조건 |

- 예시

| INSERT INTO 학생
(이름, 나이)
VALUES ('합격이', 21); | ➡ | 학생 테이블의 이름, 나이 열을
선택
합격이와 21을 삽입 |

└─○따옴표(' ')는 문자열을 뜻함

→ 학생 테이블에 이름이 합격이이고, 나이가 21세인 새로운 학생 데이터를 추가

③ UPDATE 문

- 테이블의 기존 데이터를 수정(업데이트, 갱신)한다.
- 기본 문법

| UPDATE | 테이블 명 | + | SET | 열1=값1, 열2=값2.. | + | WHERE | 조건 |

- 예시

| UPDATE 학생
SET 나이 = 22
WHERE 이름 = '합격이'; | ➡ | 학생 테이블에서 수정
나이 열을 22로 업데이트
이름 열의 합격이 |

→ 학생 테이블에서 이름이 합격이인 학생의 나이를 22로 수정

④ DELETE 문

- 테이블에서 데이터를 삭제한다.
- 기본 문법

| DELETE | FROM | 테이블 명 | + | WHERE | 조건 |

- 예시

| DELETE FROM 학생
WHERE 이름 = '합격이'; | ➡ | 학생 테이블에서 삭제
이름 열의 합격이 |

→ 학생 테이블에서 이름이 합격이인 행을 삭제

POINT 092 **SQL DCL**

▶ DCL(Data Control Language, 데이터 제어어) 개요

- 데이터베이스 관리자(DBA, Database Administrator)가 사용하는 명령어이다.
- 데이터에 대한 접근 권한을 관리하고 제어한다.
- 데이터베이스의 보안과 무결성을 유지하는 역할을 한다.

▶ 접근 권한의 종류

- SELECT : 테이블의 데이터를 조회할 수 있는 권한이다.
- INSERT : 테이블에 데이터를 삽입할 수 있는 권한이다.
- UPDATE : 테이블의 데이터를 수정할 수 있는 권한이다.
- DELETE : 테이블의 데이터를 삭제할 수 있는 권한이다.
- EXECUTE : 프로시저나 함수를 실행할 수 있는 권한이다.
- ALL PRIVILEGES : 모든 권한을 부여하거나 회수한다.

▶ DCL의 주요 명령어

① GRANT
- 특정 사용자에게 데이터베이스에 대한 접근 권한을 부여한다.
- 예시

GRANT SELECT, INSERT ON 학생 TO 사용자1;
→ 사용자1에게 학생 테이블에 대한 SELECT와 IN-SERT 권한을 부여

② REVOKE
- 특정 사용자로부터 데이터베이스에 대한 권한을 회수한다.
- 예시

REVOKE SELECT, INSERT ON 학생 FROM 사용자1;
→ 사용자1로부터 학생 테이블에 대한 SELECT와 IN-SERT 권한을 회수

개념 체크 ✓

1 DBMS을 통해 사용할 수 있는 데이터 언어 중 불법적인 사용자로부터 데이터를 보호하기 위한 데이터 보안, 시스템 장애에 대비한 회복을 제어하는 명령어는?
① 데이터 정의어(DDL)
② 데이터 제어어(DCL)
③ 데이터 조작어(DML)
④ 데이터 부속어(DSL)

2 데이터베이스 관리 시스템의 제어기능에 대한 설명으로 옳은 것은?
① 사용자의 입장에서 사용이 쉽고 자연스럽게 사용할 수 있어야 한다.
② 응용 프로그램과 데이터베이스 사이의 인터페이스를 제공하는 기능이다.
③ 저장된 데이터의 내용에 대해 정확성과 안전성을 유지하는 기능이다.
④ 물리적 장치에 데이터를 저장하기 위해서 물리적 저장에 관한 명세 기능을 지원해야 한다.

3 데이터베이스의 접근 권한을 회수하는 SQL 명령어는?
① Revoke
② Grant
③ Commit
④ Rollback

데이터 연산

▶ 관계 대수(Relational Algebra)

① 순수 관계 연산자

기호	연산자명	설명
σ	SELECT(셀렉션)	조건에 맞는 튜플(행)을 선택
π	PROJECTION(프로젝션)	특정 열(속성)을 선택하여 새로운 릴레이션을 생성
⋈	JOIN(조인)	두 개 이상의 릴레이션을 결합하여 새로운 릴레이션을 생성
÷	DIVISION(디비전)	두 릴레이션 간의 나눗셈 연산을 수행

② 집합 연산자

기호	연산자명	설명
∪	UNION(유니온)	두 릴레이션의 합집합을 구함
∩	INTERSECTION(인터섹션)	두 릴레이션의 교집합을 구함
−	DIFFERENCE(디퍼런스)	두 릴레이션의 차집합을 구함
×	CARTESIAN PRODUCT (데카르트 곱)	두 릴레이션의 데카르트 곱을 구함

└┄┄┄ ○ 모든 가능한 조합을 생성하는 연산

▶ JOIN 방법

① Inner Join(내부 조인)
- 두 테이블 간의 공통된 값을 가진 행만 결합한다.
- 예시

SELECT * FROM A INNER JOIN B ON A.id = B.id;
→ 테이블 A와 B에서 id 값이 같은 행들을 결합하여 결과를 반환

② Outer Join(외부 조인)
- 일치하는 행뿐만 아니라 한쪽 테이블에만 있는 행도 반환한다.
- 일치하지 않는 경우 NULL로 채운다.

왼쪽 외부 조인	왼쪽 테이블의 모든 행과 오른쪽 테이블의 일치하는 행을 반환
오른쪽 외부 조인	오른쪽 테이블의 모든 행과 왼쪽 테이블의 일치하는 행을 반환
전체 외부 조인	두 테이블의 모든 행을 반환

③ Cross Join(교차 조인)
- 두 테이블의 모든 가능한 조합을 반환한다.
- 예시

SELECT * FROM 테이블1 CROSS JOIN 테이블2;
→ 테이블1의 각 행이 테이블2의 모든 행과 결합

④ Non Equi Join(비등가 조인)
- 두 테이블 간의 컬럼(열) 값이 정확히 일치하지 않을 때, 비교 연산자(〉, 〉=, 〈, 〈=)를 사용하여 조인한다.
- 예시
SELECT * FROM 테이블1, 테이블2 WHERE 테이블1.칼럼 〉 테이블2.칼럼;
→ 테이블1의 칼럼이 테이블2의 칼럼보다 큰 경우의 행들만 반환

JOIN 연산 알고리즘

① Nested Loop Join(중첩 루프 조인)
- 한 테이블의 각 행에 대해 다른 테이블의 모든 행을 반복적으로 검색한다.
- 작은 테이블과 큰 테이블을 조인할 때 사용한다.

② Sort Merge Join(정렬 병합 조인)
- 두 테이블을 조인할 칼럼을 기준으로 정렬한 후, 정렬된 결과를 병합한다.
- 정렬된 데이터를 조인할 때 사용한다.

③ Hash Join(해시 조인) ─○ 키를 해시로 변환해 인덱스로 사용
- 테이블을 해시 테이블로 변환한 후, 다른 테이블의 데이터를 해시 테이블과 비교한다.
- 대량의 데이터를 조인할 때 사용한다.

기적의 TIP

관계 대수
데이터베이스에서 데이터를 검색하고 조작하는 방법을 단계별로 명시하는 절차적 언어로, 수학적 집합 이론을 기반으로 어떤 연산을 어떤 순서로 수행해야 하는지를 기술

CARTESIAN PRODUCT
- 데카르트는 이 개념을 처음 도입한 프랑스의 수학자 르네 데카르트(René Descartes)의 이름에서 유래
- 카테시안(Cartesian)은 데카르트의 영어식 발음

개념 체크 ✓

1 관계대수에서 순수관계 연산자가 아닌 것은?
① Division
② Projection
③ Join
④ Union

2 데이터베이스에서 순수관계 연산자 중 Project 연산의 연산자 기호는?
① π
② σ
③ −
④ ε

3 조인(Join) 연산 알고리즘의 종류가 아닌 것은?
① Sort-merge 방법
② Hash-join 방법
③ Nested Loop 방법
④ Cartesian Loop 방법

POINT 094 **SQL 문법**

그룹화

① GROUP BY 절 : 특정 열을 기준으로 데이터를 그룹화한다.

집계 함수	설명	집계 함수	설명
AVG()	평균값을 계산	MAX()	최대값을 찾음
COUNT()	행의 개수를 셈	MIN()	최소값을 찾음
SUM()	값의 합을 계산	MODE()	가장 자주 나타나는 값을 반환

- 기본 문법

SELECT │ 그룹화 기준이 되는 열 │ + │ 집계 함수(연산의 대상이 되는 열)
FROM │ 테이블 명
테이블 명 │ 그룹화 기준이 되는 열 ;

- 예시(부서-DEPTNO, 급여-SALARY)

SELECT DEPTNO, AVG(SALARY)
FROM EMPLOYEES
GROUP BY DEPTNO;
➡ 직원(EMPLOYEES) 테이블에서 각 부서(DEPTNO)별로 평균 급여(SALARY)를 계산

② HAVING 절 : 그룹화된 데이터에 조건을 적용한다.

- 기본 문법

SELECT │ 기준 열 │ + │ 집계 함수(대상 열)
FROM │ 테이블 명
GROUP BY │ 기준 열
HAVING │ 집계 함수에 대한 조건 ;

- 예시

SELECT DEPTNO, AVG(SALARY)
FROM EMP
GROUP BY DEPTNO
HAVING AVG(SALARY) >= 20000;
➡ EMP 테이블에서 각 부서(DEPTNO)별로 직원들의 평균 급여(SALARY)를 계산한 후, 평균 급여가 20,000 이상인 부서만을 반환

▶ 정렬

① ORDER BY 절 : 검색 결과를 정렬한다.

순서 지정 키워드	설명
ASC	오름차순 정렬. 기본값으로 지정하지 않아도 오름차순으로 정렬됨
DESC	내림차순 정렬

• 기본 문법

SELECT 기준 열 열2, 열3...
FROM 테이블 명
ORDER BY 기준 열 순서 지정 키워드 열2 순서 지정 키워드 … ;

• 예시

SELECT name, age FROM students ORDER BY age DESC;		students 테이블에서 나이를 기준으로 내림차순으로 정렬하여 반환
SELECT 성명 FROM 직원 WHERE 급여 >= 200 ORDER BY 나이 ASC, 급여 DESC;		급여가 200 이상인 직원에 대해 나이는 오름차순으로, 급여는 내림차순으로 정렬하여 반환

② 페이징(Paging)

페이징 키워드	설명
LIMIT	반환할 최대 행 수를 지정
OFFSET	결과 집합의 시작 지점을 지정

• 예시

SELECT name, age FROM students ORDER BY age DESC LIMIT 5;		students 테이블에서 나이를 기준으로 내림차순으로 정렬한 후, 상위 5개의 행만 반환
SELECT name, age FROM students ORDER BY age DESC LIMIT 5 <u>OFFSET 10</u>;		students 테이블에서 나이를 기준으로 내림차순으로 정렬한 후, 11번째 행부터 시작하여 5개의 행을 반환

⋯⋯o 처음 10개의 행을 건너 뜀

▶ 문자열 패턴 매칭

• 기본 문법

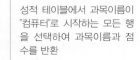

LIKE %

⋯o 와일드카드(Wildcard)

%	설명
%abc	문자열이 abc로 끝나는 경우
abc%	문자열이 abc로 시작하는 경우
%abc%	문자열에 abc가 포함된 경우
a%c	a로 시작하고 c로 끝나는 문자열
%	모든 문자열을 의미

• 예시

SELECT 과목이름, 점수 FROM 성적 WHERE 과목이름 LIKE "컴퓨터%";	➡	성적 테이블에서 과목이름이 "컴퓨터"로 시작하는 모든 행을 선택하여 과목이름과 점수를 반환

제약 조건

키워드	설명
CASCADE	제거할 개체를 참조하는 다른 모든 개체를 함께 제거
RESTRICT	제거할 개체를 참조 중일 경우 제거하지 않음
DISTINCT	중복 값 제거

- 예시

DROP TABLE 성적 CASCADE;	➡	성적 테이블을 참조하는 테이블과 성적 테이블을 삭제
SELECT DISTINCT DEPT FROM STUDENT;	➡	학생(STUDENT) 테이블에 어떤 학과(DEPT)들이 있는지 검색하고 결과의 중복을 제거

사용자

① IDENTIFIED BY 절

- 기본 문법
  - 새로운 사용자 생성

  CREATE USER + 사용자 이름 + IDENTIFIED BY + 비밀번호

  - 사용자 비밀번호 변경

  ALTER USER + 사용자 이름 + IDENTIFIED BY + 새로운 비밀번호

  - 사용자 삭제

  DROP USER + 사용자 이름

② RENAME USER 절

- 예시

RENAME USER 'old_username'@'host' TO ···◦사용자 계정 정의 형식 'new_username'@'host';	➡	특정 호스트에서 접속할 수 있는 기존 사용자의 이름을 새로운 이름으로 변경

POINT 095 빛

빛의 성질

• 파동성 : 빛은 전자기파의 한 형태로 파동의 성질을 가진다.
└──○매질이 없이도 전파 └──○주기적인 진동이나 변동

파장의 종류	범위		설명
적외선	약 750nm~1mm		열에너지와 관련이 있어 열 감지에 사용됨
가시광선	빨강	약 620nm~750nm	인간의 눈에 보이는 빛
	주황	약 590nm~620nm	
	노랑	약 570nm~590nm	
	초록	약 495nm~570nm	
	파랑	약 450nm~495nm	
	남색	약 425nm~450nm	
	보라	약 380nm~425nm	
자외선	약 10nm~380nm ○빛의 입자		높은 에너지를 가지고 있어 피부에 영향을 줌

• 입자성 : 광자는 에너지를 가지고 있으며, 광전효과를 낸다.
• 속도 : 우주에서 가장 빠른 속도로, 진공에서 약 299,792,458 미터/초의 속도로 이동한다.
  └──○빛이 금속 표면에 닿을 때 전자가 방출되는 현상
• 직진성 : 직선 경로를 따라 이동하며, 직진성으로 인해 그림자가 형성된다.

빛의 현상

• 반사 : 빛이 물체의 표면에 부딪혀 되돌아오는 현상이다.
  예 거울에 비친 모습
  └○빛의 속도는 매질에 따라 다름
• 굴절 : 빛이 한 매질에서 다른 매질로 이동할 때 경로가 꺾이는 현상이다.
  └○파동이 전달되는 물질이나 환경
  예 물속에 담긴 빨대가 꺾여 보임
• 분산 : 매질을 통과할 때 굴절되는 각도가 달라져 빛이 스펙트럼으로 나뉘는 현상이다.
  예 프리즘을 통한 빛의 분산
• 간섭 : 두 개 이상의 빛 파동이 겹쳐져서 새로운 파동 패턴을 형성하는 현상이다.
  예 비눗방울이나 기름막에서 무지개색이 나타남
• 회절 : 빛이 장애물이나 작은 틈을 지날 때, 직진 경로에서 벗어나 휘어지는 현상이다.
  예 좁은 틈을 통과한 빛이 넓게 퍼짐

• 산란 : 빛이 물질과 상호작용하여 여러 방향으로 흩어지는 현상이다.
  예 해가 질 때 긴 파장이 더 많이 남아 하늘이 붉게 보임
• 편광 : 빛의 파동이 특정한 방향으로만 진동하는 현상이다.
  예 3D 안경은 각 눈에 서로 다른 방향으로 편광된 영상을 전달하여 입체감을 느끼게 함

기적의 TIP

파장
• 파동이 한 번 흔들릴 때의 길이
• 빛의 색과 에너지를 결정하는 요소

레이리 산란(Rayleigh scattering)
• 태양이 지평선에 가까워질수록 빛이 대기를 통과하는 경로가 길어지게 됨
• 해가 질 때 짧은 파장의 빛(파란색과 보라색)은 대기 중의 작은 입자들에 의해 산란되어 사라지고, 상대적으로 긴 파장의 빛(빨간색과 주황색)이 더 많이 남아 하늘이 붉게 보임

개념 체크 ✓

1 공기 중 파장이 긴 단색광은?
① 파랑
② 빨강
③ 보라
④ 초록

2 빛의 파동성에 대한 설명으로 거리가 먼 것은?
① 자외선은 가시광보다 파장이 짧다.
② 빛은 전자기파의 일종이다.
③ 적외선도 빛의 일종이다.
④ 빛은 매질이 없으면 전파하지 못한다.

3 입체영화를 관람할 때 착용하는 특수 안경은 빛의 어떠한 현상을 이용한 것인가?
① 간섭
② 회절
③ 굴절
④ 편광

POINT 096 조명

▶ 조명의 목적

입체감과 질감 생성	피사체의 입체감과 질감을 강조하여 생동감 있는 이미지를 만듦
필요한 밝기 제공	촬영이나 공연에서 피사체가 잘 보이도록 함
컬러 밸런스 조정	다양한 색온도의 조명을 사용하여 전체적인 색 균형을 맞춤
초점 유도	관객의 시선을 특정 피사체나 장면으로 유도
공간 정의	조명을 통해 공간의 크기나 형태를 정의하고, 깊이감을 부여

▶ 조명의 기본 요건

요건		설명
밝기 조절		적절한 밝기는 장면의 분위기를 조성하는 데 중요
대비	높은 대비	강한 그림자와 하이라이트를 만들어 드라마틱한 효과를 줌
	낮은 대비	부드럽고 균일한 느낌을 줌
노출시간		카메라 노출시간에 따라 조명의 강도와 방향을 적절히 설정
균일성		조명이 고르게 분포하여 불필요한 그림자나 핫스팟이 생기지 않도록 함 ○┈과도하게 밝은 부분
방향성		적절한 방향에서 조명을 비추어 피사체의 특징을 잘 드러나게 함
안정성		깜빡이거나, 장시간 사용 시 열이 과도하게 발생하지 않도록 설계

▶ 조명의 종류

① 키 라이트(Key Light)
• 피사체의 주광선으로, 주요 밝기를 제공한다.
• 피사체의 형태와 질감 강조에 사용된다.

② 필 라이트(Fill Light)
• 키 라이트에 의해 생기는 그림자나 음영을 완화한다.
• 강도를 조절하여 자연스러운 명암비를 만든다.
  ┈○밝고 어두운 차이 비율

③ 베이스 라이트(Base Light)
• 전체적인 밝기를 평균적으로 조절한다.
• 스튜디오에서 기본적인 조명 환경을 조성하는 데 사용된다.

④ 백 라이트(Back Light, Background light)
• 피사체의 뒤쪽에서 비추는 조명이다.
• 피사체를 배경과 분리하고 윤곽을 강조하는 데 사용된다.
• 인물의 윤곽을 선명하게 하는 데 유용하다.

⑤ 후트 라이트(Foot Light)
• 무대 앞쪽 아래에서 위로 비추는 조명이다.
• 주로 무대 공연에서 사용된다.
• 그림자나 음영을 완화하는 효과가 있다.

⑥ 역광(Back Light)
• 피사체의 뒤쪽에서 비추는 조명이다.
• 실루엣(Silhouette) 효과를 만드는 데 사용된다.

▶ 조명의 단위

① 광속(Luminous Flux)
• 단위 : 루멘(lm, lumen)
• 광원이 방출하는 빛의 총량이다.
• 인간의 눈에 보이는 빛의 양을 측정하는 데 사용된다.

② 광도(Luminous Intensity)
• 단위 : 칸델라(cd, Candela)
• 특정 방향으로 방출되는 빛의 강도이다.

③ 조도(Illuminance)
• 단위 : 럭스(lx, lux)
• 특정 면적에 도달하는 빛의 양이다.
• 공간의 밝기를 평가한다.

④ 휘도(Luminance)
• 단위 : 니트(nit), 칸델라/제곱미터(cd/m²)
• 특정 방향에서 표면이 얼마나 밝게 보이는지를 나타내는 단위이다.
• 화면이나 표면의 밝기를 측정한다.

⑤ 색온도(Color Temperature) ○절대 온도, 0K=섭씨 273℃
• 단위 : 캘빈(K, Kelvin)
• 광원의 종류에 따라 색온도가 다르다.
• 색광의 절대 온도 공식 : $T(K) = T(℃) + 273$

색온도	범위	특징	예시
낮은 색온도	약 2,000K~3,500K	따뜻하고 아늑한 느낌을 주는 노란색 또는 주황색 빛	촛불, 백열등
중간 색온도	약 3,500K~5,000K	중립적인 흰색 빛	형광등, 자연광
높은 색온도	약 5,000K~10,000K	차갑고 선명한 느낌을 주는 푸른색 빛	맑은 하늘, LED 조명

1 다음 중 조명의 기본적인 요건으로 거리가 <u>먼</u> 것은?
① 노출시간   ② 눈부심
③ 대비   ④ 밝기

2 영상 촬영 시 뒤에서 비추는 빛으로 실루엣(Silhouette) 효과를 만들기 위해 이용하는 조명은?
① 순광(Front Light)
② 사광(Side Light)
③ 역광(Back Light)
④ 키라이트(Key Light)

3 광도의 단위는?
① cd   ② Hz
③ kg   ④ dB

POINT 097 디지털카메라

▶ 주요 구성요소

① 렌즈
• 빛을 모아 이미지 센서에 전달한다. ┄○ 렌즈에서 이미지 센서까지의 거리
┄○ 렌즈가 포착할 수 있는 범위
• 렌즈의 종류에 따라 초점거리와 화각이 달라진다.

렌즈 종류	초점거리	특징	용도
광각렌즈	35mm 이하	넓은 화각	풍경, 건축, 실내 촬영
표준렌즈	35mm~50mm	인간의 시야와 유사한 화각	자연스러운 원근감
망원렌즈	70mm 이상	멀리 있는 피사체 확대	스포츠, 야생 동물, 인물

② 이미지 센서
• 빛을 전기 신호로 변환한다.
• 이미지 센서의 화소 수는 해상도와 비례한다.

특성	CCD	CMOS
이미지 품질	높은 이미지 품질과 낮은 노이즈	초기에는 노이즈가 많았으나 최근 개선됨
전력 소모	전력 소모가 크고 발열이 많음	전력 소모가 적고 발열이 적음
전송 속도	느림	빠름
제조 비용	상대적으로 높음	낮음
사용 용도	고급 카메라	스마트폰, DSLR, 미러리스 카메라

③ 조리개(Aperture, 아퍼처)
• 렌즈를 통과하는 빛의 양을 조절한다. ┄○ 초점이 맞는(선명하게 보이는) 범위
• 조리개값(f) 수가 작을수록 빛이 많이 들어오고, <u>피사계 심도</u>(DOF, Depth of Field)가 <u>얕아진다.</u> ┄○ 범위가 좁아짐

조리개 값	조리개 크기	피사계 심도	특징
f/1.2, f/1.4	매우 넓음	매우 얕음	배경이 크게 흐려지고 피사체가 강하게 강조됨
f/1.8, f/2.0, f/2.8	넓음	얕음	배경이 흐려지고 피사체가 강조됨
f/4.0	중간	중간	피사체가 강조되면서도 배경이 약간 흐려짐
f/5.6, f/8.0	중간	중간	피사체와 배경이 적절히 초점이 맞음
f/11, f/16	좁음	깊음	배경까지 선명하게 초점이 맞음
f/22	매우 좁음	매우 깊음	전체 장면이 선명하게 초점이 맞음

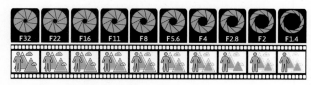

▲ 조리개 값과 피사계 심도의 관계

④ 셔터
• 이미지 센서에 도달하는 빛의 시간을 조절한다.
• 셔터 스피드(Shutter Speed)에 따라 피사체를 선명도가 달라진다. ┄○ 셔터가 열려 있는 시간

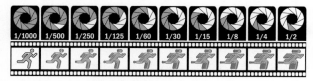

▲ 셔터 스피드와 피사체 선명도의 관계

▶ 사진 광학현상

① 고스팅(Ghosting)

- 강한 광원이 사진에 포함될 때 화상에 조리개 모양의 이미지가 만들어지는 현상이다.
- 렌즈의 유리 표면에서 빛이 반사되면서 발생한다.

② 플레어(Flare)

- 렌즈를 통해 들어온 강한 빛이 카메라 내부에서 난반사를 일으켜 화상에 연속적인 조리개 무늬나 광원 모양의 허상이 맺히는 현상이다.
- 역광 상황에서 발생

▲ 플레어 현상 예시

③ 비네팅(Vignetting)

- 렌즈 주변부의 광량 저하로 사진의 외곽이나 모서리가 어둡게 나오는 현상이다.
- 필터 사용, 조리개 설정 등에 의해 발생한다.

▲ 비네팅 현상 예시

④ 포깅(Fogging)

- 센서에 의도치 않게 빛이 노출되어 이미지가 흐릿해지거나 뿌옇게 되는 현상이다.
- 센서의 과노출, 습기, 먼지 등 다양한 요인으로 인해 발생한다.

⑤ 모아레(Moire)

- 촬영 대상의 패턴에 물결무늬나 줄무늬가 나타나는 현상이다.
- 섬세한 패턴의 옷이나 직물 등을 촬영할 때 발생한다.

⑥ 일루젼(Illusion)

- 특정 각도에서 촬영된 사진이 실제와 다른 크기나 형태로 보이는 현상이다.
- 의도적인 연출, 사진의 구도, 조명, 렌즈의 특성 등에 의해 발생한다.

⑦ 이레디에이션(Irradiation)

- 강한 빛이 센서에 도달할 때, 빛이 주변 픽셀로 퍼져나가면서 이미지가 번져 보이는 현상이다.
- 이미지 센서에서 발생한다.

기적의 TIP

피사계 심도(DOF, Depth of Field)

- 심도가 얕으면 초점이 맞는 범위가 좁아져 선명하게 보이지만 배경은 흐릿하게 보임
- 심도가 깊으면 초점이 맞는 범위가 넓어져 피사체와 배경 모두 선명하게 보임

센서의 과노출

카메라의 이미지 센서가 과도하게 빛을 받아들여 이미지가 너무 밝게 표현되는 상태로 이미지의 디테일이 사라지고, 하이라이트 부분이 하얗게 날아가며, 색상이 왜곡됨

개념 체크 ✓

1 초점거리가 50㎜보다 짧으며, 거리를 넓게 찍을 수 있는 렌즈는?

① 표준 렌즈　　　　　② 망원 렌즈
③ 댑스 렌즈　　　　　④ 광각 렌즈

2 디지털카메라의 성능을 결정하는 중요한 요소로서 촬영된 사진의 해상도나 화질을 결정하는 것은?

① COM　　　　　　② CRT
③ CCD　　　　　　④ LCD

3 카메라 렌즈를 통과하는 빛의 양을 조절하는 것은?

① 렌즈후드　　　　　② 조리개
③ 해상력　　　　　　④ 컨버트

POINT 098　촬영기법

▶ 구도의 원칙

- 3등분의 원칙(Rule of Thirds, 삼분할 법칙) : 화면을 3등분하여 주요 피사체를 선이나 교차점에 배치하여 균형 잡힌 구도를 만든다.
- 헤드룸(Head Room) 유지 원칙 : 인물의 머리 위에 적절한 공간을 두어 인물이 안정적으로 보이도록 한다.
- 리드룸(Lead Room) 유지 원칙 : 피사체의 이동 방향 앞쪽에 여유 공간을 두어 움직이는 방향으로 시선을 유도한다.
- 노즈룸(Nose Room) 유지 원칙 : 피사체나 인물의 얼굴이 화면의 한쪽을 향하고 있을 때, 앞쪽에 여유 공간을 둔다.

▶ 촬영기법

① 카메라 이동 및 앵글

기법	설명
Tilt(틸트)	카메라를 고정한 상태에서 위아래로 움직이는 기법
Dolly(달리)	카메라가 레일 위를 이동하며 피사체에 접근하거나 멀어지는 기법
Pan(팬)	카메라를 고정한 상태에서 좌우로 회전시키는 기법
Walk In(워크 인)	피사체가 카메라를 향해 다가오는 기법
Low Angle (앙각 촬영)	카메라가 피사체보다 낮은 위치에서 위를 향해 촬영하는 기법
High Angle (고각 촬영)	카메라가 피사체보다 높은 위치에서 아래를 향해 촬영하는 기법
Bird's Eye View (부감 촬영)	높은 곳에서 아래를 내려다보는 기법
Oblique Angle (경사 앵글)	카메라를 기울여서 촬영하는 기법

▲ Tilt 카메라 무빙

② 특수촬영

기법	설명
Follow Shot(팔로우 샷)	카메라가 피사체의 움직임을 뒤에서 따라가면서 촬영
Tracking(트래킹, 추적)	카메라가 피사체를 따라 함께 이동하면서 다양한 각도에서 촬영
Panning(패닝)	카메라를 고정된 위치에 두고 좌우로 넓은 장면을 연속적으로 보여주는 기법
Zooming(주밍)	렌즈의 초점거리를 조절하여 피사체를 확대하거나 축소
Macro(접사 촬영)	피사체를 실제 크기보다 크게 보이도록 촬영
Time lapse(인터벌 촬영)	긴 시간 동안의 변화를 짧은 시간에 압축하여 보여주는 기법
PL(Polarized Light) filter	빛의 반사를 줄여주는 필터로, 유리나 물 표면을 촬영할 때 효과적

▶ 샷의 종류

계열	분류	설명
롱	익스트림 롱 샷	피사체가 매우 작게 보이며, 배경이나 주변 환경을 강조하는 샷
	롱 샷	피사체의 전신과 주변 환경을 함께 보여주는 샷
	풀 샷	피사체의 전신을 화면에 담는 샷
미디엄	니(Knee) 샷	피사체의 무릎 위쪽부터 머리까지를 보여주는 샷
	웨이스트(Waist) 샷	피사체의 허리 위쪽부터 머리까지를 보여주는 샷
	바스트(Bust) 샷	피사체의 가슴 위쪽부터 머리까지를 보여주는 샷
클로즈업	클로즈업 샷	피사체의 얼굴이나 특정 부분을 화면 가득 채워 촬영하는 샷
	익스트림 클로즈업 샷	피사체의 아주 작은 부분을 확대하여 촬영하는 샷 (예 눈, 입술)

음향 제작

POINT 099 음의 기본 요소

▶ 음의 3요소

① 진폭(Amplitude)

- 사운드 파형의 기준선에서 최고점까지의 거리이다.
- 진폭이 클수록 소리의 크기(Volume)가 커진다.
- 진폭의 단위는 데시벨(dB)이다.

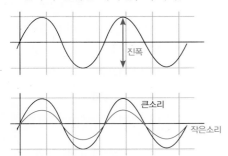

▲ 진폭에 따른 소리의 크기

② 주파수(Frequency)

- 초당 사운드 파형의 반복 횟수(진동 횟수)이다.
- 주파수가 높으면 고음, 낮으면 저음이 된다.
- 가청주파수 범위는 약 20Hz~20kHz(20,000Hz)이다.

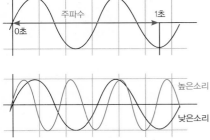

▲ 주파수에 따른 소리의 높낮이

- 음의 주기(T)=1(초)÷주파수(Hz)
  °진동이 한 번 완성되는 시간
③ 음색(Tone Color)

- 소리의 질적인 특성을 나타낸다.
- 음색에 영향을 주는 요인 : 주파수, 엔벨롭, 스펙트럼(Spec-trum), 공명(Resonance)
  °주파수 성분들의 분포
  °특정 주파수에서 소리가 증폭되는 현상

▶ 음향 파라미터(Parameter. 매개 변수)

- 엔벨롭(Envelope) : 시간에 따른 음의 변화 단계를 나타내는 그래프이다.

ADSR 단계	설명
어택(Attack)	소리가 시작되어 최대 진폭에 도달하는 데 걸리는 시간. 소리가 얼마나 빠르게 시작되는지를 결정
디케이(Decay)	최대 진폭에 도달한 후, 소리가 서서히 감소하여 지속 단계의 진폭에 도달하는 시간
서스테인(Sustain)	소리가 일정한 진폭을 유지하는 단계. 소리가 얼마나 오래 지속되는지를 나타냄
릴리즈(Release)	소리가 끝나면서 진폭이 0으로 감소하는 데 걸리는 시간

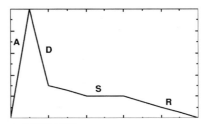

▲ 엔벨로프 예시

- 라우드니스(Loudness Level) 레벨 : 소리의 크기를 인간의 청각적 관점에서 측정한 값이다.

측정단위	설명
Phon(폰)	1kHz에서 40dB로 들리는 소리를 40Phon으로 정의
Sone(손)	1Sone은 40Phon의 소리와 동일한 라우드니스로 정의

> **기적의 TIP** 라우드니스(Loudness, 소리의 크기, 음량)
> - 소리의 크기를 주관적으로 느끼는 정도를 나타내는 용어
> - 기술적, 심리적, 주관적 요소가 모두 결합된 개념으로, 정확히 측정하는 것은 어려움
> - 라우드니스를 보다 정확하게 이해하고자 라우드니스 레벨 사용

1 사운드(sound)를 구성하는 기본 요소로 가장 거리가 먼 것은?

① 주파수(Frequency)
② 효과(Effect)
③ 진폭(Amplitude)
④ 음색(Tone Color)

2 음색을 결정하는 요인으로 거리가 먼 것은?

① 스펙트럼
② 엔벨롭
③ 음속
④ 주파수

3 다음 중 가청주파수 범위로 옳은 것은?

① 20Hz~20,000Hz
② 20kHz~30,000kHz
③ 50Hz~10,000Hz
④ 50kHz~10,000kHz

POINT 100 소리 현상

▶ 물리적 현상

① 도플러 효과(Doppler Effect)

- 음원의 이동에 따른 주파수 변화이다.
- 음원과 관측자가 상대적인 운동을 하고 있을 때 발생한다.
- 음원이 움직일 때 진행 방향 쪽에서는 고음으로, 반대쪽에서는 저음으로 들린다.
  - 예 자동차의 엔진 소리가 가까워질 때는 높고, 멀어질 때는 낮게 들림

② 회절(Diffraction)

- 소리가 장애물을 만나면 차단되지 않고 장애물의 뒤쪽까지 전파된다.
  - 예 방 안에서 음악을 틀었을 때, 문이 닫혀 있어도 소리가 들림

③ 굴절(Refraction) ┈○온도, 밀도, 압력, 습도, 구성 성분 등

- 같은 매질 내에서 조건의 변화로 인해 소리의 속도가 달라지면서 방향이 바뀌는 현상이다.
  - 예 소리가 낮보다 밤에 멀리까지 더 잘 들림

④ 간섭(Interference) : 두 개 이상의 음파가 겹쳐져 진폭이 변화하는 현상이다.

간섭 유형	예시	설명
보강 간섭	스피커 배열	여러 스피커에서 나오는 소리가 같은 위상으로 만나 소리의 세기가 커짐
상쇄 간섭	소음 제거 헤드폰	외부 소리의 반대 위상에 위치한 소리를 생성하여 소음을 상쇄시킴
맥놀이 현상	소리굽쇠	보강, 상쇄 간섭이 주기적으로 반복되면서 소리의 세기가 강해졌다 약해졌다 하는 패턴을 형성

⑤ 하스 효과(Haas effect)

- 먼저 도달한 소리의 방향으로 음상이 정위(Localization)되는 현상이다. ┈○특정 방향으로 위치가 고정
  - 예 여러 스피커 중 왼쪽 스피커에서 소리가 먼저 들리면, 소리가 왼쪽에서 오는 것으로 느낌

⑥ 반사 : 소리가 표면에 부딪혀 되돌아오는 현상이다.

반사 유형	설명
에코(Echo, 메아리)	소리가 반사되어 원래 소리와 구분될 만큼 지연되어 들림
잔향(Reverberation, 잔존음)	소리가 멈춘 뒤에도 주위 물체의 반사로 인해 음이 계속 남아 있는 현상

⑦ 잡음(Noise) ┈○전기적 성질을 띠는 기본 입자

잡음 종류	설명	예시
히스(Hiss) 잡음	열에 의해 발생하는 불규칙한 전자의 움직임에 의한 잡음. 모든 주파수 대역에 균일하게 분포	자기테이프 특유의 자체 잡음
핑크(Pink) 잡음	주파수가 증가할수록 진폭이 1/2씩 감소. 낮은 주파수에서 더 많은 에너지를 가짐	폭포 소리, 빗소리
백색(White) 잡음	모든 주파수 대역에 동일한 에너지를 가짐. 주파수 스펙트럼이 균일	선풍기 소리

┈○주파수들의 분포

▶ 심리적/인지적 현상

① 칵테일 파티(Cocktail Party) 효과

- 여러 음원 중 특정 음을 선택적으로 듣고 집중할 수 있는 청각의 능력이다.
  - 예 많은 악기 연주음 중에서 특정 악기에 관심을 가지면 그 소리만 지각함. 여러 사람의 대화가 동시에 들려도 친구의 목소리에 집중하여 대화를 이해함

② **마스킹(Masking) 효과**

한 소리가 다른 소리에 의해 가려져서 잘 들리지 않게 되는 현상이다.

마스킹 유형	설명	예시
음량 마스킹	더 큰 음량의 소리가 작은 음량의 소리를 가리는 현상	공사 현장의 드릴 소리가 주변의 대화를 가리는 경우
전방 마스킹	마스킹 소리가 먼저 발생하고, 그 후에 오는 소리가 가려지는 경우	큰 북소리가 울린 후에 작은 종소리가 잘 들리지 않는 경우
후방 마스킹	마스킹 소리가 나중에 발생하지만, 그 전에 발생한 소리를 가리는 경우	번개가 친 후 천둥 소리가 번개 소리를 가리는 경우

③ **두 귀(Binaural, 양이) 효과**

소리의 방향과 거리를 지각하는 능력이다.

예 자동차가 왼쪽에서 오고 있음을 인식한다.

④ **피치(Pitch)**

• 소리의 높낮이를 지각하는 감각이다.
• 소리의 주파수에 의해 결정되며, 같은 주파수라도 음색에 따라서도 다르게 인식된다.

  예 바이올린과 플루트가 같은 음을 연주하더라도, 고유한 음색 때문에 다르게 들린다.

기적의TIP 위상(Phase, 페이즈)
• 주기적인 신호의 파동이 현재 어느 위치에 있는지를 0도에서 360도까지의 각도로 나타냄
• 두 신호 간의 시간적 차이를 비교하거나, 신호의 특정 지점을 정의하는 데 사용
• 신호 처리, 통신, 음향 등 다양한 분야에서 활용

개념 체크 ✓

1 음원이 움직일 때 진동수의 변화가 생겨 진행 방향 쪽에서는 발생음보다 고음으로 진행 방향의 반대쪽에서는 저음으로 들리는 현상은?
① 에코 효과
② 도플러 효과
③ 회절 현상
④ 휴젠스 원리

2 동일 음이 여러 방향에서 같은 음량으로 전달되는 경우, 가장 빠르게 귀에 도달하는 음의 음원방향으로 음상의 정위자가 쏠려 들리는 현상은?
① 하스 효과
② 칵테일 효과
③ 코러스 효과
④ 도플러 효과

3 스펙트럼에서 주파수가 옥타브 상승 하면서 에너지가 1/2씩 감쇠되는 잡음은?
① 핑크 잡음
② 백색 잡음
③ 마스크 잡음
④ 고음 잡음

POINT 101 음향 녹음

▶ **음향 녹음 시 고려 사항**

• 녹음 환경 : 방음 및 흡음 처리로 깨끗한 녹음을 보장한다.
• 음색 밸런스 : 녹음된 소리의 음색이 자연스럽고 균형 잡히도록 조정한다.
• 마이크 선택 및 배치 : 마이크의 특성과 지향성을 고려하여 마이크를 적절히 배치한다. └○소리를 수음하는 방향성
• 주파수 범위 : 녹음 장비가 처리할 수 있는 주파수 범위는 소리의 품질에 영향을 준다.

음향 품질 요소	설명	효과
주파수 응답	녹음 장치가 처리할 수 있는 주파수 범위	주파수 응답이 넓을수록 정확하게 녹음 가능
신호 대 잡음비 └┈┈○SNR, Signal-to-Noise Ratio	유용한 신호와 잡음의 비율	SNR이 높을수록 녹음이 더 깨끗함
감도(Sensitivity)	마이크의 민감도	감도가 높을수록 작은 소리도 잘 포착
클리핑 (Clipping)	입력 신호가 장치의 최대 처리 능력을 초과할 때 발생	소리가 찌그러지거나 왜곡됨
레코딩 포맷	WAV, MP3, FLAC 등의 파일 형식	포맷에 따라 음질에 차이가 있음

마이크로폰(Microphone, MIC, 마이크)의 지향성

지향성 유형	설명	용도
단일지향성	특정 방향의 소리를 수음	보컬 녹음, 라이브 공연 등
양지향성	앞뒤 방향의 소리를 수음	인터뷰, 대화 녹음
무지향성	모든 방향에서 균일하게 소리를 수음	회의 녹음, 환경음 녹음
초지향성	특정 방향의 소리를 매우 집중적으로 수음	영화 촬영, 방송, 야외 녹음

마이크로폰의 종류

- 다이내믹(Dynamic) 마이크로폰 : 견고하고 내구성이 뛰어나다.
- 콘덴서(Condenser) 마이크로폰 : 팬텀 파워(Phantom Power)가 필요하다.　○전원 공급 장치의 일종
- 리본(Ribbon) 마이크로폰 : 부드럽고 따뜻한 소리를 녹음할 때 사용된다.
- 라발리에(Lavalier) 마이크로폰, 핀 마이크 : 옷에 부착하여 사용한다.

녹음 기술

① 더미 헤드(Dummy Head) 방식 : 사람의 머리 모양을 본뜬 마이크를 사용하여 입체적인 소리를 녹음한다.

▲ 노이만(NEUMANN)사의 더미 헤드 마이크 'KU100'

- MS 방식 : 단일지향성 마이크와 양지향성 마이크를 90도 각도로 배치하여 녹음한다.
- XY 방식 : 두 개의 단일지향성 마이크를 90도 각도로 교차 배치하여 녹음한다.
- AB 방식 : 두 개의 무지향성 마이크를 일정한 거리만큼 떨어뜨려 배치하여 녹음한다.
- ORTF 방식 : 두 개의 단일지향성 마이크를 인간의 귀 간격과 유사하게 배치한다.　○프랑스 방송국 ORTF에서 개발
　　　　　○110도 각도, 17cm 간격으로 배치

음질 개선

① 프리엠파시스(Pre-emphasis)
- 녹음 과정에서 고주파 신호를 강하게 하여 신호 대 잡음비(S/N비)를 개선하는 기술이다.
- 재생 장치는 디엠파시스를 통해 원래의 주파수로 복원하여 깨끗한 소리를 제공한다.

② 다이나믹 레인지(Dynamic Range)
- 음향시스템이 처리할 수 있는 신호의 범위(최강음과 최약음의 비율)를 의미한다.
- 데시벨(dB)로 측정되며, 높은 다이나믹 레인지는 더 넓은 범위의 소리 처리를 의미한다.
- 24비트 디지털 오디오 시스템은 1비트당 약 6db의 다이나믹 레인지를 가진다.

> **기적의TIP 신호 대 잡음비(S/N비, Signal-to-Noise Ratio)**
> - 유용한 신호의 세기와 신호에 포함된 잡음의 세기의 비율을 나타내는 값
> - S/N비가 높을수록 신호가 잡음에 비해 더 강하다는 것을 의미(단위 : db)

개념 체크 ✓

1 디지털 오디오 레코딩 시 고려사항으로 거리가 가장 먼 것은?
① 장비의 규모
② 음색밸런스
③ 주파수 범위
④ 믹싱 상태

2 마이크로폰 지향 특성 중 스튜디오 또는 야외에서 드라마의 수음에 가장 적합한 것은?
① 무지향성
② 양지향성
③ 단일지향성
④ 초지향성

3 정면 방향을 향한 단일지향성 마이크와 양지향성 마이크를 90도 각도에 배치하여 녹음하는 방식은?
① MS 방식
② ORTF 방식
③ OSS 방식
④ NOS 방식

POINT **102** 음향 편집

음향 후속 작업

① ADR(Automated Dialogue Replacement)
- 비디오 편집 후 스튜디오에서 대사를 다시 녹음하여 편집하는 과정이다.
- 동시 녹음한 대사의 음질이 좋지 않거나 촬영 중 녹음이 어려운 경우 사용된다.

② 더빙(Dubbing)
- 외국어 영화나 드라마에서 원래의 대사를 다른 언어로 번역하여 녹음한다.
- 시청자가 자막 없이도 내용을 이해할 수 있도록 돕는다.

③ 피치 쉬프터(Pitch Shifter)
- 녹음된 음성이나 음악의 피치를 조정하는 오디오 프로세서이다.
- 음성의 높낮이를 변화시켜 다양한 효과를 준다.
  예 남성의 목소리를 더 낮고 무겁게 만들어 괴물 같은 소리를 냄, 여성의 목소리를 더 높게 만들어 어린아이 소리를 냄

음향 효과 제작

- **폴리(Foley)** : 녹음실에서 영상을 보면서 신체나 소도구 등을 이용하여 제작하는 작업이다.

▲ 폴리 작업

- 신디사이저(Synthesizer) : 전기적으로 소리를 합성하여 독특한 음향을 만들어내는 장치이다.

합성 방식	설명	예시
FM 합성	주파수를 변조하여 복잡한 음색을 생성	전자 피아노 소리
웨이브 테이블	음의 주파수와 강약을 변화시켜 합성	전통 악기의 소리 변환
샘플링	실제 악기 소리를 녹음하여 재생	실제 악기 소리

- 샘플러(Sampler) : 녹음된 실제 소리를 변형하여 다양한 음향 효과를 만드는 장치이다.
- 코러스(Chorus) : 합창과 같은 풍부한 소리를 만들기 위한 <u>이펙터 유닛(Effects Unit)</u>이다.
  └···········○음향 효과를 만들어내는 소프트웨어

사운드 편집 기법

- 페이드 인(Fade In) : 시작 부분의 소리 볼륨을 점진적으로 증가시켜 부드럽게 시작한다.
- 페이드 아웃(Fade Out) : 끝부분의 소리 볼륨을 점진적으로 감소시켜 부드럽게 사라지도록 한다.
- 패닝(Panning) : 소리의 위치를 좌우로 이동시켜 현장감을 준다.
- 리버브(Reverb) : 소리가 울리는 효과로 소리가 공간에서 연주되는 느낌을 준다.
- 딜레이(Delay) : 소리를 일정 시간 지연시켜 반복해 소리에 깊이와 리듬감을 준다.

음향 믹싱

- 믹싱 콘솔(Mixing Console) : 다양한 오디오 신호를 결합하여 출력으로 보내는 장치이다.

기본 기능	설명
입력 채널	마이크, 악기 등 다양한 오디오 소스를 입력받는 부분
게인(Gain) 조절	입력 신호의 레벨(강도, 볼륨)을 조정하여 적절한 크기로 맞춤
이퀄라이저(Equalizer)	주파수 특성을 조정하여 소리의 음색을 변경
팬(Pan) 컨트롤	스테레오 이미지에서 소리를 왼쪽 또는 오른쪽으로 배치
AUX Sends	외부 장치로 신호를 보내는 데 사용
페이더(Fader)	각 채널의 출력 레벨을 조정하는 슬라이더
마스터 섹션	전체 믹스의 최종 출력을 조정

▲ 레코딩 스튜디오의 믹싱 콘솔

• 믹싱 콘솔 이퀄라이저

기능	설명
주파수 보상	특정 주파수 대역에서 발생하는 청감 손실을 보상
명료도 향상	특정 주파수를 조정하여 선명하고 뚜렷하게 들리도록 함
음색 조정	주파수를 강조하거나 줄여 소리의 색깔이나 특성을 변화시킴
불필요한 주파수 제거	불필요한 주파수를 줄이거나 제거하여 소리의 품질 개선

• 컴프레서(Compressor) : 다이나믹 레인지를 줄여 적절한 상태를 만드는 장치이다.

주요 파라미터	설명
Threshold (임계값)	컴프레서가 작동하기 시작하는 신호 레벨을 설정
Ratio(비율)	신호가 쓰레숄드(임계값)을 초과할 때 얼마나 압축할지를 결정 ·······o 오디오 신호의 다이나믹 레인지를 줄이는 과정
Attack	컴프레서가 신호를 감지하고 나서 압축을 시작하기까지 걸리는 시간을 설정
Release	신호가 쓰레숄드 아래로 떨어진 후 압축을 멈추기까지 걸리는 시간을 설정

• 리미터(Limiter) : 컴프레서의 일종으로, 갑작스러운 과부하(쓰레숄드 초과)를 제한하여 왜곡을 방지한다.
• 익사이터(Exciter) : 소리의 배음 성분을 추가하거나 강조하여 새로운 느낌을 만드는 장치이다.
• 노이즈 게이트(Noise Gate) : 불필요한 소음을 줄이기 위해 쓰레숄드 이하의 소리를 차단한다.

> **기적의 TIP**
>
> **웨이브테이블(Wavetable) 합성 과정**
> 1. 악기 소리의 짧은 부분(소리 조각, 웨이브테이블)을 녹음
> 2. 웨이브테이블들을 신디사이저에 저장
> 3. 웨이브테이블의 소리 높낮이(주파수)나 크기(강약)를 조절해 음악을 만듦
>
> **웨이브테이블 합성의 장점**
> 소리 특성을 유지하면서 다양한 소리를 쉽게 만들 수 있어 전통 악기 소리를 합성하는 데 자주 사용

개념 체크 ✓

1 다음 중 동영상에서 음악이 표현할 수 있는 것이 <u>아닌</u> 것은?
① 등장인물의 연기력이 부족한 경우, 이를 대체할 수 있다.
② 스토리의 전체적 분위기를 나타낼 수 있다.
③ 스토리의 시간적 공간적 배경을 나타낼 수 있다.
④ 장면에 나타나는 감정표현을 부각시킬 수 있다.

2 전기적인 신호를 합성하여 음을 생성하는 장치를 의미하는 것은?
① 믹서(Mixer)
② 샘플러(Sampler)
③ 신디사이저(Synthesizer)
④ 미디 인터페이스 카드(MIDI Interface Card)

3 전통 악기의 소리를 직접 샘플링하여 필요시에 음의 주파수와 강약만을 변화시켜 소리를 내는 방식으로 원래의 파형 정보를 그대로 사용하는 방식은?
① FM(Freruence Modulation)
② 웨이브테이블(Wavewtable)
③ 웨이블릿(wavelet)
④ 제너럴 미디(General MIDI)

POINT 103 음향 출력

···········o청취자를 둘러싸는 방식

▶ **서라운드(Surround) 사운드 시스템**

① 5.1 채널   ···o청취자의 앞쪽에 배치
• 5개의 스피커(프론트 좌우, 중앙, 서라운드 좌우)와 1개의 서브우퍼로 구성된다.   ···o청취자의 뒤쪽에 배치
• 0.1은 저음 효과 채널을 의미하며, 서브우퍼(Subwoofer)가 담당한다.

② 7.1 채널
• 5.1 채널에 두 개의 스피커가 추가 구성이다.

7.1 채널 시스템	특징
SDDS(Sony Dynamic Digital Sound)	최대 8채널 지원
DTS (Digital Theater Systems)	5.1, 6.1, 7.1 채널 지원
Dolby Digital(돌비 디지털)	가장 널리 사용되는 서라운드 사운드 포맷
Dolby Atmos(돌비 애트모스)	소리를 개별적인 객체로 처리하여 3D 공간에 자유롭게 배치

···○ 물리적 스피커 배치없이 서라운드 효과를 내는 방식

가상 서라운드 사운드 시스템

① SRS(Sound Retrieval System) 방식
- 2개의 스피커를 사용하여 입체 음향을 구현한다.
- 스테레오 사운드를 개선하여 소리의 공간감을 증대시킨다.

② Qsound 방식
- 2개의 스피커로 3차원 음향 효과를 제공한다.
- 소리의 위치를 조작하여 소리가 특정 위치에서 오는 것처럼 느끼도록 한다.

③ Virtual Dolby Surround 방식
- 2개의 스피커나 헤드폰을 통해 서라운드 사운드를 시뮬레이션한다.
- Dolby Digital 포맷을 효과적으로 처리하여, 영화관과 같은 몰입감을 준다.

스피커의 주요 구성요소
- 드라이버 : 전기 신호를 물리적 소리로 변환한다.

드라이버 종류	역할
트위터(Tweeter)	고주파수 소리를 재생. 2kHz 이상의 고음을 담당
미드레인지(Midrange)	중간 주파수 대역을 재생. 사람의 목소리와 악기 소리를 재현
우퍼(Woofer)	저주파수 소리를 재생. 깊고 풍부한 베이스를 제공
서브우퍼	우퍼보다 더 낮은 주파수 대역을 재생. 극저음 강화

- 인클로저(Enclosure) : 드라이버를 보호하고 소리의 왜곡을 줄인다.
  ···○스피커 케이스

인클로저 역할	설명
스피커 보호	스피커 드라이버를 외부 충격이나 손상으로부터 보호
위상 간섭 방지	드라이버에서 발생하는 소리의 위상 간섭을 최소화하여 음질을 향상 두 파동이 만나 서로를 ○··· 약화시키는 현상
저음 상쇄 현상 방지	스피커 후면의 저주파 소리가 전면 소리와 상쇄되지 않도록 하여 저음을 강화
내부 공기 흐름 제어	인클로저 내부의 공기 흐름을 조절하여 드라이버의 성능을 최적화
음향적 특성 개선	인클로저의 형태와 재질을 통해 특정 주파수 대역을 보강

개념 체크 ✓

1 돌비서라운드 디지털(DSD)에서 채용한 5.1 채널의 0.1은 어떤 채널을 말하는가?
① 리어 센터 채널(Rear Center Channel)
② 프론트 센터 채널(Front Center Channel)
③ 저음 효과 채널(Low Frequency Effect Channel)
④ 서라운드 채널(Surround Channel)

2 다음 중 7.1 채널을 채용한 대표적인 서라운드 사운드는?
① DSD(Dolby Surround Digital)
② DTS(Digital Theater System)
③ Qsound
④ SDDS(Sonny Dynamic Digital Sound)

3 2개의 스피커로 3차원 입체 음향을 재생하는 방식이 아닌 것은?
① SRS 방식
② Qsound 방식
③ Virtual Dolby Surround 방식
④ DTS 방식

POINT 104 MIDI

MIDI(Musical Instrument Digital Interface) 특징
- 통신 프로토콜 : 디지털 악기와 컴퓨터 간의 통신을 위한 표준 규약이다.
- 음악 정보 교환 : 실제 소리 데이터가 아닌 음악 정보를 교환한다.
- 연주 정보 저장 : 사운드를 어떻게 연주할 것인지에 대한 정보를 저장한다.

연주 정보	설명
노트(Note) 정보	특정 키를 누르는 시점(Note On)과 놓는 시점(Note Off)
벨로시티(Velocity)	노트를 누르는 힘의 세기로 소리의 강약을 조절하는 데 사용
템포(Tempo)	음악의 속도를 조절하는 정보
피치 벤드(Pitch Bend)	음의 높낮이를 미세하게 조절하는 정보
컨트롤 체인지	다양한 효과를 조절하는 정보
프로그램 체인지	악기의 음색을 변경하는 정보

- 작은 파일 크기 : 일반 오디오 파일보다 크기가 작다.

- 편집 용이성 : 템포(Tempo) 조절이나 조옮김(Trans-pose, 트랜스포즈)을 쉽게 할 수 있다.
- 음질의 일관성 부족 : 실제 소리 데이터를 포함하지 않기 때문에, 어떤 음원에서 재생하더라도 동일한 음질로 들리지 않는다.
- 복잡한 설정 : 다양한 장비와 소프트웨어 간의 호환을 위해 복잡한 설정이 필요하다.

▶ MIDI의 구성요소

- 메시지 : 악기 간에 다양한 연주 정보를 주고받는 정보 단위이다.
- 채널 : 각 채널은 독립적인 음악 트랙을 나타내며, 16개의 채널을 통해 여러 악기를 동시에 제어한다.
- 파일 : 음악 정보를 저장하는 파일 형식으로, *.mid 확장자를 가진다.
- 하드웨어 : MIDI 인터페이스, 키보드, 컨트롤러, 신디사이저 등 다양한 하드웨어가 MIDI를 통해 연결된다.
- 소프트웨어 : MIDI 데이터를 생성, 편집, 재생하는 데 사용된다.

····o 음악 제작, 녹음, 편집, 믹싱, 마스터링을 위한 소프트웨어

분류	설명	DAW(Digital Audio Workstation)
작곡용	음악을 작곡하는 데 사용	Ableton Live, FL Studio 등
악보용	악보를 작성하고 편집	Finale, Sibelius, MuseScore 등
음색 편집용	다양한 음색을 편집하고 조정	Adobe Audition, Serum 등

▶ 주요 편집 기능

- 퀀타이즈(Quantize) : 노트의 시작 위치를 미리 정해진 박자 단위에 맞추는 자동 교정 기능이다.
- 아르페지에이터(Arpeggiator) : 입력된 코드의 노트를 순차적으로 연주하여 아르페지오 효과를 만든다.
- 트랜스포즈(Transpose) : 노트의 피치를 일정 간격만큼 올리거나 내려 곡의 키를 변경한다.
- 휴먼라이즈(Humanize) : 약간의 불규칙성을 추가하여 자연스럽고 인간적인 연주 느낌을 준다.
- 스윙(Swing) : 8분음표나 16분음표의 타이밍을 조정하여 생동감과 리듬감을 준다.

개념 체크 ✓

1 미디(midi)에 관한 설명한 것 중 거리가 가장 먼 것은?
① 미디파일은 WAV 파일에 비하여 매우 작다.
② 미디는 음악의 빠르기를 쉽게 변환할 수 있다.
③ 미디는 조옮김을 쉽게 할 수 있다.
④ 미디는 어떤 음원에서도 동일한 음질로 들을 수 있다.

2 다음은 미디 음악작업에 활용되는 소프트웨어이다. 거리가 가장 먼 것은?
① 작곡용 소프트웨어
② 악보용 소프트웨어
③ CAD용 소프트웨어
④ 음색편집용 소프트웨어

3 미디 시퀀싱 프로그램에서 시간과 음길이가 약간씩 어긋나게 녹음된 것을 자동으로 교정해 주는 기능은?
① 오토 셔틀
② 퀀타이즈
③ 패닉
④ 오토 비트

POINT **105** **영상 편집 개요**

디지털 영상 편집의 목적
- NG(No Good) 부분의 제거 : NG 부분을 제거하여 영상의 완성도를 높인다.
- 정보의 압축 : 불필요한 정보를 제거하여 핵심 내용을 강조한다.
- 의미의 심화 : 편집을 통해 장면의 의미를 강화하고 감정적 깊이를 더한다.
- 스토리텔링 강화 : 장면의 순서를 조정하여 이야기를 더 흥미롭게 전달한다.
- 리듬과 속도 조절 : 긴장감을 높이거나 편안한 감정을 주는 등 다양한 효과를 준다.

영상 편집 기법
- 연속편집 : 시공간의 일관성을 유지하여 자연스러운 흐름을 만드는 기법이다.
- 교차편집 : 서로 다른 장면, 인물, 상황 등을 번갈아 가며 편집하여 긴장감을 조성하는 기법이다.
- 평행편집 : 복수의 독립적인 상황을 동시에 전개하여 주제를 강조하거나 비교, 대조하는 기법이다.

영상의 단위
① 시퀀스(Sequence)
- 영상의 특정 부분에서 일어나는 사건이나 활동을 나타낸다.
- 여러 개의 장면(Scene)이 모여 하나의 주제를 이룬다.

② 씬(Scene)
- 동일한 시간과 장소에서 일어나는 일련의 상황이나 사건을 나타낸다.
- 배경이 동일한 여러 개의 숏이 모여 하나의 씬을 이룬다.

③ 프레임(Frame)
- 영상의 시간적 최소 단위이다.
- 하나의 정지된 이미지로, 여러 프레임이 모여 움직임을 형성한다.
- FPS(초당 프레임 수)는 영상의 품질과 비례한다.

④ 컷(Cut)
- 편집 과정에서 두 샷 사이의 전환을 의미한다.
- 하나의 샷을 의미하기도 한다.

개념 체크 ✓

1 다음 중 디지털 영상 편집 목적으로 가장 거리가 <u>먼</u> 것은?
① NG부분의 제거
② 정보의 압축
③ 의미의 심화
④ 영상의 백업

2 다음 중 같은 장소에서 일어나는 상황이나 인물을 빠르게 번갈아 가며 보여주는 편집기법은?
① 교차편집　　　　　② 세로편집
③ 연속편집　　　　　④ 선형편집

3 동영상은 정지영상들이 모여서 이루어지는데 이때 각 정지영상을 무엇이라 하는가?
① 픽셀(Pixel)
② 필드(Field)
③ 블록(Block)
④ 프레임(Frame)

POINT 106 영상 편집 유형

▶ 리니어(Linear, 선형) 편집

① 개념
- 테이프 기반의 전통적인 편집 방식이다.
- 영상과 음성을 테이프의 처음부터 끝까지 순차적으로 편집한다.
- 1대의 비디오 재생기와 1대의 녹화 장치를 연결하여 스위치(편집 컨트롤러)를 통해 편집한다.

▲ AI가 생성한 1980년대 선형 편집 작업실의 모습

② 특징
- 순차적 편집 : 영상과 음성을 시간 순서대로 편집한다.
- 실시간 편집 : 테이프에서 테이프로 직접 편집이 이루어지며, 실시간으로 진행된다.
- 물리적 매체 : 비디오 테이프를 사용하여 편집한다.

③ 장점
- 전문성 : 방송 분야나 전문적인 영상작업 분야에서 활용된다.
- 간단한 장비 : 기본적인 장비만으로도 편집이 가능하다.

④ 단점
- 수정의 어려움 : 편집 후 수정이 어렵고, 처음부터 다시 편집해야 한다.
- 화질 열화 : 복사 횟수가 많아질수록 화질이 저하된다.
- 비효율성 : 특정 부분을 수정하려면 전체를 다시 편집해야 한다.

⑤ 편집 유형
- 어셈블(Assemble) 편집 : 기존 테이프 내용을 새로운 테이프에 순서대로 복사한다.
- 인서트(Insert) 편집 : 기존 테이프에 특정 부분을 삽입하거나 교체하는 방식이다.

▶ 넌리니어(Non-Linear, 비선형) 편집

① 개념
- 디지털 기반의 편집 방식이다.
- 영상 클립을 자유롭게 배열하여 비순차적으로 영상을 편집한다.
- 컴퓨터와 소프트웨어를 사용한다.

② 특징
- 편집 : 원하는 부분부터 편집이 가능하며, 자유롭게 순서를 변경할 수 있다.
- 디지털 매체 : 영상신호를 데이터로 저장하여 삽입, 삭제, 수정이 용이하다.
- 임의 접근 : 특정 장면을 쉽게 찾아서 편집한다.

③ 장점
- 유연성 : 편집이 끝난 후에도 쉽게 수정할 수 있다.
- 화질 유지 : 편집을 반복해도 화질 저하가 거의 없다.
- 다양한 효과 : 다양한 영상효과와 음향을 자유롭게 조합한다.
- 효율성 : 작업 속도가 빠르고, 다양한 제작 기법을 활용할 수 있다.

④ 단점
- 초기 비용 : 고성능의 컴퓨터와 소프트웨어가 필요하여 초기 비용이 높다.
- 저장 공간 : 대용량의 저장 공간이 필요하다.

개념 체크 ✔

1 다음 중 선형 편집에 대한 설명으로 거리가 먼 것은?
① 방송분야나 전문적인 영상작업 분야에서 활용된다.
② 리니어 편집이라고도 한다.
③ 1대의 비디오 플레이어와 1대의 녹화장치를 연결하여 편집한다.
④ 메모리에 저장하여 테이프가 없는 저장방식으로 데이터를 저장한다.

2 넌 리니어(Non-Linear) 영상 편집 방법에 대한 장점으로 거리가 가장 먼 것은?
① 유연성과 속도감을 가능하게 한다.
② 테이프 대 테이프 편집이 실시간으로 이루어진다.
③ 음향 및 비디오 트랙들을 동시에 사용할 수 있다.
④ 비순차적 방식으로 편집이 가능하다.

3 비선형(Nonlinear) 영상 편집의 장점이 <u>아닌</u> 것은?

① 영상효과를 자유롭게 조합시킴으로써 풍부한 영상을 만들 수 있다.

② 편집을 반복하고 출력을 하는 과정에서 화질 저하가 전혀 없다.

③ 소스의 양에 제한이 없다.

④ 편집이 끝난 후에 수정이 쉽다.

POINT 107 화면 전환 기법

▶ 명확한 전환

전환 기법	설명	용도
컷(Cut)	한 장면에서 다른 장면으로 즉시 전환	빠른 전환, 긴장감
와이프(Wipe)	한 화면이 다른 화면을 밀어내면서 나타남	스타일리시한 효과
아이리스(Iris)	화면의 중앙에서부터 원형으로 열리거나 닫힘	장면의 시작과 끝 구분

▶ 부드러운 전환

전환 기법	설명	용도
디졸브(Dissolve)	하나의 화면이 서서히 사라지면서 다른 화면이 나타남	시간의 경과, 장소의 변화
페이드 인/아웃 (Fade In/Out)	화면이 점차 밝아지거나 어두워짐	장면의 시작과 끝 구분
오버랩(Overlap)	두 장면이 겹치면서 전환되는 기법	장면 간의 연결 강조

▶ 스타일리시 전환

전환 기법	설명	용도
슬라이드 (Slide)	화면이 한쪽 방향으로 밀려나면서 다음 장면이 나타나는 기법	장면 간의 연속성을 강조, 경쾌한 느낌
줌(Zoom) 전환	화면이 확대되거나 축소되면서 다음 장면으로 전환	특정 디테일 강조, 장면의 집중도를 높임
스핀(Spin) 전환	화면이 회전하면서 다음 장면으로 전환	역동적, 에너제틱한 효과
플립(Flip) 전환	화면이 뒤집히면서 다음 장면으로 전환	독특하고 창의적인 효과
큐브(Cube) 전환	화면이 큐브의 한 면처럼 회전하면서 장면전환	역동적, 테마 강조

기적의 TIP 화면 전환(Transition, 트랜지션)

영상이나 슬라이드 쇼의 한 장면이나 화면에서 다른 장면이나 화면으로 전환될 때, 연결 부분에 사용되는 다양한 시각적 효과

개념 체크 ✓

1 영상편집 기법 중 화면의 전환을 의미하는 것은?

① Transparency
② Transition
③ Superimpose
④ Filtering

2 하나의 화면이 서서히 사라지면서 다른 화면이 나타나는 화면전환 기법은?

① 컷(Cut)
② 달리(Dolly)
③ 디졸브(Dissolve)
④ 와이프(Wipe)

3 영상 편집 기법에서 어두운 색 혹은 밝은 색으로 점차로 나타나거나 점차로 사라지는 장면전환 기법은?

① 디졸브(Dissolve)
② 프레임 인(Frame In)
③ 아이리스 효과(Iris Effect)
④ 페이드 인/아웃(Fade In/Out)

POINT 108 영상 합성 기법

▶ 키잉(Keying)

① 크로마 키(Chroma Key)

- 특정 색상을 제거하여 다른 영상과 합성한다.
- 파란색(블루 스크린)이나 녹색(그린 스크린) 배경을 사용하여 전경 영상을 분리한 후 다른 영상을 삽입한다.
- 가상 스튜디오나 일기예보 방송 등에서 자주 사용된다.

② 루마 키(Luma Key, Luminance Key)

- 영상의 밝기 차이를 이용하여 합성한다.
- 밝고 어두운 정도를 기준으로 특정 부분을 제거하여 다른 영상이 비치도록 한다.

③ 소프트 키(Soft Key)

- 경계 부분을 부드럽게 처리하여 자연스럽게 합성한다.
- 전경과 배경의 경계가 뚜렷하지 않은 경우에 유용하다.

▶ 이미지 합성

① 포토몽타주(Photo Montage)

• 둘 이상의 사진이나 이미지를 결합하여 새로운 이미지를 창조한다.
• 현실과는 다른 새로운 이미지를 만들어 내는 데 유용하다.
• 예술적 표현이나 광고 등에서 자주 사용된다.

▲ 하늘과 손과 비둘기 사진 포토몽타주

② 트랙 매트(Track Matte)

• 두 개의 레이어(Layer)를 사용하여 상위 레이어가 하위 레이어의 투명도를 제어한다.
• 알파 채널이나 명도 정보를 사용하여 특정 부분을 투명하게 만들거나 가린다.

매트의 종류	설명
알파(Alpha) 매트	상위 레이어의 알파 채널을 사용하여 하위 레이어의 투명도를 제어
루마(Luma) 매트	상위 레이어의 명도 정보를 사용하여 하위 레이어의 투명도를 제어

▶ 알파 채널(Alpha Channel)

• 픽셀의 투명도를 나타내는 채널이다.
• RGB 색상 채널을 방해하지 않으면서 투명 정보를 저장한다.
• 그래픽의 한 픽셀의 색이 다른 픽셀의 색과 겹처질 때 두 색을 자연스럽게 섞어준다.
• 0에서 255까지의 범위를 가지며 0은 완전히 투명함, 255는 완전히 불투명함이다.

SECTION 27

4과목 멀티미디어 제작기술

음성 압축

POINT 109 파형 부호화

PCM(Pulse Code Modulation, 펄스 부호 변조)

▲ PCM 변환 과정

① **표본화**(Sampling, 샘플링)
- 아날로그 신호를 일정한 시간 간격으로 샘플링하여 이산 적인 신호로 변환한다. └──o 샘플링 레이트(Sampling Rate)
- 표본화율은 나이퀴스트(Nyquist) 표본화 이론을 활용한다. └──o 원신호의 최대 주파수
- 나이퀴스트 샘플링 정리 : $fs \geq 2fmax$ └──o 샘플링 주파수
  - 아날로그 신호의 최고 주파수의 2배 이상으로 표본화 하여 손실이 없도록 한다.
  - 2배 이상으로 표본화 하지 않으면 앨리어싱(Aliasing) 에러가 발생한다. ┌──o 초(Seconds)
- 표본화 주기(T) 계산 공식 : $T=1/fs$ └──o Hz 단위

② **양자화**(Quantization, 퀀타이제이션)
- 샘플링된 신호의 진폭을 일정한 단계로 나누어 근사값으로 변환한다. └──o 양자화 스텝(Quantization Step)
- 실제 신호 값과 양자화된 값 사이에 차이(양자화 오차)가 누적되면 양자화 잡음이 발생한다.
- 양자화 스텝이 클수록 양자화 잡음이 증가한다. ┌──o 샘플 비트의 수
- 양자화 스텝 수(L) 계산 공식 : $L = 2^n$

③ **부호화** : 양자화된 값을 이진수 코드로 변환하여 디지털 신호로 만든다.

④ **복호화**(Decoding) : 디지털 신호를 다시 아날로그 신호로 변환한다.

⑤ **필터링**(Filtering) : 불필요한 고주파 성분을 제거하여 원래의 아날로그 신호에 가깝게 만든다.

DPCM(Differential PCM, 차분 펄스 부호 변조)
- PCM의 변형으로, 연속된 샘플의 표본 간 차이만을 부호화한다.
- 연속된 샘플 간의 차이를 저장하므로, 데이터 압축 효과가 있다.
- 연속된 샘플 간의 차이가 작은, 천천히 변화하는 신호에 효율적이다.

ADPCM(Adaptive Differential PCM)
- DPCM의 발전된 형태로, 샘플 간의 차이를 부호화할 때 양자화 단계의 크기를 적응적으로 조절한다.
- 신호의 변화에 따라 양자화 단계를 조절하여 더 효율적으로 압축한다.

Delta Modulation(델타 변조)
- 신호의 변화량만을 부호화하여 간단한 구조를 가진다.
- 신호의 변화가 작을 때는 효율적이지만, 급격한 변화가 있을 경우 왜곡이 발생한다.

A-Law
- 신호의 크기에 따라 작은 신호에는 더 많은 양자화 단계를, 큰 신호에는 적은 양자화 단계를 비선형적으로 할당한다.
- 비선형적 할당은 청각이 작은 소리 변화에 더 민감하게 반응하는 특성을 고려한 것이다.
- 작은 신호의 변화가 더 정밀하게 표현되어 음성 신호에서 작은 소리를 더 잘 포착한다.

기적의 TIP

파형 부호화(Waveform Coding)
- 음성 신호의 파형 자체를 직접적으로 양자화하고 부호화하는 방식
- 원래의 파형을 최대한 정확하게 재현하는 것을 목표로 함
- 음성, 음악, 영상 등 다양한 아날로그 신호를 디지털화할 때 사용

앨리어싱 에러 예시
1kHz의 아날로그 신호를 나이퀴스트 정리에 따라 2kHz 이상의 샘플링 주파수를 사용하지 않고 1.5kHz로 샘플링을 한다면, 0.5kHz의 신호로 잘못 해석되어 신호가 왜곡되고 원래의 주파수를 잃음

개념 체크 ✓

1 디지털오디오의 과정 중 아날로그 신호와 디지털 신호 간의 변환 과정이 올바른 것은?

① 표본화 → 아날로그 신호 → 양자화 → 부호화
② 아날로그 신호 → 표본화 → 부호화 → 양자화
③ 아날로그 신호 → 표본화 → 양자화 → 부호화
④ 아날로그 신호 → 양자화 → 부호화 → 표본화

2 아날로그 사운드의 원음을 그대로 반영하기 위해서는 원음이 가지는 최고 주파수의 몇 배 이상으로 표본화해야 하는가?

① 2배   ② 5배
③ 10배   ④ 15배

3 아날로그 신호를 디지털 신호로 변환하는 과정에서 실제의 신호 크기를 미리 설정한 몇 개의 단계 중의 하나로 변환하는 기능을 무엇이라 하는가?

① 보간(Interpolation)
② 명세화(Specification)
③ 비율(Rate)
④ 양자화(Quantization)

POINT **110** 합성과 변형 부호화

합성 부호화(Synthesis Coding)

① 보코딩(Vocoding) 방식

• 파형 분석 : 음성의 파형을 직접 양자화하지 않고 파형을 분석하여 유성음, 무성음으로 구분한다.
• 특성 추출 : 소리의 높낮이와 같은 특성만을 추출하여 전송한다.
• 음성 합성 : 음성 합성에 사용되며, 로봇 목소리나 특수 효과음에도 활용된다.
• 음성 변조 : 보코더를 사용하여 악기 소리에 음성의 특성을 입히는 효과를 만든다.

② TrueSpeech(트루 스피치)

• 이스라엘의 반도체 회사 DSP Group에서 개발한 음성 코덱이다.
• 낮은 비트레이트(Bitr Rate)에서 음성을 효율적으로 압축하고 전송한다. °단위 시간당 처리되는 비트의 수
• 사람들이 대화할 때 단어 사이의 침묵은 전송하지 않도록 설계되었다.
• PC 통신 등에서 사용되었으나 Windows Vista 이후 더 이상 지원되지 않는다.

변형 부호화(Transform Coding)

• 주파수 변환 : 시간 영역의 신호를 주파수 영역으로 변환한다.
• 양자화 : 인간의 청각적 특성을 이용하여 덜 중요한 주파수 성분은 양자화 스텝을 크게 하여 데이터양을 줄인다.
• 부호화 : 허프만 코딩, 산술 코딩 등 무손실 압축 기법을 사용한다.

변형 부호화 종류	설명
MP3 (MPEG Audio Layer III)	음악과 음성 압축에 사용
AAC(Advanced Audio Codec)	MP3의 후속 기술, 더 나은 음질과 효율성을 제공

기적의 TIP 인간의 청각적 특성

• 20Hz에서 20,000Hz(20kHz) 사이의 주파수를 감지함
• 0dB에서 120dB까지의 소리를 들을 수 있음
• 음색과 소리의 위치를 인식함
• 지속적으로 큰 소리에 노출되면 그 소리에 적응하여 민감도가 낮아짐

개념 체크 ✓

1 음성의 파형을 직접 양자화하지 않고 파형을 분석하여 유성음, 무성음으로 구분하여 기본주기, 성도의 계수 등 특성만을 추출하여 전송하는 방식은?

① ARS(Audio Response System)
② VRS(Video Response System)
③ 보코딩(Vocoding) 방식
④ MHS(Message Handling System)

2 다음 디지털 사운드 압축방식 중 사람과 사람이 대화할 때 단어 사이의 공백은 디지털 데이터로 전송할 필요가 없다는 것을 활용하여 음성의 실시간 전송을 위해 만들어진 방식은 무엇인가?

① A-Law
② MP3
③ ADPCM
④ TrueSpeech

SECTION 28

4과목 멀티미디어 제작기술

영상 압축

POINT 111 영상 압축 개요

▶ 디지털 비디오의 특징

- **전송회선 절약** : 여러 신호를 하나의 채널로 전송할 수 있다.
- **저장 공간 절약** : 비디오 파일의 크기를 줄여 저장 공간을 절약한다.
- **노이즈 저항성** : 아날로그 신호보다 노이즈에 강하고 왜곡이 적다.
- **빠른 전송 속도** : 압축된 비디오는 네트워크를 통해 더 빠르게 전송된다.
- **실시간 스트리밍** : 대역폭을 효율적으로 사용하기 위해 압축은 필수적이다.
- **화질 왜곡 가능성** : 압축 방식과 설정에 따라 화질 왜곡이 발생할 수 있다.

▶ 비디오 압축의 주요 요소

- **코덱(Codec)** : 압축과 해제를 담당하는 소프트웨어로 MPEG, H.264 등이 있다. ○Coder-Decoder의 약자
- **비트레이트** : 높은 비트레이트는 고품질을 제공하지만 파일 크기가 커진다.
- **프레임 레이트** : 24fps, 30fps, 60fps 등이 사용되며, 프레임 레이트가 높을수록 영상이 부드러워진다. ┌○Frames Per Second (초당 프레임 수) ○초당 보여지는 프레임(Frame) 수
- **해상도(Resolution)** : 화면의 가로×세로 픽셀 수로 표현된다.
- **색상 깊이(Color Depth)** : 각 픽셀이 표현할 수 있는 색상의 수로, 색상 깊이가 높을수록 더 많은 색상을 표현한다.
- **I(Intra, 내부) 프레임** : 독립적으로 디코딩될 수 있는 프레임으로, P(Predictive, 예측) 프레임과 B(Bidirectional, 양방향 예측) 프레임은 I 프레임을 참조하여 압축된다.
- **압축 방식**
  - 손실 압축 : 데이터의 일부를 제거하여 파일 크기를 줄이는 방식으로 약간의 품질 손상이 발생한다.
  - 무손실 압축 : 데이터 손실 없이 파일 크기를 줄이는 방식으로 원본 품질을 유지한다.

▶ 비디오 압축 방식

① **공간적 중복성 압축** : 이미지 내의 유사한 픽셀 데이터를 줄이는 방식이다.
- **블록 기반 압축** : 블록 단위로 처리하여 압축한다.
  예 JPEG
- **주파수 변환** : 공간적 데이터를 주파수 영역으로 변환하고, 중요하지 않은 고주파 성분을 제거한다.
  예 DCT(이산 코사인 변환), 웨이블릿 변환 ┈○색차 정보 (Chrominance)
- **서브샘플링(Subsampling)** : YUV 색상 공간에서 U, V의 색상 정보를 줄여 압축한다. ○밝기 정보(Luminance)

② **시간적 중복성 압축** : 연속된 프레임 간의 유사성을 압축한다.
- **프레임 간 예측** : 이전 프레임을 기반으로 현재 프레임을 예측하여 차이만을 저장한다.
  예 델타프레임
- **이동 보상** : 연속된 프레임 간의 움직임을 추적하여 변화된 부분만 저장한다.

③ **통계적 중복성 압축** : 통계적 특성을 이용하여 중복성을 제거한다.
- **엔트로피 부호화(Entropy Coding, 절단 부호화)** : 데이터의 빈도에 따라 가변길이의 코드로 데이터를 부호화한다.
  예 허프만 코딩, 산술 코딩, 런렝스 부호화
- **양자화** : 불필요한 세부 정보를 줄이고, 데이터의 정밀도를 낮추어 압축한다.

▶ 비디오 압축 과정

- **전처리** : 데이터를 압축하기 전, 불필요한 정보를 제거한다.
  예 노이즈 제거, 색상 공간 변환
- **변환** : 데이터를 주파수 영역으로 변환하여 압축 효율을 높인다.
  예 DCT, 웨이블릿 변환
- **양자화** : 변환된 데이터를 상수 값으로 나누어 데이터양을 줄인다.
- **가변길이 부호화** : 데이터의 중복성을 제거하고 효율적으로 인코딩한다.
  예 허프만 코딩, 산술 코딩

POINT 112 **영상 압축 기법**

무손실 압축

① 개념

• 원본 데이터를 완벽하게 복원할 수 있는 압축 방식이다.

• 데이터의 손실이 없기 때문에 품질이 중요한 분야에서 사용된다.

② 주요 기법

• **런렝스 인코딩**(RLE, Run-Length Encoding) : 데이터에서 반복되는 값의 연속을 하나의 값과 반복 횟수로 표현하는 방식이다.

AAAAABBBBCAAAA	➡	A5B4C1A4

▲ 런렝스 예시

• **허프만 코딩**(Huffman Coding) : 데이터의 빈도에 따라 가변길이의 코드를 할당한다.  빈도가 높으면 짧은 코드, 빈도가 낮으면 긴 코드

• LZW(Lempel-Ziv-Welch, 럼펠-지브-웰치) : 데이터의 패턴을 사전(Dictionary) 기반으로 압축하는 방식으로, GIF에서 사용된다.

예시 문자열 : ABAB

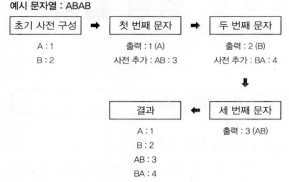

초기 사전 구성	➡	첫 번째 문자	➡	두 번째 문자
A : 1 B : 2		출력 : 1 (A) 사전 추가 : AB : 3		출력 : 2 (B) 사전 추가 : BA : 4

결과	⬅	세 번째 문자
A : 1 B : 2 AB : 3 BA : 4		출력 : 3 (AB)

▲ LZW 예시

③ 장단점

• 장점 : 데이터 손실이 없으며, 원본을 정확히 복원할 수 있다.

• 단점 : 압축률이 손실 압축에 비해 낮다.

손실 압축

① 개념

• 원본 데이터의 일부 정보를 제거하여 압축하는 방식이다.

• 인간의 시각적 특성을 이용해 중요하지 않은 정보를 제거하여 압축률이 높다.

② 주요 기법

• DCT(Discrete Cosine Transform, 이산 코사인 변환) : 주파수 변환을 통해 데이터의 중요한 정보를 더 적은 공간에 모아 압축하는 방식으로 JPEG, MPEG, H.26x 등 다양한 영상 압축 표준에서 널리 사용된다.

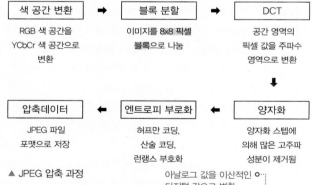

색 공간 변환	➡	블록 분할	➡	DCT
RGB 색 공간을 YCbCr 색 공간으로 변환		이미지를 8x8 픽셀 블록으로 나눔		공간 영역의 픽셀 값을 주파수 영역으로 변환

압축데이터	⬅	엔트로피 부호화	⬅	양자화
JPEG 파일 포맷으로 저장		허프만 코딩, 산술 코딩, 런렝스 부호화		양자화 스텝에 의해 많은 고주파 성분이 제거됨

▲ JPEG 압축 과정   아날로그 값을 이산적인 디지털 값으로 변환

• 양자화 : 데이터의 값을 일정한 단계로 나누어 근사화한다.

• 예측 코딩 : 이전 데이터로부터 현재 데이터를 예측하고, 그 차이만을 저장하여 압축하는 방식이다.

③ 장단점
- 장점 : 높은 압축률을 제공하여 저장 공간과 전송 대역폭을 절약한다.
- 단점 : 데이터의 일부 손실이 발생하며, 복원된 데이터의 품질이 원본과 약간 다르다.

> 기적의TIP YCbCr 색 공간
- Y : 휘도(Luminance, 밝기), CbCr : 색차(Chrominance, 색상 차이)
- Cb(청색 차이 성분) : 휘도 성분에서 파란색을 뺀 색상 정보
- Cr(적색 차이 성분) : 휘도 성분에서 빨간색을 뺀 색상 정보
- 인간의 눈이 밝기 정보에 더 민감한 시각적 특성을 이용하여 휘도 성분은 그대로 두고 색차 성분을 더 많이 압축 가능

개념 체크 ✔

1 다음 중 손실 부호화 압축 방법으로 거리가 먼 것은?
① 절단 부호화
② 양자화 부호화
③ 변환 부호화
④ 허프만 부호화

2 다음의 영상 압축 기법 중 무손실 압축 기법이 아닌 것은?
① DCT 변환
② Lempel-Ziv 부호화
③ Huffman 부호화
④ Run-Length 부호화

3 다음 영상미디어 압축 방식 중 자주 발생하는 값에 적은 비트를, 드물게 나타나는 값에는 많은 비트를 할당하는 방법으로서 통계적으로 중복성을 제거하는 방법은?
① DCT 변화 부호화
② DOCM 예측 부호화
③ PCM 부호화
④ HUffman 부호화

POINT **113** **영상 압축 표준**

> **MPEG**
① 압축 과정

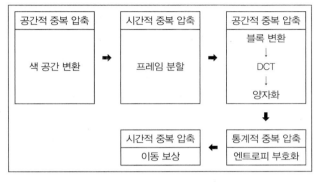

- **색 공간 변환** : 디지털 이미지의 RGB 색 공간을 YCbCr 색 공간으로 변환한다.
- **프레임 분할**
  - I(Intra, 내부) 프레임 : 프레임 내에서 부호화가 이루어지는 독립된 프레임으로, 다른 프레임에 의존하지 않는다.
  - P(Predictive, 예측) 프레임 : 이전 I 프레임이나 P 프레임을 참조하여 압축된다.
  - B(Bidirectional Predictive, 양방향 예측) 프레임 : 이전 및 이후 프레임을 모두 참조하여 압축된다.
- **블록 분할** : 각 프레임을 8x8 픽셀 블록으로 나눈다.
- **DCT** : 공간 영역의 데이터를 주파수 영역으로 변환하여, 데이터의 고주파 성분의 중복을 제거하고 저주파 성분을 남겨 데이터를 집중시킨다.
- **양자화** : 데이터 손실을 초래하지만, 압축 효율을 크게 높인다.
- **엔트로피 부호화** : 허프만 코딩, 산술코딩, 런렝스 인코딩 등을 사용하여 데이터를 무손실로 압축한다.
- **이동(모션, 동작) 보상** : P 프레임과 B 프레임은 프레임 간 움직임을 예측하고 차이만 저장하여 시간적 중복성을 줄인다.
- **압축데이터** : MPEG 파일 포맷으로 저장한다.

② 주요 MPEG 표준
- MPEG-1
  - VCD(Video CD) 제작을 위해 개발된 표준으로 VHS 품질을 제공한다. ┈o 홈비디오 아날로그 테이프
  - CD-ROM에 저장하기 적합한 비디오와 오디오 압축 알고리즘을 제공한다.

MPEG-1 구성요소		용도 및 주요 특징
Video		비디오 압축 표준. 1.5 Mbps 전송속도 지원
Audio	Layer 1	디지털 오디오 방송(DAB)에서 사용. 가장 간단한 오디오 압축 형태
	Layer 2	DAB와 VCD에서 사용. MP2, 뮤지캠(Musicam)이라고도 불림
	Layer 3	MP3로 불림. 압축률이 1:10~1:12 정도로 우수
Systems		비디오와 오디오 데이터의 동기화 방법 정의. 스트리밍 지원

- MPEG-2 ┈o 고화질의 비디오와 오디오
  - DTV, HDTV의 표준으로 DVD 수준의 영상 전송을 위해 개발한다. ┈o MPEG-2 디코더가 MPEG-1으로 인코딩된 영상을 문제없이 재생
  - MPEG-1에 대한 순방향 호환성을 지원한다.
  - 순차주사(Noninterlace)와 격행주사(Interlace) 방식 모두를 지원한다. ┈o 디지털 디스플레이 장치의 이미지 표시 방식 ┈o 아날로그 TV의 이미지 표시 방식
  - 다양한 프로파일(Profile)과 매개 변수의 레벨(Level)을 제공하여, 여러 응용 프로그램과 전송 요구에 대응한다. ┈o 범위 ┈o 압축 알고리즘의 복잡성을 정의 ┈o 해상도, 비트레이트, 프레임 속도 등
- MPEG-4(MP4)
  - 다양한 멀티미디어 애플리케이션에 사용한다.
  - 인터넷 스트리밍에 적합하다.
- MPEG-7
  - 다양한 멀티미디어 정보를 기술하기 위한 메타데이터 표준이다.
  - 멀티미디어 데이터를 색인화하여 검색, 관리한다.

> H.26x

표준	용도
H.261	전화선 화상 회의용 국제 표준
H.262	MPEG-2, DVD 및 고화질 방송에 사용
H.263	화상 전화 회의용 국제 표준
H.264	AVC(Advanced Video Coding)라고도 함. 블루레이와 스트리밍에 사용
H.265	HEVC(High Efficiency Video Coding)라고도 함. 4K/8K 영상 전송에 적합

비디오 프레임
- 비디오는 여러 프레임으로 구성되며, 각 프레임은 한 장의 정지된 이미지로 간주
- MPEG는 프레임을 I-프레임, P-프레임, B-프레임으로 나눔

공간 도메인과 주파수 도메인
- 공간 도메인 : 이미지가 원래의 형태로 존재하는 영역. 이미지의 픽셀 값들
- 주파수 도메인 : 데이터를 주파수 성분으로 변환하여 표현하는 영역. 주파수 스펙트럼

개념 체크 ✓

1 다음 중 MPEG-1 영상부호화 기법에서 화면 내 부호만을 사용하여 부호화하는 것은?
① I 화면
② B 화면
③ P 화면
④ D 화면

2 다음 중 이동보상 압축 기법을 이용하여 시간적 중복을 제거하고, 정지화상의 DCT 압축 기술을 이용하여 공간적 중복을 제거하는 압축기술 방법은 무엇인가?
① H.261
② MPEG
③ JPEG
④ Intel DVI

3 다음 중 CD-ROM의 저장매체를 적용 대상으로 하는 압축 알고리즘의 표준은?
① MPEG-1
② MPEG-2
③ MPEG-3
④ MPEG-4

코덱의 개요

- 코덱(CODEC)은 Compressor(압축기)−Decompressor(압축해제기) 또는, Coder(부호기)−Decoder(복호기)의 약자이다.
- 디지털 비디오나 오디오 데이터를 압축하고 해제하는 알고리즘이나 하드웨어를 의미한다.
- 멀티미디어 데이터의 효율적인 저장과 전송을 가능하게 한다.
- 데이터의 품질과 전송 속도에 직접적인 영향을 미친다.

코덱의 주요 기능

① 압축(Compression)
- 데이터를 작은 크기로 줄여 저장공간을 절약하고 전송속도를 향상시킨다.
- 압축률이 높을수록 데이터 크기는 작아지지만, 화질이나 음질이 저하된다.

② 복원(Decompression)
- 압축된 데이터를 원래의 형태로 복원하여 재생할 수 있도록 한다.
- 복원 과정에서 손실이 발생할 수 있으며, 이는 코덱의 종류와 설정에 따라 다르다.

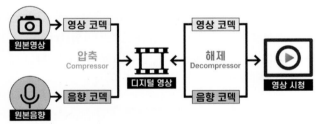

▲ 영상의 압축과 복원 과정

코덱의 종류

○ 컴퓨터나 모바일의 소프트웨어를 이용

① 소프트웨어 코덱

- **Indeo(인디오)**

  - 1992년 인텔(Intel)에서 개발한 비디오 코덱이다.
  - 실시간 비디오 재생 및 인터넷 스트리밍에 사용된다.

- **Cinepak(시네팩)**

  - 1991년 미국의 '수퍼맥 테크놀로지스'에서 개발한 비디오 코덱이다.
  - Apple의 QuickTime 기술의 일부로 개발되었다. ○멀티미디어 재생 소프트웨어
  - CD-ROM 기반의 비디오 콘텐츠에 사용된다.

- **LAME(레임)** : MP3(MPEG−1 Audio Layer 3) 인코딩에 사용되는 오디오 코덱이다.
- **Microsoft video** : Windows의 초기 버전과 함께 제공되었던 코덱이다.
- **Vivo** : H.263을 압축 알고리즘으로 사용한다.
- **WebM(웹엠)** : 구글 I/O(Input/Output)에서 발표한 차세대 웹 동영상 오픈소스 코덱이다. ○구글이 매년 개최하는 개발자 컨퍼런스 ○전용 하드웨어 장치를 이용

② 하드웨어 코덱

- **AAC(Advanced Audio Codec)** : MP3 후속 버전 오디오 코덱이다.
- **H.264** : 다양한 디지털 미디어 플랫폼에서 널리 사용되는 비디오 코덱이다.
- **VP9(Video Processing 9)** : 구글이 개발한 비디오 코덱으로 크롬(Chrome)과 유튜브(YouTube)에서 기본적으로 지원한다.

③ 혼합 코덱(Hybrid Codec)

- **HEVC(H.265)** : 소프트웨어와 하드웨어 모두에서 사용 가능하며, 고효율의 비디오 압축을 제공한다.
- **AC−3**
  - Dolby Laboratories(돌비 래버러토리스)사에서 개발하여 Dolby Digital(돌비 디지털)이라고 불린다.
  - 영화, DVD, 블루레이 디스크, HDTV 방송 등에서 서라운드 사운드를 제공하기 위해 사용되는 오디오 코덱이다.
  - 5.1채널 오디오와 32kbps~640kbps까지의 비트 레이트를 지원한다. ○미국에서 개발된 디지털 방송 표준
  - ATSC-DTV의 오디오 압축 방식이다.
- **DivX(디빅스)** : 고품질의 비디오 압축 기술을 제공하며, 1990년대 후반~2000년대 초반 인기를 끌었다.

기적의TIP 코덱의 구현 방식
- 소프트웨어 코덱 : 컴퓨터의 CPU를 사용하여 데이터를 인코딩하거나 디코딩하며, 프로그램 형태로 운영 체제에서 실행
- 하드웨어 코덱 : 전용 장치에서 인코딩하거나 디코딩하며, 특정 기능을 수행하도록 설계된 하드웨어 장치에 내장

1 동영상이나 정지화상의 압축과 복원을 동시에 지원하는 기술은?

① PCM   ② MODEM
③ CODEC   ④ DVD

2 화상전화용 국제 표준 규격의 H.263 방식을 압축 알고리즘으로 사용하는 코덱은?

① Cinepak   ② Indeo
③ divic   ④ Vivo

3 다음 중 지상파 디지털TV ATSC 방식에서 음성 압축 방식은?

① MPEG-1   ② MPEG-2
③ MPEG-3   ④ Dolby AC-3

POINT 115 파일 포맷

▶ 래스터(Raster, Bitmap) 포맷

① TGA(Truevision Graphics Adapter)
- 비디오의 개별 프레임을 이미지로 저장하기 위해 개발된 포맷이다. ··○ 256단계의 투명도를 표현
- 8비트 알파 채널을 지원한다.

② TIFF(Tagged Image File Format)
- 미국의 소프트웨어 회사 Aldus(알더스)사와 Microsoft가 공동 개발하였다.
- 태그가 붙은 화상 파일 형식으로, 다양한 색상 깊이와 압축 방식을 지원한다. ··○ 이미지 파일의 메타데이터
- 인쇄 및 출판 분야에서 사용된다.

③ GIF(Graphics Interchange Format)
- 이미지 파일 전송 시간을 줄이기 위해 Compuserve(컴퓨서브)사에서 개발되었다.
- LZW(Lempel-Ziv-Welch) 압축 알고리즘을 사용하며, 최대 256(8bit 컬러)색을 지원한다.
- 한 파일에 다수의 이미지나 텍스트를 포함하여 애니메이션 기능을 제공한다.
- 특정 색상을 투명색으로 지정할 수 있다.

④ BMP(Bitmap)
- 압축되지 않은 상태로 저장되어 파일 크기가 크다.
- Windows 환경에서 사용된다.

⑤ PNG(Portable Network Graphics) ··○ 누구나 자유롭게 사용
- 특허 문제가 있는 GIF의 대안으로 개발된 오픈 포맷이다.
- 무손실 압축 방식으로 8비트 알파 채널을 지원한다.

⑥ JPEG(Joint Photographic Experts Group)
- 손실 압축 방식으로 사진 이미지에 적합하다.
- 파일 크기를 줄이면서도 높은 화질을 유지할 수 있다.

⑦ DDS(DirectDraw Surface) ··○ Windows용 종합 멀티미디어 라이브러리
- DirectX 기반의 애플리케이션에서 텍스처 맵(Texture Map)을 나타내기 위한 포맷이다. ··○ 3D 모델 표면의 질감을 표현하는 2D 이미지
- 3D 게임에서 텍스처 맵을 저장하는 데 사용된다.

▶ 벡터(Vector) 포맷
- WMF(Windows Metafile) : Windows 환경에서 사용되며, 벡터와 래스터 그래픽을 모두 포함할 수 있다. ··○ 2D 그래픽 라이브러리
- PICT(Picture) : MacOS에서 사용되며, 비트맵과 Quick-Draw(퀵드로우) 벡터 형식으로 이미지를 저장한다.
- EPS(Encapsulated PostScript) : 포스트스크립트(Post-script) 언어를 활용한 포맷으로, 고품질 인쇄에 사용된다. ··○ 페이지에 텍스트와 그래픽을 배치하는 프로그래밍 언어

▶ 동영상 파일 포맷
- WMV(Windows Media Video) : 동영상 파일 포맷으로 인터넷 스트리밍에 최적화되었다.
- ASF(Advanced Streaming Format) : 인터넷 스트리밍용 동영상 파일 포맷으로 파일 안에 오디오, 비디오, 이미지, URL 등을 포함한다.
- AVI(Audio Video Interleave) : Windows 환경에서 사용되는 동영상 파일 포맷으로 다양한 코덱을 지원한다.
- MOV(QuickTime Movie) : 애플의 QuickTime(퀵타임)에서 사용하는 동영상 파일 포맷이다.

1 미국의 앨더스사와 마이크로소프트사 공동으로 개발한 래스터 화상 파일 형식은?

① TARGA   ② TIFF
③ EPS   ④ PSD

2 다음 중 포스트스크립트(postscript)언어를 활용한 포맷으로 인쇄 및 전문 그래픽 출력장치 등을 위해 최적화된 파일 포맷은?

① PICT   ② JPEG
③ EPS   ④ PSO

3 다음 중 마이크로소프트사에서 인터넷 스트리밍용으로 개발한 동영상 파일 포맷은?

① ASF   ② SWF
③ Cinepak   ④ MMF

SECTION
29

4과목 멀티미디어 제작기술
애니메이션

POINT **116** 애니메이션 개요

기본 원리
- 연속된 움직임 : 정지된 이미지나 그래픽을 연속적으로 보여주어 움직임을 만들어 낸다.
- 잔상효과 : 정지된 이미지들이 연속된 동작으로 인식되는 시각적 착시현상이다.

초기 애니메이션 장치
- 페나키스티스코프(Phenakistiscope) : 원반에 연속 동작을 그리고 회전시키면 잔상효과에 의해 동작으로 착각하게 된다.

▲ 페나키스티스코프
소마 : 경이로움 ○┈┈┈┈┈┈○ 트로프 : 회전
- 소마트로프(Thauma trope) : 원판 앞뒤에 서로 다른 그림을 그려 이를 합쳐보는 기구이다.

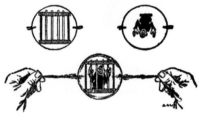

▲ 소마트로프
- 조에트로프(Zoetrope, 회전 요지경) : 원통형 장치로, 내부에 연속적인 이미지가 그려진 띠를 넣고 회전시켜 애니메이션을 만든다.

▲ 조에트로프

- 플립북(Flip book) : 각 페이지에 조금씩 다른 그림을 그리고 빠르게 넘기면 마치 움직이는 것처럼 보인다.
- 키네토스코프(Kinetoscope) : 1889년 토머스 에디슨과 윌리엄 딕슨이 개발한 영화 필름 영사기의 전신이다.

애니메이션 동작의 기본 3원칙
① 예비동작
- 주요 동작이 시작되기 전에 준비하는 동작이다.
- 관객에게 다음 동작을 예고하고, 캐릭터의 움직임을 설득력 있게 만든다.
  예 점프하기 전에 무릎을 굽히거나, 공을 던지기 전에 팔을 뒤로 젖히는 동작
② 본(실행) 동작
- 캐릭터가 의도한 행동이 실제로 수행되는 핵심 동작이다.
  예 점프하는 순간이나 공을 던지는 순간
③ 잔여 동작
- 주요 동작이 끝난 후에 남는 여운이나 마무리 동작이다.
- 동작의 자연스러움을 더해주고, 관객에게 동작의 완결을 인식시킨다.
  예 착지하면서 몸이 흔들리거나, 공을 던진 후 머리카락이 자연스럽게 흔들리는 동작

3D 애니메이션 제작 과정
① 기획 : 애니메이션의 전체적인 아이디어와 방향성을 설정한다.
② 탐구성(조사 및 분석) : 기획을 바탕으로 조사와 연구를 통해 세부 요소를 구체화한다.
③ 스토리보드/콘티 작성
- 애니메이션의 각 장면을 시각적으로 계획한다.
- 애니메틱스(Animatics)
  - 스토리보드의 정지 이미지를 이용한 시안용 애니메이션 기법으로, 스토리 릴(Story Reel)이라고도 한다.
  - 애니메이션의 흐름과 타이밍을 미리 확인하는 데 사용된다.
④ 캐릭터 설정 : 캐릭터의 외형과 성격, 역할 등을 설정한다.

⑤ 모델링(Modeling)
- 캐릭터의 외형과 구조를 설계하고, 3D 모델을 제작한다.
- 캐릭터의 형태뿐만 아니라 움직임을 위한 리깅(Rigging, 뼈대)도 설정한다.

POINT 117 애니메이션의 분류

📌 2D 애니메이션

① 셀(Cel, Celluloid Sheet) 애니메이션
- 1915년, 미국의 애니메이터 얼 허드(Earl Hurd)가 고안한 방식이다.
- 투명한 셀룰로이드에 그림을 그려 배경과 캐릭터를 분리하여 제작한다.
- 하나의 배경 셀과 여러 장의 전경 셀이 필요하다.
- 디즈니의 고전 애니메이션과 전통적인 애니메이션에서 사용되었다.

② 페이퍼(Paper) 애니메이션
- 종이에 직접 그림을 그려서 촬영하는 방식이다.
- 일본 최초의 장편 애니메이션 '모모타로의 바다 독수리'에서 사용된 기법이다.

③ 2D 디지털 애니메이션 : 컴퓨터 소프트웨어를 사용하여 제작하는 모션 그래픽이다.

④ 컷 아웃(Cut Out) 애니메이션, 절지 애니메이션
- 종이, 헝겊, 나무 등으로 만든 그림을 잘라내어 움직이는 방식이다.
- 미국 애니메이션 '사우스 파크'의 초기 에피소드에서 사용된 기법이다.

▲ 사우스 파크의 캐릭터들

④ 실루엣(Silhouette) 애니메이션
- 실루엣 형태로 캐릭터를 표현하여 애니메이션을 만드는 방식이다.
- 대표적인 작품으로 독일의 애니메이션 '모험의 왕자 아흐메드'가 있다.

▲ 모험의 왕자 아흐메드, 1926년

📌 3D 애니메이션

① CGI(Computer Generated Imagery, 컴퓨터 생성 이미지) : 픽사(Pixar)의 영화들이 대표적이다.
② 스톱 모션(Stop Motion) 애니메이션 : 실제 물체를 조금씩 움직여가며 촬영하여 만든다.

종류	설명	사례
캐릭터 애니메이션	캐릭터의 3D 모델을 움직이는 방식	토이 스토리
인형 애니메이션	인형을 사용하여 촬영	팀 버튼의 크리스마스 악몽
클레이 애니메이션	점토(Clay)로 만든 캐릭터를 조금씩 움직여가며 촬영	월레스와 그로밋

POINT 118 애니메이션 제작 기법

▶ 절차적 애니메이션

① 특징

• **자동 생성** : 수학적 알고리즘을 사용하여 자동으로 생성된다.

• **규칙 기반** : 알고리즘에 따라 움직임이 결정되어 동일한 조건에서는 항상 같은 결과를 얻는다.

• **물리적 사실성** : 물리 법칙을 기반으로 현실감 있는 움직임을 표현한다.

② 사례

• 바람에 흔들리는 나무나 물결치는 물의 움직임을 절차적으로 생성한다.

• 게임에서 캐릭터가 지형의 높낮이에 따라 자연스럽게 걷는다.

• 다수의 캐릭터가 동시에 움직이는 군중(집합) 시뮬레이션을 생성한다. └─○물, 불, 연기 등

• 입자(Particle, 파티클) 시스템과 결합하여, 자연 현상과 물리적 효과를 구현한 현실감 있는 시뮬레이션을 만든다.

└─○물체의 충돌, 중력, 바람 등

▶ 역운동학(Inverse Kinematics)

① 특징 ┌─○손이나 발 등

• 캐릭터의 특정 지점이 목표 위치에 도달하도록 **관절의 각도**를 자동으로 계산한다.

• 실제와 같은 자연스러운 움직임 생성과 3D 애니메이션에서 사용된다.

② 사례

• 캐릭터가 자연스럽게 팔의 관절을 꺾어 손을 책상 위에 놓는다.

• 캐릭터의 발이 각 계단에 정확히 닿으며 자연스러운 걸음 걸이로 계단을 오른다.

• 로봇 팔의 손가락이 부드럽게 구부러지며 물건을 집는다.

┌─○인간이나 동물

▶ 모션 캡처(Motion Capture)

• 실제 배우의 움직임을 기록하여 디지털 캐릭터에 적용한다.

• 현실적인 움직임을 생성하는 데 사용된다.

• 캡처된 움직임 정보는 3차원으로 저장되어 다양한 각도에서 활용할 수 있다.

캡처 방식	작동 원리	장점	단점
광학 방식 (Optical)	적외선을 반사하는 마커를 관절 부위에 부착. 여러 대의 카메라가 마커의 움직임을 추적하여 3차원 공간에서의 위치를 파악	높은 정확도. 자기장에 영향 없음	복잡한 셋업. 많은 카메라와 넓은 공간 필요
자기 방식 (Magnetic)	자기 센서를 사용하여 움직임을 캡처. 센서는 자기장을 생성하고 이 자기장의 변화를 통해 움직임을 추적	간단한 셋업과 조작. 좁은 공간에서도 사용 가능	낮은 정확도. 금속 물체에 의해 신호가 왜곡

▶ 키프레임(Keyframe) 애니메이션

① 특징

• 주요 동작을 나타내는 순간에 키프레임을 설정하고, 그 사이의 프레임을 소프트웨어가 자동으로 생성한다.

• 2D와 3D 애니메이션 모두에서 사용된다.

② 주요 요소

• **키프레임(Keyframe)** : 캐릭터나 객체의 속성에 특정 시점을 설정하는 프레임이다. └─○위치, 회전, 크기 등

• **트위닝(Tweening, 중간효과)** : 두 키프레임 사이의 중간 프레임을 자동으로 생성하는 **보간**(Interpolation) 과정이다.

보간 방식	설명
선형(linear) 보간	두 키프레임 사이를 일정한 속도 연결하여 움직임을 생성
곡선(curve) 보간	두 키프레임 사이에 가속도와 감속도를 부여하여 자연스러운 움직임을 생성
스플라인(spline) 보간	여러 키프레임을 부드럽게 연결하여 세밀한 움직임을 구현

- 타임라인(Timeline) : 시간 흐름을 시각적으로 표현하는 도구로, 키프레임을 시간 축에 배치하여 애니메이션 진행을 관리한다.
- 포즈 투 포즈(Pose to Pose) : 포즈(키포즈)들을 먼저 설정한 후, 이들 사이의 중간 프레임을 보간하여 애니메이션을 완성한다.

○ 특정 순간에 취하는 자세나 위치

▶ 특수효과

① 모핑(Morphing)

두 개의 서로 다른 2D나 3D 형상을 점진적으로 변형시킨다.

▲ 모핑 과정 예시

② 로토스코핑(Rotoscoping)

- 실제 장면을 촬영한 동영상과 애니메이션 이미지를 합성하는 기법이다.
- 실사 영상을 프레임 단위로 추적하여 그 위에 그림을 그려 애니메이션 동작을 얻어낸다.

▲ 로토스코핑 기법으로 제작된 Aha의 'Take On Me' 뮤직비디오

③ 입자 시스템(Particle System, 파티클 시스템)

수많은 작은 입자(Particle, 파티클)들을 사용하여 연기, 불, 폭발, 물, 구름, 번개, 먼지 등과 같은 자연 현상이나 추상적인 효과를 생성한다.

▲ 영화 '화산고'에 사용된 파티클 효과

④ 모션 블러(Motion Blur)

빠르게 움직이는 물체에 잔상과 번짐 효과를 적용하여 움직임의 속도감을 더한다.

▲ 모션 블러 효과 적용 예시

개념 체크 ✓

1 인간의 움직임을 만들어 내는 가장 자연스런 방법으로 사실적인 움직임을 3D 애니메이션의 모델에 적용할 수 있는 기법을 무엇이라 하는가?
① 모션컨트롤
② 모션캡쳐
③ 애니메트로닉스
④ 몰핑

2 Key Frame만을 제작하고 키프레임 사이의 움직임은 컴퓨터 연산에 의해 자동 설정되는 애니메이션의 제작기능은?
① 패스(Path)
② 트위닝(Tweening)
③ 그라비티(Gravity)
④ 키네마틱스(Kinematics)

3 다음 중 컴퓨터 애니메이션의 특수효과에 해당하지 않는 것은?
① 모핑(Morphing)
② 로토스코핑(Rotoscoping)
③ 입자 시스템(Particle System)
④ 벡터 애니메이션(Vector-Based Animation)

4과목 멀티미디어 제작기술
컴퓨터 그래픽스

POINT 119 **컴퓨터 그래픽스 개요**

컴퓨터 그래픽스의 정의

- 범위 : 2D, 3D, 4D, 애니메이션 등 컴퓨터 이미지를 생성, 조작, 출력하는 모든 기술이다.
- 좁은 의미 : 텍스트, 숫자, 이미지, 영상 등으로 정보를 전달하는 기술이다.
- 넓은 의미 : 단순히 이미지를 생성하는 것을 넘어, 컴퓨터를 이용한 설계(CAD), HCI, Human Computer Interaction, 인간과 컴퓨터의 상호작용)까지 포함한다.

  ┄○사람과 컴퓨터의 상호작용을 연구하고 설계하는 학문 분야

컴퓨터 그래픽스의 역사

① 초기 개발

- 1950년대 후반~1960년대 초반 군사 및 과학 연구 목적으로 시작되었다.
- **스케치패드(Sketchpad)**
  - 1963년, MIT의 아이반 서덜랜드(Ivan Sutherland)가 개발하였다.
  - 최초의 그래픽 프로그램으로, 라이트펜을 이용해 화면에 도형을 그리고 조작하였다.

② 기초 기술 발전

- 1960년대 후반~1970년대 기초적 그래픽 하드웨어와 소프트웨어가 개발되었다.
- CAD(Computer Aided Design) 시스템이 등장하였다.

③ 그래픽스의 대중화

- 1980년대 PC의 보급과 GUI(Graphical User Interface)의 발전으로 그래픽스 기술이 대중화되었다.
- **영화 트론(Tron)** : 1982년 컴퓨터 그래픽스를 활용한 최초의 상업 영화이다.

④ 게임 산업의 발전

- 1990년대 3D 그래픽스 기술의 급속한 발전으로 게임과 영화 산업에 큰 영향을 미쳤다.
- **픽사의 토이 스토리(Toy Story)** : 1995년 최초의 풀 3D 애니메이션 영화이다.

⑤ 고급 그래픽스

- 2000년대 이후 고급 렌더링 기술과 GPU(Graphics Processing Unit)의 발전으로 사실적인 그래픽스가 가능해졌다.
- 가상현실, 증강현실, 인공지능, 머신러닝 등을 활용한 새로운 응용 분야가 열렸다.

컴퓨터 그래픽스 컬러 모델

① YUV

- 아날로그 텔레비전 방송에서 사용되는 컬러 모델이다.
- Y는 휘도(밝기, Luminance) 성분을, U와 V는 색차(Chrominance) 성분을 나타낸다.
- 색상 정보와 밝기 정보를 분리하여 전송할 수 있어 효율적이다.

② RGB(Red, Green, Blue)

- 가장 일반적인 컬러 모델로, 디지털 디스플레이에서 사용된다.

  ┄○스마트폰, 모니터, TV 등
- **빛**의 삼원색인 R, G, B를 가산혼합하여 다양한 색상을 생성한다.

  ┄○색을 더하는 방식, 더할수록 밝아짐
- 삼원색을 모두 더하면 흰색이 된다.
- 각 색상 채널의 값은 0~255 사이의 범위를 가지며, 이 값들을 조합하여 색상을 표현한다.

③ CMY(Cyan, Magenta, Yellow)

- 컬러 프린터나 인쇄에 사용된다.
- 색료의 삼원색인 시안, 마젠타, 노랑을 감산혼합 다양한 색상을 생성한다.

  ┄○빛을 흡수하거나 제거하는 방식
- 삼원색을 모두 섞으면 검정색(K/Black)이 된다.

④ HSV(Hue, Saturation, Value)

- 색상(Hue), 채도(Saturation), 명도(Value)로 색을 표현한다.
- 사용자가 색상을 직관적으로 이해하고 조정하기 쉽게 설계되었다.

⑤ HSL(Hue, Saturation, Lightness) : HSV와 유사하지만, 명도 대신 밝기(Lightness)를 사용한다.

1 컴퓨터 그래픽에 대한 설명으로 맞지 <u>않은</u> 것은?

① 영상화의 단계에서 컴퓨터를 사용하여 그림 데이터를 생성하고 조작하고 출력하는 모든 기술을 말한다.
② 컴퓨터그래픽은 일반적으로 2D, 3D, 4D로 구분되며, 4D는 3차원 공간에 시간 축을 더한 시간예술이다.
③ 손이나 다른 도구를 사용하던 종래의 작업 방식에 비해 합리적이다.
④ 실제 느낌과 같은 색채, 형태, 음영, 재질감 표현이 불가능하다.

2 빛의 특성을 이용하여 CRT 모니터 등에서 많이 사용하는 컬러 모델은?

① CMY   ② YUV
③ YIQ   ④ RGB

3 R, G, B를 같은 양으로 합치면 어떤 색이 되는가?

① Cyan   ② Red
③ Green   ④ White

POINT 120 이미지 처리

▶ 이미지 필터링

- 블러링(Blurring) : 선이나 이미지의 경계선을 부드럽게 보이도록 하는 처리 방법이다. ○흐리게, 모호하게
- 샤프닝(Sharpening) : 이미지의 엣지(Edge)을 뚜렷하게 만들어 선명도를 높이는 처리 방법이다. ○경계, 윤곽선
- 노이즈 제거 필터 : 원치 않는 노이즈를 줄이거나 제거하기 위해 사용된다.

주요 필터	설명	특징
평균값 필터	주변 픽셀의 평균값으로 대체	디테일이 흐려질 수 있음
가우시안 필터	가우시안 분포(정규 분포)로 노이즈 제거	자연스러운 블러 효과 제공 ○경계, 윤곽선
미디언 필터	주변 픽셀 중간값으로 대체	엣지 보존 우수, 소금/후추 노이즈 제거에 효과적

무작위로 흰색(소금)과 검은색(후추) 점들이 나타나는 형태

- 윤곽선 추출(Edge Detection) 필터 : 이미지의 경계나 형태를 강조하여 시각적으로 두드러지게 한다.
- 엠보스(Emboss) : 이미지의 경계면에 양각과 음각 효과를 만들어 3차원적인 입체 효과를 만든다.

▶ 이미지 최적화

- 색보정 필터 : 색온도를 조정하여 이미지의 특정 분위기나 느낌을 연출한다.
- 히스토그램(Histogram) 분석 및 조정 : 이미지의 밝기와 대비를 조절한다. ○이미지의 밝기 분포 그래프
  어두운 부분과 밝은 부분의 강도 차

이미지 유형	히스토그램의 형태
어두운 이미지	히스토그램이 왼쪽에 치우침
밝은 이미지	히스토그램이 오른쪽에 치우침
대비가 낮은 이미지	히스토그램이 중앙에 몰려 있으며, 폭이 좁음
대비가 높은 이미지	히스토그램이 전체적으로 넓게 퍼져 있음

- 명암대비 스트레칭(Contrast Stretching) : 밝기 범위가 좁은 이미지를 더 넓은 밝기 범위로 조정하여 화소의 밝기를 조절한다. 이미지의 밝기가 비슷한
- 안티 앨리어싱(Anti Aliasing)
  - 해상도의 한계로 발생하는 계단현상(Aliasing, 앨리어싱)을 줄여 이미지의 경계면을 부드럽게 한다.
  - 전경 이미지와 배경 이미지의 경계면 색상을 혼합하여 자연스럽게 표현한다.

> **기적의TIP 가우시안(Gaussian) 분포**
> - 데이터가 평균값을 중심으로 대칭으로 퍼져 있는 형태로, 가운데가 높고 양쪽으로 갈수록 낮아지는 종(Bell) 모양의 형태
> - 분포 중심에 가까울수록 더 큰 가중치를 주어 평균을 계산
> - 가우시안은 독일의 수학자 '카를 프리드리히 가우스(Carl Friedrich Gauss)'의 이름에서 유래한 용어

개념 체크 ✓

1 화면에서 검은 부분과 흰 부분 사이의 강도차를 의미하는 것은?

① 해상도   ② 화질
③ 색도   ④ 대비

2 영상에 존재하는 명암 값들의 분포를 파악하기 위한 도구로 이미지의 유형에 따라 형태가 달라지는 그래프는?

① Lookup table
② Frequency diagram
③ Histogram
④ Clamping

3 물체 경계면의 픽셀을 물체의 색상과 배경의 색상을 혼합해서 표현함으로써 물체의 경계면을 부드럽게 보이도록 하는 방법은?

① 스캐닝(Scanning)
② 디더링(Dithering)
③ 렌더링(Rendering)
④ 안티 앨리어싱(Anti-aliasing)

POINT 121 3D 그래픽스

3D 그래픽스의 원리

① 양안 시차

• 두 눈이 서로 다른 각도에서 사물을 보기 때문에 발생하는 시각적 차이이다.
• 왼쪽 눈과 오른쪽 눈에 맺히는 영상의 차이로 인해 깊이와 입체감을 인식한다.

② 카르테시안 공간(Cartesian Space)

• 컴퓨터 그래픽스, 물리학, 공학 등의 분야에서 수학적으로 나타내는 가상공간이다.
• 직교좌표계의 X, Y, Z 축을 사용하여 3차원 공간을 표현한다.
  └ㅇ각 축이 서로 직각(90도)을 이루는 좌표계
• X, Y, Z 축은 각각 폭, 높이, 깊이를 의미한다.
• 원점은 X=0, Y=0, Z=0으로 나타낸다.
  └ㅇ모든 축의 교차점

3D 그래픽스 구성요소

① 복셀(Voxel)

• Volume과 Pixel의 합성어로, 3차원 공간의 최소 기본 단위이다.
• 각 복셀은 위치, 색상, 밀도 등의 속성을 가진다.

② 엣지(Edge)

• 두 개의 버텍스(Vertex, 꼭지점)를 연결하는 선분이다.
• 3D 모델의 형태를 정의하는 요소로, 여러 엣지가 모여 면(Face)을 형성한다.

③ 페이스(Face, 면)

• 다각형의 면을 의미하며, 최소 단위는 삼각형이다.
• 여러 엣지와 버텍스로 이루어진다.
• 3D 모델의 표면을 구성하며, 외형을 정의한다.

④ 폴리곤(Polygon, Poly)

• 하나 이상의 페이스로 구성된 다각형이다.
• 복잡한 형태의 모델을 만들기 위해 여러 폴리곤이 결합된다.

⑤ 메시(Mesh)

• 폴리곤의 집합체이다.
• 버텍스, 엣지, 페이스로 이루어진 구조로, 3D 모델의 형태와 표면을 정의한다.

⑥ B-스플라인(B-Spline) 모델

곡선을 정의하는 수학적 모델로, 제어점(CV, Control Vertex)을 통해 곡선의 형태를 조절한다.

⑦ NURBS(Non Uniform Rational B-Splines, 넙스) Sphere(구체) 모델

• B-스플라인의 특성에 추가적으로 각 CV에 가중치(weight)를 부여하여 더 복잡한 형태의 곡선과 곡면을 표현한다.

NURBS 구성요소		설명	용도
CV		형태를 정의하는 제어점	CV를 이동시켜 곡선, 곡면 형태를 조절
Hull(헐)		CV를 연결하는 선	곡선이나 곡면의 구조를 보여줌
Isoparm (아이소팜)	U 방향	가로 방향을 나타내는 선	곡면의 형태를 정의
	V 방향	세로 방향을 나타내는 선	곡면의 형태를 정의
Edit Point		실제 위치를 나타내는 점	형태를 직관적으로 변경
Surface(서피스)		곡면 자체를 의미	결과 형태를 나타냄

3d 그래픽 생성 과정

① 모델링(Modeling)

• 객체의 형태와 구조를 정의하는 과정이다.
• 객체의 기본적인 형태와 구조를 설계하여 3D 공간에 배치한다.

② 투영(Projection) 멀리 갈수록 한 점으로 모이는 것처럼 보이는 점 ◦┄┄┄┄┐
• 3D 객체를 2D 화면에 표시하는 과정이다.
• 2D 화면에서 사용자가 볼 수 있도록 3D 객체 표시한다.

구분	직교 투영 (Orthographic Projection)	원근 투영 (Perspective Projection)
크기	객체의 크기가 거리와 관계없이 일정하게 유지됨	객체의 크기가 카메라와의 거리와 비례하여 변화함
선의 특성	평행한 선은 평행하게 유지됨	평행한 선이 소실점으로 수렴하여 원근감을 줌
왜곡	객체의 실제 크기와 비율이 왜곡되지 않음	가까운 객체는 크게, 먼 객체는 작게 보임
사용 용도	CAD 프로그램	3D 게임 애니메이션 영화 등

③ 렌더링(Rendering)
• 최종 이미지나 애니메이션으로 변환하는 과정이다.
• 조명, 텍스처(Texture), 그림자, 반사 등을 계산하여 사실적인 이미지를 생성한다.
  ┄┄┄┄┄◦색상, 패턴, 디테일 등

개념 체크 ✓

1 직교좌표에서 X, Y, Z축이 나타내는 것은?
① 점, 선, 면
② 너비, 높이, 거리
③ 폭, 높이, 깊이
④ 면적, 입체, 거리

2 컴퓨터 그래픽에서 3D 입체를 표현하는 가장 기본적인 단위는?
① PIXEL
② VOXEL
③ DOT
④ FRAME

3 3D 모델링 방식에서 넙스(NURBS)의 기본 구성요소로 거리가 가장 먼 것은?
① Vertex
② Curve
③ Isoparm
④ Matrix

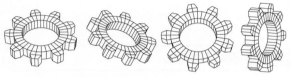

POINT 122 3D 모델링

▶ 와이어프레임 모델링(Wireframe Modeling)
• 물체의 골격만을 표시하는 방법으로, 설계 단계에서 사용된다.
• 선(Line)으로만 물체의 형태를 표현한다.

▲ 와이어프레임 기법으로 만들어진 3D 모델

▶ 서피스 모델링(Surface Modeling, 표면 모델링, 곡면 기반 모델링)
① 물체의 표면만을 정의하는 모델링 방법으로, 곡면을 표현하는 데 사용된다.
② 서피스 모델링 기법
• 스플라인(Spline) 모델링 : 곡선을 정의하여 부드러운 곡면을 표현하는 기법. 여러 CV로 곡선을 형성한다.
• NURBS 모델링 : 복잡한 곡면과 자유형 곡선을 정밀하게 표현할 수 있는 기법이다. ┄┄◦수학적으로 정의된 곡면 조각
• 패치(Patch) 모델링 : 곡면을 작은 패치로 나누어 표현한다.
• Bezier(베지어) 곡선 및 곡면 모델링 : CV를 사용하여 곡선을 정의하는 기법으로 컴퓨터 그래픽과 CAD에서 널리 사용된다.
• Subdivision(서브디비전) 모델링 : 폴리곤을 더 작은 폴리곤으로 나누어 부드러운 곡면을 생성한다.
• Mesh Smoothing(메시 스무딩) 모델링 : 버텍스의 위치를 조정하여 모델의 표면을 부드럽게 표현한다.

▶ 솔리드 모델링(Solid Modeling)

① 물체의 표면과 내부를 모두 정의하여 물리적인 성질까지 계산한다.

② 데이터 구조가 복잡하지만, 표현력이 크고 응용 범위가 넓다.

③ 3차원 프리미티브(Primitive)들에 불린(Boolean) 연산을 적용하여 3차원 모델을 생성한다.

└─○ 기본 객체
└─○ 원시의, 원초적인
└─○ Union(합집합), Intersection (교집합), Difference(차집합)

프리미티브 종류	설명
큐브(Cube)	모든 면이 직각을 이루는 직육면체
구(Sphere)	중심에서 모든 방향으로 동일한 반지름을 가지는 완전한 대칭의 3차원 형태
원통(Cylinder)	두 개의 평행한 원형 단면과 그 사이를 연결하는 곡면
원뿔(Cone)	원형의 밑면과 하나의 꼭짓점을 연결하는 곡면
토러스(Torus)	도넛 모양의 형태
피라미드(Pyramid)	다각형의 밑면과 하나의 꼭짓점을 연결하는 면들로 구성
관(Tube)	원통형의 중공 구조를 가진 파이프(Pipe)

▲ 기본 프리미티브

④ 솔리드 모델링 기법

- 스위핑(Sweeping, 경로 돌출) 모델링 : 프로파일(Profile, 2 차원 도형)을 선(Path, 경로)에 따라 이동시키거나 회전시켜 입체를 생성하는 기법이다.

스위핑 유형	설명
사출(Extrusion)	프로파일을 특정 방향으로 밀어내어 형태를 만듦
회전(Revolve)	프로파일을 회전축 중심으로 회전시켜 형태를 만듦
선반(Lathe)	프로파일을 회전축 중심으로 회전시켜 대칭 형태를 만듦
로프팅(Lofting)	여러 개의 프로파일을 연결하여 부드러운 곡면이나 3D 형상을 만듦

▲ 스위핑 사출 예시

- 파라메트릭 모델링(Parametric Modeling)
  - 객체의 형상을 파라미터(매개변수)로 정의하여 모델을 생성한다.
  - 특정 파라미터 값을 변경함으로써 모델을 쉽게 수정할 수 있다.
  - 산업디자인, 건축, 기계 설계 등에서 사용한다.

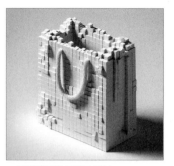

▲ 파라메트릭 모델링 예시

▶ 특수 기법

① 볼륨 기반 모델링(Volume Based Modeling)

- 객체의 내부를 복셀(Voxel)로 나누고, 각 복셀에 밀도 함수를 사용하여 표현한다.
- 의료 영상이나 과학적 시뮬레이션에서 사용된다.

② 메타볼(Metaball) : 서로 가까이 있는 구체들이 부드럽게 연결되어 유기적인 형태를 만드는 기법이다.

▲ 메타볼 기법으로 만들어진 3D 모델

③ 프랙탈 모델링(Fractal Modeling)

└─○ 식물, 지형, 광물의 결정, 혹성 등의 자연물

- 수학적 알고리즘을 기반으로 하며, 자연의 형태를 모방한다.
- 단순한 형태에서 출발하여 복잡한 형상을 구축한다.

▲ 프랙탈 모델링 예시

- 3D 그래픽스에서 표면의 방향을 나타내는 벡터
- 벡터는 크기와 방향을 모두 가지는 수학적 개념으로 위치, 방향, 속도 등을 나타내는 데 사용

벡터 종류	설명	예시
위치 벡터	공간에서의 특정 위치를 나타냄	(X, Y, Z)
방향 벡터	특정 방향 표시로, 크기보다는 방향이 중요할 때 사용	(d_X, d_Y, d_Z)
속도 벡터	물체의 이동 방향과 속도를 나타냄	(v_X, v_Y, v_Z)

개념 체크 ✓

1 3차원 모델링 요소 중 그 성격이 다른 하나는?
① 스플라인(Spline) 모델
② 넙스(Nurbs) 모델
③ 패치(Patch) 모델
④ 솔리드(Solid) 모델

2 3차원 물체를 외부 형상뿐만 아니라 내부구조의 정보까지도 표현하여 물리적 성질 등의 계산까지 가능한 모델은?
① 서피스 모델
② 와이어 프레임 모델
③ 솔리드 모델
④ 엔티티 모델

3 스위핑 모델링 기법에 속하지 <u>않는</u> 것은?
① 스플라인 방식(Spline)
② 사출법(Extrusion)
③ 회전법(Lathing)
④ 로프팅(Lofting)

POINT 123 3D 렌더링

▶ 렌더링(Rendering)의 정의
모델링된 형상에 색감, 질감, 그림자, 빛의 반사 등의 사실성을 부여하여 최종 이미지를 생성하는 과정이다.

▶ 입체감 표현
ㅇ표면에 색상과 명암을 표현
① 쉐이딩(Shading)
- 플랫 쉐이딩 : 폴리곤(다각형)의 면에 하나의 색상을 적용하여 물체를 표현한다.
- 구로드 쉐이딩(Gouraud Shading) : 하나의 면과 인접한 면에 색퍼짐 효과를 사용하여 두 면 사이를 부드럽게 표현한다.
- 퐁 쉐이딩(Phong Shading)
  - 부드러운 곡선과 정교한 하이라이트로 현실감 있는 이미지를 생성한다.
  - 각 버텍스(꼭지점)에 법선 벡터(Normal Vector)를 보간하여 픽셀 단위로 빛의 반사와 그림자를 계산한다.
  ㄴ버텍스 사이의 값을 추정

플랫 쉐이딩   구로드 쉐이딩   퐁 쉐이딩

▲ 쉐이딩의 종류

② 볼륨(Volume) 렌더링 : 복셀(점, Volume Pixel)에 색상과 투명도를 할당하여 3차원 데이터를 시각화하는 기법으로 CT(컴퓨터 단층 사진), MRI(자기공명영상)와 같은 의료 이미지에 사용된다.

▶ 재질 표현
- 텍스처(Texture) 매핑 : 3D 모델 표면의 질감 표현을 위해 2D 이미지(텍스처)를 입힌다.
  凹凸ㅇㅡ 볼록한 형태ㅇ
- 범프(Bump) 매핑 : 3D 모델의 표면에 요철, 돌기, 엠보싱(Embossing) 등 음각 양각 효과를 준다.
  ㄴㅇ튀어나온 부분
- 노멀(Normal) 매핑 : 범프 매핑의 발전된 형태로, 음각 양각 효과를 더욱 정교하게 표현한다.
- 메탈 쉐이딩(Metal Shading) : 물체의 표면에 금속 특유의 색상과 광택을 표현한다.

사실감 표현

① 레이 캐스팅(Ray Casting, 광선 투사)

- 화면의 각 픽셀에 광선을 쏘아 형상에 간단한 그림자를 만든다.
- 계산이 간단하여 빠른 렌더링이 가능하지만, 사실적인 조명 효과를 구현하는 데는 한계가 있다.

② 레이 트레이싱(Ray Tracing, 광선 추적)

- 레이 캐스팅을 확장한 기법으로 빛의 반사와 굴절, 그림자 등의 표현이 가능하여 사실적인 이미지를 생성한다.
- 광선이 형상에 닿은 후 어떻게 반사되거나 굴절되는지를 역추적하여, 각 픽셀의 빛의 강도와 색깔을 결정한다.
- 사실적인 조명과 반사효과를 표현하는 데 뛰어나지만, 계산이 복잡하여 렌더링 시간이 오래 걸린다.

▲ 레이 트레이싱으로 표현된 다이아몬드 3D 이미지

깊이감 표현

○ 각 픽셀의 깊이 정보를 저장하는 메모리 공간
○ X, Y, Z 중 깊이를 나타내는 Z축
○ 관찰자의 시점에서 보이지 않는 객체의 표면과 선

① Z-버퍼 알고리즘(Z-buffer, 깊이 버퍼)

- 깊이 정보를 버퍼에 저장하고 불필요한 은면/은선(Hidden Surface/Hidden Line)을 제거하여 저장한다.
- 각 픽셀의 거리 값을 비교하여, 더 가까운 객체의 표면만을 화면에 렌더링한다.
- 화면에 보이는 객체의 표면만을 정확하게 표현하여 객체 간의 거리감과 깊이감을 효과적으로 전달한다.

② 페인터 알고리즘(Painter's Algorithm) : 카메라로부터 가장 먼 객체부터 가까운 객체 순으로 그려서 깊이감을 표현한다.

POINT 124 3D 그래픽스 저작도구

소프트웨어

소프트웨어	개발사	사용 분야
3D Studio MAX	미국의 오토데스크(Autodesk)	게임, 영화, 건축 등
MAYA(마야)	오토데스크	영화, TV 산업
Softimage 3D	Softimage(현재 오토데스크사가 보유)	애니메이션, 시각 효과
Blender (블렌더)	네델란드의 비영리 단체 Blender Foundation(오픈 소스)	모델링, 애니메이션, 시뮬레이션 등
Cinema 4D	독일의 Maxon(맥슨)	모션 그래픽, VFX, 게임 디자인 등
TrueSpace	미국의 Caligari(칼리가리)	레이트레이싱, 3D 그래픽
LightWave 3D	미국의 NewTek(뉴텍)	TV, 영화 산업
Alias(알리아스)	Alias Systems Corporation(현재 오토데스크가 보유)	산업 디자인, 자동차 디자인 등

3D 그래픽스 API(Application Programming Interface)

- OpenGL(Open Graphics Library) : 2D, 3D 그래픽스를 렌더링하기 위한 API로, 다양한 프로그래밍 언어에서 사용이 가능하다.
- DirectX : 마이크로소프트에서 개발한 멀티미디어 및 게임 프로그래밍 API로, Windows 플랫폼에서 3D 그래픽스를 구현하는 데 사용된다.
- WebGL : 웹 브라우저에서 3D 그래픽스를 렌더링하기 위한 JavaScript API로, HTML5와 함께 사용된다.
- Vulkan(불칸) : 차세대 그래픽스 및 컴퓨팅 API로, 높은 성능과 효율성을 제공하며, 다양한 플랫폼에서 사용된다.

3D 그래픽스 프로그래밍 언어

① VRML(Virtual Reality Modeling Language, 가상 현실 모델링 언어)

- 가상현실 : 가상현실 환경을 웹상에서 표현하기 위해 개발된 파일 형식이자 표준 언어이다.
- 3D 모델링 : 육면체, 원뿔, 구 등 입체 도형들을 조합하여 3D 모델을 생성한다. °텍스트 편집기, 소스코드 편집기 사용
- 텍스트 형식 : 텍스트 형식으로 작성되어 있어 사람이 읽고 편집할 수 있다.
- 상호작용 지원 : VRML로 작성된 3D 환경은 웹 브라우저의 플러그인이나 전용 뷰어를 통해 3D 공간을 탐색하고 상호작용할 수 있도록 센서 기능을 지원한다.

센서 유형	설명
Touch Sensor	사용자가 물체를 클릭하거나 터치할 때를 감지하여 반응을 유발
Proximity(근접) Sensor	특정 영역에 들어가거나 나갈 때를 감지하여 이벤트를 발생
Visibility(가시성) Sensor	물체가 시야에 들어오거나 나갈 때를 감지하여 시각적 효과를 유도
Time Sensor	시간 간격에 따라 이벤트를 발생시켜 애니메이션 변화를 구현

② X3D : VRML의 후속 표준으로, 3D 그래픽스를 웹에서 표현하기 위한 XML 기반의 파일 형식이다.

3D 그래픽스 주요 파일 포맷

- 3DS(3D Studio) : 3D Studio MAX에서 사용하는 파일 포맷이다.
- OBJ(Object File) : 미국의 Wavefront Technologies에서 개발한 파일 포맷으로 다양한 3D 그래픽 소프트웨어에서 지원한다.
- FBX(Filmbox) : '오토데스크'사에서 개발한 파일 포맷으로 데이터 교환에 사용된다. 여러 프로그램 간에 °호환
- STL(Stereolithography) : 3D 프린팅에 사용되는 파일 포맷이다.
- WRL : VRML로 작성된 가상현실 모델링에 사용된다.
- DXF(Drawing Exchange Format) : CAD에서 사용된다.

> **기적의 TIP**
>
> **3D 그래픽스 프로그래밍 언어**
> 3D 모델링, 렌더링 및 애니메이션을 구현하기 위한 언어로, 그래픽스 API와 함께 사용됨
>
> **VRML과 X3D이 파일 형식인 이유** 조건문, 반복문 등 °
> 3D 장면을 표현하기 위해 프로그래밍 언어처럼 논리적 제어구조를 제공하지 않는 대신, 3D 장면의 구성요소(모양, 색상, 위치 등)와 속성을 기술하는 데 중점을 둔 구조화된 데이터 형식이기 때문에 파일 형식이라고 함

개념 체크 ✓

1 다음 중 3차원 그래픽 편집 소프트웨어가 <u>아닌</u> 것은?
① Adobe Photoshop
② 3D Studio MAX
③ SoftImage 3D
④ MAYA

2 육면체, 원뿔, 구 등의 기본적인 입체 도형들을 정의하고 있고, 3차원 세계를 모델링하고 상호작용을 지원하여 가상현실의 구현을 가능케 해주는 언어는?
① HTML(Hypertext Markup Language)
② XML(eXtensible Markup Language)
③ SGML(Standard Generalized Markup Language)
④ VRML(Virtual Reality Modeling Language)

3 3차원 그래픽에서 사용되는 파일 포맷 중 대표적인 파일 포맷이 <u>아닌</u> 것은?
① 3DS
② DXF
③ CDR
④ WRL

POINT 125 멀티미디어 저작도구

저작도구의 필요성

- **효율성 향상** : 다양한 미디어 요소를 통합하여 하나의 프로젝트로 관리한다.
- **창의성 증대** : 사용자는 다양한 기능과 효과를 활용하여 창의적인 아이디어를 구현한다.
- **접근성 향상** : 기술적 배경이 없는 사용자도 직관적인 인터페이스를 통해 쉽게 콘텐츠를 제작할 수 있다.
- **협업 용이** : 여러 사용자가 동시에 작업할 수 있는 기능을 제공하여 팀 프로젝트에 유리하다.

저작도구의 종류

- **텍스트 편집 도구** : 글꼴, 크기, 색상, 스타일 등을 조정할 수 있으며, 문서의 레이아웃을 디자인한다.
  - 예 Microsoft Word, Google Docs
- **이미지 편집 도구** : 이미지의 자르기, 크기 조정, 색상 보정, 필터 적용 등의 기능을 제공한다.
  - 예 Adobe Photoshop, GIMP(김프)
- **오디오 편집 도구** : 오디오 클립의 컷, 페이드 인/아웃, 믹싱, 효과 추가 등의 기능을 제공한다.
  - 예 Audacity, Adobe Audition
- **비디오 편집 도구** : 비디오 클립의 트리밍, 전환 효과, 자막 추가, 색상 보정 등의 기능을 제공한다.
  - 예 Adobe Premiere Pro, Final Cut Pro
- **애니메이션 제작 도구** : 2D 및 3D 애니메이션, 키프레임 애니메이션, 모션 그래픽 등을 지원한다.
  - 예 Adobe After Effects, Blender

저작 방식 분류

① 흐름도 방식
- 다이어그램을 사용하여 콘텐츠의 흐름을 설계하는 방식이다.
- 시각적인 인터페이스를 통해 논리적인 흐름을 쉽게 구성할 수 있다.
- 대표 도구 : 오소웨어(Authorware)

② 책 방식
- 아이콘 기반의 메타포를 사용하여 책의 페이지를 넘기듯이 콘텐츠를 구성한다.
- 하이퍼텍스트 구조를 사용하여 페이지 간의 이동이 가능하다.
- 대표 도구 : 툴북(ToolBook)

▲ 툴북 UI

③ 시간선(Timeline, 타임라인) 방식
- 미디어 데이터를 시간 축에 따라 배치하여 콘텐츠의 시간적 흐름을 설계한다.
- 애니메이션이나 비디오 편집에 적합하다.
- 대표 도구 : 디렉터(Director)

④ 프로그램 방식
- 프로그래밍 언어를 사용하여 제어하는 방식으로, 프로그래밍 지식이 필요하다.
- 대표 도구 : 유니티(Unity)

▶ 멀티미디어 저작 프로그래밍 언어

- SMIL(Synchronized Multimedia Integration Language, 동기식 멀티미디어 통합 언어) ···ο 태그(Tag) 명령어를 사용하는 언어
  - XML 기반의 마크업(Markup) 언어이다.
  - 1998년에 W3C(World Wide Web Consortium)에서 멀티미디어 프레젠테이션 표준으로 제정하였다.
    ···ο 미디어 요소를 조합하여 시간에 따라 재생되도록 구성한 형태

SMIL 기능	설명
동기화	비디오가 재생될 때 특정 오디오가 함께 재생되거나, 이미지가 특정 시간에 나타나도록 여러 미디어 요소를 시간에 맞춰 조정
통합성	다양한 미디어 형식을 하나의 프레젠테이션으로 결합하여, 일관된 사용자 경험을 제공
상호 운용성	다른 시스템에서도 동일한 방식으로 멀티미디어 콘텐츠를 표현할 수 있도록, 일관된 형식과 규칙을 제공
재사용성	모듈화가 가능하여 콘텐츠 제작 효율성이 높고 유지보수에 용이

- SVG(Scalable Vector Graphics) : XML 기반의 벡터 그래픽을 표현하기 위한 언어이다.
- DHTML(Dynamic HTML) : HTML, CSS, JavaScript를 조합하여 동적인 웹 페이지를 만든다.
- HTML5 : 〈audio〉, 〈video〉, 〈canvas〉 등의 태그를 통해 웹페이지에서 멀티미디어 콘텐츠를 직접 지원한다.
- Flash의 ActionScript : 과거 널리 사용되었던 멀티미디어 플랫폼으로 복잡한 멀티미디어 콘텐츠를 제작하였으나, 현재는 HTML5로 대체되었다.
- VRML, X3D : 3D 그래픽과 애니메이션을 웹에서 구현하기 위한 언어로, 가상현실 콘텐츠를 기술하는 데 사용된다.

> **기적의TIP 툴북**
> - 미국의 Asymetrix(어시메트릭스)사에서 개발한 E-Learning 콘텐츠 저작도구
> - 사용자가 교육용 콘텐츠를 만들 수 있도록 도와주는 프로그램
> - OpenScript라는 스크립트 언어를 사용하여 멀티미디어 콘텐츠의 동작을 제어

개념 체크 ✓

1 멀티미디어 저작도구의 기능으로 거리가 가장 먼 것은?
① 전문화된 형식과 구성으로 일반 사용자가 사용하기에는 어려워야 한다.
② 사용자의 다양한 입력에 따라 제어 흐름을 조정할 수 있어야 한다.
③ 미디어 파일들 간의 동기화를 잘 표현하고, 맞추어 실행할 수 있어야 한다.
④ 다양한 미디어 파일이나 미디어 장치와 쉽고 매끄럽게 연결되어야 한다.

2 저작도구의 저작 방식 분류와 대표적인 저작 도구가 잘못 연결된 것은?
① 프로그램 방식 – 아트웨어
② 흐름도 방식 – 오소웨어
③ 책 방식 – 툴북
④ 시간선 방식 – 디렉터

3 1998년 W3C 사에서 제작되었으며 멀티미디어 클립이 재생되는 순서, 시간 등을 조정, 통합하기 위해 제정된 마크업 언어는?
① SMIL
② WMT
③ ASF
④ ASX

자주 출제되는
기출문제
140선

자주 출제되는 기출문제 140선

1 과목 | 멀티미디어 개론

001 광학 디스크의 데이터 전송 속도

계산 공식 : 1배속 속도 × 배속
- CD-ROM 1배속 속도=150Kbps
- DVD-ROM 1배속 속도=1,350Kbps
- Blu-ray Disc 1배속 속도=36Mbps

14년 03월 02일, 05년 03월 06일

1 32배속 CD-ROM의 데이터 전송 속도는?

① 150Kbps
② 600Kbps
③ 1.2Mbps
④ 4.8Mbps

오답 피하기
150×32=4,800Kbps=4.8Mbps
1,000Kbps = 1Mbps

05년 08월 07일, 02년 12월 08일

2 48배속 CD-ROM에서의 데이터 전송 속도는 얼마인가?

① 4,800Kbps
② 7,200Kbps
③ 9,600Kbps
④ 12,000Kbps

오답 피하기
150×48 = 7,200Kbps

기적의TIP 광학 디스크의 전송 속도 계산은 각 매체의 1배속 속도에 해당 배속을 곱하여 쉽게 계산할 수 있습니다. 매체별 1배속 속도를 단위에 유의하여 암기하세요.

002 운영체제 커널의 기능

- 프로세스의 생성과 스케줄링, 프로세스 종료 등 프로세스를 관리
- 프로세스가 필요로 하는 메모리의 할당, 해제, 가상 메모리 관리 등 기억장치(메모리)를 관리
- 운영체제가 장치를 쉽게 제어할 수 있도록 입출력 디바이스 (장치) 관리
- 파일 시스템의 생성, 삭제, 읽기, 쓰기 등 파일의 권한과 보안을 관리

19년 03월 03일, 15년 05월 31일, 12년 08월 26일

3 UNIX 시스템에서 커널이 수행하는 기능으로 거리가 먼 것은?

① 프로세스 관리
② 기억장치 관리
③ 입출력 관리
④ 명령어 해석

오답 피하기
- ③ : 입력 장치와 출력 장치 관리를 의미

18년 04월 28일

4 리눅스 커널의 기능으로 옳지 않은 것은?

① 프로세스 관리
② 디바이스 관리
③ 파일 시스템 관리
④ 웹 서비스 관리

기적의TIP 커널은 운영체제의 핵심 요소로, 유닉스, 리눅스, 윈도우와 같은 다양한 운영체제에서 공통적으로 존재합니다. 문제에서 어떤 운영체제로 제시되든 같은 기능을 가집니다.

003 운영체제 쉘의 기능

- 사용자와 커널 간의 인터페이스로, 사용자는 커널에 직접 접근할 수 없기 때문에 쉘을 통해 커널에 명령 전달
- 쉘은 사용자가 입력한 명령어를 해석하고 실행하여 그 결과를 사용자에게 보여줌

20년 08월 22일

5 운영체제를 둘러싸고 있으면서, 입력받은 명령어를 실행하는 명령어 해석기는?

① Command User Interface
② Shell
③ Register
④ Process

17년 05월 07일, 13년 08월 18일

6 UNIX에서 사용자의 요구를 해석해서 요청 서비스를 실행시키는 명령어 해석기는?

① Nucleus   ② Kernel
③ Shell   ④ Core

> **기적의TIP** 문제의 패턴이 단순하면서도 자주 출제되는 문제입니다. 명령어 해석기라는 키워드로 암기하세요.

＊ 5, 6 문제처럼 문항이나 내용 하나만 다른 문제라도 자주 출제되는 경우가 있어 두 문제 모두 도서에 수록하였습니다.

004 I node(아이노드)

- 유닉스와 리눅스에서 사용되는 파일 시스템의 데이터 구조
- 파일의 실제 데이터가 아닌 파일에 대한 주요 정보를 저장

I node 주요 정보	설명
파일 유형	일반 파일, 디렉토리, 바로가기 링크 등 파일의 유형을 나타냄
파일 크기	파일의 바이트 단위 크기를 저장
소유자 정보	파일 소유자의 사용자 ID와 그룹 ID를 포함
파일 권한	읽기, 쓰기, 실행 권한을 나타내는 정보
타임스탬프	파일의 생성 시간, 마지막 수정 시간, 마지막 접근 시간 등의 정보
링크 수	파일을 참조하는 하드 링크의 수를 나타냄
데이터 블록 포인터	파일 데이터가 저장된 디스크 위치를 가리키는 포인터

ㅇ 동일한 파일을 여러 경로에서 접근하는 링크

19년 03월 03일, 16년 05월 08일, 15년 03월 08일, 14년 03월 02일

7 UNIX에서 파일 소유자의 식별 번호, 파일 크기, 파일의 최종 수정시간, 파일의 링크 수 등의 내용을 가지고 있는 것은?

① I node   ② Super Block
③ Mounting   ④ Boots Block

> **오답 피하기**
> - ② : 파일 시스템의 전체적인 정보를 저장하는 블록
> - ③ : 파일 시스템을 운영체제에 연결하는 과정
> - ④ : 디스크의 가장 첫 번째 블록으로, 시스템 부팅 시 운영체제를 로드하는 데 필요한 정보를 포함

> **기적의TIP** 아이노드는 유닉스와 리눅스에서만 사용되며, 윈도우 운영체제에서는 NTFS, FAT16, FAT32 등의 파일 시스템이 사용됩니다.

005 JPEG 2000

- JPEG 표준을 개선하기 위해 개발된 이미지 압축 표준
- 이미지를 여러 층으로 나누어 각각의 층에서 중요한 정보를 찾는 웨이블릿 변환기법을 사용
- 압축 과정

단계	설명
이미지 분할	이미지를 조각으로 분할하여 독립적으로 처리
색 공간 변환	RGB 색 공간을 YCbCr 색 공간으로 변환하여 색상 정보를 압축
웨이블릿 변환	이산 웨이블릿 변환(DWT)을 통해 이미지 데이터를 분해
양자화	웨이블릿 변환 계수를 양자화
엔트로피 부호화	허프만 코딩: 발생 빈도가 높은 데이터일수록 짧은 이진 코드를 할당
	산술 코딩: 데이터의 출현 확률에 따라 범위를 점점 좁혀가며 압축

17년 08월 26일, 11년 08월 21일

8 JPEG의 압축효율 개선과 블록화 문제를 해결하고 웨이블릿 변환 및 적응적 산술코딩을 적용한 정지영상 압축 표준은?

① JPEG1000
② MPEG
③ H.264
④ JPEG 2000

> **오답 피하기**
> 블록화 문제란 JPEG 압축 시 8x8 픽셀 블록 단위로 압축되면서 블록의 경계가 눈에 띄게 되는 현상

15년 03월 08일, 12년 03월 04일, 11년 03월 20일

9 다음 중 웨이블릿 변환과 가장 관계있는 표준은?

① H.263
② JPEG 2000
③ MPEG-7
④ MPEG-21

> **기적의TIP** JPEG와 JPEG 2000은 다른 방식으로 압축됩니다. JPEG는 DCT(이산 코사인 변환, Discrete Cosine Transform) 기법으로 압축되어 블록화 문제가 발생할 수 있습니다. JPEG 2000은 JPEG의 블록화 문제를 해결하기 위해 웨이블릿 변환기법을 사용하며, 더 나은 이미지 품질과 압축 효율을 제공합니다.

- 무선 주파수를 이용하여 물체를 식별하는 기술
- 태그에 저장된 식별 정보는 리더기로 읽고, 태그와 리더기 간의 무선 송수신은 리더기에 부착된 안테나를 통해 이루어짐

무선 송수신 주파수 대역의 종류
- LFID(저주파, Low Frequency Identification) : 주파수 범위 30 kHz~300kHz, 읽기 범위 약 10cm 이내
- HFID(고주파, High Frequency Identification) : 주파수 범위 3 MHz~30MHz, 읽기 범위 약 10cm~1m
- UHFID(초고주파, Ultra High Frequency Identification) : 주파수 범위 300MHz~3GHz, 읽기 범위 최대 12m 이상

동력 공급 방식에 따른 분류
- 수동형 RFID : 태그에 내장된 배터리가 없어 리더기로부터 전송된 전파를 이용해 전력을 공급
- 반수동형 RFID : 태그에 배터리가 내장되어 있지만 센서에만 사용
- 능동형 RFID : 태그에 내장된 배터리를 사용하여 지속적으로 신호를 전송

19년 08월 04일

10 RFID 관련 기술에 대한 설명으로 틀린 것은?
① 리더기는 태그의 정보를 읽거나 기록할 수 있다.
② LFID는 120~150㎒ 전파를 사용한다.
③ 주파수에 따라 LFID, HFID, UHFID로 구분할 수 있다.
④ 미들웨어의 종류로 센서를 통해 정보를 인식한다.

오답 피하기
- ④ : 미들웨어란 컴퓨터 프로그램들이 서로 잘 소통할 수 있도록 돕는 중간 관리자 역할을 하는 소프트웨어로, RFID 시스템에서는 태그로부터 읽어 들인 정보를 필요한 곳에 전달하여 시스템 간의 원활한 데이터 전송과 처리를 지원함

14년 05월 25일

11 다음 중 RFID 관련 기술에 대한 설명으로 틀린 것은?
① 리더기는 태그의 정보를 읽거나 기록할 수 있다.
② 동력에 따라 자동형, 반자동형 RFID로 구분할 수 있다.
③ 주파수에 따라 LFID, HFID, UHFID로 구분할 수 있다.
④ 미들웨어의 종류로 센서를 통해 정보를 인식한다.

11년 03월 20일

12 다음 중 RFID 관련 기술에 대한 설명으로 틀린 것은?
① 리더기는 태그의 정보를 읽거나 기록할 수 있다.
② 동력에 따라 수동형, 반수동형, 능동형RFID로 구분할 수 있다.
③ 주파수에 따라 LFID, HFID, UHFID로 구분할 수 있다.
④ 빛을 이용해 바코드를 판독한다.

기적의TIP RFID 기술은 실생활에서 흔하게 사용되는 기술로, 리더기, 태그, 안테나 등 RFID의 구성요소와 특징을 묻는 문제가 자주 출제됩니다. 구성요소, 주파수 대역, 공급 방식을 암기하면 쉽게 풀 수 있습니다.

* 11, 12 문제처럼 문항이나 내용 하나만 다른 문제라도 자주 출제되는 경우가 있어 두 문제 모두 도서에 수록하였습니다.

- 지터의 정의
  - 네트워크에서 데이터를 전송할 때 목적지에서 각 데이터 패킷의 도착 시간이 불규칙해지며 발생하는 현상
  - 목소리가 끊기거나 영상이 끊어지는 현상이 발생하여 품질 저하를 초래함
- 지터 발생 요인
  - 네트워크에 많은 데이터가 동시에 전송되어 혼잡한 상태
  - 패킷이 길이와 속도가 다른 각각의 다른 경로를 선택하여 도착 시간이 변동
  - 네트워크 장비의 부하로 인해 길어진 처리 시간
  - 패킷 손실로 재전송된 패킷이 원래의 순서대로 도착하지 않는 문제

21년 03월 07일, 16년 03월 06일, 14년 03월 02일, 11년 03월 20일 …

13 지터(Jitter)에 대한 설명으로 옳은 것은?
① 디지털 신호의 전달 과정에서 일어나는 시간 축 상의 오차
② 아날로그 파형을 양자화 비트로 표현하면서 발생하는 값의 차이
③ 가청 주파수보다 높은 고주파 성분 발생으로 인한 에러
④ 사운드에 원래 고주파 성분이었던 울림이 없어지고 저주파수의 방해음이 발생하는 것

기적의TIP 지터는 4과목과도 중복되는 부분으로, 음성 압축 과정에서 발생하는 오류 중 출제 빈도가 가장 높습니다. 문제에서는 도착 시간이 불규칙하다는 것을 시간축 상의 오차로 표현하고 있습니다. 지터 에러가 심하면 음성 통화나 오디오 스트리밍에서 '찌직'거리거나 '따닥 따닥'하는 정전기성 잡음이 들립니다.

008 영상 압축 표준 MPEG-21

- 멀티미디어 콘텐츠의 통합 관리 및 전송을 위한 국제 표준
- 다양한 기기와 플랫폼에서 멀티미디어 콘텐츠를 효율적으로 배포하고 사용하려는 목적
- 통합 멀티미디어 프레임워크를 제공하여 영화나 음악 등 디지털 콘텐츠의 재생, 구매, 공유 등 전자상거래 가능

18년 03월 04일, 14년 05월 25일

14 디지털 네트워크상에서 멀티미디어에 관련된 종합적인 프레임워크를 제공하는 기술은?

① MPEG-3
② MPEG-10
③ MPEG-5
④ MPEG-21

21년 08월 14일, 18년 08월 19일

15 멀티미디어 콘텐츠의 전자상거래(생성, 거래, 전달, 관리, 소비)를 위해 상호운용성을 보장하는 통합 멀티미디어 프레임워크를 위한 표준화에 해당하는 것은?

① MPEG-2
② MPEG-7
③ MPEG-21
④ MPEG-Z

기적의TIP 통합 멀티미디어 프레임워크는 다양한 멀티미디어 콘텐츠를 지원하는 시스템입니다. 이를 통해 영화, 음악, 전자책 등을 온라인에서 쉽게 구매하고 다운로드할 수 있으며, 스마트폰, 태블릿, PC 등 다양한 기기에서 문제없이 콘텐츠를 즐길 수 있습니다. 3가지의 키워드(전자상거래, 프레임워크, MPEG-21)로 암기하세요.

009 스트리밍 기술

- 인터넷을 통해 오디오, 비디오 등의 멀티미디어 콘텐츠를 실시간으로 끊김없이 전송하고 재생하는 기술
- 버퍼링(일정량의 데이터를 미리 받아 저장하는 과정)을 통해 전송된 데이터의 일부만으로도 재생 가능
- 스트리밍의 특성상 전체 파일을 저장하지 않기 때문에 저장공간이 거의 필요하지 않음

16년 05월 08일, 13년 03월 10일, 08년 07월 27일

16 동영상을 끊김없이 지속적으로 전송 처리하는 기술로 수신자에게 전송된 일부만으로도 재생 가능한 기술은?

① 스트리밍
② 푸시
③ 쿠키
④ 다중화

22년 03월 05일, 09년 03월 01일

17 멀티미디어 스트리밍(Streaming) 방식에 대한 설명으로 거리가 먼 것은?

① 데이터 저장을 위한 저장 공간이 적게 든다.
② 파일의 무단 복제나 수정, 배포 등의 문제를 최소화할 수 있다.
③ 재생을 위한 대기 시간이 짧아 실시간 방송에 적합하다.
④ 파일이 완전히 다운로드 되면 바로 재생된다.

[오답 피하기]
- ④ : 스트리밍은 파일이 완전히 다운로드되기 전에 재생을 시작한다.

기적의TIP 스트리밍 기술의 포인트는 끊김없는 전송, 일부만으로도 재생, 저장 공간 거의 필요하지 않음 등이 있습니다. 변형된 형태의 문제가 출제되더라도 특징을 잘 파악해 두면 폭넓은 응용이 가능합니다.

010 온라인 도구 플러그인

브라우저가 기본적으로 지원하지 않는 기능을 확장하거나 추가하기 위해 설치하는 프로그램이나 모듈

07년 08월 05일, 04년 08월 08일
18 웹브라우저에서 직접 보여주지 못하는 사운드나 동영상 파일들을 웹상에서 구현할 수 있도록 브라우저의 기능을 확장 시켜주는 프로그램은 무엇인가?

① Cookie
② FTP
③ HTML
④ Plug-in

오답 피하기
• ① : 웹사이트를 방문할 때 생성되며, 브라우저가 해당 쿠키를 웹 서버에 전송하여 사용자의 이전 활동을 기억. 사용자는 브라우저 설정을 통해 쿠키를 관리, 삭제한다.

08년 07월 27일, 05년 03월 20일
19 웹을 통해 제공되는 데이터 중 일부 동적 데이터(애니메이션, 비디오)를 보려면 기본적인 웹브라우저로 화면에 표시해주지 못해 특정 소프트웨어가 브라우저상에서 연동되어야 하는데, 이러한 기능을 가진 프로그램을 의미하는 것은?

① 필터링(Filtering)
② 키프레임(Key Frame)
③ 모핑(Morphing)
④ 플러그인(Plug-in)

오답 피하기
• ①, ②, ③ : 애니메이션과 관련된 기술적 용어

기적의TIP 과거에는 브라우저의 기술적 한계로 인해 멀티미디어 콘텐츠를 재생하기 위해서는 플러그인들이 필요하였으나, 현대는 HTML5의 발전으로 플러그인 없이도 스트리밍이 가능해졌습니다. 현재 사용되는 대표적인 플러그인에는 은행의 보안 모듈이 있습니다.

011 가상환경 아바타

• 분신(자신을 대신하거나 대표하는 또 다른 존재)이라는 뜻으로, 사용자를 대표하는 그래픽 이미지나 캐릭터를 의미
• 온라인 게임이나 가상 세계에서 사용자가 자신의 정체성을 나타내기 위해 사용하는 캐릭터

09년 07월 26일, 06년 08월 06일, 05년 03월 06일
20 컴퓨터에 의해서 만들어진 사람형상을 한 모델의 한 종류로 가상환경 내의 참여자를 의미하며, 가상환경에서 사용자를 대신해서 활동하는 개체로 '분신'을 의미하는 것은?

① 아바타
② 사이버스페이스
③ 채팅
④ 오브젝트

18년 03월 04일, 06년 03월 05일
21 웹 가상 커뮤니티에서 개인을 상징하는 대표적인 심볼로 원래 분신, 화신을 뜻하는 말은?

① 사인(Sign)
② 아이콘(Icon)
③ 블릿(Bullet)
④ 아바타(Avatar)

기적의TIP 영화 '아바타'에서 인간은 자신의 아바타를 통해 원주민 나비족과 상호작용하였습니다. 아바타는 사용자가 가상환경에서 상호작용하고 경험을 쌓을 수 있도록 돕는 중요한 요소입니다.

012 인터넷 IP주소 클래스

• 클래스 A : 0.0.0.0~127.255.255.255
• 클래스 B : 128.0.0.0~191.255.255.255
• 클래스 C : 192.0.0.0~223.255.255.255
• 클래스 D : 224.0.0.0~239.255.255.255
• 클래스 E : 240.0.0.0~255.255.255.255

22년 03월 05일, 13년 03월 10일, 08년 07월 27일, 06년 08월 06일 …
22 IP주소 체계에서 192.1.2.3이 속하는 클래스는?

① 클래스 A   ② 클래스 B
③ 클래스 C   ④ 클래스 D

13년 08월 18일, 10년 03월 07일, 07년 08월 05일
23 IP주소 203.240.100.1은 어느 클래스에 속하는가?

① 클래스 A   ② 클래스 B
③ 클래스 C   ④ 클래스 D

기적의TIP IP주소의 클래스를 선택하는 문제는 거의 모든 회차 시험에 출제되는 문제입니다. C 클래스뿐만 아니라 A~E 클래스까지 폭넓고 빈번하게 출제되니 반드시 각각의 클래스별 할당 IP주소를 외우도록 합니다.

013 인터넷 주소 IPv6

- IPv4의 주소 부족 문제를 해결하기 위해 개발된 인터넷 주소 체계
- IPv4의 32비트 주소와 달리, IPv6는 128비트 주소를 사용하여 더 많은 장치에 주소를 할당
- 확장 헤더를 사용하여 라우팅 효율성이 높고, 패킷 처리 속도 빠름
- 인터넷 보안 프로토콜 IPsec을 기본적으로 지원하여 데이터의 기밀성과 무결성을 보장

21년 03월 07일, 13년 08월 18일

24 IPv6에 대한 설명으로 거리가 먼 것은?

① IPv6 주소는 64비트, IPv4 주소는 32비트 길이이다.
② IPv6는 옵션들이 기본 헤더로부터 분리된다.
③ IPv6는 부가적 기능을 허용하는 새로운 옵션을 가진다.
④ IPv6는 프로토콜의 확장을 허용하도록 설계되었다.

[오답 피하기]

- ② ③ ④ : IPv6의 확장 헤더에 대한 항목이다. 헤더는 데이터 패킷의 앞부분에 위치하며, 데이터 전송을 위한 다양한 제어 정보를 포함한다. IPv6는 고정된 기본 헤더 뒤에 추가 정보를 담을 수 있는 확장 헤더를 붙여, 필요에 따라 선택적으로 사용하거나 사용하지 않을 수 있도록 확장성을 고려하여 설계된다.

17년 03월 05일, 12년 08월 26일, 10년 07월 25일

25 IPv6에 대한 설명으로 틀린 것은?

① 네트워크의 고속화와 그래픽과 비디오 등의 혼합된 미디어 전송 요구에 부합되도록 설계되었다.
② 128비트의 IP주소 크기를 가지고 있다.
③ 암호화와 인증 옵션들은 패킷의 신뢰성과 무결성을 제공한다.
④ 다섯 개의 클래스로 구성된 2레벨 주소 구조로 되어 있다.

[오답 피하기]

- ① : IPv6는 IPv4보다 많은 주소 공간을 제공하여 네트워크 장치의 증가에 대응
- ④ : IPv6는 클래스 개념이 없음

기적의TIP IPv6는 인터넷의 발전과 더불어 인터넷을 사용하는 기기들도 폭발적으로 증가하면서, 한정된 IPv4 주소의 고갈 문제를 해결하기 위해 등장했습니다. 128비트 주소 체계를 사용하여 사실상 무한에 가까운 주소를 제공하며, 발전하는 인터넷 환경에 맞춰 유한한 확장성을 갖습니다. 이러한 등장 배경과 특성을 연결하여 공부하면 복잡하지 않게 이론 정리를 할 수 있습니다.

014 FTP 데이터 전송모드

스트림 모드(Stream Mode)
- 가장 일반적인 전송모드로, 데이터를 연속적인 바이트 스트림(바이트 단위로 처리)으로 전송
- 전송이 간단하고 효율적이지만, 중간에 오류가 발생하면 복구가 어려움

블록 모드(Block Mode)
- 데이터를 블록 단위로 나누어 전송
- 각 블록은 헤더를 포함하고 있어, 전송 중 오류가 발생했을 때 복구가 용이

압축 모드(Compressed Mode)
- 데이터를 전송하기 전에 압축하여 전송
- 데이터의 크기를 줄여 전송 시간을 단축

18년 03월 04일

26 Client와 Server 간에 FTP 프로토콜을 이용하여, 파일을 교환하고자 할 때에 사용하는 데이터 전송모드가 아닌 것은?

① 패킷 모드
② 스트림 모드
③ 블록 모드
④ 압축 모드

15년 05월 31일

27 파일전송 프로토콜(FTP)에서 파일 전송 시에 사용하는 데이터 전송모드가 아닌 것은?

① 스트림 모드
② 블록 모드
③ 압축 모드
④ 패킷 모드

11년 08월 21일

28 FTP에서 파일을 전송할 때 사용하는 데이터 전송모드가 아닌 것은?

① 스트림 모드
② 블록 모드
③ 압축 모드
④ 라인 모드

기적의TIP FTP(File Transfer Protocol)는 네트워크를 통해 파일을 전송하기 위한 표준 프로토콜로, 인터넷을 통해 파일을 업로드하거나 다운로드할 때 사용됩니다. 3가지(스트림, 블록, 압축)의 전송모드는 FTP 표준(RFC 959)에서 정의된 공식적인 데이터 전송모드입니다.

015 경량 메시지 프로토콜 MQTT

- 경량의 작은 데이터 패킷으로 제한된 리소스 환경에 효율적
- 낮은 대역폭 사용으로 인터넷 속도가 느린 환경에서도 효과적
- 오프라인 상태에서도 메시지를 저장해 두었다가 다시 연결되면 전달
- TLS/SSL 기술을 사용하여 보안을 강화

21년 03월 07일, 16년 05월 08일

29 사물통신, 사물인터넷과 같이 대역폭이 제한된 통신환경에 최적화하여 개발된 푸시 기술 기반의 경량 메시지 전송 프로토콜은?

① MICS
② MTBF
③ HTTP
④ MQTT

오답 피하기

푸시는 서버가 정보를 자동으로 보내는 기술로, 예를 들어 스마트 홈 시스템에서 보안 카메라가 움직임을 감지하면, MQTT를 통해 즉시 사용자에게 알림을 푸시

기적의TIP MQTT는 스마트 홈, 산업 자동화, 원격 센서 네트워크 등 다양한 IoT 응용 분야에서 널리 사용되고 있습니다. MQTT의 경량성과 효율성은 많은 수의 장치가 연결되어 있는 IoT 환경에서 큰 장점으로 작용합니다.

016 전송계층 프로토콜 TCP

전송계층의 기능

- 애플리케이션 계층에서 받은 데이터를 세그먼트 단위로 분할하여 전송하고, 수신 측에서는 이 세그먼트를 다시 재조립
- 데이터 전송 중 발생할 수 있는 오류를 감지하고 수정
- 송신 측과 수신 측 간의 데이터 전송 속도를 조절하여 네트워크 혼잡과 수신 측의 오버플로우를 방지

21년 08월 14일, 16년 03월 06일, 12년 08월 26일

30 전송계층에서 데이터를 세그먼트 단위로 나누어 전송하고 오류 제어 및 흐름 제어를 제공하는 프로토콜은?

① TCP
② UDP
③ ICMP
④ SMTP

11년 08월 21일, 06년 08월 06일

31 인터넷을 통해 데이터를 전송할 때 데이터를 패킷 단위로 나누어 전송하고 오류 제어 및 흐름 제어를 제공하는 프로토콜은?

① POP
② TCP
③ ICMP
④ SMTP

기적의TIP TCP는 전송계층 핵심 프로토콜 중 하나로, 신뢰성 있는 데이터 전송을 제공하는 연결 지향형 프로토콜입니다. 전송계층의 기능을 제시하고 프로토콜이 무엇인지를 묻는 문제가 자주 출제됩니다. 전송계층의 기능과 프로토콜의 종류를 함께 연결하여 암기하세요.

017 TCP 연결 설정 3-Way Handshake

3-Way Handshake 연결 과정 : 클라이언트는 서버에 연결을 요청하기 위해 SYN 패킷을 보냄 → 서버는 클라이언트의 SYN 패킷을 수신하고, 이를 수락한다는 의미로 SYN+ACK 패킷을 클라이언트에게 보냄 → 클라이언트는 서버의 SYN+ACK 패킷을 수신한 후, 서버에 대한 응답으로 ACK 패킷을 서버에게 보냄

19년 08월 04일, 19년 03월 03일, 17년 08월 26일, 16년 05월 08일 …

32 신뢰성 있는 통신을 위해 최초 접속 시 3-Way Handshake를 수행하여 syn, syn+ack, ack 신호를 통한 정확성 있는 통신에 이용되는 프로토콜은?

① UDP
② TCP
③ IP
④ HTTP

기적의TIP syn와 ack는 TCP에서 사용되는 제어 플래그로, 네트워크 연결을 설정하고 관리하는 데 중요한 역할을 합니다. 각 플래그는 조합에 따라 다양한 TCP 동작을 구현합니다. 문제에서 3-Way Handshake가 제시되면 TCP 프로토콜입니다.

018 네트워크계층 프로토콜 ARP

- 네트워크 통신은 IP 주소와 MAC 주소 모두 필요
- ARP 프로토콜은 IP 주소를 MAC 주소로 변환

20년 06월 06일, 19년 08월 04일, 15년 03월 08일, 11년 03월 20일

33 IP 논리 주소를 MAC 물리 주소로 변환시켜 주는 프로토콜은?

① FTP
② ARP
③ SMTP
④ UDP

기적의TIP MAC 주소는 랜카드에 고유하게 부여된 물리적인 주소입니다. 컴퓨터가 다른 컴퓨터와 통신하려고 할 때, 실제로 IP 주소만으로는 데이터를 전송할 수 없으므로, ARP를 사용하여 해당 IP 주소에 해당하는 MAC 주소를 찾아 데이터를 전송합니다. 해킹 기술 부분에도 ARP를 이용한 공격 방법들이 나오니 역할을 잘 기억하세요.

019 공개키 암호화 알고리즘 RSA

비밀키(대칭키) 암호화
- 하나의 키를 사용하여 데이터를 암호화, 복호화
- 속도가 빠르고 대량의 데이터를 처리하는 데 적합
- 보안에 취약하여 키가 안전하게 전달되지 않으면 암호화 무력

공개키(비대칭키) 암호화
- 암호화는 공개키, 복호화는 개인키(비공개키)
- 대칭키 암호화에 비해 속도가 느리고 전자서명에 사용
- 비대칭 구조로 높은 보안성

20년 08월 22일, 13년 08월 18일

34 공개키로 사용하는 알고리즘을 대표하는 것은?

① DES
② AES
③ RC5
④ RSA

오답 피하기

- ①, ②, ③ : 비밀키 암호화 방식

18년 03월 04일, 14년 08월 17일

35 데이터 암호를 위한 공개 Key 알고리즘에 속하는 것은?

① DES
② SEED
③ RSA
④ RCA

오답 피하기

- ①, ② : 비밀키 암호화 방식
- ④ : 암호화 방식이 아님

기적의TIP 암호화 알고리즘 관련 문제는 공개키와 비밀키 알고리즘의 종류에 대해 자주 출제됩니다. 두 가지를 분류하여 종류를 잘 정리하세요. 공개키 알고리즘 종류에서는 대부분 RSA를 묻고 있습니다. 공개키는 암호화와 복호화에 서로 다른 키를 사용하기 때문에 비대칭키 암호화라고도 합니다.

020 이메일 보안기술 PGP

- 사용자의 개인정보 보호와 보안을 강화하는 데 중점
- 대칭키 암호화(IDEA)와 비대칭키 암호화(RSA)를 결합하여 높은 보안성 제공

20년 08월 22일, 18년 03월 04일, 14년 08월 17일

36 이메일 보안기술 중의 하나인 PGP(Pretty Good Privacy)에 대한 설명이 <u>아닌</u> 것은?

① 개인이 개발한 보안기술이다.
② 전자 우편의 수신 부인 방지 및 메시지 부인 방지를 지원한다.
③ 기밀성과 무결성 등을 지원한다.
④ RSA와 IDEA 등의 암호화 알고리즘을 사용한다.

오답 피하기

- ① : 필립 짐머만이 개발
- ② : 전자서명과 관련된 항목으로 PGP도 디지털 서명을 사용하지만, 수신 부인 방지와 메시지 부인 방지를 완벽하게 보장하지는 않음, 부인 방지 기능은 PKI(Public Key Infrastructure, 공개키 기반 구조) 암호화 알고리즘을 사용
- ③ : 기밀성과 무결성은 정보보안의 핵심 요소

기적의TIP PGP는 미국의 암호학자 필립 짐머만에 의해 1991년에 처음 개발되었습니다. 이 기술은 이메일 암호화와 전자서명 기능을 제공하여 개인정보 보호에 기여하였습니다.

- DNS 설정을 조작하여 사용자가 입력한 웹사이트 주소가 악성 웹사이트로 연결되도록 만듦
- 사용자가 악성 웹사이트에 접속하여 로그인 정보나 금융 정보를 입력하면 공격자에게 전송되어 탈취됨

21년 03월 07일, 17년 08월 26일, 14년 08월 17일

37 DNS 스푸핑을 이용하여 공격 대상의 신용정보 및 금융 정보를 획득하는 사회공학적 해킹 방법은?

① 프레임 어택
② 디도스
③ 파밍
④ 백도어

오답 피하기

- ① : 웹 페이지의 프레임을 조작하여 사용자가 다른 웹사이트에 접속한 것처럼 보이게 하는 공격으로, 사용자가 특정 버튼을 클릭하면 공격자가 의도한 다른 행동이 실행
- ② : 여러 대의 컴퓨터를 이용해 특정 서버나 네트워크에 과도한 트래픽을 발생시켜 다운시키는 공격
- ④ : 비인가 된 접근을 허용하는 숨겨진 경로를 의미

DNS 스푸핑이란 DNS 서버를 해킹하거나 사용자의 로컬 DNS 설정을 변경하여 악성 웹사이트로 접속하도록 유도하는 방법이다.

기적의TIP 파밍(Pharming)은 사용자를 합법적인 웹사이트로 가장한 악성 웹사이트로 유도하여 개인정보를 탈취하는 해킹 기법입니다. 피싱(Phishing)과 유사하지만, 피싱이 주로 이메일이나 메시지를 통해 사용자를 속이는 것과 달리, 파밍은 사용자가 인식하지 못한 상태에서 자동으로 악성 사이트로 유도된다는 점에서 차이가 있습니다. 문제 지문의 사회공학이란 사람의 심리를 이용하여 공격자의 목적을 위해 행동하도록 만드는 기술을 뜻합니다. 파밍과 피싱 모두 사회공학 해킹 방법의 일종입니다.

- 도입기 : 제품이 처음 시장에 출시되는 단계로 제품 인지도를 높이는 것이 중요
- 성장기 : 제품이 인기를 얻고 판매가 급격히 증가하는 단계로 경쟁자가 시장에 진입하기 시작
- 성숙기 : 시장이 포화 상태에 이르고 판매 성장률이 둔화되는 단계로 경쟁이 가장 치열
- 쇠퇴기 : 수요가 감소하고 판매가 줄어드는 단계

18년 08월 19일, 09년 07월 26일

38 제품의 라이프 사이클(Product Life Cycle)은 제품이 시장에 도입된 후 시간이 경과함에 따라 매출액이 변화해 가는 과정을 단계로 나눈 것이다. 다음 중 소비자의 인지도가 증가하여 생산수요가 급격히 증가하는 단계는?

① 성장기
② 성숙기
③ 경쟁기
④ 도입기

20년 08월 22일, 18년 04월 28일, 09년 03월 01일

39 다음 내용은 제품 수명 주기의 단계에서 어느 시기인가?

제품이 중간 다수층에게 수용됨으로서 매출 성장률이 둔화하는 시기로 판매량이 줄지도, 늘지도 않는 시기이다. 이 단계에서는 경쟁에 대응하여 많은 마케팅의 비용이 지출되고 제품의 가격을 낮추기 때문에 이익이 정지 또는 감소하기 시작되어 경쟁은 극심해지고 경쟁자는 일부 감소된다.

① 도입기(Introduction Stage)
② 성장기(Growth Stage)
③ 성숙기(Maturity Stage)
④ 쇠퇴기(Decline Stage)

기적의TIP 제품 수명주기는 제품이 시장에 출시되어 사라질 때까지의 과정을 설명하는 모델로, 일반적으로 네 가지 단계로 나뉩니다. 단계별 특성을 기승전결과 연결 지어 기억하면 쉽게 암기됩니다. 또는 단계별 핵심 키워드만 뽑아 인지도, 증가, 둔화, 감소로 암기하는 것도 요령입니다.

023 마케팅 믹스

- 마케팅 4P : 제품(Product), 가격(Price), 유통(Place), 촉진(Promotion)
- 마케팅 4C : 고객(Customer, Consumer), 비용(Cost), 편의(Convenience), 커뮤니케이션(Communication)
- 인터넷 마케팅 4C : 고객(Customer, Consumer), 콘텐츠(Content), 커뮤니티(Community), 상거래(Commerce)

20년 08월 22일, 05년 03월 06일, 02년 12월 08일

40 인터넷 마케팅의 4C에 해당되지 <u>않는</u> 것은?

① 상거래(Commerce)
② 공동체(Community)
③ 고객(Customer)
④ 커뮤니케이션(Communication)

기적의TIP 마케팅 믹스는 시장 환경과 소비자 행동의 변화에 따라 진화해 왔습니다. 전통적인 4P 모델에서 시작하여, 소비자 중심의 4C 모델, 디지털 시대에 맞춘 인터넷 마케팅 4C 모델로 발전해 왔습니다. 관련 문제는 주로 각 모델의 4가지 요소를 묻는 패턴입니다. 마케팅 4C의 커뮤니케이션과 인터넷 마케팅 4C의 커뮤니티가 서로 혼동되지 않도록 하세요. 마케팅 4P를 묻는 문제도 출제 빈도가 높으니 3가지 마케팅 믹스 구성요소를 잘 구분하여 암기합니다.

024 아이디어 발상 기법 브레인스토밍

- 아이디어를 제시하는 동안 비판이나 평가를 금지함
- 새로운 관점의 제공을 위해 비현실적이거나 터무니없는 아이디어라도 모든 아이디어의 자유로운 발상 환영
- 가능한 한 많은 양의 아이디어를 생성하여 질 좋은 아이디어가 나올 가능성이 높음
- 다른 사람의 아이디어를 결합하거나 개선하여 새로운 아이디어 도출
- 효율적인 관리와 용이한 의사소통을 위해 5~7명 정도의 그룹이 적당

18년 04월 28일, 09년 03월 01일, 05년 03월 20일

41 대표적인 아이디어 발상기법의 하나로 5~7명의 집단이 최적이며, 일정한 규칙을 지켜가며 전원이 자유롭게 의견을 내는 기법은?

① 자유연상법
② 유비법
③ 브레인스토밍
④ 전문가시스템

오답 피하기

- ① : 개인이 자유롭게 연상하여 아이디어를 떠올리는 방법으로, 집단보다는 개인에게 적합
- ② : 유사한 상황이나 문제를 통해 새로운 아이디어 도출
- ④ : 특정 분야의 전문가 지식을 컴퓨터 시스템에 적용하여 문제를 해결하는 방법으로, 아이디어 발상 기법과는 다름

16년 05월 08일, 06년 03월 05일

42 많은 아이디어를 얻기 위해 아무런 제약이 없는 상태에서 공상, 연상의 연쇄반응을 일으켜 아이디어를 내는 방식의 집단 사고 방법을 무엇이라 하는가?

① 시네틱스(Synectics)
② 연상의 기법(Association of Idea)
③ 브레인스토밍(Brainstorming)
④ 입·출력법(Input-Output Technique)

오답 피하기

- ① : 서로 다른 요소를 결합하여 새로운 아이디어를 창출하는 기법
- ② : 자유연상법
- ④ : 시스템의 입력과 출력을 분석하여 문제를 해결하는 방법으로, 아이디어 발상 기법과는 다름

기적의TIP 1940년대 미국의 광고인 알렉스 오스본(Alex Osborn)에 의해 개발되었으며, 현대에도 다양한 문제 해결 상황에서 널리 사용되고 있습니다. 브레인스토밍의 주요 목표는 비판 없이 많은 아이디어를 생성하여 창의적인 해결책을 찾는 것입니다.

025   인터페이스 디자인 기법 메타포

- 문학에서 사용하는 용어로 원래 의미는 은유를 가르킴
- 사용자가 새로운 시스템이나 소프트웨어를 쉽게 이해하고 사용할 수 있도록 익숙한 개념이나 경험을 활용하는 기법
- 복잡한 기능이나 개념을 직관적으로 전달하는 데 유용

18년 04월 28일, 15년 05월 31일, 12년 08월 26일, 06년 08월 06일

43 은유의 의미를 내포하는 단어로 사용자가 접근하려는 인터페이스 환경을 쉽게 이해하도록 익숙한 개념적 모델을 제공하기 위해 이용되는 것은?

① 그리드
② 가이드
③ 레이아웃
④ 메타포

10년 03월 07일, 07년 03월 04일

44 "인터페이스 디자인의 대표적인 기법으로 그 단어가 갖는 원래 의미는 숨긴 채 비유하는 형상만 드러내어 표현하려는 대상을 설명하거나 그 특징을 묘사한 것"에 해당하는 용어는?

① 그리드(Grid)
② 메타포(Metaphor)
③ 핫스팟(Hotspot)
④ 하이퍼미디어(Hyper media)

기적의TIP 메타포는 복잡한 개념을 쉽게 이해하고 전달하는 데 중요한 역할을 합니다. 컴퓨터의 운영체제에서 사용되는 메타포로는 실제 책상 위의 사물을 빗대어 컴퓨터 화면에 구현한 폴더, 파일, 쓰레기통 등의 아이콘이 있습니다.

026   멀티미디어 디자인의 시각적 강조

- 강렬한 색상이나 대비를 통해 특정 요소를 강조
- 알림음이나 배경음악을 사용
- 동화상이나 애니메이션을 통해 움직임을 추가
- 중요한 정보의 폰트 크기를 키우거나 굵게 하여 강조

18년 08월 19일, 08년 03월 02일, 05년 03월 06일

45 멀티미디어 디자인에서 사용자의 주의를 집중시키기 위해 주로 사용하는 방법이 아닌 것은?

① 다른 색상이나 소리 첨가
② 일관성 유지를 위해 동일한 크기의 폰트 사용
③ 동화상(Moving Image)을 통한 움직임 사용
④ 애니메이션 사용

오답 피하기

- ② : 디자인의 일관성을 유지하고 가독성을 높이는 데 도움이 되지만, 주의를 집중시키기 위한 방법으로는 부적합

기적의TIP 멀티미디어 디자인의 시각적 강조는 사용자의 주의를 끌고 중요한 정보를 효과적으로 전달하여 사용자 경험을 향상시키기 위해 사용됩니다.

027   멀티미디어 하이퍼텍스트 구성요소

노드
- 하이퍼텍스트 시스템에서 정보를 담고 있는 기본 단위
- 각 노드(텍스트, 이미지, 비디오, 오디오 등)는 사용자가 탐색할 수 있는 독립적인 개별 정보 단위

링크
- 노드와 노드를 연결하는 요소
- 한 노드에서 다른 노드로 이동할 수 있게 하는 기능

앵커
- 링크의 출발점이나 도착점을 지정하는 위치
- 텍스트나 이미지가 포함된 클릭하거나 선택할 수 있는 부분

21년 03월 07일, 05년 08월 07일

46 Hypertext의 대표적인 구성요소가 아닌 것은?

① 노드(Node)
② 앵커(Achor)
③ 링크(Link)
④ 해상도(Resolution)

14년 08월 17일, 07년 08월 05일

47 하이퍼미디어를 구성하는 기본적인 구성요소가 아닌 것은?

① 리스트
② 링크
③ 앵커
④ 노드

09년 07월 26일, 05년 03월 20일

48 다음 ( ) 안에 적절한 용어를 순서대로 나열한 것은?

> 하이퍼미디어 정보는 (①)와 (②)로 구성되어 있다. (①)은/는 일반적으로 정보 내용을 의미하며, (②)은/는 (①)들을 연결하여 탐색이 가능토록 하는 구성요소이다. (③)란 (②)의 출발점 (Source)과 도착점(Destination)을 의미한다.

① ① : 앵커 ② : 링크 ③ : 노드
② ① : 앵커 ② : 노드 ③ : 링크
③ ① : 노드 ② : 앵커 ③ : 링크
④ ① : 노드 ② : 링크 ③ : 앵커

기적의TIP 일반적인 웹사이트 이동에 쓰이는 시스템으로 하이퍼텍스트는 텍스트 링크로 연결되고, 하이퍼미디어는 텍스트 링크뿐만 아니라 이미지나 비디오를 클릭하여 다른 콘텐츠로 이동하는 것을 의미합니다. 링크를 클릭하면 노드와 노드를 연결하거나, 노드와 앵커(특정 위치)를 연결합니다.

028 미술공예운동

- 19세기 후반 영국의 디자이너 윌리엄 모리스가 주도
- 기계에 의한 대량 생산이 아닌, 장인의 손으로 만들어진 수공 예품의 가치를 강조
- 전통적인 제작 기법과 자연 재료를 사용
- 자연의 형태와 색상을 디자인에 반영하여 유기적이고 조화로운 미를 추구

15년 08월 16일, 13년 03월 10일, 10년 07월 25일

49 19세기 후반 영국의 윌리엄 모리스가 주장했던 것은?

① 구성주의
② 기능주의
③ 미술공예운동
④ 분리파

17년 03월 05일, 14년 08월 17일

50 디자인의 역사 중에 공예개량운동인 미술공예운동을 전개한 사람은?

① 윌리엄 모리스
② 설리번
③ 브뤼셀
④ 에밀 갈레

기적의TIP 미술공예운동은 19세기 후반 영국에서 시작된 예술운동으로, 산업혁명으로 인한 기계화와 대량 생산에 대한 반발로 일어났습니다. 이후 아르누보, 모더니즘 등 다양한 예술 및 디자인 운동에 영향을 미쳤으며, 현대 디자인에서도 지속적으로 회자되고 있습니다. 미술공예운동과 윌리엄 모리스를 연결하여 암기하세요.

029 바우하우스 교육이념

- 예술과 기술을 통합하여 새로운 형태의 디자인을 창조
- 전통적인 예술 형식에 얽매이지 않고, 새로운 형태와 구조의 실험 장려
- 산업혁명으로 등장한 새로운 재료와 기술을 적극적으로 활용
- 디자인은 미적 요소뿐만 아니라 기능적이어야 한다는 원칙을 강조

22년 03월 05일, 14년 03월 02일, 10년 07월 25일

51 바우하우스(Bauhaus)의 교육이념과 거리가 먼 것은?

① 새로운 조형의 실험
② 예술과 기술의 결합
③ 순수 예술의 추구
④ 새로운 재료의 활용

오답 피하기

- ③ : 순수 예술은 미적 가치와 예술적 표현을 중시하는 반면, 응용 예술은 실용성과 기능성을 중시. 바우하우스는 후자에 더 중점을 둠

기적의TIP 바우하우스는 1919년에 독일의 건축가 발터 그로피우스에 의해 설립된 예술과 디자인 학교로, 20세기 현대 디자인과 건축에 지대한 영향을 미쳤습니다. 1933년 나치 정권에 의해 강제로 문을 닫을 때까지 운영되었지만, 그 이념과 교육 방식은 전 세계적으로 퍼져나갔습니다. 바우하우스의 이념은 단순히 예술적 실험에 그치지 않고, 실용적이고 사회적으로 유용한 결과물을 창출하는 데 중점을 두었다는 점을 기억하세요.

030 디자인의 조건

디자인의 4대 조건
- 합목적성, 심미성, 독창성, 경제성
- 디자인의 5대 조건
- 디자인의 4대 조건 + 질서성

질서성
- 디자인 요소들이 조화롭게 배열되어 전체적으로 일관성과 균형을 이루는 것을 의미
- 디자인의 요소들이 서로 잘 어우러지도록 하여 명확한 정보 전달

17년 05월 07일, 09년 03월 01일, 07년 03월 04일, 04년 08월 08일

52 디자인 요소들 간의 관계 조절을 원활하게 유지하기 위하여 적용되는 디자인 조건은?

① 질서성
② 심미성
③ 합목적성
④ 경제성

기적의TIP 디자인의 조건을 고르는 문제가 자주 출제됩니다. 디자인 항목 외에도 각 항목이 뜻하는 의미를 묻는 등 여러 유형으로 출제되니 핵심이론을 참고하여, 디자인의 조건 5가지를 정리하여 기억하세요.

031 빅터 파파넥의 디자인 복합기능

- 방법(Method) : 재료와 도구를 효율적이고 실용적으로 사용하는 것이 중요
- 필요성(Need) : 인간의 기본적인 필요를 충족시켜야 하며, 이를 위해 경제적, 심리적, 정신적, 기술적, 지적 요구를 고려
- 용도(Use) : 디자인은 기능적이고 실용적이어야 하며, 그 목적에 부합되어야 함
- 목적(Telesis, 텔레시스)
  - 디자인이 단순히 물건을 만드는 것을 넘어, 사회에 긍정적인 변화를 불러와야 함
  - 자연과 사회의 변화를 잘 이해하고, 이를 디자인에 반영하여 의도적으로 활용
- 연상(Association)
  - 인간의 경험과 사회적, 문화적 맥락에서 어떻게 연관되는지를 설명
  - 사람들이 살아가는 환경과 문화, 그리고 그들의 경험을 잘 이해하고 이를 디자인에 반영
- 미학(Aesthetics) : 디자인의 미적 측면을 강조

19년 03월 03일, 16년 03월 06일, 13년 03월 10일

53 빅터 파파넥(Victor Papanek)이 주장한 디자인의 복합기능에 대한 설명으로 거리가 <u>먼</u> 것은?

① 텔레시스 : 보편적인 것이며, 인간의 마음 속 깊이 자리 잡고 있는 충동과 욕망의 관계
② 방법 : 재료와 도구를 타당성 있게 사용하는 것
③ 필요성 : 경제적, 심리적, 정신적, 기술적, 지적 요구에 의해 전개되는 것
④ 용도 : 기능과 실용성을 바탕으로 하며 목적에 부합되는 것

오답 피하기

- ① : 필요성에 대한 설명

기적의 TIP 오스트리아의 빅터 파파넥은 디자인이 미적 요소를 넘어 사회적, 환경적 책임을 가져야 한다고 주장한 디자이너이자 교육자로, 6가지의 복합기능(Function complex)이 조화를 이루어야 진정한 의미의 디자인이 될 수 있다고 주장했습니다. 디자인이 외형적인 아름다움에 그치지 않고, 사회적 책임과 인간의 필요를 충족시키는 방향으로 나아가야 한다는 이론입니다.

032 편집디자인 레이아웃

- 책, 잡지, 신문, 브로슈어 등 인쇄물이나 디지털 콘텐츠에서 텍스트와 이미지를 효과적으로 배치하는 것을 의미
- 콘텐츠를 쉽게 읽고 이해할 수 있도록 시각적 구조를 제공하는 요소
- 포맷, 라인업, 마진, 문자, 그리드, 가이드라인 등을 포함

08년 07월 27일, 06년 08월 06일

54 디자인의 핵심적인 요소로서 시각적 구성요소들을 조합하여 상호 간 기능적으로 배치, 배열하는 작업으로 포맷, 라인업, 마진, 문자가 이에 속하는 편집디자인의 구성요소는?

① 타이포그래피
② 레이아웃
③ 일러스트레이션
④ 인쇄기법

05년 03월 20일, 04년 08월 08일

55 다음 설명은 편집디자인의 구성요소 중 무엇인가?

> 디자인의 핵심적인 요소로서 시각적 구성요소들을 조합하여 상호간 기능적으로 배치, 배열하는 작업으로 포맷, 라인업, 마진, 문자가 이에 속한다.

① 인쇄기법
② 레이아웃
③ 일러스트레이션
④ 타이포그래피

기적의 TIP 디자인의 분류 중 출제 빈도가 가장 높은 항목은 시각디자인 〉 2차원 디자인 〉 편집디자인입니다. 레이아웃의 개념뿐 아니라 구성요소를 고르는 문제도 자주 출제되고 있습니다.

033 디자인의 기본요소

- 점 : 형태의 최소 단위
- 선 : 여러 선이 결합하여 면을 형성
- 면 : 선으로 닫힌 2차원 평면
- 입체 : 깊이, 너비, 길이를 가진 평면의 확장

56 다음 중 디자인의 기본요소가 <u>아닌</u> 것은?

① 면
② 원
③ 입체
④ 선

57 디자인의 기본요소에 속하지 <u>않는</u> 것은?

① 점
② 원
③ 면
④ 입체

기적의TIP 첫 시험이 시작되었던 2002년부터 꾸준히 출제되고 있는 문제입니다. 반드시 암기하도록 합니다. 디자인의 기본요소는 개념요소를 의미합니다.

* 56, 57 문제처럼 문항이나 내용 하나만 다른 문제라도 자주 출제되는 경우가 있어 두 문제 모두 도서에 수록하였습니다.

---

034   디자인의 시각요소

- 형(Shape, 모양) : 2차원의 도형
- 형태(Form, 입체) : 3차원 형상
- 크기(Size) : 요소의 상대적 크기나 비율
- 양감(Volume) : 물체의 부피
- 색채(Color) : 색 또는 색의 조합
- 질감(Texture) : 물체 표면의 시각적, 물리적 특성
- 비례(Proportion) : 각 요소 간의 크기나 양의 관계

58 다음 중 디자인의 시각요소에 속하지 <u>않는</u> 것은?

① 크기(Size)
② 모양(Shape)
③ 배경(Background)
④ 비례(Proportion)

59 디자인의 요소로 가장 거리가 <u>먼</u> 것은?

① 형태
② 재료
③ 색
④ 질감

기적의TIP 디자인의 기본요소(개념요소)는 디자인의 가장 기초적인 구성 단위로, 디자인의 구조를 형성하는 요소입니다. 시각 요소는 디자인의 외형적이고 감각적인 측면을 강조하는 요소로 감정과 분위기를 전달하는 데 사용됩니다. 기본요소와 시각요소는 출제 빈도가 높으므로 모두 암기하도록 합니다.

---

035   디자인의 원리 균형

- 디자인 요소들이 시각적으로 안정되고 조화롭게 배치되는 것
- 디자인의 전체적인 안정감을 주며, 시각적으로 편안하고 매력적인 구성을 만드는 역할
- 시각적으로 힘의 안정을 주어 명쾌한 느낌

균형의 유형

- 대칭(Symmetry)
  - 중심선을 기준으로 양쪽이 서로 대칭
  - 좌우 대칭, 상하 대칭, 회전 대칭 등 다양한 형태
- 비대칭(Asymmetric)
  - 대칭은 아니지만 시각적으로 균형
  - 요소들의 크기, 색상, 질감, 위치 등을 조절하여 시각적 무게를 균형 있게 배치
- 방사형(Radial) : 중심에서 바깥으로 퍼져나가는 형태로 주의를 끌고 집중시키는 효과
- 비례(Proportion) : 황금비율과 같은 수학적 비율을 사용하여 더욱 정교하게 조정

60 디자인의 원리 중 Symmetry에 대한 설명으로 옳은 것은?

① 변화 속에서 통일감을 얻는다.
② 길이의 비례 관계를 말한다.
③ 자연물 등의 대칭된 형태에서 느낄 수 있다.
④ 하나의 직선이나 곡선 또는 단순 형태에서는 느낄 수 없다.

오답 피하기

- ① : 통일과 변화에 대한 설명
- ② : 비례에 대한 설명
- ③ : 대칭은 나비의 날개, 인간의 얼굴 등 자연물에서 흔히 발견되는 형태
- ④ : 원이나 정사각형 등 단순한 형태에서도 충분히 대칭을 느낄 수 있음

기적의TIP 디자인 원리는 세부항목에 대해 전체적으로 골고루 출제됩니다. 특히 균형과 리듬 항목의 출제 비중이 높으며, 해당 유형을 암기하면 시험 대비에 도움이 됩니다. 균형의 유형 영어표기도 함께 기억하세요.

036 디자인의 원리 균형 비례

- 모든 사물의 상대적인 크기를 다루며, 디자인에서 조화와 균형을 이루는 데 중요한 역할
- 시각적 질서와 균형을 결정하여 디자인을 안정적이고 조화롭게 함
- 디자인 요소 간의 관계를 명확히 나타내기 위해 a:b 또는 1/2과 같은 비율 용어로 표현
- 기하학적 비례 : 두 수의 비율이 일정하게 유지되는 비례. 황금 분할 비율, 루트, 피보나치수열
- 산술적 비례 : 두 수의 차이가 일정한 비례
- 조화적 비례 : 두 수의 역수의 평균이 일정한 비례. 음악 화음의 조화

19년 08월 04일, 14년 08월 17일

61 형태의 시각적 특성인 비례에 대한 설명으로 가장 거리가 먼 것은?

① 선의 비례라 불리는 황금 분할의 비율은 1:3이다.
② 비례는 모든 사물의 상대적인 크기를 다루며, 조화의 근본이 된다.
③ 개념적으로 시각적 질서나 균형을 결정하는 데 사용된다.
④ 비례는 a:b 또는 1/2과 같은 비율 용어로 표현된다.

오답 피하기

• ① : 황금 분할 비율 1.618:1

15년 03월 08일

62 형태의 시각적 특성으로써 비례에 대한 설명으로 거리가 가장 먼 것은?

① 황금분할은 모듈러의 개념으로 1:1.414이다.
② 비례란 개념적으로 시각적 질서나 균형을 결정하는 데 쓰인다.
③ 황금 분할은 그리스 시대부터 미적인 비례의 전형으로 사용되었다.
④ 이상적인 비례로는 루트, 피보나치수열, 황금분할 등이 있다.

오답 피하기

• ④ : 루트(제곱근)는 어떤 수를 제곱했을 때 원래의 수가 되는 값으로, 기하학에서 도형의 비례를 설명할 때 사용(예 루트 4는 2). 피보나치수열은 0과 1로 시작하여, 그다음 숫자는 앞의 두 숫자의 합으로 이루어지는 수열로 자연에서 자주 발견되며, 예술과 건축에서 조화로운 비례로 사용(예 0, 1, 1, 2, 3, 5, 8, 13, 21..., 나선형 조개껍데기)

08년 03월 02일, 06년 03월 05일

63 형태의 시각적 특성으로써 비례에 대한 설명으로 거리가 가장 먼 것은?

① 황금분할 비율은 1:3이다.
② 비례란 어느 물리적 형태의 전체 크기나 양과 비교되어서 나타나는 일부분의 크기나 양을 말한다.
③ 개념적으로 비례는 시각적 질서나 균형을 결정하는 데 쓰인다.
④ 비례는 a:b 또는 1/2과 같은 비율 용어로 표현된다.

오답 피하기

• ② : 만약 어떤 물건이 100cm이고 그중 30cm가 특정 부분이라면, 그 부분은 전체의 30%에 해당하는 비례를 차지

기적의TIP 문제의 지문이 길어 복잡해 보이지만 핵심은 황금 분할 비율을 알고 있는가입니다. 황금 분할 비율은 기하학적 비례의 한 예로, 두 수의 비율이 일정한 관계를 유지할 때 나타납니다. 1.618:1 비율을 암기해두세요.

037 인터페이스 디자인 조형원리

- 통일과 변화 : 일관성을 유지하면서도 적절한 변화를 주어 흥미를 유발
- 조화 : 다양한 요소들이 잘 어우러져 일관된 느낌
- 균형 : 시각적으로 안정감을 주는 요소의 배치
- 리듬(율동) : 요소의 반복이나 변화를 통한 흐름과 움직임
- 대비 : 서로 다른 요소를 배치해 시각적 차이를 강조
- 강조 : 특정 요소를 두드러지게 하여 시선을 집중시킴

21년 08월 14일, 17년 03월 05일, 14년 08월 17일, 08년 07월 27일

64 인터페이스 디자인을 위한 조형원리로 거리가 가장 먼 것은?

① 통일   ② 조화
③ 절제   ④ 균형

20년 06월 06일, 08년 03월 02일, 07년 03월 04일, 02년 12월 08일

65 다음 중 사용자 인터페이스 디자인을 위한 조형원리에 해당되지 않는 것은?

① 통일감과 조화   ② 강조
③ 균형   ④ 분류

기적의TIP 디자인의 원리 또는 디자인의 조형원리로 제시하고 항목을 고르는 문제가 문항만 바꾸어 자주 출제됩니다. 6가지의 디자인 조형원리 구성요소를 반드시 암기합니다.

법칙

- 유사성의 법칙 : 비슷한 속성을 가진 요소들이 그룹으로 인식
- 근접성의 법칙 : 서로 가까이 있는 요소들이 하나의 그룹으로 인식
- 폐쇄성의 법칙 : 불완전한 형태나 그림이 있어도 사람들은 이를 완전한 형태로 인식
- 연속성의 법칙 : 선이나 곡선이 부드럽게 이어질 때, 이를 하나의 연속된 형태로 인식

6법칙

- 대칭성의 법칙 : 대칭적인 요소들은 하나의 그룹으로 인식
- 공동운명의 법칙 : 같은 방향으로 움직이거나 변화하는 요소들이 하나의 그룹으로 인식

21년 08월 14일, 18년 03월 04일, 15년 03월 08일, 13년 08월 18일 …

66 게슈탈트의 심리법칙 중 거리가 가까운 요소끼리 하나의 묶음으로 보이는 원리는?

① 근접성의 원리
② 폐쇄성의 원리
③ 유사성의 원리
④ 연속성의 원리

기적의TIP 게슈탈트의 심리법칙, 게슈탈트의 요인, 게슈탈트 그룹핑 법칙, 게슈탈트의 4법칙, 게슈탈트 시지각 이론, 시지각의 기본법칙, 시지각의 원리, 군화(群化)의 법칙, 도형조직 원리 등 다양한 표현으로 게슈탈트의 법칙 항목을 고르는 문제가 거의 매 회차 출제되고 있습니다. 반드시 4가지 법칙을 암기하세요.

- 시안(Cyan), 마젠타(Magenta), 옐로우(Yellow), 키(Black)의 네 가지 색상으로 구성
- 인쇄물에서 사용되며, RGB 모델과는 달리 빛을 직접 발산하는 것이 아니라 반사된 빛을 통해 색을 인식하여 디지털 화면에서 보이는 색상과 인쇄물의 색상이 다르게 보일 수 있음

12년 03월 04일, 07년 03월 04일, 05년 03월 20일, 02년 12월 08일

67 다음의 색표현 방식 중 컬러프린터 인쇄 시 주로 사용되는 것은?

① RGB방식
② YUV방식
③ HSB방식
④ CMYK방식

오답 피하기

- ① : 디지털 디스플레이(모니터, TV 등)에서 사용
- ② : 아날로그 TV 방송과 비디오 압축에서 사용
- ③ : 그래픽 디자인과 이미지 편집 소프트웨어에서 사용

기적의TIP CMYK는 4가지 잉크만으로 다양한 색상을 만들 수 있어 경제적이며, 대량 인쇄 시 색상의 일관성을 유지할 수 있습니다. 4과목에도 중복되어 출제되는 항목으로, 빛의 삼원색을 기본으로 디스플레이에서 사용되는 RGB와 함께 기억하세요.

040 타이포그래피

040 타이포그래피

- 타입(Type, 문자, 활자)과 그래피(Graphy, 쓰다, 기록하다)의 합성어
- 글자를 디자인하고 배열하는 기술과 예술
- 잘 디자인된 타이포그래피는 텍스트를 읽기 쉽게 만들어 독자가 내용을 쉽게 이해

21년 08월 14일, 18년 04월 28일, 07년 08월 05일, 05년 08월 07일

68 타이포그래피(Typography)에 대한 설명으로 거리가 가장 먼 내용은?

① '글자'라는 의미의 그리스어 'Typimg'에서 유래하였다.
② 글자를 이용한 디자인으로 예술과 기술이 합해진 영역이다.
③ 글자체, 글자크기, 글자사이, 글줄사이, 여백 등을 조절하여 전체적으로 읽기 편하도록 구성하는 표현기술이다.
④ 전통적으로 활판인쇄술을 의미했으나 현대에서는 기능과 미적인 면에서 효율적으로 운용하는 기술이나 학문으로 통용되고 있다.

21년 03월 07일, 17년 08월 26일

69 타이포그래피(Typography)에 관한 내용으로 틀린 것은?

① 타입(Type)과 그래피(Graphy)의 합성어이다.
② 타이포그래피 요소의 적절한 조화를 통해 시각적 배려와 의미가 담겨야 한다.
③ 타입(Type)은 문자 또는 활자의 의미를 갖는다.
④ 정보를 시각화하여 전달하는 방법 중에 가장 과학적이고 객관적인 방법으로 메시지를 전달할 수 있는 디자인 형태이다.

오답 피하기

- ④ : 과학적이고 객관적인 방법이라기보다는, 창의적이고 예술적인 접근을 통해 메시지를 전달하는 방법

기적의TIP 활판 인쇄술이란 금속이나 나무로 만든 활자를 조합하여 인쇄하는 기술입니다 활판 인쇄술은 책, 신문, 전단지 등 현대 인쇄술의 기초가 되었습니다.

041 색채 지각

- 빛이 물체에 닿을 때 일어나는 여러 가지 현상에 의해 인간이 느끼는 감각
- 색채 지각 과정 : 빛이 물체에 닿음 → 빛은 물체에 의해 반사, 분해, 투과, 굴절, 흡수 → 일부 빛이 우리의 눈으로 들어와 망막과 시신경을 자극 → 색을 인식

17년 08월 26일, 07년 08월 05일, 05년 03월 06일, 04년 08월 08일

70 다음은 디자인 요소 중 무엇에 관한 설명인가?

> 광원으로부터 나오는 광선이 물체에 비추어 반사, 분해, 투과, 굴절, 흡수될 때 안구의 망막과 여기에 따르는 시신경을 자극하여 일어나는 감각현상이다.

① 형태
② 색채
③ 질감
④ 빛

기적의TIP 문제의 지문은 색채가 인식되는 과정을 설명하고 있습니다. 색채는 빛의 파장이 물체에 의해 반사되거나 흡수되면서 발생하며, 이 빛이 눈의 망막을 자극하여 색을 인식하게 됩니다. 색을 지각하게 되는 과정을 스토리텔링하면 쉽게 문제를 이해할 수 있습니다.

042 색의 명도대비

- 두 색의 밝기 차이에 의해 발생하는 시각적 효과
- 서로 다른 명도를 가진 색들이 나란히 있을 때 그 차이가 두드러져 보이는 현상
- 명도대비가 클수록 색상 간의 차이가 뚜렷하게 보임
- 명도대비가 작을수록 색상 간의 차이가 덜 뚜렷하게 보임

19년 03월 03일, 15년 05월 31일

71 흰색 배경의 회색보다 검정색 배경의 회색이 더 밝게 보이는 대비 현상은?

① 보색대비
② 채도대비
③ 명도대비
④ 색상대비

14년 08월 17일, 06년 08월 06일, 04년 08월 08일

72 다음 중 밝기가 다른 두 색을 인접시켰을 때 서로의 영향으로 밝은색은 더욱 밝아 보이고 어두운 색은 더욱 어두워 보이는 현상을 무엇이라고 하는가?

① 색상대비
② 보색대비
③ 명도대비
④ 한난대비

기적의TIP 명도는 색의 밝고 어두운 정도를 나타내는 색채의 속성입니다. 명도의 속성을 이해하면 인접 색에 의해 더 밝아 보이거나 더 어두워 보이는 명도대비를 쉽게 연상할 수 있습니다. 색의 대비에 관련한 문제는 골고루 출제되므로 명도대비 이외에 색상대비, 채도대비, 보색대비, 계시대비, 동시대비, 면적대비 등에 대해서도 암기합니다.

---

043 보색대비

• 서로 반대되는 색상(보색)이 나란히 있을 때 서로의 색을 더 강하게, 선명하게 보이게 하는 시각적 효과
• 과도하게 사용하면 시각적으로 피로감을 줌
• 빨강과 초록의 대비는 크리스마스를 연상시키는 것처럼 감정적 반응을 유도함

17년 08월 26일, 14년 05월 25일, 14년 03월 02일, 13년 08월 18일

73 먼셀색체계의 색상환에서 서로 마주보고 있는 색으로 배색했을 때 어떤 대비 효과를 볼 수 있는가?

① 명도대비
② 채도대비
③ 보색대비
④ 색상대비

기적의TIP 보색은 색상환에서 서로 마주 보는 위치에 있는 색상입니다. 보색관계를 묻는 기출문제도 있으니 빨강과 초록, 파랑과 주황, 노랑과 보라, 마젠타와 녹색 등 보색관계에 있는 색상도 기억하세요.

---

044 베졸드 효과

• 독일의 물리학자 빌헬름 폰 베졸드에 의해 발견된 색채 지각 현상
• 동일한 색이라도 주변 색에 따라 다르게 보일 수 있다는 것을 설명
• 색상 조합을 고려할 때 중요한 요소로 작용

21년 03월 07일, 15년 03월 08일, 12년 08월 26일, 11년 08월 21일

74 붉은 망에 들어간 귤의 색이 본래의 주황보다도 붉은 색을 띠어 보이는 효과는?

① 스푸마토(Sfumato) 효과
② 플루트(Flute)효과
③ 베졸드(Bezold) 효과
④ 팬텀컬러(Phantom color) 효과

오답 피하기

• ① : 색상과 윤곽을 부드럽게 섞어서 경계가 흐릿하게 보이도록 하는 기법. 르네상스 시대의 화가 레오나르도 다 빈치가 자주 사용 **예** 모나리자
• ② : 음악에서 사용되는 용어
• ④ : 실제로는 없는 색이 보이는 착시현상. 흑백 패턴이 빠르게 움직일 때 색깔이 있는 것처럼 보일 수 있음

기적의TIP 베졸드 효과는 줄눈 효과, 병치 효과라고도 불립니다. 같은 회색이라도 흰색 배경에서는 더 어두워 보이고, 검은색 배경에서는 더 밝아 보이는 예시와 함께 붉은 망 주황 귤로 암기하세요.

- 색상 : 색의 종류
- 명도 : 색의 밝고 어두운 정도
- 채도 : 색의 선명하고 탁한 정도

22년 03월 05일, 08년 07월 27일, 04년 08월 08일
75 다음 중 색의 3속성이 <u>아닌</u> 것은?

① 대비
② 명도
③ 색상
④ 채도

16년 03월 06일, 10년 07월 25일
76 다음 중 색의 3속성이 <u>아닌</u> 것은?
① 색상(Hue)
② 질감(Texture)
③ 명도(Value)
④ 채도(Chroma)

기적의TIP 가장 많이 출제된 기출문제 중 하나입니다. 틀린 문항만 대비, 순도, 조도, 색광, 명암, 질감 등으로 제시되는 패턴입니다. 색의 3속성은 매우 중요한 문제입니다.

* 75, 76 문제처럼 문항이나 내용 하나만 다른 문제라도 자주 출제되는 경우가 있어 두 문제 모두 도서에 수록하였습니다.

- 명시성(Legibility)이란 색상, 선, 형태 등이 쉽게 인식되고 구별되는 정도를 의미
- 명도 차이가 클수록 명시성이 증가하여 시각적 요소가 더 쉽게 식별
- 채도가 높은 색상은 더 선명하고 눈에 잘 띄기 때문에 명시성이 증가
- 보색 관계에 있는 색상은 서로를 돋보이게 하여 명시성을 높임
- 큰 면적의 색상은 작은 면적의 색상보다 더 쉽게 눈에 띔

21년 08월 14일, 11년 03월 20일
77 색채 지각 반응 효과에서 명시성(Legibility)에 가장 크게 영향을 미치는 속성은?
① 명도
② 채도
③ 색상
④ 질감

15년 08월 16일, 12년 08월 26일, 11년 03월 20일
78 색채 지각 반응 효과에서 명시성(Legibility)에 가장 크게 영향을 미치는 속성은?
① 명도 차이
② 채도 차이
③ 색상 차이
④ 질감 차이

기적의TIP 사람의 눈은 명도 변화에 가장 민감하게 반응합니다. 명도 대비가 크면 시각적 정보가 더 명확하게 전달되기 때문에 이미지(JPEG)의 압축에 밝기 정보는 최대한 보존하고 색상정보를 더 많이 압축하여, 압축률은 높이고 이미지의 품질은 유지하는 방식을 사용합니다.

047 먼셀기호

색상을 체계적으로 분류하고 표현하기 위해 개발된 먼셀 색채 체계에서 사용되는 기호

표기 방법
- HV/C
- Hue(색상) Value(명도)/Chroma(채도)

19년 08월 04일, 14년 03월 02일, 11년 03월 20일

79 먼셀기호 "5R 8/3"이 나타내는 의미로 옳은 것은?

① 색상 5R, 채도 8, 명도 3
② 색상 5R, 명도 8, 채도 3
③ 색상 8R, 채도 3, 명도 5
④ 색상 8R, 명도 3, 채도 5

오답 피하기

5R 8의 3은 5R(빨강)의 명도가 8이고 채도가 3인 색상 = 밝고 약간 흐릿한 빨간색

15년 08.16일, 12년 08.26일

80 먼셀 기호 4.3YR 7/12에 대한 설명으로 옳은 것은?

① 명도는 4.3이다.
② 명도는 YR이다.
③ 명도는 7이다.
④ 명도는 12이다.

오답 피하기

- 4.3YR 7의 12는 Y(노랑)에 약간 더 가까운 YR(주황)의 명도가 7이고 채도가 12인 색상 = 밝고 강렬한 주황색
- 4.3은 색상환에서 Y와 R(빨강) 사이가 얼마나 가까운지를 나타내는 수치로, 낮을수록 Y에 가깝고, 높을수록 R에 가까움
- 먼셀 색 체계에서 Hue(색상)의 수치는 0부터 10까지 사용

기적의TIP 먼셀 기호를 기입하는 순서인 색, 명, 채로 암기하세요. 간혹 어떤 색상인지를 묻는 문제가 출제되니 핵심이론을 참조하여 먼셀의 기본 10색 기호를 암기하세요. 가장 많이 출제된 색상 명은 빨강(5R 4/12)과 분홍(10RP 7/8)입니다.

048 CIE Lab 표색계

- 색을 수치적으로 표현하기 위해 국제조명위원회(CIE)에서 개발한 색 공간
- CIE Lab의 색체계는 세 가지 축으로 구성
- L*(명도) : 0(검정)~100(흰색)
- a* : +a(빨간색)~−a(녹색)
- b* : +b(노란색)~−b(파란색)

22년 03월 05일, 17년 08월 26일

81 CIE L*a*b* 표색계에 대한 설명으로 거리가 먼 것은?

① +a*는 red의 방향이다.
② −a*는 red − green 축에 관계된다.
③ L*= 50은 gray이다.
④ +b*는 blue의 방향이다.

13년 08월 18일, 11년 03월 20일

82 CLE Lab 표색계에 대한 설명으로 거리가 먼 것은?

① a*와 b*는 색 방향을 나타낸다.
② a*는 red−green 축에 관계된다.
③ L*=50은 gray이다.
④ b*는 밝기의 척도이다.

기적의TIP CIE Lab* 표색계는 색의 차이를 수치적으로 계산할 수 있는 장점이 있어 인쇄, 페인트, 섬유, 디지털 이미지 처리 등 다양한 산업 분야에서 색상 관리의 표준으로 사용되고 있습니다. 시험에서는 명도 L*과 색상축 a*와 b*의 범위에 대한 문제가 주를 이룹니다.

3과목 멀티미디어 저작

049   HTML 태그의 종류

- 여는 태그(Start Tag) : 〈
- 닫는 태그(End Tag) : 〉
- 빈 태그(Self Closing Tag) : 일부 태그는 닫는 태그가 필요 없음

21년 08월 14일, 19년 03월 03일

83 HTML 파일에서 특수문자 〈가 브라우저에 출력되는 기호로 맞는 것은?

① 〉   ② 〈
③ =   ④ &&

15년 05월 31일

84 HTML 파일에서 닫는 태그로 옳은 것은?

① >   ② <
③ >=   ④ <=

기적의TIP HTML에서 〈 기호는 태그의 시작을 나타냅니다. 태그를 작성할 때 〈로 시작하여 〉로 마무리하게 되는데, 실수로 태그를 〉로 닫지 않으면 브라우저에는 〈이 그대로 출력됩니다.

050   앵커 태그 타켓 속성

- 앵커 태그(〈a〉)는 HTML에서 링크를 생성하는 데 사용되는 태그
- 타켓 속성은 링크를 클릭했을 때 링크된 문서가 열리는 방식을 지정
- _blank : 새 창에서 링크 열기
- _self : 현재 창에서 링크 열기
- _parent : 현재 창의 상위 창에서 링크 열기
- _top : 최상위 창에서 링크 열기
- 예제 코드

```
〈a href="URL" target="_blank"〉링크 텍스트〈/a〉
```

18년 08월 19일, 12년 03월 04일, 08년 03월 02일

85 <a href> 태그에서 새 창에 target 페이지를 띄워주는 속성은?

① _self   ② _parent
③ _top   ④ _blank

기적의TIP target 속성을 적절히 사용하면 웹 페이지의 동작을 더욱 세밀하게 제어할 수 있습니다. 지문에서는 html 또는 html5의 태그라고 제시되기도 하며, 4가지의 타켓 속성을 번갈아 가며 꾸준히 출제되고 있는 문제입니다. 4가지 속성을 모두 암기하세요.

051   〈select〉 태그 다중 선택

- 단일 선택 드롭다운 목록 : 〈option〉 태그를 사용하여 목록 작성
- 다중 선택 리스트 박스 : multiple 속성을 추가하여 여러 개의 옵션을 동시에 선택
- 〈select〉 예제 코드

```
〈select multiple〉
    〈option〉Apple〈/option〉
    〈option〉Banana〈/option〉
    〈option 〉Cherry〈/option〉
    〈option〉Melon〈/option〉
〈/select〉
```

21년 08월 14일, 17년 08월 26일, 15년 05월 31일

86 HTML에서 select 태그를 이용하여 여러 목록 중 다중 선택이 가능하도록 구성할 때 필요한 속성은?

① checked
② disabled
③ onchange
④ multiple

21년 03월 07일, 18년 04월 28일

87 HTML5의 select 태그에서 여러 개의 목록을 선택하고 싶을 때 사용하는 속성은?

① color
② multiple
③ display
④ input

기적의TIP 〈select〉 태그는 드롭다운 목록을 생성하는 폼(입력 양식) 요소의 일부로, HTML 2.0부터 도입되었습니다. multiple은 다중 선택이 가능하도록 하는 속성으로 〈select〉 태그 뿐 아니라 〈input type="file" multiple〉 등 여러 태그에서 사용되고 있습니다.

＊ 86, 87 문제처럼 문항이나 내용 하나만 다른 문제라도 자주 출제되는 경우가 있어 두 문제 모두 도서에 수록하였습니다.

052 〈frameset〉 태그

- 웹 페이지를 여러 개의 프레임으로 나누어 각각의 프레임에 다른 HTML 문서를 표시
- 〈body〉 태그를 대체하여 페이지의 레이아웃을 정의
- 〈frameset〉 예제 코드

```
〈frameset cols="25%, 75%"〉
  〈frame src="1.html"〉
  〈frame src="2.html"〉
〈/frameset〉
```

- 〈frameset〉 태그의 주요 속성
  - cols : 프레임을 수직으로 나눔. 각 프레임의 너비를 지정
  - rows : 프레임을 수평으로 나눔. 각 프레임의 높이를 지정
  - frame src : 프레임에 표시할 문서의 URL을 지정
  - border : 프레임 테두리의 경계선 두께를 지정
  - framespacing: 프레임 사이의 간격을 지정

18년 04월 28일, 12년 08월 26일, 10년 07월 25일

88 HTML에서 FRAME 태그 속성에 대한 설명으로 **틀린** 것은?

① "cols"는 Frame의 색상을 지정할 때 사용한다.
② "src"는 브라우저 url 주소로 다른 HTML 문서를 읽어온다.
③ "target"은 Frame에 붙일 이름의 파일을 표시한다.
④ "border"는 Frame 테두리의 굵기를 나타낸다.

> **오답 피하기**
> 〈frameset〉 태그에 사용되는 속성은 html 기본 문법을 따름

> **기적의TIP** 〈frameset〉 태그는 HTML5에서 더 이상 지원되지 않기 때문에 예제 코드로 HTML문서를 만들면 브라우저에 올바르게 출력되지 않을 수 있습니다. 현재는 한 페이지 내에 다른 HTML 문서를 삽입할 때 CSS와 JavaScript를 사용하여 동일한 기능을 구현하거나 〈iframe〉 태그를 사용합니다.
> 예 〈iframe〉 예시
> ```
> 〈iframe src="https://www.60kim.com" width="600" height="400"〉〈/iframe〉
> ```

053 CSS 문자속성

- 텍스트의 스타일과 모양을 조정하는 데 사용
- 예제 코드

```
〈style〉
    .styled-text {
        color: #3498db; /* 텍스트 색상 */
        font-family: "Arial", sans-serif; /* 글꼴 */
        font-size: 20px; /* 글꼴 크기 */
        font-weight: bold; /* 글꼴 굵기 */
        font-style: italic; /* 글꼴 스타일 */
        text-align: center; /* 텍스트 정렬 */
        text-decoration: underline; /* 텍스트 장식 */
        text-transform: uppercase; /* 대문자로 변환 */
        letter-spacing: 2px; /* 문자 간격 */
        line-height: 1.5; /* 줄 높이 */
    }
〈/style〉
```

16년 05월 08일, 14년 03월 02일, 10년 07월 25일

89 스타일 시트(CSS)에서 텍스트 문자속성에 대한 설명으로 **틀린** 것은?

① text-align : 글자 정렬
② text-indent : 화면 왼쪽으로 들여쓰기 지정
③ letter-spacing : 글자와 글자 사이의 간격 지정
④ text-decoration : 소문자나 대문자로 변환

> **오답 피하기**
> - ④ : 텍스트의 밑줄이나 취소선 등 텍스트를 장식

> **기적의TIP** 문자속성 태그는 CSS 관련 문제 중 출제빈도가 가장 높은 항목입니다. 텍스트의 스타일 지정, 배치, 장식에 관련된 태그를 핵심 이론을 참조하여 암기하도록 합니다.

054 문자열 속성 선택자

CSS에서 특정 속성의 값에 따라 HTML 요소를 선택

선택자	설명	예시
[속성]	속성이 존재하는 요소를 선택	a[href] { color: blue; }
[속성="값"]	정확히 일치하는 요소를 선택	a[href="#"] { color: blue; }
[속성^="값"]	특정 문자열로 시작하는 요소를 선택	a[href^="https"] { color: blue; }
[속성$="값"]	특정 문자열로 끝나는 요소를 선택	a[href$=".pdf"] { color: blue; }
[속성*="값"]	특정 문자열이 포함된 요소를 선택	a[href*="60kim"] { color: blue; }
[속성~="값"]	공백으로 구분된 단어 중 특정 단어가 포함된 요소 선택	a[href~="60"] { color: blue; }

18년 03월 04일, 14년 03월 02일

90 HTML5에서 지정한 문자로 끝나는 속성에 대해서만 스타일을 적용하는 속성 선택자는?

① $ ② ~
③ &&   ④ ##

21년 03월 07일

91 HTML5에서 지정한 문자로 끝나는 속성에 대해서만 스타일을 적용하는 속성 선택자는?

① not   ② &&
③ $ ④ ##

[오답 피하기]

• ①, ④ : 속성 선택자가 아님
• ② : AND 연산자 : 두 개의 불리언 값이 둘 다 참일 때만 결과가 참

[기적의TIP] 문자열 속성 선택자는 CSS에서 특정 속성의 값에 따라 문자열과 관련된 HTML 요소를 선택하는 데 사용됩니다. 이를 통해 웹 페이지를 보다 정교하게 스타일링합니다.

＊ 90, 91 문제처럼 문항이나 내용 하나만 다른 문제라도 자주 출제되는 경우가 있어 두 문제 모두 도서에 수록하였습니다.

055 자바스크립트 예약어

• 특정한 기능이나 목적을 위해 미리 정해진 단어들
• 변수 이름, 함수 이름, 또는 식별자로 사용할 수 없음

분류	예약어
제어문	if, else, switch, case, default, for, while, do, break, continue
선언 및 정의	super, var, let, const, function, class, extends, constructor
예외 처리	try, catch, finally, throw
객체 및 클래스	this, new, delete, instanceof, typeof, in
기타	transient, return, void, with, yield, await, debugger

13년 08월 18일, 10년 03월 07일, 07년 03월 04일, 05년 03월 06일 …

92 다음 중 자바스크립트 변수로 사용할 수 있는 것은?

① transient   ② super
③ inter   ④ try

[기적의TIP] 변수는 데이터에 붙어 있는 이름표와 같은 개념입니다. 우리가 물건에 이름을 붙여서 구분하듯, 프로그래밍에서도 데이터를 구분하고 관리하기 위해 변수라는 이름표를 사용합니다. 예약어는 변수 이름으로 사용할 수 없습니다.

056 NEW 연산자

• 생성자 함수를 호출하여 객체를 생성
• 예제 코드

```
function 사람(이름, 나이) {
  this.이름 = 이름;
  this.나이 = 나이;
}


const 사람1 = new 사람('합격이', 21);
console.log(사람1.이름); // 출력: 합격이
console.log(사람1.나이); // 출력: 21
```

19년 08월 04일, 19년 03월 03일, 17년 05월 07일, 15년 05월 31일 …

93 자바스크립트의 생성자 함수를 이용하여 객체를 생성할 때 사용하는 예약어는?

① function   ② instanceof
③ typeof   ④ new

[오답 피하기]

① 함수 정의 키워드. 함수 선언의 시작을 알리는 역할
② 특정 생성자 함수로 만들어졌는지 확인하는 연산자

```
// 예제 코드
const person1 = new Person('Alice');
console.log(person1 instanceof Person); // true
```

③ 변수나 값의 데이터 타입을 확인할 때 사용하는 연산자

```
// 예제 코드
console.log(typeof 21); // 출력: "number"
console.log(typeof '합격이'); // 출력: "string"
```

[기적의TIP] new 키워드를 사용하면 특정 함수를 호출하여 새로운 객체를 만들 수 있습니다. 예약어를 묻는 유형에서 자주 출제되었던 문제입니다.

057　문자열 메서드

- 문자열(String)을 조작하고 처리하기 위해 제공되는 함수들
- 문자열의 내용을 검색, 변환, 분할, 결합 등 다양한 작업을 수행
- 문자열 객체는 다양한 메서드를 제공

toLowerCase( )	문자열을 소문자로 반환
toUpperCase( )	문자열을 대문자로 반환
charAt( )	지정된 특정 인덱스 위치에 있는 단일 문자 반환
substring( )	문자열의 특정 부분을 추출하여 새로운 문자열로 반환
concat( )	두 개 이상의 문자열을 결합하여 반환
indexOf( )	특정 문자가 처음 나타나는 인덱스 위치를 반환

18년 03월 04일, 15년 05월 31일

94 자바스크립트에서 문자열의 특정 위치에 있는 한 개의 문자를 찾아내려 할 때, 사용하는 문자열 객체 메서드는?

① charAt( )　　　　② ArrayOf( )
③ replace( )　　　　④ search( )

오답 피하기

①
```
// 예제 코드
let massge = "시험합격";
console.log(massge.charAt(2)); // "합"
console.log(massge.charAt(3)); // "격"
```

② 새로운 배열을 생성
```
// 예제 코드
let arr = Array.of(1, 2, 3); // [1, 2, 3]
```

③ 문자열 내의 특정 부분을 다른 문자열로 대체
```
// 예제 코드
let 예상 = "시험, 불합격";
let 수정된결과 = 예상.replace("불합격", "합격");
console.log(수정된결과); // "시험, 합격"
```

④ 정규 표현식과 일치하는 첫 번째 인덱스를 반환
```
// 예제 코드
var you = "합격을 축하합니다!";
var kim60= you.search("축하");
console.log(kim60); // 4
```

19년 08월 04일, 13년 08월 18일

95 자바스크립트에서 문자의 특정 위치에 있는 한 개의 문자를 찾아내려 할 때, 사용하는 문자열 객체의 메서드는?

① indexOf( )　　　　② replace( )
③ charAt( )　　　　④ search( )

오답 피하기

① 특정 문자가 처음 나타나는 인덱스를 반환
```
// 예제 코드
let massge = "시험합격";
let index1 = massge.indexOf("합격"); // 2 반환
```

기적의TIP　인덱스는 문자열 내에서 각 문자가 차지하는 위치를 나타내는 숫자로 0부터 시작합니다. 공백도 포함하므로 "시험 합격"이라는 문자열의 인덱스 번호는 0-시, 1-험, 2-공백, 3-합, 4-격입니다.

058　concat( ) 메서드

- 두 개 이상의 배열을 결합하여 반환하는 메서드 : 배열과 문자열에서 사용
- 배열 : 하나 이상의 배열이나 값을 기존 배열에 합쳐서 새로운 배열을 반환

```
// 예제 코드
let array1 = [1, 2, 3];
let array2 = [4, 5, 6];
let array3 = [7, 8, 9];

let all = array1.concat(array2, array3);
console.log(all); // [1, 2, 3, 4, 5, 6, 7, 8, 9]
```

- 문자열 : 하나 이상의 문자열을 기존 문자열에 합쳐서 새로운 문자열을 반환

```
// 예제 코드
let string1 = "시험,";
let string2 = "합격";

let all = string1.concat(string2);
console.log(all); // "시험, 합격"
```

20년 08월 22일, 16년 03월 06일, 12년 08월 26일, 08년 07월 27일 …

96 자바스크립트(Java Script)에서 두 개의 배열을 하나의 배열로 만들 때 사용되는 메서드(Method)는?

① deleteRow( )
② sort( )
③ concat( )
④ slice( )

오답 피하기

- ① : HTML 테이블의 행을 삭제하는 메서드로, 배열과는 관련이 없음
- ② : 배열의 요소를 정렬
- ④ : 배열의 일부를 추출하여 새로운 배열을 반환

기적의TIP　자바스크립트의 메서드는 많은 종류가 있으나 시험에 출제되는 메서드는 한정적입니다. 기출문제를 중심으로 살펴보시고 출제가 되었던 메서드는 암기하도록 합니다.

059 RegExp 객체

RegExp(Regular Expression, 정규 표현식) : 문자열의 패턴을 검색하고 문자열을 변환

• 생성 방법

① 리터럴 표기 : 슬래시(/)로 감싸서 정규 표현식을 작성

```
let regex = /찾고자 하는 문자열 패턴/;
```

• 동작 제어 플래그
 - g(Global Search) : 문자열 내에서 패턴과 일치하는 모든 부분을 찾음
 - I(Case Insensitive Search) : 대소문자를 구분하지 않고 검사
 - m(Multiline Search) : 여러 줄의 문자열에서 패턴 일치 여부를 검사
 - u(Unicode Mode) : 유니코드의 코드 포인트를 인식하여 처리

```
// 예제 코드                    ──○ 유니코드에서 각 문자를
                                      식별하기 위한 고유한 숫자
let regex = /60kim/gi;      //대소문자 구분 없이 문자열 내 모든
'60kim'을 찾음
```

② 생성자 함수 : 생성자 new를 사용하여 정규 표현식을 작성

```
let regex = new RegExp('찾고자 하는 문자열 패턴');
```

22년 03월 05일, 17년 05월 07일, 15년 05월 31일, 13년 08월 18일

97 자바스크립트의 RegExp 객체에 대한 설명으로 거리가 먼 것은?

① new 키워드를 이용하여 생성할 수 있다.

② 리터럴을 이용하여 표현할 수 있다.

③ 'i' 플래그는 대소문자를 구분하여 패턴 일치 여부를 검사한다.

④ 'm' 플래그는 다중 라인의 문자열에서 패턴 일치 여부를 검사한다.

오답 피하기

• ③ : 'i' 플래그는 대소문자를 구분함

기적의TIP RegExp(레젝스)는 문자열 내에서 특정 패턴을 찾거나 조작하기 위해 사용됩니다. 표기방법과 리터럴 표기 시 사용되는 플래그의 용도를 암기하여 변형된 문제에도 대비하세요.

060 Window 객체

브라우저 전역 객체(global object)로, 웹 페이지의 창이나 프레임을 나타냄

window.open()	새로운 브라우저 창이나 탭을 엶
window.close()	현재 창을 닫음
window.alert()	경고 대화 상자를 표시
window.confirm()	확인 대화 상자를 표시
window.prompt()	입력 대화 상자를 표시
window.setTimeout()	지정한 시간 후에 함수를 실행

18년 08월 19일, 08년 07월 27일, 08년 03월 02일, 06년 03월 05일

98 자바스크립트의 Window 객체 중 다음 그림과 같이 다이얼로그 박스를 나타내는 메서드는?

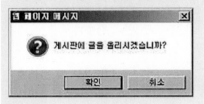

① Open( )

② Prompt( )

③ Alert( )

④ Confirm( )

기적의TIP window.alert()는 경고창을 띄우는 메서드로 확인 버튼 1개가 존재하고, window.confirm() 메서드는 확인 버튼과 취소 버튼 2개가 표시됩니다. 창의 버튼을 보고 경고창인지 대화창인지를 구분할 수 있습니다.

061 논리 연산과 비교 연산

- 비교 연산자 : 두 값을 비교하여 그 결과를 불리언 값(true 또는 false)으로 반환

기호	연산자	설명
==	동등	두 값이 같은지 비교
!=	부등	두 값이 다른지 비교
>, >=	크다, 크거나 작다	왼쪽 값이 오른쪽 값보다 큰지, 크거나 같은지 비교
<, <=	작다, 작거나 같다	왼쪽 값이 오른쪽 값보다 작은지, 작거나 같은지 비교

- 논리 연산자 : 불리언 값이나 표현식을 결합하여 새로운 불리언 값을 반환

기호	연산자	설명
&&	논리 AND	두 피연산자가 모두 true일 때만 true를 반환
||	논리 OR	두 피연산자 중 하나라도 true이면 true를 반환

20년 06월 06일, 17년 03월 05일, 16년 05월 08일

99 자바스크립트 코드의 실행 결과로 옳은 것은?

```
... 생략...
var a = 4;
var b = (2 + 3);
var c = true ;
document.write((a==b) && c);
...생략...
```

① a==b &&c
② false
③ 4==5 &&false
④ true

오답 피하기

```
var a = 4;          // 변수 a에 숫자 4를 할당
var b = (2 + 3);    // 변수 b에 2와 3을 더한 값인 5를 할당
var c = true ;      // 변수 c에 불리언 값 true를 할당
document.write((a==b) && c);   // (a==b) && c는 (false) && true
                               // 모두 true일 때만 true를 반환
```

기적의TIP 논리 연산자를 알고 있으면 쉽게 풀수 있는 문제로, 동등 연산자와 AND 연산자, OR 연산자는 자바스크립트 코드를 해석해야 하는 문제에 자주 사용됩니다. 연산을 할 수 있어야 코드를 해석할 수 있으므로 기호와 연산 방법을 기억하세요.

062 단항 연산자

하나의 피연산자에만 작용하는 연산자

연산자	유형	기호	설명
증가 연산자	전위 증가	++x	증가 후에 값을 사용
	후위 증가	x++	값을 사용한 후에 증가
감소 연산자	전위 감소	—x	감소 후에 값을 사용
	후위 감소	x—	값을 사용한 후에 감소

18년 08월 19일, 14년 05월 25일, 08년 03월 02일, 06년 03월 05일 …

100 자바스크립트 조건문에서 출력되는 값은?

```
i = 30;
if(( i)0) || (i <=4))
i ++;
document.write(i);
```

① 0   ② 4
③ 30   ④ 31

오답 피하기

```
i = 30;             // 변수 i에 30을 할당
if(( i)0) || (i <=4))   // if (true) || (false)
i ++;               // i의 값은 30에서 31로 증가
```

22년 03월 05일, 19년 08월 04일, 15년 08월 16일, 12년 03월 04일

101 다음 자바스크립트 조건문에서 출력되는 값은?

```
i=15;
    if (( i)0) || (i <=4))
    i ++;
document.write(i);
```

① 14   ② 15
③ 16   ④ 17

기적의TIP if 문은 주어진 조건이 참일 때만 다음 코드 블록을 실행합니다. ||(OR 연산자)는 두 조건 중 하나라도 true이면 true가 되므로 후위 연산자를 사용하여 i의 값을 1 증가시킵니다. x++ 후위 연산자를 '1 더하기'로 쉽게 기억하세요.

063 데이터베이스 트랜잭션

- 일련의 작업들을 하나로 묶는 논리적 작업 단위
- 완전하게 수행되거나 전혀 수행되지 않아 데이터베이스의 일관성을 유지
- 원자성, 일관성, 고립성, 지속성의 특징을 가짐

22년 03월 05일, 18년 03월 04일, 17년 03월 05일, 14년 08월 17일 …

102 데이터베이스의 상태를 변환시키기 위하여 논리적 기능을 수행하는 하나의 작업 단위는?

① 프로시저
② 모듈
③ 트랜잭션
④ 도메인

오답 피하기

- ① : 반복적인 작업을 위해 미리 작성되어 있는 SQL 코드의 집합
- ② : 관련된 함수, 프로시저, 변수, 데이터 타입 등을 하나의 단위로 묶은 개념
- ④ : 데이터베이스의 속성이 가질 수 있는 값의 범위를 정의하는 개념

기적의TIP 트랜잭션은 여러 작업을 하나로 묶어 놓은 것을 의미합니다. 예를 들어, 온라인 쇼핑몰에서 구매할 때 장바구니에 상품을 담고 결제가 완료되면 해당 상품은 품절 처리가 되고, 주문되었다는 확인 메시지를 받게 됩니다. 만약 결제되었는데도 수량에 변화가 없거나 주문 현황에 메시지가 없다면 문제가 발생합니다. 그래서 이 모든 과정을 하나의 트랜잭션으로 처리합니다. 트랜잭션을 사용하면, 중간에 문제가 생기더라도 처음 상태로 돌아가서 결제는 되었는데 주문이 되지 않는 상황을 방지할 수 있습니다.

064 데이터마이닝(Data Mining)

대량의 데이터에서 정보를 추출하고, 데이터의 패턴이나 관계를 발견하는 과정

데이터마이닝 기법의 종류

- 분류 : 데이터를 클래스 레이블에 따라 분류하는 기법
  예 이메일을 스팸과 비스팸으로 분류
- 클러스터링 : 데이터 항목을 유사한 특성을 가진 그룹으로 묶는 기법
- 연관 규칙 학습 : 데이터 항목 간의 연관성을 찾는 기법
  예 장바구니 분석 : 빵을 사는 사람은 버터도 살 확률이 높음
- 회귀 분석 : 연속적인 값을 예측하는 기법
  예 주택의 크기와 가격 데이터를 바탕으로 새로운 주택의 가격을 예측
- 이상 탐지 : 정상 패턴과 다른 이상치나 예외를 발견하는 기법

14년 05월 25일, 12년 08월 26일, 11년 08월 21일

103 다음 중 클래스가 알려지지 않은 새로운 항목이 주어졌을 때, 그 항목이 어느 클래스에 속하는지를 예측하는 데이터마이닝 기법을 무엇이라 하는가?

① 연관
② 특성화
③ 클러스터링
④ 분류

오답 피하기

- ② : 데이터의 특성을 파악하고 그룹화하는 클러스터링 기법과 관련된 사항

기적의TIP 데이터마이닝은 기업의 마케팅 전략 수립, 금융 사기 탐지, 의료 진단, 사용자 맞춤 추천 콘텐츠 등 다양한 분야에서 활용됩니다.

065 데이터사전

DBMS의 구성요소 중 한 요소

- 데이터베이스에 저장된 메타데이터를 관리하는 시스템 테이블의 집합
- 데이터베이스의 구조, 객체, 사용자 권한, 제약 조건 등 다양한 정보를 포함

20년 06월 06일, 13년 03월 10일, 12년 03월 04일, 11년 03월 20일

104 DBMS에서 릴레이션, 어트리뷰트, 인덱스, 데이터베이스 사용자 등에 관한 정보가 저장되는 곳은?

① 데이터사전
② 트랜잭션
③ ER다이어그램
④ 응용프로그램

오답 피하기

- 릴레이션, 어트리뷰트 : 데이터베이스의 구조에 해당
- 인덱스 : 데이터의 객체에 해당
- 데이터베이스 사용자 : 사용자 권한에 해당

기적의TIP 데이터사전을 학교에 비유하자면, 학교의 행정실과 같습니다. 행정실에는 학생 명단, 교실 배치, 교사 정보, 수업 시간표 등 학교 운영에 필요한 모든 정보가 있습니다. 마찬가지로, 데이터사전에는 데이터베이스 운영에 필요한 모든 정보가 담겨 있습니다.

066 SQL 주요 명령어

DDL 데이터 정의어	CREATE	테이블, 뷰의 생성 및 정의
	ALTER	테이블의 구조 변경
	DROP	테이블, 뷰 등의 삭제
DML 데이터 조작어	SELECT	테이블 열에서 데이터 검색
	INSERT	테이블 열에 새로운 행 삽입
	DELETE	테이블에 저장되어 있는 행 삭제
DCL 데이터 제어어	UPDATE	테이블에 저장되어 있는 데이터 갱신
	GRANT	객체(테이블, 뷰 등)에 접근 권한 부여
	REVOKE	객체에 접근 권한 부여 해제

21년 08월 14일, 15년 08월 16일, 12년 08월 26일

105 다음 SQL문이 의미하는 것은?

> DROP TABLE 성적 CASCADE;

① 성적 테이블만 삭제된다.
② 성적 테이블을 참조하는 테이블과 성적 테이블을 삭제한다.
③ 성적 테이블이 참조중이면 삭제하지 않는다.
④ 성적 테이블을 삭제할 지의 여부를 사용자에게 다의 질의한다.

[오답 피하기]

• CASCADE : 제거할 개체를 참조하는 다른 모든 개체를 함께 제거하는 키워드

[기적의TIP] SQL의 DDL, DML, DCL은 출제 확률이 매우 높은 항목으로 표에 있는 주요 명령어를 모두 외우도록 합니다. 9개의 명령어를 외우는 것만으로도 많은 문제를 풀 수 있습니다. 정의, 조작, 제어는 DBMS의 필수 기능입니다. 정의어, 조작어, 제어어와 연결하여 연상 기억하면 암기에 효과적입니다.

067 관계 대수

순수 관계 연산자

기호	연산자 명	설명
σ	셀렉션	조건에 맞는 튜플(행)을 선택
π	프로젝션	특정 열(속성)을 선택하여 새로운 릴레이션을 생성
▷◁	조인	두 개 이상의 릴레이션을 결합하여 새로운 릴레이션을 생성
÷	디비전	두 릴레이션 간의 나눗셈 연산을 수행

집합 연산자

기호	연산자 명	설명
∪	유니온	두 릴레이션의 합집합을 구함
∩	인터섹션	두 릴레이션의 교집합을 구함
−	디퍼런스	두 릴레이션의 차집합을 구함
×	데카르트 곱	두 릴레이션의 모든 가능한 조합을 생성하는 연산

21년 08월 14일, 17년 08월 26일, 11년 08월 21일

106 데이터베이스의 관계 대수에서 순수 관계 연산자가 아닌 것은?

① SELECT
② JOIN
③ UNION
④ DIVISION

[오답 피하기]

• ① : σ은 셀렉션(Selection)이라고 읽지만, SQL에서는 SELECT라는 키워드를 사용

[기적의TIP] 관계 대수는 여러 연산을 통해 테이블에서 원하는 데이터를 추출하거나 새로운 테이블을 만들 수 있습니다. 3과목 기출문제의 높은 출제 분포를 가지고 있는 SQL문에서 관계 대수 연산자를 모르면 코드를 해석할 수 없으므로 순수 관계 연산자와 집합 연산자의 기호를 암기합니다.

- SQL에서 데이터베이스로부터 데이터를 조회할 때 사용
- 특정 테이블에서 원하는 데이터를 검색하고, 필요한 열만 선택하여 결과를 반환
- 다양한 조건과 기능을 조합하여 복잡한 데이터 검색을 수행
- 기본 구문

SELECT 열 이름 + FROM 테이블 명 + WHERE 조건

21년 03월 07일, 17년 08월 26일, 14년 03월 02일

107 학생(STUDENT) 테이블에 어떤 학과(DEPT)들이 있는지 검색하고 결과의 중복을 제거하는 방법으로 맞는 것은?

① SELECT DEPT FROM STUDENT;
② SELECT ALL DEPT FROM STUDENT;
③ SELECT * FROM STUDENT WHERE DISTINCT DEPT;
④ SELECT DISTINCT DEPT FROM STUDENT;

오답 피하기

- DISTINCT : 중복 값 제거 키워드
- WHERE 절은 특정 조건을 만족하는 행만 선택할 때 사용(필요에 따라 추가하거나 생략)

기적의TIP SELECT 구문은 SQL의 가장 기본적이고 중요한 명령어로, 데이터베이스에서 데이터를 조회할 때 사용됩니다. 한 문장을 읽듯 SELECT, FROM, WHERE(셀렉트프롬훼어)로 암기하세요. SQL은 대소문자를 구분하지 않고 동일하게 인식합니다.

- 두 개 이상의 빛이 만나 겹쳐질 때 서로 영향을 주는 현상
- 빛의 파동이 서로 맞물려 있을 때는 빛이 더 밝아지고(강화), 서로 어긋나 있을 때는 약화됨

간섭무늬
- 빛의 간섭효과로 인해 형성된 패턴으로 빛의 파동이 서로 간섭하여 밝고 어두운 줄무늬가 나타남 ┈o 빛이 지나온 길
- 간섭무늬는 빛의 파장, 위상 차이, 경로 차이에 따라 달라짐
                        └─o색상   └o빛이 어긋나 있는 정도

홀로그램
- 간섭무늬를 이용하여 3차원 이미지를 기록하고 재생하는 기술
- 홀로그램 생성 과정
  ① 빛의 분리 : 레이저 빛을 필름에 직접 닿는 기준 빛과 물체에 반사되어 필름에 닿는 반사 빛으로 나눔
  ② 간섭 패턴 기록
    - 두 개의 빛이 필름에서 만나면서 간섭무늬를 형성
    - 간섭무늬에는 물체의 정보를 알 수 있는 반사 빛의 위상, 진폭 정보 등이 기록됨
  ③ 재생 : 간섭무늬에 다시 빛을 비추면, 원래의 빛이 재생되어 다양한 각도에서 다른 이미지가 보임

▲ 신용카드의 홀로그램

21년 03월 07일, 18년 04월 28일, 14년 05월 25일

108 빛의 간섭효과가 만드는 간섭무늬를 이용하여 3차원의 실 물체 영상을 기록·재생하는 기술로 복제 방지용 신용카드, 소프트웨어 보호, 주류 포장 등에 많이 사용되는 것은?

① 홀로그램(Hologram)
② 슈퍼그래픽(Super graphic)
③ 컴퓨터그래픽(Computer graphic)
④ 일러스트레이션(Illustration)

오답 피하기

- ② : 건물의 외벽이나 대형 구조물에 장식하는 대형 그래픽

기적의TIP 사진은 2차원 평면에 물체의 밝기와 색상 정보를 기록하는 반면, 홀로그램은 물체의 깊이와 형태에 대한 정보를 포함하여 3차원적인 시각적 입체감을 저장합니다. 빛의 간섭효과에 의해 만들어진 간섭무늬는 홀로그램의 핵심 요소입니다.

070 화면 구도의 원칙

- 3등분의 원칙(삼분할 원칙) : 화면을 3등분하여 피사체를 선이나 교차점에 배치

▲ 3등분의 원칙을 활용한 카메라 그리드

- 헤드룸 유지 원칙 : 인물의 머리 위에 적절한 공간을 둠
- 리드룸 유지 원칙 : 피사체의 이동 방향 앞쪽에 여유 공간을 둠
- 노즈룸 유지 원칙 : 피사체나 인물의 얼굴이 화면의 한쪽을 향하고 있을 때, 앞쪽에 여유 공간을 둠

21년 03월 07일, 02년 12월 08일, 18년 03월 04일
109 디지털 비디오 촬영기술 중 화면을 구성하는 구도의 원칙이 아닌 것은?

① 헤드룸(Head room) 유지 원칙
② 리드룸(Lead room) 유지 원칙
③ 3등분의 원칙
④ 앵글고정 원칙

기적의TIP 촬영 시 사진의 시각적인 균형을 위해 화면 구도의 원칙을 따릅니다. 안정된 화면은 보는 사람의 관심을 유도하고, 장면의 분위기나 이야기를 효과적으로 전달하는 데 중요한 역할을 합니다.

071 영상의 단위

프레임(Frame)
- 영상의 가장 기본적인 단위로, 하나의 정지된 이미지
- 프레임들이 연속적으로 재생되면서 영상의 움직임이 나타남

씬(Scene)
- 여러 숏이 모여 하나의 장면을 구성
- 같은 장소에서 일어나는 사건이나 특정한 시간대의 사건을 나타냄

시퀀스(Sequence)
- 여러 씬이 모여 하나의 시퀀스를 구성
- 이야기의 특정 부분을 나타내며, 특정한 주제나 사건을 중심으로 구성

17년 05월 07일, 12년 08월 26일, 07년 08월 05일, 05년 08월 07일
110 영상 단위 중 동일한 시간과 장소에서 일어나는 일련의 상황이나 사건을 나타내며, 여러 개의 컷(Cut)이 모여 하나의 장면을 이루는 것은?

① 테이크(Take)
② 시퀀스(Sequence)
③ 씬(Scene)
④ 숏(Shot)

오답피하기
- ① 테이크(Take) : 한 번의 카메라 촬영을 의미. 동일한 장면을 여러 번 촬영할 때 각각의 시도를 Take 1, Take 2로 사용
- ④ 숏(Shot) : 카메라가 녹화 버튼을 눌러서 멈출 때까지의 연속된 영상 특정 장면을 구성하는 기본 단위로, 하나의 샷은 여러 프레임으로 구성

기적의TIP 숏과 컷(Cut)은 서로 다른 개념입니다. 컷은 편집 과정에서 한 숏에서 다른 숏으로 전환하는 것을 의미하는 편집 용어로, 두 숏을 연결하거나 분리하는 데 사용됩니다. 여러 개의 컷이 모였다는 것은 편집 과정에서 여러 개의 숏이 모였다는 것을 의미합니다.

072 영상의 단위 프레임

- 영상의 가장 기본적인 단위로 여러 프레임의 연속으로 영상의 움직임이 나타남
- 초당 프레임 수(FPS, Frames Per Second)가 높을수록 영상이 더 부드럽게 보임
- 24fps는 영화 산업의 표준으로, 1초 동안 24개의 정지된 이미지가 빠르게 연속적으로 보여지면서 움직임을 형성

FPS	사용예시	설명
24fps	영화	필름 사용량을 최소화하면서 시각적 연속성을 유지하는 표준
25fps	유럽 TV 방송	PAL 표준 지역에서 사용
30fps	TV 방송, 비디오	NTSC 표준에서 주로 사용되며, 부드러운 움직임 제공
48fps	영화 '호빗' 시리즈	더 부드러운 시각적 경험을 제공하기 위한 시도
60fps	스포츠 방송	빠른 액션 장면에 적합한 매우 부드러운 움직임 제공

21년 08월 14일, 19년 03월 03일, 07년 08월 05일, 04년 08월 08일
111 정지 사진이나 한 장의 그림에 해당되는 영상의 시간적 최소 단위는?

① Cut
② Shot
③ Frame
④ Scene

11년 03월 20일, 08년 03월 02일, 06년 03월 05일

112 다음 중 한 장의 영상을 뜻하며 영상의 시간적 최소 단위를 나타내는 것은?

① 픽셀
② 해상도
③ 프레임
④ 데이터

> **기적의TIP** 24fps는 다양한 영상 콘텐츠에서 사용되며, 영화적인 느낌을 주고자 할 때 선택됩니다. 월트디즈니사에서 1991년에 개봉한 제작한 '미녀와 야수' 애니메이션도 24fps로 제작되었으며, 3초 분량의 애니메이션에 몇 프레임이 필요한지 묻는 문제가 출제되기도 하였습니다. 3초 분량의 애니메이션은 72프레임이 필요합니다.

---

073 어셈블 편집

- 선형 비디오 편집 기법으로, 테이프 기반의 아날로그 비디오 편집 시스템에서 사용
- 촬영한 비디오를 순차적으로 테이프에 기록하는 방식으로, 새로운 테이프에 기존의 테이프 내용을 순서대로 복사하여 붙임
- 어셈블 편집의 특징
  - 순차적 편집 : 비디오 테이프의 처음부터 끝까지 순차적으로 편집
  - 비파괴적 편집 : 기존의 비디오에 덮어쓰지 않고, 새로운 테이프에 추가하는 방식으로 원본 테이프 보존
  - 간단한 작업 : 비교적 작업이 간단하여 빠르게 결과물을 얻음
  - 제한된 수정 가능성 : 중간에 삽입이나 삭제가 어려워 편집 후 수정이 필요할 경우 처음부터 다시 편집해야 함

12년 03월 04일, 06년 08월 06일

113 선형(Linear) 영상 편집을 할 때 촬영된 영상 및 음성을 편집 대본 순서대로 잘라 붙이는 기본적인 편집 기법은?

① A/B 룰 편집(A/B roll editing)
② 프리롤 편집(Pre roll editing)
③ 인서트 편집(Insert editing)
④ 어셈블 편집(Assemble editing)

11년 03월 20일, 06년 03월 05일

114 선형(Linear) 영상 편집 시 산만하게 촬영된 영상 및 음성을 편집대본 순서대로 잘라 붙이는 기본적인 편집 기법은?

① 프리롤 편집(Pre roll editing)
② 인서트 편집(Insert editing)
③ 어셈블 편집(Assemble editing)
④ 페이퍼 편집(Paper editing)

오답 피하기

'잘라 붙이는' 이라는 표현은 기존 테이프 내용을 새로운 테이프에 복사하여 기록하는 과정을 의미

> **기적의TIP** 어셈블 편집은 선형 편집(Linear Editing)의 대표적인 기법으로 디지털 편집 시스템이 보편화되기 전, 아날로그 테이프 편집에서 사용되었습니다. 디지털 편집은 비선형 편집(Non-Linear Editing)으로 영상 클립의 삽입, 삭제, 이동이 자유롭습니다. 선형 편집은 순서대로, 비선형 편집은 디지털으로 암기하세요.

＊ 113, 114 문제처럼 문항이나 내용 하나만 다른 문제라도 자주 출제되는 경우가 있어 두 문제 모두 도서에 수록하였습니다.

---

074 크로마키(Chroma Key) 합성

- 특정 색상을 배경으로 촬영한 영상을 합성하는 기법으로, 주로 녹색이나 파란색 배경을 사용
- Chroma는 색상이나 색조를, Key는 선택하거나 분리하는 것을 의미 ┈○ 그린 스크린 ┈○ 블루 스크린
- 배경 교체가 자유롭고, 실제로 촬영하기 어려운 장소나 상황을 합성으로 대체하여 제작 비용을 절감
- 크로마키 합성 과정

배경 색을 Key로 설정 → Key 추출 → Key를 투명 처리 → 다른 영상이나 이미지 합성

02년 12월 08일, 19년 03월 03일, 15년 08월 16일, 09년 07월 26일 …

115 마스크 영상에 해당하는 키 화상(Key Image)을 추출함과 동시에 배경 영상을 전경 영상으로 합성하는 디지털 영상합성 방법은?

① 필름의 합성
② 전처리 과정
③ 크로마키 합성
④ 양자화 과정

오답 피하기

키(Key)는 배경 이미지를 제거하여 전경 이미지를 분리하는 데 사용되므로, 문제에서 키 화상이라고 제시됨

> **기적의TIP** 크로마키 합성을 위해 배경을 녹색이나 파란색 배경을 사용하는 이유는 피사체의 색상 톤과 대비가 크기 때문입니다. Adobe Premiere Pro, Final Cut Pro, DaVinci Resolve, Adobe After Effects, iMovie 등 많은 소프트웨어서 크로마키 합성 기능을 제공합니다.

075 사운드의 3요소

진폭(Amplitude)
- 소리의 물리적인 강도
- 사운드 파형의 기준선에서 최고점까지의 거리
- 진폭이 증가하면 음압도 증가하여 더 큰 소리로 인식

주파수(Frequency)
- 초당 사운드 파형의 반복(진동) 횟수
- 주파수가 높을수록 고음이 됨
- 소리의 높낮이(Pitch)를 결정하는 요소

음색(Tone Color)
- 소리의 맵시, 소리의 고유특성을 나타냄
- 소리의 파형이 가지는 복잡한 주파수 성분과 그 조합에 의해 결정

21년 03월 07일, 17년 08월 26일, 08년 07월 27일, 06년 08월 06일
116 사운드의 기본 요소가 <u>아닌</u> 것은?
① 위상(Phase)
② 음색(Tone color)
③ 진폭(Amplitude)
④ 주파수(Frequency)

18년 03월 04일, 08년 03월 02일, 05년 08월 07일
117 사운드를 구성하는 3요소가 <u>아닌</u> 것은?
① 진폭(Amplitude)
② 음색(Tone color)
③ 주파수(Frequency)
④ 미디(Midi)

기적의TIP 많이 출제된 기출문제 중 하나입니다. 3요소에 여러 가지 틀린 문항을 조합하여 거의 매회 출제되고 있습니다. 사운드(소리, 음성)의 3요소는 매우 중요한 문제로, 각 요소의 특성과 함께 반드시 암기합니다.

076 소리의 칵테일파티 효과

특성
- 선택적 주의 : 우리의 뇌가 여러 소리 중에서 특정 소리를 선택적으로 처리할 수 있는 능력
- 배경 소음 필터링 : 배경 소음을 무시하고 중요한 정보에 집중할 수 있는 능력
- 인지적 처리 : 소리의 물리적 특성뿐만 아니라 의미적 내용도 처리하여 중요한 정보를 선택적으로 인지

실생활 예시
- 파티나 모임 : 여러 사람이 동시에 이야기하는 상황에서 자신이 관심 있는 대화에 집중
- 사무실 환경 : 여러 전화 통화와 대화가 오가는 사무실에서 자신이 필요한 정보에 집중
- 공공장소 : 기차역이나 공항과 같은 시끄러운 환경에서 자신의 이름이 불리는 방송을 알아차림

19년 08월 04일, 17년 08월 26일, 15년 05월 31일, 12년 08월 26일
118 여러 음원이 존재할 때 인간은 자신이 듣고 싶은 음을 선별해서 들을 수 있는 현상은?
① 칵테일파티 효과
② 하스 효과
③ 마스킹 효과
④ 바이노럴 효과

오답 피하기
- ② 하스 효과 : 여러 방향에서 오는 소리 중 먼저 들린 방향에서 소리가 난다고 인식하는 현상
- ③ 마스킹 효과 : 한 소리가 다른 소리에 가려져서 잘 들리지 않게 되는 현상
- ④ 바이노럴 효과 : 두 귀로 들을 때 거리와 방향을 인식할 수 있는 두 귀(양이) 효과

기적의TIP 칵테일파티 효과는 시끄러운 환경에서도 특정한 소리나 대화를 선택적으로 들을 수 있는 인간의 능력을 설명하는 심리학적 현상입니다. 이 용어는 칵테일파티와 같은 시끄러운 상황에서도 자신이 관심 있는 대화에 집중할 수 있는 능력에서 유래되었습니다.

077 소리의 마스킹(Masking) 효과

한 소리가 다른 소리에 의해 가려져서 소리의 명료도가 저하되는 현상

마스킹 유형	설명	예시
음량 마스킹	큰 음량 소리가 작은 음량 소리를 가림	비행기 이륙 시 말소리가 잘 들리지 않음
전방 마스킹	이후에 오는 소리가 가려지는 경우	폭죽이 터진 후 바로 이어지는 작은 소리가 잘 들리지 않음
후방 마스킹	이전에 발생한 소리를 가리는 경우	자동차 경적이 울린 후, 그 전의 바람소리가 기억나지 않음

17년 03월 05일, 15년 05월 31일, 14년 08월 17일

119 소음에 의해서 음성의 명료도가 저하되는 현상은?

① 간섭
② 마스킹
③ 회절
④ 반사

오답 피하기

• ① 간섭 : 두 개 이상의 음파가 겹쳐져 진폭이 변화하는 현상
• ③ 회절 : 소리가 장애물을 만나면 차단되지 않고 장애물의 뒤쪽까지 전파
• ④ 반사 : 소리가 표면에 부딪혀 되돌아오는 현상

18년 04월 28일

120 소음에 의해 음성의 명료도가 저하되는 현상은?

① 간섭
② 피치
③ 마스킹
④ 클리핑

오답 피하기

• ② 피치 : 소리의 높낮이
• ④ 클리핑 : 스피커나 오디오 장비가 처리할 수 있는 범위를 초과하는 소리가 입력될 때 발생

기적의TIP 마스킹은 음향 처리 및 오디오 코딩에서 중요한 역할을 합니다. 예를 들어, MP3와 같은 오디오 압축 기술은 인간의 청각적 마스킹 현상을 이용하여, 사람이 잘 인식하지 못하는 소리를 제거함으로써 파일 크기를 줄입니다. 마스크(Mask)는 어떤 것에 의해 가려진다는 의미로 이미지(이미지 마스크), 네트워크 아이피(서브넷 마스크) 등 다양한 분야에서 같은 이름으로 사용합니다.

* 119, 120 문제처럼 문항이나 내용 하나만 다른 문제라도 자주 출제되는 경우가 있어 두 문제 모두 도서에 수록하였습니다.

078 소리의 근접효과

• 마이크로폰을 사용할 때 발생하는 음향 현상으로, 양지향성 마이크와 단일지향성 마이크에서 자주 발생
• 마이크를 음원에 매우 가깝게 배치할 때 저주파수(저음)의 출력이 증가하는 현상

근접효과가 관찰되는 상황

• 보컬 녹음 : 가수가 마이크와 매우 가까이서 노래할 때, 목소리의 저음이 강조되어 보다 풍부하고 따뜻한 소리가 남
• 방송 및 팟캐스트 : 진행자가 마이크에 가까이 대고 말할 때, 목소리가 더 깊고 권위 있게 들림
• 악기 녹음 : 저음 악기를 녹음할 때 근접효과를 활용하여 저음을 강조 ┈○베이스 기타, 첼로 등

20년 08월 22일, 15년 08월 16일

121 양지향성과 단일지향성의 마이크를 음원에 가까이 대고 사용하면 저음의 출력이 증가되는 현상은?

① 칵테일파티 효과
② 회절
③ 도플러 효과
④ 근접효과

오답 피하기

• ③ 도플러 효과 : 관찰자에게 음원이 다가올 때는 고음으로, 멀어질 때는 저음으로 들리는 현상

18년 08월 19일, 15년 05월 31일

122 양지향성과 단일 지향성 마이크를 음원에 가깝게 대고 사용하면 저음의 출력이 상승하는 효과는?

① 근접효과
② 회절효과
③ 왜곡효과
④ 반사효과

오답 피하기

• ③ 왜곡효과 : 물리적 현상을 지칭하는 용어가 아닌, 소리의 신호가 변형되는 것을 의미

기적의TIP 근접효과(Proximity Effect)를 통해 저음일수록 마이크에 가까이 대고 말하는 것이 효과적이라는 것을 알 수 있습니다. 그러나 저음이 과도하게 증가할 수 있어, 이를 이해하고 적절히 활용하는 것이 중요합니다.

079 소리 재생 방식 Monophonic(모노포닉)

┌─o 오디오 신호가 전달되는 경로
- 단일 채널을 통해 소리를 재생하는 방식
- 모든 소리가 하나의 스피커를 통해 출력되며, 방향성이나 공간감을 제공하지 않음
- 청취 위치와 관계없이 동일한 음질을 제공
- 스피커나 오디오 장비의 수가 적기 때문에 설치와 관리가 용이
- 초기 녹음 기술과 라디오 방송에서 사용

19년 03월 03일, 16년 03월 06일, 13년 08월 18일

123 마이크와 앰프가 한 채널로 연결되어 있으며, 한 채널의 스피커 시스템으로 재생하는 방식은?

① Monophonic(모노포닉)
② Binaural
③ Stereophonic(스트레오포닉)
④ Diotic(다이오토닉)

오답 피하기
- ② Binaural : 사람의 귀 위치에 두 개의 마이크를 사용하여 소리를 녹음하고 헤드폰을 통해 재생하는 방식
- ③ Stereophonic : 두 개 이상의 채널을 사용하여 소리를 재생하는 방식
- ④ Diotic : 두 귀에 동일한 소리를 전달하는 방식으로 실험적 오디오 연구에서 사용

기적의TIP 모노포닉 사운드는 모든 소리가 하나의 스피커나 오디오 채널을 통해 출력되어 스테레오포닉(스테레오)과 대조됩니다. 스테레오포닉은 두 개 이상의 채널을 사용하여 소리를 재생함으로써 방향성을 제공하고 공간적 표현이 뛰어납니다. 모노포닉은 1920년대부터 사용되었으며, 1950년대 스테레오포닉의 등장 이후 현재는 거의 사용되지 않습니다.

080 CD 오디오의 표준

분류	샘플링 주파수	양자화 비트 수	채널 수	용량
표준	44.1kHz	16비트	스테레오(2채널)	약 700MB

- 샘플링 주파수
  - Hz 단위를 사용하며, 1Hz는 초당 1번 샘플링을 하였다는 의미
  - CD의 샘플링 주파수는 인간의 가청주파수 범위(20Hz~20,000Hz(20kHz)) 안으로 설계됨
- 양자화 비트 수 : 각 샘플은 16비트의 데이터로, 높은 음질을 제공
- 채널 수 : 두 개의 채널(왼쪽과 오른쪽)을 사용하여 스테레오 사운드를 제공
- 용량 : 약 700MB의 데이터를 저장할 수 있어 약 74분~80분의 오디오를 저장할 수 있는 용량

20년 06월 06일, 16년 03월 06일, 13년 03월 10일

124 CD의 표준 샘플링 주파수와 양자화 비트 수는?

① 44.1kHz, 16bit
② 46.1kHz, 32bit
③ 48.2kHz, 32bit
④ 49kHz, 16bit

08년 07월 27일, 04년 08월 08일

125 일반적인 오디오 CD의 샘플링 주파수와 샘플링 비트 수는?

① 32.0kHz, 8bit
② 32.0kHz, 16bit
③ 44.1kHz, 8bit
④ 44.1kHz, 16bit

기적의TIP CD 오디오는 음악을 디지털 형식으로 저장하고 재생하는 데 사용됩니다. 시험이 시작되었던 초기부터 꾸준히 출제되고 있는 문제로 44.1, 16으로 암기합니다. kHz와 bit 단위에 유의하세요.

- 샘플링된 아날로그 값을 가장 가까운 이산적인 값으로 근사하는 과정
- 이산적인 값이란 연속되지 않고 서로 떨어져 있는 개별적인 값을 의미
- 아날로그 신호가 0~1 사이의 모든 실수값을 가질 수 있다면, 양자화된 디지털 신호는 0, 1, 2, 3...과 같은 상수값을 가짐
- 연속적인 아날로그 값이 제한된 비트 수로 표현되기 때문에, 일부 정보 손실이 발생
  └○양자화 잡음(Quantization Noise)

22년 03월 05일, 17년 08월 26일, 12년 03월 04일, 09년 07월 26일

126 영상 값을 어떤 상수 값으로 나누어 유효자리의 비트 수를 줄이는 압축과정은?

① 변형(Transformation)
② 전처리(Preprocessing)
③ 양자화(Quantization)
④ 가변길이 부호화(Variable Length Coding)

[오답 피하기]

- ① 변형(Transformation) : 신호나 데이터를 다른 형태로 변환하는 과정으로, 이산 코사인 변환(DCT)이나 웨이블릿 변환이 있음
- ② 전처리(Preprocessing) : 데이터를 분석하거나 처리하기 전에 수행하는 초기 단계로, 예시로 노이즈 제거가 있음
- ④ 가변길이 부호화(Variable Length Coding) : 데이터의 출현 빈도에 따라 다른 길이의 코드로 데이터를 인코딩하는 기법으로, 대표적 기법으로 허프만 코딩이 있음

[기적의TIP] 양자화(Quantization, 퀀타제이션)는 아날로그 신호를 디지털 신호로 변환하기 위해 데이터양을 정량화하는 과정입니다. 디지털 오디오, 비디오, 이미지 처리 등 다양한 분야에서 사용되며, 데이터 압축과 전송 효율성을 높이는 데 중요한 역할을 합니다. 비트 수(양자화 스텝 수)가 많을수록 원본에 가깝게 표현됩니다. 양자화는 1과목과 4과목에서 중복 출제되는 부분으로 출제 빈도도 높습니다. 양자화와 연결되는 문제에서도 혼동이 없도록 정확한 개념 정리가 필요합니다.

- MPEG, H.264, HEVC(H.265) 등 다양한 비디오 압축 표준에서 사용
- 전체 프레임을 저장하는 대신, 이전 프레임과 비교하여 변화된 부분만을 저장
- 영상은 I 프레임(Intra Frame, 내부 프레임), P 프레임(Predicted Frame, 예측 프레임), B 프레임(Bidirectional Predictive Frame, 양방향 예측 프레임)으로 구성

I 프레임
- 프레임 내에서 부호화가 이루어지는 독립된 프레임
- 새로운 장면이 시작될 때 사용되며, 복원 시 기준점 역할

P 프레임
- 이전 I 프레임이나 P 프레임을 참조하여 압축
- 이전 프레임과의 차이만을 저장하여 데이터양을 줄임

B 프레임
- 이전 및 이후 프레임을 모두 참조하여 압축
- 양방향 예측을 통해 더 높은 압축 효율을 제공
- 가장 높은 압축률을 제공하지만, 복잡한 계산이 필요

16년 05월 08일, 13년 08월 18일, 11년 03월 20일

127 영상 압축 기법 중 새로운 화면정보를 모두 다 기록하지 않고, 앞 화면과의 차이만을 기록하는 방식은?

① 동작보상 기법
② 주파수 차원 변환 기법
③ 서브샘플링 기법
④ 델타프레임 기법

[오답 피하기]

- ① 동작보상 기법 : 델타프레임 기법의 일종으로 P, B 프레임 간의 움직임을 예측하고 보상하는 기법
- ② 주파수 차원 변환 기법 : 영상 데이터를 주파수 영역으로 변환하여 압축하는 기법으로 DCT에서 사용
- ③ 서브샘플링 기법 : YUV 색 공간에서 색차 성분(U, V)을 줄여 압축하는 기법

14년 05월 25일, 11년 08월 21일

128 화면 프레임의 모든 정보를 기록하지 않고 앞 프레임과 다음 프레임이 큰 변화가 없는 점을 이용하여 동영상을 압축하는 기법은?

① 서브샘플링 기법
② 주파수 차원 변환 기법
③ 동작보상 기법
④ 델타프레임 기법

[기적의TIP] 델타프레임(Delta Frame) 압축 기법은 비디오 데이터의 효율적인 저장과 전송을 가능하게 하여 현대의 스트리밍 서비스와 디지털 방송에서 널리 사용되고 있습니다. I 프레임 , P 프레임, B 프레임을 개별적으로 묻는 문제도 출제되니 함께 암기하세요.

＊ 127, 128 문제처럼 문항이나 내용 하나만 다른 문제라도 자주 출제되는 경우가 있어 두 문제 모두 도서에 수록하였습니다.

083 영상 압축 표준 MPEG-2

- 응용 분야 : DTV(디지털TV), DVD 비디오, 일부 인터넷 비디오 전송에 사용
- 해상도 : SD부터 HD까지 다양한 해상도를 지원
- 방송 품질 : DTV, HDTV의 표준으로 DVD와 같은 고품질 비디오 전송을 지원
- 오디오 압축 : MPEG-1 Audio Layer II를 사용하여 오디오를 압축
- 전송 속도 : 다양한 비트레이트(Bit Rate)를 지원하여 네트워크 대역폭 및 저장 공간에 맞게 조정 ←○ 초당 전송되는 비트의 수
- 호환성 : MPEG-1으로 인코딩된 영상도 문제없이 재생되록 순방향 호환성을 지원
- 화면 표시 : 디지털 디스플레이의 순차주사와 아날로그 TV의 격행주사 방식 모두를 지원

20년 06월 06일, 08년 07월 27일

129 비디오 압축 기술 중 MPEG-2 방식 설명으로 틀린 것은?

① 목표 전송률은 1.5Mbits/sec 이하이다.
② 표준을 따르는 MPEG-2 디코더는 MPEG-1 스트림도 재생할 수 있다.
③ HDTV 전송의 표준을 포함하고 있다.
④ 순차주사(Noninterlace) 방식과 격행주사(Interlace) 방식 모두를 지원한다.

오답 피하기

- ① : MPEG-2는 다양한 전송률을 지원하며 1.5 Mbits/sec 이하의 전송률을 지원하는 표준은 MPEG-1임

16년 05월 08일, 07년 08월 05일, 05년 08월 07일

130 비디오 압축 기술 중 MPEG-2 방식의 설명으로 거리가 가장 먼 내용은?

① 목표 전송률은 0.8Mbit/sec 이하이다.
② MPEG-1에 대한 순방향 호환성을 지원한다.
③ 광범위한 신호형식에 대응하기 위해 프로파일(Profile) 및 레벨(Level)에 따라 복수개의 사양이 정해져 있다.
④ 순차주사(Noninterlace) 방식과 격행주사(Interlace) 방식 모두를 지원한다.

오답 피하기

- ③ MPEG-2는 프로파일과 레벨을 조합하여 사용하므로, 다양한 장치와 전송 환경에 맞춰 데이터의 압축과 전송 방식을 조정할 수 있음
  - 프로파일(Profile) : 비디오의 압축 기능과 복잡성을 정의. MPEG-2가 다양한 기능을 지원하도록 하는 기준
  - 레벨(Level) : 비디오의 해상도와 전송률을 정의. MPEG-2가 다양한 해상도와 비트레이트를 지원하도록 하는 기준

기적의TIP MPEG-2(Moving Picture Experts Group 2)는 MPEG-4와 같은 더 발전된 표준이 개발되었음에도, 여전히 많은 기존 시스템에서 사용되고 있습니다. 특히 방송 산업에서는 MPEG-2가 표준으로 자리 잡고 있어, 많은 방송 장비와 DVD 플레이어가 이 포맷을 지원합니다.

084 WebM

- 오픈소스 비디오 포맷으로, 구글이 개발하여 2010년 구글 I/O에서 발표
- HTML5의 〈video〉, 〈audio〉 태그와 호환되어 웹 페이지에 쉽게 작동
- 높은 압축률을 제공하여, 낮은 비트레이트에서도 고품질의 비디오를 제공
- 대부분의 웹 브라우저에서 기본적으로 지원하며, 유튜브에서도 WebM 포맷으로 스트리밍
- *.webm 확장자 사용

WebM 구성요소	설명
비디오 코덱	VP8(초기 버전에서 사용), VP9 코덱을 사용
오디오 코덱	Vorbis(보르비스, 초기 버전에서 사용), Opus(오퍼스) 코덱을 사용

19년 03월 03일, 16년 03월 06일, 13년 03월 10일

131 구글 I/O에서 발표한 차세대 웹 동영상 코덱으로 로열티 비용이 없는 개방형 고화질 동영상 압축 형식의 비디오 포맷으로 VP8 비디오와 Vorbis 오디오로 구성되어 있으며 HTML5에서 작동되는 동영상 포맷은?

① H.264
② Ogg
③ WebM
④ Mov

오답 피하기

- ① H.264 : MPEG-4 Part 10 또는 AVC로 알려진 고화질 비디오 압축 표준
- ② Ogg : Xiph.Org 재단에서 개발한 멀티미디어 컨테이너 포맷
- ④ Mov : 애플의 QuickTime에서 사용되는 비디오 파일 포맷

기적의TIP WebM(웹엠)은 웹에서의 비디오 스트리밍을 위한 효율적인 코덱으로, HTML5와의 호환성을 제공합니다. 누구나 상업적 제한 없이 무료로 사용할 수 있는 오픈소스로 경제적인 측면까지 갖추어 웹 개발자들에게 큰 호응을 받고 있습니다. 비교적 최근부터 자주 출제되기 시작한 문제로, 구성요소와 함께 기억하는 것을 추천드립니다.

085 GIF(Graphics Interchange Format)

- 이미지 파일 전송 시간을 줄이기 위해 컴퓨서브(Compus-erve) 사에서 개발
- 높은 압축률과 실행 속도로 느린 모뎀에서도 빠르게 다운로드
- 256가지 색상(8bit 컬러)의 이미지 제공
- GIF의 초기 버전은 87a라고 불렸으며, 향상된 89a 버전부터 애니메이션 기능 제공
- 특정 색상을 투명색으로 지정 가능
- 유니시스(Unisys)사가 특허를 보유한 LZW(Lempel-Ziv-Welch) 압축 알고리즘을 사용
- GIF의 특허 분쟁 문제로 인해 오픈소스 이미지 파일 포맷 PNG가 개발됨

21년 03월 07일, 17년 03월 05일, 09년 03월 01일, 07년 03월 04일

132 다음에서 설명하는 그래픽 파일 포맷은?

- Compuserve사에서 개발한 파일형식으로 네트워크상에서 이미지 파일 전송 시간을 줄이기 위해 만듦
- LZW(Lempel-Ziv-Welch) 압축 알고리즘 사용
- 한 파일에 다수의 이미지 및 텍스트 포함 가능

① GIF(Graphics Interchange Format)
② JPEG(Joint Photography Experts Group)
③ WMF(Windows Metafile Format)
④ TIFF(Tagged Image File Format)

기적의TIP GIF에 관한 문제는 4과목과 1과목에서 비슷한 유형으로 자주 출제됩니다. 주요 특징을 키워드로 암기하세요. 추천 키워드는 '컴퓨서브, 럼펠지브, 256, 투명색, 애니메이션'입니다.

086 애니메이션 특수 효과 입자시스템

- 작은 입자(Particle, 파티클)을 사용하여 복잡한 시각적 효과를 생성
- 각각의 입자는 독립적으로 움직이고 상호작용하여 전체적인 효과를 만듦
- 각 입자는 위치, 속도, 크기, 색상, 수명 등 다양한 속성을 가짐
- 중력, 바람, 마찰 등의 물리적 힘이 입자에 적용되어 행동을 정의
- 입자는 점, 선, 구, 다각형, 텍스트, 2D 이미지 등 다양하며, 구현하려는 효과에 따라 선택

22년 03월 05일, 19년 08월 04일, 17년 08월 26일, 14년 03월 02일

133 비, 불, 연기, 폭발 등의 자연현상을 애니메이션으로 제작할 때 유용하게 사용되는 기법은?

① 로토스코핑(Rotoscoping)
② 모핑(Morphing)
③ 역운동학(Inverse Kinematics)
④ 입자시스템(Particle System)

오답 피하기

- ① 로토스코핑(Rotoscoping) : 실사 영상 위에 애니메이션을 합성하는 기법
- ② 모핑(Morphing) : 두 개의 다른 형상을 점진적으로 변화시키는 기법
- ③ 역운동학(Inverse Kinematics) : 캐릭터의 관절을 움직이기 위해 관절의 각도를 자동으로 조정하는 방법

07년 03월 04일, 05년 08월 07일, 02년 12월 08일

134 비, 불, 연기, 폭발 등의 자연현상들을 시뮬레이션 하기에 좋은 컴퓨터 애니메이션 특수 효과는?

① 모핑(Morphing)
② 로토스코핑(Rotoscoping)
③ 절차적 방법(Procedual method)
④ 미립자 시스템(Particle system)

오답 피하기

- ③ 절차적 방법(Procedual method) : 알고리즘과 수학적 규칙을 사용하여 애니메이션을 생성하는 제작 기법

기적의TIP 공개문제 이전의 실기시험에서 화면 전체에 반투명한 물방울들이 떠다니는 장면을 제작하는 영상이 있었습니다. 물방울 제작은 Adobe After Effects의 파티클 이펙트를 사용합니다. 구(Sphere) 입자를 선택하고 입자의 수명과 크기를 조정하여 크기가 다른 각각의 물방울을 생성합니다. 중력과 바람을 설정하여 물리적 환경을 만들고, 동동 떠다니는 위치와 속도를 조절합니다. 입자시스템은 자연현상을 모방하기에 좋은 효과로 입자의 종류와 크기, 물리적 환경에 따라 물이나 불, 연기 등 다양한 형태로 보입니다. 시험이 시작되었던 초기부터 꾸준히 출제되고 있는 문제로 입자시스템, 미립자 시스템, 파티클 모델링은 모두 Particle System을 의미합니다.

＊ 133, 134 문제처럼 문항이나 내용 하나만 다른 문제라도 자주 출제되는 경우가 있어 두 문제 모두 도서에 수록하였습니다.

087 키프레임 애니메이션 트위닝

- 키프레임(Keyframe) : 동작의 시작과 끝, 또는 중요한 변화를 나타내는 프레임으로, 동작의 주요 포인트를 정의
- 트위닝(Tweening) : 두 키프레임 사이의 중간 프레임을 자동으로 생성하는 과정으로, 컴퓨터 소프트웨어가 자동으로 처리

트위닝의 종류	설명
선형(Linear) 트위닝	두 키프레임 사이의 변화가 일정한 속도로 일어나는 방식
이즈 인/아웃(Ease In/Out)	천천히 시작하거나 끝날 때 천천히 멈추는 방식
커스텀(Custom) 트위닝	애니메이터가 직접 조정하여 속도와 타이밍으로 제어

22년 03월 05일, 19년 08월 04일

135 애니메니션을 구현하는 기법 중 키 프레임(Key Frame)을 설정하게 되면, 키 프레임 사이의 움직임은 컴퓨터가 자동으로 생성하는 기법은?

① 타임라인　　　　② 트위닝
③ 로토스코핑　　　　④ 시퀀스

13년 08월 18일, 08년 03월 02일

136 애니메이션을 구현하는 기법 중 키 프레임(Key Frame)을 설정하게 되면, 키프레임 사이의 움직임은 컴퓨터가 자동으로 생성하는 기법은?

① 패스　　　　　　② 키네마틱스
③ 그라비티　　　　④ 트위닝

06년 08월 06일

137 애니메이션을 구현하는 기법 중에서 키프레임(Key Frame)을 설정하고 키프레임 사이의 움직임은 컴퓨터 연산에 의해 만들어지는 기법을 무엇이라 하는가?

① 패스(Path)
② 트위닝(Tweening)
③ 그라비티(Gravity)
④ 키네마틱스(Kinematics)

기적의TIP 트위닝은 애니메이션 제작의 효율성과 매끄러운 움직임을 구현하는 데 필수적인 기술입니다. 다양한 소프트웨어에서 트위닝 기능을 제공하며, 복잡한 애니메이션을 보다 쉽게 제작할 수 있게 합니다. 실기 시험에서 사용되는 Adobe After Effects는 대표적인 키프레임 방식 저작 도구로, 타임라인에 키프레임을 생성해 가며 애니메이션을 제작합니다. 모든 프레임에 키프레임을 생성할 필요 없이 포인트가 되는 곳에만 키프레임을 생성해도 애니메이션이 만들어지는 것은 트위닝 기능 덕분입니다.

＊ 135, 136 문제처럼 문항이나 내용 하나만 다른 문제라도 자주 출제되는 경우가 있어 두 문제 모두 도서에 수록하였습니다.

088 안티 앨리어싱

앨리어싱(Aliasing)

- 디지털 이미지나 그래픽에서 경계선이 매끄럽지 않고 계단처럼 보이는 현상
- 해상도가 낮거나 샘플링 주파수가 충분히 높지 않을 때 발생하는 시각적 왜곡

안티 앨리어싱(Anti-aliasing)

- 앨리어싱(계단 현상)을 줄이거나 제거하기 위한 이미지 최적화 기법
- 이미지의 경계선을 부드럽게 만들어 시각적 품질을 향상
- 경계선의 픽셀을 주변 색상과 혼합하여 부드러운 전환을 만듦

20년 08월 22일, 17년 05월 07일, 08년 07월 27일, 05년 03월 20일

138 물체 경계면의 픽셀을 물체의 색상과 배경의 색상을 혼합해서 표현하여 경계면이 부드럽게 보이도록 하는 기법은?

① 투영(Projection)
② 디더링(Dithering)
③ 모델링(Modeling)
④ 안티 앨리어싱(Antialiasing)

오답 피하기

- ① 투영(Projection) : 3D 공간의 물체를 2D 평면에 표현하는 것
- ② 디더링(Dithering) : 제한된 수의 색상을 사용할 때, 팔레트에 없는 색상과 유사하도록 섞어서 표현하는 기법
- ③ 모델링(Modeling) : 3D 컴퓨터 그래픽스에서 물체의 형태를 만드는 과정

기적의TIP 앨리어싱과 안티 앨리어싱은 디지털 이미지 처리 및 그래픽스에서 중요한 개념입니다. 안티 앨리어싱은 이미지의 시각적 품질을 크게 향상시킬 수 있으며, 고해상도 디스플레이나 그래픽 환경에서 중요한 역할을 합니다. 오디오에서도 음향 신호가 왜곡되는 앨리어싱 현상이 있으며, 저역 통과 필터(Low Pass Filter) 등을 사용하여 특정 고주파 성분을 제거하는 안티 앨리어싱 기법을 사용합니다.

089 3D 모델링

3D 모델링(Modeling)의 분류

- 기하학적 형상 모델링
  - 3D 객체의 형상과 구조를 수학적이고 기하학적인 방법으로 표현하는 기법
  - 와이어 프레임 모델링, 서피스 모델링, 솔리드 모델링 등이 포함됨

형상 모델링 기법	설명
와이어 프레임(Wireframe)	3D 객체의 골격을 선과 점으로 표현
서피스 모델링(Surface Modeling)	곡선과 곡면을 사용하여 객체의 표면을 정의
솔리드 모델링(Solid Modeling)	3D 객체의 내부와 외부를 모두 정의

- 절차적 모델링
  - 알고리즘과 규칙을 사용하여 3D 모델을 생성하는 기법
  - 복잡한 구조나 자연 현상을 자동으로 생성하는 데 사용
  - 도시의 건물 배치, 나무의 성장 패턴, 지형 생성 등이 포함됨

주요 절차적 모델링 기법	설명
프랙탈(Fractal)	자연에서 발견되는 복잡한 패턴을 생성하는 데 사용
래크시스템(L-System)	식물의 성장 패턴을 모델링하는 데 사용
볼륨 기반(Volume Based) 모델링	밀도 함수를 사용하여 객체를 정의

20년 06월 06일, 19년 03월 03일, 15년 05월 31일, 13년 08월 18일

139 3차원의 기하학적 형상 모델링으로 거리가 가장 먼 것은?

① 시스템 모델링
② 와이어 프레임 모델링
③ 서피스 모델링
④ 솔리드 모델링

오답 피하기

- ④ 솔리드 모델링 : 시스템의 구성요소와 상호작용을 추상화하여 표현하는 과정으로, 소프트웨어나 프로세스의 구조와 동작을 설계하고 분석하는 데 사용

기적의 TIP 3D 형상 모델링 기법은 크게 와이어 프레임, 서피스, 솔리드로 나눕니다. 나누는 기준은 모델링된 형태가 선이냐, 면이냐, 내부까지 꽉 차 있느냐입니다. 선—와이어, 면—서피스, 내부—솔리드 당구공으로 암기하시길 추천합니다. 당구공의 내부가 균일한 밀도를 가지고 있는 특성과 연관지어 보세요.

090 3D 레이 트레이싱 렌더링

주요 특징

- 사실적인 조명 효과 : 반사, 굴절, 그림자 등 다양한 조명 효과를 사실적으로 표현
- 고품질 이미지 : 고품질의 이미지를 생성하여 영화, 애니메이션, 건축 시각화 등에서 널리 사용
- 계산 복잡도 : 많은 계산이 필요하여 렌더링 시간이 김

작동 원리

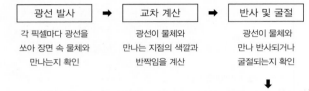

광선 발사	교차 계산	반사 및 굴절
각 픽셀마다 광선을 쏘아 장면 속 물체와 만나는지 확인	광선이 물체와 만나는 지점의 색깔과 반짝임을 계산	광선이 물체와 만나 반사되거나 굴절되는지 확인

최종 이미지	조명 및 그림자 계산
모든 픽셀에 이전 과정을 반복해서 최종 이미지 생성	광선 방향으로 광선을 역발사하여 그림자가 생기는지 빛의 영향을 계산하고 색상 결정

20년 08월 22일, 16년 03월 06일, 12년 08월 26일

140 물체에 반사된 빛이 다른 물체에 반사될 때까지 추적하여 투영과 그림자까지 완벽하게 표현하는 렌더링 방식은?

① 레이 트레이싱(Ray Tracing)
② 범프 매핑(Bump Mapping)
③ 스캔 라인(Scan Line)
④ 텍스쳐 매핑(Texture Mapping)

오답 피하기

- ② 범프 매핑(Bump Mapping) : 3D 모델 표면에 음각 양각 효과를 주는 기법
- ③ 스캔 라인(Scan Line) : 화면을 한 줄씩 처리하여 이미지를 렌더링하는 방식
- ④ 텍스쳐 매핑(Texture Mapping) : 3D 모델 표면의 질감을 표현하는 기법

기적의 TIP 레이 트레이싱(Ray Tracing, 광선 추적)은 3D 모델을 매우 사실적으로 표현할 수 있는 렌더링 기법입니다. 최근 GPU의 발전으로 이전보다 레이 트레이싱 렌더링 시간이 많이 단축되었습니다. 그 결과 실시간 렌더링에서도 활용할 수 있어, 인터랙티브 미디어에서도 점점 더 많이 사용되고 있습니다. 레이 트레이싱의 핵심은 빛과 3D 모델 간의 상호작용을 계산하는 것입니다. 문제 지문에 빛, 추적, 그림자가 나오면 레이 트레이싱입니다. ···o 게임, 교육 시뮬레이션, VR, AR 등

해설과 함께 보는
상시 기출문제

SELF CHECK | 제한시간 120분 | 소요시간 　　분 | 전체 문항 수 80문항 | 맞힌 문항 수 　　문항

1 과목 멀티미디어 개론

01 난이도 하 문제 진단 ○△✕
리눅스에서 프로세스를 복제하는 기능의 함수는?
① Creat　　　　② Fork
③ Exec　　　　④ Memcopy

오답 피하기
- ① Creat : 파일을 생성하는 함수이다.
- ③ Exec : 현재 프로세스를 대체하여 새로운 프로세스를 실행하는 함수이다.
- ④ Memcopy : 메모리 블록을 복사하는 함수이다.

02 난이도 중 문제 진단 ○△✕
미국 버클리대학에서 개발한 센서 네트워크를 위해 디자인된 컴포넌트 기반 내장형 운영체제로 이벤트 기반 멀티태스킹을 지원하는 것은?
① Tiny OS　　　② NES C
③ Net OS　　　④ OS2

컴포넌트 기반 내장형 운영체제는 소프트웨어를 여러 개의 독립적인 부분으로 나누어, 필요한 기능만 쉽게 추가하거나 수정할 수 있는 운영체제를 의미한다. Tiny OS(타이니 오에스)는 2000년대초 미국 버클리대학에서 개발된 오픈소스로, 메모리와 전력 소모가 적은 저전력 무선 센서 네트워크(WSN, Wireless Sensor Network)에서 사용된다.

오답 피하기
- ② NES C : TinyOS를 위한 프로그래밍 언어로, C 언어의 확장판이다.
- ③ Net OS : 네트워크 장비를 위한 운영체제를 의미할 수 있지만, 특정한 하나의 운영체제를 지칭하지는 않는다.
- ④ OS2 : IBM과 마이크로소프트가 공동 개발한 PC용 운영체제로 1980년대 후반에 개발되었다.

03 난이도 중 문제 진단 ○△✕
OSI-7 Layer에서 응용계층에 포함되는 프로토콜은?
① TCP　　　　② TFTP
③ ARP　　　　④ UDP

TFTP(Trivial File Transfer Protocol, 경량 프로토콜)는 간단한 파일 전송 프로토콜로 파일을 전송하기 위한 최소한의 기능만을 제공한다.

오답 피하기
- ① TCP : 전송계층의 연결 지향형 프로토콜로, 데이터 전송 전에 연결을 설정하고 전송 후 연결을 해제한다.
- ③ ARP : 네트워크계층 프로토콜로 IP 주소를 MAC 주소로 변환한다.
- ④ UDP : 전송계층의 비연결형 프로토콜로 데이터 전송 시 연결 설정을 하지 않으며, 신뢰성 있는 전송을 보장하지 않는다.

04 난이도 중 문제 진단 ○△✕
다음 중 양자화를 가장 잘 표현한 것은?
① 샘플링된 신호를 디지털 양으로 표시
② 샘플링 주파수의 선정
③ 디지털 신호의 아날로그화
④ 전송신호의 위상

양자화(Quantization)는 아날로그 신호를 디지털 신호로 변환하는 과정에서, 샘플링된 아날로그 신호의 진폭 값을 이산적인 디지털 값으로 변환한다.

오답 피하기
- ② : 신호를 일정한 시간 간격으로 측정하여 주파수를 결정하는 샘플링 과정에 대한 내용이다.
- ③ : 양자화는 아날로그 신호를 디지털 신호로 변환하는 과정의 일부이다.
- ④ : 신호의 위상과 관련된 내용으로 양자화와는 관련이 없다.

05 난이도 하 문제 진단 ○△✕
투명 전극이 코팅된 2장의 기판으로 구성되어 손가락이나 펜을 통해 화면에 압력을 주면 그 부위의 기판이 서로 달라붙으며 위치를 인지하는 터치스크린 방식은?
① 와이브로 방식　　　② 적외선 방식
③ 정전용량 방식　　　④ 저항막 방식

오답 피하기
- ① 와이브로 방식 : 와이브로(WiBro)는 무선 광대역 인터넷 서비스로, 이동 중에도 고속 인터넷 접속을 가능하게 하는 기술이다. 터치스크린 기술과는 관련이 없다.
- ② 적외선 방식 : 화면의 가장자리에 적외선 LED와 수신기를 배치하여, 손가락이나 물체가 적외선 빔을 차단할 때 그 위치를 감지하는 방식이다.
- ③ 정전용량 방식 : 손가락이 화면에 접촉할 때 발생하는 전기적 변화를 감지하여 위치를 인식한다.

06 난이도 중 문제 진단 ○△✕
TFTP(Trivial File Transfer Protocol)에 대한 설명으로 틀린 것은?
① TCP를 사용하는 연결형 파일 전송 프로토콜이다.
② 신뢰성이 부족하다.
③ 별도 인증이 없어 속도가 빠르다.
④ 파일 송수신 기능을 수행하도록 설계되었다.

TFTP는 UDP(User Datagram Protocol)를 사용하는 비연결형 파일 전송 프로토콜로, 데이터 전송 시 연결을 설정하지 않기 때문에 신뢰성이 부족하지만 속도가 빠르다.

07 난이도 하 문제 진단 ○△✕

핵 시설이나 국가의 산업 기반 시설 등을 관리하는 시스템에 해커가 USB를 이용하여 침투하고 공격하는 군사적 사이버 무기 수준의 해킹기법은?

① 매크로
② 스파이웨어
③ 스턱스넷
④ 메일폭탄

스턱스넷은 특정 목표를 겨냥한 사이버 무기로, 이란의 핵 프로그램을 방해하기 위해 개발되었다.

오답 피하기
- ① 매크로 : 반복적인 작업을 자동화하기 위해 사용되는 스크립트이다.
- ② 스파이웨어 : 사용자의 정보를 몰래 수집하는 악성 소프트웨어이다.
- ④ 메일폭탄 : 서비스 거부(DoS) 공격의 일종으로, 대량의 이메일을 발송하여 수신자의 이메일 서버를 마비시킨다.

08 난이도 중 문제 진단 ○△✕

IP(Internet Protocol) 주소 241.1.2.3에 대한 설명으로 맞는 것은?

① netid는 241이다.
② 클래스(class)는 E이다.
③ hostid 는 1.2.3이다.
④ 서브넷 마스크는 0.0.0.0이다.

클래스 E는 미래의 연구 및 개발용으로 사용하기 위해 예약된 주소로, 240.0.0.0~255.255.255.255까지의 범위를 가지며, netid(Network ID), hostid(Host ID), 서브넷 마스크(Subnet Mask)의 개념이 없다.

09 난이도 중 문제 진단 ○△✕

사운드에서 원음의 진폭이 기계가 수용하는 진폭보다 크거나 양자화하여 나타낼 수 있는 진폭보다 큰 경우에 발생하는 현상은?

① 클리핑
② 디더링
③ 지터 에러
④ 양자화 오차

클리핑은 일반적으로 과도한 볼륨이나 증폭으로 인해 발생하며, 소리의 왜곡과 품질 저하를 초래한다.

오답 피하기
- ② 디더링 : 디지털 오디오 처리에서 양자화 오류를 줄이기 위해 사용되는 기술로, 의도적으로 잡음을 추가하여 왜곡을 최소화한다.
- ③ 지터 에러 : 디지털 신호의 전달 과정에서 시간축 상의 오차로 발생하는 신호의 왜곡이다.
- ④ 양자화 오차 : 양자화 과정에서 발생하는 오차이다.

10 난이도 하 문제 진단 ○△✕

미리 설계된 시간이나 임의 환경 조건이 충족되면 스스로 모양을 변경 또는 제조하여 새로운 형태로 바뀌는 제품을 3D 프린팅하는 기술은?

① 애그노스틱 기술
② 스펙트럼 센싱
③ 4D 프린팅
④ 3D 모델러

4D 프린팅은 3D 프린팅 기술에 시간의 개념을 추가한 것으로, 온도, 습도, 빛 등이 충족되면 스스로 모양이나 구조를 변화시키는 소재를 사용한다.

오답 피하기
- ① 애그노스틱 기술 : 특정 시스템, 플랫폼, 기기 등에 종속되지 않고 다양한 환경에서 작동할 수 있는 기술이다.
- ② 스펙트럼 센싱 : 무선 통신에서 사용되는 기술로, 주파수 대역을 모니터링하여 사용 가능한 주파수를 탐지하는 과정이다.
- ④ 3D 모델러 : 3D 컴퓨터 그래픽스를 사용하여 디지털 3D 모델을 생성하는 소프트웨어 또는 도구를 의미한다.

11 난이도 하 문제 진단 ○△✕

프로그램, 문서, 웹사이트 등에서 사용자의 탐색 경로를 시각적으로 제공해 주는 사용자 인터페이스는?

① 용도 자유대역
② 브레드크럼즈
③ 디지털 트윈
④ 엠엔지

브레드크럼즈(Breadcrumbs)는 길을 잃지 않기 위해 빵 부스러기를 떨어뜨려 길을 표시한 동화 '헨젤과 그레텔'에서 차용한 이름이다.

오답 피하기
- ① 용도 자유대역 : 특정 용도로 할당되지 않고 다양한 용도로 사용할 수 있는 주파수 대역으로, 무선 통신에서 사용된다.
- ③ 디지털 트윈 : 디지털 복제본을 의미한다.
- ④ 엠엔지 : 기술 용어가 아니다.

12 리눅스 커널에서 페이징 유닛(Paging Unit)이 하는 일은?

① 논리주소를 페이지 테이블로 매핑

② 선형주소를 물리주소로 변환

③ 물리주소를 논리주소로 전환

④ 물리주소를 페이지 테이블로 매핑

> 페이징 유닛(Paging Unit)은 프로그램이 사용하는 가상의 주소를 물리적인 주소로 바꿔주는 시스템으로, 여러 프로그램이 동시에 실행되더라도 서로의 메모리 공간에 간섭하지 않고 안전하게 실행되도록 한다.
>
> **용어해설**
> • 물리 주소 : RAM에서 사용되는 실제 데이터가 저장되는 위치 주소이다.
> • 논리 주소(가상 주소) : 프로세스가 CPU로부터 할당받은 가상 메모리 공간에서 사용되는 주소이다.
> • 선형주소(Linear Address) : 가상 주소 공간 내에서의 주소이다.
> • 페이지 테이블(Page Table) : 가상 주소와 물리 주소 간의 매핑 정보를 저장하는 데이터구조이다.

13 Unix 시스템에서 서버에 현재 Login한 사용자의 정보를 알 수 있게 해주는 명령어는?

① ping

② ftp

③ finger

④ rlogin

> **오답 피하기**
> • ① ping : 네트워크 연결 상태를 확인하는 명령어로, 특정 호스트에 패킷을 보내고 응답시간을 측정하여 네트워크가 제대로 연결되어 있는지 확인한다.
> • ② ftp : File Transfer Protocol의 약자로, 네트워크를 통해 파일을 전송하는 데 사용된다.
> • ④ rlogin : 유닉스와 리눅스에서 사용되는 원격 로그인 명령어이다.

14 반이중(Half-Duplex) 통신 방식에 대한 설명으로 옳은 것은?

① 송신과 수신을 양쪽에서 할 수 있으나 동시에는 할 수 없다.

② 데이터 전송로에서 한쪽 방향으로만 데이터가 흐르도록 하는 통신 방식이다.

③ 접속된 두 장치 간에 데이터가 동시에 양방향으로 흐를 수 있도록 하는 통신방식이다.

④ 4선식 회선이 사용되나, 2선식 회선에서 주파수 분할로도 통신이 가능한 통신방식이다.

> **오답 피하기**
> • ② : 단방향 통신, Simplex) 통신 방식에 대한 설명이다.
> • ③, ④ : 전이중(Full-Duplex) 통신 방식에 대한 설명이다.

15 IPv6는 주소별 라우팅 특성에 따라 3개의 범주로 구분하는데 이에 해당하지 않는 것은?

① 유니캐스트 주소

② 라우팅 주소

③ 멀티캐스트 주소

④ 애니캐스트 주소

> 라우팅(Routing)은 네트워크 경로를 결정하는 과정이며, 특정한 주소 유형을 의미하지 않는다.
>
> **오답 피하기**
> • ① 유니캐스트 주소 : 1:1 통신에 사용된다.
> • ③ 멀티캐스트 주소 : 1:다수 통신에 사용된다.
> • ④ 애니캐스트 주소 : 다수의 수신자 중 가장 가까운 수신자에게 전달된다.

16 PEM(Privacy Enhanced Mail)에 대한 설명으로 틀린 것은?

① 다양한 사용자 인터페이스 제공

② 미국 RSA 데이터 시큐리티사에서 개발

③ 높은 보안성을 지원

④ 메시지 무결성 등의 기능을 지원

> PEM은 미국의 IETF(Internet Engineering Task Force)에서 개발한 이메일 보안 표준으로, 이메일 통신의 기밀성, 무결성, 인증을 보장하기 위해 설계되었다.

17 난이도 중 문제 진단 ○△✕
다양한 네트워크 및 장치에 있는 멀티미디어 콘텐츠 자원을 효율적으로 이용하는데 목표를 두고 있으며, 전자상거래 환경에서 생성, 거래, 전달, 관리, 소비를 이용할 수 있는 방법을 정의, 구현할 수 있는 국제 표준 규격은?

① MPEG-7　　　　② MPEG-2
③ MPEG-Z　　　　④ MPEG-21

오답 피하기
- ① MPEG-7 : 멀티미디어 콘텐츠의 검색, 탐색, 필터링 및 식별을 위한 메타데이터 표준 기술이다.
- ② MPEG-2 : DVD 및 고화질 디지털 방송에 사용되는 비디오 및 오디오 압축 표준이다.
- ③ MPEG-Z : 존재하지 않는 표준이다.

18 난이도 중 문제 진단 ○△✕
PCM 전송에서 송신 측 과정은?

① 표본화 → 양자화 → 부호화
② 표본화 → 부호화 → 양자화
③ 부호화 → 양자화 → 표본화
④ 부호화 → 표본화 → 양자화

송신 측이란 아날로그 신호를 디지털 신호로 변환하는 측이다.
PCM 과정
1. 표본화(Sampling) : 아날로그 신호를 일정한 시간 간격으로 샘플링하는 과정이다.
2. 양자화(Quantization) : 샘플링된 신호의 진폭을 일정한 단계로 근사화하여 이산적인 값으로 변환하는 과정이다.
3. 부호화(Encoding) : 양자화된 값을 이진수로 변환하여 디지털 신호로 만드는 과정이다.

19 난이도 중 문제 진단 ○△✕
인터넷 전자서명에서 사용되는 해시(Hash) 함수에 대한 설명으로 틀린 것은?

① 해시 함수는 키를 사용하지 않으므로 같은 입력에 대해서는 동일한 출력이 나온다.
② HAS-160는 국내에서 개발한 대표적인 해시 함수다.
③ 메시지의 오류나 변조를 탐지할 수 있는 무결성을 제공한다.
④ 해시 함수는 양방향성을 갖는다.

해시 함수는 단방향성으로 해시 값을 통해 원래 입력 데이터를 복원할 수 없다.
오답 피하기
- ① : 결정적(Deterministic) 특성에 대한 설명이다.
- ② : 전자서명에 사용된다.
- ③ : 해시 값을 통해 데이터가 변경되었는지 여부를 탐지한다.

20 난이도 중 문제 진단 ○△✕
사용 빈도가 높은 문자는 가장 짧은 코드로 표현하고, 가장 사용 빈도가 낮은 문자는 가장 긴 코드로 표현하는 압축 방식은?

① 허프만 코딩 방식
② 줄길이 부호화 방식
③ MPEG 방식
④ JPEG 방식

1952년에 데이비드 A. 허프만(David A. Huffman)이 개발한 허프만 코딩(Huffman Coding)은 가변길이의 코드워드를 사용하여 데이터를 효율적으로 압축하는 알고리즘으로, 데이터 압축에 사용된다.
오답 피하기
- ② 줄길이 부호화 방식 : 런랭스 인코딩(RLE, Run-Length Encoding)을 가르키는 무손실 압축 기법으로, 동일한 데이터가 연속적으로 나타날 때 반복 횟수와 데이터 값을 기록하여 압축한다.
- ③ MPEG 방식 : 동영상 및 오디오 압축 표준을 정의하는 방식으로 손실압축 기법을 사용한다.
- ④ JPEG 방식 : JPEG는 이미지 압축 표준으로, 정지화상의 손실압축에 사용된다.

2과목　멀티미디어기획 및 디자인

21 난이도 중 문제 진단 ○△✕
시각디자인(Visual Design)과 가장 관계가 깊은 것은?

① 엔지니어링 디자인
② 도자기 디자인
③ 건축 디자인
④ 포스터 디자인

시각디자인은 그래픽 요소와 시각적 요소를 사용하여 메시지를 효과적으로 전달하기 위한 디자인 분야이다. 포스터 디자인은 시각디자인의 대표적인 분야로, 텍스트와 이미지를 조합하여 메시지를 전달한다.
오답 피하기
- ① 엔지니어링 디자인 : 기능성과 효율성에 초점을 맞추며, 시각적 표현보다는 기술적 설계와 구조적 문제 해결이 중요하다.
- ② 도자기 디자인 : 도자기 제품의 형태, 색상, 질감 등을 설계하는 분야이다.
- ③ 건축 디자인 : 건축물의 외관이나 내부 그래픽 요소에서 일부 시각디자인과 연관이 있을 수 있지만, 주로 공간 설계와 구조적 디자인에 중점을 둔다.

22
멀티미디어 디자인의 조건으로 적합하지 않은 것은?

① 정보의 제어가 가능하다.
② 다수의 미디어를 동시에 포함한다.
③ 상호 작용성을 부여한다.
④ 아날로그 신호를 주로 이용한다.

멀티미디어 디자인은 디지털 환경을 기반으로 하며, 디지털 신호를 사용한다.

오답 피하기
- ① : 영상의 재생/일시정지, 슬라이드 쇼의 순서 변경, 메뉴를 통한 정보를 탐색 등의 정보 제어는 사용자 경험(UX)을 향상시키는 데 필수적이다.
- ② : 멀티미디어는 텍스트, 이미지, 오디오, 비디오, 애니메이션 등 다양한 미디어 요소를 통합하여 정보를 전달한다.
- ③ : 멀티미디어 디자인은 사용자가 클릭, 터치, 입력 등을 통해 콘텐츠를 제어하거나, 반응을 얻을 수 있는 사용자와의 상호작용(Interactivity)이 큰 특징이다.

23
회색 바탕에 검정 선을 그리면 회색은 더 어둡게 보이고 하얀 선을 그리면 바탕의 회색이 더 밝아 보이는 현상은?

① 비렌 효과
② 베졸드 효과
③ 페히너 효과
④ 푸르킨예 효과

오답 피하기
- ① 비렌 효과 : 파버 비렌(Faber Birren)은 20세기 색채 이론가로 인간의 심리적, 감정적, 문화적 반응을 고려한 색채 사용을 강조하였다.
- ③ 페히너 효과 : 흑백 패턴이 고속으로 회전할 때 파스텔 톤의 유채색이 나타나는 현상이다.
- ④ 푸르킨예 효과 : 밝기 변화에 따라 색상이 다르게 보이는 현상이다.

24
색의 잔상효과 중 하나로서 흑백으로 나눈 면적을 고속으로 회전시키면 파스텔 톤의 연한 유채색이 나타나는 현상은?

① 에브니 효과
② 페히너 효과
③ 맥컬로 효과
④ 보색잔상 효과

오답 피하기
- ① 에브니 효과 : 파장이 같아도 색의 순도가 변함에 따라 색상이 변화하는 현상이다.
- ③ 맥컬로 효과 : 특정 색과 방향이 결합된 패턴을 일정 시간 동안 관찰한 후, 흑백 패턴을 보았을 때 보색잔상이 나타나는 현상이다. 빨간색과 수직선, 초록색과 수평선을 반복적으로 본 후, 흑백의 수직선과 수평선을 보면 각각 초록색과 빨간색의 잔상이 나타난다.
- ④ 보색잔상 효과 : 강렬한 색을 일정 시간 동안 응시한 후, 흰색 배경을 보면 보색이 잔상으로 나타나는 현상으로, 빨간색을 응시한 후 흰색 배경을 보면 초록색 잔상이 나타난다.

25
컴퓨터그래픽의 색상 표현 모드에 대한 설명으로 옳지 않은 것은?

① HSB 모드 : 색의 3속성인 색상, 채도, 명도를 바탕으로 색을 표현하는 방식이다.
② Lab 모드 : CIE에서 발표한 색체계로 채도축인 a와 명도축인 b의 값으로 색상을 정의하는 방식이다.
③ RGB 모드 : 빛의 3원색인 빨강, 녹색, 파랑의 혼합으로 색을 표현하는 방식이다.
④ CMYK 모드 : 인쇄나 프린트에 이용되며 Cyan, Magenta, Yellow, Black을 혼합하여 색을 표현하는 방식이다.

Lab 모드는 CIE(국제조명위원회)에서 발표한 색체계로, 색을 L(Lightness, 명도), a(녹색과 빨간색의 색상 축), b(파란색과 노란색의 색상 축)으로 정의한다.

26
다음이 설명하는 디자인의 원리는?

- 서로가 대조되는 양극단이 비슷하거나 조화를 이루는 일련의 단계로서 연결된 하나의 연속된 순서이다.
- 자연 질서의 가장 일반적이고 기본적인 형태이며 반복의 경우보다 동적인 표정과 경쾌한 율동감을 다지고 있어 보는 사람에게 힘찬 느낌을 준다.

① 변화
② 비대칭
③ 강조
④ 점이

점이(Gradation)는 리듬(Rhythm, 율동)의 한 요소로, 서로 대조되는 요소들이 점진적으로 변화하여 조화를 이루는 것이다.

오답 피하기
- ① 변화 : 디자인에서 단조로움을 피하기 위해 다양한 요소를 사용하는 원리이다.
- ② 비대칭 : 좌우가 완전히 동일하지 않은 구성을 통해 균형을 이루는 디자인 원리이다.
- ③ 강조 : 특정 요소를 두드러지게 하여 시각적 초점을 만드는 원리이다.

27 두 색이 경계 부분에서 색의 3속성별로 대비현상이 더욱 강하게 나타나는 현상은?

① 채도대비
② 명도대비
③ 연변대비
④ 계시대비

'연'은 잇따르다. 연속되다라는 의미를 가지고 있으며, '변'은 변화, 경계를 의미한다.

오답 피하기
• ① 채도대비 : 채도의 차이에 의해 발생하는 대비이다.
• ② 명도대비 : 밝기의 차이에 의해 발생하는 대비이다.
• ④ 계시대비 : 시간적 대비로 이전에 본 색의 잔상이 영향을 미치는 현상이다.

28 E-Commerce 모델에 대한 설명으로 적합하지 않은 것은?

① E-mail을 무료로 주어 회원을 대상으로 하는 모델이다.
② 전자상거래 방식의 기본 모델형이라고 볼 수 있다.
③ 인터넷 비즈니스와 함께 주로 사용되는 형태이다.
④ 그 종류로는 B to B, B to C, C to C와 같은 모델이 있다.

E-Commerce(전자상거래) 모델은 상품이나 서비스를 인터넷을 통해 거래하는 방식을 의미하여, Gmail, iCloud Mail 등 이메일 서비스 제공업체와 관련된 비즈니스 모델이다.

오답 피하기
• ④ : B to B는 기업 간 거래(Business to Business, B2B), B to C는 기업과 소비자 간 거래(Business to Consumer, B2C), C to C는 소비자 간 거래(Consumer to Consumer, C2C) 모델이다.

29 현실이나 상상 속에서 제안되거나 계획된 일련의 사건들에 대한 개략적인 줄거리를 일컫는 말로, 스토리보드를 작성하는 데 토대가 되는 것은?

① 시나리오
② 플로우차트
③ 가상현실
④ 디지털 스토리텔링

시나리오(Scenario)는 사건의 흐름과 줄거리를 체계적으로 정리한 문서로, 스토리보드나 제작 과정의 기초 자료로 사용된다.

오답 피하기
• ② 플로우차트 : 프로세스나 작업 흐름을 도식화한 다이어그램이다.
• ③ 가상현실 : 컴퓨터 기술을 이용해 현실과 유사하거나 완전히 다른 가상의 환경을 만드는 기술이다.
• ④ 디지털 스토리텔링 : 디지털 기술을 활용한 이야기 전달 방식이다.

30 오늘날 타이포그래피는 넓은 의미로 해석되고 활용되고 있다. 다음 중 타이포그래피에 대한 설명으로 거리가 가장 먼 것은?

① 글자 디자인
② 활자 서체 선택과 배열
③ 문자 또는 활판적인 기호를 중심으로 한 이차원적 표현
④ 단순화된 그림으로 대상의 성질이나 사용법을 표시

아이콘(Icon)과 픽토그램(Pictogram)은 단순화된 그림을 통해 정보를 전달하거나 사용법을 나타내는 데 사용된다.

31 디자인 요소 중 시각적 요소에 속하지 않는 것은?

① 형태
② 색채
③ 방향감
④ 질감

오답 피하기
• ① 형태 : 디자인의 기본적인 구성요소로, 물체의 외형이나 구조를 나타낸다.
• ② 색채 : 디자인에서 가장 중요한 시각적 요소 중 하나로, 감정과 분위기를 전달하는 데 사용된다.
• ④ 질감 : 표면의 느낌이나 외관을 나타내며, 시각적으로나 촉각적으로 인지할 수 있다.

32 다음 중 타이포그래피의 속성이 아닌 것은?

① 균형   ② 비례
③ 컬러   ④ 조화

컬러는 디자인의 중요한 요소이지만, 타이포그래피의 기본 속성으로 간주하지는 않는다.

오답 피하기

- ① 균형 : 텍스트와 여백, 글자의 크기와 배열 등이 시각적으로 안정감을 주는 것을 의미한다.
- ② 비례 : 글자 크기, 간격, 줄 간격 등 요소 간의 비율을 조정하여 가독성과 미적 효과를 높이는 속성이다.
- ④ 조화 : 서체, 배열, 여백 등이 서로 어울려 시각적으로 통일감을 주는 것을 의미한다.

33 게슈탈트의 법칙에 해당하지 않는 것은?

① 유사성의 법칙
② 근접성의 법칙
③ 복합성의 법칙
④ 연속성의 법칙

게슈탈트 법칙(Gestalt Principles)은 인간이 시각적 정보를 인지하고 조직화하는 방식을 설명하는 심리학 이론으로 근접성의 법칙, 유사성의 법칙, 연속성의 법칙, 폐쇄성의 법칙, 대칭성의 법칙, 공동운명의 법칙 등이 있다.

34 디자인과 마케팅에서 제품수명주기의 단계 중 "제품이 중간 다수 층에게 수용됨으로서 매출성장률이 둔화되는 시기, 즉 판매량이 줄지도 늘지도 않는 시기"에 해당되는 단계는?

① 도입기
② 성장기
③ 성숙기
④ 쇠퇴기

제품수명주기(Product Life Cycle, PLC)의 4단계
1. 도입기 : 제품이 시장에 처음 출시되는 단계로 소비자 인지도가 낮고, 마케팅 비용이 많이 소요되며, 매출이 낮은 시기이다.
2. 성장기 : 제품이 시장에서 인기를 얻고 매출이 급격히 증가하는 단계로 경쟁이 시작되며, 시장 점유율 확대를 위해 마케팅이 활발히 이루어진다.
3. 성숙기 : 제품이 시장에서 안정적으로 자리 잡고, 중간 다수층(대다수 소비자)에게 수용되는 단계로 경쟁이 치열해지고, 시장 점유율을 유지하기 위한 가격 경쟁과 프로모션이 활발히 이루어진다.
4. 쇠퇴기 : 시장에서 제품의 수요가 감소하고, 매출이 줄어드는 단계이다.

35 신문광고에 관한 설명으로 틀린 것은?

① 시간과 공간을 극복하여 새로운 소식을 전달하는 인쇄 매체로서 특정한 독자층을 형성할 수 있어 정보의 생명력이 매우 길다.
② 정보로서의 신뢰도가 높고 상품에 대한 통계자료를 이용하여 자세한 내용을 알릴 수 있다.
③ 대부분의 신문은 매일 발간되기 때문에 광고주의 요구에 따라 즉각적인 광고가 가능하다.
④ 직업, 소득, 연령층에 관계없이 여러 독자층에게 어필할 수 있으며 매체의 도발 범위가 매우 넓다.

신문은 인쇄 매체로서 시간과 공간을 극복하여 정보를 전달할 수 있는 장점이 있지만, 단기적인 정보 전달에 적합하며, 하루 또는 짧은 기간 동안만 유효한 정보를 제공하여 정보의 생명력이 길다고 볼 수 없다.

36 색의 동화 현상에 대한 설명으로 맞는 것은?

① 색의 차이가 강조되어 지각되는 현상이다.
② 회색 바탕에 검은 선을 여러 개 그리면 바탕 회색은 더 밝게 보인다.
③ 인접한 색들끼리 서로의 영향을 받아 인접한 색에 가깝게 보이는 현상이다.
④ 빨강 바탕에 놓여진 회색은 초록빛 회색으로 보인다.

동화(同化, Assimilation)는 같아지다, 비슷해지다라는 의미를 가지고 있다.

오답 피하기

- ①, ②, ④ : 색의 대비 현상에 대한 설명이다.

37 편집디자인의 요소와 거리가 먼 것은?

① 옥외광고
② 타이포그래피
③ 일러스트레이션
④ 레이아웃

옥외광고는 간판, 버스 광고 등 외부 공간에서 사용하는 광고 매체를 의미하며, 그래픽디자인이나 광고디자인의 영역에 속한다.

오답 피하기

- ② 타이포그래피 : 글자체, 글자의 크기, 간격 등을 조정하여 가독성과 미적 효과를 높이는 작업으로, 편집디자인의 핵심 요소 중 하나이다.
- ③ 일러스트레이션 : 시각적 요소로서, 디자인에 삽입되는 그림이나 이미지를 뜻한다.
- ④ 레이아웃 : 텍스트와 이미지, 여백 등을 조화롭게 배치하는 작업으로, 편집디자인의 기본적인 구성요소이다.

38

난이도 중 문제 진단 ○△✕

자극으로 인해 색 지각이 생긴 후 그 자극이 없어져도 그 전의 상이나 그 반대의 상을 느낄 수 있는 것은?

① 주목성
② 잔상
③ 동화
④ 명시도

잔상(Afterimage)은 시각적 자극이 사라진 후에도 그 전의 상이나 그 반대의 상이 잠시동안 눈에 남아있는 현상으로, 정의 잔상과 부의 잔상으로 분류된다.

오답 피하기
- ① 주목성 : 특정 대상이 눈에 잘 띄는 정도를 의미한다.
- ③ 동화 : 주변 색이나 형태에 의해 대상이 비슷하게 보이는 현상이다.
- ④ 명시도 : 대상이 배경과 구별되어 명확하게 보이는 정도를 의미한다.

39

난이도 하 문제 진단 ○△✕

TV광고 중 프로그램 중간에 삽입되는 광고는?

① 로컬(Local) 광고
② 네트워크(Network) 광고
③ 프로그램(Program) 광고
④ 스파트(Spot) 광고

오답 피하기
- ① 로컬(Local) 광고 : 특정 지역을 대상으로 하는 광고이다.
- ② 네트워크(Network) 광고 : 전국적으로 방송되는 광고로, 네트워크 방송사를 통해 송출된다.
- ③ 프로그램(Program) 광고 : 특정 프로그램과 연계된 광고로, 프로그램의 스폰서 형태로 진행되는 경우가 많다.

40

난이도 중 문제 진단 ○△✕

제품디자인이 최종적 단계에 이르게 되면 실제 생산될 것과 똑같이 만들고 내부기계 장치까지 설치하여 동작 방법과 성능, 부품 사이의 간섭이나 결합 문제까지 세부적으로 검토할 수 있는 모델은?

① 러프 모델
② 프로토타입 모델
③ 클레이 모델
④ 스크래치 모델

Prototype(프로토타입)이란 제품이나 시스템을 개발하는 과정에서 최종 결과물과 유사하게 제작된 시제품 또는 모형을 의미한다.

오답 피하기
- ① 러프 모델 : 초기 디자인 단계에서 제작되는 간단한 모형으로, 제품의 기본적인 형태나 아이디어를 시각화하는 데 사용된다.
- ③ 클레이 모델 : 점토(클레이)를 이용해 제품의 외형을 입체적으로 표현하는 모델이다.
- ④ 스크래치 모델 : 초기 아이디어를 빠르게 시각화하기 위해 간단한 재료로 제작된 모형이다.

3과목 멀티미디어 저작

41

난이도 하 문제 진단 ○△✕

HTML 문서에서 글자 모양 효과를 이탤릭체로 나타내기 위해 사용하는 태그(Tag)는?

① <B>글자모양</B>
② <I>글자모양</I>
③ _{글자모양}
④ <BLINK>글자모양</BLINK>

오답 피하기
- ① <B> 태그는 텍스트를 굵게(Bold) 표시한다.
- ③ <SUB> 태그는 텍스트를 아래 첨자(Subscript)로 표시한다.
- ④ <BLINK> 태그는 텍스트를 깜박이게(Blink) 하는 데 사용되지만, 현재 대부분의 브라우저에서 지원되지 않는다.

42

난이도 중 문제 진단 ○△✕

자바스크립트 Window 객체에서 둘 중에 하나를 선택하는 대화상자를 생성할 때 사용하는 메서드(method)는?

① alert()
② confirm()
③ open()
④ prompt()

confirm() 메서드는 사용자가 선택한 값에 따라 true(확인) 또는 false(취소)를 반환한다.

오답 피하기
- ① alert() : 사용자가 확인 버튼만 누를 수 있는 대화상자를 생성한다.
- ③ open() : 새로운 브라우저 창을 연다.
- ④ prompt() : 사용자가 텍스트를 입력할 수 있는 대화상자를 생성한다.

43

난이도 하 문제 진단 ○△✕

HTML 태그 <a> 안의 속성 target 값 중 현재의 창과 별도로 새로운 창에 지정한 링크 부분의 내용을 나타내고자 할 때 사용하는 것은?

① _self
② _top
③ _parent
④ _blank

오답 피하기
- ① _self : 링크를 현재 창에서 열도록 지정한다.
- ② _top : 링크를 최상위 창에서 열도록 지정한다.
- ③ _parent : 링크를 부모 프레임에서 열도록 지정한다.

44 데이터베이스에서 트랜잭션의 실행이 실패하였음을 알리는 연산자로 트랜잭션이 수행한 결과를 원래의 상태로 원상 복귀시키는 연산은?

① Rollback
② Commit
③ Stack
④ Backup

트랜잭션(Transaction)은 데이터베이스의 상태를 변화시키는 작업의 단위로, 트랜잭션이 실패하거나 오류가 발생했을 때, Rollback 연산을 사용하여 트랜잭션이 수행한 모든 작업을 취소하고 데이터베이스를 원래 상태로 복구한다.

오답 피하기
• ② Commit : 트랜잭션이 성공적으로 완료되었음을 데이터베이스에 알리고, 트랜잭션이 수행한 변경 사항을 영구적으로 저장하는 연산이다.
• ③ Stack : 데이터베이스와는 관련이 없으며, 프로그래밍에서 사용하는 자료구조의 한 종류이다.
• ④ Backup : 데이터베이스의 데이터를 복사하여 보관하는 작업이다.

45 데이터베이스에서 병행수행 연산에 대해 적절한 제어가 되지 않을 경우 발생하는 문제가 아닌 것은?

① 갱신 분실(Lost Update)
② 중복성(Redundancy)
③ 모순성(Inconsistency)
④ 연쇄 복귀(Cascading Rollback)

병행 수행(Concurrency)은 여러 트랜잭션이 동시에 실행되는 것을 의미하며, 병행 수행 시 적절한 제어가 이루어지지 않으면 갱신 분실, 모순성, 연쇄 복귀, Deadlock 등이 발생하여 데이터의 무결성과 일관성이 손상된다.

오답 피하기
• ① 갱신 분실(Lost Update) : 두 개 이상의 트랜잭션이 동일한 데이터를 동시에 갱신할 때, 한 트랜잭션의 갱신 결과가 다른 트랜잭션에 의해 덮어씌워져 갱신 내용이 분실된다.
• ③ 모순성(Inconsistency) : 여러 트랜잭션이 동시에 실행되면서 데이터 무결성을 보장하지 못해 데이터베이스가 일관성 없는 상태에 빠지는 문제로, 트랜잭션이 중간에 실패하거나 충돌이 발생할 경우 데이터의 무결성이 깨진다.
• ④ 연쇄 복귀(Cascading Rollback) : 하나의 트랜잭션이 실패하여 Rollback이 발생하면, 이 트랜잭션과 연관된 다른 트랜잭션들도 연쇄적으로 Rollback된다.

46 HTML5의 선이나 도형에서 사용하는 그림자 속성에 대한 설명으로 틀린 것은?

① shadowColor : 그림자의 색깔을 지정할 수 있다.
② shadowLine : 값이 클수록 그림자 경계가 선명해진다.
③ shadowOffsetX : 양수, 음수 값에 따라 각각 그림자가 오른쪽, 왼쪽으로 움직인다.
④ shadowOffsetY : 양수, 음수 값에 따라 각각 그림자가 아래쪽, 위쪽으로 움직인다.

오답 피하기
• ② : shadowLine은 존재하지 않는 속성으로, 그림자 경계의 선명도를 조정하는 속성은 shadowBlur이다.

47 HTML 파일 내부의 style 태그에 아래 코드가 포함되어 있을 때 결과는?

```
.poi { font-style: italic; color: red }
```

① 태그 이름이 poi인 태그에 빨간 색상의 Italic체로 스타일 시트를 지정한다.
② ID 속성의 값이 poi인 태그에 빨간 배경 색상의 Italic 체로 스타일 시트를 지정한다.
③ CLASS 속성의 값이 poi인 태그에 빨간 색상의 Italic체로 스타일 시트를 지정한다.
④ STYLE 속성이 지정된 태그에 빨간 배경 색상의 Italic체로 스타일 시트를 지정한다.

.(점)으로 시작하는 선택자는 class 속성 값이 해당 이름과 일치하는 요소를 선택한다.

코드 해석
• .poi : /* class=poi로 지정된 HTML 요소를 선택한다.
• font-style: italic; : /* 텍스트를 이탤릭체(기울임꼴)로 설정한다.
• color: red; : /* 텍스트의 색상을 빨간색으로 설정한다.

48 CSS의 장점에 대한 설명으로 가장 거리가 먼 것은?

① 문서 전체를 일관성 있게 디자인할 수 있다.

② 문서를 수정하기 어렵다.

③ 브라우저 환경에 상관없이 제작한 사람의 의도대로 표현된다.

④ 문서 전반의 틀이나 세부 항목을 일일이 지정하지 않아도 된다.

> CSS(Cascading Style Sheets)는 웹 문서의 스타일을 효율적으로 관리하고 수정할 수 있도록 설계된 언어로 문서를 수정하기 쉽다.

49 관계형 데이터베이스에서 불필요한 정보의 중복으로 인한 문제점이 없도록 릴레이션을 작게 분해하는 과정은?

① 동등 조인

② 인덱싱

③ 정규화

④ 튜플

> 정규화(Normalization)는 데이터베이스의 설계 품질을 높이고, 데이터의 일관성을 유지하며, 불필요한 중복으로 인한 갱신 이상, 삽입 이상, 삭제 이상 등의 문제를 방지한다.
>
> **오답 피하기**
> • ① 동등 조인 : 두 테이블을 조인(결합)할 때, 특정 컬럼의 값이 같은 경우에만 데이터를 결합하는 방식이다.
> • ② 인덱싱 : 데이터베이스에서 검색 속도를 높이기 위해 사용하는 기술이다.
> • ④ 튜플 : 데이터베이스에서 릴레이션(테이블)의 한 행(Row)을 의미한다.

50 객체에 정의된 연산을 의미하며 객체의 상태를 참조 및 변경하는 객체의 멤버 함수를 의미하는 것은?

① Class

② Attribute

③ Method

④ Message

> Method(메서드)는 객체의 행동(Behavior)을 정의하는 요소로, 객체 지향 프로그래밍의 핵심 개념이다. 멤버 함수는 메서드를 의미한다.
>
> **오답 피하기**
> • ① Class : 객체를 생성하기 위한 설계도 또는 틀을 의미하며, 속성(Attribute)과 메서드(Method)를 포함한다.
> • ② Attribute : 객체의 상태를 나타내며, 메서드에 의해 참조되거나 변경된다.
> • ④ Message : 객체 간의 상호작용으로, 객체가 다른 객체의 메서드를 호출하거나 데이터를 전달할 때 사용하는 방식이다.

51 관계 데이터 연산에서 관계대수의 순수 관계 연산자가 아닌 것은?

① Select

② Division

③ Union

④ Join

> 순수 관계 연산자는 관계대수의 기본 연산자로, 관계형 데이터베이스에서 데이터를 검색하거나 조작하기 위해 사용된다. Union은 U(유니언)으로 표기하며 두 관계를 합집합으로 결합하는 집합 연산자이다.
>
> **오답 피하기**
> • ① Select : σ(셀렉션)으로 표기하며, 조건에 따라 튜플(행)을 선택하는 순수 관계 연산자이다.
> • ② Division : ÷(디비전)으로 표기하며, 두 릴레이션 간의 나눗셈 연산을 수행하는 순수 관계 연산자이다.
> • ④ Join : ⋈(조인)으로 표기하며, 두 개 이상의 릴레이션을 결합하여 새로운 릴레이션을 생성하는 순수 관계 연산자이다.

52 HTML 태그에서 cellspacing에 대한 설명으로 옳은 것은?

① 표에는 거의 사용되지 않는다.

② 일반적으로 초기값 0이 할당된다.

③ 두 셀 사이의 여백 크기를 지정한다.

④ 셀 가장자리와 셀 내용 사이의 여백을 지정한다.

> cellspacing 속성은 〈table〉 태그에 적용되며, 표의 셀과 셀 사이의 간격을 지정한다.
>
> **오답 피하기**
> • ② : 초기값은 2px 또는 브라우저 기본값이 적용된다.
> • ④ : 셀 가장자리와 셀 내용 사이의 여백 지정은 cellpadding을 사용한다.

53 뷰(VIEW) 에 관한 설명으로 옳지 않은 것은?

① 하나의 뷰를 제거하면 그 뷰를 기초로 정의된 다른 뷰는 제거되지 않는다.

② SQL에서 뷰를 생성할 때 CREATE 문을 사용한다.

③ 뷰는 가상 테이블이므로 물리적으로 구현되어 있지 않다.

④ 필요한 데이터만 뷰로 정의해서 처리할 수 있기 때문에 관리가 용이하다.

> 뷰는 가상 테이블로, 다른 뷰가 특정 뷰를 기반으로 정의된 경우, 기초가 되는 뷰가 삭제되면 그 뷰를 참조하는 다른 뷰도 사용할 수 없다.

54 HTML5 태그 중에서 형광펜을 사용하여 강조하는 효과를 나타내는 것은?

① <i>
② <mark>
③ <keygen>
④ <small>

> **오답 피하기**
> • ① <i> : 기울임꼴(이탤릭체)을 나타내는 태그이다.
> • ③ <keygen> : 암호화 키를 생성하는 데 사용되는 태그로, HTML5부터는 더 이상 사용되지 않는다.
> • ④ <small> : 작은 글씨를 나타내는 태그로, 주석을 표시할 때 사용된다.

55 HTML5에서 캔버스(Canvas)에 색이 채워진 텍스트를 출력하기 위한 함수는?

① fillText( )
② strokeText( )
③ moveTo( )
④ lineTo( )

> **오답 피하기**
> • ② strokeText( ) : 외곽선만 그리는 함수로 색은 채워지지 않는다.
> • ③ moveTo( ) : 펜의 시작 위치를 이동시키는 함수로 텍스트와는 관련이 없다.
> • ④ lineTo( ) : 현재 위치에서 지정된 위치까지 선을 그리는 함수이다.

56 자바스크립트 연산에서 remove Apple의 값은?

```
var pApple = [0,1,2,3];
var removeApple = pApple.pop( );
```

① 0   ② 1
③ 2   ④ 3

> **코드 분석**
> var pApple = [0, 1, 2, 3]; // pApple은 [0, 1, 2, 3]으로 초기화
> var removeApple = pApple.pop();
>   // pop() 메서드는 배열의 마지막 요소를 제거하고, 제거된 요소
> (3)를 반환
>   // removeApple은 pApple.pop()의 반환값인 3을 저장

57 자바스크립트에서 Data 라는 이름으로 정수값 10을 저장하기 위한 변수 선언과 초기화 문장의 형태로 맞는 것은?

① Float Data = 10;
② Int Data = 10;
③ Var Data = 10;
④ Number Data = 10;

> 자바스크립트의 변수 선언에는 var, let, 또는 const 키워드를 사용한다.
> **오답 피하기**
> • ① : Float는 변수 선언에 사용할 수 없는 키워드이다.
> • ② : Int는 변수 선언에 사용할 수 없는 키워드이다.
> • ④ : Number는 데이터 타입을 나타내는 객체이지만, 변수 선언 키워드로 사용할 수 없다.

58 데이터베이스에서 모든 데이터 개체, 제약 조건, 접근 권한, 보안 정책, 무결성 규칙 등을 명세한 것은?

① 구조 스키마
② 내부 스키마
③ 매핑 스키마
④ 개념 스키마

> 스키마(Schema)는 DB의 구조, 제약 조건, 릴레이션 등을 정의하는 명세표(설계도)이다. 그 중에서도 개념 스키마는 데이터베이스의 논리적 구조를 정의하는 스키마로 논리적 구조에는 데이터 개체, 제약 조건, 접근 권한, 보안 정책, 무결성 규칙 등이 포함된다.
> **오답 피하기**
> • ① 구조 스키마 : 일반적으로 사용되지 않는 용어이다.
> • ② 내부 스키마 : 데이터베이스의 물리적 저장 구조를 정의한다.
> • ③ 매핑 스키마 : 독립적인 스키마로 존재하지 않으며 개념 스키마, 내부 스키마, 외부 스키마 간의 관계를 정의하는 것을 매핑(Mapping)이라고 한다.

59 난이도 중 문제 진단 ○△✕

DBMS에서 검색이나 갱신과 같은 데이터베이스 연산을 저장 데이터 관리자를 통해 디스크에 저장된 데이터베이스를 실행하는 구성요소는?

① DDL 컴파일러
② 예비처리기
③ 질의어 처리기
④ 런타임 데이터베이스 처리기

> **오답 피하기**
> - ① DDL 컴파일러 : 데이터 정의 언어(DDL) 명령어를 해석하고, 데이터베이스의 생성, 수정, 삭제를 수행한다.
> - ② 예비처리기 : 응용 프로그램 내에 포함된 데이터베이스 명령어를 분석하고, 이를 DBMS가 이해할 수 있는 형태로 변환한다.
> - ③ 질의어 처리기 : 사용자가 작성한 SQL 질의를 해석하고 최적화하여 질의 실행을 준비한다.

60 난이도 하 문제 진단 ○△✕

SQL에서 DELETE 명령에 대한 설명으로 틀린 것은?

① 테이블의 행과 열을 삭제할 때 사용한다.
② WHERE절의 조건을 만족하는 레코드를 모두 삭제한다.
③ 테이블을 완전히 제거하는 DROP과는 다르다.
④ SQL문 'DELETE FROM 직원'은 직원 테이블의 모든 레코드를 삭제한다.

DELETE 명령은 테이블의 행(레코드)만 삭제하며 열(컬럼)은 삭제하지 않는다.

> **오답 피하기**
> - ② : DELETE 명령은 WHERE 절을 사용하여 특정 조건을 만족하는 레코드만 삭제하며, WHERE 절이 없으면 테이블의 모든 레코드가 삭제된다.
> - ③ : DELETE는 테이블의 레코드만 삭제하며, 테이블의 구조는 유지된다.
> - ④ : DELETE FROM 직원은 WHERE 절이 없으므로 직원 테이블의 모든 레코드를 삭제한다.

4과목 멀티미디어 제작기술

61 난이도 중 문제 진단 ○△✕

디지털 영상 편집 목적으로 가장 거리가 먼 것은?

① NG 부분의 제거
② 정보의 압축
③ 의미의 심화
④ 컷의 최소화

컷을 최소화하는 것은 영상의 흐름과 리듬을 해칠 수 있어 편집 목적과 가장 거리가 멀다.

> **오답 피하기**
> - ① NG 부분의 제거 : 편집의 기본적인 작업 중 하나로, 잘못된 장면을 제거하는 것은 필수적인 과정이다.
> - ② 정보의 압축 : 영상의 길이를 줄이고 핵심 정보를 전달하기 위한 작업이다.
> - ③ 의미의 심화 : 편집을 통해 영상의 메시지나 감정을 강화한다.

62 난이도 중 문제 진단 ○△✕

렌즈를 통해 들어온 강한 빛이 카메라 내부에서 난반사를 일으켜 화상에 연속적인 조리개 무늬나 광원 모양의 허상이 맺히는 현상은?

① 모아레(Moire)
② 디포메이션(Deformation)
③ 플레어(Flare)
④ 일루젼(Illusion)

플레어는 빛이 렌즈 표면이나 내부에서 반사 또는 산란되어 발생하며, 사진이나 영상의 품질에 영향을 준다.

> **오답 피하기**
> - ① 모아레(Moire) : 촬영 대상의 패턴에 물결무늬나 줄무늬가 나타나는 현상이다.
> - ② 디포메이션(Deformation) : 렌즈의 왜곡으로 인해 이미지가 비정상적으로 변형되는 현상이다.
> - ④ 일루젼(Illusion) : 특정 각도에서 촬영된 사진이 실제와 다른 크기나 형태로 보이는 현상이다.

63 난이도 하 문제 진단 ○△✕

음파가 1회 진동하는 데 걸리는 시간은?

① 음압   ② 주기
③ 음색   ④ 주파수

> **오답 피하기**
> - ① 음압 : 음파의 압력 크기를 나타내는 물리량으로, 소리의 크기(볼륨)와 관련이 있다.
> - ③ 음색 : 소리의 특성을 나타내는 요소로, 같은 음높이와 음량을 가진 소리라도 악기나 목소리에 따라 다르게 들리는 이유이다.
> - ④ 주파수 : 1초 동안 음파가 진동하는 횟수로, 단위는 헤르츠(Hz)이다.

64 알파 채널에 대한 설명으로 적합한 것은?

① Chroma 신호의 색상차를 이용하는 합성방법이다.
② 그래픽상의 한 픽셀의 색이 다른 픽셀의 색과 겹쳐서 나타날 때, 두 색을 효과적으로 융합하도록 해준다.
③ 청색으로 착색한 일정한 배경세트가 필요하다.
④ 흰색과 검정색의 2색만을 사용하여 신문에서 흑백사진을 처리하는 방법과 같다.

> 알파 채널(Alpha Channel)은 픽셀의 투명도를 나타내는 채널로, 0에서 255까지의 범위를 가지며 0은 완전히 투명함, 255는 완전히 불투명함이다.
>
> **오답 피하기**
> • ①, ③ : 크로마 키(Chroma Key) 기술에 대한 설명이다.
> • ④ : 흑백 사진 처리 방식에 대한 설명이다.

65 지향성 마이크를 음원에 가깝게 배치하면 저음이 상승하는 효과는?

① 양이 효과
② 근접 효과
③ 청감곡선
④ 마스킹 현상

> **오답 피하기**
> • ① 양이 효과 : 소리의 방향과 거리를 지각하는 능력이다.
> • ③ 청감곡선 : 인간의 귀가 소리를 인지하는 방식의 특성을 시각적으로 표현한 곡선이다.
> • ④ 마스킹 현상 : 한 소리가 다른 소리에 의해 가려져 잘 들리지 않게 되는 현상이다.

66 애니메이션의 기본 동작 3원칙이 아닌 것은?

① 예비 동작
② 범프 동작
③ 본(실행) 동작
④ 잔여 동작

> 범프 동작은 애니메이션의 기본 동작 원칙에 포함되지 않는 용어이다.
>
> **오답 피하기**
> **애니메이션 기본 동작 3원칙**
> • 예비 동작 : 주요 동작이 시작되기 전, 준비하는 동작이다.
> • 본(실행) 동작 : 캐릭터가 의도한 행동이 실제로 수행된다.
> • 잔여 동작 : 본 동작이 끝난 후의 마무리 동작이다.

67 철사 또는 특수 제작된 골격구조 위에 애니메이션용 점토를 입혀 점토모델을 만든 후 모델을 조금씩 변형시키면서 변화된 각각의 장면을 한 프레임씩 촬영해서 만들어지는 애니메이션 제작 방식은?

① 3D 애니메이션
② 클레이 애니메이션
③ 셀 애니메이션
④ 픽셀 애니메이션

> **오답 피하기**
> • ① 3D 애니메이션 : 컴퓨터 그래픽을 이용해 3차원 공간에서 캐릭터와 배경을 제작하고 움직임을 구현하는 방식이다.
> • ③ 셀 애니메이션 : 투명한 셀룰로이드 시트에 그림을 그려 배경 위에 겹쳐 한 프레임씩 촬영하는 전통적인 2D 애니메이션 방식이다.
> • ④ 픽셀 애니메이션 : 픽셀 단위로 이미지를 그려 제작하는 디지털 애니메이션 방식으로, 2D 게임 그래픽에서 사용된다.

68 벡터(Vector) 방식에 대한 설명으로 옳은 것은?

① 벡터 객체는 같은 객체를 비트맵 형식으로 저장했을 때보다 많은 메모리를 차지한다.
② 대부분의 드로잉 프로그램들은 벡터 드로잉을 비트맵으로 변환하여 저장할 수 없다.
③ 점, 선, 면의 좌표값을 수학적으로 저장하는 방식이기 때문에 아무리 확대를 해도 벡터 이미지가 깨지지 않는다.
④ 래스터 그래픽스(Raster Graphics) 방식과 같은 의미다.

> 벡터 방식은 이미지를 점, 선, 면 등의 기하학적 요소로 표현하며, 수학적 계산으로 저장하므로 이미지의 크기를 확대하거나 축소해도 품질이 유지된다. 래스터(Raster) 방식은 비트맵(Bitmap)이라고도 불리며, 픽셀 단위로 이미지를 저장하여 확대 시 픽셀이 깨지거나 흐릿해진다.

69 이미지의 모든 컬러 정보와 알파 채널을 보존하고 손실 없는 압축 방법으로 파일의 크기를 줄이는 파일의 방식은?

① JPEG
② PCX
③ PNG
④ TIFF

> **오답 피하기**
> • ① JPEG : 손실 압축 방식을 사용하며, 알파 채널을 지원하지 않는다.
> • ② PCX : 오래된 래스터 그래픽 파일 형식으로, 현재는 사용되지 않는다.
> • ④ TIFF : 고품질 이미지를 저장할 수 있는 포맷으로, 손실 및 무손실 압축 방식을 모두 지원하며 인쇄 및 출판 분야에서 사용된다.

70 캠코더 자체가 전, 후진하면서 피사체를 촬영하는 방법은?

① 컷(Cut)

② 달리(Dolly)

③ 디졸브(Dissolve)

④ 와이프(Wipe)

오답 피하기
- ① 컷(Cut) : 한 장면에서 다른 장면으로 전환하는 가장 기본적인 편집기법이다.
- ③ 디졸브(Dissolve) : 한 장면이 서서히 사라지면서 동시에 다른 장면이 서서히 나타나는 장면 전환 기법이다.
- ④ 와이프(Wipe) : 한 장면이 다른 장면으로 화면이 밀리듯이 전환되는 기법이다.

71 다음 중 MPEG-7에 대한 설명으로 옳은 것은?

① 오디오와 비디오 콘텐츠 인식에 대한 표준을 제공한다.

② 멀티미디어 데이터베이스 검색이 가능하도록 한다.

③ MPEG-1과 MPEG-2를 대체할 수 있다.

④ DVD 수준의 영상을 목적으로 제정되었다.

오답 피하기
- ① : MPEG-7는 콘텐츠 검색 및 관리를 위한 표준으로, 콘텐츠 인식 자체를 목적으로 하지 않는다.
- ③ : MPEG-4에 대한 설명이다.
- ④ : MPEG-2에 대한 설명이다.

72 사람의 허리로부터 상반신을 담은 촬영기법은?

① 웨이스트 샷(Waist Shot)

② 바스트 샷(Bust Shot)

③ 클로즈 업(Close Up)

④ 풀 샷(Full Shot)

오답 피하기
- ② 바스트 샷(Bust Shot) : 가슴 위쪽부터 머리까지를 보여준다.
- ③ 클로즈 업(Close Up) : 얼굴이나 특정 부분을 화면에 가득 채워 보여준다.
- ④ 풀 샷(Full Shot) : 전신을 화면에 보여준다.

73 MPEG-2 영상부호화에 기본적으로 사용되는 DCT(Digital Communications Terminal; 디지털 통신 단말기) 변환에서 수행되는 블록단위로 맞는 것은?

① 2×4

② 8×8

③ 8×16

④ 32×32

DCT(Discrete Cosine Transform; 이산 코사인 변환)은 영상을 가로 세로 8픽셀의 블록 단위로 나누고, 공간 영역의 픽셀 값을 주파수 영역으로 변환하여 압축한다.

74 2개의 서로 다른 이미지나 3차원 모델 사이에서 점진적으로 변화해 가는 모습을 보여주는 애니메이션 기법은?

① 로토스코핑

② 모션 캡처

③ 모핑

④ 미립자 시스템

오답 피하기
- ① 로토스코핑 : 실사 영상을 바탕으로 프레임 단위로 그림을 그려 애니메이션을 만드는 기법이다.
- ② 모션 캡처 : 배우나 물체의 움직임을 센서를 통해 기록하여 3D 캐릭터에 적용하는 기술이다.
- ④ 미립자 시스템 : 연기, 불꽃, 물방울 등과 같은 자연 현상을 시뮬레이션하기 위해 사용되는 기법이다.

75 비디오의 압축 과정으로 옳은 것은?

① 변환 → 전처리 → 양자화 → 가변길이 부호화

② 전처리 → 변환 → 양자화 → 가변길이 부호화

③ 양자화 → 가변길이 부호화 → 변환 → 전처리

④ 가변길이 부호화 → 변환 → 전처리 → 양자화

비디오 압축 과정
1. 전처리(Preprocessing) : 데이터를 압축하기 전, 불필요한 정보를 제거한다.
2. 변환(Transformation) : 데이터를 주파수 영역으로 변환한다.
3. 양자화(Quantization) : 변환된 데이터를 정해진 범위로 나누어 데이터 크기를 줄인다.
4. 가변길이 부호화(Variable Length Coding) : 데이터의 중복성을 제거하여 압축률을 높인다.

76 여러 개의 음원 중 제일 먼저 도달되는 음원 쪽에 음상이 정위되는 현상은?

① 마스킹 효과
② 하스 효과
③ 도플러 효과
④ 비트 효과

음상이 정위되는 현상이란 소리가 특정한 방향에서 나는 것처럼 느껴지는 현상이다.

오답 피하기

• ① 마스킹 효과 : 강한 소리가 약한 소리를 덮어버리는 현상이다.
• ③ 도플러 효과 : 소리의 주파수가 음원과 청취자 간의 상대적 속도에 따라 변하는 현상이다.
• ④ 비트 효과 : 주파수가 약간 다른 두 소리가 동시에 재생될 때, 주기적으로 소리가 커졌다 작아졌다 하는 맥놀이 현상이다.

77 3차원 형상 모델링인 프랙털(Fractal) 모델에 대한 설명으로 거리가 먼 것은?

① 단순한 형태의 모양에서 출발하여 복잡한 형상을 구축하는 방식의 모델을 말한다.
② 자연물, 지형, 해안, 산, 혹성 등 표현하기 어려운 부분까지 표현해낼 수 있다.
③ 대표적은 프로그램으로는 Bryce 3D가 있다.
④ 점과 점 사이의 선분이 곡선으로 되어 있어 가장 많은 계산을 필요로 한다.

프랙털 모델은 반복적인 기하학적 패턴을 사용하며, 반드시 곡선으로 이루어진 것은 아니며, 복잡한 계산을 필요로 하지만, 곡선 자체가 계산량을 증가시키는 주요 원인은 아니다.

78 3차원 컴퓨터 그래픽에서 면을 구성하는 최소 단위로 다각형을 의미하는 것은?

① Vertex
② Polygon
③ Edge
④ Object

오답 피하기

• ① Vertex : 정점을 의미하며, 3D 그래픽에서 점 하나를 나타낸다.
• ③ Edge : 선분을 의미하며, 두 Vertex(정점)를 연결하는 선이다.
• ④ Object : 객체를 의미하며, 3D 그래픽에서 하나의 독립된 모델을 나타낸다.

79 영상에서 사용되는 한 장면 한 장면을 말하며, 다른 의미로는 카메라의 시야에 들어오는 모든 범위를 말하기도 하는 영상의 기본 단위는?

① 풀 스크린(Full Screen)
② 프레임(Frame)
③ 클립(Clip)
④ 셀(Cell)

영상은 초당 여러 장의 이미지(프레임)가 연속적으로 재생되어 움직임을 표현한다.

오답 피하기

• ① 풀 스크린(Full Screen) : 전체 화면을 의미하며, 화면 전체를 차지하는 디스플레이 모드를 뜻한다.
• ③ 클립(Clip) : 편집된 영상의 한 조각이나 짧은 비디오를 의미한다.
• ④ 셀(Cell) : 셀 애니메이션에서 사용되는 용어로, 투명한 셀룰로이드 시트를 의미한다.

80 캐릭터 애니메이션 제작 방식 중 마커(Marker) 또는 트랙커(Tracker)라 불리는 센서를 부착하여 애니메이션을 생성하는 방식은?

① 웹(Web) 애니메이션
② 파티클(Particle) 애니메이션
③ 모션 캡처(Motion Capture) 애니메이션
④ 로토스코핑(Rotoscoping) 애니메이션

마커 센서와 트랙커 센서의 차이

구분	마커(Marker)	트래커(Tracker)
역할	움직임을 추적할 수 있도록 표식 역할을 함	마커의 움직임을 기록하고 데이터로 변환함
위치	배우나 물체에 부착	카메라, 센서, 소프트웨어 등 외부 장치
종류	패시브 마커, 액티브 마커	광학, 자기, 관성 트래커

오답 피하기

• ① 웹(Web) 애니메이션 : 웹 브라우저에서 실행되는 애니메이션이다.
• ② 파티클(Particle) 애니메이션 : 작은 입자(Particle)를 사용하여 불꽃, 연기, 물, 폭발 등과 같은 자연 현상을 표현하는 애니메이션 방식이다.
• ④ 로토스코핑(Rotoscoping) 애니메이션 : 실제 촬영된 영상을 바탕으로 프레임별로 그림을 그려 애니메이션을 제작한다.

1 과목 멀티미디어 개론

난이도 중 문제 진단 ○△✕

01 수많은 사적 거래 정보를 개별적 데이터 블록으로 만들고, 이를 체인처럼 연결하는 블록체인 기술은?

① 시민해킹
② 피에스−엘티이
③ 버퍼블로트기술
④ 분산원장기술

> 분산원장기술(Distributed Ledger Technology, DLT)은 데이터를 중앙 서버가 아닌 노드(Node, 독립적인 개별 컴퓨터)에 분산 저장하여 관리하는 기술로, 블록체인이 대표적이다.
>
> **오답 피하기**
> • ① 시민해킹 : 교통 정보 앱, 공공 데이터 시각화 등 시민들이 공공 서비스를 개선하기 위해 기술적 도구를 개발하는 활동이다.
> • ② 피에스−엘티이 : Public Safety Long Term Evolution의 약자로, 경찰, 소방, 응급 구조 등 공공 안전을 위한 LTE 기반 통신망에서 사용되는 통신 기술이다.
> • ③ 버퍼블로트기술 : 버퍼블로트(Buffer Bloat)는 네트워크에서 데이터 전송 지연이 과도하게 발생하는 현상으로, 이를 해결하기 위한 기술이다.

난이도 하 문제 진단 ○△✕

02 사물인터넷이 진화하여 새로운 가치와 경험을 창출해내는 미래 인터넷으로 존재하는 모든 사람과 프로세스, 데이터까지 모바일, 클라우드 등이 서로 결합된 네트워크를 말하는 것은?

① IoE
② CEP
③ Paas
④ UML

> **오답 피하기**
> • ② CEP : 복합 이벤트 처리(Complex Event Processing)를 의미하며, 실시간으로 발생하는 여러 이벤트(데이터 흐름)를 분석하고 이상 징후를 감지하는 기술로, 주식 시장 이상 거래 감지, IoT 센서를 통한 기계 이상의 실시간 탐지 등에 사용된다.
> • ③ Paas : 서비스형 플랫폼(Platform as a Service)을 의미하며, 클라우드 컴퓨팅의 한 형태이다.
> • ④ UML : 통합 모델링 언어(Unified Modeling Language)를 의미하며, 시스템의 구조와 동작을 명확히 표현하기 위한 다이어그램(Diagram) 언어이다.

난이도 중 문제 진단 ○△✕

03 커버로스에 대한 설명으로 옳은 것은?

① 공개키 암호 방식 사용
② 패스워드 추측 공격에 강함
③ 티켓 기반 보안 시스템
④ 시스템을 통해 패스워드는 평문 형태로 전송

> 커버로스(Kerberos)는 네트워크 인증 프로토콜로, 클라이언트와 서버 간 티켓 기반의 보안 시스템을 사용하며, 사용자는 한 번 인증을 받은 후 티켓을 통해 추가 인증 없이 여러 서비스에 접근할 수 있다.
>
> **오답 피하기**
> • ① : 커버로스는 대칭키 암호 방식을 사용한다.
> • ② : 패스워드를 암호화 형태로 처리하여 안전하게 전송하지만 패스워드가 약하거나, 오프라인에서 시간적 제약없이 암호화된 데이터를 분석할 경우에는 공격에 취약하다.
> • ④ : 패스워드는 암호화된 형태로 처리되어 전송된다.

난이도 중 문제 진단 ○△✕

04 IPTV의 영상신호소스 압축과 전송방식이 바르게 짝지어진 것은?

① 신호압축 : MPEG−4, 전송 : MPEG−4
② 신호압축 : WMV−9, 전송 : MPEG−4
③ 신호압축 : H.264, 전송 : MPEG−2
④ 신호압축 : MPEG−2, 전송 : MPEG−2

> **오답 피하기**
> • ① : 초기 IPTV에서 사용되었으나, H.264(AVC)의 등장 이후 대체되었다.
> • ② : WMV−9(Windows Media Video 9)은 Microsoft에서 개발한 영상 압축 기술로 Windows 기반의 미디어 플레이어에서 사용된다.
> • ④ : 과거 디지털 방송(DVB)과 DVD에서 사용된 전송방식이다.

05 컴퓨터가 사람을 대신하여 정보를 읽고 이해하고 가공하여 새로운 정보를 만들어 낼 수 있도록 이해하기 쉬운 의미를 가진 차세대 지능형 웹은?

① N Screen

② Smart Grid Web

③ Semantic Web

④ Topic Web

시맨틱 웹(Semantic Web, 의미론적 웹)은 월드 와이드 웹(WWW)의 확장 개념으로, 웹 상의 정보와 데이터를 컴퓨터가 이해할 수 있는 형태로 구조화하여, 보다 지능적인 검색과 데이터 처리를 가능하게 하는 기술이다.

오답 피하기

• ① N Screen : 하나의 콘텐츠를 N개의 다양한 디지털 기기에서 끊김없이 연속적으로 이용할 수 있는 기술이다.
• ② Smart Grid Web : 전력의 생산, 분배, 소비를 효율적으로 관리하는 웹 시스템이다.
• ④ Topic Web : 특정 주제에 대한 정보를 체계적으로 제공하는 웹 서비스이다.

06 다음 중 인터넷 표준화 단체와는 가장 관계가 먼 것은?

① W3C

② IETF

③ K/OPEN

④ IAB

1990년대 초반 한국에서 운영되었던 개방형 시스템(Open System) 협의회로, 인터넷 표준화 및 오픈소스 소프트웨어의 발전으로 현재는 활동이 중단되었다.

오답 피하기

• ① W3C : HTML, CSS 등 웹 기술의 표준을 제정한다.
• ② IETF : 인터넷 프로토콜과 관련된 기술 표준을 개발한다.
• ④ IAB : 인터넷 아키텍처를 설계하고 프로토콜 표준을 제정한다.

07 리눅스의 커널에 대한 설명으로 거리가 먼 것은?

① 파일 시스템의 접근 권한 처리

② 시스템에서 처리되는 각종 데이터를 장치 간에 전송하고 변환

③ 명령어 해석기 역할 수행

④ 시스템 자원 분배

사용자가 입력한 명령어를 해석하고 실행하는 역할을 하는 것은 Shell이다.

08 다음 디지털 오디오 데이터의 10초 분량의 22.05KHz, 8bit 샘플 크기의 스테레오 사운드를 저장하기 위한 용량은?

① 541KByte

② 441KByte

③ 341KByte

④ 264KByte

공식
데이터 크기(byte)=샘플링 주파수(Hz)×(샘플 비트(bit)÷8)×채널 수×저장 시간(초)

주어진 값
• 샘플링 주파수=22,050Hz
• 샘플 비트=8bit
• 채널 수=스테레오(2채널)
• 저장 시간=10초

계산
• 샘플 비트(bit)를 바이트(byte)로 변환 → 8bit÷8=1byte
• 1초 동안의 데이터 크기 계산 → 22,050Hz×1byte×2채널=44,100 byte
• 10초 동안의 데이터 크기 계산 → 44,100byte×10초=441,000byte

09 오디오 및 비디오와 같은 실시간 데이터의 신뢰성 있는 전송을 위해 제안된 인터넷 표준 프로토콜은?

① IP

② RTP

③ TP

④ FTP

오답 피하기

• ① IP : 데이터를 전송하기 위한 프로토콜로, IP 주소를 기반으로 데이터를 패킷 단위로 전송한다.
• ③ TP : 일반적으로 특정 프로토콜을 지칭하지 않으며, Transport Layer Protocol(전송 계층 프로토콜)의 약어로 사용된다.
• ④ FTP : 파일을 전송하기 위한 프로토콜이다.

10 난이도 중 문제 진단 ○△✕
운영체제에서 한 프로세스가 자원을 점유한 상태에서 세마포어 변수를 변경한 후 비정상적인 상태로 종료되었을 때 일어날 수 있는 상황은?

① Late
② Mapping
③ Deadlock
④ Restore

> 세마포어(Semaphore)는 프로세스 간의 동기화와 자원 접근을 제어하기 위해 사용되는 변수로 자원의 사용 가능 여부를 나타낸다. 한 프로세스가 세마포어를 통해 자원을 점유한 상태에서 비정상적으로 종료되면, 해당 자원이 해제되지 않고 다른 프로세스가 계속 대기하게 되는 Deadlock(데드락)이 발생한다.

11 난이도 중 문제 진단 ○△✕
UDP 프로토콜에 대한 설명으로 틀린 것은?

① 비연결형 전송 프로토콜이다.
② 잘 알려진 포트로는 80(HTTP), 23(FTP) 포트가 있다.
③ 전송계층에 속하는 프로토콜이다.
④ 흐름 제어와 혼잡제어 기능을 갖고 있지 않다.

> **UDP 포트 번호**
> • 53번 포트 : DNS(Domain Name System)
> • 67, 68번 포트 : DHCP(Dynamic Host Configuration Protocol)
> • 161번 포트 : SNMP(Simple Network Management Protocol)
>
> **오답 피하기**
> • ② : TCP에서 사용되는 포트 번호이다.

12 난이도 중 문제 진단 ○△✕
해시(Hash) 함수에 대한 설명으로 틀린 것은?

① 임의 길이의 메시지를 일정길이(120비트, 160비트 등) 로 출력하는 함수이다.
② 함수가 양방향인 경우를 메시지 다이제스트라고 한다.
③ 메시지의 정확성이나 무결성을 중시하는 보안 업무에 사용한다.
④ 메시지의 무결성이나 사용자 인증을 사용하는 전자서명에 유효하다.

> 해시 함수는 임의의 크기를 가진 데이터를 고정된 크기의 해시값으로 변환하는 함수이다. 메시지 다이제스트(Message Digest)는 해시 함수의 출력값(결과물)을 의미하며, 해시 함수는 단방향으로 양방향이 될 수 없다.

13 난이도 하 문제 진단 ○△✕
애플의 매킨토시에서 사용되는 사운드 포맷으로 사운드 데이터 자체와 데이터의 기록방식을 함께 포함하고 있어, 일반적인 웨이브 파일의 기록에 사용되는 파일 포맷은?

① AU
② RIFF
③ AIFF
④ MOD

> **오답 피하기**
> • ① AU : 썬 마이크로시스템즈(Sun Microsystems)에서 개발한 오디오 파일 포맷이다.
> • ② RIFF : 마이크로소프트와 IBM이 개발한 파일 포맷으로, 멀티미디어 데이터를 저장하는 데 사용된다.
> • ④ MOD : 모듈러 음악 파일 포맷으로, 트래커 음악 소프트웨어 (Tracker Music Software)에서 사용된다. ··○샘플 기반 음악 제작 소프트웨어

14 난이도 중 문제 진단 ○△✕
다음 중 정보보안의 기본 목표가 아닌 것은?

① 가용성
② 통합성
③ 기밀성
④ 무결성

> 정보보안의 기본 목표는 기밀성(Confidentiality), 무결성(Integrity), 가용성(Availability)으로 CIA 삼원칙이라고 한다.

15 난이도 하 문제 진단 ○△✕
음의 세기(Sound Intensity) 단위는?

① W/m^2
② erg/m^2
③ kgf
④ W^2/cm

> W/m^2(와트 퍼 제곱미터)는 단위 면적당 음파가 전달하는 에너지의 양을 나타낸다. ··○길이(cm), 질량(g), 시간(s). 국제표준이 아니므로 거의 사용되지 않음
>
> **오답 피하기**
> • ② : 에르그 퍼 제곱미터 CGS 단위계에서 에너지의 단위로 사용된다.
> • ③ : 킬로그램 힘(킬로그램포스). 힘의 단위로, 1kg의 질량에 작용하는 중력의 크기를 나타낸다.
> • ④ : 와트 제곱 퍼 센티미터. 전력의 제곱을 나타내는 단위이다.

16 난이도 하 문제 진단 ○△✕

인공지능이 빅데이터 분석을 바탕으로 사람과 일상 언어로 대화할 수 있도록 구현되는 기술은?

① 브레드 크럼즈
② 스레드
③ 챗봇
④ 토큰화

- ① 브레드 크럼즈 : 사용자가 현재 위치를 알 수 있도록 경로를 표시하는 네비게이션 기술이다.
- ② 스레드 : 컴퓨터 프로세스 내에서 실행되는 작업 단위이다.
- ④ 토큰화 : 텍스트 데이터 분석을 위해 문장을 단어, 구, 의미 단위로 나누는 과정으로, 챗봇 구현에 사용되는 기술 중 하나이지만, 챗봇 자체를 의미하지는 않는다.

17 난이도 중 문제 진단 ○△✕

OSI 7 계층 모델 중 보안을 위한 암호화/해독과 효율적인 전송을 위한 정보 압축 등의 기능을 수행하는 계층은?

① 응용계층
② 표현계층
③ 전달계층
④ 네트워크계층

오답 피하기
- ① 응용계층 : OSI 7 계층의 최상위 계층으로, 애플리케이션 소프트웨어와 네트워크 간의 연결을 담당한다.
- ③ 전달계층 : 데이터의 종단 간(end-to-end) 전송을 담당하는 계층이다.
- ④ 네트워크계층 : 데이터를 목적지까지 라우팅하고, 네트워크 간의 연결을 관리하는 계층이다.

18 난이도 하 문제 진단 ○△✕

미국의 애플 컴퓨터에서 제창한 개인용 컴퓨터 및 디지털 오디오, 디지털 비디오용 시리얼 버스 표준규격 인터페이스는?

① IEEE 1394
② USB
③ SATA
④ SDI

IEEE 1394는 FireWire라고도 불리며, 디지털 오디오/비디오 장치와 컴퓨터 간의 데이터 전송에 사용되었으나 USB의 대중화로 인해 현재는 거의 사용되지 않는다.

오답 피하기
- ③ SATA : Serial ATA(Advanced Technology Attachment)의 약자로, HDD(Hard Disk Drive), SSD(Solid State Drive)와 메인보드를 연결하기 위한 인터페이스이다.
- ④ SDI : Serial Digital Interface의 약자로, 고품질의 비디오 및 오디오 신호를 전송하기 위한 디지털 비디오 인터페이스이다.

19 난이도 중 문제 진단 ○△✕

OSI 7계층에서 전송계층(Transport Layer)의 주요 기능이 아닌 것은?

① 분할과 재조립
② 종단 간 흐름 제어
③ 디렉토리 서비스
④ 서비스 지점 주소 지정

디렉토리 서비스는 응용계층(Application Layer)의 기능으로, 네트워크 리소스를 저장하고 관리하는 서비스이다.

오답 피하기
- ① 분할과 재조립 : 데이터를 작은 단위(세그먼트)로 나누어 전송하고, 수신 측에서 이를 다시 조립한다.
- ② 종단 간 흐름 제어 : 송신자와 수신자 간의 데이터 전송 속도를 조절하여 네트워크 혼잡을 방지한다.
- ④ 서비스 지점 주소 지정 : 여러 애플리케이션이 동시에 통신할 수 있도록, 포트 번호를 사용하여 데이터를 특정 애플리케이션에 전달한다.

20 난이도 중 문제 진단 ○△✕

IPv6의 주소체계에 대한 설명으로 거리가 먼 것은?

① 주소의 길이는 128비트이다.
② 표시방법은 16비트씩 8부분으로 16진수로 표시한다.
③ 데이터 무결성, 데이터 기밀성을 지원하도록 보안기능을 강화하였다.
④ 주소할당은 A, B, C 클래스에 비순차적으로 할당한다.

IPv6는 주소 클래스(A, B, C) 개념을 사용하지 않으며, CIDR(Classless Inter-Domain Routing) 방식과 주소 범위를 사용한다.

비클래스형 주소 할당 방식. IP 주소 뒤에 슬래시(/)와 숫자를 붙여 네트워크와 호스트를 구분

2과목 멀티미디어기획 및 디자인

21 난이도 중 문제 진단 ○△⨉

색이 주는 감정효과에 대한 설명으로 틀린 것은?

① 경연감은 톤에 의해 영향을 많이 받는다.
② 난색계의 고명도 색은 부드러운 느낌을 준다.
③ 무채색이 많이 섞인 색은 부드러운 느낌을 준다.
④ 명도에 의한 무게감과 채도에 의한 경연감이 복합적으로 작용한다.

난색계(빨강, 주황, 노랑 등)는 따뜻하고 강렬한 느낌을 주며, 고명도 (밝은 색상)일 경우 활발하고 자극적인 느낌을 더 강하게 전달한다.

오답 피하기
- ① : 경연감(輕軟感)은 색이 주는 딱딱하거나 부드러운 느낌으로 색의 명도와 채도에 따라 크게 영향을 받으며, 색의 톤(Tone)은 색의 명도와 채도의 조합으로 만들어지는 색의 느낌이다.
- ③ : 무채색(흰색, 회색, 검정)이 섞인 색은 채도가 낮아지면서 부드럽고 차분한 느낌을 준다.
- ④ : 색의 명도는 무게감(밝으면 가볍고, 어두우면 무거운 느낌)을, 채도는 경연감(채도가 높으면 가볍고, 낮으면 무거운 느낌)을 결정하는 데 영향을 미친다.

22 난이도 중 문제 진단 ○△⨉

아이디어 발상 초기 단계의 스케치를 말하며 정확도가 요구되지 않는 가장 불완전한 스케치를 무엇이라 하는가?

① 스타일 스케치
② 스크래치 스케치
③ 렌더링 스케치
④ 프로토타입 스케치

오답 피하기
- ① 스타일 스케치 : 가장 정밀한 아이디어 스케치 기법으로 외관의 형태, 컬러, 질감 등을 구체적으로 표현한다.
- ③ 렌더링 스케치 : 단순한 선으로만 이루어진 스케치와 달리 명암과 색상을 통해 입체감을 부여한다.
- ④ 프로토타입 스케치 : 실제 제작을 염두에 두고 구체적이고 정밀하게 그린 스케치로, 아이디어 스케치와는 목적과 완성도가 다르다.

23 난이도 중 문제 진단 ○△⨉

다음 중 디지털 색채에 대한 설명으로 거리가 가장 먼 것은?

① 컴퓨터를 통해 신호를 주고받으며 색을 재현하는 모든 장치에서 보여지는 색을 말한다.
② 데이터 입출력장치와 이를 처리하는 컴퓨터의 사양에 따라 색이 달라진다.
③ 디지털 카메라와 컬러 핸드폰 액정도 디지털 색채와 같은 특징을 가지고 있다.
④ 스캐너를 통해 입력된 사진은 디지털 색채라고 볼 수 없다.

스캐너를 통해 입력된 사진은 디지털 데이터로 변환되므로, 디지털 색채의 범주에 포함된다.

오답 피하기
- ① : 디지털 색채의 정의이다. ─○ 장치 간의 색상 일관성을 유지하기 위한 데이터 파일
- ②, ③ : 디지털 색채는 장치의 해상도, 색상 프로파일(Profile), 디스플레이 설정 등에 따라 다르게 보인다.

24 난이도 중 문제 진단 ○△⨉

디자인 시안을 클라이언트에게 설명하는 프레젠테이션 문서를 작성할 때 주의할 사항으로 옳지 않은 것은?

① 지나친 멀티미디어 요소는 피한다.
② 문서의 가독성을 고려한다.
③ 설명에 대한 글은 반드시 슬라이드로 보여주는 것이 좋다.
④ 발표 내용과 연관된 그래픽 이미지, 사운드, 영상 등의 자료를 활용한다.

슬라이드에 지나치게 많은 텍스트를 포함하면 가독성이 떨어지고, 청중의 집중력이 분산된다.

오답 피하기
- ① : 멀티미디어 요소는 적절히 사용하면 효과적이지만, 지나치면 산만해진다.
- ② : 슬라이드의 글자 크기, 색상 대비, 배치 등을 통해 가독성을 높인다.
- ④ : 시각적 자료와 멀티미디어는 청중의 이해를 돕고 발표를 더 효과적으로 만든다.

25
이미 만들어진 활자를 이용하는 것이 아니라 직접 드로잉을 통해 글자를 만드는 것은?

① 폰트
② 로고 타입
③ 레터링
④ 시그니처

오답 피하기
- ① 폰트 : 디지털화된 글꼴로, 컴퓨터나 인쇄물에서 사용하기 위해 만들어진 활자체를 의미한다.
- ② 로고 타입 : 브랜드나 회사의 이름을 특정한 서체나 디자인으로 표현한 것이다.
- ④ 시그니처 : 브랜드를 대표하는 표준화된 형태이다.

26
다음 디자인의 요소 중 시각 요소와 거리가 먼 것은?

① 중량
② 형태
③ 색채
④ 질감

시각 요소는 눈으로 직접 볼 수 있는 디자인의 형태적 요소로 형태, 색채, 질감 등을 포함하며, 상관 요소는 디자인의 의미나 기능, 무게감, 균형감 등과 같이 시각적으로 직접 보이지 않는 요소를 포함한다.

27
디자인의 형태에서 이념적 형태는 자체로써는 조형이 될 수 없기 때문에 지각할 수 있도록 점, 선, 면, 입체 등으로 나타내는데 이를 무엇이라 하는가?

① 순수 형태
② 현실 형태
③ 구상 형태
④ 자연 형태

순수 형태란 조형의 가장 기본적인 요소로, 점, 선, 면, 입체와 같은 기초적인 시각 요소를 의미하며, 이념적이거나 추상적인 개념을 시각화하는 데 활용된다.

오답 피하기
- ② 현실 형태 : 실제로 존재하는 사물이나 환경을 기반으로 한 형태이다.
- ③ 구상 형태 : 현실 세계의 구체적인 사물이나 대상을 표현한 형태로, 이념적(추상적이고 개념적인) 형태와 반대되는 개념이다.
- ④ 자연 형태 : 자연에서 발견되는 형태이다.

28
슈브뢸(M.E. Chevreul)의 색채조화 이론 중 활기찬 시각적 효과를 주고 유쾌한 감정을 유발하는 조화는?

① 반대색의 조화
② 주조색의 조화
③ 근접보색의 조화
④ 등간격 3색 조화

오답 피하기
- ② 주조색의 조화 : 하나의 색을 중심으로 톤이나 명도를 변화시켜 차분하고 안정적인 느낌을 준다.
- ③ 근접보색의 조화 : 색상환에서 보색에 가까운 색들을 조합하여 부드럽고 조화로운 느낌을 준다.
- ④ 등간격 3색 조화 : 색상환에서 등간격으로 떨어진 3가지 색을 조합하여 조화와 균형을 준다.

29
색에 따라 무겁거나 가볍게 느껴지는 현상을 중량감이라고 한다. 색의 삼속성 중 중량감에 가장 크게 영향을 주는 것은 무엇인가?

① 색상
② 명도
③ 채도
④ 색상, 명도, 채도에 영향을 받지 않는다.

명도가 낮은 색(어두운 색)은 무겁게 느껴지고, 명도가 높은 색(밝은 색)은 가볍게 느껴진다.

30
다음 중 (   ) 안에 들어갈 알맞은 단어는?

'디자인의 기본 조건 중 각각의 원리를 가지면서도 모든 조건을 하나의 통일체로 융화시킬 수 있는 것으로 디자인은 (   )이다'라는 말은 이의 필요성을 대변하는 것이다.

① 창의성
② 질서
③ 아이디어
④ 경제성

독일의 디자이너 막스 빌(Max Bill)은 "디자인은 질서이다(Design is order)"라는 말을 통해 디자인은 단순한 미적 요소를 넘어 기능적이고 실용적이어야 하며, 이를 위해 질서가 필수적이라고 주장하였다.

31 브레인스토밍법에 대한 설명으로 가장 적절한 것은?

① 2개 이상의 것을 결합하여 합성한다는 의미이다.

② 고정 관념을 배제하고 수용적인 분위기에서 많은 아이디어를 찾아내기 위한 방식이다.

③ 사전적으로 '끝장을 보는 회의'라는 뜻으로 GE의 잭웰치(John Frances Welch Jr.) 전 회장이 기업 문화 혁신을 위한 수단으로 주창했다.

④ 개개의 사실이나 정보를 직관적으로 연계하는 것이다.

> 브레인스토밍(Brainstorming)은 창의적인 아이디어를 도출하기 위한 방법으로, 자유롭고 수용적인 분위기에서 고정 관념을 배제하고 다양한 아이디어를 제시하는 데 초점을 둔다.
>
> **오답 피하기**
> • ① : 시너지 효과나 합성적 사고와 관련된 설명이다.
> • ③ : 잭 웰치의 경영 철학과 관련된 설명이다.
> • ④ : 직관적 사고와 관련이 있다.

32 Ecology Design이 뜻하는 것은?

① 채색이나 형태에 제한을 둔다.

② 단순, 명료, 순수성을 추구한다.

③ 동적이고 가벼운 이미지를 가진다.

④ 인간과 자연과의 조화를 위한 디자인이다.

> Ecology Design(에콜로지 디자인)은 인간과 자연 환경의 조화를 추구하는 디자인 철학으로, 지속 가능성을 고려하여 환경에 미치는 영향을 최소화하고 자연과 공존할 수 있는 디자인을 목표로 한다.

33 흰색 배경위에 검정 십자형의 안쪽에 있는 회색 삼각형과 바깥쪽에 있는 회색 삼각형을 비교하면 안쪽에 배치한 회색이 보다 밝게 보이고, 바깥쪽에 배치한 회색은 어둡게 보이는 효과는?

① 스티븐스 효과

② 베너리 효과

③ 애니브 효과

④ 에렌슈타인 효과

> **오답 피하기**
> • ① 스티븐스 효과 : 명암 대비와 관련된 현상으로, 밝은 환경에서는 물체의 밝기가 더 밝게 보이고, 어두운 환경에서는 물체의 밝기가 더 어둡게 보이는 현상이다.
> • ③ 애니브 효과 : 색상 대비와 관련된 현상으로, 특정 색상이 주변 색상에 의해 다르게 보이는 효과이다.
> • ④ 에렌슈타인 효과 : 착시 현상과 관련된 것으로, 선이나 경계가 교차하거나 끊어질 때, 그 주변에 밝은 영역이 생겨나는 것처럼 보이는 효과이다.

34 웹 디자인에서 내비게이션에 대한 설명으로 거리가 먼 것은?

① 웹 콘텐츠를 분류하고 체계화시킨 후 이들을 연결시켜 방문자로 하여금 웹 사이트를 이용할 수 있게 하는 체계를 말한다.

② 일관성 있는 아이콘과 그래픽을 사용하여 사용자가 홈페이지 어디서라도 길을 잃지 않고 필요한 정보를 쉽게 얻을 수 있도록 하는 것이다.

③ 웹 사이트의 전체적인 분위기를 결정하고 개인의 홍보나 회사의 홍보, 또 사용자 간의 자발적 참여와 커뮤니티를 형성한다.

④ 사이트의 이동경로나 이동방법, 이동을 돕는 구조와 인터페이스를 모두 포함하는 개념이다.

> 웹사이트의 목적과 콘텐츠 전략에 대한 내용으로 내비게이션에 대한 설명과는 거리가 멀다.
>
> **오답 피하기**
> • ① : 내비게이션의 핵심적인 역할을 설명하였다.
> • ② : 내비게이션 디자인 요소를 설명하였다.
> • ④ : 내비게이션의 정의이다.

35 다음 중 동시대비에 대한 설명으로 거리가 먼 것은?

① 인접하는 색의 차이가 클수록 대비효과는 커진다.

② 사물의 크기가 작을수록 대비효과가 강하게 일어난다.

③ 오래 계속해서 볼수록 대비현상의 세기는 강해진다.

④ 자극이 되는 부분이 멀어질수록 대비효과는 약해진다.

> 동시대비는 지속적인 자극보다 순간적인 시각적 차이에 의해 발생하는 시각적 현상으로, 시간이 지나면서 강도가 더 세지는 것이 아니라 적응하면서 더 약해진다.

36 하이퍼시스템의 구성요소인 링크에 대한 설명으로 틀린 것은?

① 노드 간의 연결 관계를 형성하는 역할을 한다.

② 문서 참조를 위한 연결기능을 담당한다.

③ 표, 그림 등의 항목들을 관련 정보와 연결한다.

④ 주제를 표현하기 위한 기본단위이며, 정보의 저장 단위이다.

> 하이퍼시스템(Hyper System)은 정보를 비선형적으로 연결하고 탐색할 수 있도록 설계된 시스템으로, 하이퍼텍스트와 하이퍼미디어의 개념을 포함한다. ④는 노드(Node)에 대한 내용이다.

37 그림에서 제시된 이미지의 형태에서 느껴지는 디자인의 원리는 무엇인가?

① 근접의 원리

② 착시의 원리

③ 반복의 원리

④ 대비의 원리

> **오답 피하기**
> • ① 근접의 원리 : 서로 가까이 위치한 요소들은 하나의 그룹으로 인식된다는 원리이다.
> • ② 착시의 원리 : 시각적 요소의 배치나 구성에 따라 실제와 다르게 보이는 현상을 설명하는 원리이다.
> • ③ 반복의 원리 : 동일한 요소나 패턴을 반복적으로 사용하여 통일성과 일관성을 부여하는 원리이다.

38 다음 중 타이포그래피의 가독성에 관한 설명으로 적절하지 않은 것은?

① 작은 글자보다는 큰 글자가 대체로 가독성이 좋다.

② 영문의 경우 대문자보다는 소문자로 된 단어들을 더 빠르고 편하게 읽을 수 있다.

③ 정렬을 할 때는 양 끝 정렬이 왼 끝 정렬보다 글을 읽기 쉽다.

④ 일반적으로 기본 폰트가 폭을 좁히거나 늘이거나 장식하거나 단순화한 것보다 더 읽기 쉽다.

> 양 끝 정렬은 단어 간의 간격이 불규칙하여 가독성이 떨어지고, 왼쪽 정렬은 글의 시작 위치가 일정하기 때문에 가독성이 좋다.

39 텍스트는 인터페이스에서 중요한 구성요소이면서 콘텐츠의 일부이기도 하다. 다음 중 텍스트에 대한 설명으로 가장 거리가 먼 것은?

① 판독성은 글자의 모양을 보고 어떻게 생긴 것인지 알아볼 수 있는 정도를 말하며, 판독성이 잘되도록 디자인해야 한다.

② 가독성을 읽기 쉬운 것을 말하며, 가독성이 높도록 디자인해야 한다.

③ 글자의 크기는 글꼴에 따라 차이가 있지만, 본문 텍스트는 영문, 한글 6포인트 이하가 바람직하다.

④ 가독성을 주로 글의 양이 많은 잡지나 신문에 관여하고, 판독성은 글의 양이 적은 헤드라인, 목차, 로고타입 등에 관여한다.

> 판독성(Legibility)은 글자를 쉽게 읽을 수 있는 정도를 뜻하고, 가독성(Readability)은 문장을 쉽게 이해할 수 있는 정도를 의미한다. 본문 텍스트는 10~12포인트가 적합하며, 6포인트 이하는 너무 작아서 가독성이 크게 떨어진다.
>
> **오답 피하기**
> • ① : 판독성은 글자의 모양과 디자인에 따라 영향을 받으며, 판독성을 높이는 것은 텍스트 디자인에서 매우 중요하다.
> • ② : 가독성을 높이기 위해 적절한 글자 크기, 줄 간격, 정렬 방식 등을 고려한다.
> • ④ : 가독성은 긴 텍스트(본문)에서 중요한 요소이며, 판독성은 짧은 텍스트(헤드라인, 로고 등)에서 더 중요한 요소로 작용한다.

40 난이도 중 문제 진단 ○△✕
저드의 색채조화 원칙 중 배색에 있어서 공통된 상태와 성질이 있을 때 조화한다는 원리는?

① 질서의 원리
② 동류의 원리
③ 친밀의 원리
④ 명료의 원리

공통된 상태와 성질이란 색채가 공유하는 색상, 명도, 채도 등을 의미한다.

오답 피하기

- ① 질서의 원리 : 색채가 일정한 규칙이나 질서를 가지고 배열될 때 조화를 이룬다는 원리이다.
- ③ 친밀의 원리 : 색채가 서로 가까운 관계에 있을 때 조화를 이룬다는 원리이다.
- ④ 명료의 원리 : 색채가 명확하고 선명할수록 조화를 이룬다는 원리이다.

3과목 멀티미디어 저작

41 난이도 중 문제 진단 ○△✕
데이터베이스를 구성하는 자료 객체(Entity), 이들의 속성(Attribute), 이들 간에 존재하는 관계(Relation) 그리고 자료의 조작과 이들 자료값들이 갖는 제약 조건에 관한 정의를 총칭해서 무엇이라 하는가?

① 스키마(Schema)
② 도메인(Domain)
③ 질의어(Query)
④ 튜플(Tuple)

오답 피하기

- ② 도메인(Domain) : 속성(Attribute)이 가질 수 있는 값들의 집합이다.
- ③ 질의어(Query) : 데이터베이스에서 데이터를 검색하거나 조작하기 위해 사용하는 언어이다.
- ④ 튜플(Tuple) : 테이블의 행을 의미하며, 각 행은 하나의 레코드(Record)를 나타낸다.

42 난이도 중 문제 진단 ○△✕
자바스크립트의 내장 객체 중 최상위 객체이고 현재 화면에 출력되는 창에 대한 정보를 제공하는 객체는?

① Location
② History
③ Screen
④ Window

모든 브라우저 객체는 Window 객체의 하위 객체로, window.alert() 는 경고창을 띄우는 메서드이다.
⌐○Document, Navigator, Location, History, Screen 등

오답 피하기

- ① : 현재 문서의 URL(주소) 정보를 제공하는 객체로, window.location.href는 현재 페이지의 URL을 반환한다.
- ② : 브라우저의 방문 기록을 관리하는 객체로, window.history.back()은 이전 페이지로 이동한다.
- ③ : 사용자의 화면에 대한 정보를 제공하는 객체로, window.screen.width는 화면의 너비를 반환한다.

43 난이도 하 문제 진단 ○△✕
HTML 파일에서 순서가 있는 목록 리스트들을 포함하여 출력할 때 사용하는 태그명은?

① ol 태그
② dl 태그
③ li 태그
④ ul 태그

오답 피하기

- ② dl 태그 : 정의 목록을 생성한다.
- ③ li 태그 : 목록 항목을 정의한다.
- ④ ul 태그 : 순서가 없는 목록을 생성한다.

44 난이도 하 문제 진단 ○△✕
CSS(Cascading Style Sheet)의 특징으로 옳지 않은 것은?

① 관리하기가 용이하다.
② 기존의 HTML 기능을 확장해서 사용할 수 있다.
③ 한 번의 지정으로 한 페이지에서만 횟수에 상관없이 여러 번 적용할 수 있다.
④ 브라우저마다 조금씩 다르게 적용되기도 한다.

한 번 지정한 스타일은 한 페이지뿐만 아니라 여러 페이지에서도 재사용할 수 있다.

오답 피하기

- ① : CSS는 스타일을 한 곳에서 정의하고 여러 요소에 적용할 수 있어, 관리와 유지보수가 용이하다.
- ② : HTML의 표현(스타일)을 확장하는 역할을 한다.
- ④ : CSS는 브라우저마다 렌더링 방식이 다를 수 있어, 동일한 스타일이 브라우저마다 다르게 보일 수 있다.
⌐○브라우저가 HTML과 CSS를 해석하여 화면에 표시하는 과정

45

난이도 중   문제 진단 ○△✕

자바스크립트에 대한 설명으로 틀린 것은?

① 웹페이지를 동적으로 작성할 수 있다.

② 실행을 위해 서버에서 컴파일 과정을 거쳐야 한다.

③ 문자열 표시는 따옴표를 사용해야 한다.

④ 대소문자를 구분한다.

> 자바스크립트는 브라우저에서 바로 읽고 실행되어 서버에서 컴파일 과정을 거칠 필요가 없다.

46

난이도 중   문제 진단 ○△✕

다음 성질을 만족하는 관계 연산자는?

> 카디널리티 : $|R - S| \leq |R|$
> 차수 : R 또는 S의 차수
> (단, R, S는 릴레이션)

① 합집합

② 차집합

③ 교집합

④ 조인

> 카디널리티는 릴레이션(테이블)의 튜플(행)의 개수이다.
>
> **코드 해석**
> - $|R - S| \leq |R|$: R에서 S를 뺀 결과의 튜플 개수는 R의 튜플 개수보다 크지 않다. R에서 일부 튜플을 제거하는 연산이므로 결과의 크기는 R보다 작거나 같아야 한다.
> - R 또는 S의 차수 : 결과 릴레이션의 속성(열)의 개수는 R 또는 S 중 하나의 속성 개수와 같다. ········ o 릴레이션의 열의 개수
> - R과 S는 릴레이션 : R과 S는 각각 튜플(행)과 속성(열)을 가진 데이터베이스 테이블이다.
>
> **오답 피하기**

연산	기호	설명
합집합	U(UNION)	두 릴레이션의 모든 튜플을 합친 결과 (중복 제거)
차집합	−(DIFFERENCE)	R에서 S에 없는 튜플만 반환
교집합	∩(INTERSECT)	R과 S에 공통으로 존재하는 튜플만 반환
조인	⋈(JOIN)	두 릴레이션을 결합하여 새로운 릴레이션 생성

47

난이도 하   문제 진단 ○△✕

관계대수의 연산 중 릴레이션에서 참조하는 속성을 선택하여 분리해 내는 연산은?

① 셀렉션

② 조인

③ 디비전

④ 프로젝션

> **오답 피하기**
> - ① 셀렉션 : 조건에 맞는 튜플(행)을 선택한다.
> - ② 조인 : 두 개 이상의 릴레이션을 결합하여 새로운 릴레이션을 생성한다.
> - ③ 디비전 : 두 릴레이션 간의 나눗셈 연산을 수행한다.

48

난이도 하   문제 진단 ○△✕

스타일 시트의 텍스트 문자 속성에 대한 설명으로 틀린 것은?

① Text-Align : 글자를 정렬한다.

② Text-Decoration : 글자에 밑줄 등을 지정한다.

③ Text-Indent : 소문자를 대문자로 변환한다.

④ Text-Spacing : 글자와 글자 사이의 간격을 지정한다.

> **소문자를 대문자로 변환하는 속성**
> text-transform: uppercase; /* 소문자를 대문자로 변환 */
> text-transform: lowercase; /* 대문자를 소문자로 변환 */
> text-transform: capitalize; /* 각 단어의 첫 글자를 대문자로 변환 */

49

난이도 중   문제 진단 ○△✕

사용자가 작성한 HTML 문서에 있는 태그와 특수 기호까지 웹 브라우저 화면에 그대로 보여주는 태그는?

① <di>

② <xmp>

③ <sup>

④ <dfn>

> **오답 피하기**
> - ① <di> : 존재하지 않는 태그이다.
> - ③ <sup> : 위 첨자(Superscript)를 표시하는 태그이다.
> - ④ <dfn> : 정의 용어(Definition Term)를 표시할 때 사용되며, 브라우저에 따라 <dfn>에 스타일이 적용된다.

50 데이터베이스에서 순수관계 연산자 중 Select 연산의 연산자 기호는?

① π   ② σ
③ −   ④ ε

오답 피하기
- ① π : 파이. Project 연산으로 특정 속성(열)을 선택한다.
- ③ − : 디퍼런스. 두 릴레이션 간의 차집합 연산이다.
- ④ ε : 엡실론. 매우 작은 값이나 오차 범위를 나타내는 기호로, 데이터베이스 연산자와는 관련이 없다.

51 HTML5에서 WebSocket 객체를 이용하여 이벤트가 발생할 때마다 콜백 함수를 호출하여 보낸다. 이때 WebSocket 이벤트 호출 콜백 함수가 아닌 것은?

① error
② onmessage
③ onopen
④ onclose

WebSocke(웹소켓)은 웹 애플리케이션과 서버와의 양방향 통신을 가능하게 하는 API(Application Programming Interface)이다. HTTP 요청과는 다르게, 연결이 한 번 설정되면 클라이언트와 서버가 지속적으로 데이터를 주고받을 수 있어 실시간 데이터 전송이 필요한 채팅, 실시간 알림, 온라인 게임, IoT 등에 사용된다. 콜백(Callback) 함수는 특정 이벤트가 발생했을 때 실행되도록 등록된 함수이다. error 이벤트가 발생했을 때 호출되는 콜백 함수는 onerror이다.

오답 피하기
- ② onmessage : 서버로부터 메시지를 수신했을 때 호출된다.
- ③ onopen : WebSocket 연결이 성공적으로 열렸을 때 호출된다.
- ④ onclose : WebSocket 연결이 닫혔을 때 호출된다.

52 다음 중 자바스크립트 변수로 사용할 수 있는 것은?

① class   ② Super
③ Xinter   ④ Try

예약어는 자바스크립트에서 특정 용도로 이미 사용되고 있으므로 변수 이름으로 사용할 수 없다.

오답 피하기
- ① class : 클래스 선언에 사용되는 예약어이다.
- ② Super : 클래스 상속에서 부모 클래스의 메서드나 생성자를 호출할 때 사용되는 예약어이다.
- ④ Try : 예외 처리 구문(try-catch-finally)에서 사용되는 예약어이다.

53 텍스트에 스타일을 지정해주는 설명 중 가장 거리가 먼 것은?

① 텍스트에 밑줄을 표시하고자 할 때는 <U> 태그를 지정해준다.
② 텍스트에 중간줄을 표시하고자 할 때는 <S> 태그를 지정해준다.
③ 텍스트에 윗줄을 표시하고자 할 때는 <Overline> 태그를 지정해준다.
④ 링크가 적용된 텍스트에 밑줄 표시를 없애려면 style = text-decoration:none; 이라는 속성을 <A>태그에 지정해준다.

HTML에 〈Overline〉 태그는 존재하지 않으며, 텍스트에 윗줄을 표시하려면 CSS의 text-decoration 속성을 사용하여 text-decoration: overline;을 지정한다.

오답 피하기
- ① : HTML에서 텍스트에 밑줄을 표시한다.
- ② : HTML에서 텍스트에 중간줄(취소선)을 표시한다.
- ④ 사용예시 : 〈a href="#" style="text-decoration: none;"〉링크〈/a〉

54 자바스크립트에서 주어진 값이 문자이면 참(true), 숫자이면 거짓(false)값을 반환하는 함수는?

① eval( )
② parseInt( )
③ isNaN( )
④ escape( )

예시1 : isNaN("hello"); // 결과 : true (문자이므로 참)
예시 2 : isNaN(123); // 결과 : false (숫자이므로 거짓)

오답 피하기
- ① : 문자열로 표현된 수식을 계산하여 반환한다.
  예시 : eval("2 + 2"); // 결과 : 4
- ② : 문자열에서 숫자를 추출하거나 변환한다.
  예시1 : parseInt("123"); // 결과 : 123
  예시2 : parseInt("123px"); // 결과 : 123
- ④ : 문자열을 URL에서 사용할 수 있는 형식으로 인코딩한다.
  예시 : escape("필기 합격!"); // 결과 : "필기%20합격%21"
  공백 인코딩○┄   ┄○물음표 인코딩

55

다음 JavaScript에서 오류가 발생하는 이유로 맞는 것은?

```
<a href="#" onclick="javascript:alert('hello')">
클릭</a>
```

① 인용 부호에 문제가 있다.
② ⟨A⟩태그에서는 onclick 이벤트를 사용할 수 없다.
③ 소괄호 대신 대괄호를 사용해야 한다.
④ javascript:alert가 아니라 alert를 사용해야 한다.

스마트 인용부호는 문서 편집기나 특정 소프트웨어에서 자동으로 변환되어 사용되는 곡선 모양의 인용부호로 프로그래밍 언어에서는 문법 오류를 일으킨다.

구분	일반 인용부호 (ASCII 인용부호)	스마트 인용부호 (곡선 인용부호)
쌍따옴표	" (열기/닫기 동일)	" (열기) / " (닫기)
홑따옴표	' (열기/닫기 동일)	' (열기) / ' (닫기)

오답 피하기

• ② : onclick은 HTML의 ⟨div⟩, ⟨a⟩, ⟨button⟩, ⟨input⟩ 등 대부분의 HTML 요소에서 사용할 수 있다.
• ③ : 함수 호출 시에는 반드시 소괄호를 사용해야 한다.
• ④ : javascript:는 선택 사항으로 아래 두 코드는 동일하게 동작한다.
⟨a href="#" onclick="alert('hello')"⟩클릭⟨/a⟩
⟨a href="#" onclick="javascript:alert('hello')"⟩클릭⟨/a⟩

56

다음과 같은 식에서 sum의 값이 1부터 10까지 합이 되기 위한 M과 N의 값으로 맞는 것은?

```
<script language = "javascript">
<!--
   i = M; sum = 0;
   while(i<N) {
   i ++;
   sum += i;
   }
   document.write(sum);
   //-->
</script>
```

① M=1, N=9
② M=1, N=10
③ M=0, N=9
④ M=0, N=10

후위 증가 연산자와 전위 증가 연산자의 차이

• 후위 증가 연산자 (i++) : 값을 먼저 사용한 후 1 증가시키는 연산자. 반복문에서 자주 사용된다.
• 전위 증가 연산자 (++i) : 값을 먼저 증가시킨 후 사용하는 연산자

코드 해석

```
i = M;  // 변수 i를 M으로 초기화
sum = 0;  // 합계를 저장할 변수 sum을 0으로 초기화
while(i < N) {  // i가 N보다 작을 동안 반복문을 실행
   i++;  // i를 1 증가시킨다
   sum += i;  // 증가된 i 값을 sum에 더한다
}
document.write(sum);  // 최종적으로 계산된 sum 값을 화면에 출력
```

57

관계 데이터 모델에서 릴레이션에 포함되어 있는 튜플(Tuple)의 수는?

① Cartesian Product
② Attribute
③ Cardinality
④ Degree

Cardinality(카디널리티)란 릴레이션에 포함된 튜플(Tuple)의 수이다.

오답 피하기

• ① Cartesian Product(카티션 곱) : 두 릴레이션의 모든 튜플 쌍을 조합하여 새로운 릴레이션을 생성하는 연산이다.
• ② Attribute(어트리뷰트, 속성) : 릴레이션의 열(Column)을 의미한다.
• ④ Degree(드그리, 차수) : 릴레이션에 포함된 속성의 수이다.

58 기본 테이블 X를 이용하여 view V1을 정의, view V1을 이용하여 다시 view V2가 정의되었다. 기본 테이블 X와 view V2를 조인하여 view V3을 정의하였을 때 아래와 같은 SQL문이 실행되면 결과는?

> DROP VIEW V1 RESTRICTED

① V1만 삭제된다.
② X, V1, V2, V3 모두 삭제된다.
③ V1, V2, V3만 삭제된다.
④ 하나도 삭제되지 않는다.

지문 분석
• 기본 테이블 X : 기본 테이블로, 삭제 명령과는 무관하다.
• view V1 : 기본 테이블 X를 기반으로 정의된 뷰이다.
• view V2 : view V1을 기반으로 정의된 뷰로, V1이 삭제되면 V2도 영향을 받는다.
• view V3 : 기본 테이블 X와 view V2를 조인하여 정의된 뷰로, V2가 삭제되면 V3도 영향을 받는다.

코드 해석
DROP VIEW V1
-- V1이라는 이름의 뷰를 삭제한다.
RESTRICTED
-- 해당 뷰를 참조하는 다른 뷰나 객체가 존재하면 삭제를 제한(RESTRICT)한다.

결과
V1을 참조하는 V2와 V3이 존재하므로, V1은 삭제되지 않으므로 V1, V2, V3 중 아무것도 삭제되지 않는다.

59 다음 SQL문의 형식에서 괄호에 들어갈 단어는?

> Select 열-리스트 From 테이블-리스트 [ ] 조건

① Where
② When
③ What
④ How

SELECT 문은 다양한 조건과 정렬을 통해 원하는 데이터를 검색(조회)한다.

기본 문법
SELECT 열 이름(필드명) + FROM 테이블 명 + WHERE 조건

오답 피하기
• ②, ③, ④ : SQL 문법에 없는 절이다.

60 자바스크립트 코드의 실행 결과로 옳은 것은?

```
var a = 3;
var b = (4 + 3);
var c = true;
document.write((a == b) && c);
```

① a == b &&c
② 3 == 7 &&false
③ true
④ false

동등 연산자(==)는 두 값이 서로 같은지를 비교. 값이 같으면 true, 그렇지 않으면 false가 된다.

코드 해석
var a = 3; // 변수 a에 3을 할당
var b = (4 + 3); // 변수 b에 4 + 3의 결과인 7을 할당
var c = true; // 변수 c에 true를 할당
document.write((a == b) && c); // (a == b)와 c의 논리 AND 연산 결과를 출력

4과목 멀티미디어 제작기술

61 비선형편집(Non-linear Editing)을 바르게 설명한 것은?

① 일반적인 테잎 편집을 의미한다.
② 복사 횟수에 따라 화질의 열화가 진행된다.
③ 영상신호를 데이터로 저장하므로 삽입, 삭제, 수정이 용이하다.
④ 원본 테잎의 내용을 마스터 테잎에 순차적으로 복사하면서 진행하는 편집 방식이다.

비선형편집은 디지털 기반의 비순차적 편집 방식으로 컴퓨터와 소프트웨어를 사용한다.

오답 피하기
• ② : 화질의 열화란 선형편집의 특징으로, 복사 횟수의 증가로 인해 색상이 바래거나 화면에 노이즈가 발생하는 등 테잎이 손상되는 것이다.

62 다음 중 5.1 채널에서 ".1"이 뜻하는 것은?

① sub woofer speaker

② sub tweeter speaker

③ left speaker

④ right speaker

> 5.1 채널은 5개의 메인 스피커(프론트 좌우, 센터, 서라운드 좌우)와 저음을 담당하는 1개의 서브우퍼(Subwoofer)로 구성된다.

63 다중 해상도를 갖는 폴리곤 모델링 방식으로 넙스(Nurbs) 모델의 부드러운 곡면표현 능력과 폴리곤(Polygon) 모델의 유연함을 혼합한 것은?

① Subdivision or Mesh Smoothing

② Extrude Surface

③ Revolved Surface

④ Lofted Surface

> • 폴리곤 모델링 : 폴리곤(Polygon)은 3D 모델링의 기본 단위로 점(Vertex), 선(Edge), 면(Face)으로 이루어진 다각형이다. 유연하지만 각진 느낌으로, 곡선이나 부드러운 표면을 표현하기 어렵다.
> • 넙스(NURBS, Non-Uniform Rational B-Splines) 모델링 : 곡선과 곡면을 수학적으로 정의하여 부드럽고 매끄러운 곡선을 표현하는 데 적합하지만, 복잡한 구조를 만들거나 수정하기 어렵고, 유연성이 떨어진다.
> • Subdivision(서브디비전) 모델링 : 폴리곤 모델링과 NURBS 모델링의 장점을 결합한 방식으로, 기본적으로 폴리곤 모델을 사용하지만, 특정 알고리즘을 통해 폴리곤을 점점 더 세분화하여 부드러운 곡면을 만들어낸다. Subdivision은 Mesh Smoothing(메쉬 스무딩)의 한 종류이다.
> • Mesh Smoothing 모델링 : 폴리곤 모델의 표면을 부드럽게 만드는 기술로 Subdivision과 비슷하게 작동하지만, 반드시 폴리곤을 세분화하지 않아도 된다.
>
> **오답 피하기**
> • ② Extrude Surface : 폴리곤의 Face을 특정 방향으로 늘려서 새로운 면을 생성하는 기술로, 2D 형태를 3D로 확장할 때 사용된다.
> • ③ Revolved Surface : 곡선의 축을 기준으로 회전시켜 3D 형태를 만드는 기술로, 대칭적인 3D 형태를 만들 때 사용된다.
> • ④ Lofted Surface : 여러 개의 곡선을 연결하여 곡면을 만드는 기술로, 날개나 보트의 선체처럼 복잡한 곡면을 만들 때 유용하여 항공기 설계, 자동차 디자인 등에서 곡면을 만들 때 사용된다.

64 색이 갖고 있는 밝기를 나타내는 것은?

① Tone

② Hue

③ Luminance

④ Saturation

> **오답 피하기**
> • ① : 색의 밝기와 채도를 조합한 색의 전체적인 느낌을 나타낸다.
> • ② : 색의 기본적인 속성을 나타내며 빨강, 파랑, 노랑 등과 같이 색을 구분하는 기준이 되는 요소이다.
> • ④ : 색의 선명도를 나타낸다.

65 MPEG의 압축기술에서 사용하는 화면 중 프레임 간의 순방향 예측부호화 영상은 어느 것인가?

① I(Intra Coded) Picture

② P(Predictive Coded) Picture

③ B(Bidirectional Coded) Picture

④ T(Temporal Coded) Picture

> MPEG는 동영상 데이터를 효율적으로 압축하기 위해 모든 프레임을 완전히 저장하지 않고, 변화가 있는 부분만 저장하여 데이터를 줄이는 방식으로, 프레임 간의 차이를 이용한다.
>
> **MPEG 압축에서 사용되는 프레임**
> • I 프레임(Intra Coded Picture) : 독립적으로 압축된 프레임으로, 다른 프레임에 의존하지 않고 해당 프레임 자체의 모든 데이터를 포함한다. JPEG 이미지처럼 압축되며, 동영상의 시작점이나 중요한 장면에서 사용되어 가장 많은 데이터를 포함하므로 크기가 크다. 다른 프레임을 복원하는 기준점 역할을 한다.
> • P 프레임(Predictive Coded Picture) : 이전 프레임(I 또는 P 프레임)을 기준으로 예측하여 압축된 프레임으로, 이전 프레임과 비교했을 때 변화된 부분만 저장한다. 이전 프레임을 기준으로 순방향 예측만 사용하며, I 프레임보다 데이터 크기가 작다.
> • B 프레임(Bidirectional Coded Picture) : 이전, 이후 프레임을 모두 참조하여 압축된 프레임으로, 두 프레임 간의 차이를 계산해 변화된 부분만 저장한다. 양방향 예측을 사용하여 가장 효율적으로 압축되며, 데이터 크기가 가장 작다.

66 3D 형상 모델링의 종류가 아닌 것은?

① 캡처 모델링(Capture Modeling)
② 솔리드 모델링(Solid Modeling)
③ 표면 모델링(Surface Modeling)
④ 와이어 프레임 모델링(Wire Frame Modeling)

캡처 모델링은 모델링이 아닌 3D 스캐닝 기술 용어로, 실제 물체를 스캔하여 3D 데이터를 생성하는 과정이다.
3D 형상 모델링의 3가지 주요 모델링 방식
• 와이어 프레임 모델링 : 객체를 선(Line)으로만 표현하는 가장 기본적인 3D 모델링 방식이다.
• 표면 모델링 : 객체의 표면(Surface, 서피스)을 정의하여 3D 형상을 표현한다.
• 솔리드 모델링 : 객체의 내부와 외부를 모두 정의하여 3D 형상을 표현한다.

67 다음 중 조명의 주목적이 아닌 것은?

① 입체감과 질감을 만든다.
② 반향(Echo)을 얻는다.
③ 필요한 밝기를 얻는다.
④ 컬러 밸런스를 만든다.

반향은 소리와 관련된 개념으로, 소리가 벽이나 물체에 반사되어 다시 들리는 현상을 의미한다.

68 디지털 카메라의 CCD 화소 수와 가장 직접적으로 관계가 있는 요소는?

① 이미지의 크기
② 이미지의 채도
③ 이미지의 색감
④ 이미지의 밝기

디지털 카메라의 CCD(Charge Coupled Device, 전하 결합 소자) 화소 수는 이미지 센서가 얼마나 많은 픽셀(화소)을 포함하고 있는지를 나타내며, 이미지의 해상도와 비례한다. CCD 화소 수가 많을수록 더 많은 픽셀로 이미지를 표현할 수 있으므로, 이미지의 해상도가 높아지고 크기가 커진다.

69 표본화된 펄스의 진폭을 디지털 2진 부호로 변환시키기 위하여 진폭의 레벨에 대응하는 정수값으로 등분하는 과정은?

① 부호화
② 복조화
③ 양자화
④ 평활화

양자화란 표본화된 신호를 정수값으로 근사화하는 과정이다.
오답 피하기
• ① 부호화 : 양자화 이후의 단계로, 정수값을 2진 부호로 변환하여 저장하거나 전송할 수 있도록 만든다.
• ② 복조화 : 변조된 신호를 원래의 신호로 복원하는 과정으로 통신 시스템에서 사용된다.
• ④ 평활화 : 오디오, 영상, 통신 신호 등에서 잡음을 제거하고 신호의 추세를 부드럽게 만드는 과정이다.

70 3차원 모델링에서 물체에 질감을 표현하기 위한 기법은?

① Dithering
② Texture Mapping
③ Blend
④ Material

Texture Mapping은 3D 모델의 표면에 2D 이미지를 입혀서 질감, 색상, 패턴 등을 표현하는 기법이다.
오답 피하기
• ① : 제한된 색상 팔레트에서 시각적으로 더 많은 색상이나 부드러운 전환을 표현하기 위해 사용되는 기법이다.
• ③ : 투명한 유리나 물 표현 등 텍스처와 재질의 혼합 효과에 사용되는 기법이다.
• ④ : 금속, 유리, 플라스틱, 나무 등 3D 모델의 물리적 표면 특성을 정의하는 속성이다.

71 다음 중 소프트웨어 코덱(CODEC)이 아닌 것은?

① Cinepack
② Intel Indeo
③ DV Raptor
④ Microsoft Video

DV Raptor은 비디오 캡처 및 편집을 위한 하드웨어 장치이다.
오답 피하기
• ① Cinepack : 수퍼맥 테크놀로지스에서 개발한 초기 비디오 압축 코덱 중 하나로, CD-ROM 기반의 오디오 콘텐츠에서 사용되었다.
• ② Intel Indeo : 인텔에서 개발한 비디오 코덱으로, 멀티미디어 애플리케이션과 인터넷 스트리밍에서 사용된다.
• ④ Microsoft Video : 마이크로소프트에서 개발한 비디오 압축 코덱으로, Windows 운영 체제에서 기본적으로 제공된다.

72 난이도 중 문제 진단 ○△✕

잔상효과를 이용한 애니메이션 초기 장치를 무엇이라 하는가?

① 페나키스티스코프(Phenakistiscope)
② 조에트로프(Zoetrope)
③ 키네토스코프(Kinetoscope)
④ 프락시노스코프(Praxinoscope)

> 페나키스티스코프(Phenakistiscope)는 애니메이션의 시초로, 원형 디스크에 연속 동작을 그리고 회전시켜 거울을 통해 움직임을 본다.
>
> **오답 피하기**
> - ② 조에트로프(Zoetrope) : 원통 내부에 연속 동작이 그려진 그림띠를 넣고 원통을 회전시켜 외부의 구멍을 통해 움직임을 본다.
> - ③ 키네토스코프(Kinetoscope) : 1889년 토머스 에디슨과 윌리엄 딕슨이 개발한 영화 필름 영사기의 전신이다.
> - ④ 프락시노스코프(Praxinoscope) : 1877년 발명된 조에트로프의 개선된 버전으로, 원통 내부에 거울을 배치하여 그림을 반사시켰다.

73 난이도 중 문제 진단 ○△✕

위압감이나 우위의 심리적 표현에 매우 좋은 앵글은?

① 수평앵글
② 하이앵글
③ 로우앵글
④ 경사앵글

> 로우앵글이란 카메라가 피사체보다 낮은 위치에서 위로 올려다보는 앵글로, 피사체를 더 크고 강력하게 보이게 하여 위압감, 권위, 우월감을 강조할 때 사용된다.
>
> **오답 피하기**
> - ① 수평앵글 : 카메라가 피사체와 같은 높이에서 촬영하는 앵글로, 가장 자연스럽고 중립적인 시점이다.
> - ② 하이앵글 : 카메라가 피사체보다 높은 위치에서 아래로 내려다보는 앵글로, 피사체를 작고 약하게 보이게 하여 열등감이나 무력감을 표현할 때 사용된다.
> - ④ 경사앵글 : 카메라를 기울여서 수평선이 비스듬하게 보이도록 하는 앵글로, 화면이 기울어져 있어 불안정하거나 혼란스러운 느낌을 준다.

74 난이도 하 문제 진단 ○△✕

녹음실에서 영상을 보면서 필요한 음향효과를 직접 신체나 물건 등을 이용하여 제작하는 작업은?

① 배경음(Ambience)
② A/B TEST
③ 신시사이저(Synthesizer)
④ 폴리(Foley)

> 폴리(Foley)란 작업 방식을 개발한 잭 폴리(Jack Foley)의 이름에서 유래되었다.
>
> **오답 피하기**
> - ① 배경음(Ambience) : 특정 장소나 환경의 분위기를 나타내는 배경 소리이다.
> - ② A/B TEST : 두 가지 옵션을 비교하여 더 나은 결과를 선택하는 테스트 방법으로 마케팅, 디자인, 소프트웨어 개발 등에서 사용된다.
> - ③ 신시사이저(Synthesizer) : 전자적으로 소리를 생성하거나 변형하는 장치이다.

75 난이도 하 문제 진단 ○△✕

2D 애니메이션 기법에 속하지 않는 애니메이션은?

① 셀 애니메이션(Cel Animation)
② 오브제 애니메이션(Object Animation)
③ 컷아웃 애니메이션(Cut – Out Animation)
④ 페이퍼 애니메이션(Paper Animation)

> 오브제 애니메이션(Object Animation)은 오브제(물체)를 움직여 촬영하는 애니메이션 기법으로, 3D 스톱 모션 애니메이션의 한 종류이다.
>
> **오답 피하기**
> - ① 셀 애니메이션(Cel Animation) : 투명한 셀룰로이드(Cel) 위에 캐릭터를 그린 후, 배경 위에 겹쳐서 촬영하는 전통적인 2D 애니메이션 기법이다.
> - ③ 컷아웃 애니메이션(Cut–Out Animation) : 종이, 천, 사진 등으로 만든 캐릭터나 오브제를 잘라서 움직이는 방식의 2D 애니메이션 기법이다.
> - ④ 페이퍼 애니메이션(Paper Animation) : 전통적인 애니메이션 제작 방식으로, 손으로 그린 그림을 한 장씩 촬영하여 움직임을 표현하는 2D 애니메이션 기법이다.

76 난이도 중 문제 진단 ○△✕

다음 중 3D 그래픽 편집 도구가 아닌 것은?

① Freehand
② Alias
③ Light Wave
④ Maya

> Freehand는 Adobe Illustrator와 유사한 기능을 가진 2D 벡터 그래픽 디자인 도구이다.
>
> **오답 피하기**
> - ② Alias : 3D 모델링, 렌더링, 애니메이션 제작에 사용되는 소프트웨어로 자동차, 제품디자인 등에 사용된다.
> - ③ Light Wave : 3D 모델링, 렌더링, 애니메이션 제작을 위한 소프트웨어로 〈아바타〉, 〈300〉 같은 영화 제작에 사용되었다.
> - ④ Maya : 3D 모델링, 애니메이션, 시뮬레이션, 렌더링을 위한 소프트웨어로 〈반지의 제왕〉, 〈아바타〉 같은 영화 제작에 사용되었다.

77 음향 편집에서 사용되는 이펙터로 합창과 같은 효과로 사용되는 이펙터는 무엇인가?

① 에코
② 코러스
③ 디스토션
④ 컴프레스

코러스란 하나의 소리를 약간의 시간차와 음정차를 두고 여러 개로 복제하여, 합창(Chorus)과 같은 풍부한 효과를 주는 이펙터이다.

오답 피하기

- ① 에코 : 소리가 반복적으로 울려 퍼지는 효과를 주는 이펙터로, 공간감을 주거나 특정 분위기를 연출할 때 사용된다.
- ③ 디스토션 : 소리를 왜곡시켜 강렬하고 거친 느낌을 주는 이펙터로, 일렉트릭 기타에서 사용된다.
- ④ 컴프레스 : 소리의 다이내믹 레인지를 조절하여 작은 소리는 키우고 큰 소리는 줄여주는 이펙터로, 음량을 일정하게 유지하여 소리가 안정적으로 들리게 한다.

78 다음 중 컬러 모델(Color Model)에 대한 설명으로 틀린 것은?

① RGB 모델은 적색, 녹색, 청색이 기본이 되는 컬러 모델이다.
② CMY 모델은 기본색을 더해서 컬러를 표현하는 가산 모델이다.
③ HSB 모델은 인간의 시각 모델과 흡사한 컬러 모델로서 색상, 채도, 명도의 세 가지 속성을 변환하여 사용한다.
④ Indexed Color는 색상보기표(CLUT)를 만들어 놓고, 화면상의 한 점은 이에 대응하는 메모리 영역의 주소를 가짐으로서 해당 픽셀의 색상 값을 표현하는 방법이다.

컬러 모델(Color Model)은 디지털 환경이나 물리적 환경(인쇄물 등)에서 색상을 표현하기 위한 수학적 체계이다. 그 중 CMY 모델은 빛을 감산(흡수)하여 색을 표현하며, 인쇄물에서 사용된다.

오답 피하기

- ① : 빛을 가산하여(더하여) 색을 표현하며, 디지털 디스플레이(모니터, TV 등)에서 사용된다.
- ③ : Hue(색상), Saturation(채도), Brightness(명도)를 기반으로 한 컬러 모델로, 인간의 시각적 인지 방식과 유사하게 설계되어 색상을 직관적으로 조정할 때 사용된다.
- ④ : 색상 팔레트(Color Look-Up Table, CLUT)를 사용하여 색상을 표현하는 방식으로, 이미지의 각 픽셀은 실제 색상 값을 저장하는 대신, 팔레트에서 해당 색상의 인덱스(색상 번호)를 참조한다.

79 DVD의 오디오 압축방식으로 사용되며 미국식 디지털 TV 표준(ATSC-DTV)의 오디오 압축 방식(돌비 디지털 압축)은?

① AC-1
② AC-2
③ AC-3
④ AC-4

AC-3은 DVD, 디지털 TV, 영화 등에서 널리 사용되는 돌비 디지털 오디오 압축 방식이다.

오답 피하기

- ① AC-1 : 초기 오디오 압축 기술로, 상용화되지 않았다.
- ② AC-2 : 돌비에서 개발한 또 다른 오디오 압축 기술로, 방송 및 전문 오디오 응용 프로그램에서 사용되었다.
- ④ AC-4 : AC-3의 후속 기술로, 더 높은 압축 효율을 지원하지만, DVD나 ATSC-DTV에서는 사용되지 않는다.

80 애니메이션 기법 중에 대상물의 움직임을 시작 단계와 끝 단계를 기준으로, 중간 단계를 생성하는 방식을 무엇이라고 하는가?

① 스트레이트 어헤드 방식
② 포즈 투 포즈 방식
③ 로토스코핑 방식
④ 스톱모션 방식

포즈 투 포즈 방식이란 애니메이션의 주요 포즈(키 포즈)를 먼저 설정한 후, 그 사이의 중간 프레임을 생성한다.

오답 피하기

- ① 스트레이트 어헤드 방식 : 애니메이션을 처음부터 끝까지 순차적으로 그려나가는 방식이다.
- ③ 로토스코핑 방식 : 실제 촬영한 영상을 바탕으로, 그 위에 그림을 덧씌워 애니메이션을 만드는 기법이다.
- ④ 스톱모션 방식 : 인형, 클레이 등의 오브젝트를 조금씩 움직이며 한 프레임씩 촬영하여 애니메이션을 만드는 기법이다.

SELF CHECK (제한시간 120분 | 소요시간 분 | 전체 문항 수 80문항 | 맞힌 문항 수 문항)

1과목 멀티미디어 개론

난이도 중 문제 진단 ○△✕

01 다음은 무엇에 대한 설명인가?

> 네트워크의 각 노드에 유일한 IP 주소를 자동으로 할당하고 관리하는 서비스이다.

① POP
② DHCP
③ S/MIME
④ SMTP

DHCP(Dynamic Host Configuration Protocol)는 네트워크 설정을 자동으로 할당하는 프로토콜로, 네트워크에 연결된 장치가 자동으로 IP 주소를 받게 하여 IP 주소의 충돌을 방지한다.

오답 피하기
• ① POP : 이메일 수신 프로토콜이다.
• ③ S/MIME : 이메일의 보안을 강화하기 위한 표준으로, 이메일 메시지에 암호화와 디지털 서명을 제공한다.
• ④ SMTP : 이메일 전송 프로토콜이다.

난이도 중 문제 진단 ○△✕

02 PCM 방식에서 표본화 주파수가 8KHz라 하면 이때 표본화 주기는?

① 170μs
② 125μs
③ 100μs
④ 8μs

공식
표본화 주기(T)=1/fs(표본화 주파수) ⟵ Hz 단위
⟵ 초(Seconds)
계산
1/8000 Hz=0.000125 s
T=0.000125 s
T=125 µs
시간 단위

초(s)	밀리초(ms)	마이크로초(µs)	나노초(ns)	피코초(ps)
1	천분의 1초	백만분의 1초	십억분의 1초	일조분의 1초

난이도 중 문제 진단 ○△✕

03 운영체제에서 두 개 이상의 프로세스가 동시에 접근하여 사용할 수 없는 자원은?

① Execute Resource
② Output Resource
③ Critical Resource
④ Input Resource

Critical Resource란 임계 자원으로, 두 개 이상의 프로세스가 동시에 접근하면 충돌이나 데이터 손상이 발생한다.

오답 피하기
• ① : 실행 자원으로, 프로세스가 실행되기 위해 필요한 CPU, 메모리, 스케줄러 등의 자원을 의미한다.
• ② : 출력 자원으로, 데이터를 출력하기 위해 사용하는 자원이다.
• ④ : 입력 자원으로, 데이터를 입력받기 위해 사용하는 자원이다.

난이도 중 문제 진단 ○△✕

04 지능형 교통시스템을 위한 통신방식으로 무선 통신기술을 이용하여 통행료 자동지불시스템, 주차장관리, 물류 배송관리, 주유소 요금 지불, 자동차 쇼핑, 자동차 도선료 등 다방면에서 활용되는 단거리 통신은?

① DSRC
② GPS
③ SDR
④ Wibro

지능형 교통 시스템(ITS, Intelligent Transportation System)은 정보통신기술(ICT)을 활용한 첨단 교통 시스템으로, DSRC(Dedicated Short Range Communication)는 ITS의 핵심 통신 기술이다.

오답 피하기
• ② GPS : 위성을 이용한 위치추적 시스템으로 전 세계 어디서나 사용할 수 있다.
• ③ SDR : 하드웨어 대신 소프트웨어로 무선 통신 시스템을 구현하는 기술이다.
• ④ Wibro : 무선 광대역 인터넷 서비스로, 이동 중에도 고속 인터넷 접속을 제공한다.

05 OSI 모델 계층에서 전송계층의 주요 기능은?

① 동기화

② 노드–대–노드 전달

③ 프로세스–대–프로세스 메시지 전달

④ 라우팅 표의 갱신과 유지보수

> 전송계층(Transport Layer)은 송신 측의 애플리케이션 프로세스에서 수신 측의 애플리케이션 프로세스로 데이터를 전달하는 역할을 한다.
>
> **오답 피하기**
> • ① : 세션 계층은 통신 세션을 설정, 유지, 종료하며, 데이터 교환 중 동기화를 관리한다.
> • ② : 데이터 링크 계층은 인접한 노드 간의 데이터 전달을 담당한다.
> • ④ : 네트워크 계층은 라우팅 및 논리적 주소 지정(IP 주소)을 담당하며, 데이터가 최적의 경로를 통해 목적지에 도달하도록 한다.

06 2003년 매트 물렌웨그가 창립하였으며, 웹상에서 콘텐츠를 저작하고 출판할 수 있는 오픈소스 콘텐츠는?

① 타조   ② 워드프레스

③ 세컨드 스크린   ④ 스마트 플러그

> **오답 피하기**
> • ① 아파치 타조(Apache Tajo) : 빅데이터 분석용 오픈소스 분산 SQL 엔진이다.
> • ③ 세컨드 스크린 : TV 시청 중 스마트폰, 태블릿 등 두 번째 화면을 활용하는 개념으로, TV 프로그램을 보면서 스마트폰으로 검색하거나 소셜 미디어에 의견을 공유하는 활동 등을 의미한다.
> • ④ 스마트 플러그 : 사물인터넷(IoT) 기기로, 전자기기를 원격으로 제어할 수 있는 플러그이다.

07 모니터의 성능을 평가하는 요소로서 모니터 화면에 나타난 점과 점 사이의 거리를 말하는 것은?

① 도트피치(Dot Pitch)

② 해상도(Resolution)

③ 핀 쿠션(Pin Cushion)

④ 주파수(Frequency)

> 도트피치(Dot Pitch)는 밀리미터(mm)로 측정되며 화질과 선명도에 영향을 준다.
>
> **오답 피하기**
> • ② 해상도(Resolution) : 화면에 표시되는 픽셀의 총 개수로 해상도가 높을수록 이미지를 더 세밀하고 선명하게 표현한다.
> • ③ 핀 쿠션(Pin Cushion) : CRT 모니터에서 발생하는 화면 왜곡 현상이다.
> • ④ 주파수(Frequency) : 주사율(Refresh Rate)이라고도 하며, 모니터가 1초에 화면을 몇 번 새로 고칠 수 있는지를 나타내는 값으로 주파수가 높을수록 화면이 더 부드럽게 보인다.

08 그래픽과 이미지 표현 방식 중에서 화면 확대 시 화질의 저하가 발생하지 않는 방식은?

① 벡터 방식

② 비트맵 방식

③ RGB 방식

④ 래스터 방식

> **오답 피하기**
> • ②, ④ : 픽셀 단위로 표현하며 확대 시 화질 저하가 발생한다.
> • ③ RGB 방식 : 색상 표현 방식으로 이미지 표현 방식과는 다르다.

09 LAN의 보안 및 암호키 관리와 관련된 IEEE 802 위원회의 표준안은?

① IEEE 802.6

② IEEE 802.8

③ IEEE 802.10

④ IEEE 802.12

> IEEE 802.10은 CSMA/CD(이더넷)와 토큰 패싱(토큰링) 방식을 결합한 100VG–AnyLAN(고속 네트워크) 표준이다.
>
> **오답 피하기**
> • ① IEEE 802.6 : MAN(Metropolitan Area Network, 도시권 네트워크) 표준이다.
> • ② IEEE 802.8 : FDDI(Fiber Distributed Data Interface, 광섬유 기반 네트워크) 표준이다.

10 다음 암호화 방식 중 비대칭 암호화 방식은?

① AES

② KIDEA

③ RSA

④ DES

> **오답 피하기**
> • ① AES : 대칭키 암호화 방식이다.
> • ② KIDEA : 한국에서 개발된 IDEA 기반의 대칭키 암호화 방식이다.
> • ④ DES : 대칭키 암호화 방식으로 현재는 보안성이 낮아 사용되지 않는다.

11 난이도 하 문제 진단 ○△✕

iOS나 OS X의 앱을 개발하기 위해 사용하던 오브젝티브-C 보다 쉽고 빠르며, iOS나 OS X 운영체계에 최적화된 프로그래밍 언어는?

① 스위프트
② 파스칼
③ 델파이
④ 액션스크립트

스위프트(Swift)는 애플(Apple)이 2014년에 발표한 오픈소스 프로그래밍 언어로, 애플 생태계에서의 소프트웨어 개발에 사용된다.

오답 피하기
- ② : 교육용 언어로 설계된 구조적 프로그래밍 언어이다.
- ③ : 파스칼 기반의 RAD(Rapid Application Development, 빠른 애플리케이션 개발) 도구로, 컴퓨터용 프로그램 개발에 사용된다.
- ④ : 어도비(Adobe)에서 개발한 플래시(Flash) 애니메이션 개발 언어이다.

12 난이도 중 문제 진단 ○△✕

DoS(Denial of Service) 공격 방법이 아닌 것은?

① 메시지 과잉
② 서비스 과부하
③ 접속 방해
④ 패킷 필터링

패킷 필터링은 악성 트래픽이나 비정상적인 패킷을 차단하여 DoS 공격이 아닌, DoS 방어에 사용된다.

오답 피하기
- ① 메시지 과잉 : 공격자가 대량의 메시지를 서버나 네트워크로 전송하여 과부하를 유발하는 DoS 공격 방법이다.
- ② 서비스 과부하 : 서버나 네트워크에 과도한 트래픽을 유발하여 자원을 소진시키는 공격 방법이다.
- ③ 접속 방해 : 특정 사용자가 서버에 접속하지 못하도록 특정 IP나 사용자에 대해 서비스 접근을 차단한다.

13 난이도 하 문제 진단 ○△✕

음악이나 동영상과 같은 디지털 콘텐츠의 저작권을 보호하기 위한 기술 및 서비스로 옳은 것은?

① SSL
② PGP
③ DRM
④ IDS

DRM(Digital Rights Management)은 저작권 보호를 위한 핵심 기술로, 콘텐츠의 불법 복제 및 무단 사용을 방지하고, 정당한 사용자만 콘텐츠를 사용할 수 있도록 제어한다.

오답 피하기
- ① SSL : 인터넷 상에서 데이터를 안전하게 전송하기 위한 암호화 프로토콜이다.
- ② PGP : 이메일과 파일을 암호화하여 보안을 강화하는 기술이다.
- ④ IDS : 네트워크나 시스템에 대한 침입을 탐지하는 보안 시스템이다.

14 난이도 하 문제 진단 ○△✕

음색을 결정하는 소리의 요소는?

① 높이
② 크기
③ 주파수
④ 파형

소리의 모양(파형)은 소리의 고유한 특성을 결정하는 요소로, 같은 높이(주파수)와 크기(진폭)를 가진 소리라도 파형이 다르면 음색이 달라진다.

15 난이도 중 문제 진단 ○△✕

인터넷 망을 통해 시스템을 잠그거나 데이터를 암호화하여 사용할 수 없도록 하고 이를 인질로 금전을 요구하는 악성 프로그램의 종류와 가장 거리가 먼 것은?

① 워너크라이(WannaCry)
② 어나니머스(Anonymous)
③ 록키(Locky)
④ 테슬라크립트(TeslaCrypt)

어나니머스(Anonymous)는 정치적, 사회적 이슈에 대해 사이버 공격을 하는 국제적인 해커 그룹의 이름이다.

오답 피하기
- ① 워너크라이(WannaCry) : 2017년 전 세계적으로 병원, 기업, 공공기관 등에 큰 피해를 일으킨 랜섬웨어(Ransomware)로, 암호 해제를 빌미로 비트코인과 같은 암호화폐 지불을 요구한다.
- ③ 록키(Locky) : 2016년에 등장한 랜섬웨어로, 이메일 첨부파일을 통해 전파되었다.
- ④ 테슬라크립트(TeslaCrypt) : 2015년에 등장한 랜섬웨어로, 게임 사용자들을 주요 타겟으로 삼았으나, 2016년 개발자가 복호화 키를 공개하며 활동을 중단하였다.

16 난이도 중 문제 진단 ○△✕

네트워크를 통한 데이터 전송 시 데이터의 전송경로를 파악하기 위해 사용하는 유닉스계열 운영체제의 traceroute, Windows 운영체제의 tracert 등은 공통적으로 어느 프로토콜을 기반하여 동작하는가?

① HTTP
② ICMP
③ IMAP
④ X25

traceroute(트레이서라우트)와 tracert(트레이서트)는 네트워크 경로를 추적하기 위한 명령어이다. ICMP는 네트워크 계층의 프로토콜로, 네트워크 장비 간의 통신 상태를 확인하기 위해 ping 명령어와 traceroute 또는 tracert 명령어를 사용한다.

오답 피하기
- ① HTTP : 웹 브라우저와 웹 서버 간에 데이터를 주고받기 위한 프로토콜이다.
- ③ IMAP : 이메일 클라이언트가 메일 서버에서 이메일을 가져오고 관리할 수 있도록 해주는 프로토콜이다.
- ④ X25 : 전화망에서 사용된 패킷 교환 네트워크 프로토콜이다.

17

미국에서 진짜 와이파이(Wi-Fi) 망을 복사한 가짜 망을 만들어, 접속한 사용자들의 신상 정보를 가로채는 인터넷 해킹 수법은?

① 교착상태
② 와레즈(Warez)
③ 에블 트윈(Evil Twins)
④ 디도스(DDoS)

오답 피하기

- ① 교착상태 : 두 개 이상의 프로세스가 서로 자원을 점유한 상태에서, 다른 프로세스가 점유한 자원을 요청하며 무한히 대기하는 상황이다.
- ② 와레즈(Warez) : 불법 복제된 소프트웨어, 게임, 영화, 음악 등을 인터넷을 통해 배포하거나 공유하는 행위이다.
- ④ 디도스(DDoS) : 여러 대의 컴퓨터를 이용해, 특정 서버나 네트워크에 대량의 트래픽을 보내 과부하를 일으켜 정상적인 서비스를 방해하는 공격이다.

18

192.168.1.222/28 IP 주소가 소속되어 있는 네트워크 주소와 브로드캐스트 주소를 잘 짝지어 놓은 것은?

① 192.168.1.224, 192.168.1.239
② 192.168.1.208, 192.168.1.223
③ 192.168.1.192, 192.168.1.255
④ 192.168.1.96, 192.168.1.127

서브넷 마스크 계산

- IP 주소 : 192.168.1.222
- 서브넷 마스크 : /28 → 앞의 28비트가 1이고, 나머지 4비트가 0인 형태
- 처음 28비트가 네트워크 ID를, 나머지 4비트가 호스트 ID를 나타낸다.
- 서브넷 마스크를 2진수로 표현 → 11111111.11111111.11111111.11110000
- 이를 10진수로 변환 → 255.255.255.240

네트워크 주소 계산

- IP 주소 192.168.1.222를 2진수로 변환 : 11000000.10101000.00000001.11011110
- 서브넷 마스크 255.255.255.240를 2진수로 변환 : 11111111.11111111.11111111.11110000
- AND 연산 수행
11000000.10101000.00000001.11011110 (IP 주소)
AND
11111111.11111111.11111111.11110000 (서브넷 마스크)
_____
11000000.10101000.00000001.11010000
- 결과를 10진수로 변환 : 192.168.1.208(네트워크 주소)

브로드캐스트 주소 계산

- 브로드캐스트 주소는 네트워크 주소에서 호스트 비트를 모두 1로 설정한 값이다.
- 네트워크 주소 : 192.168.1.208
- 2진수로 변환 : 11000000.10101000.00000001.11010000
- 호스트 비트를 모두 1로 설정 : 11000000.10101000.00000001.11011111
- 이를 10진수로 변환 : 192.168.1.223(브로드캐스트 주소)

19

국내 전자상거래 및 금융 등에서 전송되는 중요한 정보를 보호하기 위해서 국내 기술로 개발한 블록 암호 알고리즘은?

① DES   ② RSA
③ SEED   ④ RCA

블록 암호 알고리즘(Block Cipher Algorithm)은 데이터를 고정된 크기의 블록 단위로 나누어 암호화하는 대칭키 기반 암호화 방식으로 DES, 3DES, AES, SEED, Blowfish 등이 있다. 그 중에서 SEED는 한국인터넷진흥원(KISA)와 한국정보보호학회가 공동으로 개발한 국내 표준 블록 암호 알고리즘으로 국내 전자상거래, 금융, 공공기관 등에서 사용된다.

오답 피하기

- ① DES : 1977년 미국에서 표준으로 채택된 대칭키 블록 암호 알고리즘이다.
- ② RSA : 1977년 개발된 공개키 암호화 알고리즘으로, 비대칭키 암호화 방식이다.
- ④ RCA : 암호화 알고리즘으로 사용되는 이름이 아니다.

20

#과 특정 단어를 붙여 쓴 것으로서 트위터, 페이스북 등 소셜 미디어에서 특정 핵심어를 편리하게 검색할 수 있도록 하는 메타데이터의 형태는?

① OLAP
② Mobile UX/UI
③ Hashtag
④ PnP

오답 피하기

- ① OLAP : Online Analytical Processing. 대량의 데이터를 다차원적으로 분석하는 기술이다.
- ② Mobile UX/UI : 모바일 환경에서의 사용자 경험(User Experience, UX) 및 사용자 인터페이스(User Interface, UI) 디자인을 의미한다.
- ④ PnP : Plug and Play. 하드웨어를 자동으로 인식하고 설정하는 기술이다.

21

난이도 중 문제 진단 ○△✕

웹상에서 사용되는 인터레이스(Interlaced) 이미지에 대한 설명으로 옳은 것은?

① GIF나 JPEG을 저장할 때 픽셀들의 줄을 재배치하여 이미지가 전송되는 동안 해당 이미지의 일부분을 조금씩 보여주게 된다.

② 이미지의 해상도는 로딩이 완료되어가면서 점점 흐려진다.

③ 로딩이 되는 동안 이미지를 뚜렷하게 볼 수 있기 때문에 로딩 시간이 길게 느껴지는 효과가 있다.

④ 원하는 그림이 아닐 경우 중간에 전송을 중지할 수 없다.

인터레이스 방식은 이미지를 한 번에 위에서 아래로 로딩하는 것이 아니라, 이미지의 일부를 먼저 보여주고 점차적으로 세부적인 부분을 채워나가는 방식이다.

오답 피하기

• ② : 처음에 저해상도로 이미지를 보여주고, 점차 고해상도로 디테일이 채워지기 때문에 점점 선명해진다.

• ③ : 로딩 중에도 대략적인 이미지를 먼저 보여주기 때문에, 사용자는 로딩 시간을 짧게 느끼게 된다.

• ④ : 이미지를 점진적으로 로딩하기 때문에, 사용자는 대략적인 이미지를 보고 원하는 그림이 아닐 경우 전송을 중지할 수 있다.

22

난이도 중 문제 진단 ○△✕

웹 디자인 시 고려하여야 할 사항들에 대한 설명으로 가장 옳은 것은?

① 웹 페이지에 가능한 많은 정보를 제공한다.

② 각각의 페이지마다 독창성을 살려 컬러나 전체적인 이미지 톤, 레이아웃 등에 변화를 주어야 한다.

③ 웹 디자인이 중심이 되기보다 콘텐츠를 부각시킬 수 있는 디자인이 되어야 한다.

④ 웹 페이지의 다운로드 속도를 빠르게 하기 위해 메뉴나 이미지 속의 타이포그래피도 웹 브라우저에 디폴트로 지정된 폰트를 활용하는 것이 좋다.

좋은 웹 디자인의 조건에는 내비게이션 최적화, 명확한 정보 전달, 일관성 있는 레이아웃, 최적화된 이미지, 빠른 로딩 속도 등이 있다.

오답 피하기

• ① : 웹 페이지에 너무 많은 정보를 제공하면 사용자가 필요한 정보를 찾기 어렵고, 가독성이 떨어진다.

• ② : 웹 페이지마다 컬러, 톤, 레이아웃이 다르면 사용자가 혼란스러워지므로 독창성보다는 일관된 디자인이 더 중요하다.

• ④ : 디폴트 폰트를 사용하는 것은 속도 면에서 유리할 수 있지만, 웹 디자인에서는 가독성과 브랜드 아이덴티티를 고려한 폰트 선택이 더 중요하다.

23

난이도 중 문제 진단 ○△✕

2색 이상의 색을 보게 될 때 때로는 색들끼리 서로 영향을 주어 인접 색에 가까운 것으로 느껴지는 경우와 관련이 없는 것은?

① 전파 효과

② 동화 효과

③ 줄눈 효과

④ 푸르킨예 효과

푸르킨예 효과란 밝기 변화에 따라 색상이 다르게 보이는 현상으로, 어두워질수록 파란색 계열이 더 밝게 인식되어, 밤이 되면 빨간색은 검게 보이고, 파란색은 회색으로 보인다.

오답 피하기

• ① 전파 효과 : 색이 주변 색상에 영향을 미쳐, 색의 경계가 흐려지거나 주변으로 퍼져 보이는 현상으로, 밝은색이 어두운 배경 위에 있을 때, 밝은색이 더 넓게 퍼져 보인다.

• ② 동화 효과 : 인접한 색들이 서로 비슷하게 보이도록 영향을 주는 현상으로, 밝은색과 어두운색이 가까이 있을 때, 밝은색이 더 어둡게 보이거나 어두운색이 더 밝게 보인다.

• ③ 줄눈 효과 : 색상 사이에 특정 색(줄눈, 경계선)이 추가되었을 때, 전체적인 색조가 달라 보이는 현상이다.

24

난이도 하 문제 진단 ○△✕

색의 성질에 대한 설명으로 잘못된 것은?

① 연두, 녹색, 보라는 중성색이다.

② 파랑, 청록, 남색은 차가운 느낌을 주기 때문에 한색이라고 한다.

③ 난색이 한색보다 후퇴되어 보인다.

④ 밝은 색은 실제보다 크게 보인다.

난색(빨강, 주황, 노랑 등 따뜻한 색)은 전진색으로, 시각적으로 더 가까이 다가오는 느낌을 주고, 한색(파랑, 청록, 남색 등 차가운 색)은 후퇴색으로, 시각적으로 더 멀리 있는 것처럼 보인다.

25 아이디어 발상 단계에서 행하는 스케치 표현 방법 중 가장 초보적인 단계로, 구상된 아이디어나 이미지를 간략하게 그리며, 컬러링이나 세부적인 묘사는 생략하고, 이미지나 구성을 중심으로 그리는 방법은?

① 스타일 스케치
② 프로토타이핑
③ 스크래치 스케치
④ 렌더링

오답 피하기
- ① 스타일 스케치 : 가장 정밀한 아이디어 스케치 기법으로 외관의 형태, 컬러, 질감 등을 구체적으로 표현한다.
- ② 프로토타이핑 : 스케치가 아니라, 아이디어를 실제로 구현하거나 모형으로 제작하는 단계이다.
- ④ 렌더링 : 스케치 단계에서 발전된 작업으로, 세부 묘사와 컬러링을 포함하여 완성도 높은 이미지를 만드는 과정이다.

26 타이포그래피 광고에서 고려해야 할 상황과 가장 거리가 먼 것은?

① 조형적인 면을 고려해야 한다.
② 가독성을 고려해야 한다.
③ 서체가 주는 느낌이나 이미지를 잘 선별해서 사용한다.
④ 계절이나 유행과는 무관하게 선택한다.

여름에는 시원한 느낌의 서체, 겨울에는 따뜻한 느낌의 서체를 사용하거나, 유행하는 서체 스타일을 반영하면 광고의 신선함과 주목도를 높일 수 있다.

오답 피하기
- ① : 타이포그래피는 단순히 글자를 나열하는 것이 아니라, 디자인적 요소로 활용되므로 조형적인 아름다움과 균형을 고려해야 한다.
- ② : 광고의 목적은 메시지를 전달하는 것이므로, 글자가 쉽게 읽히는 가독성이 중요하다.
- ③ : 고딕체는 강렬하고 현대적인 느낌을, 필기체는 부드럽고 감성적인 느낌을 준다.

27 비트맵 이미지는 픽셀 단위로 처리되기 때문에 저해상도에서 곡선이나 사선을 표현할 때 계단이 발생하는데 이러한 현상을 개선하기 위한 기법을 무엇이라 하는가?

① 안티 앨리어싱(Anti-Aliasing)
② 픽셀(Pixel)
③ 벡터(Vector)
④ 인터레이스(Interlaced)

오답 피하기
- ② 픽셀(Pixel) : 이미지를 구성하는 가장 작은 단위로, 계단 현상의 원인이 되는 요소이다.
- ③ 벡터(Vector) : 벡터 이미지는 수학적 좌표로 이미지를 표현하므로, 해상도와 무관하게 선명한 곡선과 사선을 표현한다.
- ④ 인터레이스(Interlaced) : 이미지를 점진적으로 로딩하는 방식으로, 계단 현상과는 관련이 없다.

28 잡지 광고디자인에 대한 설명으로 거리가 가장 먼 것은?

① 특정한 독자층을 갖고, 회람률이 높아 발행 부수 몇 배의 독자를 갖는다.
② 광고의 메시지를 오래 기억하며, 자세한 내용을 전달할 수 있어 후광효과를 기대할 수 있다.
③ 반복률과 보존율이 높아 매체로서의 생명이 길고 컬러 인쇄 효과가 좋아 소구력이 강하다.
④ 영상과 음향의 복합전달에 유용하며 일련의 움직임이나 흐름을 구체적으로 표현할 수 있다.

TV 광고나 디지털 광고에 해당하는 특징으로, 잡지는 정적인 인쇄 매체이기 때문에 영상과 음향을 복합적으로 전달하거나 움직임을 표현할 수 없다.

오답 피하기
- ① : 잡지는 패션, 경제, 스포츠 등 특정 독자층을 대상으로 하며, 한 권의 잡지가 여러 사람에게 회람되기 때문에 발행 부수보다 더 많은 독자에게 도달한다.
- ② : 잡지는 독자가 천천히 읽고 내용을 숙지할 수 있는 매체로, 광고 메시지를 오래 기억하게 하고 브랜드 이미지에 긍정적인 영향을 준다.
- ③ : 잡지는 보존율이 높아 독자들이 여러 번 읽을 가능성이 크며, 고품질의 컬러 인쇄로 시각적 효과가 뛰어나다.

29 컴퓨터 그래픽스에 대한 설명으로 거리가 가장 먼 것은?

① 실물 그 자체의 재현은 물론 명암, 질감, 색감, 형태 등을 의도하는 대로 자유롭게 바꿀 수 있다.

② 제작물은 디자이너의 능력, 감각 등을 통해 무한한 이미지 창출은 물론 영구적인 보존이 가능하다.

③ 제작 시 세밀한 부분이나 작은 시간의 차이도 표현할 수 있지만 수정이 어렵고 비용이나 시간이 많이 든다.

④ 인쇄 출력 시 모니터의 색상과 실체 출력 색상이 다르게 나오므로 색 보정이 필요하다.

> 컴퓨터 그래픽스는 전통적인 수작업에 비해 수정이 용이하며 비용과 시간이 절약된다.
>
> **오답 피하기**
> • ④ : 모니터는 RGB 색상 체계를 사용하고, 인쇄는 CMY 색상 체계를 사용하므로 색상 차이가 발생하며, 이를 보정하는 작업이 필요하다.

30 메뉴 버튼이나 메뉴 바, 이동 아이콘, 검색창 및 링크를 포함한 각종 요소들을 활용하여, 사용자가 가고자 하는 목적지까지 사용자를 유도하는 것을 무엇이라 하는가?

① 스토리보드

② 시나리오

③ 내비게이션 디자인

④ 익스플로러

> **오답 피하기**
> • ① 스토리보드 : 영상, 애니메이션, 슬라이드 등의 흐름을 시각적으로 계획하고 표현하는 데 사용된다.
> • ② 시나리오 : 사건의 흐름과 줄거리를 체계적으로 정리한 문서로, 스토리보드나 제작 과정의 기초 자료로 사용된다.
> • ④ 익스플로러 : 특정 브라우저를 지칭하는 용어이다.

31 음양오행설에서 볼 때 오방색 중 청색이 의미하는 방위는?

① 동   ② 서

③ 남   ④ 북

> 오방색은 방위에 따른 다섯 가지 색상을 뜻하며 청색(靑)은 동쪽, 적색(赤)은 남쪽, 황색(黃)은 중앙, 백색(白)은 서쪽, 흑색(黑)은 북쪽을 의미한다.

32 멀티미디어 디자인의 요소 중 시각적 요소의 상호작용에 의해 방향감, 공간감, 위치감, 중량감의 변화를 느낄 수 있는 요소는 무엇인가?

① 개념요소

② 시각요소

③ 상관요소

④ 실제요소

> **오답 피하기**
> • ① 개념요소 : 디자인의 아이디어나 개념적인 부분으로 실제로는 보이지 않는 추상적인 요소이다.
> • ② 시각요소 : 점, 선, 면, 색상 등 눈에 보이는 디자인의 기본적인 구성요소이다.
> • ④ 실제요소 : 디자인이 물리적으로 구현된 상태로 사용자가 직접 경험할 수 있는 요소이다.

33 미술 공예운동에 대한 설명으로 옳은 것은?

① 기계생산의 질을 향상시키려는 정책을 세웠다.

② 수공업이 가지고 있는 아름다움을 회복시키려고 중세적 직인제도의 원리에 따른 공예개혁을 시도하였다.

③ 전통적인 유럽 역사 양식으로부터 탈피하고자 하였다.

④ 형태를 기하학적으로 정리하여 기계생산이 가능하게 하였다.

> 미술 공예운동(Arts and Crafts Movement)은 윌리엄 모리스(William Morris)가 주도하여 19세기 후반 영국에서 시작된 예술운동으로, 산업혁명 이후 기계화된 대량생산으로 인해 품질이 떨어지고 비인간화된 디자인에 대한 반발로 일어났다. 이 운동은 수공예의 전통적 아름다움과 가치를 회복하고자 하였으며, 중세의 직인제도(Guild System)를 기반으로 공예와 예술의 통합을 추구하였다. •━○상인과 수공업자들의 협동조합

34 다음은 소비자 의사결정의 단계별 항목이다. 순서대로 바르게 나열된 것은?

> ㉠ 대안평가　　㉡ 구매결정　　㉢ 문제인식
> ㉣ 정보탐색　　㉤ 구매 후 행동

① ㉢ → ㉠ → ㉣ → ㉡ → ㉤
② ㉣ → ㉠ → ㉢ → ㉡ → ㉤
③ ㉢ → ㉣ → ㉠ → ㉡ → ㉤
④ ㉣ → ㉢ → ㉠ → ㉡ → ㉤

소비자 의사결정 과정 5단계
1. 문제인식 : 소비자가 자신의 필요나 욕구를 인식하는 단계이다.
2. 정보탐색 : 필요나 욕구를 해결하기 위해 관련 정보를 찾는 단계이다.
3. 대안평가 : 수집한 정보를 바탕으로 여러 대안을 비교하고 평가하는 단계이다.
4. 구매결정 : 대안평가를 통해 선택한 제품이나 서비스를 실제로 구매하는 단계이다.
5. 구매 후 행동 : 구매 후 소비자는 제품에 대한 만족이나 불만족을 느끼며, 이는 향후 구매 행동에 영향을 미친다.

35 먼셀 기호 4.3YR 7/12에 대한 설명으로 옳은 것은?

① 명도는 4.3이다.
② 명도는 YR이다.
③ 명도는 7이다.
④ 명도는 12이다.

먼셀기호 표기법 : HV/C – Hue(색상) Value(명도)/Chroma(채도)

36 빛이 분광되는 이유로 옳은 것은?

① 파장은 같으나 굴절률이 서로 다르기 때문
② 파장은 다르나 굴절률이 같기 때문
③ 파장과 굴절률이 서로 같기 때문
④ 파장마다 굴절률이 서로 다르기 때문

빛이 분광되는 이유는 빛의 파장에 따라 굴절률이 다르기 때문으로, 빛이 프리즘이나 물방울 같은 매질을 통과할 때 각 파장(색상)마다 굴절되는 정도가 달라지기 때문에 발생하며, 이 현상을 분산(Dispersion)이라고 한다.

37 좋은 웹 사이트의 조건과 가장 거리가 먼 것은?

① 사이트의 목적에 맞게 구현되어야 한다.
② 디자인과 내용 측면에서 신선한 것이 좋다.
③ 사용자에게 흥미를 유발시키기 위해 움직임이 있는 그림이 많아야 한다.
④ 한눈에 훑어볼 수 있도록 시선의 동선을 생각해야 한다.

움직임이 많은 그림이나 애니메이션은 로딩 속도 저하나 정보 접근에 방해가 될 수 있어 필요한 경우에만 적절히 사용해야 한다.

오답 피하기
- ① : 목적에 맞게 설계되고 구현되는 것은 좋은 웹사이트의 필수 조건이다.
- ② : 신선하고 매력적인 디자인과 내용은 사용자에게 긍정적인 인상을 준다.
- ④ : 사용자가 정보를 쉽게 찾을 수 있도록 시선의 흐름을 고려하여 디자인한다.

38 점의 정의에 대한 설명으로 옳은 것은?

① 공간을 구성하는 단위이다.
② 면의 한계 또는 면의 교차에 의해 생긴다.
③ 크기는 없고 위치를 지닌다.
④ 물체가 차지하고 있는 한정된 공간이다.

점은 형태의 최소 단위로 공간의 위치를 나타내며, 크기와 방향은 없다.

오답 피하기
- ① : 점은 공간을 구성하는 기본 요소 중 하나이지만, 점 자체는 공간을 구성하는 단위로 정의되지는 않는다.
- ② : 면의 한계나 교차점에서 점이 나타날 수는 있지만, 점의 정의와는 관련이 없다.
- ④ : 부피에 대한 설명이다.

39 형태 심리학자인 베르트하이머(M. Wertheimer)의 도형조직 원리로 거리가 가장 먼 것은?

① 유사성
② 접근성
③ 분리성
④ 완결성

게슈탈트의 법칙(Gestalt Laws)의 원리에는 근접성의 법칙, 유사성의 법칙, 연속성의 법칙, 폐쇄성의 법칙, 대칭성의 법칙, 공동운명의 법칙 등이 있다.

40 비례의 3가지 유형으로 거리가 먼 것은?

① 사실적 비례(Realistic Proportion)

② 기하학적 비례(Geometric Proportion)

③ 산술적 비례(Arithmetic Proportion)

④ 조화적 비례(Harmonic Proportion)

> 비례는 사물이나 요소 간의 크기, 길이, 양 등의 관계를 나타내는 개념으로 미술, 디자인, 건축 등에서 중요한 원리로 사용된다.
>
> **오답 피하기**
> • ② 기하학적 비례(Geometric Proportion) : 기하학적 관계를 기반으로 한 비례로, 주로 도형이나 구조에서 나타나는 비례를 의미한다.
> • ③ 산술적 비례(Arithmetic Proportion) : 수학적 계산에 기반한 비례로, 두 수의 차이가 일정한 관계를 유지하는 비례이다.
> • ④ 조화적 비례(Harmonic Proportion) : 음악적 조화처럼, 전체적인 균형과 조화를 이루는 비례이다.

3과목 멀티미디어 저작

41 자바스크립트의 Boolean 객체 메서드로 옳은 것은?

① toSource()

② concat()

③ pop()

④ reverse()

> Boolean(불리언)은 참(True) 또는 거짓(False)을 나타내는 데이터 타입으로, Boolean 객체는 true나 false 값을 객체로 감싸서 사용한다.

주요 Boolean 메서드	설명	반환값
toString()	Boolean 값을 문자열로 변환	"true" 또는 "false"
valueOf()	Boolean 객체의 원시 값을 반환	true 또는 false

> **오답 피하기**
> • ② concat() : 배열(Array) 또는 문자열(String)에서 사용되는 메서드이다.
> • ③ pop() : 배열에서 사용되는 메서드로, 배열의 마지막 요소를 제거하고 반환한다.
> • ④ reverse() : 배열에서 사용되는 메서드로, 배열의 순서를 뒤집는다.

42 데이터베이스에서 뷰(view)에 대한 설명으로 거리가 먼 것은?

① 뷰 위에 또 다른 뷰 정의 기능

② 독자적인 인덱스를 가지기 때문에 검색 속도 향상 기능

③ 뷰가 정의된 기본 테이블이 삭제되면 뷰도 자동 제거

④ 데이터의 접근을 제어하게 함으로써 보안 제공

> **오답 피하기**
> • ② : 뷰는 기본 테이블의 데이터를 참조하기 때문에 검색 속도는 기본 테이블의 인덱스에 의존하며, 뷰 자체가 검색 속도를 향상시키는 기능은 없다.
> • ④ : 뷰는 특정 열이나 행만 노출하도록 설정할 수 있어, 데이터 접근을 제어하고 보안을 강화하는 데 유용하다.

43 HTML5에서 링크의 Target 속성에 대한 설명으로 옳은 것은?

① target="_blank" : 새로운 윈도우에 링크 오픈

② target="_self" : 새로운 윈도우를 blank 상태로 열어 링크 오픈

③ target="_top" : 현재 윈도우에 링크 내용이 배치 되도록 링크 오픈

④ target="_parent" : 새로운 윈도우의 최하위 계층 윈도우에 링크 오픈

> **오답 피하기**
> • ② : 현재 창에서 링크를 열도록 지정한다.
> • ③ : 최상위 창에서 링크를 열도록 지정한다.
> • ④ : 부모 창에서 링크를 열도록 지정한다.

44 HTML5에서 새로운 요소로 추가된 것이 아닌 것은?

① AUDIO

② CANVAS

③ IMG

④ VIDEO

> IMG는 HTML4부터 존재하던 기존 요소이다.
>
> **오답 피하기**
> • ① : 오디오 파일을 삽입하고 재생할 수 있도록 지원한다.
> • ② : 2D 그래픽을 그릴 수 있는 기능을 제공한다.
> • ④ : 비디오 파일을 삽입하고 재생할 수 있도록 지원한다.

난이도 중 **문제 진단 ○△✕**

45 HTML5에서 DOM 내의 특정 노드를 검색하는 방법이 아닌 것은?

① DOM 노드의 id 속성에 지정된 값

② DOM 노드의 태그 이름에 지정된 값

③ DOM 노드의 class 속성에 지정된 값

④ DOM 노드의 함수 name 속성에 지정된 값

DOM(Document Object Model)은 HTML 문서를 트리 구조로 표현하는 문서 객체 모델이다. DOM내의 특정 노드를 검색하는 방법에는 ID 속성 검색, 태그 이름 검색, Class 이름 검색, CSS 선택자 검색 등이 있다. 그러나 함수의 name 속성을 기준으로 검색하는 방법은 없다.
···ㅇDOM 트리의 기본 단위

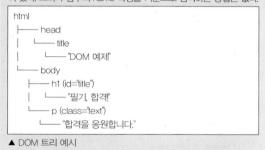

```
html
  ├── head
  │     └── title
  │           └── "DOM 예제"
  └── body
        ├── h1 (id="title")
        │     └── "필기, 합격!"
        └── p (class="text")
              └── "합격을 응원합니다."
```

▲ DOM 트리 예시

난이도 하 **문제 진단 ○△✕**

46 HTML5 시맨틱 태그로 옳지 않은 것은?

① <prepare> 태그

② <section> 태그

③ <header> 태그

④ <footer> 태그

<prepare> 태그는 HTML5에 존재하지 않는 태그이다.

오답 피하기
• ② <section> 태그 : 문서의 구획을 나타내는 태그이다.
• ③ <header> 태그 : 문서나 구획의 머리말을 나타내는 태그이다.
• ④ <footer> 태그 : 문서나 구획의 바닥글을 나타내는 태그이다.

난이도 중 **문제 진단 ○△✕**

47 HTML5의 기능에 대한 설명으로 틀린 것은?

① Web Database : 표준 SQL을 사용해 질의할 수 있는 DB 제공

② Web Worker : 웹 어플리케이션과 서버 간의 양방향 통신기능 제공

③ Web Storage : 웹 어플리케이션에서 데이터를 저장할 수 있는 기능 제공

④ Web Form : 입력 형태를 보다 다양하게 제공

Web Worker는 백그라운드에 스크립트를 실행하여 화면에 실행 중인 주요 작업이 느려지거나 멈추지 않도록 하는 기능을 제공한다. 웹 어플리케이션과 서버 간의 양방향 통신기능 제공하는 것은 Web-Socket이다.

난이도 중 **문제 진단 ○△✕**

48 그림과 같은 형태의 표를 만들기 위해 ( )에 들어갈 HTML 코드는?

데이터	데이터	데이터
데이터		데이터

```
<table border="1" >
<tr>
    <td> 데이터 </td>
    <td ( )> 데이터 </td>
    <td> 데이터 </td>
</tr>
<tr>
    <td> 데이터 </td>
    <td> 데이터 </td>
</tr>
</table>
```

① ROWSPAN=2

② COLSPAN=2

③ HEIGHT=2

④ WIDTH=2

ROWSPAN은 표에서 행(row)을 병합할 때 사용하는 속성으로, <td> 태그에 ROWSPAN=2를 사용하여 두 행을 하나로 합친다.

오답 피하기
• ② : COLSPAN은 열(Column)을 병합하는 속성이다.
• ③ : HEIGHT는 셀의 높이를 설정하는 속성이다.
• ④ : WIDTH는 셀의 너비를 설정하는 속성이다.

49

난이도 중 **문제 진단** ○△✕

관계 데이터 모델의 릴레이션 특성이 아닌 것은?

① 튜플의 다중성

② 튜플의 무순서성

③ 애트리뷰트의 무순서성

④ 애트리뷰트의 원자성

> 릴레이션에서는 튜플(행)이 중복될 수 없으며, 중복이 허용되지 않도록 기본키(Primary Key)를 사용한다.
>
> **오답 피하기**
> • ② : 릴레이션에서 튜플(행)은 순서가 없으며, 데이터의 순서는 중요하지 않다.
> • ③ : 릴레이션에서 애트리뷰트(열)도 순서가 없다.
> • ④ : 릴레이션의 각 애트리뷰트 값은 더 이상 나눌 수 없는 원자값(Atomic Value)이어야 하기 때문에 하나의 셀에는 하나의 값만 들어간다.

50

난이도 중 **문제 진단** ○△✕

HTML5에서 (   )에 들어갈 태그로 적절한 것은?

> **CPU 사용량 72%를 차지하는 예시**
>
> … 생략
> ⟨label⟩ 사용량 72% ⟨/label⟩
> ⟪(   ) min="0" max="100" value="72"⟫ ⟨/(   )⟩
> … 생략

① datalist

② textarea

③ option

④ meter

> HTML5에서 ⟨meter⟩ 태그는 정량적인 데이터의 진행률, 비율 등을 시각적으로 나타낼 때 사용된다.
>
> **오답 피하기**
> • ① datalist : ⟨input⟩ 태그와 함께 사용되며, 사용자가 입력 필드에 텍스트를 입력할 때 미리 정의된 옵션을 제공한다.
>   **예** 사용자가 입력 필드에 K를 입력하면 KIM이 제안됨
> • ② textarea : 여러 줄의 텍스트를 입력받는 필드이다.
> • ③ option : ⟨select⟩ 태그와 함께 사용되며, 드롭다운 목록을 정의한다.

51

난이도 중 **문제 진단** ○△✕

다음 두 테이블 R과 S에 대한 SQL문의 실행 결과로 옳은 것은?

R	
A	B
1	A
3	B

R	
A	B
1	A
2	B

SELECT A FROM R
UNION ALL
SELECT A FROM S

① 1
   3
   1
   2

② 1

③ 3
   2

④ A
   2

> **코드 해석**
> SELECT A FROM R :
> -- 테이블 R에서 A 열의 값을 선택한다. // 1, 3
> SELECT A FROM S :
> -- 테이블 S에서 A 열의 값을 선택한다. // 1, 2
> UNION ALL
> -- 두 SELECT 문의 결과를 합집합으로 반환한다. // 1, 3, 1, 2

52

난이도 중 **문제 진단** ○△✕

다음 중 자바스크립트(Javascript)에서 변수로 사용할 수 없는 것은 무엇인가?

① static

② ultra

③ _new

④ start

> 자바스크립트에서 변수로 사용할 수 없는 것은 예약어(Reserved Words) 또는 미리 정의된 키워드이다. static은 클래스 전체에서 공통으로 사용하는 값이나 함수를 만들 때 사용되는 예약어이다.
>
> **오답 피하기**
> • ③ _new : new는 새로운 객체를 생성하는 예약어이지만, 앞에 _가 붙은 _new는 예약어가 아니므로 변수 이름으로 사용할 수 있다.

53 난이도 하 문제 진단 ○△X

글자체, 줄간격, 웹 페이지의 배경 등을 자유롭게 설정할 수 있으며, 하나의 스타일 시트 파일을 만들어 여러 개의 웹 문서에 적용할 수 있는 것은?

① HTML   ② COBOL
③ VRML   ④ CSS

> CSS(Cascading Style Sheets)는 웹 문서의 디자인과 레이아웃을 설정하는 데 사용되는 언어로 글자체, 줄간격, 색상, 배경, 여백, 정렬 등 스타일을 정의할 수 있으며, 하나의 CSS 파일을 여러 HTML 문서에 연결하여 일관된 디자인을 적용할 수 있다.
>
> **오답 피하기**
> - ② COBOL : 금융 및 비즈니스 애플리케이션에서 사용되는 프로그래밍 언어로, 웹 디자인과는 관련이 없다.
> - ③ VRML : 3D 그래픽을 표현하기 위한 언어로, 웹 페이지의 스타일 설정과는 관련이 없다.

54 난이도 하 문제 진단 ○△X

다음 Tag 중 텍스트의 속성에 대한 설명으로 옳은 것은?

① <i> : 텍스트에서 중요한 부분 굵게 표시
② <em> : 아래첨자로 효과를 줌
③ <ins> : 위첨자로 강조
④ <mark> : 하이라이팅 기능

> <mark>는 텍스트에 형광펜을 칠한 것처럼 하이라이팅한다.
>
> **오답 피하기**
> - ① <i> : 기울임꼴(이탤릭체)로 텍스트를 표시한다. 중요한 부분을 굵게 표시하는 태그는 <b> 또는 <strong>이다.
> - ② <em> : 텍스트를 강조할 때 사용된다. 아래첨자 효과를 주는 태그는 <sub>이다.
> - ③ <ins> : 삽입된 텍스트를 나타내며, 기본적으로 밑줄이 그어진다. 위첨자 효과를 주는 태그는 <sup>이다.

55 난이도 중 문제 진단 ○△X

데이터베이스의 테이블에서 기본키(Primary Key)로 사용하기에 부적절한 항목은?

① 주민등록번호   ② 학번
③ 계좌번호   ④ 제품가격

> 기본키(Primary Key)는 데이터베이스 테이블에서 각 행(row)을 고유하게 식별할 수 있는 속성(컬럼)으로 각 행의 값이 중복되지 않아야 하며, NULL 값이 없어야 하고, 변하지 않는 값이어야 한다.
>
> **오답 피하기**
> - ④ : 제품가격은 변동 가능성이 있기 때문에 기본키로 사용하기에 부적절하다.

56 난이도 중 문제 진단 ○△X

3단계 데이터베이스 구조에서 각 단계의 스키마에 해당하지 않는 것은?

① 내부 스키마
② 외부 스키마
③ 물리 스키마
④ 개념 스키마

> 내부 스키마가 데이터의 물리적 저장 방식을 다루기 때문에, 물리 스키마는 별도의 단계로 간주되지 않는다.
>
> **데이터베이스 구조 3단계**
> - 개념 스키마(Conceptual Schema) : 데이터베이스의 전체적인 논리적 구조를 정의한다.
> - 내부 스키마(Internal Schema) : 데이터베이스의 물리적 저장 구조를 정의한다.
> - 외부 스키마(External Schema) : 사용자나 응용프로그램이 데이터베이스를 보는 관점을 정의한다.

57 난이도 하 문제 진단 ○△X

자바스크립트에서 달력과 같이 현재의 날짜와 시간, 특정 날짜를 구할 때, 용이하게 사용할 수 있는 내장 객체는?

① String 객체
② Navigator 객체
③ Date 객체
④ Math 객체

> **오답 피하기**
> - ① String 객체 : 문자열을 다루는 객체이다.
> - ② Navigator 객체 : 브라우저와 관련된 정보를 제공하는 객체이다.
> - ④ Math 객체 : 수학적 계산을 위한 객체이다.

58

난이도 중 문제 진단 ○△✕

다음 코드에 대한 결과 값은?

```
<html>
<head> <title> Items </title> </head>
<body>
<ol>
    <li> One </li>
    <li> Two </li>
    <ul>
        <li> Tree </li>
        <li> Four </li>
    </ul>
    <li> Five </li>
</ol>
</body>
</html>
```

① o One
   o Two
   o Three
   o Four
   o Five

② 1. One
   2. Two
   3. Three
   4. Four
   5. Five

③ 1. One
   2. Two
     o Three
     o Four
   3. Five

④ 1. One
   2. Two
     o Three
     o Four
   5. Five

목록 작성 태그
- ⟨ol⟩ : 순서가 있는 목록(Ordered List) 생성 태그로, 각 항목은 번호로 표시된다.
- ⟨ul⟩ : 순서가 없는 목록(Unordered List) 생성 태그로, 각 항목은 불릿(Bullet) 포인트로 표시된다.
- ⟨li⟩ : 항목을 정의 태그로 ⟨ol⟩ 또는 ⟨ul⟩ 태그 내에서 사용된다.

59

난이도 중 문제 진단 ○△✕

데이터베이스 뷰를 정의하기 위한 명령 형태는?

① create view v from <query expression> ;
② insert view v to <query expression> ;
③ create view v as <query expression> ;
④ create view v into <query expression> ;

뷰 정의 문법
CREATE + VIEW 뷰 이름 + AS 쿼리문

60

난이도 중 문제 진단 ○△✕

다음 SQL 명령으로 옳은 것은?

> 기본 테이블 A의 열(x, y) 조합에 B라는 색인을 생성한다. 그 색인 내용은 x(오름차순), y(내림차순)이다.

① CREATE INDEX B ON A (x, y DESC) ;
② CREATE INDEX B ON A (x, y) ;
③ CREATE INDEX A ON B (x DESC, y DESC) ;
④ CREATE INDEX A ON B (x DESC, y) ;

오름차순은 기본값이므로 ASC는 생략되었다.

색인 생성 문법
CREATE + INDEX 색인 이름 + ON 테이블 이름
+ (열1 [정렬방향], 열2 [정렬방향], ...);
색인의 정렬 순서는 x는 오름차순(ASC), y는 내림차순(DESC)이다.

난이도 중 문제 진단 ○△✕

61 Key Light에 의해 생기는 어두운 부분을 수정하기 위한 조명이며 베이스 라이트와 겸용되는 경우의 조명은?

① Back Light
② Touch Light
③ Fill Light
④ Horizont Light

Fill Light(보조광)는 Key Light(주광)에 의해 생긴 그림자를 완화하기 위해 사용되며, 자연스러운 이미지를 연출하는 데 필수적인 조명이다. 문제 지문의 베이스 라이트와 겸용되는 경우란 장면 전체의 기본적인 밝기를 제공하는 베이스 라이트의 역할을 동시에 수행할 수 있다는 의미이다. Fill Light는 부드럽고 확산된 빛을 사용하여 장면의 조명 비율을 조정하고, 그림자를 줄여 자연스러운 조명을 만든다.

오답 피하기
• ① : 피사체의 뒤쪽에서 비추는 조명으로, 피사체를 배경과 분리하여 입체감을 강조한다.
• ② : 특정 부분을 강조하기 위해 사용하는 조명이다.
• ④ : 무대 후방의 굽은 벽(Horizon)을 비추는 조명으로, 하늘의 분위기를 연출하거나 배경의 색감을 표현하기 위해 사용된다.

난이도 중 문제 진단 ○△✕

62 다음 중 일반적인 비디오 압축 방법으로 거리가 가장 먼 것은?

① 픽셀 당 컬러 비트 수(Color Bit Depth)의 축소
② 프레임 크기(Number of Pixels)의 축소
③ 프레임 수(fps)의 축소
④ BMP파일 크기의 축소

비압축 이미지 파일 형식으로, 비디오 압축과는 관련이 없다.

오답 피하기
• ① 픽셀 당 컬러 비트 수(Color Bit Depth)의 축소 : 비디오의 색상 정보를 줄이는 방식으로, 예를 들어 24비트 컬러를 16비트 컬러로 줄인다.
• ② 프레임 크기(Number of Pixels)의 축소 : 해상도를 낮추는 방식으로, 예를 들어 1920x1080(Full HD)을 1280x720(HD)로 줄인다.
• ③ 프레임 수(fps)의 축소 : 초당 프레임 수를 줄이는 방식으로, 예를 들어 60fps를 30fps로 줄인다.

난이도 중 문제 진단 ○△✕

63 슈퍼맥테크놀로지스사(SuperMac Technologies)에서 개발한 코덱으로 퀵타임(QuickTime) 동영상을 압축하고 재생하기 위해 개발된 코덱은?

① Clear Video
② Indeo
③ TrueMotion
④ Cinepak

오답 피하기
• ① Clear Video : 미국의 On2 Technologies에서 개발한 비디오 코덱으로 Google에 인수된 이후 VP 시리즈(VP6, VP8) 코덱으로 발전하였으며, VP8 코덱은 WebM 코덱의 핵심 기술로 사용되었다.
• ② Indeo : 인텔에서 개발한 비디오 코덱으로, 멀티미디어 애플리케이션과 인터넷 스트리밍에서 사용된다.
• ③ TrueMotion : Duck Corporation(On2 Technologies의 전신)에서 개발한 비디오 코덱으로, VP 시리즈 코덱으로 발전하는 기초가 되었다.

난이도 상 문제 진단 ○△✕

64 넓은 범위의 응용범위를 상정한 범용성이 높은 영상 데이터의 압축 방식인 JPEG의 4가지 동작모드에 속하지 않는 것은?

① 연속 DCT 모드
② 계층화 모드
③ 순차 DCT 모드
④ 손실 모드

JPEG는 이미지 데이터를 압축하고 전송하는 방식에 따라 다양한 동작 모드를 가지고 있으며, 각 모드는 사용자의 필요나 응용 분야에 맞춰 선택적으로 사용된다. JPEG는 기본적으로 손실 압축 방식을 사용하지만, 손실 모드라는 명칭은 존재하지 않는다.

JPEG 4가지 동작모드
• 순차 DCT 모드 : 이미지를 한 줄씩 순차적으로 처리하는 가장 일반적인 압축 방식으로, 이미지의 각 블록을 순차적으로 처리하여 압축한다. ┄┄○ 데이터를 여러 번에 걸쳐 전송하는 과정
• 연속 DCT 모드 : 이미지를 여러 개의 스캔으로 나누어 전송하는 방식으로, 먼저 저해상도의 이미지를 전송하고, 이후 점진적으로 더 많은 세부 정보를 추가하여 최종 고해상도 이미지를 완성한다.
• 계층화 모드 : 여러 해상도의 이미지를 계층적으로 저장하는 방식으로, 낮은 해상도의 이미지를 먼저 전송하고, 필요에 따라 더 높은 해상도의 이미지를 추가로 전송한다.
• 무손실 모드 : JPEG의 기본적인 손실 압축과 달리 원본 이미지의 모든 정보를 유지하여 압축률이 낮지만, 이미지의 품질은 높다.

65 다음 중 이미지의 경계부분을 양각과 음각 효과를 만들어 3차원적인 입체 효과를 만드는 필터 기능은?

① Distort

② Sharpen

③ Emboss

④ Sketch

오답 피하기

- ① Distort : 이미지를 비틀거나 변형시켜 왜곡된 효과를 준다.
- ② Sharpen : 이미지의 경계선을 더 뚜렷하게 만들어 선명도를 높인다.
- ④ Sketch : 이미지를 스케치한 것처럼 보이게 변환한다.

66 소리의 고저는 높이, 음정, 파동의 진동수 등으로 표현된다. 여기에 사용되는 단위는?

① Hz

② dBm/w

③ %

④ W

오답 피하기

- ② dBm/w : 데시벨 밀리와트, 전력 수준을 나타내는 단위로, 통신 분야에서 신호의 세기를 측정할 때 사용된다.
- ③ % : 퍼센트, 백분율을 나타내는 단위이다.
- ④ W : 와트, 전력의 단위로, 에너지의 전달 속도를 나타낸다.

67 앞 컷이 사라져 가는데 맞추어 다음 컷이 조금씩 나타나는 기법으로 컷과 컷이 자연스럽게 연결되도록 하는 장면 전환 기법은?

① 페이드 인

② 디졸브

③ 프리즈 프레임

④ 페이드 아웃

오답 피하기

- ① 페이드 인 : 화면이 서서히 밝아지면서 장면이 나타나는 기법이다.
- ③ 프리즈 프레임 : 특정 순간의 프레임을 정지시켜 화면에 고정하는 기법이다.
- ④ 페이드 아웃 : 화면이 서서히 어두워지면서 장면이 사라지는 기법이다.

68 음성 통신을 목적으로 큰 소리의 변화보다 작은 소리의 변화에 많은 양자화 비트를 할당하는 비균등 코딩 방식의 사운드 압축 방식은?

① MP3

② WAV

③ CDMA

④ A-Law

비균등 코딩 방식은 신호를 디지털로 변환할 때, 신호의 크기에 따라 양자화 비트를 비례적으로 할당하지 않고, 특정 구간에 더 많은 비트를 할당하는 방식이다. 대표적인 비균등 코딩 방식으로는 A-Law와 μ-Law가 있으며, 유럽과 북미 지역에서 사용된다.

오답 피하기

- ① MP3 : 손실 압축 오디오 포맷으로, 인간의 청각으로 잘 인식되지 않는 소리 정보를 제거한다.
- ② WAV : 비압축 오디오 포맷으로, 원본 소리 데이터를 그대로 저장한다.
- ③ CDMA : 무선 통신 기술로, 여러 사용자가 동일한 주파수 대역을 공유하는 방식이다.

69 렌더링 과정 중에서 물체의 입체감을 나타내기 위하여 물체의 표면에 색상과 명암을 표현하는 과정을 무엇이라 하는가?

① 메시와 폴리

② 은면의 제거

③ 쉐이딩

④ 레이트레이싱

오답 피하기

- ① 메시와 폴리 : 3D 모델링에서 사용되는 기본 단위로, 메시(Mesh)는 폴리곤(Polygons, 다각형)의 집합체이고, 폴리는 폴리곤을 의미한다.
- ② 은면의 제거 : 3D 그래픽에서 보이지 않는 면을 렌더링하지 않도록 제거하는 과정이다.
- ④ 레이트레이싱 : 광선 추적 기법으로, 빛의 경로를 시뮬레이션하여 사실적인 그림자, 반사, 굴절 등을 표현하는 렌더링 기술이다.

70 매킨토시에서 화상을 비트맵 이미지와 포스트스크립트(PostScript) 이미지로 동시에 저장할 수 있는 이미지 파일 포맷은?

① TIFF

② PICT

③ DIB

④ DXF

포스트스크립트는 어도비(Adobe)에서 개발한 기술 언어로, 벡터 그래픽을 지원하며, 인쇄 및 출판 분야에서 사용된다.

오답 피하기

- ① TIFF : 고해상도의 비트맵 이미지를 저장하기 위한 포맷이다.
- ③ DIB : 윈도우 운영 체제에서 사용되는 비트맵 이미지 포맷이다.
- ④ DXF : 오토데스크의 AutoCAD에서 사용되는 파일 포맷이다.

71 다음 중 비, 불, 연기, 폭발 등의 자연 현상을 애니메이션으로 제작하고자 할 때 사용되는 효과로 영화 "트위스터"나 "화산고" 등에 사용된 특수 효과는 무엇인가?

① 로토스코핑　　　　② 모핑
③ 모션캡처　　　　　④ 미립자 시스템

> **오답 피하기**
> • ① 로토스코핑 : 실제 촬영된 영상을 프레임별로 추적하여 애니메이션으로 변환하는 기술이다.
> • ② 모핑 : 하나의 이미지가 다른 이미지로 점진적으로 변형되는 시각 효과이다.
> • ③ 모션캡처 : 실제 배우나 물체의 움직임을 기록하여 디지털 캐릭터에 적용하는 기술이다.

72 애니메이션을 제작하는데 있어서 애니메이터는 장면이 변화하는 키 프레임(Key Frame)만을 제작하고, 중간에 속해있는 프레임들은 컴퓨터가 자동으로 생성하는 기법을 무엇이라 하는가?

① 트위닝(Tweening)
② 플립북 애니메이션(Flip-book Animation)
③ 셀 애니메이션(Cell Animation)
④ 스프라이트 애니메이션(Sprite-based Animation)

> **오답 피하기**
> • ② 플립북 애니메이션(Flip-book Animation) : 애니메이션의 기초적인 형태로, 수작업으로 그린 여러 장의 그림을 빠르게 넘겨보며 애니메이션 효과를 낸다.
> • ③ 셀 애니메이션(Cell Animation) : 투명한 셀룰로이드 시트에 그림을 그려서 애니메이션을 만드는 전통적인 2D 애니메이션 기법이다.
> • ④ 스프라이트 애니메이션(Sprite-based Animation) : 2D 비디오 게임에서 사용되는 기법으로, 개별 이미지(스프라이트)를 순차적으로 표시하여 움직임을 표현한다.

73 다음 중 동영상의 확장자 종류가 아닌 것은?

① AVI　　　　　　② PDF
③ MOV　　　　　　④ ASF

> PDF는 어도비가 개발한 문서 파일 형식이다.
>
> **오답 피하기**
> • ① : 마이크로소프트가 개발한 Windows 환경에서 사용되는 동영상 파일 포맷이다.
> • ③ : 애플이 개발한 QuickTime(퀵타임) 파일 포맷이다.
> • ④ : 마이크로소프트가 개발한 인터넷 스트리밍용 동영상 파일 포맷이다.

74 다음 중 소리의 기본 요소에 대한 설명으로 틀린 것은?

① 주파수는 초당 파형의 반복 횟수를 의미하여 소리의 높낮이를 결정한다.
② 음압 레벨의 단위는 헤르츠(㎐)를 사용한다.
③ 진폭은 사운드 파형의 기준선에서 최고점까지의 거리를 의미하며 소리의 크기와 관련이 있다.
④ 같은 음의 높이와 크기를 가져도 악기마다 고유한 소리의 특징이 있는데 이런 특징을 음색이라 한다.

> 음압 레벨의 단위는 데시벨(dB)이다.
>
> **오답 피하기**
> • ① : 주파수는 소리의 높낮이를 결정하며, 단위는 헤르츠(㎐)이다.
> • ③ : 진폭은 소리의 크기(볼륨)와 관련이 있으며, 파형의 높이를 나타낸다.
> • ④ : 음색은 소리의 특성을 나타내며, 같은 높이와 크기를 가진 소리라도 다르게 들린다.

75 비디오 화상의 특정 색을 뽑아내고 거기에 다른 화상을 끼워 넣는 전자적인 특수 효과로 가상 스튜디오를 구성할 때 주로 사용하는 기법은?

① Chorma Key
② Digital Video Effect
③ Animation
④ No Linear Edit

> 녹색이나 파란색의 스크린을 배경으로 촬영하면 특정 색을 뽑아내어 피사체와 배경을 분리하기 쉽다.
>
> **오답 피하기**
> • ② Digital Video Effect : 비디오 편집에서 다양한 시각적 효과를 추가하는 기술로, 화면 전환, 필터, 왜곡 등의 효과를 포함한다.
> • ③ Animation : 정지된 이미지를 연속적으로 보여주어 움직임을 만들어내는 기법이다.
> • ④ No Linear Edit : 비선형 디지털 비디오 편집 방식으로, 비디오 클립을 자유롭게 배열하고 편집할 수 있다.

76
많은 악기 연주음 중에서 특정한 악기에 관심을 가지면, 그 소리만 지각할 수 있는 효과는?

① 하스 효과
② 바이노럴 효과
③ 칵테일파티 효과
④ 마스킹 효과

인간의 청각은 소리의 출처를 구별하고 선택적으로 집중할 수 있으며, 이 현상은 칵테일파티 효과로 설명된다. 칵테일파티는 칵테일파티와 같은 시끄러운 환경에서도 특정 소리에 집중하여 들을 수 있는 능력이다.

오답 피하기
- ① 하스 효과 : 소리가 두 개의 스피커에서 약간의 시간 차이를 두고 재생될 때, 소리가 먼저 도달한 방향에서 오는 것으로 인식되는 현상이다.
- ② 바이노럴 효과 : 두 귀에 각각 다른 소리를 들려주어 3D 입체 음향을 구현하는 기술이다.
- ④ 마스킹 효과 : 한 소리가 다른 소리에 의해 가려져서 잘 들리지 않게 되는 현상이다.

77
하나의 면과 인접한 면에 색퍼짐 효과를 사용하여 두 면 사이를 부드럽게 표현한 음영 처리 방법은?

① 플랫 쉐이딩(Flat Shading)
② 퐁 쉐이딩(Phong Shading)
③ 메탈 쉐이딩(Metal Shading)
④ 구로드 쉐이딩(Gouraud Shading)

쉐이딩은 3D 그래픽스에서 객체의 표면을 현실감 있는 이미지로 렌더링하는 기술로, 빛의 반사, 굴절, 확산 등을 고려하여 객체의 표면을 결정한다. 대표적인 쉐이딩 기법으로는 플랫 쉐이딩, 구로드 쉐이딩, 퐁 쉐이딩 등이 있다.

오답 피하기
- ① 플랫 쉐이딩(Flat Shading) : 각 폴리곤의 면에 하나의 색상만을 사용하여 물체를 표현하는 방법으로, 면이 뚜렷하게 구분되어 보인다.
- ② 퐁 쉐이딩(Phong Shading) : 부드러운 곡선과 정교한 하이라이트로 현실감 있는 이미지를 생성한다.
- ③ 메탈 쉐이딩(Metal Shading) : 금속 표면의 특성을 표현하기 위해 사용되는 쉐이딩 기법이다.

78
3차원으로 구성된 캐릭터에 움직임을 부여하는 애니메이션 기법으로 인간의 몸에 센서를 부착하거나 적외선 등을 이용하여 인간의 움직임을 디지털로 기록하여 캐릭터의 움직임과 연동시키는 기법은?

① 키 프레임
② 스쿼시와 밴드
③ 모션 캡쳐
④ 로토스코핑

오답 피하기
- ① 키 프레임 : 애니메이션에서 중요한 순간을 정의하는 프레임으로, 시작과 끝의 주요 포즈를 설정하고 그 사이의 움직임을 자동으로 생성하는 기법이다.
- ② 스쿼시와 밴드 : 애니메이션의 기본 원칙 중 하나로, 물체의 변형을 통해 움직임의 생동감과 탄력을 표현하는 기법이다. 스쿼시(Squash)는 물체가 압축되거나 납작해지는 상태를, 스트레치(Stretch)는 물체가 늘어나거나 길어지는 상태를 나타낸다.
- ④ 로토스코핑 : 실사 영상을 기반으로 프레임별로 그림을 그려 애니메이션을 만드는 기법이다.

79
캠코더 자체가 전, 후진하면서 피사체를 촬영하는 방법은?

① 컷(Cut)
② 달리(Dolly)
③ 디졸브(Dissolve)
④ 와이프(Wipe)

달리(Dolly)란 캠코더가 레일 위를 이동하면서 촬영하는 기법으로, 장면의 깊이와 공간감을 강조한다.

오답 피하기
- ① 컷(Cut) : 두 개의 샷을 연결할 때 사용하는 가장 기본적인 편집 기법으로, 한 장면에서 다른 장면으로 즉시 전환한다.
- ③ 디졸브(Dissolve) : 한 장면이 서서히 사라지면서 동시에 다른 장면이 서서히 나타나는 화면 전환 기법이다.
- ④ 와이프(Wipe) : 한 화면이 다른 화면을 밀어내면서 나타나는 화면 전환 기법이다.

80
GIF 형식의 파일에서 사용 가능한 최대 색상의 수는?

① 2^4
② 2^8
③ 2^{16}
④ 2^{32}

GIF 파일은 8비트 색상 깊이를 사용하여 최대 256가지 색상을 지원한다. 256색 팔레트는 이미지의 색상 정보를 압축하여 파일 크기를 줄이는 데 유리하지만, 색상 수가 제한되어 있어 복잡한 이미지나 사진에는 적합하지 않다.

오답 피하기
- ② 2^4 : 4비트 컬러를 나타내며, 16가지 색상을 표현한다.
- ③ 2^{16} : 16비트 컬러를 나타낸다.
- ④ 2^{32} : 32비트 컬러를 나타내며, 고해상도 이미지 포맷에서 사용된다.

해설과 따로 보는
상시 기출문제

CONTENTS

▶ **유료 합격 강의**

현재 상시 기출문제 01회 기출 강의를 맛보기로 무료
제공하고 있습니다. 추가 기출 강의가 필요하신 경우
저자의 유튜브(http://www.youtube.com/@60kim)에서
유료로 이용하실 수 있습니다.

해설과 따로 보는 상시 기출문제 01회

▶ 합격 강의   자동 채점 서비스

SELF CHECK | 제한시간 120분 | 소요시간   분 | 전체 문항 수 80문항 | 맞힌 문항 수   문항

1과목 멀티미디어 개론

난이도 하 | 문제 진단 ○△X

01 뉴욕타임즈 같은 언론사나 야후 같은 유명 사이트와 제휴를 해서 트위터 사이트로 이동하지 않고도 해당 사이트상에서 최근의 트위터 글을 바로 확인할 수 있는 새로운 플랫폼은?

① @anywhere
② Sandbox
③ Netflix
④ Podcast

난이도 중 | 문제 진단 ○△X

02 멀티캐스팅 기능을 수행하는 프로토콜로 네트워크의 멀티캐스트 트래픽을 자동으로 조절하고 제한하며, 수신자 그룹에게 메시지를 동시에 전송하는 프로토콜은?

① IGMP(Internet Group Management Protocol)
② UDP(User Datagram Protocol)
③ PDP(Policy Service Protocol)
④ SNMP(Simple Network Management Protocol)

난이도 중 | 문제 진단 ○△X

03 영국 오디오 프로세싱 테크놀로지 사에서 개발하였고, MP3보다 연산량이 적어 전력이 적게 소비되며, 압축 효율이 높아 CD와 같은 음질을 제공하는 오디오 코덱은?

① AC3
② XviD
③ DTS
④ aptX

난이도 하 | 문제 진단 ○△X

04 다음 글이 설명하는 것은?

- 2012년 영국의 학교 재단에서 기초 컴퓨터 과학 교육을 증진시키기 위해 만든 싱글보드 컴퓨터
- 가격이 25~35 달러로 저렴
- 리눅스 기반 운영체제 이식 가능

① 비글
② 라즈베리파이
③ 비틀즈
④ NEC

난이도 중 | 문제 진단 ○△X

05 연속적인 아날로그 신호를 PAM 신호로 샘플링하고, 이를 양자화하는 과정에서 발생되는 오차는?

① 절단 오차
② 시그널 오차
③ 반올림 오차
④ 앨리어싱 오차

난이도 하 | 문제 진단 ○△X

06 시스템에 침입한 해커가 다시 침입을 쉽게 하기 위해 만들어 놓은 불법 출입 기능을 무엇이라고 하는가?

① 방화벽
② 스파이웨어
③ 백도어
④ 크래킹

난이도 중 | 문제 진단 ○△X

07 인터넷 제어 메시지 프로토콜(ICMP)에 대한 설명으로 틀린 것은?

① IP 프로토콜의 약점을 보완하기 위해 설계
② 응용 계층 프로토콜
③ ICMP 메시지 형식은 8바이트의 헤더와 가변길이의 데이터 영역으로 분리
④ ICMP 메시지는 하위 계층으로 가기 전에 IP 프로토콜 데이터그램 내에 캡슐화

08 난이도 중 문제 진단 ○△✕
TCP/IP의 전송계층에서 비연결 지향 파일 전송으로 신뢰할 수 없는 통신서비스를 제공하는 프로토콜은?
① ATP
② TCP
③ UDP
④ HTTP

09 난이도 중 문제 진단 ○△✕
44.1kHz로 샘플링한 CD의 경우 이론적으로 재생할 수 있는 최대 주파수에 가장 근접한 주파수(kHz)는?
① 22
② 13
③ 10
④ 5

10 난이도 중 문제 진단 ○△✕
음성을 7비트에서 8비트로 양자화로 부호화했을 때 설명으로 틀린 것은?
① 표본화 잡음이 반으로 감소된다.
② 압축 특성이 개선된다.
③ 양자화 잡음이 감소한다.
④ 신장 특성이 개선된다.

11 난이도 중 문제 진단 ○△✕
프로세스들 간의 메모리 경쟁으로 인하여 지나치게 페이지폴트가 발생하여 전체 시스템의 성능이 저하되는 현상은?
① Sharing
② Patch
③ Thrashing
④ Locality

12 난이도 하 문제 진단 ○△✕
빈트 서프가 '잊힌 세기'를 대비하기 위해 고안한 대안적 기술로 모든 콘텐츠 포맷과 소프트웨어, 하드웨어를 담을 수 있는 '저장 그릇'을 일컫는 용어는?
① 디지털 양피지
② 캡차
③ 딥러닝
④ 디지털 프라이버시

13 난이도 중 문제 진단 ○△✕
FTP 취약점을 이용하는 공격방법으로 FTP 바운스 공격을 이용하여 어느 지점에서 보내는지 인지할 수 없도록 전자메일을 보내는 공격방법은?
① Bomb Mail
② Fack Mail
③ Spam Mail
④ Group Mail

14 난이도 중 문제 진단 ○△✕
암호화 시스템의 핵심 요소로 거리가 먼 것은?
① 키
② 횟수
③ 알고리즘
④ 키의 길이

15 난이도 중 문제 진단 ○△✕
정보 보호를 통해 달성하려고 하는 목표로 거리가 먼 것은?
① 기밀성
② 무결성
③ 책임성
④ 가용성

16 난이도 하 문제 진단 ○△✕
동영상의 부호화는 영상과 오디오를 함께 부호화하여 압축한다. 다음 중 영상에 대한 ITU-T 권고 국제표준에 해당하는 것은?

① G.711
② H.261
③ MPEG-2
④ MPEG-3

17 난이도 중 문제 진단 ○△✕
파형 코딩 방법 중 연속된 샘플의 값들 사이의 차이만을 인코딩하고 저장함으로써 압축을 하는 방식으로 ITU-T의 음성 압축 표준인 G.72X의 핵심 코딩 기술은?

① PM
② PCM
③ AM
④ ADPCM

18 난이도 중 문제 진단 ○△✕
네트워크상의 데이터를 도청하는 행위를 무엇이라고 하는가?

① Pushing
② Sniffing
③ Cracking
④ Phishing

19 난이도 하 문제 진단 ○△✕
리눅스에서 프로세스의 메모리, CPU 사용량, 실행시간 등을 확인할 수 있는 명령어는?

① top　　　　② ls
③ qs　　　　④ emac

20 난이도 하 문제 진단 ○△✕
리눅스에서 파일의 권한 설정을 변경할 때 사용하는 명령어는?

① su　　　　② chown
③ chgrp　　　④ chmod

2과목 멀티미디어기획 및 디자인

21 난이도 중 문제 진단 ○△✕
타이포그래피와 레터링에 대한 설명으로 거리가 가장 먼 것은?

① 타이포그래피란 활자 혹은 활판에 의한 인쇄술을 가리켜 왔지만, 오늘날에는 주로 글자를 구성하는 디자인을 일컬어 타이포그래피라고 한다.
② 레터링을 할 때 가장 중요한 것은 독창성을 강조하는 것이다.
③ 활자의 크기는 포인트(Point)라는 단위를 사용한다.
④ 레터링은 넓은 뜻으로는 글자 디자인, 글자 표현, 그 기능이나 글자 자체를 의미한다.

22 난이도 중 문제 진단 ○△✕
원자극을 제거해도 보고 있던 상의 자극이 잠시 지속되는 현상은?

① 동시대비
② 동화 현상
③ 정의 잔상
④ 부의 잔상

23 난이도 중 문제 진단 ○△✕
멀티미디어 디자인의 구성요소 중 텍스트에 관한 설명으로 옳은 것은?

① 멀티미디어 타이틀에서 텍스트는 정적인 텍스트만을 사용한다.
② 텍스트의 서체에서 세리프(Serif)는 문자의 끝부분에 삐침이 없는 서체를 말한다.
③ 글자 크기 1포인트(Point)는 72분의 1인치(Inch)를 나타낸다.
④ 비트맵(Bitmap) 폰트는 트루타입(True-type) 폰트라고도 하며, 문자의 윤곽선을 수학적인 함수로 표현한다.

난이도 중 문제 진단 ○△✕

24 색 삼각형의 연속된 선상에 위치한 색들을 조합 하면 관련된 시각적 요소가 포함되어 있기 때문에 서로 조화를 이룬다는 원리는?

① 루드의 색채조화론
② 이텐의 색채조화론
③ 문-스펜서의 색채조화론
④ 비렌의 색채조화론

난이도 중 문제 진단 ○△✕

25 타이포그래피의 조건에 대한 설명으로 가장 적합한 것은?

① 특이하면서도 단순한 게슈탈트로 확대나 축소되어도 변하지 않아야 한다.
② 시각요소들의 명료도, 가독성 정도를 고려하여 서체의 미적인 면과 내용표현의 적절성, 표현성을 갖추어야 한다.
③ 규모, 내용, 이념 등을 강조할 수 있는 커뮤니케이션 수단이어야 한다.
④ 사물의 성격, 목적, 용도 등을 파악하여 적절한 의미의 상징성을 고려하여야 한다.

난이도 중 문제 진단 ○△✕

26 멀티미디어 디자인의 요소 중 시각적 요소의 상호 작용에 의해 방향감, 공간감, 위치감, 중량감의 변화를 느낄 수 있는 요소는?

① 개념요소
② 시각요소
③ 상관요소
④ 실제요소

난이도 하 문제 진단 ○△✕

27 광 파장의 차이에 의한 색채감각을 나타내는 것으로 색의 종류를 표시하는 것은?

① 명도
② 포화도
③ 색상
④ 감도

난이도 중 문제 진단 ○△✕

28 멀티미디어 마케팅에 대한 설명으로 틀린 것은?

① 마케팅의 목적과 소비자 집단을 명확하게 규명한다.
② 성공적인 판매를 위해서는 유통 판매점 방문 및 통신판매, 강습회 등의 기회를 마련한다.
③ 소비자 집단의 특성에 따라 홍보와 판매장소 방법을 선택한다.
④ 무조건 다수의 사람들에게 홍보 및 판매 전략을 적용해야 한다.

난이도 하 문제 진단 ○△✕

29 때때로 사물을 사실과 다르게 지각하는 것을 무엇이라고 하는가?

① 착시
② 점이
③ 변화
④ 균형

난이도 중 문제 진단 ○△✕

30 헤링의 4원색설을 기준으로 하는 색체계는?

① 먼셀의 색체계
② 뉴턴의 색체계
③ 비렌의 색체계
④ 오스트발트의 색체계

난이도 하 문제 진단 ○△✕

31 포장디자인에 나타나는 시각적 요소(Visual Element)가 아닌 것은?

① Color
② Layout
③ Concept
④ Typography

난이도 중 문제 진단 ○△✕

32 섬네일 스케치(Thumbnail Sketch)에 대한 설명으로 옳은 것은?

① 표현대상의 특징과 성질 등을 사진처럼 세밀하게 그리는 스케치이다.
② 아이디어를 간략하고 신속하게 그리는 과정으로 전체의 구상이나 이미지를 포착하기 위하여 프리핸드(Free hand)로 그리는 스케치이다.
③ 최종 결과물을 보여주는 자세한 스케치이다.
④ 형상, 재질, 패턴, 색채 등을 정확하게 그리는 스케치이다.

33 포스터 디자인에 관한 설명으로 틀린 것은?

① 선전이나 광고매체라고도 한다.
② 영상 이미지가 가장 중요한 표현 요소이다.
③ 일정한 지면 위에 그림, 사진, 문안 등을 통하여 한눈에 볼 수 있도록 메시지를 전달한다.
④ 포스터라는 명칭은 원래 기둥이나 벽보를 의미한다.

34 평면 디자인과 입체 디자인에서 모두 볼 수 있는 개념요소의 종류로 옳은 것은?

① 점, 선, 면, 양감
② 깊이, 너비, 길이
③ 꼭지점, 모서리, 면
④ 수평면, 수직면, 측면

35 칸딘스키(Kandinsky)가 제시한 형태 연구의 3가지 요소가 아닌 것은?

① 육각형
② 사각형
③ 삼각형
④ 원형

36 디더링(Dithering)에 대한 설명으로 옳지 않은 것은?

① 제한된 수의 색상을 사용하여 다양한 색상을 시각적으로 섞어서 만드는 작업이다.
② 포토샵의 디더링 옵션으로 색상간의 경계를 자연스럽게 흩어주는 방식인 디퓨전이 있다.
③ 해당 픽셀에서 표현하고자 하는 컬러와 가장 가까운 컬러 값을 사용하면 가장 우수한 화질을 얻을 수 있다.
④ 두 개 이상의 컬러를 조합하면 원래 이미지와 좀 더 가까운 이미지를 표현할 수 있다.

37 디자인의 요소 중 물체 표면이 가지고 있는 특징의 차이를 시각과 촉각을 통하여 느낄 수 있는 것은?

① 색채
② 양감
③ 공간감
④ 질감

38 자연현상에서 빨간 열매와 파란 잎의 싱그러운 대비는?

① 근접 보색의 조화
② 반대색의 조화
③ 인접색의 조화
④ 등간격 3색의 조화

39 색체 체계에 대한 설명이 옳게 표현된 것은?

① RGB−Red, Green, Black
② RGB−Red, Green, Blue
③ CMYK−Cyan, Marin, Yellow, Black
④ CMYK−Chrome, Magenta, Yellow, Blue

40 가법혼색의 3원색 RGB 색상을 각각 100% 혼합하여 나타나는 컬러를 웹 컬러 숫자(Web Color Number)로 바르게 표현한 것은?

① #FFFFFF
② #000000
③ #99999
④ #333333

3과목 멀티미디어 저작

난이도 중 문제 진단 ○△×

41 **HTML5에서 Type 속성이 Password가 아닐 경우 백그라운드 속성에 Red 값을 적용하기 위해 (   ) 안에 들어갈 코드로 옳은 것은?**

```
... 생략 ...
   input : (  ) ([type = password]) {
   background : red ;
}
... 생략 ...
```

① equal
② not
③ false
④ true

난이도 상 문제 진단 ○△×

42 **다음 중 조인(Join) 처리 방법이 아닌 것은?**

① Sord−Merge 조인
② Hash 조인
③ Nested−Loop 조인
④ Cartesian Loop 조인

난이도 중 문제 진단 ○△×

43 **자바스크립트에서 사용하는 특수 문자가 아닌 것은?**

① ＼n
② ＼t
③ ＼s
④ ＼f

난이도 중 문제 진단 ○△×

44 **자바스크립트의 브라우저 내장 객체 중 독립적으로 사용되며, 브라우저의 종류, 사용 언어, 시스템 종류 등의 정보를 제공하는 객체는?**

① Navigator 객체
② Window 객체
③ History 객체
④ Location 객체

난이도 하 문제 진단 ○△×

45 **릴레이션의 카디널리티(Cardinality)란?**

① 디그리 또는 차수라고 한다.
② 릴레이션에 포함되어 있는 튜플의 수이다.
③ 릴레이션에 포함되어 있는 애트리뷰트의 수이다.
④ <애트리뷰트 이름, 값>을 갖는 쌍의 집합이다.

난이도 중 문제 진단 ○△×

46 **다음 중 Canvas에 2차 베이지어(Bezier) 곡선을 그리는 HTML5 함수는?**

① beginfillRect( )
② contxtmoveTo( )
③ quadraticCurveTo( )
④ curvelineTo( )

난이도 중 문제 진단 ○△×

47 **자바스크립트의 내장 String 객체에서 그림과 같은 결과를 얻기 위한 메서드(Method)는?**

~~멀티미디어~~

① anchor()
② sup()
③ toLowerCase()
④ Strike()

난이도 중 문제 진단 ○△×

48 **다음 자바스크립트 코드의 결과값은?**

```
..생략
var result2 = isNaN("03-335-19");
document.write(result2 + "<br/>");
..생략
```

① 0333519
② 03−335−19
③ false
④ true

49 HTML5에서 동일 사이트 내 문서나 다른 사이트의 문서로 연결하는 링크를 정의하는 태그는?

① <nav>
② <area>
③ <fieldset>
④ <hgroup>

50 릴레이션에 있는 모든 튜플에 대해 유일성은 만족시키지만 최소성은 만족시키지 못하는 키는?

① 후보키
② 슈퍼키
③ 공유키
④ 외래키

51 DBMS의 필수 기능으로 거리가 먼 것은?

① 정의 기능
② 저장 기능
③ 조작 기능
④ 제어 기능

52 Commit과 Rollback 명령어에 의해 보장받는 트랜잭션의 특성은?

① 원자성
② 병행성
③ 보안성
④ 로그

53 속성들로 기술된 개체 타입과 이 개체 타입들 간의 관계를 이용하여 전체 논리 구조를 나타내며, 실세계의 의미와 상호 작용을 추상적 개념으로 표현하는 데이터 모델은?

① Tree Data Model
② Software Data Model
③ Mesh Data Model
④ Entity-Relationship Model

54 관계 데이터베이스에서 뷰(View)를 사용하는 장점으로 거리가 먼 것은?

① 데이터 독립성
② 보안 강화
③ 성능 향상
④ 복잡한 테이블의 단순 접근

55 HTML5에서 컨트롤의 값을 텍스트에서 숫자 형식으로 변환해 주는 함수는?

① stringNumber( )
② textNumber( )
③ valueAsNumber( )
④ textAsNumber( )

56 시스템 카탈로그에 대한 설명으로 틀린 것은?

① 사용자가 시스템 카탈로그 직접 갱신 가능
② 일반 질의어를 이용해 내용 검색 가능
③ DBMS가 생성하고, 유지하는 데이터베이스 내의 특별한 테이블의 집합체
④ 데이터베이스 스키마에 대한 정보 제공

57 자바스크립트에서 다음과 같은 연산을 수행한 결과는?

```
... 생략 ...
x = 10 ;
y = x ++;
document.writeln(x);
document.writeln(y);
... 생략 ...
```

① x=10, y=10
② x=10, y=11
③ x=11, y=10
④ x=11, y=11

58 릴레이션 R1에 속한 애트리뷰트의 조합인 외래키를 변경하려면 이를 참조하고 있는 R2의 릴레이션의 기본키도 변경해야 하는데 이를 무엇이라고 하는가?

① 카디널리티
② 개체 무결성
③ 참조 무결성
④ 기본키

59 SQL 데이터 조작어(DML)가 아닌 것은?

① drop
② select
③ insert
④ update

60 CSS3는 HTML 요소의 크기, 색상, 정렬 등을 나타내는 다양한 단위를 사용한다. 이 가운데 키워드로 제공되며 크기를 나타내는 단위로 배수 단위를 표현하는 것은?

① %
② em
③ inch
④ px

4 과목 멀티미디어 제작기술

61 Aldus와 MicroSoft가 공동 개발한 래스터 화상 파일 형식은?

① GIF
② TIFF
③ PICT
④ DWG

62 월트디즈니사에서 제작한 '미녀와 야수' 애니메이션은 움직임을 최대한 자연스럽게 표현하기 위한 풀 애니메이션 방식으로 제작되었다. 이와 같은 애니메이션을 3초 분량으로 만들려면 몇 프레임이 필요한가?

① 47프레임
② 72프레임
③ 90프레임
④ 112프레임

63 다음 중 일반적인 오디오 CD 음질에 해당하는 디지털 오디오 샘플링 사이즈와 샘플링 주파수 규격은?

① 16비트, 44.1kHz
② 16비트, 48kHz
③ 24비트, 96kHz
④ 24비트, 192kHz

64 애니메이션 제작 용어에 대한 설명으로 틀린 것은?

① 트위닝(Tweening) : 키프레임 사이에서 움직임이나 변형의 종류를 채우면서 애니메이션을 만드는 것이다.
② 모핑(Morphing) : 2차원에서만 사용되는 기법으로 사물의 형상이 다른 형상으로 서서히 변하는 모습을 보여주는 과정이다.
③ 로토스코핑(Rotoscoping) : 실제 장면을 촬영한 동영상과 애니메이션 이미지를 합성하는 기법이다.
④ 입자 시스템(Particle System) : 비, 불, 연기, 폭발 등의 특수 효과를 내기 위해 사용하는 기법이다.

65 MPEG-2의 압축 방법으로 거리가 가장 먼 것은?

① 허프만 코딩(Huffman Coding)
② RLE(Run Length Encording)
③ DCT
④ H.261

66 3D 애니메이션의 작업 중 어떠한 대상물을 크기만 변경하여 통일된 형태를 가진 복제물, 즉 3차원 객체에 사진이나 그림 등의 2차원적 화상을 입히어 질감이나 재질을 표현하는 과정은?

① 모델링(Modeling)
② 모핑(Morphing)
③ 매핑(Mapping)
④ 쉐이딩(Shading)

67 다음 중 오디오 파일의 확장자 명이 아닌 것은?

① SND
② AIF
③ MP3
④ PDF

68 빛은 그 파장의 차이에 따라 굴절률이 각각 다른데 프리즘을 투과한 빛이 각각의 굴절각의 차이로 여러 가지 색으로 나누어지는 현상은?

① 간섭
② 편광
③ 회절
④ 분산

69 컬러모델(Color Model)에 대한 설명으로 틀린 것은?

① 컬러 모델은 특정 상황 안에서 컬러의 특징을 설명하기 위한 방법이다.
② 컬러의 특성을 표현하기 위하여 한 종류의 컬러 모델을 정의하여 사용한다.
③ 컬러 모델의 종류에는 RGB, CMY, HSV 모델 등이 있다.
④ 실제로 적용할 때는 CMY 보다는 CMYK 모델을 더 사용한다.

70 이미지 필터링에 대한 내용으로 틀린 것은?

① 필터링이란 기본 이미지에 임의의 변환을 가하여 특수한 효과를 얻는 것을 말한다.
② 필터링을 사용하면 잡음이나 왜곡으로 인해 변형된 이미지를 원래의 품질로 복원시킬 수도 있다.
③ 윤곽선 추출 필터를 적용하면 주위의 픽셀 값과 섞여서 잡음이 감소되는 효과를 볼 수 있다.
④ 평균값 필터는 이미지의 각 픽셀에서 일정한 주위의 픽셀 값을 평균치를 구하며 현재 픽셀 값을 대체시키는 필터이다.

71 영상신호의 압축 방법 중 영상신호에 내재되어 있는 중복성 제거요소로 거리가 먼 것은?

① 색신호간 중복성 제거
② 공간적 중복성 제거
③ 시간적 중복성 제거
④ 이상적 중복성 제거

72 비디오 촬영을 위한 스튜디오 조명 설정에서 피사체의 뒤쪽 부분을 강조하여 피사체와 배경의 공간을 분리하고 화면의 입체감 및 생동감을 주는 역할을 하는 조명은?

① 주광(Key light)
② 보조광(Fill light)
③ 배경조명(Background light)
④ 역광(Back light)

73 벡터(Vector) 기반 드로잉 소프트웨어로만 나열된 것은?

① 파이널 컷 프로, 코렐드로우
② 파이어웍스, 포토샵
③ 파이어웍스, 프리미어
④ 코렐드로우, 일러스트레이터

74 셀 애니메이션에서 사용되는 기법으로 팔을 흔드는 동작과 같이 캐릭터의 동작이 정해져 있을 경우, 캐릭터의 몸 전체를 매번 그리지 않고 분리되어 있는 팔만 다시 그려서 합성하는 기법은?

① 양파껍질 효과(Onion-Skinning)
② 가감속(Ease-Out / Ease-in)
③ 반복(Cycling)
④ 도려내기(Cut-Out)

75 다음 중 점토를 사용하는 애니메이션을 무엇이라 하는가?

① 셀 애니메이션
② 입자 시스템
③ 로토스코핑
④ 클레이 애니메이션

76 3차원의 기하학적 형상 모델링으로 거리가 가장 먼 것은?

① 시스템 모델링
② 와이어 프레임 모델링
③ 서피스 모델링
④ 솔리드 모델링

77 아날로그 사운드를 디지털화 할 때 원음을 그대로 반영하기 위해 원음이 가지는 최고 주파수의 2배 이상으로 표본화하는 것을 무엇이라 하는가?

① 나이퀴스트 정리
② 마스킹 효과
③ 스칼라 양자화
④ 서라운드 사운드 방법

78 오디오 믹서의 기능 중 갑작스런 과부하 입력에 대한 왜곡을 제한시키기 위해 이용하는 것은?

① 동기 신호 발생기
② 리미터
③ 저역 소거 필터
④ 윈드 스크린

79 다음 중 오디오 신호의 양자화 과정에서 왜곡을 줄이기 위해 잡음 신호를 혼합하는 기법은?

① 디더링(Dithering)
② 앨리어싱(Aliasing)
③ 렌더링(Rendering)
④ 오버 샘플링(Over Sampling)

80 DVD(Digital Video Disk)에서 적용되는 음성 및 영상 압축 방식이 올바르게 짝 지워진 것은?

① AC-3 : MPEG-2
② MP3 : AVI
③ QCELP : MPEG-4
④ EVRC : JPEG

해설과 따로 보는 상시 기출문제 02회

SELF CHECK | 제한시간 120분 | 소요시간　　분 | 전체 문항 수 80문항 | 맞힌 문항 수　　문항

1과목 멀티미디어 개론

01 난이도 하 | 문제 진단 ○△✕
IPv6의 주소체계는 몇 Bit인가?

① 32bit
② 64bit
③ 128bit
④ 256bit

02 난이도 중 | 문제 진단 ○△✕
5비트를 사용하여 양자화하는 경우 양자화 step의 수는?

① 8
② 16
③ 32
④ 64

03 난이도 중 | 문제 진단 ○△✕
IPSec(Internet Protocol Security)에서 기밀성 서비스를 기반으로 선택적인 무결성 서비스를 제공하는 프로토콜은?

① AH(Authentication Header)
② PAA(Policy Approval Authorities)
③ ESP(Encapsulating Security Payload)
④ IKE(Internet Key Exchange)

04 난이도 중 | 문제 진단 ○△✕
TCP/IP 프로토콜을 사용하는 응용프로그램으로 특정한 호스트에 IP 데이터그램이 도착할 수 있는지를 검사하는데 사용하는 서비스는?

① ping
② rlogin
③ telnet
④ ftp

05 난이도 중 | 문제 진단 ○△✕
다음은 무엇에 대한 설명인가?

인터넷에서 전달하는 전자우편을 다른 사람이 받아 볼 수 없도록 암호화하고 받은 전자우편의 암호를 해석해 주는 프로그램을 말한다.

① POP
② PGP
③ S/MIME
④ SMTP

06 난이도 중 | 문제 진단 ○△✕
컴퓨터 시스템을 구성하는 자원(프로세서, 메모리, I/O)을 필요한 만큼 독립적으로 구성하여 시스템을 유연하게 확대·축소할 수 있기 때문에 클라우드 컴퓨팅 환경에 적합한 시스템은?

① S-Index
② RIMM
③ M-Safer
④ Fabric Computing

07 난이도 중 | 문제 진단 ○△✕
TCP/IP 계층에서 사용되는 프로토콜 중 응용계층에 해당하는 프로토콜이 아닌 것은?

① TELNET
② TCP
③ HTTP
④ FTP

08 난이도 중 문제 진단 ○△✕

다음 내용이 설명하는 유닉스 명령어는?

> 슈퍼 블록에서 카운트하고 있는 마운트 된 파일 시스템, 디렉터리에서 사용 가능한 디스크 블록과 free inode 수를 알려줌

① df
② file
③ find
④ vr

09 난이도 중 문제 진단 ○△✕

WEP(Wired Equivalent Privacy) 보안에 대한 설명이 아닌 것은?

① IEEE 802.11b 표준에 정의된 WLAN에 대한 보안 프로토콜이다.
② 무선 단말과 액세스 포인트가 동일한 WEP키를 공유한다.
③ 사용자 인증과 부인방지를 지원한다.
④ 24비트 초기화 벡터를 이용하여 키 스트림을 반복해서 생성한다.

10 난이도 중 문제 진단 ○△✕

스토리지 장비 중 DAS(Direct Attached Storage)에 대한 설명으로 옳지 않은 것은?

① 시스템에 직접 붙이는 외장 스토리지이다.
② 다른 서버에 할당된 저장 장치 영역에는 접근이 금지된다.
③ 서버가 채널을 통해 대용량 저장장치에 직접 연결하는 방식이다.
④ 대용량 트랜잭션 처리를 필요로 하는 DB 업무에 적합하다.

11 난이도 중 문제 진단 ○△✕

정보의 통계적인 확률을 이용하여 기호의 발생 빈도가 높으면 짧은 부호를, 낮으면 긴 부호를 할당하여 평균 부호 길이가 최소가 되도록 하는 방식은?

① 객체 모델링 기법
② 색 참조 기법
③ 가변길이 부호화 기법
④ 메시지 다이제스트 기법

12 난이도 하 문제 진단 ○△✕

H.264/MPEG-4 AVC 기술과 비교하여 약 1.5배 높은 압축률을 가지면서도 동일한 비디오 품질을 제공하는 고효율 비디오 코딩 표준으로 H.265라고도 불리는 이 코딩 기술은?

① MPEG2
② HEVC
③ AVC
④ IESG

13 난이도 중 문제 진단 ○△✕

래스터(Raster) 방식 이미지에 대한 설명으로 옳지 않은 것은?

① 점, 곡선과 같은 기하학적인 객체로 표현된다.
② 파일 포맷으로 BMP, JPEG, GIF 등이 있다.
③ 파일의 크기는 해상도에 비례한다.
④ 픽셀 단위로 정보가 저장된다.

14 난이도 중 문제 진단 ○△✕

다음이 설명하는 증강현실 구현 프로그래밍 언어는?

> 구글의 키홀 마크업 언어를 기반으로, 가상 객체를 표시하기 위한 확장성 마크업 언어와 가상 객체 속성을 연결하기 위해 ECMAscript 등으로 구성된다.

① DHTML
② SAML
③ ARML
④ XMLSheet

15 난이도 중 문제 진단 ○△✕

DRM(Digital Rights Management) 구성요소로 거리가 먼 것은?

① 형상통제
② 콘텐츠 제공자
③ 클리어링 하우스
④ 콘텐츠 소비자

16 난이도 중 문제 진단 ○△✕

다음 암호화 방식 중 공개키 암호화 알고리즘은?

① ARS
② IDEA
③ RSA
④ Blowfish

17 난이도 중 문제 진단 ○△✕

다음 URL의 구성요소 중 거리가 가장 먼 것은?

① 프로토콜과 포트 번호
② 인터넷 사용자 이름과 암호
③ CGI 프로그램을 위한 질의 문자열
④ 서버에서 객체를 지정하는 경로와 파일 이름

18 난이도 중 문제 진단 ○△✕

16비트 디지털 오디오의 다이내믹 레인지는 약 몇 dB 인가?

① 16
② 36
③ 76
④ 96

19 난이도 중 문제 진단 ○△✕

데이터의 무결성을 검증하는 보안 알고리즘은?

① Hash Function
② UH
③ SXL
④ MEM

20 난이도 하 문제 진단 ○△✕

주변장치나 CPU가 자신에게 발생한 사건을 리눅스 커널에게 알리는 것은?

① 태스크
② 시그널
③ 인터럽트
④ 모니터링

2과목 멀티미디어기획 및 디자인

21 난이도 하 문제 진단 ○△✕

비트맵 이미지의 설명으로 가장 먼 것은?

① 여러 개의 점(Pixel)으로 표시되는 방식이다.
② 작성된 그림을 확대 또는 축소할 경우에는 그림의 모양, 외곽선 부분이 변형된다.
③ 점(Pixel)의 수가 많을수록 해상도가 높다.
④ 가장 대표적인 방식 프로그램은 일러스트레이터, CAD이다.

22 난이도 하 문제 진단 ○△✕

보색에 대한 설명으로 가장 거리가 먼 것은?

① 보색을 혼합하면 중간 회색이나 검정이 된다.
② 보색이 인접하면 채도가 서로 낮아 보인다.
③ 인간의 눈은 스스로 평형을 유지하기 위해 보색 잔상을 일으킨다.
④ 유채색과 나란히 놓인 회색은 유책색의 보색기미를 띈다.

23 난이도 하 문제 진단 ○△✕

명도에 대한 설명으로 틀린 것은?

① 우리의 감각은 색상, 명도, 채도 대비 중 명도대비에 가장 민감하다.
② 명도 단계는 흰색부터 검정까지 총 3단계이다.
③ 명도대비는 밝은 색은 더 밝게, 어두운 색은 더 어둡게 보이는 현상이다.
④ 명도대비의 결과는 한마디로 흰색, 회색, 검정색의 조화라고 볼 수 있다.

24 난이도 중 문제 진단 ○△✕

다음은 누구의 색채조화론에 대한 설명인가?

> 모든 색채조화는 유사성의 조화와 대비에서 이루어진다.

① 뉴턴
② 괴테
③ 슈브뢸
④ 베졸드

25 웹 디자인에서 메타포의 활용에 대한 설명으로 틀린 것은?

① 아이콘이나 네비게이션 디자인 등에 부분적으로 활용할 수 있다.

② 무조건 메타포를 활용해야 좋은 디자인을 할 수 있다.

③ 콘셉트 전체를 이끌어 가는 수단으로 활용할 수 있다.

④ 개성 있고 창의적인 웹사이트를 만들고자 하는 데 있어 매우 좋은 방법이다.

26 마케팅 믹스란 마케팅 효과를 극대화시키기 위한 작업이다. 다음 중 마케팅 믹스의 구성요소가 아닌 것은?

① 제품(Product)

② 가격(Price)

③ 촉진(Promotion)

④ 서비스(Service)

27 편집디자인에서 레이아웃(layout)의 작업에 대한 설명으로 옳은 것은?

① 의사 전달 목적과 관련된 사진을 합성하는 작업

② 시각적 구성요소들을 조합하여 상호 간 기능적으로 배치, 배열하는 작업

③ 내용을 전달하는 그림을 스케치하는 작업

④ 편집의 처리규정과 운영방법을 계획하는 작업

28 기능주의에 입각한 모던디자인의 전통에 반대하여 20세기 후반에 일어난 인간의 정서적, 유희적 본성을 중시하는 디자인 사조로서 역사와 전통의 중요성을 재인식하고 적극 도입하여 과거로의 복귀와 디자인에서의 의미를 추구한 경향은?

① 모더니즘

② 합리주의

③ 팝아트

④ 포스트모더니즘

29 디자인의 조건 중 최소의 재료와 노력에 의해 최대의 효과를 얻고자 하는 원리는?

① 합목적성

② 질서성

③ 경제성

④ 독창성

30 화면의 레이아웃 디자인 시 그리드(Grid)에 대한 설명으로 거리가 먼 것은?

① 한 화면상에서 구성요소들의 배치를 정확히 하는 것을 돕는다.

② 여러 화면에서 구성요소들의 일관성을 유지시켜 준다.

③ 그리드가 부적절하거나 일관성이 부족할 때는 웹 페이지의 타이포그래피와 그래픽이 시각적으로 혼란스러울 수 있다.

④ 그리드는 모듈, 본문 컬럼, 마진, 그리고 단위 등으로 구성된다.

31 굿 디자인(Good Design) 조건으로 틀린 것은?

① 가독성

② 경제성

③ 독창성

④ 합목적성

32 타이포그래피에 대한 설명으로 틀린 것은?

① 메시지를 전달하는데 있어 매우 중요한 요소이다.

② 회화, 사진, 도표, 도형 등을 시각화한 것을 말하며 문장이나 여백을 보조하는 단순한 장식적 요소이다.

③ 글자를 가지고 하는 디자인으로 예술과 기술이 합해진 영역이다.

④ 글자의 크기, 글줄 길이, 글줄 사이, 글자 사이, 낱말 사이, 조판 형식, 글자체 등이 조화를 이루었을 때 가장 이상적이다.

33
져드(D. B. Judd)의 색채조화론 원리가 아닌 것은?
① 질서의 원리
② 유사의 원리
③ 명료성의 원리
④ 색채의 원리

34
Ecology design이란 말의 뜻은?
① 인간과 자연과의 조화를 위한 디자인
② 인간과 기계와의 조화를 위한 디자인
③ 자연과 사회와의 조화를 위한 디자인
④ 인간만을 위한 디자인

35
신문, 잡지, 브로슈어, 서적, 홈페이지 등에서 시각물을 기능적으로 구성하고, 그 구성 속에 정보의 위계를 탄생시키는 분야는?
① 제품 디자인
② 환경 디자인
③ 애니메이션
④ 에디토리얼 디자인

36
다음의 내용이 설명하는 기법은?

> 컴퓨터 작업 시 제한된 수의 색상을 조합 또는 비율의 변화로 새로운 색을 만들어내는 작업으로 현재 팔레트에 존재하지 않는 컬러 패턴으로 대체하여 가장 유사한 컬러로 표현하는 방법이다.

① 컬러 조정(Color Adjustment)
② 디더링(Dithering)
③ 컬러 변화(Color Variation)
④ 인덱스드 컬러모드(Indexed Color Mode)

37
색의 3속성 중 사람의 눈에 가장 민감하게 반응하는 요소는?
① 색상
② 명도
③ 채도
④ 순도

38
한국산업표준(KS)의 표기방법 중 '빨강'을 먼셀기호로 바르게 표기한 것은?
① 10R 6/10
② 5R 4/12
③ 5GY 7/10
④ 5G 5/6

39
점을 생성하기 위한 방법이 아닌 것은?
① 입체와 면의 교차
② 선과 선의 교차
③ 선의 양쪽 끝
④ 면과 선의 교차

40
다음 중 스케치의 종류 중 러프 스케치(Rough Sketch)에 대한 설명으로 틀린 것은?
① 일반적으로 대략적인 스케치를 말한다.
② 전체 및 부분에 대한 형태, 색상, 질감 등의 정확한 스케치를 요구한다.
③ 선에 의한 표현 및 간단한 재료표현을 병행함으로서 효과적인 입체표현을 한다.
④ 조형적인 부분과 구상에 대한 아이디어를 비교 및 검토하기 위한 스케치이다.

난이도 중 문제 진단 ○△✕

41 Pro*C처럼, SQL을 지원하지 않는 프로그래밍 언어 시스템에서 SQL 구문을 사용할 경우, 해당 언어에서 바로 사용할 수 있도록 처리해주는 SQL은?

① DCL
② DDL
③ EMBEDDED SQL
④ PL/SQL

난이도 하 문제 진단 ○△✕

42 하나의 애트리뷰트가 가질 수 있는 같은 타입의 원자값들의 집합을 의미하는 것은?

① 튜플
② 메서드
③ 엔티티
④ 도메인

난이도 중 문제 진단 ○△✕

43 HTML5의 <video> 태그에서 사용된 poster 속성은?

① 동영상 넓이를 지정한다.
② 재생할 동영상이 로드 중이거나 버퍼링 중일 때 보여질 이미지 URL을 지정한다.
③ 동영상 높이를 지정한다.
④ 동영상 파일을 다운로드하여 재생하는 방식을 지정한다.

난이도 중 문제 진단 ○△✕

44 다음 자바스크립트 코드의 실행 결과는?

```
"생략"
var i;
mArray = new Array();
mArray[0] = 50;
mArray[1] = 70;
mArray[2] = 60;
mArray[3] = 40;
for (i = 0; i <= 4; i++) {
  if (i == 4)
    document.write(mArray[i − 1]);
}
"생략"
```

① 40
② 50
③ 60
④ 70

난이도 중 문제 진단 ○△✕

45 HTML5에서 새롭게 추가된 API로 브라우저와 사용자 간의 쌍방향 전이중 통신을 실현하기 위한 것은?

① Web Sockets
② Web Sql Database
③ Web Storage
④ Web Worker

난이도 중 문제 진단 ○△✕

46 SQL문의 뷰(View)에 대한 설명으로 틀린 것은?

① 다른 테이블로부터 유도된 가상테이블이다.
② 삽입, 삭제, 갱신 연산에 제약이 따른다.
③ 뷰 위에 또 다른 뷰를 정의할 수 있다.
④ 뷰 제거 시 ALTER문을 사용한다.

47 다음 SQL문을 실행한 결과는?

1) 테이블 : 성적

학번	과목번호	과목이름	학점	점수
10	A10	컴퓨터 구조	A	91
20	A20	DB	A+	99
30	A10	컴퓨터 구조	B+	88
30	A20	DB	B	85
40	A20	DB	A	94
40	A30	운영체제	B+	89
50	A30	운영체제	B	88

2) SQL문

```
SELECT 과목이름, 점수
FROM 성적
WHERE 점수 >= 90
    UNION
SELECT 과목이름, 점수
FROM 성적
WHERE 과목이름 LIKE "컴퓨터%";
```

①

과목이름	점수
컴퓨터구조	91
DB	94
DB	99

②

과목이름	점수
컴퓨터구조	91
DB	94

③

과목이름	점수
DB	94
DB	99

④

과목이름	점수
컴퓨터구조	88
컴퓨터구조	91
DB	94
DB	99

48 DBMS의 필수 기능 중 제어 기능에 대한 설명으로 옳지 않은 것은?

① 데이터베이스를 접근하는 갱신, 삽입, 삭제 작업이 정확하게 수행되어 데이터의 무결성이 유지되도록 한다.

② 정당한 사용자가 허가된 데이터만 접근할 수 있도록 보안을 유지하고 권한을 검사할 수 있어야 한다.

③ 여러 사용자가 데이터베이스를 동시에 접근하여 데이터를 처리할 때 처리 결과가 항상 정확성을 유지하여야 한다.

④ 데이터와 데이터 관계를 명확하게 명세할 수 있어야 하며, 원하는 데이터 연산은 무엇이든 명세할 수 있어야 한다.

49 HTML 문서의 모든 내용이 화면에 출력된 이후에 함수 init를 호출하여 실행하는 자바스크립트 코드는?

① window.init;
② window.upload;
③ window.init=onload;
④ window.onload=init;

50 자바스크립트에서 간단한 경고창, 프롬프트창 표시, 특정 시간마다 동일 동작 반복, 특정 시간 경과 후 주어진 동작을 하는 기능을 제공하는 내장 객체는?

① Window 객체
② History 객체
③ Document 객체
④ Location 객체

51 데이터베이스 설계의 논리적 설계 단계에서 수행하는 작업이 아닌 것은?

① 논리적 데이터 모델로 변환
② 트랜잭션 인터페이스 설계
③ 저장 레코드 양식 설계
④ 스키마의 평가 및 정제

52 SQL문 저장 프로시저(Stored procedure)의 역할로 틀린 것은?

① 오픈형 설계
② 데이터 무결성의 시행
③ 복잡한 비즈니스 규칙과 제약의 강화
④ 유지 보수의 용이

53 2NF(제2정규형)에서 3NF(제3정규형)가 되기 위한 조건은?

① 부분적 함수 종속 제거
② 이행적 함수 종속 제거
③ 다치 종속 제거
④ 결정자이면서 후보 키가 아닌 것 제거

54 관계 데이터베이스 모델에서 데이터베이스를 구성하는 가장 작은 논리적 단위로 파일 구조상의 데이터 항목에 해당하는 것은?

① Tuple
② Attribute
③ Degree
④ Domain

55 자바스크립트 Window 객체에서 사용자에게 확인을 필요로 하는 대화상자를 생성할 때 사용하는 메서드는?

① alart( )
② confirm( )
③ open( )
④ print( )

56 다음과 같이 HTML에 포함된 자바스크립트 소스가 실행되어 웹브라우저에 나타나는 값은?

```
〈html〉 〈head〉
〈script language = "javascript"〉
〈!—
a = "1";
b = 4;
c = 3;
d = b+c;
document.write(eval(a)+b+c+d);
//—〉
〈/script〉 〈/head〉
〈body〉
〈/body〉
〈/html〉
```

① 14343
② 1437
③ 177
④ 15

57 자바스크립트에서 Document에 포함된 객체 중 HTML 문서 안에 있는 <A NAME> 태그에 관한 정보를 배열로 포함하고 있는 객체는?

① Anchor 객체
② Applet 객체
③ Link 객체
④ Form 객체

58 자바스크립트 변수 선언 방법으로 틀린 것은?

① var a=5
② var _b=30
③ var ab=87
④ var catch="well come"

59 난이도 하 문제 진단 ○△✕

SQL에서 VIEW를 삭제할 때 사용하는 명령은?

① DROP
② ERASE
③ DELETE
④ KILL

60 난이도 하 문제 진단 ○△✕

SQL 데이터 조작문에 속하지 않는 것은?

① GRANT
② SELECT
③ UPDATE
④ INSERT

4 과목 멀티미디어 제작기술

61 난이도 중 문제 진단 ○△✕

대역폭이 적은 통신 매체에서도 전송이 가능하고, 양방향 멀티미디어를 구현할 수 있는 A/V(Audio/Video) 표준 부호화 방식으로, 64kbps 급의 초저속 고압축률 실현을 목적으로 하는 동영상 압축 표준안은?

① MPEG-1
② MPEG-2
③ MPEG-4
④ MPEG-7

62 난이도 중 문제 진단 ○△✕

적외선을 쪼이면 발광하는 물질이 칠해진 마커를 액터의 관절 부위에 부착하여 반사된 빛을 비디오카메라로 촬영한 후, 3차원 공간상에서의 위치를 파악하는 모션 캡처 방식은?

① 광학식 방식
② 기계식 방식
③ 자기식 방식
④ 전자식 방식

63 난이도 하 문제 진단 ○△✕

영상 합성 기술을 통하여 얻을 수 있는 효과와 거리가 먼 것은?

① 전경 영상의 교체
② 배경 영상의 교체
③ 잡음의 제거
④ 데이터 전송 속도 조절

64 난이도 하 문제 진단 ○△✕

TGA 파일 포맷에 대한 설명으로 틀린 것은?

① 비디오 이미지를 저장하기 위해 개발된 포맷이다.
② 8비트 알파 채널을 지원한다.
③ RGB 신호를 디지털화한 데이터 포맷이다.
④ Bitmap, PostScript 이미지를 동시에 저장하고, RGB 컬러와 알파 채널을 지원한다.

65 난이도 중 문제 진단 ○△✕

조명의 종류에 대한 설명으로 틀린 것은?

① 키 라이트 : 피사체의 주광선으로 피사체의 밝기를 얻는데 쓰인다.
② 후트라이트 : 키 라이트에 의해 생기는 음영을 연하게 하기 위해 쓰인다.
③ 베이스 라이트 : 전체를 평균적으로 밝게 하는데 쓰인다.
④ 백 라이트 : 배우를 포함 출연자의 형상을 부각시키고 배경과 분리해 내기 위해 무대 장치나 출연자 뒤로부터 나오는 조명으로 쓰인다.

66 난이도 하 문제 진단 ○△✕

동영상 관련 압축 알고리즘이 아닌 것은?

① TOONZ
② MPEG-2
③ H.264
④ VP9

67
스피커의 특정 주파수 신호를 입력하여 스피커의 정면 축상의 특정 거리에 생기는 출력 음악 레벨은?

① 감도   ② 파워

③ 임피던스   ④ 지향

68
면과 면이 만나서 이루는 모서리를 표현하고 오직 선 (Line)으로만 표현하는 모델링 방식은?

① 바운더리 모델링

② 서피스 모델링

③ 와이어 프레임 모델링

④ 솔리드 모델링

69
소리나 빛이 진행하다가 장애물을 만나면 차단되지 않고 장애물의 뒤쪽까지 전파되는 현상은?

① 회절

② 반사

③ 간섭

④ 굴절

70
애니메이션의 화면 구성에서 인물을 무릎에서부터 위로 잡는 기법은?

① American Shot

② Full Shot

③ Wide Shot

④ Long Shot

71
사람의 구강에서 발생하는 음성처럼 음압이 매우 작은 음원에서 발생하는 음은 그 음원의 가까이에서는 대단히 강한 충격적인 음압과 구면파 효과에 의해 저주파 음이 강조되는 현상은?

① 양이 효과

② 청감곡선

③ 근접 효과

④ 마스킹 현상

72
3D 객체에 사진, 그림, 문양을 입히는 기술은?

① 매핑

② 렌더링

③ 쉐이딩

④ 스키닝

73
도려내기 효과라고도 불리며 잘려진 종이 등의 재질을 이용하여 분절된 움직임을 연출하고 이를 프레임별 촬영을 통하여 완성하는 애니메이션 기법은?

① 퍼핏(Puppet)

② 컷 아웃(Cut Out)

③ 클레이 애니메이션(Clay animation)

④ 로토스코핑(Rotoscoping)

74
3D 그래픽에서 객체의 한 지점에서 색을 결정하기 위해 조명등의 직접적인 빛 뿐만 아니라 조명으로부터 반사/굴절되어 온 빛의 그림자까지도 고려한 렌더링 방법은?

① 레이 캐스팅(Ray casting)

② 댑스 맵 쉐도우(Depth map shadow)

③ 스캔라인(Scan-line) 렌더링

④ 레이 트레이싱(Ray Tracing)

75
넌 리니어(Non-Linear) 편집에 대한 설명으로 옳은 것은?

① 순차적인 편집 방식이다.

② Tape과 Tape의 편집은 실시간으로 이루어진다.

③ 편집 변동 시 시간 소모와 화질열화의 문제점을 가진다.

④ 원하는 이미지나 음향의 복사 및 위치 변경이 용이하다.

76 3차원 컴퓨터 그래픽에서 면을 구성하는 최소 단위로 다각형을 의미하는 것은?

① Vertex
② Polygon
③ Edge
④ Object

77 3차원 모델링에서 제어점들이 스플라인 곡선상에 놓이지 않고, 스플라인 곡선 주변에 설정되는 기본 스플라인의 변형 방법은?

① 베지어(Bezier) 스플라인 모델
② B-스플라인(B-Spline) 모델
③ 넙스(Nurbs) 모델
④ 패치(Patch) 모델

78 MPEG-2 표준과 관계없는 것은?

① 순차주사 방식과 격행주사 방식 모두 지원
② 1.5Mbps 이하의 전송 속도
③ 디지털 TV
④ MPEG-1에 대한 순방향 호환성 지원

79 3차원 컴퓨터 애니메이션 제작과정으로 ( )에 들어갈 알맞은 내용은?

기획 → 탐구성 → (   ) → 캐릭터 설정 → 모델링

① 모션 캡처
② 편집
③ 포스트 작업
④ 스토리보드/콘티 작성

80 실제 액션 장면의 정지 프레임들을 수동 또는 자동으로 추적하여 동작을 캡처(Capture)하는 방법은?

① 로토스코핑(Rotoscoping)
② 모핑(Morphing)
③ 스플라인(Spline)
④ 운동역학(Motion dynamics)

빠른 정답표 확인하기

① 모바일로 QR 코드를 스캔합니다.
② 해당 회차의 정답표를 확인합니다.
③ 빠르고 간편하게 채점해 보세요.

해설과 따로 보는 상시 기출문제 03회

SELF CHECK | 제한시간 120분 | 소요시간 분 | 전체 문항 수 80문항 | 맞힌 문항 수 문항

1 과목 멀티미디어 개론

난이도 하 | 문제 진단 ○△✕

01 TFTP(Trivial File Transfer Protocol)에 대한 설명으로 거리가 먼 것은?

① FTP보다 단순한 네트워크 어플리케이션이다.
② TCP 80번 포트를 이용한다.
③ 패스워드 없이 접속하여 파일을 가져올 수 있다.
④ 임베디드 시스템에서 운영체제 업로드로 주로 사용된다.

난이도 중 | 문제 진단 ○△✕

02 한정된 하나의 공인 IP를 여러개의 내부 사설 IP로 변환하여 공인 IP를 절약하고, 외부 침입에 대한 보안성을 높이기 위한 기술은?

① NAT
② ARP
③ SMTP
④ SNMP

난이도 중 | 문제 진단 ○△✕

03 분산 시스템에서 대용량 데이터 처리의 분석을 지원하는 오픈 소스를 구현한 기술은?

① Key Value Store
② Hadoop
③ Mash
④ Opinion Mining

난이도 중 | 문제 진단 ○△✕

04 UDP 프로토콜에 대한 설명으로 틀린 것은?

① 신뢰성 있는 데이터 전송을 보장한다.
② 비연결형 데이터 전달 서비스를 제공한다.
③ UDP 데이터그램의 순서가 변경될 수 있다.
④ 오류제어와 흐름 제어를 하지 않는다.

난이도 하 | 문제 진단 ○△✕

05 대칭키 암호 시스템이 아닌 것은?

① DES
② RSA
③ SEED
④ IDEA

난이도 중 | 문제 진단 ○△✕

06 IPv6에 대한 설명으로 거리가 가장 먼 것은?

① 주소를 표현하기 위해 16Byte를 사용한다.
② 새로운 기술이나 응용 분야에 의해 요구되는 프로토콜의 확장을 허용하도록 설계되었다.
③ 암호화와 인증 옵션들은 패킷의 신뢰성과 무결성을 제공한다.
④ 주소를 보다 읽기 쉽게 하기 위해 8진수 콜론 표기로 규정한다.

난이도 중 | 문제 진단 ○△✕

07 큐에 있는 프로세스 중 실행 시간이 가장 짧은 프로세스에게 먼저 CPU를 할당하는 스케줄링 기법은?

① SJF
② HRN
③ FCFS
④ ROUND ROBIN

난이도 중 | 문제 진단 ○△✕

08 아날로그 사운드를 디지털 형태로 바꾸는 과정 중 표본화(Sampling)에 대한 설명으로 거리가 가장 먼 것은?

① 표본화를 많이 할수록 원음을 잘 표현할 수 있다.
② 표본화에서 Hz는 10분에 주기가 몇 번 있는가를 의미한다.
③ 표본화를 많이 할수록 데이터 저장을 위한 공간이 증가한다.
④ 아날로그 파형을 디지털 형태로 변환하기 위해 표본을 취하는 것이다.

09 난이도 하 문제 진단 ○△✕

OSI-7 계층에서 인접한 두 노드를 이어주는 전송링크 상에서 패킷을 안전하게 전송하는 것을 목적으로 하는 계층은?

① 응용 계층
② 프리젠테이션 계층
③ 데이터링크 계층
④ 물리 계층

10 난이도 중 문제 진단 ○△✕

운영체제에서 CPU를 사용 중인 상태에서 다른 프로세스가 CPU를 사용하도록 하기 위해, 이전 프로세스 상태를 보관하고 새로운 프로세스 상태를 적재하는 방법은?

① Deadlock
② Semaphore
③ C-scan
④ Context Switching

11 난이도 중 문제 진단 ○△✕

입출력 처리 기본 단위가 128비트인 국내의 표준 대칭키 알고리즘으로 1999년 TTA(한국정보통신기술협회)에서 표준으로 제정한 블록 암호 알고리즘은?

① SEED
② HAS-160
③ KCDSA
④ DSS

12 난이도 중 문제 진단 ○△✕

IP 멀티캐스트와 같은 비신뢰성 데이터그램 서비스를 기반으로 논리적 링의 형태로 제어 구조를 만들어 패킷의 도착 순서를 그룹 전체에 일치시킬 수 있도록 해주고 전송 신뢰성을 제공해주는 프로토콜은?

① VTSP
② RMP
③ CRTP
④ MCP

13 난이도 하 문제 진단 ○△✕

리눅스 운영체제에서 입력받은 명령어를 실행하는 명령어 해석기는?

① Register
② Commit
③ Shell
④ Interface

14 난이도 중 문제 진단 ○△✕

DNS 스푸핑을 이용하여 공격대상의 신용정보 및 금융정보를 획득하는 사회공학적 해킹 방법은?

① 프레임 어택
② 디도스
③ 파밍
④ 백도어

15 난이도 하 문제 진단 ○△✕

해커의 분류에 있어서 최고 단계의 해커로 스스로 새로운 취약점을 발견하고, 이에 대한 해킹 코드를 스스로 작성할 수 있는 해커 레벨은?

① Netbie
② Kids
③ Nemesis
④ Scripter

16 난이도 중 문제 진단 ○△✕

다음 중 보안의 3대 요소에 해당하지 않는 것은?

① 기밀성
② 무결성
③ 가용성
④ 휘발성

17 난이도 하 문제 진단 ○△✕

흑백 및 컬러 정지화상을 위한 국제 표준안으로 이미지의 압축 및 복원 방식에 관한 표준안은?

① JPEG
② BMP
③ GIF
④ TIFF

18 운영체제에서 PCB(Process Control Block)가 갖고 있는 정보가 아닌 것은?

① 프로세스의 현재 상태
② 프로세스 고유 식별자
③ 할당되지 않은 주변장치의 상태 정보
④ 스케쥴링 및 프로세스의 우선순위

19 UNIX 운영체제의 주요 구성요소로 거리가 먼 것은?

① kernel
② shell
③ client/server
④ file system

20 PEM(Privacy Enhanced Mail)에 대한 설명으로 틀린 것은?

① IETF에서 인터넷 표준안으로 채택되었다.
② 높은 보안성을 지원하였다.
③ 구현의 복잡성으로 널리 사용되지 않았다.
④ 미국 RSA 데이터시큐리티사에서 개발하였다.

2과목 멀티미디어기획 및 디자인

21 둘 이상의 색을 시간적인 차이를 두고서 차례로 볼 때 주로 일어나는 색채대비는?

① 연변대비
② 병치대비
③ 계시대비
④ 동화대비

22 잔상의 크기는 투사면까지의 거리에 영향을 받게 되며 거리에 정비례하여 증가하거나 감소하게 된다는 것을 무슨 현상이라고 하는가?

① 엠베르트 법칙의 잔상
② 푸르킨예의 잔상
③ 헤릴의 잔상
④ 비드웰의 잔상

23 웹 콘텐츠 제작 시 이미지 파일이나 애니메이션 파일 용량을 줄일 수 있도록 256가지 이하의 색상으로 이미지를 표현하는 모드는?

① CMYK
② JPG
③ Indexed color
④ RGB

24 디자인을 위한 아이디어 발상법과 그 내용이 잘못된 것은?

① 브레인스토밍을 거침없이 생각하여 말을 하도록 하는 방법으로 폭넓은 사고를 통하여 우수한 아이디어를 얻도록 하는 것이다.
② 고든법이란 가장 구체적으로 문제를 설명하여 주고 자유로운 토론을 유도하는 방법이다.
③ 시네틱스법(Synetics)이란 서로 관련이 없어 보이는 것들을 조합하여 2개 이상의 것을 결합하거나 합성하는 방법으로 Idea를 발상하는 방법이다.
④ KJ법이란 가설발견의 방법으로 사실이나 정보를 듣고 직감적으로 관계가 있다고 느끼는 것을 말하는 것이다.

25 디자인의 분류 중 2차원 디자인이 아닌 것은?

① 텍스타일 디자인
② 벽지 디자인
③ 액세서리 디자인
④ 포토 디자인

26 빛의 파장 영역 중 색 자극으로 작용하는 380~780㎚의 영역은?

① 반사 영역
② 감성 영역
③ 가시 영역
④ 단색 영역

27 물체의 경계면의 픽셀을 물체의 색상과 배경의 색상을 혼합해서 표현함으로써 물체의 경계면을 부드럽게 보이게 하는 방법을 무엇이라 하는가?

① 레터링
② 디더링
③ 그러데이션
④ 안티 앨리어싱

28 레터링에 대한 설명으로 거리가 가장 먼 것은?

① 글자를 쓴다는 의미이다.
② 가독성이 부족하더라도 조형성이 중요하다.
③ 글자를 새기거나 박음질하는 것도 포함된다.
④ 이미 만들어진 글자체를 정확하게 옮기는 기술도 포함된다.

29 게슈탈트의 심리법칙 중 윤곽선이 완전히 연결되어 있지 않아도 같은 형태로 방향성을 지니고 있다면 연결되어 보이는 것을 무엇이라고 하는가?

① 폐쇄성의 원리
② 연속성의 원리
③ 유사성의 원리
④ 근접성의 원리

30 다음 중 기업의 이윤추구를 위한 디자인 마케팅의 4가지 기본 요소에 포함되지 않는 것은?

① 제품   ② 유통
③ 문화   ④ 가격

31 인간 생활의 환경적인 부분을 조형적으로 구성하는 활동으로 모든 디자인 분야를 포괄적으로 포함하는 상위 개념의 디자인은?

① 시각디자인
② 환경디자인
③ 옥외디자인
④ 실내디자인

32 디지털색채 시스템으로 거리가 가장 먼 것은?

① CMYK 시스템
② HSB 시스템
③ RGB 시스템
④ LUB 시스템

33 웹 디자인 과정에서 고려해야 할 사항으로 틀린 것은?

① 클라이언트의 요구와 기획을 바탕으로 한다.
② 웹사이트 목적과 상관없이 최신 유행하는 인터페이스를 적용한다.
③ 사이트 맵을 통해 구조를 파악할 수 있도록 한다.
④ 기획서와 조사된 자료들을 숙지한 상태에서 디자인한다.

34 마케팅에서 자사 제품과 경쟁 제품의 위치를 2차원 공간에 작성한 지도로 경쟁 제품과의 비교분석, 방향성 등에 대한 것을 한눈에 알 수 있는 것은?

① 포지셔닝 맵
② 트랜드 맵
③ 셰어 맵
④ 시장 세분화

35 난이도 하 문제 진단 ○△✕
다음 중 디지털화된 이미지의 기본적 색채 특징이 아닌 것은?

① 해상도(Resolution)
② 트루 컬러(True Color)
③ 비트 깊이(Bit Depth)
④ 컬러 모델(Color Model)

36 난이도 하 문제 진단 ○△✕
다음 중 웹 페이지의 이미지 구성요소가 아닌 것은?

① 로고
② 아이콘
③ 메뉴
④ 사이트맵

37 난이도 하 문제 진단 ○△✕
디자인의 요소 중 점(Point)에 대한 설명으로 거리가 가장 먼 것은?

① 점은 작을수록 점 같이 보이며 클수록 면처럼 보인다.
② 점은 크기를 갖지 않고 위치를 표시하는 것이다.
③ 점은 위치를 나타내거나 강조, 구분, 계획 등을 나타내는 기능을 가진다.
④ 점은 원형으로만 표현된다.

38 난이도 하 문제 진단 ○△✕
편집디자인과 거리가 가장 먼 것은?

① 사진
② 애니메이션
③ 일러스트레이션
④ 타이포그래피

39 난이도 중 문제 진단 ○△✕
"저채도의 약한 색은 면적을 넓게, 고채도의 강한 색은 면적을 좁게 해야 균형이 맞는다."는 원칙을 정량적으로 이론화한 학자는?

① 슈브뢸(M. E. Chevreul)
② 문·스펜서(P. Moon &D. E. Spencer)
③ 오스트발트(W. Ostwald)
④ 저드(D. B. Judd)

40 난이도 중 문제 진단 ○△✕
색이 서로 달라도 그림과 바탕의 밝기 차이가 없을 때 그림으로 된 문자나 모양이 뚜렷하지 않게 보이는 것은?

① 색음 현상
② 리프만 효과
③ 색상 현상
④ 베졸트 브뤼케 현상

3과목 **멀티미디어 저작**

41 난이도 하 문제 진단 ○△✕
다음 SQL 명령 중 데이터 정의어(DDL)에 포함되지 않는 것은?

① DROP
② CREATE
③ SELECT
④ ALTER

42 난이도 하 문제 진단 ○△✕
이미지를 인식하지 못하는 브라우저나 이미지 보기 옵션이 꺼져있을 경우 이미지 대신 텍스트를 넣어서 그 이미지가 무엇인지 알 수 있도록 해주는 태그는?

① PRE
② ALT
③ ALIGN
④ UL

43 난이도 중 문제 진단 ○△✕
제3정규형에서 보이스코드 정규형(BCNF)으로 정규화하기 위한 것으로 옳은 것은?

① 원자값이 아닌 도메인을 분해한다.
② 부분 함수를 종속 제거한다.
③ 이행 함수를 종속 제거한다.
④ 결정자가 후보 키가 아닌 함수를 종속 제거한다.

44 다음 HTML 코드에서 프레임을 분할하려고 할 때 ( ) 안에 공통으로 들어갈 태그는?

```
〈FRAMESET rows="300, 400"〉
    〈FRAME ( )="up.html"〉
    〈FRAME ( )="down.html"〉
〈/FRAMESET〉
```

① cols
② li
③ map
④ src

45 개념 스키마(Conceptual Schema)에 대한 설명으로 옳지 않은 것은?

① 데이터베이스의 전체적인 논리적 구조를 말한다.
② 개체 간의 관계와 제약조건을 나타낸다.
③ 데이터베이스의 접근 권한, 보안 및 무결성 규칙에 관한 명세를 정의한다.
④ 사용자나 응용 프로그래머가 접근하는 데이터베이스를 정의한 것이다.

46 관계형 데이터베이스에서 뷰(View)에 대한 설명으로 틀린 것은?

① 데이터의 접근을 제어하게 함으로써 보안을 제공한다.
② 다른 뷰의 정의에 사용될 수 있다.
③ 물리적인 테이블로 관리가 편하다.
④ 뷰가 정의된 기본 테이블이 제거되면 뷰도 자동으로 제거된다.

47 아래의 관계대수를 SQL로 옳게 나타난 것은?

∥ 이름, 학년(σ 학과 = '컴퓨터' (학생))

① SELECT 이름, 학과 FROM 학년 WHERE 학과 = '컴퓨터';
② SELECT 이름, 학년 FROM 학생 WHERE 학과 = '컴퓨터';
③ SELECT 이름, 학년 FROM 학과 WHERE 학생 = '컴퓨터';
④ SELECT 이름, 컴퓨터 FROM 학생 WHERE 이름 = '학년';

48 커서는 내장 SQL문의 실행결과로 반환되는 복수개의 튜플들을 접근할 수 있도록 해주는 개념이다. 다음 중 커서와 관련된 SQL 명령어로 거리가 먼 것은?

① DECLARE
② PREPARE
③ OPEN
④ FETCH

49 HTML5에서 그림을 그릴 수 있는 기술은?

① 캔버스
② 픽쳐폼
③ 이미지프레임
④ CSS3

50 HTML 작성시 〈BODY〉 태그 안에 사용하는 속성으로 한 번 이상 방문한 적이 있는 링크의 색상을 정의하는 것은?

① VLINK
② SLINK
③ ITEXT
④ COLSPAN

51 관계데이터 모델의 무결성 제약 중 기본키 값의 속성 값이 널(Null)값이 아닌 원자값을 갖는 성질은?

① 튜플의 희소성
② 에튜리뷰트 무결성
③ 개체 무결성
④ 도메인 무결성

52 자바스크립트에 대한 설명으로 틀린 것은?

① 플랫폼에 의존적이다.

② 인터렉티브한 홈페이지를 제작할 수 있다.

③ 역동적인 홈페이지를 제작할 수 있다.

④ 컴파일을 거치지 않고 웹 브라우저에서 인식해서 동작한다.

53 HTML5 스타일 시트에서 시작하는 첫 번째 글자를 대문자(영문)로 변환하는 표기법으로 맞는 것은?

① string-replacement:uppercase;

② text-transform:capitalize;

③ text-transform: lowercase;

④ style-sheet:cap;

54 E-R 다이어그램에 사용되는 기호와 의미 표현의 연결이 옳지 않은 것은?

① 밑줄 타원 – 기본키 속성

② 이중 타원 – 다중 속성값

③ 마름모 – 객체

④ 타원 – 속성

55 자바스크립트 연산자 중 우선순위가 가장 낮은 것은?

① !=

② ||

③ ()

④ &&

56 CSS(Cascading Style Sheet)의 태그 중 font-weight가 하는 역할은 무엇인가?

① 글꼴 굵기

② 글꼴 크기

③ 자간 조절

④ 라인을 이용한 장식

57 다음 중 HTML CSS의 기본 구조에 해당하는 것은?

① 속성 {선택자: 값;}

② 선택자 {속성: 값;}

③ 값 {선택자: 속성}

④ 속성 {값: 선택자}

58 자바스크립트에서 Items라는 이름으로 정수값 20을 저장하기 위한 변수 선언으로 옳은 것은?

① integer Items = 20;

② int Items = 20;

③ new Items = 20;

④ const Items = 20;

59 관계 데이터베이스에서 릴레이션을 구성하고 있는 각각의 속성에서 취할 수 있는 원자값들의 집합은?

① Domain

② Tuple

③ Record

④ Synonym

60 HTML5에서 사용자의 위치 정보를 알려주는 API는?

① Publication

② Geolocation

③ Localizatin

④ Weblocation

난이도 중 **문제 진단 ○△✕**

61 주파수(Frequency)에 대한 설명으로 틀린 것은?

① 주파수의 단위는 초당 진동 횟수를 의미하는 Hz 이다.

② 주파수가 작으면 고음이고, 크면 저음이 된다.

③ 단위 시간 내에 몇 개의 주기나 파형이 반복되었 는가를 나타내는 수를 말한다.

④ 주파수와 주기는 역수 관계에 있다.

난이도 중 **문제 진단 ○△✕**

62 영상 압축 관련 기술과 거리가 가장 먼 것은?

① DVI

② H.261

③ H.263

④ G.722

난이도 하 **문제 진단 ○△✕**

63 색수차가 발생하는 빛의 성질은?

① 분산

② 반사

③ 편광

④ 간섭

난이도 중 **문제 진단 ○△✕**

64 비디오의 압축 방법 중에서 손실 압축 기법에 대한 설명 으로 옳은 것은?

① 원래 영상으로 완전한 복구가 가능하다.

② 보통 10:1~40:1의 높은 압축률을 얻을 수 있다.

③ X레이, 단층촬영(CT) 등 의료용 영상 분야에서 많이 활용된다.

④ 압축 시 미세한 데이터를 중요시하는 기법이다.

난이도 하 **문제 진단 ○△✕**

65 모든 방향에 똑같은 감도를 가지고 있어 특정 방향에 대 한 지향성 없이 모든 방향의 소리를 녹음할 수 있는 마 이크는?

① 단일지향성 마이크

② 초단일지향성 마이크

③ 쌍방향성 마이크

④ 무지향성 마이크

난이도 중 **문제 진단 ○△✕**

66 다음 애니메이션 기법 중 키 프레임 사이의 중간 모습을 자동적으로 만들어주는 기법은?

① 양파껍질 기법(Onion-Skinning)

② 트위닝 기법(Tweening)

③ 도려내기 기법(Cut-out)

④ 반복 기법(Cycling)

난이도 하 **문제 진단 ○△✕**

67 사극 드라마에서 인물의 얼굴 표정에 집중시켜 인물의 정서와 감정을 표현하기 위하여 피사체의 얼굴만을 화 면에 가득 차게 촬영하는데 가장 적합한 샷(Shot)은 무 엇인가?

① 클로즈 업(Close-up) 샷

② 롱(Long) 샷

③ 웨이스트(Waist) 샷

④ 크레인(Crane) 샷

난이도 중 **문제 진단 ○△✕**

68 래스터(Raster) 출력장치에서 생성한 직선이나 그림은 출력장치가 갖는 해상도의 한계로 인하여 물체 경계선 에서 계단현상이 나타나게 되는데, 이러한 경계선을 부 드럽게 보이도록 하기 위한 처리 방법은?

① 샤프닝(Sharpening)

② 크리스프닝(Crispning)

③ 고주파필터링(Highpass Filtering)

④ 블러링(Blurring)

69 난이도 하 문제 진단 ○△×

SMIL(Synchronized Multimedia Integration Language)의 설명으로 틀린 것은?

① 1989년 W3C에서 개발하였다.
② 멀티미디어 프레젠테이션 표준으로 제정하였다.
③ 멀티미디어 데이터의 효과적인 동기적 표현 및 교환을 이한 마크업(Markup) 언어이다.
④ SMIL의 확장자는 .smil 혹은 .smi이다.

70 난이도 중 문제 진단 ○△×

다음 중 동영상 코덱(CODEC)이 아닌 것은?

① MPEG-1
② Intel Indeo
③ WinRAR
④ DivX

71 난이도 중 문제 진단 ○△×

3차원 입체를 제작하기 위하여 2차원 도형을 어느 직선 방향으로 이동시키거나 또는 어느 회전축을 중심으로 회전시켜 입체를 생성하는 기능은?

① 스위핑(Sweeping)
② 라운딩(Rounding)
③ 프리미티브(Primitive)
④ 타이포그래피(Typography)

72 난이도 중 문제 진단 ○△×

( ) 안에 들어갈 내용으로 맞는 것은?

> 음의 크기는 ( )에 관계되고, 이 수치가 클수록 음의 크기가 ( ).

① 진폭/ 커진다.
② 주파수/ 작아진다.
③ 진폭/ 작아진다.
④ 주파수/ 높아진다.

73 난이도 하 문제 진단 ○△×

메시(Mesh)와 폴리(Poly)에 대한 설명으로 옳은 것은?

① 폴리(Poly)의 편집 구성요소는 면으로만 구성된다.
② 폴리(Poly)에서 면은 사각형으로만 만들어낼 수 있다.
③ 메시(Mesh)는 점을 선택할 수 없다.
④ 메시(Mesh)에서 면의 최소 기본 단위는 삼각형이다.

74 난이도 중 문제 진단 ○△×

음원과 관측자가 상대적인 운동을 하고 있을 때, 관측자가 듣는 진동수와 음원의 진동수가 달라지는 것은?

① 도플러 효과
② 광전 효과
③ 소리의 공명현상
④ 맥놀이 현상

75 난이도 하 문제 진단 ○△×

다음 촬영기법 중 워크 인(Walk in)을 설명한 것은?

① 카메라를 향해 피사체가 다가오는 것
② 카메라로부터 피사체가 멀어지는 것
③ 화면 안으로 피사체가 들어오는 것
④ 화면 안으로부터 피사체가 나가는 것

76 난이도 중 문제 진단 ○△×

3차원 그래픽스의 생성 과정 중 모델링에 관한 설명으로 틀린 것은?

① 3차원 스캔에 의한 모델링은 현재 기술적으로 실현 불가능하다.
② 와이어프레임모델은 물체의 형태를 표현한 모델이다.
③ 모델링이란 3차원 좌표계를 사용하여 컴퓨터로 물체의 모양을 표현하는 과정을 말한다.
④ 다각형 표현 모델은 다각형 면을 이용하여 3차원 모델을 표현한다.

상시 기출문제 03회 281

난이도 중 **문제 진단** ○△×

77 오디오 신호레벨이 일정한 레벨(스레숄트 레벨) 이하가 되면 재빨리 증폭률을 저하시켜 출력레벨을 낮추어 주는 장치는?

① 이퀼라이저
② 노이즈 게이트
③ 압신기
④ 이펙터

난이도 중 **문제 진단** ○△×

78 다음 중 24프레임인 영화 필름 영상을 30프레임의 비디오 신호로 변환하는 작업은?

① 텔레시네(Telecine)
② 키네스코프(Kinescope)
③ 씨네룩(Cinelook)
④ 키네코(Kineco)

난이도 하 **문제 진단** ○△×

79 움직이는 피사체는 화면에 고정시키고 배경화면이 이동하는 것처럼 촬영하는 것으로 속도감 있는 영상이 얻어지는 촬영 기법은?

① 패닝
② 틸팅
③ 주밍
④ 클로즈업

난이도 하 **문제 진단** ○△×

80 다음 중 벡터 그래픽 파일 형식인 것은?

① BMP
② WMF
③ GIF
④ TGA

빠른 정답표 **확인하기**

① 모바일로 QR 코드를 스캔합니다.
② 해당 회차의 정답표를 확인합니다.
③ 빠르고 간편하게 채점해 보세요.

해설과 따로 보는 상시 기출문제 04회

SELF CHECK | 제한시간 120분 | 소요시간   분 | 전체 문항 수 80문항 | 맞힌 문항 수   문항

1과목 멀티미디어 개론

난이도 하 · 문제 진단 ○△✕

01 사람과 사물, 사물과 사물 간에 지능통신을 할 수 있는 M2M(Machine to Machine)의 개념을 인터넷으로 확장하여 사물은 물론 현실과 가상세계의 모든 정보와 상호 작용하는 개념은?

① IoT
② RFID
③ VRML
④ xHTML

난이도 중 · 문제 진단 ○△✕

02 IP 헤더의 필드로 라우팅 도중에 데이터그램이 무한 루프에 들어가는 것을 방지하기 위해 인터넷에 머물 수 있는 최대 시간을 지정하는 필드는?

① IHL
② VER
③ TTL
④ FLAG

난이도 중 · 문제 진단 ○△✕

03 블루레이(Blu-ray)에 대한 설명으로 틀린 것은?

① DVD보다 많은 용량의 데이터 저장
② 비디오 데이터 포맷은 MPEG-2 지원
③ 오디오는 5.1채널의 AC-3 지원
④ 120nm 파장의 녹색 레이저를 사용하여 데이터 기록

난이도 중 · 문제 진단 ○△✕

04 OSI-7 Layer에서 응용계층 프로토콜이 아닌 것은?

① ICMP
② FTP
③ HTTP
④ TELNET

난이도 중 · 문제 진단 ○△✕

05 이메일(e-Mail)과 관련된 프로토콜로 옳지 않은 것은?

① SMTP
② POP3
③ TFTP
④ IMAP

난이도 중 · 문제 진단 ○△✕

06 스캐너(Scanner)에 대한 설명으로 틀린 것은?

① 평판 스캐너는 필름 입력에 적합한 장치이다.
② 전자출판과 같은 고급 인쇄를 위해서는 드럼 스캐너가 적합하다.
③ 3패스 스캔은 1패스 스캔에 비해 오랜 시간이 걸린다.
④ 일반적으로 스캐너는 SCSI 방식 또는 USB 인터페이스를 사용하여 연결한다.

난이도 중 · 문제 진단 ○△✕

07 UDP(User Datagram Protocol)에 대한 설명으로 틀린 것은?

① 비연결성 서비스를 제공한다.
② 사용자 데이터를 데이터그램에 포함해 전송한다.
③ 비신뢰성 서비스를 제공한다.
④ 흐름 제어 기능을 제공한다.

난이도 중 · 문제 진단 ○△✕

08 운영체제의 성능 평가 요소로 거리가 먼 것은?

① 처리 능력
② 신뢰도
③ 반환 시간
④ 비용(요금지불)

09 난이도 중 문제 진단 ○△✕

맥락 인식 모바일 증강현실 환경의 사용자 인터페이스의 특징 중 가장 거리가 먼 것은?

① 모바일 플랫폼
② 맥락 인식
③ 직관적인 사용자 인터페이스 증강
④ 깊이 인지

10 난이도 중 문제 진단 ○△✕

파일 압축 기법 중 손실 기법에 속하는 것으로 데이터의 의미나 특정 미디어의 특성이 반영되는 것을 소스 인코딩이라 한다. 다음 중 소스 인코딩에 속하는 방식이 아닌 것은?

① 다단계 코딩
② 변환 방식
③ 허프만 코딩
④ 벡터 양자화

11 난이도 중 문제 진단 ○△✕

이미지에서 어둡거나 밝은 부분을 균등하게 조정해 줌으로써 너무 어둡거나 너무 밝은 이미지의 명암을 보기 좋게 하는 이미지 필터링은?

① 히스토그램 평준화(Histogram Equalization)
② 평균값 필터(Average Filler)
③ 윤곽선 추출(Edge Delection)
④ 샤프닝(Sharpening)

12 난이도 하 문제 진단 ○△✕

OSI 계층모델에서 종착(End-Point) 간 전송 메시지의 오류제어(Error Control)와 흐름 제어(Flow Control)를 통해 데이터의 신뢰성을 보장하는 계층은?

① 물리계층
② 전송계층
③ 응용계층
④ 표현계층

13 난이도 중 문제 진단 ○△✕

다음에 해당하는 암호화 기법은?

- 1997년 NIST에 의해 제정
- 미 정부가 채택
- ISO/IEC 18033-3 표준
- 대칭키 알고리즘 방식
- 레인달(Rijndeal)에 기반한 암호화 방식

① AES
② RSA
③ MD-5
④ Diffie-Hellman

14 난이도 중 문제 진단 ○△✕

inode로 불리는 데이터 구조를 할당하여 관리하는 리눅스 커널의 기본 기능은?

① 커널 프로그래밍
② 메모리 관리
③ 프로세스 간 통신
④ 파일 시스템

15 난이도 중 문제 진단 ○△✕

다음 중 포트 스캔에 대한 설명으로 틀린 것은?

① 포트가 열려 있는 것을 확인하면 시스템의 활성화 정보도 얻을 수 있다.
② 열린 포트라 하더라도 아무 응답이 없는 경우가 있다.
③ 컴퓨터에 존재하는 TCP/UDP 포트는 28개이다.
④ 포트를 검색하기 위해서는 먼저 IP를 알아야 한다.

16 난이도 하 문제 진단 ○△✕

아날로그 음성 데이터를 디지털 형태로 변환하여 전송하고, 디지털 형태를 원래의 아날로그 음성 데이터로 복원시키는 것은?

① ROE
② CCU
③ DFE
④ CODEC

17
TCP의 연결과정에서 사용되는 "3-way handshake"의 취약점을 이용한 공격은?

① Storm
② SYN Flooding
③ Multi-level Queue
④ Exec

18
동일한 콘텐츠를 PC, 스마트TV, 스마트폰, 태블릿PC 등 다양한 디지털 정보기기에서 자유롭게 이용할 수 있는 서비스는?

① NFC
② Bluetooth
③ Trackback
④ N-Screen

19
모바일 환경에서 영상검색을 하기 위해 간략화 하면서도 확장성 있는 메타데이터 표준 기술은?

① MPEG-7 CDVS
② MPEG-2 CD
③ MPEG-9
④ MPEG-1

20
다음은 무엇에 대한 설명인가?

> "서버가 네트워크 내 부여되어진 IP 주소를 관리하고 동일한 네트워크에 참여한 노드들에게 새로운 IP 주소를 부여하거나 회수하는 등의 일을 수행하는 서비스이다."

① POP
② DHCP
③ S/MIME
④ SMTP

2과목 멀티미디어기획 및 디자인

21
디자인의 분류 중 2차원 디자인이 아닌 것은?

① 사인, 심벌 디자인, 텍스타일 디자인
② 타이포그래피, 벽지 디자인
③ 패키지 디자인, 액세서리 디자인, CF 디자인
④ 레터링 디자인, 포토 디자인

22
캘리그래피(Calligraphy)에 대한 설명으로 가장 적절한 것은?

① 글의 내용과 시각적 내용이 일치되게 하는 방법
② 글자와 글자 사이의 공간 비례
③ 활자체의 다양한 변화
④ 펜에 의해 미적으로 묘사된 글자

23
무채색의 특징이 아닌 것은?

① 흰색에서 검정색까지의 채색이 없는 물채색이다.
② 색상과 채도가 없다.
③ 명도의 차이가 없다.
④ 전 영역의 파장을 고르게 반사하면 회색이 된다.

24
디자인 요소들의 상태, 수행 가능한 동작, 이미 수행된 동작의 결과 등을 분명하게 표시함으로써 사용성을 개선하는 사용자 인터페이스 원칙은?

① 가시성
② 투명성
③ 무결성
④ 일관성

25
광원에 따라 물체의 색이 달라 보이는 것과는 달리 서로 다른 두 색이 어떤 광원 아래서는 같은 색으로 보이는 현상은?

① 연색성
② 잔상
③ 메타메리즘
④ 분광반사

26 특정 대상인 기업, 회사, 단체, 제품, 행사 등을 특징 있게 나타낼 수 있는 시각적인 상징물은?

① 카툰(Cartoon)
② 캐릭터(Character)
③ 캐리커쳐(Caricature)
④ 컷(Cut)

27 감산혼합의 3원색이 아닌 것은?

① 시안(Cyan)
② 마젠타(Magenta)
③ 노랑(Yellow)
④ 검정(Black)

28 그래픽 디자인 요소 중 선에 대한 설명으로 거리가 가장 먼 것은?

① 직선은 수평선, 수직선, 대각선이 있다.
② 색과 결합하여 공간감이나 입체감을 나타낸다.
③ 공간에 있는 방향성과 길이가 있다.
④ 크기가 없는 점의 연장으로서 점의 이동에 따라 직선, 곡선이 생성된다.

29 인체스케일에 대한 척도인 모듈러(Modulor)의 기본 개념은?

① 그리드
② 비례
③ 연관
④ 일관성

30 황금분할에 대한 설명으로 옳지 않은 것은?

① 그리스 시대부터 미적인 비례의 전형으로 사용되어 왔다.
② 신의 비례라고도 한다.
③ 모듈러의 개념이라고도 한다.
④ 가로 세로의 비율이 1:1.618일 때를 말한다.

31 오스트발트 색채조화론에 대한 설명으로 옳은 것은?

① 회전 혼색법을 사용하여 두 개 이상의 색을 배열하였을 때 그 결과가 명도5(N5)인 것이 가장 조화되고 안정적이다.
② 명도는 같으나 채도가 반대색일 경우 채도가 높은 색은 좁은 면적, 채도가 낮은 색은 넓은 면적일 때 조화롭다.
③ 색표계의 3대 계열인 백색량, 흑색량, 순색량은 서로 조화를 이룬다.
④ 미도 M과 먼셀 색체계를 모체로 하며, 감정적으로 다루어지던 통념을 배격하고 과학적이고 정량적인 방법의 색채조화론이다.

32 제작하려는 콘텐츠의 사용자 요구 수용, 제작목표의 반영 등이 적절히 이루어질 수 있는지 등 각종 기획 방향을 의사결정권자에게 확인하는 절차는?

① 프레젠테이션
② 내용제작
③ 정보디자인
④ 인터렉션 디자인

33 인터랙션 디자인의 제작 기획 단계에서 고려해야 할 요소가 아닌 것은?

① 메타포   ② 탐색항해
③ 스토리보드   ④ 프로그래밍

34 벡터 그래픽스(Vector Graphics)에 대한 설명으로 틀린 것은?

① 벡터 데이터는 점을 이어 선을 만들거나 점들을 잇는 수학공식으로 형태를 만든다.
② 사진의 합성이나 수정뿐만 아니라 캔버스에 작업하듯이 이미지를 페인팅하는 작업들은 벡터 프로그램을 사용한다.
③ 픽셀과는 달리 개별적으로 분리된 단위로 나누어지질 않는다.
④ 벡터는 근본적으로 선 드로잉(Line Drawing)을 위해 사용된다.

35 난이도 중 문제 진단 ○△✕

율동의 요소로 거리가 먼 것은?

① 점증
② 반복
③ 변칙
④ 대칭

36 난이도 하 문제 진단 ○△✕

시나리오 구성요소와 설명이 바르게 연결된 것은?

① 모티브(Motive) – 삽입장면
② 프롤로그(Prologue) – 영화의 본 내용 뒤에 보여지는 해설
③ 내러티브(Narrative) – 스토리의 구성
④ 내레이션(Narration) – 영화의 내용을 소개하는 도입 부분

37 난이도 중 문제 진단 ○△✕

컴퓨터그래픽스에서 캘리브레이션(Calibration)이란?

① 하드웨어 장치와 소프트웨어 장치를 총칭한다.
② 우연적인 기법과 순수 미술의 느낌을 내는 작업이다.
③ 모니터의 색상과 인쇄물의 색상 차이를 보정하는 작업이다.
④ 컬러 이미지를 그레이 스케일로 변경하는 작업이다.

38 난이도 하 문제 진단 ○△✕

TV의 영상화면이나 모자이크, 신인상파의 점묘법에서 사용된 혼색법은?

① 병치혼합
② 계시혼합
③ 감산혼합
④ 회전혼합

39 난이도 하 문제 진단 ○△✕

선(Line)에 대한 설명으로 틀린 것은?

① 기하직선형 : 질서가 있는 간결함, 확실, 명료, 강함, 신뢰, 안정된 느낌
② 자유직선형 : 강력, 예민, 직접적, 남성적, 명쾌, 대담, 활발한 느낌
② 수평선 : 상승의 순간성이 강한 운동력이 가해져 직접적이고 긴박한 느낌
④ 자유곡선형 : 기하학적 곡선이 아니므로 조화가 잘되며 아름답고 매력적인 느낌

40 난이도 중 문제 진단 ○△✕

게슈탈트(gestalt) 요인으로 거리가 가장 먼 것은?

① 시각성의 요인
② 연속성의 요인
③ 폐쇄성의 요인
④ 근접성의 요인

3과목 멀티미디어 저작

41 난이도 중 문제 진단 ○△✕

유효한 HTML 문서나 XML 문서의 구조, 내용, 스타일을 다루기 위한 플랫폼과 언어 중립적인 프로그래밍 인터페이스는?

① DOM(Document Object Model)
② DDM(Document Define Model)
③ PIM(Programming Interface Model)
④ DTD(Document Type Definition)

42 난이도 하 문제 진단 ○△✕

다음 중 자바언어의 주석 문장의 형태로 가장 거리가 먼 것은?

① //
② /* */
③ /** */
④ <!-- --!>

43 CSS의 선택자(Selector)와 관련한 설명으로 틀린 것은?

① 전체 선택자(Universal Selector)는 페이지에 있는 모든 요소를 대상으로 스타일을 적용할 때 사용된다.

② 클래스 선택자(Class Selector)는 같은 태그라도 특정 부분에만 다른 스타일을 적용할 때 사용된다.

③ 그룹 선택자(Group Selector)는 여러 선택자에 동일 속성을 적용해야 할 경우 같은 스타일을 두 번 정의하지 않고 한 번에 묶어서 정의할 수 있다.

④ 자식 선택자(Child Selector)는 자식 요소와 자식의 자식 요소까지 스타일이 적용된다.

44 HTML의 form 태그(Tag)와 관련한 설명으로 틀린 것은?

① 입력 양식을 만들 때 사용된다.

② action 속성은 입력 데이터의 전달 방식을 선택한다.

③ POST 방식은 별도로 데이터를 전송하는 방식으로 데이터의 용량에 큰 제한이 없다.

④ GET 방식은 주소에 데이터를 입력하여 전달하는 방식이다.

45 관계형 모델 및 데이터베이스에 대한 설명으로 틀린 것은?

① 관계형 데이터베이스는 관계형 모델에 기반하여 데이터들 간의 관계를 나타내기 위해 테이블들의 집합을 사용한다.

② 관계형 데이터베이스의 논리적 구조는 트리(Tree) 형태이다.

③ 관계형 모델은 레코드-기반 모델의 한 예로 볼 수 있다.

④ 잘못된 스키마 설계 시 정보의 불필요한 중복 문제를 가진 스키마가 나타날 수 있다.

46 관계형 데이터베이스에서 뷰(View)에 대한 설명으로 틀린 것은?

① 데이터의 접근을 제어하기 함으로써 보안을 제공한다.

② 다른 뷰의 정의에 사용될 수 있다.

③ 물리적인 테이블로 관리가 편하다.

④ 한번 정의된 뷰는 변경할 수 없으며, 삭제한 후 다시 생성해야 한다.

47 SQL 데이터 조작어(DML)에 해당되지 않는 것은?

① RESTRICT

② SELECT

③ INSERT

④ DELETE

48 CSS의 특징으로 옳은 것은?

① 텍스트 요소에 더욱 더 많은 글꼴을 추가하기 위한 목적으로 사용된다.

② 텍스트, 이미지, 테이블, 폼 요소 등 웹 문서에 포함된 요소들을 자유롭게 제어하여 웹 문서를 다양하게 표현할 수 있도록 도와준다.

③ CSS는 Cascading Style Sheets의 약어로 멀티미디어 콘텐츠 제작 시 배경 이미지의 화질, 디스플레이 해상도 등을 지정해 준다.

④ CSS는 모든 브라우저에 동일하게 적용된다.

49 데이터베이스 관리 시스템(DBMS)의 구성요소 중 디시크에 저장되어 있는 사용자 데이터베이스 및 데이터 사전을 관리하고, 실제로 접근하는 역할을 담당하는 것은?

① 중간 데이터 관리자(Middle Data Manager)

② 질의 데이터 분석기(Query Data Analyzer)

③ 응용 프로그래머(Application Programmer)

④ 저장 데이터 관리자(Stored Data Manager)

50

SQL 데이터 정의어(DDL)에 해당되지 않는 것은?

① DROP
② CREATE
③ ALTER
④ UPDATE

51

HTML문서에서 이미지 파일의 삽입을 위해 사용하는 태그(Tag)인 <IMG>에서 검색될 이미지의 주소(URL)를 정의할 수 있는 옵션은?

① BORDER
② ALIGN
③ SRC
④ ALT

52

파일 관리 시스템에서 레코드에 해당하는 개념으로, 관계형 데이터 모델에서 릴레이션의 행을 의미하는 것은?

① 도메인
② 테이블
③ 튜플
④ 원자값

53

자바스크립트에서 연산자 우선순위가 가장 높은 것은?

① &&
② <
③ /
④ ==

54

데이터베이스를 쉽게 이해하고 이용할 수 있도록 관점에 따라 3단계 구조로 나눌 때 이에 포함되지 않는 단계는?

① 외부 단계(External Level)
② 개념 단계(Conceptual Level)
③ 내부 단계(Internal Level)
④ 저장 단계(Saving Level)

55

텍스트에서 사용하는 용어 중 각 글자의 문자 메트릭과 글자 쌍의 자간 조정을 의미하는 것은?

① 레딩(Leading)
② 커닝(Kearning)
③ 세리프(Serif)
④ 랜섬노트(Ransom-Note)

56

다음 SQL 문장 중 column1의 값이 널 값(Null Value)인 경우를 검색하는 문장은?

① select * from ssTable where column1 is null;
② select * from ssTable where column1 = null;
③ select * from ssTable where column1 EQUALS null;
④ select * from ssTable where column1 not null;

57

HTML5의 콘텐츠 타입 중 문서의 표현이나 성격을 규정하는 요소로 보통 head 영역에 위치하는 것은?

① Flow
② Embedded
③ Phrasing
④ Metadata

58
SQL 문장의 데이터 조작 언어 구문으로 옳지 않은 것은?

① UPDATE.../ SET...
② INSERT.../ INTO...
③ DELETE.../ FROM...
④ CREATE VIEW.../ TO

59
스타일 시트의 텍스트 문자 속성에 대한 설명으로 틀린 것은?

① letter-spacing : 글자와 글자 사이의 간격을 지정한다.
② text-align : 글자를 정렬한다.
③ text-indent : 소문자를 대문자로 변환한다.
④ text-decoration : 글자에 밑줄 등을 지정한다.

60
SQL 명령어에 대한 설명으로 옳은 것은?

① DELETE : 테이블을 삭제하는 명령이다.
② DROP : 테이블의 튜플을 삭제하는 명령이다.
③ SELECT : 테이블에서 조건에 맞는 행과 열을 검색하는 명령이다.
④ JOIN : 조건에 맞는 행과 열을 추가하는 명령이다.

4 과목 멀티미디어 제작기술

61
컴퓨터그래픽스(Computer Graphics)에 대해 설명한 내용으로 틀린 것은?

① 영상화의 단계에서 컴퓨터를 사용하여 그림이나 화상 등의 그림 데이터를 생성하고 조작하고 출력하는 모든 기술을 말한다.
② 컴퓨터 그래픽 기술이 개발되기 시작한 것은 1950년대 초로 비교적 역사가 짧다.
③ 손이나 다른 도구를 사용하던 종래의 작업 방식에 비해 합리적이다.
④ 컴퓨터그래픽은 일반적으로 2D, 3D, 4D로 구분되며, 4D는 3차원 공간에 시간 축을 더한 것으로 시간예술이라 할 수 있다.

62
사운드의 기본 요소인 주파수(Frequency)에 관한 설명 중 가장 거리가 먼 것은?

① 초당 사운드 파형의 반복 횟수를 의미한다.
② 주파수가 크면 고음이고 작으면 저음이 된다.
③ 일반적으로 사람이 낼 수 있는 주파수대는 약 100Hz~6KHz이다.
④ 사운드 파형의 기준선에서 최고점까지의 거리를 의미한다.

63
미디(MIDI)에서 음의 강약을 의미하는 것으로 건반을 누를 때나 뗄 때의 세기를 나타내는 것은?

① 엔벨로프
② 퀸타이즈
③ 벨로시티
④ 듀레이션

64 실사 촬영한 영상 시퀀스를 배경으로 하여 그 위에 컴퓨터에서 만들어진 모델을 정렬시켜 애니메이션 동작을 얻어내는 것은?

① 리깅(Rigging)
② 로토스코핑(Rotoscoping)
③ 인 비트윈(In Between)
④ 플레이 백(Play Back)

65 형태의 움직임이나 모양의 특성을 강조하여 제작한 애니메이션의 파일 저장 형식이 아닌 것은?

① Index
② FLC
③ SWF
④ FLA

66 다음 중 장면전환의 기법이 아닌 것은?

① 틸트(Tilt)
② 오버랩(Overlap)
③ 와이프(wipe)
④ 컷(Cut)

67 3차원 애니메이션의 모델링 중에서 물체의 골격만을 표현한 방법은?

① 와이어프레임 모델링(Wireframe Modeling)
② 솔리드 모델링(Solid Modeling)
③ 쉐이딩 모델링(Shading Modeling)
④ 텍스쳐 매핑 모델링(Texture Mapping Modeling)

68 다음 중 3차원 그래픽 생성 과정으로 올바른 것은?

① 투명 → 모델링 → 렌더링
② 렌더링 → 모델링 → 투영
③ 모델링 → 투영 → 렌더링
④ 모델링 → 렌더링 → 투영

69 비트맵 방식과 벡터 방식으로 구분되는 멀티미디어 구성요소는?

① 텍스트
② 이미지
③ 사운드
④ 비디오

70 3D 오브젝트를 변형하기 위한 단위가 아닌 것은?

① vertex
② edge
③ polygon
④ spline

71 종이나 헝겊, 또는 나무 등으로 만든 그림을 잘라내어 배경 위에 겹쳐 놓고 촬영하는 애니메이션 기법은?

① 셀 애니메이션
② 절지 애니메이션
③ 페이퍼 애니메이션
④ 스톱 모션 애니메이션

72 버즈아이 뷰 앵글에 대한 설명으로 맞는 것은?

① 새의 눈으로 본 각도에서 촬영하는 기법이다.
② 인물 촬영에 있어 가장 기본적이고 안정된 촬영 기법이다.
③ 피사체의 눈높이에서 촬영하는 기법이다.
④ 지평선을 기준으로 기울어져 있는 상태로 불안한 느낌을 조성하는 촬영기법이다.

73 영상편집에서 한 화면을 밀어내면서 다른 화면이 나타나는 전환하는 기법으로 상하, 좌우, 원형, 마름모형, 타원형 등의 형상으로 커튼을 여는 것과 같이 화면을 전환하는 기법은?

① 오버랩(Over Lap)
② 페이드 인/아웃(Fade-in/out)
③ 와이프(Wipe)
④ 디졸브(Dissolve)

74 음향 신호의 변환 시 아날로그 방식과 디지털 방식의 특징으로 틀린 것은?

① 아날로그 신호는 전기회로의 구성이 복잡하다.
② 디지털 신호는 아날로그방식에 비해 신호처리 속도가 빠르다.
③ 아날로그 신호는 잡음에 의해 신호가 변할 수 있다.
④ 디지털 신호는 정보의 조작이 비교적 쉽다.

75 MPEG 압축 기술의 프레임 종류로 거리가 먼 것은?

① I
② P
③ B
④ Z

76 NURBS sphere의 선택된 구성요소 중 UV 선상의 CV의 외곽을 한꺼번에 조절할 수 있는 구성요소는?

① Hull
② Isoparm
③ Edit point
④ Control Vertex

77 FM라디오방송에서 75[μs]의 시정수를 사용하여 음성 대역의 고역 부분의 레벨이 강조되도록 하여 S/N비를 향상시키는 회로는?

① 매트릭스 회로
② 펄스 회로
③ 디엠파시스 회로
④ 프리엠파시스 회로

78 디지털 비디오나 오디오의 데이터를 압축 또는 해제하는 알고리즘을 총칭하는 것은?

① 코드분할(CDMA)
② 코덱(CODEC)
③ 합성(Compositing)
④ 편집(Editing)

79 음의 성질을 표시하는 음의 3요소가 아닌 것은?

① 음원
② 주파수
③ 진폭
④ 음색

80 음향의 최대 신호 레벨과 그 음향기기가 가지고 있는 잡음 레벨과의 차를 무엇이라고 하는가?

① 신호대 잡음비
② 최대 레벨
③ 클리핑
④ 다이나믹 레인지

빠른 정답표 **확인하기**

① 모바일로 QR 코드를 스캔합니다.
② 해당 회차의 정답표를 확인합니다.
③ 빠르고 간편하게 채점해 보세요.

해설과 따로 보는 상시 기출문제 05회

SELF CHECK 제한시간 120분 | 소요시간   분 | 전체 문항 수 80문항 | 맞힌 문항 수   문항

1과목 멀티미디어 개론

01 [난이도 중] [문제 진단 ○△✕]
IP주소 169.5.255.255는 어느 주소에 속하는가?

① 호스트 IP 주소
② 직접 브로드캐스트 주소
③ 제한된 브로드캐스트 주소
④ 네트워크 주소

02 [난이도 중] [문제 진단 ○△✕]
PCM 전송에서 송신 측 과정이 순서대로 나열된 것은?

① 표본화 → 양자화 → 부호화
② 표본화 → 부호화 → 양자화
③ 부호화 → 양자화 → 표본화
④ 부호화 → 표본화 → 양자화

03 [난이도 하] [문제 진단 ○△✕]
UNIX의 프로세스 간 통신 호출 시 사용하는 명령어로 프로세스 간에 통신 경로를 만들어 정보 교환이 가능하도록 하는 것은?

① abort
② finger
③ pipe
④ segment

04 [난이도 중] [문제 진단 ○△✕]
스니퍼(Sniffer)를 탐지하는 방법 중 가짜 아이디와 패스워드를 네트워크에 상주하게 하고, 이 아이디와 패스워드를 이용하여 접속을 시도하는 공격자 시스템에 대한 탐지 방법은?

① ARP watch를 이용한 방법
② Decoy를 이용한 방법
③ Ping을 이용한 방법
④ DNS를 이용한 방법

05 [난이도 중] [문제 진단 ○△✕]
WCDMA 방식에 대한 설명으로 맞는 것은?

① 동선 가입자 선로를 대체할 수 있는 무선 전송방식이다.
② GPS로 기지국간 시간동기를 맞추어 전송한다.
③ 전 세계적으로 2GHz 대역의 주파수를 사용하고 있다.
④ CATV 전송 및 광대역 가입자망 구축을 위한 전송방식이다.

06 [난이도 하] [문제 진단 ○△✕]
해킹 시도 대상의 관련 정보를 수집하는 사전작업을 무엇이라 하는가?

① Confusion
② Anomaly Detection
③ Access Control
④ Foot Printing

07 [난이도 중] [문제 진단 ○△✕]
유니코드에 대한 설명으로 틀린 것은?

① 64비트의 구조에 초점을 맞춘 코드이다.
② 문자집합, 문자인코딩, 문자정보, 데이터베이스, 문자들을 다루기 위한 알고리즘을 포함하고 있다.
③ 유니코드 표준에 포함된 문자들은 각자의 고유한 코드 포인트를 가지고 있다.
④ 전 세계의 모든 문자를 컴퓨터에서 일관 되게 표현할 수 있도록 설계된 코드이다.

08 [난이도 하] [문제 진단 ○△✕]
비트맵 이미지에 대한 설명으로 옳지 않은 것은?

① 픽셀 단위의 정보로 이미지를 표현한다.
② 색 변화를 나타내는 효과에 유용하다.
③ 기억공간을 적게 차지하고 이동, 회전, 변형이 쉽다.
④ 이미지 크기를 늘리면 화질이 저하되고 윤곽선이 일그러진다.

난이도 중 문제 진단 ○△✕

09 인터넷과 관련된 통신 프로토콜 중 잘못 연결된 것은?

① TCP/IP : 인터넷 환경에서 정보의 전송과 제어를 위한 프로토콜
② HTTP : 웹 문서를 송수신하기 위한 프로토콜
③ SMTP : 전자우편 서비스를 위한 프로토콜
④ PPP : 파일 전송 프로토콜

난이도 중 문제 진단 ○△✕

10 UNIX 파일시스템에서 Inode에 저장되는 정보로 거리가 가장 먼 것은?

① 파일 타입
② 파일소유자의 사용번호
③ 파일 링크 수
④ 파일 저장 횟수

난이도 중 문제 진단 ○△✕

11 다음 중 ICMP 패킷을 사용하는 서비스 거부공격은?

① SYN Flooding
② Ping of Death
③ Land 공격
④ Teardrop

난이도 하 문제 진단 ○△✕

12 다음 중 허브와 브리지의 기능을 혼합시킨 네트워크 장비는?

① Modem
② Repeater
③ L2 Switch
④ LAN

난이도 하 문제 진단 ○△✕

13 그래픽 태블릿(Graphic Tablet)의 설명으로 옳은 것은?

① 손으로 쓴 글씨 입력에는 불편한 점이 있다.
② 정확한 위치정보의 입력이 불가능하다.
③ 섬세한 그림 제작에 불편한 점이 있다.
④ 평판 태블릿, 마우스와 스타일러스로 구성된다.

난이도 중 문제 진단 ○△✕

14 음향 신호를 전송하거나 녹음할 때 최강음과 최약음의 차이를 [dB]로 나타낸 것은?

① 푸리에 변환
② 다이나믹 레인지
③ 콘볼루션
④ 정재파비

난이도 하 문제 진단 ○△✕

15 다음 중 디지털 방송 방식의 종류에 속하지 않는 것은?

① ATSC
② DVB-T
③ MVC
④ ISDB-T

난이도 하 문제 진단 ○△✕

16 컴퓨터와 온라인의 보안 취약점을 연구해 해킹을 방어하거나 퇴치하는 민·관에서 활동하는 보안 전문가는?

① 화이트 해커
② 블랙 해커
③ 크래커
④ 그리드

난이도 하 문제 진단 ○△✕

17 우리나라에서 채택하고 있는 아날로그 TV 표준 방식은?

① NTSC(National Television System Committee)
② PAL(Phase Alternative by Line)
③ SECAM(SEquential Couleur A Memoire)
④ VOD(Video on Demand)

난이도 중 문제 진단 ○△✕

18 윈도우 XP에서 지원하지 않는 파일 시스템은?

① FAT
② FAT32
③ EXT2
④ NTFS

19 DVD(Digital Versatile Disc)에 대한 설명으로 거리가 먼 것은?

① 기록면이 단면이므로 CD와 유사하다.
② 저장용량은 약 4.7GB이며, 17GB 이상도 기록 가능하다.
③ 원래 비디오 데이터를 저장하기 위해 개발되었다.
④ 음악 등을 기록하기 위한 DVD Audio도 개발되었다.

20 전기통신의 개선과 합리적 이용, 전기통신 업무의 이용 증대와 효율적 운용, 그리고 세계 전기통신의 균형 있는 발전을 위해 국제간 협력 증진 등 공동 노력을 추구할 목적으로 설립한 기구는?

① BSI(British Standards Institution)
② ITU(International Telecommunication Union)
③ ISO(International Organization for Standardization)
④ CEN(Committee European de Normalisation)

2과목 멀티미디어기획 및 디자인

21 배색의 구성요소가 아닌 것은?

① 기조색
② 주조색
③ 강조색
④ 분리색

22 제안서 작성에 포함되어야 할 내용으로 거리가 먼 것은?

① 개발 완료 보고서
② 제안의 내용
③ 개발 조작과 역할
④ 회사 소개

23 벡터(Vector) 이미지에 대한 설명으로 옳은 것은?

① 기하학적인 객체들을 표현하는 그래픽 함수들로 이미지를 표현한다.
② 대표적인 벡터(Vector) 기반 포맷으로 GIF와 JPEG가 있다.
③ 그림을 픽셀 형태로 저장한다.
④ 래스터 이미지(Raster Image)라고도 불린다.

24 다음 중 팔레트를 사용하는 것과 같이 제한된 수의 색상을 사용해야 할 경우, 그 제한된 색상들을 섞어서 다양한 색상을 만들어 내는 것이다. 즉 현재 팔레트에 존재하지 않는 컬러를 컬러 패턴으로 대체하여 가장 유사한 컬러로 표현하는 기법에 해당하는 용어는?

① 디더링(Dithering)
② 컬러 조정(Color Adjustment)
③ 메타포(Metaphor)
④ 컬러 변화(Color Variation)

25 먼셀의 색상환에서 기본 5원색에 해당되지 않는 것은?

① 빨강
② 노랑
③ 보라
④ 주황

26 실용성 및 기능성과 관련되는 디자인의 조건은?

① 심미성
② 독창성
③ 합목적성
④ 경제성

27 색의 파장이 다른 여러 단색광이 모두 같은 에너지를 가진다고 해도 눈은 그것을 같은 밝기로 느끼지 않는 특성은?

① 명암의 순응도 특성
② 색순응도 특성
③ 시감도 특성
④ 비시감도 특성

28 균형에 대한 설명으로 옳은 것은?

① 같은 단위 형태를 반복 사용할 때 나타난다.
② 단위 형태의 주기적인 반복에 의해 느껴지는 움직임이다.
③ 각 부분 사이에 시각적인 강한 힘과 약한 힘이 규칙적으로 연속될 때 생기는 것이다.
④ 부분과 부분 또는 부분과 전체 사이에 시각상으로 힘의 안정을 주어 명쾌한 감정을 느끼게 한다.

29 시각적인 착각을 일으키는 착시 현상에 대한 내용으로 틀린 것은?

① 분할된 선은 분할되지 않은 선보다 길게 느껴진다.
② 수직은 수평보다 길어 보인다.
③ 상하로 도형이 겹쳐있을 때 아래 도형이 더 크게 보인다.
④ 빠른 속도로 달리는 차안에서는 앞쪽의 글자가 줄어들어 보인다.

30 픽셀 단위로 이루어지는 이미지 작업에서 사선형태인 경우 나타나는 계단현상을 줄이기 위해 경계면의 픽셀에 물체의 색과 배경색의 중간값을 정하여 표시하는 방법은?

① 안티 앨리어싱
② 팔레트 플래싱
③ 디더링
④ 렌더링

31 배색에 관한 설명 중 거리가 가장 먼 것은?

① 이미지를 결정시키는 배색의 주요 요인으로 톤, 색상, 대비 항목 등이 있다.
② 동일 색상 배색 사이에서는 명도, 채도의 차이가 발생하지 않는다.
③ 배색은 한 부분에서만 효과를 보는 것이 아니라 문자나 그림 등가 같이 조합이 되었을 때 복합적인 효과가 나타난다.
④ 보색에 의한 배색은 그림 전체의 색채와는 원만한 조화를 얻기 어려우므로 강조의 효과를 얻고자 할 때 적절히 사용한다.

32 지역색의 개념을 제사하고 지역색 이미지를 부각시키는데 중요한 역할을 한 사람은?

① 고흐
② 칸딘스키
③ 장 피립 랑클로
④ 몬드리안

33 색의 3속성에 대한 설명 중 틀린 것은?

① 색상, 명도, 채도를 말한다.
② 색상을 둥글게 섞으면 채도가 높아진다.
③ 순색에 색상을 섞으면 채도가 높아진다.
④ 먼셀 표색계의 무채색 명도는 0~10까지 11단계이다.

34 심리학자인 베르트하이머(M.Werteimer)의 도형조직 원리로 거리가 가장 먼 것은?

① 유사성
② 접근성
③ 분리성
④ 완결성

35 난이도 하 문제 진단 ○△✕
정지된 비트맵 형태의 로고나 심벌을 웹 상의 콘텐츠로 사용할 때 적합한 파일 형식은?

① GIF
② BMP
③ SWF
④ EPS

36 난이도 중 문제 진단 ○△✕
제품 수명 주기에 따른 시장 규모와 마케팅 전략에서 고객은 대개 혁신층이며 고가 정책을 쓸 수 있는 시기는?

① 도입기
② 성장기
③ 성숙기
④ 쇠퇴기

37 난이도 하 문제 진단 ○△✕
가산혼합에 대한 설명으로 틀린 것은?

① 가법혼색 또는 가색혼합이라고 한다.
② 가산혼합에서의 보색을 섞으면 회색 또는 흑색이 된다.
③ 가산혼합의 원리는 컬러텔레비전을 비롯하여 조명등에도 이용되고 있다.
④ Red, Green, Blue의 3색을 여러 비율로 섞으면 어떤 색이라도 얻을 수 있다.

38 난이도 중 문제 진단 ○△✕
디자인 원리 중 균형의 요소로 거리가 먼 것은?

① 대칭
② 조화
③ 비대칭
④ 비례

39 난이도 중 문제 진단 ○△✕
게슈탈트 시지각 이론에 해당되지 않는 것은?

① 심미성
② 유사성
③ 연속성
④ 폐쇄성

40 난이도 중 문제 진단 ○△✕
바우하우스에 대한 설명이 아닌 것은?

① 예술과 디자인의 통합체인 건축을 목표로 설립되었다.
② 도제, 직인, 준 마이스터의 과정으로 예비과정부터 건축 전공까지 가르쳤다.
③ 가구가 경쾌해 보이도록 두꺼운 직물을 씌우는 것을 피하고 등받이는 투각하였다.
④ 건축디자인은 비대칭의 육면형태, 철골구조 방식과 전면 유리를 사용하였다.

3과목 멀티미디어 저작

41 난이도 중 문제 진단 ○△✕
자바스크립트의 변수에 대한 설명으로 맞는 것은?

① 변수를 사용하기 위해서는 반드시 먼저 변수 형을 선언하여야 한다.
② 문자열과 정수를 더하면 정수가 된다.
③ 숫자로 시작되는 변수명을 사용할 수 있다.
④ 밑줄(_)로 시작되는 변수명을 사용할 수 있다.

42 난이도 중 문제 진단 ○△✕
데이터의 중복으로 인해 릴레이션 조작 시 생기는 이상현상(Anomaly)에 관련된 설명으로 옳지 않은 것은?

① 관계 모델에서는 에트리뷰들 간에 존재하는 여러 종속관계를 하나의 릴레이션에 표현하기 때문에 이상 현상이 발생한다.
② 한 튜플을 삭제함으로써 연쇄 삭제 현상으로 인한 정보의 손실을 삭제 이상이라고 한다.
③ 어떤 데이터를 삽입할 때 불필요하고 원하지 않는 데이터도 함께 삽입해야 되거나 삽입이 되지 않는 경우를 삽입 이상이라고 한다.
④ 데이터 갱신 시 중복된 튜플들 중에서 일부 튜플에 잘못된 값이 갱신될 경우 정보의 모순성이 생기는데 이를 갱신 이상이라고 한다.

43 다음 SQL 명령으로 옳은 것은?

> 기본 테이블 alpha의 열(x, y)조합에 bravo라는 색인을 생성한다. 그 색인 내용은 x(오름차순), y(내림차순)이다.

① CREATE INDEX bravo ON alpha (x ASC, y DESC);
② CREATE INDEX bravo ON alpha (x, y);
③ CREATE INDEX bravo ON bravo (x DESC, y DESC);
④ CREATE INDEX bravo ON alpha ON bravo (x DESC, y ASC);

44 자바스크립트의 Window 객체 메서드에 대한 설명으로 잘못된 것은?

① confirm() : 사용자에게 확인을 필요로 하는 대화상자 실행
② prompt() : 사용자로부터 입력 메시지를 받을 수 있는 대화상자 표시
③ find() : 윈도우에 포함된 텍스트 검색
④ alert() : 전달받은 값이 숫자인지 문자인지 판별한 결과를 출력

45 다음 중 자바 String 클래스에서 저장되어 있는 모든 문자열을 대문자로 변환되는 메서드는?

① toUpperCase()
② toUpper()
③ toUcase()
④ toCapital()

46 자바스크립트 변수 선언으로 틀린 것은?

① var case = "Hello!"
② var a = 5
③ var _B = 30
④ var Sab = 90

47 데이터베이스의 EMP 테이블에서 부서별로 급여의 평균을 구하되 평균이 20000 이상인 부서만 조회하는 SQL 명령으로 옳은 것은?(단, 부서 : DEPTNO, 급여 : SALARY이다.)

① SELECT CEPTNO, AVG(SALARY) FROM EMP GROUP BY DEPTNO HAVING AVG(SALARY) >= 20000;
② SELECT CEPTNO, AVG(SALARY) FROM EMP WHERE AVG(SALARY) >= 20000 GROUP BY DEPTNO;
③ SELECT DEPTNO, AVG(SALARY) FROM EMP WHERE AVG(SALARY) >= 20000;
④ SELECT DEPTNO, AVG(SALARY) FROM EMP HAVING AVG(SALARY) >= 20000;

48 다음 지문에서 설명하고 있는 조인(Join) 방법은?

> • 두 개의 테이블 간에 칼럼 값들이 서로 정확하게 일치하지 않는 경우에 사용하는 Join 명령
> • 연산자로 >, >=, <, <= 을 사용하여 연산 수행

① Equi Join
② Internal Join
③ External Join
④ None Equi Join

49 다음 중 자바스크립트 상에서 예외 상황을 처리하기 위해 사용하는 것으로써 아무것도 없다는 의미를 갖는 것은 무엇인가?

① Null
② VAR
③ String
④ Boolean

50 HTML5의 특징적 요소로 옳지 않은 것은?

① 웹 문서의 표준으로 지정

② 인터프리터 방식의 언어

③ ASCII 코드로 구성된 일반적인 텍스트 중심의 태그 언어

④ 컴퓨터 시스템이나 운영체제에 종속적

51 관계 데이터 모델에서 릴레이션(Relation)에 포함되어 있는 튜플(Tuple)의 수는?

① Cariesian Produce

② Attribute

③ Cardinality

④ Degree

52 자바스크립트에서 연산자 우선순위가 가장 낮은 것은?

① &&　　　　　　　　② 〈

③ /　　　　　　　　　④ +

53 HTML5의 CANVAS API 요소에 대한 설명으로 틀린 것은?

① CANVS의 좌표계는 화면 좌측 하단이 (0,0)의 위치이다.

② CANVS의 좌표계는 오른쪽으로 갈수록 X좌표가 증가한다.

③ CANVS는 선을 그리기 위해 lineTo 함수를 호출할 수 있다.

④ CANVS는 그려진 경로를 화면에 나타내기 위해 stroke 함수를 호출할 수 있다.

54 데이터베이스 SQL 구조적 설계에 대한 데이터 형태가 옳지 않은 것은?

① char : 고정 길이 문자형

② number : 숫자형 데이터를 표현

③ varchar : 가변 길이 문자형

④ date : 날짜 데이터

55 CSS에 대한 설명으로 틀린 것은?

① 스타일은 { 로 시작해서 } 로 닫아 지정한다.

② 속성과 속성값은 = 구분한다.

③ 2개 이상의 속성을 사용할 때는 세미콜론(;)으로 구분한다.

④ 문서의 레이아웃, 글꼴 등 웹 페이지 상의 요소들의 스타일을 세부적으로 정의할 수 있다.

56 데이터베이스 릴레이션에 대한 설명으로 틀린 것은?

① 파일구조에서 레코드와 같은 의미이다.

② 한 릴레이션에 포함된 튜플 사이에는 순서가 없다.

③ 한 릴레이션을 구성하는 애트리뷰트 사이에는 일정한 순서가 있다.

④ 애트리뷰트의 값은 원자값이다.

57 자바스크립트 브라우저 관련 내장 객체 가운데 브라우저의 버전과 에이전트명을 제공하는 메서드를 가진 객체 이름은?

① navigetor 객체

② document 객체

③ history 객체

④ window 객체

58 입력 양식의 데이터를 서버로 전송하기 위한 버튼을 만들 때 이용되는 태그는?

① 〈input type="reset"〉

② 〈input type="button"〉

③ 〈input type="send"〉

④ 〈input type="submit"〉

59 다음 중 JavaScript를 사용해서 페이지의 배경 색상을 초록색(green)으로 바꾸려고 할 때 맞는 코드는?

① bcolor="green";
② page.bgcolor="green";
③ document.bgColor="green";
④ document.changeBgColor"green";

60 HTML5에서 〈input〉의 속성으로 양식 컨트롤이 비어 있을 때 표시할 내용을 지정해 입력할 내용에 대한 간략한 설명을 제공하여 입력 실수를 줄일 수 있도록 도와주는 것은?

① keygen
② step
③ autofocus
④ placeholder

4과목 멀티미디어 제작기술

61 하나의 분자구조와 같은 입자 구조로 하나하나에 빛과 색상을 따로 줄 수 있는 모델링으로 연기나 수증기, 번개 등을 표현하는데 사용하는 모델링은?

① 파티클 모델링
② 프랙탈 모델링
③ 와이어프레임 모델링
④ 파라메트릭 모델링

62 애니메이션 특수효과 중 2개의 서로 다른 이미지나 3차원 모델 사이에 점진적으로 변화해 가는 모습을 보여주는 것을 무엇이라 하는가?

① 로토스코핑(Rotoscoping)
② 모핑(Morphing)
③ 미립자 시스템(Particle System)
④ 양파껍질 효과(Onion-Skinning)

63 동영상 압축 기법의 설명으로 옳지 않은 것은?

① 서브샘플링 기법 : 주어진 영상 정보 중 필요한 일부정보만을 선택하여 압축하는 기법
② 주파수차원 변환 기법 : 3차원 평면의 픽셀을 색상별로 정하여 압축하는 기법
③ 동작보상 기법 : 연속적인 동작을 표현할 때 기본 동작에서 벡터 정보만을 추출하여 압축하는 기법
④ 델타프레임 기법 : 두 화면의 큰 차이가 없는 경우 미세한 차이점만을 선택하여 압축하는 기법

64 DV(Digital Video)에 대한 설명으로 틀린 것은?

① 아날로그 비디오의 단점을 개선하고자 시작된 가정용 디지털비디오 방식이다.
② DV 영상신호는 흑백신호와 두 개의 색신호를 분리하여 광대역으로 기록한다.
③ DV 방식에서 오디오는 16비트 2채널, 12비트 2채널의 2가지 모드를 지원한다.
④ 디지털 입출력을 지원하므로 촬영, 편집에서 화질의 열화가 낮다.

65 애니메이션 제작 시 에니메이터는 장면이 변화하는 키 프레임(Key Frame)만을 제작하고, 중간에 속해 있는 프레임들은 컴퓨터가 자동으로 생성하는 기능은?

① 플립북 애니메이션(Filp Book Animation)
② 셀 애니메이션(Cell Animation)
③ 스프라이트 애니메이션(Sprite-based Animation)
④ 트위닝(Tweening)

66 새털의 끝을 통하여 햇빛을 보면 보는 방향에 따라 색깔을 가진 무늬가 보이는데 이는 빛의 어떤 현상 때문인가?

① 회절
② 굴절
③ 편광
④ 산란

67 디지털 신호체계에서 원신호와 샘플링 주파수와의 관계는?(단, fs : 샘플링주파수, fmax : 원신호의 최대 주파수)

① fs = fmax
② fs ≥2fmax
③ fs <2fmax
④ fs = 3fmax

68 빛의 반사를 없애주는 역할을 하므로 유리, 금속류, 수면 등을 촬영할 때 효과적인 필터는?

① ND(Neutral Density) filter
② UV(Ultra Violet) filter
③ PL(Polarized Light) filter
④ Normal filter

69 표본화된 펄스의 진폭을 디지털 2진 부호로 변환시키기 위하여 진폭의 레벨에 대응하는 정수 값으로 등분하는 과정을 무엇이라 하는가?

① 표본화
② 복호화
③ 양자화
④ 평활화

70 녹음테이프를 재생할 때 발생하는 자기테이트 특유의 자체 잡음을 가리키며, 녹음되어 있는 내용에 관계없이 일정한 레벨로 나타나는 잡음은?

① 히스 잡음
② 핑크 잡음
③ 왜곡 잡음
④ 백색 잡음

71 프리즘을 통과한 백색광에서 무지개색과 같이 연속된 색의 띠로 발견된 것을 무엇이라 하는가?

① CMYK
② RGB
③ 파장
④ 스펙트럼

72 광원에서 1m 떨어진 곳의 조도가 100럭스[lux]일 때 10m 떨어진 곳의 조도[lux]는?

① 1
② 10
③ 25
④ 50

73 둘 이상의 화면, 사진 등을 결합시켜 현실과는 다른 새로운 이미지를 창조하는 기법은?

① 포토그램
② 포토몽타주
③ 양측미술
④ 솔라리제이션

74 카메라 촬영기법 중 움직이는 피사체를 카메라가 따라가면서 촬영하는 기법을 무엇이라 하는가?

① 프레임 인/아웃
② 틸팅
③ 트래킹
④ 패닝

75 3차원 좌표에서 X, Y, Z축이 의미하는 것은?

① 점, 선, 면
② 선, 높이, 면
③ 폭, 높이, 깊이
④ 선, 면, 면적

76 스레숄드(Threshold) 이상의 오디오 신호가 들어오면 회로를 통과시키고, 그 이하의 신호는 통과되지 못하도록 회로를 닫는 원리로 작동하는 시그널 프로세서는?

① 리미터(Limiter)
② 노이즈 게이트(Noise Gate)
③ 덕커(Ducker)
④ 디에서(De-esser)

77 좁은 범위의 밝기 분포를 가지는 영상에 대하여 넓은 범위의 밝기 분포를 가지도록 화소의 밝기 값을 조절하는 처리 기법은?

① 히스토그램 명세화(Histogram Specification)
② 명암대비 스트레칭(Contrast Stretching)
③ 중위수 필터링(Median Filtering)
④ 윤곽선 추출(Edge Detection)

78 다음 중 2개 이상의 비트맵 이미지를 합성하는 방법으로 옳지 않은 것은?

① 필터를 이용한 블러 효과
② 블랜딩 모드를 이용한 색상, 채도, 명도 조정
③ 레이어의 투명도(Opacity)를 이용
④ 이미지의 일부 지우기와 Feather 처리를 이용

79 JPEG 압축 알고리즘의 단계가 맞는 것은?

① 색상 변환표 → 다운 샘플링 → DCT 과정 → 양자화 과정 → 허프만 코딩
② DCT 과정 → 다운 샘플링 → 허프만 → 코딩 → 양자화 과정 → 색상변환표
③ 다운 샘플링 → DCT 과정 → 양자화 과정 → 색상 변환표 → 허프만 코딩
④ 색상 변환표 → 양자화 과정 → 허프만 코딩 → 다운 샘플링 → DCT 과정

80 영상 압축 기법 중 무손실 압축 기법이 아닌 것은?

① Run-Length 부호화
② Huffman 부호화
③ Lempel-Ziv 부호화
④ ADPCM 변환

빠른 정답표 | **확인하기**

① 모바일로 QR 코드를 스캔합니다.
② 해당 회차의 정답표를 확인합니다.
③ 빠르고 간편하게 채점해 보세요.

정답 & 해설

CONTENTS

정답 & 해설

상시 기출문제 01회

252P

01 ①	02 ①	03 ④	04 ②	05 ③
06 ③	07 ②	08 ③	09 ①	10 ①
11 ③	12 ①	13 ②	14 ②	15 ③
16 ②	17 ④	18 ②	19 ①	20 ④
21 ②	22 ③	23 ③	24 ④	25 ②
26 ③	27 ③	28 ④	29 ①	30 ④
31 ③	32 ①	33 ②	34 ①	35 ①
36 ③	37 ④	38 ②	39 ②	40 ①
41 ②	42 ④	43 ③	44 ①	45 ②
46 ③	47 ④	48 ④	49 ①	50 ②
51 ②	52 ①	53 ④	54 ③	55 ③
56 ①	57 ③	58 ③	59 ①	60 ②
61 ②	62 ②	63 ①	64 ②	65 ④
66 ③	67 ④	68 ④	69 ②	70 ④
71 ④	72 ③	73 ④	74 ④	75 ④
76 ①	77 ①	78 ②	79 ①	80 ①

1 과목 멀티미디어 개론

01 ①

오답 피하기
- ② Sandbox : 개발자들이 새로운 소프트웨어나 기능을 테스트할 수 있는 격리된 환경을 의미한다.
- ③ Netflix : 영화와 TV 프로그램을 스트리밍하는 서비스로, 전 세계적으로 인기 있는 플랫폼이다.
- ④ Podcast : 오디오 콘텐츠를 인터넷을 통해 배포하는 방식으로, 사용자가 원하는 시간에 청취할 수 있다.

02 ①

IGMP(Internet Group Management Protocol)는 네트워크 계층(Network Layer)에 속하는 프로토콜로 IP 프로토콜과 함께 작동하며, 멀티캐스트 그룹을 관리하는 역할을 한다.

오답 피하기
- ② UDP : 전송 계층의 프로토콜로, 데이터그램을 기반으로 하는 비연결형 프로토콜이다.
- ③ PDP : Policy Service Protocol은 사용되지 않는 용어이다.
- ④ SNMP : 네트워크 장비를 관리하고 모니터링하기 위한 프로토콜이다.

03 ④

aptX는 Bluetooth를 통해 고품질의 오디오를 전송할 수 있도록 설계되었으며, 낮은 지연 시간과 높은 음질을 제공한다.

오답 피하기
- ① AC3(Dolby Digital) : Dolby Digital로도 알려져 있으며, 영화 및 방송에서 사용되는 오디오 코덱이다.
- ② XviD : MPEG-4 표준을 기반으로 오픈 소스 비디오 코덱이다.
- ③ DTS(Digital Theater Systems) : 고품질의 서라운드 사운드를 제공하는 오디오 코덱이다.

04 ②

라즈베리파이는 2012년 영국의 라즈베리 파이 재단에서 개발한 저가의 싱글보드 컴퓨터로, 리눅스 기반 운영체제를 사용할 수 있으며, 교육 및 다양한 프로젝트에 널리 활용된다.

05 ③

반올림 오차(Quantization Error)는 아날로그 신호를 PAM 신호로 바꾸는 과정에서 연속적인 값을 이산적인 값으로 반올림하면서 발생하는 오차이다. PAM 신호란 아날로그 신호의 진폭을 일정한 시간 간격으로 샘플링하여, 진폭에 따라 펄스의 크기를 변조한 신호이다.

오답 피하기
- ① 절단 오차(Clipping Error) : 신호의 진폭이 시스템의 최대 허용 범위를 초과할 때 신호의 일부가 잘려 나가면서 왜곡이 발생하는 오차이다.
- ② 시그널 오차(Signal Error) : 신호 처리 과정에서 발생할 수 있는 다양한 형태의 오차를 포괄적으로 지칭하는 용어이다.
- ④ 앨리어싱 오차(Aliasing Error) : 샘플링 과정에서 샘플링 주파수가 신호의 대역폭보다 낮을 때 발생하는 오차이다.

06 ③

오답 피하기
- ① 방화벽(Firewall) : 네트워크 보안을 위해 외부로부터의 불법적인 접근을 차단하는 시스템이다.
- ② 스파이웨어(Spyware) : 사용자의 동의 없이 컴퓨터에 설치되어 사용자 정보를 수집하고 전송하는 악성 소프트웨어이다.
- ④ 크래킹(Cracking) : 해킹과 유사한 의미로 사용되지만, 악의적인 의도를 강조한다.

07 ②

ICMP는 네트워크 계층 프로토콜로, IP 프로토콜과 함께 작동하며, 네트워크 상태를 모니터링하고 오류를 보고한다.

08 ③

비연결지향 파일 전송은 네트워크에서 데이터를 전송할 때 연결을 설정하지 않고 데이터를 전송하는 방식으로, UDP(User Datagram Protocol)와 같은 프로토콜을 사용하여 구현된다.

09 ①

나이퀴스트 샘플링 이론은 아날로그 신호를 디지털로 변환할 때, 원래의 아날로그 신호를 정확하게 복원하기 위해서는 신호의 최대 주파수의 두 배 이상으로 샘플링해야 한다는 이론이다. 나이퀴스트 샘플링 이론에 따라 44.1kHz로 샘플링한 경우, 이론적으로 재생할 수 있는 최대 주파수는 44.1kHz의 절반인 22.05kHz가 되며, 가장 근접한 주파수는 22kHz이다.

10 ①

표본화 잡음은 샘플링 과정에서 발생하는 잡음으로, 샘플링 주파수에 의해 결정된다. 비트 수가 증가하면 양자화 잡음이 줄어드는 것으로 표본화 잡음과 관계가 없다.

오답 피하기

• ④ : 신장 특성이란 작은 신호를 더 잘 표현하고 큰 신호를 왜곡 없이 처리하는 능력으로, 7비트에서 8비트로 양자화하면 더 세밀하게 소리를 표현할 수 있어 신장 특성이 개선된다.

11 ③

오답 피하기

• ① Sharing(쉐어링) : 메모리나 자원을 여러 프로세스가 공유하는 것을 의미한다.
• ② Patch(패치) : 소프트웨어의 버그를 수정하거나 기능을 개선하기 위해 배포되는 작은 코드 조각이다.
• ④ Locality(로컬리티) : 프로그램이 자주 사용하는 메모리 부분을 집중적으로 참조하는 것으로, 캐시 메모리가 자주 쓰이는 데이터를 미리 저장해 프로그램 실행 속도를 높인다.

12 ①

오답 피하기

◦ 자동화된 프로그램

• ② 캡차(CAPTCHA) : 컴퓨터와 인간을 구별하기 위한 테스트로, 웹사이트에서 봇(Bot)의 자동 접근을 막기 위해 사용된다.
• ③ 딥러닝(Deep Learning) : 인공지능의 한 분야로, 인공 신경망을 기반으로 한 기계 학습 기술이다.
• ④ 디지털 프라이버시(Digital Privacy) : 개인의 디지털 정보와 활동을 보호하는 개념으로, 데이터의 무단 접근, 사용, 공유를 방지하는 것을 목표로 한다.

13 ②

오답 피하기

• ① Bomb Mail : 대량의 이메일을 동시에 보내 수신자의 정상적인 메일 수신을 방해하는 공격이다.
• ③ Spam Mail : 수신자의 동의 없이 대량으로 발송되는 광고성 메일이다.
• ④ Group Mail : 특정 그룹이나 리스트에 속한 모든 구성원에게 동시에 이메일을 보내는 방법이다.

14 ②

암호화가 반복되는 횟수는 알고리즘의 복잡성에 영향을 줄 수 있지만, 핵심 요소는 아니다.

오답 피하기

• ① 키(Key) : 암호화와 복호화 과정에서 사용되는 값으로, 암호화 시스템의 보안성을 결정하는 중요한 요소이다.
• ③ 알고리즘(Algorithm) : 데이터를 암호화하고 복호화하는 데 사용되는 수학적 절차나 규칙이다.
• ④ 키의 길이(Key Length) : 암호화 키의 비트 수를 나타내며, 키의 길이가 길수록 암호화의 보안성이 높아진다.

15 ③

보안의 3요소

• 기밀성(Confidentiality) : 인가된 사용자만 허용하여 무단 접근을 방지한다.
• 무결성(Integrity) : 인가되지 않은 사용자에 의한 정보의 무단 변경을 방지한다.
• 가용성(Availability) : 인가된 사용자가 언제든지 정보에 접근할 수 있도록 보장한다.

16 ②

오답 피하기

• ① G.711 : ITU-T에서 권고하는 오디오 코덱으로, 전화 통신에서 사용되었다.
• ③ MPEG-2 : ISO/IEC에서 개발한 비디오 및 오디오 압축 표준으로, 디지털 텔레비전 방송, DVD 비디오 등에서 사용된다.
• ④ MPEG-3 : 존재하지 않는 표준이다.

17 ④

오답 피하기

• ① PM(Phase Modulation) : 신호의 위상을 변조하여 정보를 전달하는 방식으로 아날로그 신호의 변조에 사용된다.
• ② PCM(Pulse Code Modulation) : 아날로그 신호를 디지털 신호로 변환하는 가장 기본적인 방법이다.
• ③ AM(Amplitude Modulation) : 신호의 진폭을 변조하여 정보를 전달하는 방식으로 라디오 방송에서 사용되는 아날로그 방식이다.

18 ②

Sniffing(스니핑, 염탐)은 네트워크상에서 전송되는 데이터를 가로채는 행위이다. 네트워크의 취약점을 점검하고 보안을 강화하기 위한 합법적인 목적과 민감한 정보를 해킹하기 위한 비합법적인 목적 모두에서 사용된다.

[오답 피하기]
- ① Pushing : 데이터를 전송하거나 푸시 알림을 보내는 행위이다.
- ③ Cracking : 암호화된 데이터를 해독하거나 소프트웨어의 보안 체계를 무력화하는 행위이다.
- ④ Phishing : 사용자를 속여 민감한 정보를 입력하게 만드는 사기 수법이다.

19 ①

top은 리눅스 시스템의 현재 프로세스와 리소스 사용량을 실시간으로 보여주는 명령어이다.

[오답 피하기]
- ② ls : 디렉토리의 목록을 보여주는 명령어이다.
- ③ qs : 리눅스 명령어가 아니다.
- ④ emac : emacs로 알려진 텍스트 편집기이다.

20 ④

chmod 명령어의 권한은 읽기(r), 쓰기(w), 실행(x)으로 구성되며, 숫자나 기호를 사용하여 설정한다.

[오답 피하기]
- ① su : substitute user(서브스티튜트 유저, 대체 사용자)의 약자로, 다른 사용자로 전환할 때 사용하는 명령어이다.
- ② chown : 파일이나 디렉토리의 소유자를 변경할 때 사용하는 명령어이다.
- ③ chgrp : 파일이나 디렉토리의 그룹 소유권을 변경할 때 사용하는 명령어이다.

2과목 멀티미디어기획 및 디자인

21 ②

레터링은 글자나 문구를 특정 목적에 맞게 디자인하는 과정으로, 독창성보다 가독성과 목적에 맞는 표현이 더 중요하다.

22 ③

정의 잔상(Positive Afterimage)은 시각적 자극이 망막에 남아있는 시간 동안 발생하며, 원래의 자극과 동일한 색상과 형태로 나타나는 것이 특징이다. 밝은 빛을 직접 본 후 눈을 감거나 다른 곳을 보았을 때, 그 빛의 이미지가 잠시동안 그대로 남아 있는 경우가 정의 잔상에 해당한다.

[오답 피하기]
- ① 동시대비 : 동시에 존재하는 두 자극이 서로 영향을 미치는 현상이다.
- ② 동화 현상 : 서로 다른 자극이 비슷하게 보이도록 인식되는 현상이다.
- ④ 부의 잔상 : 원자극이 사라진 후, 원래의 자극과 보색 관계에 있는 상이 나타나는 현상이다.

23 ③

[오답 피하기]
- ① 멀티미디어는 정적인 텍스트뿐만 아니라 동적인 텍스트를 함께 사용한다.
- ② 세리프(Serif)는 문자의 끝부분에 장식이나 삐침이 있는 서체이다.
- ④ 비트맵 폰트는 픽셀로 구성된 폰트로, 크기 조정 시 품질이 떨어진다. 트루타입 폰트는 벡터 기반으로, 문자의 윤곽선을 수학적인 함수로 표현하여 크기 조정 시에도 품질이 유지된다.

24 ④

[오답 피하기]
- ① 루드의 색채조화론 : 색의 명도와 채도를 조절하여 대비와 조화를 이룬다는 이론이다.
- ② 이텐의 색채조화론 : 12색 상환에서 삼각형, 사각형 등을 그려 2색, 3색, 4색, 5색, 6색의 조화를 주장한 이론이다.
- ③ 문–스펜서의 색채조화론 : 색의 심리적 효과와 감정적 반응을 고려하여 색을 조화롭게 사용하는 방법을 제시한다.

25 ②

타이포그래피는 텍스트의 가독성과 명료성을 유지하면서도 미적인 요소를 갖추는 것이 중요하다.

[오답 피하기]
- ① : 로고 디자인과 심볼 디자인에 관련된 조건이다.

26 ③

[오답 피하기]
- ① 개념요소 : 디자인의 기본적인 아이디어나 주제를 나타내는 요소로, 시각적으로 직접 드러나지 않지만 디자인의 방향성과 목적을 설정하는 역할을 한다.
- ② 시각요소 : 눈에 보이는 요소로 디자인의 외형적 특성을 결정한다.
- ④ 실제요소 : 물리적으로 존재하는 요소들로, 실제로 만질 수 있거나 공간을 차지하는 요소이다.

27 ③

- ① 명도 : 색의 밝고 어두운 정도를 나타내는 요소이다.
- ② 포화도 : 색의 채도 또는 순도를 나타낸다.
- ④ 감도 : 빛이나 색에 대한 민감도를 나타내는 용어로, 색채감각을 설명하는 요소는 아니다.

28 ④

멀티미디어 마케팅은 특정 소비자 집단의 특성과 필요에 의한 맞춤형 전략을 수립하여 타겟팅하는 것이 효과적이며, 맞춤형 마케팅 전략은 소비자의 브랜드 충성도를 높이는 데 기여한다.

29 ①

착시는 시각적 자극이 실제와 다르게 인식되는 현상으로, 뇌가 시각 정보를 처리하는 과정에서 발생하는 오류이다. 착시는 명암, 색상, 패턴, 공간적 배치 등 다양한 요인에 의해 발생한다.

30 ④

독일의 색채이론가 에발트 헤링(Ewald Hering)의 4원색설은 인간의 시각이 네 가지 기본 색상(빨강, 초록, 파랑, 노랑)을 기반으로 색을 인식한다는 주장으로, 현대 색채 이론의 기초 중 하나이다.
오스트발트의 색체계는 헤링의 4원색설을 기준으로 색을 체계화하였으며, 색상환을 통해 색의 관계를 시각적으로 표현하였다.

31 ③

Concept(컨셉)은 디자인의 전체적인 아이디어나 주제를 의미하며, 시각적 요소라기보다는 디자인의 방향성과 목적을 설정하는 아이디어나 전략에 해당한다.

32 ②

섬네일 스케치(Thumbnail Sketch)는 작고 간단한 스케치를 의미하며, 아이디어를 빠르게 시각화하기 위해 사용된다. 세부적인 디테일보다는 전체적인 레이아웃, 구도, 형태, 아이디어를 간략히 표현하는 데 초점이 맞춰져 있다.

33 ②

포스터는 인쇄 매체로 사용되며, 이미지와 텍스트를 결합하여 메시지를 전달한다. 영상 이미지는 동적인 요소로 포스터 디자인에 포함되지 않는다.

34 ①

- 점 : 디자인의 가장 기본적인 단위로, 위치를 나타낸다.
- 선 : 점이 이동한 궤적으로, 형태와 방향을 정의한다.
- 면 : 선이 이동하여 만들어진 2차원 공간이다.
- 양감 : 3차원 공간의 부피나 형태를 나타낸다.

- ② 깊이, 너비, 길이 : 3차원 공간의 물리적 차원을 설명하는 데 사용된다.
- ③ 꼭지점, 모서리, 면 : 입체 디자인에서 사용된다.
- ④ 수평면, 수직면, 측면 : 건축이나 입체 디자인에서 공간을 구분하는 데 사용된다.

35 ①

바실리 칸딘스키(Wassily Kandinsky)는 추상 미술의 선구자로, 형태와 색이 사람의 감정에 미치는 영향을 연구하였다.

칸딘스키의 형태 연구 3가지 요소

- 삼각형 : 역동적이고 불안정한 형태이며, 위로 향할수록 더 큰 에너지를 상징한다.
- 사각형 : 안정적이고 균형 잡힌 형태로, 질서와 구조를 상징한다.
- 원형 : 완전함과 무한함을 상징하며, 조화와 통일성을 나타낸다.

36 ③

디더링은 제한된 색상 팔레트를 사용할 때, 이미지의 색상 표현을 개선하기 위해 사용되는 기법으로, 인간의 눈이 색상을 혼합하여 인식하는 특성을 이용한 것이다. 디더링의 목적은 여러 색상을 조합하여 자연스러운 색상을 표현하는 것으로, 가장 가까운 컬러 값만을 사용한다면 색상 밴딩(뚜렷한 경계선이 보이는 현상)이 발생하여 부드러운 색상 전환을 방해하고 화질을 떨어트린다.

37 ④

- ① 색채 : 물체가 가지고 있는 색상 요소로, 색의 종류, 명도, 채도 등을 포함한다.
- ② 양감 : 물체의 부피나 무게감을 나타내는 요소이다.
- ③ 공간감 : 물체가 차지하는 공간, 물체들 간의 거리, 깊이 등을 나타내는 요소이다.

38 ②

- ① 근접 보색의 조화 : 색상환에서 보색에 근접해 있는 색들을 사용하는 조화이다.
- ③ 인접색의 조화 : 색상환에서 서로 인접해 있는 색상 간의 조화이다.
- ④ 등간격 3색의 조화 : 색상환에서 서로 같은 간격으로 떨어져 있는 세 가지 색상을 사용하는 조화이다.

39 ②

RGB는 빛의 삼원색인 빨강, 초록, 파랑을 사용하여 다양한 색을 표현하는 체계이다.

- ③, ④ : CMYK는 Cyan, Magenta, Yellow, Key(Black)이다.

40 ①

- ② #000000 : 검은색 웹 컬러 코드이다.
- ③ #99999 : 웹 컬러 코드는 6자리의 16진수로 표현되며, 유효한 웹 컬러 코드가 아니다.
- ④ #333333 : 어두운 회색을 나타내는 웹 컬러 코드이다.

3 과목 멀티미디어 저작

41 ②

CSS 선택자에서 :not()은 특정 조건을 제외한 요소를 선택할 때 사용된다.

```
input:not([type = password]) {
    /* type 속성이 password가 아닌 모든 <input> 요소에 대해 스타일을 적용 */
    background: red;    /* 배경색을 빨간색으로 설정 */
}
```

42 ④

조인(Join) 처리 방법은 데이터베이스에서 두 개 이상의 테이블을 결합하여 관련된 데이터를 검색할 때 사용된다. Cartesian Loop 조인은 두 테이블의 모든 행을 서로 조합하여 결과를 만드는 방법으로 조인 조건이 없을 때 발생한다. 일반적으로 실수로 발생하며, 의도하지 않은 결과를 초래할 수 있다. 조인 처리 방법이라기보다는 조인 조건이 없을 때 발생하는 부작용이다.

- ① Sort-Merge 조인 : 두 테이블을 조인할 때, 먼저 각 테이블을 조인할 기준으로 정렬한 다음, 정렬된 데이터를 하나씩 비교하여 합하는 방법으로, 정렬된 데이터나 인덱스가 있는 경우 효율적이다.
- ② Hash 조인 : 작은 테이블의 데이터를 메모리에 저장하고, 이 데이터를 기준으로 큰 테이블의 데이터를 비교하여 조인하는 방법으로, 해시 테이블을 사용하여 빠르게 찾는다. 데이터가 많을 때 효과적이다. ·· ○키를 해시값으로 변환하여 (키, 키 값)의 쌍으로 저장하는 테이블
- ③ Nested-Loop 조인 : 한 테이블의 각 행을 다른 테이블의 모든 행과 하나씩 비교하여 조인하는 방법으로 반복문을 사용하여 모든 경우를 확인한다. 한 테이블이 작고, 다른 테이블에 인덱스가 있을 때 유리하다.

43 ③

이스케이프 시퀀스(Escape Sequence)는 프로그래밍 언어에서 문자열 내에 특수한 문자를 포함시키기 위해 사용되는 문자 조합으로, 백슬래시(\)로 시작하며, 그 뒤에 특정 문자를 표기한다. 이스케이프 시퀀스는 자바스크립트를 포함한 많은 프로그래밍 언어에서 사용된다.

주요 이스케이프 시퀀스

이스케이프 시퀀스	설명	이스케이프 시퀀스	설명
\n(New Line)	줄 바꿈	\r(Carriage Return)	커서를 줄 시작으로
\t(Tab)	탭 간격	\f (Form Feed)	페이지 넘김 제어 문자
\b (Backspace)	이전 문자 삭제	\\	백슬래시 자체를 표현

- ③ : 자바스크립트에서 특수 문자로 사용되지 않는다.

44 ①

- ② Window 객체 : 브라우저 창을 제어하는 객체이다.
- ③ History 객체 : 브라우저의 방문기록을 관리하는 객체이다.
- ④ Location 객체 : 현재 문서의 URL 정보를 제공하는 객체이다.

45 ②

- ① 디그리 또는 차수 : 애트리뷰트(Attribute)의 개수 즉, 테이블 열(Column)의 개수이다.
- ③ 애트리뷰트의 수 : 디그리 또는 차수와 같은 의미이다.
- ④ <애트리뷰트 이름, 값>을 갖는 쌍의 집합 : 〈키, 키 값〉의 형태로, 테이블의 행(튜플)에 있는 각 데이터 항목 이름과 그 값을 나타낸다.

46 ③

- ① beginfillRect() : 존재하지 않는 함수이다. 이와 비슷한 fillRect()은 사각형을 그리는 함수이다.
- ② contxtmoveTo( ) : 존재하지 않는 함수이다. 이와 비슷한 moveTo()는 경로의 시작점을 이동시키는 함수이다.
- ④ curvelineTo() : 존재하지 않는 함수이다. 이와 비슷한 lineTo()는 직선을 그리는 함수이다.

47 ④

- ① anchor( ) : 문자열을 앵커(anchor) 요소로 변환한다.
- ② sup( ) : 문자열을 위첨자(superscript) 요소로 변환한다.
- ③ toLowerCase( ) : 문자열의 모든 문자를 소문자로 변환한다.

48 ④

isNaN( )은 값이 NaN(Not a Number)인지 검사하여 숫자가 아니면 참(true), 숫자이면 거짓(false)으로 반환하는 함수이다.

```
    // 변수 result2에 isNaN 함수의 결과를 저장
var result2 = isNaN('03-335-19');

    // "03-335-19"는 숫자가 아니므로 isNaN 함수는 true를 반환
    // 따라서 result2는 true가 된다.

    // document.write를 사용하여 result2의 값과 "<br/>"를 출력
    // 결과적으로 "true" 출력한 후 줄바꿈
document.write(result2 + "<br/>");
```

isNaN('03-335-19')는 문자열 "03-335-19"가 하이픈(-)이 있어 숫자가 아니므로 true를 반환한다.

49 ①

- ② <area> : 이미지 맵에서 클릭 가능한 영역을 정의할 때 사용된다.
- ③ <fieldset> : 폼 요소를 그룹화할 때 사용된다.
- ④ <hgroup> : 제목 요소를 그룹화할 때 사용된다.

50 ②

키(Key)란 테이블 내의 각 레코드를 고유하게 식별하는 데 사용되는 속성을 의미한다. 데이터베이스는 키를 사용하여 데이터의 정확성과 일관성을 유지한다.

키의 종류	역할	유일성	최소성
기본키	각 레코드를 고유하게 식별하는 데 사용되는 주요 키	○	○
후보키	기본키로 선택될 수 있는 모든 키	○	○
대체키	후보 키 중에서 기본키로 선택되지 않은 나머지 키	○	○
슈퍼키	특정 행을 식별할 수 있는 열 또는 열의 집합(조합)	○	×
외래키	다른 테이블의 기본키를 참조하는 키	×	×

- 유일성 : 키는 릴레이션(테이블) 내의 모든 튜플(레코드)이 서로 다른 값을 가지도록 보장하여야 한다.
- 최소성 : 키를 구성하는 속성들은 최소한의 속성으로 구성되어야 한다.

- ③ 공유키 : 데이터베이스에서 사용되지 않는 용어이다.

51 ②

DBMS의 필수 기능

- 정의 기능 : 데이터베이스 구조를 정의한다.
- 조작 기능 : 데이터를 삽입, 수정, 삭제, 검색할 수 있다.
- 제어 기능 : 데이터의 보안, 무결성, 동시성을 관리한다.

52 ①

트랜잭션의 주요 특성은 ACID로 요약되며, 원자성(Atomicity), 일관성(Consistency), 고립성(Isolation), 지속성(Durability)을 의미한다. 원자성은 트랜잭션의 모든 작업이 완전히 실행되거나 전혀 실행되지 않는 상태로, 모든 작업이 성공적으로 완료되면 Commit 명령으로 변경 사항을 저장하고, 작업이 실패하면 Rollback 명령으로 모든 변경 사항을 취소하고 원래의 상태로 되돌린다.

53 ④

Entity-Relationship(엔티티-관계) Model은 데이터베이스의 개념적 설계에 사용되는 데이터 모델로, 개체(Entity), 속성(Attribute), 관계(Relationship)로 구성된 ER 다이어그램으로 시각화한다.

- ① Tree Data Model : 계층적 구조를 가진 데이터 모델로, 파일 시스템의 구조를 표현하는 데 사용된다.
- ② Software Data Model : 소프트웨어 개발 과정에서 데이터베이스 설계나 데이터 구조를 정의한다.
- ③ Mesh Data Model : 3D 컴퓨터 그래픽에서 사용되는 모델로, 그래픽스 렌더링에 사용된다.

54 ③

뷰는 가상테이블로 데이터 자체를 저장하지 않으며, 사용할 때마다 기본 테이블에서 데이터를 가져와야 하므로 성능이 향상되기보다는 오히려 성능에 영향을 줄 수 있다.

55 ③

valueAsNumber는 HTML5에서 <input> 요소의 속성 중 하나로, <input type="number"> 와 같은 숫자 입력 필드에서 사용된다.

```
var num = input.valueAsNumber;
    // input 요소의 값을 숫자 형식으로 변환하여 num 변수에 저장
```

- ①, ②, ④ : 존재하지 않는 함수이다.

56 ①

시스템 카탈로그(System Catalog, 데이터 사전)는 데이터베이스 내의 메타데이터를 저장하는 테이블로, DBMS에 의해 데이터베이스 객체의 생성, 수정, 삭제 등이 자동으로 갱신된다.

57 ③

```
x = 10; // 변수 x에 10을 할당
y = x++; // y에 x의 현재 값(10)을 할당한 후, x를 1 증가
document.writeln(x); // x의 값을 출력합니다. (x는 11이 된다)
document.writeln(y); // y의 값을 출력합니다. (y는 10)
```

++는 후위 증가 연산자로, 현재 값을 먼저 사용한 후에 1을 증가시키므로, y는 x의 증가 전 값인 10을 받게 되고, x는 1 증가하여 11이 된다.

58 ③

참조 무결성(Referential Integrity)은 외래키 제약조건을 통해 두 테이블 간의 관계를 유지하는 것을 보장한다. 외래키는 다른 테이블의 기본키를 참조하며, 참조 무결성은 외래키가 항상 유효한 값을 가지도록 보장한다. 외래키를 변경하려면 참조하는 기본키도 일관되게 변경되어야 한다.

오답 피하기

- ① 카디널리티(Cardinality) : 테이블 행의 개수를 의미한다.
- ② 개체 무결성(Entity Integrity) : 기본키는 반드시 값을 가져야 하며 고유해야 한다는 제약조건으로, 기본키는 테이블 내에서 각 레코드를 고유하게 식별하는 데 사용되며, 중복되거나 비어 있을 수 없다.
- ④ 기본키(Primary Key) : 테이블 내에서 각 행을 고유하게 식별하는 하나 이상의 열(애트리뷰트)로 구성된다.

59 ①

오답 피하기

- ② select : 데이터 조작어(DML)로, 데이터를 조회한다.
- ③ insert : 데이터 조작어(DML)로, 새로운 데이터를 삽입한다.
- ④ update : 데이터 조작어(DML)로, 기존 데이터를 수정한다.

60 ②

em은 상대적 크기를 나타내는 배수 단위로, 현재 폰트 크기를 기준으로 상대적인 크기를 지정한다.
📌 2em은 현재 폰트 크기의 두 배임

4과목 멀티미디어 제작기술

61 ②

오답 피하기

- ① GIF : CompuServe(컴퓨서브)사에서 개발한 비트맵 이미지 형식이다.
- ③ PICT : macOS에서 사용되는 파일 형식으로, 래스터와 벡터 데이터를 모두 저장할 수 있다.
- ④ DWG : AutoCAD에서 사용되는 파일 형식이다.

62 ②

애니메이션은 일반적으로 초당 24프레임(fps)을 사용하므로, 3초 분량의 애니메이션을 만들기 위해서는 72프레임이 필요하다.

63 ①

- 16비트 : 65,536단계로 소리의 크기를 표현할 수 있어 세밀한 음질을 제공하고, 너무 크지 않은 파일 크기로 음질과 파일 크기의 균형을 맞춘다.
- 44.1kHz : 가청주파수는 20Hz~20kHz로, 44.1kHz의 샘플링 주파수는 나이퀴스트 표본화 이론에 따라 인간의 가청주파수 범위에서 재현할 수 있도록 설계되었다.

64 ②

모핑(Morphing) 기법은 2차원뿐만 아니라 3차원에서도 사용된다.

65 ④

H.261은 영상 회의 시스템에서 사용되며 MPEG-2와는 다른 표준이다.

오답 피하기

- ① 허프만 코딩(Huffman Coding) : 무손실 압축 기법으로, 데이터의 빈도에 따라 가변 길이의 코드로 데이터를 인코딩한다.
- ② RLE(Run Length Encoding) : 연속적으로 반복되는 데이터를 하나의 데이터와 반복 횟수로 표현하는 무손실 압축 기법이다.
- ③ DCT(Discrete Cosine Transform) : 주파수 변환을 통해 데이터의 중요한 정보를 더 적은 공간에 모아 압축하는 방식으로 JPEG, MPEG, H.26x 등 다양한 영상 압축 표준에서 널리 사용된다.

66 ③

오답 피하기

- ① 모델링(Modeling) : 3D 애니메이션에서 객체의 형태와 구조를 만드는 과정이다.
- ② 모핑(Morphing) : 한 객체의 형상을 다른 형상으로 서서히 변형시키는 기법이다.
- ④ 쉐이딩(Shading) : 3D 객체의 표면에 빛과 그림자를 계산하여 현실감 있는 이미지를 만드는 기법이다.

67 ④

PDF(Portable Document Format)는 문서 파일 형식이다.

오답 피하기

- ① SND : UNIX 시스템에서 사용되는 사운드 파일 확장자이다.
- ② AIF : 애플 컴퓨터에서 개발한 오디오 파일 형식이다.
- ③ MP3 : MPEG-1 Audio Layer III의 약자로, 가장 널리 사용되는 오디오 파일 형식 중 하나이다.

68 ④

- ① 간섭 : 두 개 이상의 빛이 겹쳐질 때, 그 위상 차이에 따라 빛의 세기가 강화되거나 약화되는 현상이다.
- ② 편광 : 빛의 진동 방향이 특정 방향으로 정렬되는 현상이다.
- ③ 회절 : 빛이 장애물이나 작은 틈을 통과할 때, 그 가장자리에서 휘어지는 현상이다.

69 ②

디지털 디스플레이에서는 RGB 모델을, 인쇄에서는 CMYK 모델을 사용하는 등 다양한 상황과 목적에 따라 여러 종류의 컬러 모델이 사용된다.

- ④ : CMYK 모델은 인쇄에서 사용되며, CMY에 검정(K)을 추가하여 더 정확한 색을 표현한다.

70 ③

윤곽선 추출 필터는 이미지의 윤곽을 강조하는 필터로, 잡음을 감소시키기보다는 경계를 더 뚜렷하게 만든다. 잡음 감소에는 블러링이나 평균값 필터가 사용된다.

71 ④

영상신호의 중복성 제거는 데이터의 크기를 줄일 뿐 아니라, 저장 및 전송 효율성과 비용 절감을 위해 필수적인 과정이다. 그러나 이상적 중복성 제거는 사용되지 않는 방법이다.

- ① 색신호간 중복성 제거 : 영상 색상 정보의 중복되는 부분을 제거하여 압축한다.
- ② 공간적 중복성 제거 : 이미지 내에서 인접한 픽셀들이 유사한 값을 가지는 특성을 이용하여 중복성을 제거한다.
- ③ 시간적 중복성 제거 : 연속된 프레임 간에 변화가 적은 부분을 찾아 중복성을 제거한다.

72 ③

- ① 주광 : 피사체를 직접적으로 비추는 주요 조명이다.
- ② 보조광 : 주광에 의해 생긴 그림자를 부드럽게 하거나 제거하는 역할을 한다.
- ④ 역광 : 피사체의 뒤쪽에서 비추는 조명으로, 피사체의 윤곽을 강조하고 배경과의 분리를 통해 입체감을 준다.

73 ④

- 파이널 컷 프로, 프리미어 : 비디오 편집을 위한 소프트웨어이다.
- 코렐드로우, 일러스트레이터 : 벡터 기반 드로잉 소프트웨어이다.
- 파이어웍스 : 웹 디자인을 위한 소프트웨어이다.
- 포토샵 : 비트맵(래스터) 이미지 편집을 위한 소프트웨어이다.

74 ④

도려내기(Cut-Out, 절지) 애니메이션은 종이, 헝겊, 나무 등 다양한 재료를 잘라내어 만든 그림이나 형태를 움직이게 하여 애니메이션을 제작하는 기법이다. 잘라낸 조각들을 프레임마다 조금씩 위치를 바꾸어 촬영하는 방식으로, 대표적인 예로는 종이 인형을 활용한 페이퍼 컷아웃(Paper Cut-Out) 애니메이션이 있다.

- ① 양파껍질 효과 : 이전 프레임과 다음 프레임을 반투명하게 겹쳐 보여주는 기법으로 동작의 연속성을 쉽게 확인할 수 있다.
- ② 가감속 : 동작의 시작과 끝을 부드럽게 하기 위해 속도를 조절하는 기법이다.
- ③ 반복 : 특정 동작을 반복적으로 재생하는 기법이다.

75 ④

- ① 셀 애니메이션 : 투명한 셀룰로이드 시트에 캐릭터를 그려서 배경 위에 겹쳐 놓고 촬영하는 전통적인 애니메이션 기법이다.
- ② 입자 시스템 : 컴퓨터 그래픽스에서 사용되는 기법으로, 수많은 작은 입자들을 사용하여 연기, 불꽃, 물 등의 자연 현상을 시뮬레이션한다.
- ③ 로토스코핑 : 실사 영상을 촬영한 후, 그 위에 그림을 덧입혀 애니메이션을 만드는 기법이다.

76 ①

시스템 모델링은 소프트웨어나 비즈니스 프로세스 등 복잡한 시스템의 구조와 동작을 시각적으로 표현하는 기법으로, 3D 기하학적 형상 모델링과는 관련이 없다.

77 ①

나이퀴스트 정리(Nyquist Theorem, 나이퀴스트 표본화 이론)는 아날로그 신호를 디지털로 변환할 때 필요한 최소 샘플링 주파수를 정의한 이론이다. 나이퀴스트 정리는 해리 나이퀴스트(Harry Nyquist)에 의해 제안되었으며, 클로드 섀넌(Claude Shannon)에 의해 발전되어 나이퀴스트 섀넌 표본화 정리라고도 한다.

- ③ : 스칼라 양자화는 PCM(Pulse Code Modulation) 과정 중 양자화 단계에서 사용되는 방법을 의미한다.

78 ②

리미터(Limiter)는 입력 신호가 설정된 임계값(Threshold, 쓰레숄드)을 초과할 경우, 신호의 레벨을 줄여 왜곡을 최소화한다. 리미터는 믹서의 갑작스러운 과부하 입력을 즉각 처리한다.

오답 피하기
- ① 동기 신호 발생기 : 비디오 및 오디오 장비 간의 동기화를 위해 사용된다.
- ③ 저역 소거 필터 : 특정 주파수 이하의 저주파 신호를 제거하는 데 사용된다.
- ④ 윈드 스크린 : 마이크에 부착하여 바람 소리나 숨소리와 같은 외부 소음을 차단하는 털뭉치이다.

79 ①

이미지 처리에도 색상 팔레트가 제한된 환경에서 부드러운 색상 전환을 구현하기 위해 사용되는 디더링 기법이 있으므로, 오디오의 인위적인 잡음을 추가하는 디더링과 혼동하지 않도록 한다.

오답 피하기
- ② 앨리어싱 : 신호를 디지털화할 때 샘플링 주파수가 충분히 높지 않아 발생하는 왜곡 현상이다.
- ③ 렌더링 : 3D 모델을 최종 이미지나 영상으로 출력하는 과정이다.
- ④ 오버 샘플링 : 디지털 신호 처리에서 샘플링 주파수를 원래보다 더 높게 설정하여 정확성을 높이는 기법이다.

80 ①

- AC-3 : Dolby Digital이라고도 불리며, DVD에서 널리 사용되는 오디오 압축 기술이다.
- MPEG-2 : DVD 비디오의 표준 압축 방식으로, 영상 데이터를 압축하는 데 사용된다.

오답 피하기
- ②, ③, ④ : 사용되지 않는 조합이다.

01 ③	02 ③	03 ③	04 ①	05 ②
06 ④	07 ②	08 ①	09 ③	10 ④
11 ③	12 ②	13 ①	14 ③	15 ①
16 ③	17 ②	18 ④	19 ①	20 ③
21 ④	22 ②	23 ②	24 ③	25 ②
26 ④	27 ②	28 ④	29 ③	30 ④
31 ①	32 ②	33 ④	34 ①	35 ④
36 ②	37 ②	38 ②	39 ①	40 ④
41 ③	42 ④	43 ②	44 ①	45 ①
46 ④	47 ④	48 ④	49 ④	50 ①
51 ③	52 ①	53 ②	54 ②	55 ②
56 ④	57 ①	58 ④	59 ①	60 ①
61 ③	62 ①	63 ②	64 ④	65 ②
66 ①	67 ①	68 ③	69 ①	70 ①
71 ③	72 ①	73 ②	74 ④	75 ④
76 ②	77 ②	78 ②	79 ④	80 ①

1과목 멀티미디어 개론

01 ③

오답 피하기
- ① 32bit : IPv4 주소체계의 크기이다.
- ②, ④ : IP 주소체계로 사용되지 않는다.

02 ③

양자화 스텝 수(L)=2^n
$2^5=32$

03 ③

IPSec은 IP 패킷을 보호하기 위해 사용되며, 네트워크 계층에서 데이터의 기밀성, 무결성, 인증을 제공한다.

오답 피하기
- ① AH : 데이터의 무결성과 출처 인증을 제공하는 프로토콜이다.
- ② PAA : 존재하지 않는 프로토콜이다.
- ④ IKE : IPSec에서 사용되는 키 교환 프로토콜로, 보안 연결을 설정하고 암호화 키를 교환하는 데 사용되며, 기밀성이나 무결성은 제공하지는 않는다.

04 ①

ping은 네트워크 연결 상태를 확인하는 명령어로, 특정 컴퓨터에 메시지를 보내고 응답을 받는 방식으로 작동한다.

오답 피하기

- ② rlogin : 유닉스 계열 시스템에서 네트워크를 통해 원격 컴퓨터에 로그인하는 명령어이다.
- ③ telnet : 네트워크를 통해 원격 시스템에 접속하여 명령어를 실행할 수 있게 해주는 프로토콜이다.
- ④ ftp : 파일 전송 프로토콜이다.

05 ②

오답 피하기

- ① POP(Post Office Protocol) : 메일 서버에서 이메일을 가져올 때 사용되는 프로토콜이다.
- ③ S/MIME(Secure/Multipurpose Internet Mail Extensions) : 이메일 메시지를 암호화하고 디지털 서명을 추가하여 보안을 강화하는 표준이다.
- ④ SMTP(Simple Mail Transfer Protocol) : 이메일을 전송 프로토콜이다.

06 ④

Fabric Computing(패브릭 컴퓨팅)은 컴퓨터 자원을 필요에 따라 유연하게 연결하고 확장할 수 있는 시스템으로, 클라우드 환경에 적합한 기술이다.

오답 피하기

- ② RIMM(Rambus Inline Memory Module) : 미국의 Rambus 사에서 개발한 고속 메모리 모듈로 컴퓨터의 메모리 성능을 향상시키기 위해 사용된다.

07 ②

TCP(Transmission Control Protocol)는 전송 계층의 프로토콜로, 데이터의 신뢰성 있는 전송을 보장한다.

08 ①

df는 유닉스와 리눅스에서 파일 시스템의 디스크 사용량 정보를 보여주는 명령어이다.

용어 해설

- 슈퍼 블록(Superblock) : 파일 시스템 자체의 정보와 구조를 저장하는 블록이다.
- 마운트(Mounted) : 컴퓨터 운영체제에서 파일 시스템을 시스템 내의 특정 디렉터리에 연결하는 작업을 뜻한다.
- 파일 시스템(File System) : 컴퓨터에 파일을 저장하는 방식이다.
- inode(아이노드) : 파일의 메타데이터(Metadata)를 저장하는 데이터 구조이다.
- free inode : 파일 시스템에서 사용가능한 비어 있는 inode이다.

09 ③

WEP는 보안 프로토콜이지만, 사용자 인증과 부인방지 기능은 지원하지 않는다. WEP는 여러 가지 보안 취약점이 있어 현재는 더 안전한 프로토콜인 WPA(Wi-Fi Protected Access)나 WPA2로 대체되었다.

10 ④

DAS는 확장성과 공유 기능이 제한적이기 때문에, 대규모 트랜잭션 처리나 여러 서버 간의 데이터 공유에는 적합하지 않으므로 SAN(Storage Area Network)이나 NAS(Network Attached Storage)을 사용한다.

11 ③

가변길이 부호화 기법은 발생 빈도가 높은 기호에는 짧은 부호를, 빈도가 낮은 기호에는 긴 부호를 할당하여 압축하는 방식으로, 대표적인 예로는 허프만 코딩이 있다.

오답 피하기

- ① 객체 모델링 기법 : 객체 지향 프로그래밍에서 사용되는 기법으로, 시스템을 객체 단위로 모델링하여 설계한다.
- ② 색 참조 기법 : 컴퓨터그래픽스에서 색상 관리를 위해 색상 팔레트를 사용하여 색상을 참조하는 기법이다.
- ④ 메시지 다이제스트 기법 : 입력 메시지를 고정된 크기의 해시 값으로 변환하는 기법으로, 데이터 무결성 검증에 사용된다.

12 ②

AVC(H.264)는 FHD(1920x1080) 비디오의 렌더링에, HEVC(H.265)는 4K(3840x2160) 비디오 렌더링에 사용된다.

오답 피하기

- ① MPEG2 : DVD 비디오, 디지털 TV 방송 등에 사용되며, H.264나 H.265에 비해 압축 효율이 낮다.
- ③ AVC(Advanced Video Coding) : H.264로 알려져 있으며, MPEG-4 Part10의 일환으로 개발된 비디오 압축 표준이다.
- ④ IESG(Internet Engineering Steering Group) : 인터넷 표준을 감독하고 관리하는 조직으로, 비디오 코딩 기술과는 관련이 없다.

13 ①

래스터 방식 이미지는 점, 선, 곡선 등의 기하학적 객체로 표현되며, 수학적 방정식을 사용하여 이미지를 구성하는 벡터(Vector) 방식 이미지에 해당한다.

14 ③

ECMAScript는 가상 객체의 동작을 정의하고 제어하기 위해 사용되는 스크립트 언어이다.

오답 피하기

- ① DHTML(Dynamic HTML) : HTML, CSS, JavaScript를 조합하여 웹 페이지를 동적으로 만드는 기술이다.
- ② SAML(Security Assertion Markup Language) : 웹 서비스 환경에서 인증과 권한 부여를 위한 XML 기반의 표준이다.
- ④ XMLSheet : 특정한 기술이나 표준에 사용되지 않는 용어이다.

15 ①

DRM(Digital Rights Management, 디지털 저작권 관리)은 디지털 콘텐츠의 저작권을 보호하고, 무단 복제나 수정, 배포를 방지하기 위한 시스템이다.

주요 DRM 구성요소

- 콘텐츠 제공자(Content Provider) : 디지털 콘텐츠를 생성하고 제공하는 주체이다.
- 클리어링 하우스(Clearing House) : 라이선스 발급 및 관리, 결제 처리 등을 담당하는 중개 기관으로, 콘텐츠 제공자와 소비자 간의 거래를 지원한다.
- 콘텐츠 소비자(Content Consumer) : 디지털 콘텐츠를 구매하거나 사용하는 최종 사용자이다.

16 ③

RSA(Rivest–Shamir–Adleman) 비대칭 암호화 방식이라고도 하며, 데이터 보안, 전자메일 암호화, 전자서명, 인증서 등 다양한 보안 프로토콜과 응용 프로그램에서 사용된다.

오답 피하기

- ① ARS : 존재하지 않는 암호화 알고리즘이다.
- ②, ④ : 대칭키 암호화 알고리즘이다.

17 ②

인터넷 사용자 이름과 암호는 사용자 인증을 위해 username:password@ 형식으로 사용되는 정보로 보안상의 이유로 현대 웹에서는 거의 사용되지 않으며, URL의 필수 구성요소가 아니다.

오답 피하기

- ① 프로토콜 : http, https, ftp 등 URL에서 사용하는 통신 규약이다. 포트 번호 : HTTP는 80번, HTTPS는 443번 등 서버와의 통신을 위해 지정한다.
  - 예 https://example.com:443
    - → https는 프로토콜, 443은 포트 번호
- ③ CGI(Common Gateway Interface) : 서버에서 동적으로 데이터를 처리하기 위한 프로그램으로, URL의 끝부분에 ? 뒤에 붙는 질의 문자열(Query String)은 CGI 프로그램에 전달되는 입력값이다.
  - 예 https://example.com/search?query=example
    - → query=example이 질의 문자열

- ④ : 서버 내의 특정 파일이나 리소스를 지정하는 경로이다.
  - 예 https://example.com/images/photo.jpg
    - → /images/photo.jpg는 경로와 파일 이름

18 ④

다이나믹레인지(dB)=20 · $\log_{10}(2^{비트수})$

계산하기

$20 \cdot \log10 (2^{16}) = 20 \cdot \log_{10}(65,536)$
$\rightarrow \log_{10}(65,536) \approx 4.82$
$\rightarrow 20 \cdot 4.82 \approx 96.33 \text{ dB}$
$\rightarrow$ 약 96dB

19 ①

Hash Function(해시 함수)는 입력 데이터를 고정된 길이의 해시값으로 변환하는 알고리즘으로, 입력 데이터가 조금이라도 변경되면 완전히 다른 해시값이 생성된다.

대표적인 해시 알고리즘에는 MD5, SHA-1, SHA-256 등이 있다.

오답 피하기

데이터를 고정된 크기의 고유한 값(해시값)으로 변환

- ② UH(Universal Hashing) : 보안과 관련된 해싱 기법 중 하나로, 무결성 검증보다는 해시 테이블에서 충돌을 줄이기 위해 사용된다.
- ③ SXL : 보안 알고리즘에 존재하지 않는 용어이다.
- ④ MEM : 메모리를 의미하며, 보안 알고리즘과 관련이 없다.

20 ③

인터럽트(Interrupt)는 하드웨어 인터럽트와 소프트웨어 인터럽트로 나뉘며, 이를 커널이 처리한다. 인터럽트의 종류에는 키보드 입력, 마우스 클릭, 타이머 이벤트 등이 있다.

오답 피하기

- ① 태스크(Task) : 운영체제에서 실행 중인 프로세스를 의미하며, CPU가 실행해야 할 작업 단위를 나타낸다.

2과목 멀티미디어기획 및 디자인

21 ④

일러스트레이터와 CAD는 벡터(Vector) 방식을 사용하는 프로그램으로 점과 선, 수학적 계산을 기반으로 이미지를 표현하므로 확대, 축소 시에도 품질이 변하지 않는다.

22 ②

보색은 색상환에서 서로 마주 보는 색이다. 보색끼리 인접하면 서로의 색이 더 강렬하게 대비되어 채도가 높아지며, 이를 보색대비라고 한다.

23 ②

명도는 색의 밝고 어두운 정도를 나타내는 속성으로 0(검정)에서 10(흰색)까지의 11단계로 세분화된다.

24 ③

슈브뢸(Michel-Eugene Chevreul)은 프랑스의 색채이론가로, 그의 저서 '색채의 동시대비 법칙'에서 색의 조화는 유사성과 대비에서 이루어진다고 설명하였다.

오답 피하기

- ① 뉴턴(Isaac Newton) : 색채 이론의 기초를 다진 과학자로, 빛의 스펙트럼을 발견하고 색상환을 제안하였다.
- ② 괴테(Johann Wolfgang von Goethe) : 색채를 심리적, 감정적 관점에서 연구한 철학자이다.
- ④ 베졸드(Wilhelm von Bezold) : 독일의 색채학자로 베졸드 효과(Bezold Effect)로 알려져 있다.

25 ②

웹 디자인에서 메타포(Metaphor)란 쓰레기통 아이콘, 돋보기 아이콘 등 현실의 사물이나 개념을 디자인에 적용하는 것이다. 메타포는 직관성을 제공하는 유용한 도구이지만 모든 상황에서 반드시 사용해야 하는 것은 아니며, 지나치면 혼란을 줄 수 있다.

26 ④

마케팅 믹스는 제품이나 서비스를 성공시키기 위한 전략적 도구로, 전통적인 마케팅 전략을 마케팅 4P라고 한다.

마케팅 4P

- 제품(Product) : 소비자의 욕구를 충족시키는 특성과 품질을 결정한다.
- 가격(Price) : 제품이나 서비스의 가치를 반영하여 적절한 가격을 설정한다.
- 유통(Place) : 제품의 유통 경로를 관리한다.
- 촉진(Promotion) : 광고, 홍보, 판매 촉진 등을 통해 구매를 유도한다.

27 ②

레이아웃(layout)은 텍스트, 이미지, 그래픽 등 시각적 구성요소들의 배치로, 가독성과 시각적 균형을 고려하여 구성요소들을 기능적으로 배열하여야 한다.

28 ④

오답 피하기

- ① 모더니즘 : 20세기 초반에 등장한 디자인 사조로, 기능성과 실용성을 중시한다.
- ② 합리주의 : 모더니즘과 밀접한 관계가 있으며, 과학적이고 객관적인 접근 방식을 중시한다.
- ③ 팝아트 : 1950~60년대에 등장한 디자인 사조로, 대중문화와 소비사회를 반영하며 밝고 대담한 색상, 만화적 요소, 상업적 이미지 등을 활용한다.

29 ③

디자인의 4대 조건

- 합목적성 : 디자인이 목적에 맞게 사용되도록 한다.
- 심미성 : 미적 요소가 기능과 잘 어우러진 것이다.
- 독창성 : 창의적이고 독특한 디자인을 추구한다.
- 경제성 : 최소한의 재료와 노력으로 최대의 효과를 얻고자 하는 원리이다.

30 ④

그리드는 화면 디자인에서 구성요소를 체계적이고 일관성 있게 배치하기 위해 사용하는 가이드라인으로 모듈, 본문 컬럼, 마진, 단위 등은 레이아웃의 구성요소이다.

31 ①

굿 디자인(Good Design)이 되기 위해서는 디자인의 4대 조건에 잘 부합해야 하며, 이 조건들은 디자인의 품질을 평가하고, 사용자 경험을 향상시키기 위한 기준이 된다.

32 ②

타이포그래피는 단순히 장식적 요소가 아니라, 글자를 통해 메시지를 전달하는 디자인의 핵심 요소이다. 회화, 사진, 도표, 도형 등은 타이포그래피의 범주에 포함되지 않으며, 타이포그래피는 글자 자체의 배열, 크기, 간격 등을 통해 시각적 메시지를 전달한다.

33 ④

져드의 색채조화론

- 질서의 원리 : 일정한 규칙에 따라 선택된 색들은 조화한다.
- 유사의 원리 : 비슷한 성질을 가진 색들은 조화한다.
- 명료성의 원리 : 색상, 명도, 채도가 명확하게 구분되는 명료한 배색은 조화한다.
- 친근감의 원리 : 친숙한 색상끼리는 조화한다.

34 ①

Ecology Design(친환경 디자인)은 인간과 자연의 조화를 목표로 하는 디자인 접근 방식이다.

35 ④

에디토리얼 디자인(Editorial Design, 편집 디자인)은 텍스트와 이미지를 조화롭게 배치하여 정보를 효과적으로 전달하는 디자인으로 레이아웃, 타이포그래피, 색상, 이미지 배치 등으로 구성된다.

36 ②

- ① 컬러 조정 : 이미지의 밝기, 대비, 채도, 색조 등을 조정하여 색상을 보정하거나 원하는 색감으로 변경하는 작업이다.
- ③ 컬러 변화 : 이미지나 그래픽에서 색상을 변경하거나 변형하는 작업이다.
- ④ 인덱스드 컬러모드 : 256가지 색상 팔레트를 사용하는 모드로, 파일 크기를 줄이기 위해 사용된다.

37 ②

사람의 눈은 명도 변화에 가장 민감하게 반응하며, 명도 차이에 따라 물체의 형태와 입체감을 인식한다.

38 ②

- 먼셀기호 표기법 : HV/C − Hue(색상) Value(명도)/Chroma(채도)
- 기본 5색 : 5R(Red), 5Y(Yellow), 5G(Green), 5B(Blue), 5P(Purple)
- 중간 5색 : YR(주황), GY(연두), BG(청록), PB(남색), RP(자주)
- 색상 숫자 : 5R− 순수한 빨강, 0R − 빨강에서 보라 쪽으로 이동, 10R −빨강에서 주황 쪽으로 이동
  예 10RP → 1R → 2R → ... → 10R → 1YR → ...
- 명도 단계 : 0(완전한 검정)에서 10(완전한 흰색)이다.
- 채도 단계 : 색상에 따라 다르며, 0(채도가 없는 탁한 상태, 회색)에서 최대 20(매우 선명한 색)까지 나타낸다.

39 ①

선의 양쪽 끝은 점이 아니라 선의 끝부분을 의미하며, 새로운 점을 생성하는 과정이 아니다.

40 ②

러프 스케치는 정확성을 요구하지 않으며, 세부적인 표현은 이후의 정밀 스케치나 완성 단계에서 다룬다.

---

3 과목 **멀티미디어 저작**

---

41 ③

Embedded SQL(임베디드 SQL)은 C, COBOL, Java 등과 같이 SQL을 지원하지 않는 프로그래밍 언어에서 SQL 구문을 사용할 수 있도록 해주는 기술이다. SQL 구문을 별도로 작성하지 않고 프로그래밍 언어 코드 안에 직접 삽입하여 데이터베이스와 상호작용한다.

- ④ PL/SQL(Procedural Language/SQL) : Oracle에서 제공하는 절차적 SQL 언어로, SQL과 프로그래밍 언어의 기능을 결합한 형태이다.

42 ④

- ① 튜플 : 행(Row)을 의미한다.
- ② 메서드 : 객체지향 프로그래밍에서 객체가 수행할 수 있는 동작(함수)을 의미한다.
- ③ 엔티티 : 데이터의 대상(객체)을 의미하고 테이블로 표현되며, 속성(애트리뷰트)과 관계를 가진다.

43 ②

〈video〉 태그는 웹 페이지에서 동영상을 삽입하고 재생할 수 있도록 지원하는 태그이다.

주요 속성	설명	예제
src	동영상 파일의 경로를 지정	〈video src ="example.mp4"〉
autoplay	페이지가 로드되면 자동 재생	〈video autoplay〉
muted	동영상을 음소거 상태로 재생	〈video poster ="thumbnail.jpg"〉
poster	동영상 로드 중 사용자에게 보여질 이미지 URL 지정	〈video muted〉
width	동영상의 가로 크기 지정	〈video width="640" height="360"〉
height	동영상의 세로 크기 지정	

44 ①

Array()는 배열을 생성하는 함수이다.

```
var i; // 변수 i 선언
mArray = new Array(); // 새로운 배열 mArray 생성

// 배열 mArray에 값 할당
mArray[0] = 50;
mArray[1] = 70;
mArray[2] = 60;
mArray[3] = 40;

// for 반복문: i가 0부터 4까지 반복
for (i = 0; i <= 4; i++) { // i가 0부터 4까지 증가
  if (i == 4) // i가 4일 때 조건문 실행
    document.write(mArray[i − 1]); // mArray[3] (네 번째 요소, 값 40)을 출력
}
```

45 ①

- ② Web SQL Database : 클라이언트 측에서 SQL을 사용하여 데이터를 저장하고 관리할 수 있는 API이다.
- ③ Web Storage : 클라이언트 측에서 데이터를 저장하기 위한 API이다.
- ④ Web Worker : 화면이 멈추거나 느려지지 않도록 복잡한 계산이나 데이터 처리를 백그라운드에서 따로 실행하는 API이다.

46 ④

뷰를 제거할 때는 DROP VIEW 문을 사용한다.

47 ④

```
SELECT 과목이름, 점수
FROM 성적
WHERE 점수 >= 90
-- 성적 테이블에서 점수가 90 이상인 레코드의 과목이름과 점수
를 선택
UNION
SELECT 과목이름, 점수
FROM 성적
WHERE 과목이름 LIKE "컴퓨터%";
-- 성적 테이블에서 과목이름이 "컴퓨터"로 시작하는 레코드의
과목이름과 점수를 선택

-- 위 두 SELECT 문의 결과를 UNION 연산자로 합친다
-- UNION은 중복된 레코드를 제거하고 결과를 반환한다
```

LIKE 연산자 : 문자열 패턴을 비교하여 일치하는 값을 찾는다.
a% : a로 시작하는 모든 문자열 검색

48 ④

DBMS의 정의 기능(데이터 정의 언어, DDL)과 관련된 내용이다.

오답 피하기
- ① : DBMS의 제어 기능 중 무결성 제약 조건에 대한 설명이다.
- ② : DBMS의 제어 기능 중 보안 및 권한 관리에 대한 설명이다.
- ③ : DBMS의 제어 기능 중 병행 제어(Concurrency Control)에 대한 설명이다.

49 ④

오답 피하기
- ① window.init; : window 객체의 init 속성에 접근만 하는 코드로, init 함수가 실행되지 않는다.
- ② window.upload; : window 객체의 upload 속성에 접근하는 코드이다.
- ③ window.init = onload; : init 속성에 onload 속성을 할당하는 코드이다.

50 ①

오답 피하기
- ② History 객체 : 브라우저의 방문 기록을 관리하는 객체이다.
- ③ Document 객체 : 현재 로드된 HTML 문서를 나타내는 객체이다.
- ④ Location 객체 : 현재 문서의 URL 정보를 관리하는 객체이다.

51 ③

논리적 설계 단계에서는 데이터의 구조와 관계를 정의하고, 데이터가 실제로 저장되는 방식은 물리적 설계 단계에서 다룬다. 그러나 저장 레코드 양식 설계는 물리적 설계 단계에서 수행하는 작업으로, 데이터의 파일구조, 레코드 형식, 인덱스 설계, 데이터 저장소의 물리적 배치를 정의한다.

52 ①

저장 프로시저(Stored Procedure)는 데이터베이스에 저장된 SQL 문들의 집합으로 데이터베이스 서버에서 실행되며, 효율성과 보안성을 높이는 데 유용하다. 저장 프로시저는 폐쇄적 설계로 인해, 외부에서 임의로 수정하거나 접근할 수 없도록 설계된다.

53 ②

데이터베이스 정규화란, 데이터베이스 논리적 설계 단계에서 데이터의 중복을 최소화하고 데이터 무결성을 보장하기 위해 데이터를 체계적으로 조직화하는 과정이다.

오답 피하기
- ① 부분적 함수 종속 제거 : 2NF 조건이다.
- ③ 다치 종속 제거 : 4NF 조건이다.
- ④ 결정자이면서 후보 키가 아닌 것 제거 : BCNF 조건이다.

54 ②

오답 피하기
- ① Tuple : 데이터베이스에서 행(Row) 또는 레코드(Record)를 의미한다.
- ③ Degree : 테이블에서 속성(Attribute)의 개수이다.
- ④ Domain : 속성(Attribute)이 가질 수 있는 값의 범위를 의미한다.

55 ②

confirm()은 확인 또는 취소를 선택할 수 있는 대화상자를 생성한다.

오답 피하기
- ① alert() : 단순한 메시지를 표시하는 대화상자를 생성한다.
- ③ open() : 새로운 브라우저 창이나 탭을 연다.
- ④ print() : 현재 페이지를 인쇄한다.

56 ④

eval()은 문자열로 표현된 수식을 계산하여 반환하는 함수이다.

```
// 변수 선언 및 초기화
a = "1"; // 문자열 "1"을 변수 a에 저장
b = 4;   // 숫자 4를 변수 b에 저장
c = 3;   // 숫자 3을 변수 c에 저장
d = b + c; // 변수 b와 c를 더한 값(4 + 3 = 7)을 변수 d에 저장

// eval() 함수는 문자열을 자바스크립트 코드로 평가하여 실행
// eval(a)는 문자열 "1"을 숫자 1로 변환
// 따라서 계산 순서는 다음과 같음:
// eval(a) + b + c + d = 1 + 4 + 3 + 7 = 15
document.write(eval(a) + b + c + d); // 결과값 15를 HTML 문
서에 출력
```

57 ①

Anchor 객체는 HTML 문서에서 〈a〉 태그(앵커 태그)에 대한 정보를 포함하고 있는 객체이다. 〈a〉 태그는 하이퍼링크를 생성하거나, name 또는 id 속성을 사용하여 문서 내 특정 위치를 참조한다.

오답 피하기
- ② Applet 객체 : 〈applet〉 태그에 대한 정보를 포함하고 있는 객체로, 자바 애플릿을 웹 페이지에 삽입하기 위해 사용되었던 태그이다.
- ③ Link 객체 : 〈link〉 태그에 대한 정보를 포함하고 있는 객체이다.
- ④ Form 객체 : 〈form〉 태그에 대한 정보를 포함하고 있는 객체이다.

58 ④

catch는 try...catch 구문에서 예외 처리를 위해 사용되는 예약어로, 변수 이름으로 사용할 수 없다.

59 ①

오답 피하기
- ② ERASE : SQL에 존재하지 않는 명령어이다.
- ③ DELETE : 테이블의 데이터를 삭제하는 명령어로, 조건에 맞는 행만 삭제된다.
- ④ KILL : SQL에서 데이터베이스 연결을 종료하는 명령어이다.

60 ①

GRANT는 데이터베이스의 권한을 부여하는 명령어로, 데이터 제어문(DCL, Data Control Language)에 속한다.

오답 피하기
- ② SELECT : 데이터를 조회하는 데이터 조작문(DML) 명령어이다.
- ③ UPDATE : 기존 데이터를 수정하는 데이터 조작문 명령어이다.
- ④ INSERT : 새로운 데이터를 삽입하는 데이터 조작문 명령어이다.

4과목 멀티미디어 제작기술

61 ③

오답 피하기
- ① MPEG-1 : 1993년에 개발된 동영상 및 오디오 압축 표준으로, CD-ROM에서 사용되었으며 1.5Mbps의 대역폭을 사용한다.
- ② MPEG-2 : 고화질 동영상을 압축하기 위해 설계되었으며, 디지털 TV 방송, DVD, 위성 방송 등에서 사용된다.
- ④ MPEG-7 : 멀티미디어 콘텐츠의 검색 및 관리를 목적으로 설계되었으며, 동영상, 오디오, 이미지 등의 메타데이터를 정의한다.

62 ①

광학식(Optical) 방식은 카메라와 적외선 빛을 사용하여 마커의 위치를 추적한다.

오답 피하기
- ② 기계식(Mechanical) 방식 : 센서가 부착된 기계 장치를 착용하여 관절의 움직임을 측정한다.
- ③ 자기식(Magnetic) 방식 : 자기장을 발생시키는 송신기와 이를 감지하는 수신기를 사용하여 움직임을 추적한다.
- ④ 전자식(Electromagnetic) 방식 : 전자 센서를 사용하여 움직임을 추적한다.

63 ④

영상 합성 기술은 시각적 요소의 변경 및 조합에 초점이 맞춰져 있으며, 데이터 전송 속도 조절과는 관련이 없다.

64 ④

TGA(TARGA, Truevision Advanced Raster Graphics Adapter)는 미국의 Truevision(트루비전)사에서 개발한 래스터 그래픽 파일 포맷이다. TGA는 단일 이미지 포맷으로 설계되어 Bitmap 이미지를 저장할 수 있지만, PostScript 이미지를 저장하는 기능은 없다. PostScript는 1980년대 Adobe에서 개발한 페이지 기술 언어(Page Description Language)로, 인쇄 및 출판 작업에 사용된다.

65 ②

후트라이트(Footlight)는 무대 앞쪽 아래에서 위로 비추는 조명이며, 음영을 연하게 하기 위해 사용되는 조명은 필 라이트(Fill Light)이다.

66 ①

TOONZ(툰즈)는 2D 애니메이션 제작 소프트웨어이다.

오답 피하기
- ④ VP9 : 구글에서 개발한 오픈 소스 비디오 압축 코덱으로, 유튜브와 같은 스트리밍 플랫폼에서 널리 사용된다.

67 ①

정면 축상의 거리란 스피커의 중심축을 따라가는 방향에서 측정된 거리를 의미한다. 감도(Sensitivity)는 스피커에 1W의 전력을 입력했을 때, 스피커 정면 축상 1m 거리에서 측정되는 출력 음압 레벨(SPL, Sound Pressure Level)로 데시벨(dB)단위로 표시한다.

오답 피하기

- ② 파워(Power) : 스피커가 처리할 수 있는 최대 전력량을 나타내며, 와트(W) 단위를 사용한다.
- ③ 임피던스(Impedance) : 스피커의 전기적 저항을 나타내며, 옴(Ω) 단위를 사용한다.
- ④ 지향(Directivity) : 스피커가 소리를 방사하는 방향성과 범위이다.

68 ③

오답 피하기

- ① 바운더리(Boundary) 모델링 : 서피스 모델링의 한 종류로 객체의 면을 정의하여 모델링하며, 면과 면의 경계(Boundary)를 기준으로 객체를 표현한다.
- ② 서피스(Surface) 모델링 : 객체의 표면을 수학적으로 정의하여 형상을 표현한다.
- ④ 솔리드(Solid) 모델링 : 객체의 내부와 외부를 모두 포함하여 부피를 가진 3D 모델을 생성한다.

69 ①

오답 피하기

- ② 반사(Reflection) : 소리나 빛이 진행하다가 장애물에 부딪혀 되돌아오는 현상이다.
- ③ 간섭(Interference) : 두 개 이상의 파동이 겹칠 때, 서로 영향을 주어 파동의 세기가 강화되거나 약화되는 현상이다.
- ④ 굴절(Refraction) : 파동이 한 매질에서 다른 매질로 이동할 때, 속도 변화로 인해 진행 방향이 꺾이는 현상이다.

70 ①

American Shot(아메리칸 샷)은 인물을 무릎에서 위로 잡는 기법으로, 서부 영화에서 총잡이의 모습을 강조하기 위해 사용되었으며, 인물의 동작과 표정을 동시에 보여주는 구도이다.

오답 피하기

- ② Full Shot : 인물의 머리부터 발끝까지 전체를 화면에 담는다.
- ③ Wide Shot : 넓은 배경을 강조하며, 인물은 화면에서 작게 보인다.
- ④ Long Shot : 전신이 화면에 들어오며, 주변 배경도 함께 강조된다.

71 ③

오답 피하기

- ① 양이 효과 : 소리의 방향과 거리를 지각하는 능력이다.
- ② 청감곡선 : 인간의 귀가 소리를 인지하는 방식의 특성을 시각적으로 표현한 곡선이다.
- ④ 마스킹 현상 : 한 소리가 다른 소리에 의해 가려져 잘 들리지 않게 되는 현상이다.

72 ①

오답 피하기

- ② 렌더링(Rendering) : 3D 모델을 최종 이미지나 영상으로 출력하는 과정이다.
- ③ 쉐이딩(Shading) : 3D 객체의 표면에 빛과 그림자를 계산하여 입체감을 표현하는 기술이다.
- ④ 스키닝(Skinning) : 3D 모델의 뼈대(리깅)와 표면(스킨)을 연결하여 움직임을 표현하는 기술이다.

73 ②

오답 피하기

- ① 퍼핏 : 퍼핏 애니메이션은 퍼핏(인형)을 사용하여 움직임을 연출하는 기법으로, 인형의 관절을 조작하거나 와이어를 이용해 움직임을 만든다.
- ③ 클레이 애니메이션 : 점토(클레이)를 사용하여 캐릭터와 배경을 제작하고, 스톱 모션 기법으로 촬영한다.
- ④ 로토스코핑 : 실제 촬영된 영상을 바탕으로, 그 위에 그림을 덧씌워 애니메이션을 제작하는 기법이다.

74 ④

오답 피하기

- ① 레이 캐스팅 : 화면의 각 픽셀에 광선을 쏘아 해당 광선이 만나는 객체를 계산하는 기법으로, 객체와의 충돌 여부만 계산하며, 반사, 굴절, 그림자 등은 고려하지 않는다.
- ② 댑스 맵 쉐도우 : 조명에서 바라본 장면의 깊이 정보를 기반으로 그림자를 계산하는 기법으로, 생성 속도가 빠르지만 그림자 경계가 부드럽지 않다.
- ③ 스캔라인 렌더링 : 화면의 각 스캔라인(가로 줄)을 기준으로 렌더링하는 기법으로 반사, 굴절, 그림자 등은 표현하지 못한다.

75 ④

넌 리니어 편집은 디지털 비선형 편집을 의미하며, 복사, 이동, 삭제가 쉽고 시간 순서에 구애받지 않고 자유롭게 편집한다.

76 ②

오답 피하기

- ① Vertex : 3D 그래픽에서 점을 의미한다.
- ③ Edge : Vertex와 Vertex를 연결하는 선을 의미한다.
- ④ Object : 하나의 독립된 객체를 의미한다.

77 ②

스플라인(Spline)은 여러 제어점(Control Vertex, CV)을 연결하여 매끄러운 곡선을 만드는 기법으로, CAD, 3D 그래픽, 애니메이션 등에서 사용된다.

스플라인의 종류

- 선형 스플라인(Linear Spline) : 직선으로 제어점을 연결한다.
- 베지어 스플라인(Bezier Spline) : 제어점에 의해 곡선 모양이 결정되며, 곡선의 시작점과 끝점은 항상 제어점에 위치한다.
- B-스플라인(B-Spline) : 베지어 스플라인의 확장형으로, 제어점들이 곡선 위에 직접 놓이지 않고 곡선 주변에 설정된다. 곡선은 여러 개의 구간(Segment)으로 나뉘며, 제어점의 영향을 받아 더 부드럽게 연결된다.
- NURBS(Non-Uniform Rational B-Spline) : B-스플라인의 확장형으로, 각 제어점에 가중치를 부여하여 더 복잡한 형태의 곡선과 곡면을 표현한다.

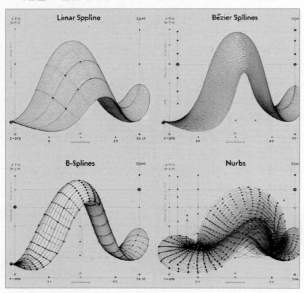

▲ 스플라인 곡선 모델링 예시

오답 피하기

- ④ 패치 모델 : 여러 개의 스플라인 곡선을 조합하여 곡면(Surface)을 생성한다.

78 ②

MPEG-2는 디지털 TV와 DVD에서 사용되며, 화면을 한 줄씩 차례로 표시하는 순차주사(Progressive Scan) 방식과 줄을 번갈아 가며 표시하는 격행주사(Interlaced Scan) 방식을 모두 지원한다.

〇디지털 디스플레이 방식

〇아날로그 TV 방식

오답 피하기

- ② : MPEG-2는 1.5Mbps 이상의 전송 속도가 필요하며, 1.5Mbps 이하의 전송 속도는 MPEG-1의 특징이다.
- ④ : 순방향 호환성이란 MPEG-2 디코더가 MPEG-1으로 인코딩된 영상을 문제없이 재생할 수 있는 것을 의미한다.

79 ④

애니메이션 제작과정

1. 기획 : 아이디어와 방향성을 설정한다.
2. 탐구성(조사 및 분석) : 세부 요소를 구체화한다.
3. 스토리보드/콘티 작성 : 각 장면을 시각적으로 계획한다.
4. 캐릭터 설정 : 캐릭터의 외형, 성격, 역할 등을 설정한다.
5. 모델링 : 3D 모델을 제작한다.

80 ①

오답 피하기

- ② 모핑 : 하나의 이미지에서 다른 이미지로 자연스럽게 변환하는 기술이다.
- ③ 스플라인 : 곡선을 수학적으로 정의하여 부드럽게 연결하는 기법으로, 3D 그래픽이나 애니메이션에서 곡선 경로를 만들 때 사용된다.
- ④ 운동역학 : 중력, 충돌, 마찰 등 물리 법칙을 기반으로 물체의 움직임을 시뮬레이션하는 기술이다.

01 ②	02 ①	03 ②	04 ①	05 ②
06 ④	07 ①	08 ②	09 ③	10 ④
11 ①	12 ②	13 ③	14 ③	15 ③
16 ④	17 ①	18 ③	19 ③	20 ④
21 ③	22 ①	23 ③	24 ②	25 ③
26 ③	27 ④	28 ②	29 ②	30 ③
31 ②	32 ④	33 ②	34 ①	35 ②
36 ④	37 ④	38 ②	39 ③	40 ②
41 ③	42 ②	43 ④	44 ④	45 ④
46 ③	47 ②	48 ②	49 ①	50 ①
51 ③	52 ①	53 ②	54 ③	55 ②
56 ①	57 ②	58 ④	59 ①	60 ②
61 ①	62 ②	63 ①	64 ②	65 ④
66 ②	67 ①	68 ④	69 ①	70 ③
71 ①	72 ①	73 ④	74 ①	75 ①
76 ①	77 ②	78 ①	79 ①	80 ②

1 과목 멀티미디어 개론

01 ②

TFTP(경량 파일전송 프로토콜)는 UDP를 기반으로 동작하며, 69번 포트를 사용한다. TCP 80번 포트는 HTTP(웹 통신 프로토콜)에 사용되는 포트이다.

02 ①

NAT(Network Address Translation)는 내부 네트워크의 IP주소를 숨겨 외부로부터의 침입을 방지하며, 가정용 공유기에서 여러 기기가 하나의 공인 IP를 통해 인터넷에 접속할 때 사용된다.

오답 피하기

- ② ARP(Address Resolution Protocol) : 네트워크에서 IP 주소를 MAC 주소(물리적 주소)를 변환하는 프로토콜이다.
- ③ SMTP(Simple Mail Transfer Protocol) : 이메일을 전송 프로토콜이다.
- ④ SNMP(Simple Network Management Protocol) : 라우터, 스위치, 서버 등 네트워크 장치를 모니터링하고 관리하는 프로토콜이다.

03 ②

분산 시스템(Distributed System)은 여러 대의 독립적인 컴퓨터(노드)가 네트워크를 통해 연결되어 하나의 시스템처럼 동작하는 컴퓨터 시스템으로, 각 노드가 독립적으로 작업을 수행하면서도 협력하여 하나의 작업을 처리하거나 데이터를 공유한다.

Hadoop(하둡)은 대용량 빅데이터를 분산 처리하기 위한 오픈 소스 프레임워크이다.

▲ Hadoop Big Data Software Logo

오답 피하기

- ① Key Value Store : 데이터를 키(Key)와 키 값(Value) 쌍으로 저장하는 데이터베이스 유형이다.
- ③ Mash : 여러 소스에서 데이터를 가져와 결합하여 새로운 애플리케이션이나 서비스를 만드는 기술이다. Google Map를 활용하여 부동산 데이터와 결합한 서비스는 Mash의 대표적인 사례이다.
- ④ Opinion Mining(의견 마이닝) : 텍스트 데이터에서 감정이나 의견을 분석하는 기술로, 제품 리뷰 분석, 소셜 미디어 감정 분석에 사용된다.

04 ①

UDP(User Datagram Protocol)은 전송계층 프로토콜로 신뢰성, 순서 보장, 오류제어, 흐름 제어를 제공하지 않는 비연결형 프로토콜이다.

05 ②

RSA(Rivest–Shamir–Adleman)는 1977년 로널드 리베스트(Ronald Rivest), 아디 샤미르(Adi Shamir), 레오나드 애들먼(Leonard Adleman)이 개발한 비대칭키 암호화 알고리즘으로, 데이터 암호화보다는 전자서명이나 키 교환에 사용된다.

06 ④

IPv6(Internet Protocol version 6)는 IPv4의 주소 부족 문제를 해결하기 위해 개발된 차세대 인터넷 프로토콜로, 16진수 콜론(:) 표기법을 사용한다.
예 2001:0db8:85a3:0000:0000:8a2e:0370:7334

오답 피하기

- ① : 16Byte는 128bit이다.

07 ①

오답 피하기

- ② HRN(Highest Response Ratio Next) : 대기 시간과 실행 시간을 고려하여 응답 비율이 가장 높은 프로세스에게 CPU를 할당하는 기법이다.
- ③ FCFS(First Come First Serve) : 프로세스가 도착한 순서대로 CPU를 할당하는 가장 단순한 스케줄링 기법이다.
- ④ ROUND ROBIN : 각 프로세스에 고정된 시간 동안 CPU를 할당하고, 시간이 초과되면 다음 프로세스로 넘어가는 방식이다.

08 ②

Hz(헤르츠)는 1초당 주기가 몇 번 반복되는지를 나타내는 단위로, 1초당 주기의 횟수를 나타낸다.

09 ③

오답 피하기

- ① 응용 계층(Application Layer, 어플리케이션계층) : OSI 7 계층의 최상위 계층으로, 사용자와 네트워크 간의 인터페이스를 제공한다.
- ② 프리젠테이션 계층(Presentation Layer, 표현계층) : 데이터의 표현 방식을 담당하는 계층으로, 데이터를 암호화하고 압축한다.
- ④ 물리 계층(Physical Layer) : 네트워크의 최하위 계층으로, 데이터 전송을 위한 물리적 매체와 신호를 다룬다.

10 ④

Context Switching(문맥 교환)은 프로세스 A가 실행 중일 때, 프로세스 B가 실행되기 위해 A의 상태를 저장한 후 B의 상태를 불러오는 과정으로, 멀티태스킹 환경에서 필수적인 작업이며, CPU 스케줄링에 의해 발생한다.

오답 피하기

- ① Deadlock(교착 상태) : 두 개 이상의 프로세스가 서로 자원을 점유한 상태에서, 다른 프로세스가 점유한 자원을 요청하며 무한히 대기하는 상태이다.
- ② Semaphore(세마포어) : 운영체제에서 프로세스 간의 동기화와 공유 자원에 대한 접근 제어를 위해 사용되는 변수이다.
- ③ C-scan(순환 스캔) : 디스크 헤드가 한 방향으로만 이동하며 요청을 처리하는 방식이다. ·····○HDD에서 데이터를 읽고 쓰는 장치

11 ①

오답 피하기

- ② HAS-160 : SHA-1(미국 표준 해시 알고리즘)을 기반으로 1998년 국내에서 개발된 해시 함수이다. SEED는 암호화 알고리즘이고, HAS-160은 해시 함수이므로 용도가 다르다.
- ③ KCDSA(Korean Certificate-based Digital Signature Algorithm) : 국내에서 개발된 전자서명 알고리즘으로, 데이터 암호화가 아닌 전자서명에 사용된다.
- ④ DSS(Digital Signature Standard) : 미국의 디지털 서명 표준이다.

12 ②

오답 피하기

- ① VTSP(Virtual Terminal Service Protocol) : 가상 터미널 서비스 프로토콜로, 원격 터미널 접속을 지원한다.
- ③ CRTP(Compressed Real-Time Transport Protocol) , 실시간 전송 프로토콜(RTP)의 헤더를 압축하는 프로토콜이다.
- ④ MCP(Multicast Communication Protocol) : 멀티캐스트 통신을 위한 프로토콜이다.

13 ③

오답 피하기

- ① Register : CPU가 데이터를 처리할 때 임시로 저장하거나 사용하는 공간이다.
- ② Commit : 변경 사항을 확정하거나 저장하는 작업을 의미한다.
- ④ Interface : 하드웨어와 소프트웨어, 사용자와 시스템 간의 상호작용을 위한 접점을 의미한다.

14 ③

DNS 스푸핑(DNS Spoofing)은 공격자가 DNS 서버의 정보를 변조하거나 위조하여 사용자가 의도하지 않은 악성 사이트로 접속하도록 유도하는 해킹 기법이다. 그 중 파밍(Pharming)은 사용자가 정상적인 URL을 입력했음에도 불구하고, 공격자가 조작한 악성 사이트로 접속하게 되는 해킹이다.

·····○ 사용자가 의도하지 않은 행동을 하도록 속이는 공격

오답 피하기

- ① 프레임 어택(Frame Attack) : 웹사이트에 투명한 프레임을 삽입하여 사용자가 클릭하도록 유도하는 클릭재킹(Clickjacking)이다.
- ② 디도스(DDoS, Distributed Denial of Service)는 분산 서비스 거부 공격으로, 다수의 시스템을 이용해 특정 서버나 네트워크를 과부하 상태로 만드는 공격이다.
- ④ 백도어(Backdoor) : 공격자가 시스템에 몰래 접근할 수 있도록 설치한 비인가 접근 경로이다.

15 ③

해커 레벨

- Netbie(뉴비) : 해킹 경험이 없는 초보자이다.
- Script Kid(스크립트 키드) : 본 지식을 바탕으로 다른 사람이 만든 해킹 도구를 사용한다.
- Scripter(스크립터) : 스크립트를 직접 개발하여 공격을 실행한다.
- Nemesis(네메시스) : 고급 기술과 지식을 갖춘 최고 수준의 해커로, 복잡한 공격과 보안 침투에 능숙하다.

16 ④

보안의 3대 요소(CIA Triad)

- 기밀성(Confidentiality) : 정보에 대한 접근을 허가된 사용자만 할 수 있도록 보장한다.
- 무결성(Integrity) : 정보가 허가 없이 변경되거나 손상되지 않도록 보장한다.
- 가용성(Availability) : 정보와 시스템이 필요할 때 적절히 접근 가능하도록 보장한다.

17 ①

JPEG(Joint Photographic Experts Group)는 정지화상을 위한 국제 표준으로, 고품질 이미지를 효율적으로 저장한다.

18 ③

PCB(Process Control Block)는 운영체제가 프로세스를 관리하고 제어하는 데 필요한 모든 정보를 저장하는 데이터 구조이며 프로세스와 직접적으로 관련된 정보만을 저장한다.

PCB 주요 정보

- 프로세스의 현재 상태 : 실행 중, 준비 상태, 대기 상태 등 프로세스의 상태 정보이다.
- 프로세스 고유 식별자 : 프로세스를 구분하기 위한 고유 ID이다.
- 스케줄링 및 프로세스의 우선순위 : 프로세스 스케줄링 정보를 포함한다. ╰┈ 프로세스의 실행 순서를 결정하는 작업
- CPU 레지스터 정보 : 프로세스가 실행 중이던 시점의 레지스터 값이다.
- 메모리 관리 정보 : 프로세스가 사용하는 메모리 영역 정보이다.
- 입출력 상태 정보 : 프로세스에 할당된 주변장치 및 입출력 상태 정보이다.

19 ③

운영체제의 주요 구성요소

- Kernel(커널) : 운영체제의 핵심 부분으로, 프로세스 관리, 메모리 관리, 파일 시스템 관리, 입출력 제어 등을 담당한다.
- Shell(쉘) : 사용자와 운영체제 간의 인터페이스로, 명령어를 해석하여 커널에 전달하고, 결과를 사용자에게 반환한다.
- File System(파일 시스템) : 데이터를 저장하고 관리하는 구조이다.

20 ④

PEM은 미국의 IETF(Internet Engineering Task Force)에서 개발한 이메일 보안 표준으로, 이메일 통신의 기밀성, 무결성, 인증을 보장하기 위해 설계되었다.

2과목 멀티미디어기획 및 디자인

---

21 ③

- ① 연변대비 : 색이 서로 접해 있는 경계 부분에서 색상, 명도, 채도가 더 강하게 느껴지는 대비 현상이다.
- ② 병치대비 : 서로 다른 색이 나란히 배치될 때, 색이 서로 영향을 주어 대비가 강하게 느껴지는 현상이다.
- ④ 동화대비 : 서로 다른 색이 가까이 있을 때, 색이 서로 비슷하게 보이는 현상이다.

22 ①

- ② 푸르킨예의 잔상 : 빛의 밝기에 따라 색의 밝기와 대비가 다르게 느껴지는 현상으로 낮에는 빨간색이 더 밝게 보이지만, 밤에는 파란색이 더 밝게 보인다.
- ③ 헤릴의 잔상 : 강한 빛을 본 후, 그 빛의 잔상이 남아 시각적으로 느껴지는 현상으로, 시간이 지나면서 점차 사라진다.
- ④ 비드웰의 잔상 : 빠르게 깜빡이는 빛을 볼 때, 잔상이 남아 연속적인 이미지로 보이는 현상이다.

23 ③

인덱스 컬러(Indexed color)는 색상을 효율적으로 관리하고 파일 크기를 줄이기 위해 사용되는 색상 모드로, 이미지에 사용되는 색상을 제한된 팔레트(최대 256가지 색상)로 표현한다.

24 ②

고든법(Gordon Method)은 문제를 구체적으로 설명하지 않고, 문제의 본질을 모호하게 제시한 상태에서 아이디어를 도출하는 방법이다. 문제를 명확히 알지 못한 상태에서 창의적인 사고를 유도하며, 간접적이고 추상적인 접근을 통해 아이디어를 발상한다.

25 ③

2차원 디자인은 평면적인 요소를 다루는 디자인으로, 길이와 너비만을 가지며 깊이(입체감)는 포함되지 않는다. 액세사리 디자인의 경우 3차원 디자인에 속한다.

26 ③

가시광선(Visible Light, 가시 영역)

- 380~450nm : 보라색, 파란색
- 450~495nm : 청록색
- 495~570nm : 녹색
- 570~590nm : 노란색
- 590~620nm : 주황색
- 620~780nm : 빨간색

27 ④

안티 앨리어싱(Anti-Aliasing)은 디지털 이미지에서 경계선이 계단처럼 보이는 계단 현상(Aliasing)을 줄여 경계선을 매끄럽게 표현하는 데 사용된다.

28 ②

레터링(Lettering)은 특정한 글자나 문구를 디자인하는 과정으로, 조형성보다 가독성과 목적에 맞는 표현이 더 중요하다.

29 ②

게슈탈트 법칙(Gestalt Principles)은 인간이 시각적 정보를 인지하고 조직화하는 방식을 설명하는 심리학 이론이다.

오답 피하기

- ① 폐쇄성의 원리(Principle of Closure) : 일부가 생략되었거나 불완전해도, 이를 완전한 형태로 인식한다.
- ③ 유사성의 원리(Principle of Similarity) : 모양, 색상, 크기 등이 비슷한 요소들을 하나의 그룹으로 인식한다.
- ④ 근접성의 원리(Principle of Proximity) : 서로 가까이 있는 요소들을 하나의 그룹으로 인식한다.

30 ③

마케팅의 4가지 기본 요소

- 제품(Product) : 고객의 니즈를 충족시키기 위해 제공되는 상품이나 서비스이다.
- 가격(Price) : 고객이 지불해야 하는 금액이다.
- 유통(Place) : 제품이나 서비스가 고객에게 전달되는 경로와 방법이다.
- 촉진(Promotion) : 제품이나 서비스를 알리고 판매를 촉진하기 위한 모든 활동이다.

31 ②

환경디자인은 인간이 생활하는 공간과 환경을 보다 쾌적하고 기능적으로 만들기 위해 계획되고 설계되는 디자인으로, 건축, 도시계획, 실내디자인, 조경디자인, 공공디자인 등 다양한 분야를 포함한다.

32 ④

RGB 시스템은 Red(빨강), Green(초록), Blue(파랑)의 3원색을 조합하여 색을 표현한다.

오답 피하기

- ① CMYK 시스템 : 인쇄용 색채 시스템이다.
- ② HSB 시스템 : Hue(색상), Saturation(채도), Brightness(명도를 기준으로 색을 표현한다.
- ④ LUB 시스템 : 존재하지 않는 디지털 색채 시스템이다.

33 ②

웹사이트 디자인은 단순히 최신 트렌드를 따르는 것이 아니라, 웹사이트의 목적과 사용자 경험(UX)을 최우선으로 고려해야 한다.

34 ①

오답 피하기

- ② 트렌드 맵(Trend Map) : 시장의 변화나 소비자 트렌드를 분석한 지도로, 제품 간의 비교보다는 시장 흐름을 파악하는 데 사용된다.
- ③ 셰어 맵(Share Map) : 시장 점유율을 시각적으로 표현한 지도이다.
- ④ 시장 세분화(Market Segmentation) : 소비자를 특정 기준으로 나누어 세분화하는 과정이다.

35 ②

트루 컬러는 24비트 색상 표현 방식으로, 디지털 이미지의 기본적인 색채 특징이 아닌 색상 표현 방식의 한 종류이다.

오답 피하기

- ① 해상도 : 이미지의 픽셀 밀도이다.
- ③ 비트 깊이 : 한 픽셀이 표현할 수 있는 색상의 수이다.
- ④ 컬러 모델 : 색상을 표현하기 위한 체계로, RGB, CMYK, HSV 등이 있다.

36 ④

사이트맵은 웹 페이지의 구조를 계층적으로 보여주는 정보로, 텍스트 기반으로 제공되며, 이미지로 표현되지 않는 경우가 대부분이다.

37 ④

점은 일반적으로 원형으로 표현되는 경우가 많지만, 삼각형, 사각형, 별 모양 등 다양한 형태로 표현될 수 있다.

38 ②

애니메이션은 움직임을 기반으로 한 동적인 시각적 표현으로, 정적인 요소를 다루는 편집 디자인과 관련이 없다.

39 ②

문과 스펜서는 색채의 면적과 채도 간의 관계를 정량적으로 이론화한 학자들이다.

오답 피하기

- ① 슈브뢸 : 색의 유사성 조화와 대비의 법칙을 사용한다.
- ③ 오스트발트 : 색의 명도, 채도, 색상에 따라 색을 정리하였다.
- ④ 저드 : 색채의 물리적 특성과 인간의 시각적 반응에 관해 연구하였다.

40 ②

오답 피하기

- ① 색음 현상 : 색의 채도와 명도가 변할 때 색상이 다르게 느껴지는 현상이다.
- ③ 색상 현상 : 빨강, 파랑, 노랑 등 색의 고유한 속성과 관련된 일반적인 현상이다.
- ④ 베졸트 브뤼케 현상 : 빛의 강도(밝기)가 변할 때 색상이 다르게 보이는 현상으로, 밝기가 증가하면 노란색이 더 강하게 보이고, 어두워지면 파란색이 더 강하게 보인다.

41 ③

SELECT는 데이터 조작어(DML)로, 데이터를 조회할 때 사용된다.
예 SELECT * FROM "합격"; → 합격 테이블에 있는 모든 데이터를 조회

42 ②

ALT는 HTML에서 〈img〉에 사용되는 속성으로, 이미지가 표시되지 않을 경우 대체 텍스트를 제공한다.

오답 피하기

- ① PRE : 서식이 유지된 텍스트를 표시한다.
- ③ ALIGN : 요소의 정렬을 지정한다.
- ④ UL : 순서 없는 목록(Unordered List)을 만든다.

43 ④

오답 피하기

- ① 원자값이 아닌 도메인을 분해 : 제1정규형(1NF)에서 수행하는 작업이다.
- ② 부분 함수 종속 제거 : 제2정규형(2NF)에서 수행하는 작업이다.
- ③ 이행 함수 종속 제거 : 제3정규형(3NF)에서 수행하는 작업이다.

44 ④

〈FRAME〉 태그는 HTML에서 프레임을 정의하며, 각 프레임에 표시할 콘텐츠를 지정하기 위해 src 속성을 사용한다.

오답 피하기

- ① cols : 〈FRAMESET〉 태그에서 열(세로) 방향으로 프레임을 분할한다.
  예 〈FRAMESET cols="50%, 50%"〉
- ② li : 목록 항목을 정의한다.
- ③ map : 이미지 맵을 정의한다.

45 ④

개념 스키마는 데이터베이스의 개체(Entity), 속성(Attribute), 관계(Relationship), 제약조건(Constraint) 등 전체적인 논리적 구조를 정의하는 스키마로, 데이터베이스 설계의 중간 단계에 해당한다.

46 ③

뷰는 가상테이블로, 기본 테이블의 데이터에 의존하여 실제 데이터를 저장하지 않으며, 물리적인 테이블처럼 관리되지 않는다.

47 ②

σ(시그마)는 조건에 맞는 튜플(행)을 선택(Selection)하는 연산으로, SQL의 WHERE 절과 같은 역할을 한다.
‖은 π(프로젝션)를 대체한 연산으로, 특정 열(속성)을 선택하여 새로운 릴레이션을 생성하고, 중복된 튜플(행)을 제거한다.

코드 해석

```
σ 학과 = '컴퓨터' (학생):
-- 학생 테이블에서 학과가 '컴퓨터'인 튜플(행)을 선택
‖ 이름, 학년:
-- 선택된 데이터에서 이름과 학년 열만 추출하고 중복된 튜플은 제거
```

SQL로 변환

```
SELECT 이름, 학년
FROM 학생
WHERE 학과 = '컴퓨터';
```

48 ②

커서(Cursor)는 SQL에서 복수개의 튜플(행)을 처리하기 위해 사용하는 도구로, 한 번에 여러 행을 반환한다.

커서의 동작 과정

1. DECLARE(선언) : SQL 쿼리를 사용할지 미리 정의한다.
2. OPEN(열기) : 선언된 커서를 열어 실행 결과를 로드한다.
3. FETCH(가져오기) : 커서에서 한 행씩 데이터를 가져온다.
4. CLOSE(닫기) : 커서를 닫아 메모리를 해제한다.

```
-- 1. 커서 선언
DECLARE cur CURSOR FOR SELECT name, age FROM people;
        └─○커서 이름              └─○열 이름
   └─○테이블 이름
-- 2. 커서 열기
OPEN cur;
-- 3. 커서에서 데이터 가져오기
FETCH cur INTO person_name, person_age;
    변수 지정○┘       └─○변수 이름
-- 4. 커서 닫기
CLOSE cur;
```

49 ①

〈canvas〉는 HTML5에서 그래픽을 그리기 위한 태그로, JavaScript와 함께 사용한다.

```
<canvas id="myCanvas"></canvas>
<script>
  // 캔버스 요소를 가져와 2D 그래픽 컨텍스트를 생성
  const ctx = document.getElementById('myCanvas').getContext('2d');
                            └─○특정 id 가져오기 메서드
  // 도형의 채우기 색상을 파란색으로 설정
  ctx.fillStyle = 'blue';

  // (50, 50) 위치에서 가로 200, 세로 200 크기의 사각형을 그림
  ctx.fillRect(50, 50, 200, 200);
</script>
```

▲ 〈canvas〉 예제

50 ①

오답 피하기
- ②, ③ : 존재하지 않는 속성이다.
- ④ COLSPAN : 〈TABLE〉 태그에서 열을 병합할 때 사용한다.

51 ③

관계 데이터 모델의 무결성 제약 조건
- 개체 무결성 : 기본키는 널 값을 가질 수 없고, 고유해야 한다.
- 도메인 무결성 : 속성 값은 정의된 도메인(값의 범위) 내에 있어야 한다.
- 참조 무결성 : 외래키는 참조하는 기본키와 일치하거나 널(null) 값을 가진다.
- 키 무결성 : 기본키는 고유성과 최소성을 만족해야 한다.

오답 피하기
- ①, ② : 사용되지 않는 용어이다.

52 ①

자바스크립트는 웹 브라우저에서 독립적으로 실행되어 특정 플랫폼에 의존하지 않고 다양한 브라우저와 플랫폼(Windows, macOS, Linux 등)에서 동일하게 동작한다.

53 ②

오답 피하기
- ①, ④ : 존재하지 않는 속성이다.
- ③ text-transform: lowercase; : 모든 글자를 소문자로 변환한다.

54 ③

ER 다이어그램(ERD, Entity Relationship Diagram)은 데이터베이스의 개념적 설계 단계에서 사용되는 시각화 도구로 마름모는 관계(Relationship)를 나타내며, 객체(Entity)는 사각형으로 표현된다.

55 ②

연산자 우선순위

() 괄호 〉산술연산자 〉 비트연산자 〉 비교연산자 〉 논리연산자

문항의 우선순위 – ③() 〉 ① != 〉 ④ && 〉 ② ||

56 ①

오답 피하기
- ② 글꼴 크기 : font-size 속성이 담당한다.
- ③ 자간 조절 : letter-spacing 속성이 담당한다.
- ④ 라인을 이용한 장식 : text-decoration 속성이 담당한다.

57 ②

CSS의 기본 구조는 선택자 {속성: 값} 형태로 작성된다.
- 선택자(Selector) : 스타일을 적용할 HTML 요소를 지정한다.
- 속성(Property) : 스타일을 정의한다.
- 값(Value) : 속성에 적용할 구체적인 스타일 값이다.

58 ④

자바스크립트의 변수 선언에는 var, let, 또는 const 키워드를 사용한다.

59 ①

오답 피하기
- ② Tuple(튜플) : 행(Row)을 의미하며, 레코드(Record)와 동일한 개념이다.
- ③ Record (레코드) : 튜플과 동일한 의미로, 릴레이션의 행을 나타낸다.
- ④ Synonym (동의어) : 동일한 개체를 가리키는 다른 이름으로, 테이블이나 뷰에 대해 별칭을 부여할 때 사용된다.

60 ②

오답 피하기
- ① Publication(출간) : 출판 용어로, 특정 콘텐츠나 정보를 대중에게 배포하는 과정을 의미한다.
- ③ Localization(현지화) : 언어, 날짜, 통화 단위 등을 사용자의 지역에 맞게 조정하는 최적화를 의미한다.
- ④ Weblocation : 존재하지 않는 용어이다.

4과목 멀티미디어 제작기술

61 ②

소리는 공기의 진동을 통해 전달되며, 이 진동의 속도(주파수)가 높을수록 사람의 귀에는 높은 소리(고음)로 들리고, 진동의 속도가 낮을수록 낮은 소리(저음)로 들린다.

62 ④

G.722는 ITU-T에서 개발한 오디오 압축 표준이다.

오답 피하기
- ① DVI(Digital Visual Interface) : 디지털 영상 신호를 전송하기 위한 인터페이스로, 영상 압축 기술과 관련이 있다.
- ② H.261 : H.261은 ITU-T에서 개발한 영상 압축 표준으로, 화상회의와 같은 저속 데이터 전송을 위해 설계되었다.
- ③ H.263 : H.261의 후속 표준으로, 저속 네트워크 환경에서 효율적인 영상 압축을 위해 개발되었다.

63 ①

색수차(Chromatic Aberration)는 렌즈를 통과하는 빛이 파장에 따라 굴절률이 달라지는 현상에서 발생한다.

오답 피하기
- ② 반사 : 빛이 물체의 표면에서 반사되는 현상이다.
- ③ 편광 : 빛의 진동 방향이 특정 방향으로 정렬되는 현상이다.
- ④ 간섭 : 두 개 이상의 빛이 겹쳐질 때, 파동의 상호작용으로 간섭 무늬가 생기는 현상이다.

64 ②

손실 압축(Lossy Compression)은 사람이 인지하기 어려운 데이터의 일부를 제거하여 압축률을 높이는 방식으로, 비디오, 오디오, 이미지와 같은 멀티미디어 데이터를 압축하는 데 사용된다. 비디오 압축에서는 일반적으로 10:1에서 40:1 정도의 압축률을 얻는다.

오답 피하기
- ① : 무손실 압축(Lossless Compression)의 특징이다.
- ③ : 의료용 영상 분야에서는 데이터의 정확성과 완전성이 중요하기 때문에, 무손실 압축 기법이 사용된다.
- ④ : 손실 압축은 미세한 데이터를 제거하여 압축률을 높이는 방식이다.

65 ④

오답 피하기
- ① 단일지향성 마이크 : 특정 방향에서 들어오는 소리에 민감하며, 다른 방향의 소리는 상대적으로 덜 수음한다.
- ② 초단일지향성 마이크 : 단일지향성보다 더 좁은 범위의 소리를 집중적으로 수음한다.
- ③ 쌍방향성 마이크 : 마이크의 앞과 뒤에서 들어오는 소리를 수음하며, 양옆의 소리는 차단한다.

66 ②

트위닝 기법(Tweening)의 Tween은 in-between의 줄임말로, 애니메이션에서 키 프레임(Key Frame) 사이의 중간 프레임을 자동으로 생성해 주는 기법이다. 2D 및 3D 애니메이션에서 널리 사용되며, 작업 시간을 줄이고 자연스러운 움직임을 구현한다.

67 ①

오답 피하기
- ② 롱 샷 : 인물의 전신과 주변 배경을 함께 담는 샷이다.
- ③ 웨이스트 샷 : 인물의 허리 위부터 머리까지를 담는 샷이다.
- ④ 크레인 샷 : 크레인을 이용해 높은 곳에서 아래로 내려다보거나, 아래에서 위로 올려다보는 샷이다.

68 ④

오답 피하기
- ① 샤프닝 : 이미지의 경계선을 더 뚜렷하게 만드는 기법이다.
- ② 크리스프닝 : 이미지의 선명도를 높이는 기법으로, 샤프닝과 유사한 효과를 낸다.
- ③ 고주파필터링 : 이미지의 고주파 성분(세부 디테일)을 강조하는 기법으로, 계단현상을 완화하기보다는 더 뚜렷하게 만든다.

69 ①

SMIL(Synchronized Multimedia Integration Language, 동기식 멀티미디어 통합 언어)은 멀티미디어 데이터를 동기적으로 표현하고 교환하기 위해 W3C(World Wide Web Consortium)에서 개발한 마크업 언어이다. 1998년에 SMIL 1.0을 발표하였으며, 이후 2001년에 SMIL 2.0, 2008년에 SMIL 3.0이 발표되었다.

70 ③

WinRAR(윈라)는 파일 압축 및 해제 소프트웨어이다.

오답 피하기
- ① MPEG-1 : 동영상과 오디오 데이터를 압축하기 위한 표준으로, VCD(Video CD)에서 사용되었다.
- ② Intel Indeo : 인텔에서 개발한 동영상 코덱으로, 초기 멀티미디어 애플리케이션에서 사용되었다.
- ④ DivX(디빅스) : 고화질 동영상 코덱으로, DivX Player에서 재생된다.

71 ①

오답 피하기
- ② 라운딩 : 모서리나 날카로운 부분을 둥글게 만드는 작업으로, 3D 모델링에서 사용된다.
- ③ 프리미티브(primitive: 3D 모델링에서 제공되는 기본 형태로, 큐브(정육면체), 구(Sphere), 원기둥(Cylinder), 원뿔(Cone), 평면(Plane), 토러스(Torus) 등이 있다.
- ④ 타이포그래피 : 글꼴이나 텍스트를 디자인하는 작업이다.

72 ①

음의 크기는 진폭(Amplitude)에 의해 결정되며, 진폭이 클수록 소리가 크게 들리고, 진폭이 작아지면 음의 크기도 작아진다.

73 ④

폴리(Poly)는 폴리곤(Polygon)의 줄임말로, 다각형을 의미한다. 메시(Mesh)는 점(Vertex), 선(Edge), 면(Face)으로 구성된 구조로, 폴리곤의 집합체이다. 메시의 면(Face)은 삼각형(Triangle)이 기본 단위로 사용된다.

74 ①

오답 피하기
- ② 광전 효과 : 빛이 금속 표면에 닿아 전자가 방출되는 현상이다.
- ③ 소리의 공명현상 : 특정 주파수의 소리가 물체의 고유 진동수와 일치할 때 진폭이 커지는 현상이다.
- ④ 맥놀이 현상 : 두 개의 비슷한 주파수를 가진 소리가 겹쳐질 때, 간섭으로 인해 소리가 주기적으로 커졌다 작아졌다 하는 현상이다.

75 ①

워크 인(Walk in)은 피사체가 카메라를 향해 다가오는 촬영기법으로, 피사체가 점점 가까워지면서 화면에서 강조되거나 주목받는 효과를 준다.

76 ①

3D 스캐너를 이용해 실물 객체를 스캔하여 디지털 3D 모델을 생성하는 기술은 이미 다양한 산업에서 활용되고 있다.

77 ②

노이즈 게이트(Noise Gate)는 녹음이나 라이브 환경에서 발생하는 불필요한 배경 소음을 제거하고, 오디오 신호를 깔끔하게 정리하는 역할을 한다.

오답 피하기
- ① 이퀄라이저(Equalizer) : 주파수 대역별로 신호를 조정하여 음색을 변경하는 장치이다.
- ③ 압신기(Compressor) : 신호 레벨이 스레숄드(임계치) 이상일 때 증폭률을 줄여 출력 레벨을 낮추는 장치이다.
- ④ 이펙터(Effecter) : 오디오 신호에 리버브, 딜레이, 디스토션 등 다양한 효과를 추가하는 장치이다.

78 ①

영화는 초당 24프레임으로 촬영되지만, TV나 비디오 신호는 30프레임(또는 29.97프레임)으로 작동한다. 이를 맞추기 위해 3:2 풀다운(3:2 Pulldown) 기술을 사용하여 프레임을 변환하는 텔레시네 작업을 한다.

오답 피하기
- ② 키네스코프 : 텔레비전 화면을 필름 카메라로 촬영하여 기록하는 방식으로, 과거 TV 방송을 보존하기 위해 사용되었으며, 텔레시네와는 반대 개념이다.
- ③ 씨네룩 : 비디오 영상에 필름 영화 같은 느낌을 주기 위해 색감, 필름 질감, 프레임 속도 등을 조정하는 작업이다.
- ④ 키네코 : 사용되지 않는 용어이다.

79 ①

오답 피하기
- ② 틸팅(Tilting) : 카메라를 고정한 상태에서 상하로 움직이며 촬영한다.
- ③ 주밍(Zooming) : 렌즈의 초점 거리를 조정하여 피사체를 확대하거나 축소한다.
- ④ 클로즈업(Close-up) : 피사체를 화면 가득히 확대하여 촬영한다.

80 ②

WMF(Windows Metafile)는 벡터 그래픽과 래스터 그래픽을 모두 지원하는 파일 형식으로, Windows 환경에서 사용된다.

오답 피하기
- ① BMP : 비트맵(Bitmap) 형식으로, 래스터 그래픽 파일이다.
- ③ GIF : 래스터 그래픽 형식이다.
- ④ TGA : 래스터 그래픽 형식으로, 고해상도 이미지를 저장하는 데 사용되며, 게임이나 3D 그래픽에서 활용된다.

01 ①	02 ③	03 ④	04 ①	05 ③
06 ①	07 ④	08 ④	09 ④	10 ③
11 ①	12 ②	13 ①	14 ④	15 ③
16 ④	17 ②	18 ④	19 ①	20 ②
21 ③	22 ④	23 ③	24 ①	25 ③
26 ②	27 ④	28 ②	29 ②	30 ③
31 ③	32 ①	33 ④	34 ②	35 ④
36 ③	37 ③	38 ①	39 ②	40 ①
41 ①	42 ④	43 ④	44 ②	45 ②
46 ③	47 ①	48 ②	49 ④	50 ④
51 ③	52 ③	53 ③	54 ④	55 ②
56 ①	57 ④	58 ④	59 ③	60 ③
61 ②	62 ④	63 ③	64 ②	65 ①
66 ①	67 ①	68 ③	69 ②	70 ④
71 ②	72 ①	73 ③	74 ②	75 ④
76 ①	77 ④	78 ②	79 ①	80 ④

1 과목 멀티미디어 개론

01 ①

오답 피하기
- ② RFID(Radio Frequency Identification) : 무선 주파수를 이용해 데이터를 인식하고 송수신하는 기술로, 물류 관리나 출입 통제에 사용된다.
- ③ VRML(Virtual Reality Modeling Language) : 가상현실(VR)을 표현하기 위한 3D 그래픽 모델링 언어이다.
- ④ xHTML(Extensible HyperText Markup Language) : HTML을 XML로 확장한 웹 문서 작성 언어이다.

02 ③

IP 헤더는 IP(인터넷 프로토콜) 패킷(Packet)의 앞부분에 붙는 제어 정보를 담고 있는 구조이다. TTL(Time To Live, 생존시간)은 데이터그램이 라우터를 통과할 때마다 값이 1씩 감소하며, TTL 값이 0이 되면 데이터그램은 폐기된다.

오답 피하기
- ① IHL(Internet Header Length) : IP 헤더의 길이를 나타내는 필드이다.
- ② VER(Version) : IP 프로토콜의 버전(IPv4, IPv6)을 나타내는 필드이다.
- ④ FLAG : 데이터그램의 분할과 관련된 정보를 나타내는 필드이다.

03 ④

블루레이(Blu-ray) 디스크는 고화질 비디오와 대용량 데이터를 저장하기 위해 개발된 저장 매체이다. DVD는 650nm의 빨간색 레이저를 사용하며, 블루레이는 405nm의 파란색 레이저를 사용하여 데이터를 저장한다.

04 ①

ICMP(Internet Control Message Protocol)은 네트워크 계층(Network Layer)에서 동작하며, 네트워크 상태 점검 및 오류 메시지 전달에 사용된다.

오답 피하기
- ② FTP(File Transfer Protocol) : 파일 전송 프로토콜이다.
- ③ HTTP(HyperText Transfer Protocol) : 웹 브라우징 프로토콜이다.
- ④ TELNET : 원격 접속 프로토콜이다.

05 ③

TFTP(Trivial File Transfer Protocol)는 간단한 파일 전송을 위한 프로토콜이다.

오답 피하기
- ① SMTP(Simple Mail Transfer Protocol) : 이메일을 전송 프로토콜이다.
- ② POP3(Post Office Protocol 3) : 이메일을 서버에서 다운로드하여 로컬에서 읽을 수 있도록 하는 프로토콜이다.
- ④ IMAP(Internet Message Access Protocol) : 이메일을 서버에 저장한 상태로 관리하며, 여러 기기에서 동기화할 수 있도록 하는 프로토콜이다.

06 ①

스캐너의 종류
- 평판 스캐너(Flatbed Scanner) : 가장 일반적인 형태로, 평평한 유리판 위에 놓고 스캔한다.
- 핸드형 스캐너(Handheld Scanner) : 직접 스캐너를 움직여 스캔하는 방식으로 휴대가 간편하다.
- 드럼 스캐너(Drum Scanner) : 고해상도 스캔이 가능하며, 고급 인쇄에 사용된다.
- 필름 스캐너(Film Scanner) : 필름이나 슬라이드를 스캔한다.

오답 피하기
- ③ : 3패스 스캔은 RGB 색상을 각각 따로 스캔하기 때문에 1패스 스캔보다 시간이 더 오래 걸린다.

07 ④

UDP는 비연결형 프로토콜로, 연결형 TCP와 달리 흐름 제어(Flow Control), 혼잡 제어(Congestion Control), 데이터 재전송과 같은 기능을 제공하지 않는다.

08 ④

운영체제의 성능 평가 요소로는 효율적인 자원 관리, 처리 능력 향상, 신뢰도 향상, 반환 시간 단축, 보안 강화 등이 포함되며, 비용(요금지불)은 관계가 없다.

09 ④
                                           ┌○ 위치, 시간, 환경 등
맥락 인식 모바일 증강현실은 사용자의 맥락을 기반으로 적합한 증강현실 정보를 제공하는 기술이다. 깊이 인지(Depth Perception)는 3D 공간에서 거리와 깊이를 인식하는 기술로, 3D 센서와 관련된 기술적 개념이다.
      └·······○ 현실 세계에 디지털 정보를 입히는 기술

10 ③

소스 인코딩은 손실 압축 기법에 사용되며, 데이터의 일부를 제거하거나 변환하여 압축 효율을 높인다. 그 중 허프만 코딩은 데이터의 빈도수를 기반으로 가변 길이 코드를 생성하는 무손실 압축 기법이다.

오답 피하기

- ① 다단계 코딩 : 데이터를 여러 단계로 나누어 압축하는 손실 압축 기법이다.
- ② 변환 방식 : 데이터를 주파수 영역으로 변환하여 압축하는 방식으로, JPEG에서 사용하는 DCT(이산 코사인 변환)이 대표적인 예이다.
- ④ 벡터 양자화 : 데이터를 벡터 단위로 묶어 압축하는 손실 압축 기법이다.

11 ①

오답 피하기

- ② 평균값 필터 : 이미지의 노이즈를 제거하거나 부드럽게 만드는 데 사용되는 필터로 주변 픽셀의 평균값을 계산하여 픽셀 값을 대체한다.
- ③ 윤곽선 추출 : 이미지에서 경계선(윤곽선)을 추출하는 기법이다.
- ④ 샤프닝 : 이미지의 경계를 더 뚜렷하게 만들어 선명도를 높인다.

12 ②

전송계층(Transport Layer)은 종단 간(End-to-End) 통신을 담당하며, 대표적인 프로토콜로는 TCP(Transmission Control Protocol)와 UDP(User Datagram Protocol)가 있다. 특히, TCP는 신뢰성을 보장하는 프로토콜로, 오류 제어와 흐름 제어를 수행한다.

- 오류 제어 : 데이터 전송 중 발생할 수 있는 오류를 감지하고 복구한다.
- 흐름 제어 : 송신자와 수신자 간의 데이터 전송 속도를 조정하여 데이터 손실을 방지한다.
- 세그먼트화(Segmentation) : 데이터를 작은 단위로 나누고, 수신 측에서 이를 재조립한다.
- 연결 설정 및 해제 : 통신을 시작하고 종료하는 역할을 한다.

오답 피하기

- ① 물리계층 : 데이터 전송을 위한 물리적 매체와 신호를 다룬다.
- ③ 응용계층 : 사용자와 직접 상호작용하는 계층이다.
- ④ 표현계층 : 데이터의 암호화, 압축, 변환 등을 처리한다.

13 ①

오답 피하기

- ② RSA : 비대칭키 암호화 방식이다.
- ③ MD-5 : 해시 함수이다.
- ④ Diffie-Hellman : 키 교환 알고리즘으로, 대칭키 공유 방식이다.

14 ④

inode(아이노드)는 리눅스와 유닉스 운영체제에서 파일 시스템의 핵심 데이터 구조로, 파일이나 디렉터리에 대한 정보를 저장하고 관리한다.

15 ③

포트 스캔(Port Scan)은 데이터 보안의 취약성을 평가하는 기술로, TCP와 UDP의 열린 포트를 탐지하여 해당 포트가 악의적인 공격에 노출될 가능성이 있는지를 평가한다. TCP와 UDP 포트는 각각 0번부터 65535번까지 존재하며, 총 65,536개의 포트가 있다.

16 ④

CODEC(코덱, Coder-Decoder)은 아날로그 신호를 디지털 데이터로 부호화(Encoding)하고, 디지털 데이터를 다시 아날로그 음성 신호오 복호화(Decoding)하는 장치 또는 소프트웨어로, 음성, 영상 등 다양한 멀티미디어 데이터를 디지털화하여 전송, 저장하거나 다시 원래의 형태로 복원한다.

17 ②

TCP 3-way handshake는 TCP 연결 방법 중 하나이다.

3-way handshake 과정
1. 연결 요청 : 클라이언트가 서버에 SYN(Synchronize, 동기화) 패킷을 보낸다.
2. 연결 수락 : 서버는 클라이언트에게 SYN-ACK 패킷을 보낸다.
3. 연결 완료 : 클라이언트가 서버에 다시 ACK(Acknowledge, 승인) 패킷을 보낸다.

SYN Flooding 공격 방법
공격자는 클라이언트의 ACK 패킷을 보내지 않거나, 가짜 IP를 사용하여 서버가 연결 대기 상태에 멈춰 자원을 소모하게 한다.

오답 피하기

- ① Storm : Storm Worm 악성코드이다.
- ③ Multi-level Queue : 운영체제의 프로세스 스케줄링 기법이다.
- ④ Exec : Execute(실행하다)의 줄임말로, 프로그램이나 명령을 실행을 의미한다.

18 ④

N-Screen은 하나의 콘텐츠를 다양한 디지털 기기에서 끊김없이 연속적으로 이용할 수 있는 기술로, N은 기기의 개수를 나타낸다.

19 ①

MPEG-7 CDVS(Compact Descriptors for Visual Search)는 MPEG-7의 하위 표준으로, 모바일 환경에서 이미지나 영상의 특징을 압축된 형태로 표현하여, 네트워크 대역폭을 절약하면서도 빠르고 정확한 검색이 가능하다.

20 ②

DHCP(Dynamic Host Configuration Protocol)는 네트워크에서 IP 주소를 자동으로 할당하고 관리하는 프로토콜로, IP 주소 충돌을 방지한다.

오답 피하기

- ① POP(Post Office Protocol) : 이메일을 서버에서 클라이언트로 가져오는 프로토콜이다.
- ③ S/MIME(Secure/Multipurpose Internet Mail Extensions) : 이메일의 보안 표준이다.
- ④ SMTP(Simple Mail Transfer Protocol) : 이메일 전송 프로토콜이다.

2과목 멀티미디어기획 및 디자인

21 ③

- 패키지 디자인 : 제품의 포장 디자인으로, 입체적이고 물리적인 형태를 가진다.
- 액세서리 디자인 : 장신구 디자인이다.
- CF 디자인 : 광고 영상 디자인으로, 시간적 요소를 포함한 2차원 또는 3차원적 디자인이다.

22 ④

캘리그래피는 '아름답게 쓰기'라는 뜻으로 펜, 붓, 또는 도구를 사용하며, 단순히 쓰는 것을 넘어 글자를 미적이고 예술적인으로 표현하는 것이다.

오답 피하기

- ② 글자와 글자 사이의 공간 비례 : 커닝(Kerning) 또는 자간(Tracking)과 관련된 개념이다.

23 ③

무채색은 색상과 채도는 없지만, 명도는 존재한다. 흰색은 높은 명도를, 검정색은 낮은 명도를 가지며, 회색은 그 중간에 위치한다.

24 ①

오답 피하기

- ② 투명성 : 시스템이 사용자가 이해하기 쉬운 방식으로 작동하는 것이다.
- ③ 무결성 : 데이터나 시스템이 정확하고 신뢰할 수 있는 상태를 유지하는 것이다.
- ④ 일관성 : UI 디자인에서 동일한 규칙을 유지하는 것이다.

25 ③

메타메리즘(Metamerism)은 두 색이 동일한 스펙트럼 분포를 가지지 않더라도, 특정 조명 조건에서 인간의 눈에 동일하게 인식되는 현상으로 조명 조건, 관찰 각도, 물체의 재질 등에 따라 발생한다.

오답 피하기

- ① 연색성 : 광원이 물체의 색을 얼마나 정확하게 보이게 하는지를 나타내는 성질이다.
- ② 잔상 : 강한 자극을 본 후, 자극이 사라진 후에도 이미지가 남아 있는 현상이다.
- ④ 분광반사 : 물체가 빛을 반사하는 스펙트럼 분포를 의미한다.

26 ②

오답 피하기

- ① 카툰 : 만화 형식으로 그려진 그림이나 이야기이다.
- ③ 캐리커처 : 사람이나 사물의 특징을 과장하거나 왜곡하여 재미있게 표현한 그림이다.
- ④ 컷 : 만화나 영상에서 한 장면을 의미한다.

27 ④

감산혼합은 빛을 흡수하고 반사하는 색의 혼합 방식으로, 인쇄에 사용된다.

감산혼합의 3원색

- 시안(Cyan) : 빨강을 흡수하고 파랑과 초록을 반사하는 색으로, 빨강의 보색이다.
- 마젠타(Magenta) : 초록을 흡수하고 빨강과 파랑을 반사하는 색으로, 초록의 보색이다.
- 노랑(Yellow) : 파랑을 흡수하고 빨강과 초록을 반사하는 색으로, 파랑의 보색이다.

28 ②

선 자체는 방향성과 길이를 나타내는 요소로, 색과 결합하여 공간감이나 입체감을 나타내는 것은 면이나 색채의 역할이다.

29 ②

모듈러는 건축가 르 코르뷔지에(Le Corbusier)가 제안한 인체 비례 기반 척도 시스템으로, 인간 신체 치수에 황금비율과 피보나치 수열을 적용해 조화롭고 균형 잡힌 디자인을 구현하는 개념이다.

각 숫자가 앞의 두 숫자의
합으로 이루어진 수열

30 ③

황금분할은 1:1.618의 자연적이고 수학적인 비율을 의미하며, 모듈러는 이를 응용한 건축적 개념으로 황금분할 자체를 모듈러의 개념이라고 하지 않는다.

31 ③

오스트발트 색채조화론은 색을 백색량, 흑색량, 순색량으로 나누어 분석하며, 이 세 가지 요소가 조화를 이루는 것을 강조한다.

오답 피하기

• ① : 먼셀 색체계에 대한 설명이다.
• ② : 요하네스 이텐(Johannes Itten)의 색채조화론에 대한 설명이다.
• ④ : 미도 M이라는 개념은 오스트발트 색채조화론에서 사용되지 않으며, 먼셀 색체계를 모체로 하지 않는다.

32 ①

오답 피하기

• ② 내용 제작 : 콘텐츠의 구체적인 내용을 제작하는 단계로, 기획 방향을 확인하는 절차와는 다르다.
• ③ 정보 디자인 : 정보를 시각적으로 효과적으로 전달하기 위한 디자인이다.
• ④ 인터렉션(Interaction, 상호작용) 디자인 : 사용자와 시스템 간의 상호작용을 위한 디자인이다.

33 ④

프로그래밍은 인터랙션 디자인의 기획 단계가 아니라, 실제 구현 단계의 요소이다.

오답 피하기

• ① 메타포(Metaphor) : 사용자 경험을 직관적으로 이해할 수 있도록 돕는 비유적 표현이다.
• ② 탐색항해 : 네비게이션의 설계이다.
• ③ 스토리보드 : 설계 과정에서 사용자와 시스템 간의 상호작용을 시각적으로 표현한다.

34 ②

이미지를 페인팅하는 작업은 래스터 그래픽스(Raster Graphics)에서 사용하는 작업 방식으로, 대표적인 프로그램으로는 Adobe Photoshop이 있다.

35 ④

율동(Rhythm, 리듬)은 디자인 요소들을 반복적으로 배열하여 시각적인 흐름을 만드는 것이다. 대칭(Symmetry, 시메트리)은 디자인의 중심선을 기준으로 양쪽이 서로 대칭을 이루는 형식으로 균형(Balance)의 한 요소이다.

36 ③

오답 피하기

• ① 모티브 : 이야기의 중심이 되는 주제나 아이디어이다.
• ② 프롤로그 : 이야기의 본 내용 앞에 나오는 도입부이다.
• ④ 내레이션 : 이야기에서 화자가 말로 내용을 설명하는 것이다.

37 ③

캘리브레이션(Calibration)은 모니터, 프린터, 스캐너 등 다양한 장치 간의 색상 차이를 최소화하고 일관된 색상을 유지하기 위한 색보정 작업이다.

38 ①

오답 피하기

• ② 계시혼합 : 특정한 색이 주변 색에 의해 다르게 보이는 현상이다.
• ③ 감산혼합 : 색료의 혼합으로, 혼합할수록 어두워지는 혼색법이다.
• ④ 회전혼합 : 색이 다른 원판을 빠르게 회전시켜 혼합된 색으로 보이게 하는 방법이다.

39 ②

수평선은 안정감, 평온함, 고요함, 정적의 느낌을 주는 선으로, 상승의 순간성이나 강한 운동력, 긴박한 느낌은 수직선이나 대각선에서 나타나는 특성이다.

40 ①

게슈탈트의 법칙(Gestalt Laws)의 원리에는 근접성의 법칙, 유사성의 법칙, 연속성의 법칙, 폐쇄성의 법칙, 대칭성의 법칙, 공동운명의 법칙 등이 있다.

3과목 멀티미디어 저작

41 ①

DOM(Document Object Model)은 HTML 문서를 트리 구조로 표현하는 문서 객체 모델로, , DOM을 사용하면 문서의 구조, 내용, 스타일을 동적으로 수정하거나 접근할 수 있다.

42 ④

오답 피하기

• ① // : 한 줄 주석을 작성할 때 사용한다.
• ② /* */ : 여러 줄 주석을 작성할 때 사용한다.
• ③ /** */ : 문서화 주석(JavaDoc 주석)으로 클래스, 메서드, 필드 등을 설명하는 데 사용된다. 문서화 주석은 HTML 형식의 설명서를 자동을 생성한다.

43 ④

선택자(Selector)는 전체 선택자, 클래스 선택자, 태그 선택자, ID 선택자, 자식 선택자 등 다양한 종류가 있으며, 스타일을 적용할 HTML 요소를 선택자를 이용해 지정한다. 자식 선택자는 직계 자식 요소에만 스타일을 적용하며, 자식의 자식 요소(손자 요소)에는 적용되지 않는다.

44 ②

- form 태그의 action 속성은 입력 데이터를 전송할 URL(목적지)을 지정한다.
  - 예 〈form action="https://example.com/submit"〉

  method 속성은 입력 데이터를 전송하는 방식으로, POST와 GET이 있다.
- POST 방식 : 데이터를 본문(body)에 담아 전송하므로 데이터가 URL에 노출되지 않는다.
  - 예 〈form action="https://example.com/submit" method="POST"〉
- GET 방식 : 주소(URL)에 데이터를 포함하여 전송하므로 데이터가 노출된다.
  - 예 https://example.com/submit?name=점수&age=100

- ③ : GET 방식은 데이터를 URL에 포함하여 주소에 보이기 때문에 길이가 제한적이며, POST 방식은 데이터를 따로 숨겨서 보내 용량에 큰 제한이 없다.

45 ②

관계형 데이터베이스의 논리적 구조는 테이블(릴레이션) 형태로, 데이터를 행(Row)과 열(Column)로 구성된 2차원 테이블로 표현한다.

46 ③

뷰는 가상테이블로, 물리적으로 데이터를 저장하거나 관리하지 않으며 기본 테이블의 데이터에 의존한다.

47 ①

DML 명령어에는 SELECT(데이터 조회), INSERT(데이터 삽입), UPDATE(데이터 수정), DELETE(데이터 삭제)가 있으며, RESTRICT는 제거할 개체를 참조 중일 경우 제거하지 않는 제약조건 키워드이다.

48 ②

- ① : CSS는 글꼴 추가뿐만 아니라 레이아웃, 색상, 배경, 간격 등 웹 문서의 전반적인 스타일을 제어한다.
- ③ : CSS는 Cascading Style Sheets의 약어가 맞지만, 배경 이미지의 화질이나 해상도를 제어할 수 없다.
- ④ : 브라우저마다 CSS를 해석하는 방식이 다를 수 있어, 동일한 스타일이 브라우저에 따라 다르게 보일 수 있다.

49 ④

- ① 중간 데이터 관리자 : 사용되지 않는 용어이다.
- ② 질의 데이터 분석기 : 사용자가 입력한 SQL 질의를 분석하고 최적화한다.
- ③ 응용 프로그래머 : 데이터베이스를 사용하는 프로그램을 개발하는 사람이다.

50 ④

UPDATE는 데이터 조작어(DML)에 속하며, 테이블에 저장된 데이터를 수정하는 데 사용된다.
- 예 UPDATE 테이블명 SET 컬럼명 = 값 WHERE 조건;

51 ③

- ① BORDER : 이미지의 테두리 두께를 지정한다.
  - 예 〈IMG SRC="image.jpg" BORDER="1"〉
- ② ALIGN : 이미지의 정렬을 지정한다.
  - 예 〈IMG SRC="image.jpg" ALIGN="left"〉
- ④ ALT : 이미지가 표시되지 않을 경우 대체 텍스트를 지정한다.
  - 예 〈IMG SRC="image.jpg" ALT="이미지 설명"〉

52 ③

- ① 도메인(Domain) : 속성(Attribute, 열)이 가질 수 있는 값의 집합이다.
- ② 테이블(Table) : 릴레이션(Relation)을 의미한다.
- ④ 원자값(Atomic Value) : 더 이상 나눌 수 없는 최소 단위의 값이다.

53 ③

연산자 우선순위

() 괄호 〉 산술연산자 〉 비트연산자 〉 비교연산자 〉 논리연산자

문항의 우선순위 − ③ / 〉 ② 〈 〉 ④ == 〉 ① &&

54 ④

데이터베이스의 3단계 구조
- 외부 단계 : 사용자나 응용 프로그램이 데이터베이스를 보는 관점이다.
- 개념 단계 : 데이터베이스 전체의 논리적 구조를 정의한다.
- 내부 단계 : 데이터가 실제로 저장되는 물리적 구조를 정의한다.

55 ②

- ① 레딩 : 줄 간격(행간)을 조정하는 것을 의미한다.
- ③ 세리프 : 글자의 끝부분에 있는 삐침이나 장식으로 Times New Roman은 세리프 글꼴이다.
- ④ 랜섬노트 : 납치범이 몸값 요구 시 사용하는 편지처럼, 다양한 글꼴과 크기를 혼합하여 만든 텍스트 스타일을 의미한다.

56 ①

NULL 값인 경우 문법

SELECT * + FROM 테이블 명 + WHERE 컬럼명 + IS NULL

NULL 값이 아닌 경우 문법

SELECT * + FROM 테이블 명 + WHERE 컬럼명
+ IS NOT NULL

57 ④

Metadata(메타데이터)는 HTML 문서에 대한 정보를 제공하는 태그로, 〈head〉 태그 안에 위치한다.

58 ④

CREATE VIEW는 데이터베이스에서 뷰를 생성하는 명령어로, 데이터 정의 언어(DDL, Data Definition Language)에 속한다.

59 ③

text-indent는 텍스트의 들여쓰기를 지정하는 속성이다. 소문자를 대문자로 변환하려면 text-transform 속성을 사용한다.

60 ③

오답 피하기
- ① DELETE : 테이블의 데이터를 삭제한다.
- ② DROP : 테이블 자체를 삭제한다.
- ④ JOIN : 두 개 이상의 테이블을 연결하여 데이터를 조회한다.

4과목 멀티미디어 제작기술

61 ②

컴퓨터그래픽스 기술은 1963년 미국의 컴퓨터 과학자 이반 서덜랜드(Ivan Sutherland)가 개발한 Sketchpad(스케치패드)가 등장하면서 본격적으로 시작되었다. Sketchpad는 컴퓨터 화면에 그래픽을 직접 그릴 수 있는 최초의 시스템이다.

62 ④

사운드 파형의 기준선에서 최고점까지의 거리는 진폭(Amplitude)에 대한 설명이다.

63 ③

오답 피하기
- ① 엔벨로프(Envelope) : 시간에 따른 음의 변화 단계를 나타내는 그래프이다.
- ② 퀀타이즈(Quantize) : MIDI에서 연주 타이밍을 정렬하여 박자에 맞게 자동으로 조정하는 기능이다.
- ④ 듀레이션(Duration) : 음의 길이(지속 시간)를 의미한다.

64 ②

오답 피하기
- ① 리깅 : 3D 모델에 뼈대를 추가하여 움직임을 제어하는 과정이다.
- ③ 인 비트윈 : 주요 키프레임(Keyframe) 사이의 중간 프레임을 생성하는 작업이다.
- ④ 플레이 백 : 애니메이션이나 영상의 재생 과정을 의미한다.

65 ①

오답 피하기
- ② FLC : Autodesk Animator에서 사용되는 애니메이션 파일 형식이다.
- ③ SWF : Adobe Flash에서 사용되는 애니메이션 파일 형식이다.
- ④ FLA : Adobe Flash의 프로젝트 파일 형식이다.

66 ①

틸트는 카메라를 고정한 상태에서 위아래로 움직이는 촬영기법이다.

오답 피하기
- ② 오버랩 : 한 장면이 서서히 사라지면서 다음 장면이 겹쳐지면서 장면이 전환된다.
- ③ 와이프 : 한 화면이 다른 화면을 밀어내면서 나타난다.
- ④ 컷 : 가장 기본적인 장면전환 기법이다.

67 ①

오답 피하기
- ② 솔리드 모델링 : 물체의 내부와 외부를 모두 포함하여 실체감 있게 표현한다.
- ③ 쉐이딩 모델링 : 쉐이딩은 물체의 표면에 빛과 그림자를 적용하여 입체감을 표현하는 렌더링 기법이다.
- ④ 텍스쳐 매핑 모델링 : 텍스쳐 매핑은 물체의 표면에 이미지를 입혀서 질감이나 색상을 표현하는 렌더링 기법이다.

68 ③

3D 그래픽 생성 과정
1. 모델링(Modeling) : 3D 객체의 형태와 구조를 설계한다.
2. 투영 (Projection) : 3D 공간에 있는 객체를 2D 화면(카메라 뷰)으로 변환하는 단계로, 3D 객체가 2D 화면에 적절히 배치된다.
3. 렌더링(Rendering) : 모델링된 객체에 텍스처, 조명, 그림자 등을 적용하여 최종 이미지를 생성한다.

69 ②

멀티미디어의 구성요소에는 텍스트, 이미지, 오디오, 비디오, 애니메이션 등이 있으며, 비트맵 방식과 벡터 방식으로 구분되는 것은 이미지이다.

70 ④

스플라인(Spline)은 곡선을 매끄럽게 표현하기 위해 사용되는 수학적 모델 또는 곡선의 한 형태로, 여러 제어점(Control Vertex, CV)을 연결하여 곡선을 생성하는 데 사용된다.

71 ②

오답 피하기

- ① 셀 애니메이션 : 투명 셀룰로이드 위에 그림을 그려 제작한다.
- ③ 페이퍼 애니메이션 : 종이에 직접 그림을 그려 한 장씩 촬영한다.
- ④ 스톱 모션 애니메이션 : 오브젝트를 조금씩 움직이며 촬영한다.

72 ①

버즈아이 뷰(Bird's Eye View)는 새의 눈으로 본 것처럼 높은 곳에서 아래를 내려다보는 각도로 촬영하는 기법으로, 전체적인 장면을 한눈에 보여주거나, 피사체를 작고 왜소하게 표현하는 데 사용된다.

73 ③

오답 피하기

- ① 오버랩 : 두 화면이 겹치며 전환된다.
- ② 페이드 인/아웃 : 화면이 점점 밝아지거나 어두워지며 전환된다.
- ④ 디졸브 : 한 화면이 점점 사라지며 다른 화면이 점점 나타난다.

74 ②

디지털 신호는 데이터를 0과 1로 변환하는 과정과 연산이 필요하여 아날로그 방식에 비해 신호처리 속도가 느리지만, 신호의 정확성과 안정성이 뛰어나 잡음에 강하다.

75 ④

MPEG 압축 기술의 프레임 종류

- I 프레임(Intra Coded Picture) : 독립적으로 압축된 프레임으로, 다른 프레임에 의존하지 않고 완전한 이미지를 저장한다.
- P 프레임 (Predictive Coded Picture) : 이전 I 프레임이나 P 프레임을 참조하여 압축된 프레임이다.
- B 프레임(Bidirectional Coded Picture) : 이전과 이후의 I 프레임 또는 P 프레임을 참조하여 압축된 프레임이다.

76 ①

Hull(헐)은 CV(Control Vertex)를 연결하는 선으로, CV의 배열을 시각적으로 확인하고, 여러 CV를 동시에 조작하여 곡면의 형태를 조정한다.

오답 피하기

- ② Isoparm(아이소팜) : NURBS 곡면의 U(가로) 또는 V(세로) 방향을 나타내는 선이다.
- ③ Edit Point : NURBS 곡선이나 곡면의 실제 위치를 나타내는 점이다.
- ④ Control Vertex(CV) : NURBS 곡선이나 곡면의 형태를 정의하는 제어점이다.

77 ④

FM 라디오 전송 과정에서, 발생하는 잡음을 줄이고 음질을 개선하기 위해 프리엠파시스(Pre-emphasis)와 디엠파시스(De-emphasis) 신호 처리 기법을 사용한다.

프리엠파시스

송신 측에서 고주파 대역(고역)의 신호를 강조(증폭)하여 전송하는 기술로, 전송 중 잡음의 영향을 줄이고 S/N비를 향상시킨다. 75μs 의 시정수(Time Constant)는 프리엠파시스 회로의 시간 상수를 나타내며, FM 라디오 방송에서 표준으로 사용된다. ○ 신호대 잡음비 / 마이크로초

디엠파시스

수신 측에서 프리엠파시스에 의해 강조된 고주파 신호를 원래 상태로 복원하는 기술이다.

오답 피하기

- ① 매트릭스 회로 : 신호를 조합하거나 분리하는 데 사용되는 회로로, 스테레오 신호 처리에 사용된다.
- ② 펄스 회로 : 디지털 펄스 신호를 생성하거나 처리하는 회로이다.

78 ②

코덱(CODEC)은 코더(Coder)와 디코더(Decoder)의 합성어로, 디지털 비디오나 오디오 데이터를 축(Encoding)하거나 해제(Decoding)하는 알고리즘 또는 기술을 의미한다.

오답 피하기

- ① 코드분할(CDMA, Code Division Multiple Access) : 무선 통신에서 여러 사용자가 동일한 주파수 대역을 공유할 수 있도록 하는 기술이다.

79 ①

음의 성질을 나타내는 음의 3요소는 주파수(Frequency), 진폭(Amplitude), 음색(Timbre)이다.

80 ④

○ 기기가 처리할 수 있는 가장 큰 소리

다이나믹 레인지(Dynamic Range)는 음향 기기에서 최대 신호 레벨과 잡음 레벨 사이의 차이로, 데시벨(dB) 단위로 표현된다. 다이나믹 레인지가 클수록 기기가 더 넓은 범위의 소리를 표현할 수 있다.

오답 피하기 ○ 기기가 가지고 있는 가장 낮은 소리, 노이즈 플로어

- ① 신호대 잡음비(Signal-to-Noise Ratio, S/N) : 신호의 크기와 잡음의 크기 간의 비율을 나타낸다.
- ② 최대 레벨(Maximum Level) : 기기가 처리할 수 있는 가장 큰 신호 레벨이다.
- ③ 클리핑(Clipping) : 신호가 기기의 최대 처리 한계를 초과할 때 발생하는 왜곡 현상이다.

01 ②	02 ①	03 ③	04 ②	05 ③
06 ④	07 ①	08 ③	09 ④	10 ④
11 ②	12 ③	13 ④	14 ②	15 ③
16 ①	17 ①	18 ③	19 ①	20 ②
21 ④	22 ①	23 ①	24 ①	25 ④
26 ③	27 ④	28 ③	29 ③	30 ①
31 ②	32 ③	33 ④	34 ③	35 ①
36 ①	37 ②	38 ③	39 ①	40 ④
41 ④	42 ①	43 ①	44 ④	45 ①
46 ①	47 ①	48 ④	49 ①	50 ④
51 ③	52 ①	53 ①	54 ②	55 ⑤
56 ③	57 ①	58 ④	59 ③	60 ④
61 ①	62 ②	63 ①	64 ①	65 ④
66 ①	67 ②	68 ③	69 ③	70 ①
71 ④	72 ①	73 ②	74 ③	75 ③
76 ②	77 ②	78 ①	79 ①	80 ④

1 과목 멀티미디어 개론

01 ②

○ 네트워크 식별주소

169.5.255.255는 B 클래스 주소로, 169.5는 네트워크 주소이고, 255.255는 호스트 주소이다.

○개별 장치 식별 주소

브로드캐스트 주소의 종류

• 직접 브로드캐스트 주소 : 특정 네트워크의 모든 호스트에게 데이터를 전송하기 위해 사용되는 주소로, 모든 호스트 부분을 1로 설정한다.

  예 네트워크 주소가 169.5.0.0이라면, 호스트 주소가 이진수 11111111.11111111로 설정되고, 십진수로 변환하면 직접 브로드캐스트 주소는 169.5.255.255이다.

• 제한된 브로드캐스트 주소 : 네트워크를 알 수 없을 때, 현재 네트워크의 모든 호스트에게 데이터를 전송하는 주소로 항상 255.255.255.255로 고정된다.

02 ①

PCM 과정

1. 표본화(Sampling) : 아날로그 신호를 일정한 시간 간격으로 샘플링하는 과정이다.
2. 양자화(Quantization) : 샘플링된 신호의 진폭을 일정한 단계로 근사화하여 이산적인 값으로 변환하는 과정이다.
3. 부호화(Encoding) : 양자화된 값을 이진수로 변환하여 디지털 신호로 만드는 과정이다.

03 ③

오답 피하기

• ① abort : 프로세스를 강제 종료시키는 명령어이다.

• ② finger : 사용자 정보를 확인하는 명령어이다.

• ④ segment : 세그먼트는 명령어가 아니다.

04 ②

스니퍼(Sniffer)는 네트워크 상에서 전송되는 데이터를 가로채고 분석하는 도구 또는 기술이다.

스니퍼 탐지 방법

○특정 IP 주소에 해당하는 MAC 주소 요청

• ARP 감시(Watch) : 비정상적인 ARP 요청을 탐지한다.

• Ping 테스트 : 네트워크 상의 시스템에 Ping을 보내고 응답 시간을 분석한다.

• 네트워크 트래픽 분석 : 비정상적으로 많은 트래픽을 생성하거나, 특정 패턴을 보이는 시스템을 탐지한다.

○특정 도메인에 대한 IP 주소 요청

• DNS 테스트 이용 : DNS 요청과 응답을 분석한다.

• Promiscuous(프로미스큐어스, 혼잡) 모드 탐지 : 일부러 잘못된 패킷을 보내고 이에 응답한다면, Promiscuous 모드가 설정되어 모든 데이터를 보고 있다는 것이다.

○LAN 카드의 네트워크 상의 모든 패킷 수신

• Decoy(디코이, 미끼) 이용 : 가짜 아이디와 비밀번호를 네트워크에 흘려보내 이르르 사용하려는 시스템을 탐지한다.

05 ③

WCDMA(Wideband Code Division Multiple Access)는 3세대(3G) 이동통신 기술로, 2GHz 대역의 주파수를 사용한다.

오답 피하기

• ① : 동선 가입자 선로란 구리(Copper)선 기반의 유선 통신망으로, FWA(Fixed Wireless Access, 고정형 무선 통신)에 대한 설명이다.

○기존의 유선 전화망 대체 기술

○GPS 위성 기반 기지국 간 시간 동기화

• ② : GPS 동기화는 CDMA 방식에서 사용된다.

• ④ : CATV(케이블 TV) 및 광대역 가입자망은 유선 기반 기술이다.

06 ④

오답 피하기

• ① Confusion(혼란) : 혼란 상태를 의미한다.

• ② Anomaly Detection(이상 탐지) : 네트워크나 시스템의 비정상적인 패턴을 탐지하는 기술이다.

• ③ Access Control(접근 제어) : 네트워크나 시스템에 대한 접근 권한을 관리하는 방어적 보안 기술이다.

07 ①

유니코드(Unicode)는 전 세계의 모든 문자와 기호를 컴퓨터에서 일관되게 표현하고 처리할 수 있도록 설계된 국제 표준 문자 인코딩 체계이다. 유니코드는 32비트 구조를 기반으로 설계되었다.

08 ③

비트맵(Bitmap)은 픽셀(Pixel) 단위로 이미지를 표현하며, 디지털 이미지의 가장 기본적인 형태이다. 비트맵은 고해상도 이미지일수록 파일 크기가 커지고 이동, 회전, 변형 시 픽셀 단위로 계산해야 하므로 처리 속도가 느리고 품질 저하가 발생한다.

09 ④

데이터링크계층의 PPP(Point-to-Point Protocol)는 두 지점(Point-to-Point) 간의 데이터 통신을 위한 프로토콜로, 네트워크 연결에서 사용된다.

10 ④

inode(아이노드)는 리눅스와 유닉스 운영체제에서, 파일 메타데이터(Metadata)를 저장하는 데이터 구조이다. inode에는 파일 타입, 파일 소유자 정보, 파일 권한, 파일 크기, 파일 링크 수, 파일 생성 및 수정시간, 파일 상태 정보 등이 포함된다. ·········○파일과 Inode 번호를 연결하는 링크

11 ②

네트워크 계층의 ICMP(Internet Control Message Protocol, 인터넷 제어 메시지 프로토콜)은 네트워크 장치 간에 상태 정보를 전달하는 프로토콜이다. Ping of Death는 ICMP Echo Request(Ping) 패킷을 비정상적 큰 크기로 조작하여 대상 시스템이 처리하지 못하도록 하는 공격이다.

오답 피하기

- ① SYN Flooding : TCP 3-way handshake 과정을 악용하여 서버를 공격한다.
- ③ Land 공격 : TCP 조작으로 출발지 IP와 목적지 IP를 동일하게 설정하여 시스템이 자신에게 응답하도록 만들어 과부하를 유발한다.
- ④ Teardrop : 비정상적인 IP 패킷을 전송하여 시스템이 이를 처리하지 못하도록 한다.

12 ③

허브(Hub)는 네트워크에서 데이터를 단순히 모든 포트에 전송하는 장치이다. 브리지(Bridge)는 네트워크를 나누어 충돌을 줄이고, 데이터를 필요한 곳으로만 전달하는 장치이다. L2 스위치(Layer 2 Switch)는 브릿지와 비슷하지만 더 많은 포트를 제공하며, 데이터를 더 빠르고 효율적으로 처리한다.

13 ④

그래픽 태블릿(Graphic Tablet)은 디지털 환경에서 그림을 그리거나 디자인 작업을 할 수 있도록 도와주는 입력 장치이다. 펜(스타일러스)을 사용하여 화면에 직접 입력하며, 일부 모델에서는 마우스도 함께 제공된다.

14 ②

오답 피하기

- ① 푸리에 변환(Fourier Transform) : 신호를 주파수 성분으로 변환하는 기법이다.
- ③ 콘볼루션(Convolution) : 두 신호를 결합하여 새로운 신호를 생성하는 연산이다.
- ④ 정재파비(SWR, Standing Wave Ratio) : 전파나 음향에서 정재파의 크기를 나타내는 비율로, 전송선로의 효율성을 평가할 때 사용된다. 정재파비는 파동이 되돌아오면서(반사) 원래의 파동과 겹쳐져서(중첩) 움직이지 않고 고정된 것처럼 보이는 파형이다.

15 ③

MVC(Multi-view Video Coding, 다중 뷰 비디오 코딩)는 3D 비디오 압축 기술이다.

오답 피하기

- ① ATSC : 미국과 한국의 디지털 방송 표준이다.
- ② DVB-T : 유럽의 디지털 지상파 방송 표준이다.
- ④ ISDB-T : 일본의 디지털 지상파 방송 표준이다.

16 ①

오답 피하기

- ② 블랙 해커(Black Hacker) : 악의적인 목적으로 해킹을 수행하는 사람이다.
- ③ 크래커(Cracker) : 소프트웨어의 보안 체계를 무너뜨리거나 불법적으로 소프트웨어를 변조하는 사람이다.
- ④ 그리드(Grid) : 보안 전문가와는 관련이 없다.

17 ①

오답 피하기

- ② PAL(팔) : 유럽, 호주, 아프리카, 아시아 일부에서 사용되는 아날로그 TV 표준이다.
- ③ SECAM(세캄) : 프랑스, 러시아, 아프리카 일부에서 사용되는 아날로그 TV 표준이다.
- ④ VOD(Video on Demand) : 주문형 비디오를 의미한다.

18 ③

EXT2는 리눅스 운영체제에서 사용하는 파일 시스템으로, 윈도우 XP가 인식하거나 사용할 수 없다.

오답 피하기

- ① FAT : DOS 및 윈도우 9x 계열에서 사용된 파일 시스템으로, 윈도우 XP에서 지원한다.
- ② FAT32 : FAT의 확장 버전이다.
- ④ NTFS : 윈도우 NT 계열의 기본 파일 시스템으로, 윈도우 XP에서 기본적으로 사용된다.

19 ①

DVD(Digital Versatile Disc)는 양면에 데이터를 저장할 수 있는 이중면 형태이다.

> 오답 피하기
- ② DVD의 저장 용량은 단면일 경우 약 4.7GB, 양면일 경우 최대 17GB 이상까지 저장한다.
- ③ DVD는 원래 고화질 비디오 데이터를 저장하기 위해 개발되었다.
- ④ DVD Audio는 고음질의 음악 데이터 저장 포맷이다.

20 ②

> 오답 피하기
- ① BSI(영국 규격 협회) : 영국의 산업 표준화 기구이다.
- ③ ISO(국제 표준화 기구) : 국제 산업 표준화 기구이다.
- ④ CEN(유럽 표준화 기구) : 유럽 산업 및 기술 표준화 기구이다.

2과목 멀티미디어기획 및 디자인

21 ④

배색의 구성요소
- 기조색(Base color) : 배색의 기본이 되는 색으로, 전체 분위기와 톤을 결정한다.
- 주조색(Main color) : 기조색을 보완하거나 강조하며, 배색의 중심적인 역할을 한다.
- 강조색(Accent color) : 배색에서 포인트를 주기 위한 색이다.
- 보조색(Assort color) : 기조색이나 주조색만으로 표현하기 어려운 특성을 보완하는 색이다.

22 ①

제안서는 프로젝트를 시작하기 전, 아이디어와 계획을 제시하는 문서이다. 개발 완료 보고서는 프로젝트가 완료된 후 작성되는 문서로, 제안서 작성 단계에서는 필요하지 않다.

23 ①

벡터 이미지는 점, 선, 곡선, 다각형 등 기하학적인 객체를 수학적 함수와 좌표로 표현하여 이미지를 생성하며, 해상도에 의존하지 않기 때문에 확대하거나 축소해도 품질이 유지된다.

> 오답 피하기
- ②, ③, ④ : 래스터 이미지(Raster Image)에 대한 설명이다.

24 ①

> 오답 피하기
- ② 컬러 조정 : 이미지의 밝기, 대비, 채도 등을 조정하여 색상을 변경하는 작업이다.

- ③ 메타포 : 은유를 뜻하는 용어로, UI/UX에서 직관적인 이해를 돕기 위해 사용되는 개념이다.
- ④ 컬러 변화 : 색상의 변화를 의미하는 일반적인 용어이다.

25 ④

먼셀의 기본 5원색은 R(Red), Y(Yellow), G(Green), B(Blue), P(Purple)이다.

26 ③

디자인의 4대 조건
- 합목적성 : 디자인이 목적에 맞게 사용되도록 한다.
- 심미성 : 미적 요소가 기능과 잘 어우러진 것이다.
- 독창성 : 창의적이고 독특한 디자인을 추구한다.
- 경제성 : 최소한의 재료와 노력으로 최대의 효과를 얻고자 하는 원리이다.

27 ④

시감도는 인간의 눈이 특정 파장(특히 녹색, 약 555nm)에 가장 민감한 특성으로, 같은 에너지를 가진 녹색 빛과 청색 빛이 있을 때, 녹색 빛이 더 밝게 느껴진다. 비시감도는 시감도와 반대되는 개념으로, 청색 빛과 적색 빛은 같은 에너지를 가지고 있어도 눈에 덜 밝게 느껴진다.

> 오답 피하기
- ① 명암의 순응도 특성 : 눈이 밝은 환경(명순응)과 어두운 환경(암순응)에 적응하는 특성이다.
- ② 색순응도 특성 : 조명 환경이 바뀌어도 물체의 색을 일정하게 인식하는 특성이다.

28 ④

> 오답 피하기
- ① : 반복(Repetition)에 대한 설명이다.
- ②, ③ : 리듬(Rhythm)에 대한 설명이다.

29 ③

상대적 크기 착시(Relative Size Illusion)는 위쪽에 있는 도형이 더 멀리 있다고 인식되어 더 크게 보인다.

> 오답 피하기
- ① : 분할 착시(Divided Line Illusion) 현상으로, 선이 여러 부분으로 나뉘어 있을 때, 실제 길이는 같더라도 분할된 선이 더 길게 느껴지는 착시이다.
- ② : 수직-수평 착시(Vertical-Horizontal Illusion) 현상으로, 인간의 시각은 수직 방향에 더 민감하기 때문에 발생한다.
- ④ : 속도 착시(Motion Illusion) 현상으로, 빠르게 움직이는 상황에서는 물체가 왜곡되어 보이거나 크기가 줄어들어 보인다.
  > 예 고속도로에서 멀리 있는 표지판이 실제보다 작아 보임

30 ①

- ② 팔레트 플래싱(Palette Flashing) : 색상 팔레트를 빠르게 전환하여 애니메이션 효과를 내는 기법이다.
- ③ 디더링(Dithering) : 제한된 색상 팔레트에서 색상 간의 경계를 부드럽게 보이게 하기 위한 기법이다.
- ④ 렌더링(Rendering) : 3D 모델을 최종적으로 출력하는 과정이다.

31 ②

배색은 동일한 색상이라도 명도와 채도에 따라 다양한 변화를 줄 수 있다.

32 ③

프랑스의 색채학자 장 피립 랑클로(Jean–Philippe Lenclos)는 색채지리학(Color Geography)의 창시자로, 자연환경, 문화, 역사, 기후 등이 형성한 지역 고유의 색채(지역색)를 체계적으로 분석하여 건축과 도시계획 등의 디자인에 반영하였다.

33 ③

순색(Pure Color)은 가장 순수한 상태의 색으로, 다른 색과 섞이지 않은 상태의 채도가 가장 높은 색이다.

34 ③

독일의 심리학자 막스 베르트하이머(Max Werteimer)는 게슈탈트 심리학의 창시자로 도형 조직의 원리를 게슈탈트의 법칙으로 정의하였다. 게슈탈트 법칙의 원리는 요소들을 통합하고 조직화하는 방식에 초점을 맞추며, 분리보다는 통합에 중점을 둔다. 게슈탈트의 법칙에는 유사성의 법칙, 근접성의 법칙, 완결성의 법칙, 연속성의 법칙, 공통운명의 법칙 등이 있다.

35 ①

GIF(Graphics Interchange Format)는 정지화상과 간단한 애니메이션을 지원하는 파일 형식으로 투명 배경을 지원하며, 파일 크기가 작아 웹에서 널리 사용된다.

- ② BMP(Bitmap) : 고해상도 이미지에 사용되며, 파일 크기가 커 웹에서 사용하기에 적합하지 않다.
- ③ SWF(Shockwave Flash) : 어도비(Adobe)에서 개발한 포맷으로 애니메이션이나 멀티미디어 콘텐츠를 위한 파일 형식이다. 웹 브라우저에서 실행되기 위해 플래시 플레이어(Flash Player)가 필요하며, 현재는 지원이 중단되었다.
- ④ EPS (Encapsulated PostScript) : 인쇄용 벡터 파일 형식이다.

36 ①

제품수명주기(Product Life Cycle, PLC)는 도입기, 성장기, 성숙기, 쇠퇴기의 4단계를 가진다. 제품의 도입기는 시장에 처음 등장한 단계로 혁신층(Innovators)과 초기 수용층(Early Adopters)이 주요 고객이 된다. 혁신층은 새로운 기술이나 제품에 관심이 많고, 가격에 민감하지 않은 경향이 있어 고가 정책을 사용할 수 있다.

37 ②

가산혼합(Additive Color Mixing)은 빛의 혼합 방식으로, 세 가지 기본색(Red, Green, Blue)을 이용하며, 보색을 섞으면 흰색(White)이 된다.

38 ②

디자인의 원리 중 균형(Balance)은 시각적 무게가 화면에 고르게 분포하여 안정감을 주는 것으로, 균형의 요소에는 대칭(Symmetry, 시메트리), 비대칭(Asymmetric, 애시메트리), 방사형(Radial, 레이디얼), 비례(Proportion, 프로포션) 등이 있다.

39 ①

게슈탈트(Gestalt)는 독일어로 형태 또는 전체 구조를 의미한다. 게슈탈트 시지각 이론(Gestalt Theory of Visual Perception)은 인간이 사물을 개별적인 요소로 인식하기보다는, 전체적인 형태나 구조로 인식하려는 경향을 설명하는 심리학 이론으로, 유사성의 법칙, 근접성의 법칙, 완결성의 법칙, 연속성의 법칙, 공통운명의 법칙 등과 같은 원리가 포함된다.

40 ③

바우하우스(Bauhaus)는 독일에서 시작된 예술 학교로 예술과 공예, 디자인, 건축을 통합하려는 목표를 가지고 있었다. 바우하우스 가구는 기능성과 실용성을 중시한 간결하고 직선적인 디자인으로, 금속 프레임를 사용한 가구가 대표적이며, 투각(구멍을 뚫는 방식)은 바우하우스의 주요 디자인 요소가 아니다.

3과목 멀티미디어 저작

41 ④

자바스크립트 변수 이름 선언규칙

- 문자 또는 밑줄(_), 달러 기호($)로 시작한다.
- 문자, 숫자, 밑줄(_), 달러 기호($)을 사용한다.
- 공백을 포함할 수 없다.
- 대소문자를 구분한다.
- 예약어는 변수 이름으로 사용할 수 없다.

- ① : 자바스크립트는 동적 타입 언어로, 변수를 명시적으로 선언할 필요 없이 var, let, const 키워드를 사용한다.
- ② : 자바스크립트에서 문자열과 숫자를 더하면, 숫자가 문자열로 변환되어 문자열이 된다.

42 ③

릴레이션 조작 시 이상 현상이 발생하는 이유는, 릴레이션(테이블)에 데이터가 정규화(Normalization)가 제대로 이루어지지 않아 데이터 중복과 종속성이 존재하기 때문이다. 삽입 이상은 필수 데이터가 없어서 삽입이 불가능한 경우로, 필요하고 원하지 않는 데이터도 삽입이 되지 않는 경우는 틀린 표현이다.

이상 현상의 종류

- 삽입 이상 : 불필요한 데이터까지 함께 삽입해야 하거나, 필요한 데이터가 없어 삽입이 불가능한 경우이다.
- 삭제 이상 : 데이터를 삭제할 때 의도하지 않은 다른 데이터도 함께 삭제되어 정보 손실이 발생하는 경우이다.
- 갱신 이상 : 중복된 데이터 중 일부만 갱신되어 데이터 불일치가 발생하는 경우이다.

오답 피하기

- ① : 속성들 간의 종속관계를 하나의 릴레이션에 표현하면 데이터 중복과 이상 현상이 발생한다.
- ② : 삭제 이상에 대한 설명이다.
- ④ : 갱신 이상에 대한 설명이다.

43 ①

색인 생성 문법

CREATE + INDEX 색인 이름 + ON 테이블 이름
+ (열1 [정렬방향], 열2 [정렬방향], ...);

색인의 정렬 순서는 x는 오름차순(ASC), y는 내림차순(DESC)이다. 오름차순은 기본값으로 생략될 수 있다.

44 ④

Window 객체는 브라우저의 최상위 객체로, 웹 페이지를 열 때 자동으로 생성되며, 이 객체의 메서드를 통해 대화상자 표시, 화면 제어 등 다양한 작업을 수행한다. alert( ) 메서드는 간단한 메시지를 사용자에게 보여주는 경고 대화상자(alert box)를 표시한다.

예 alert("합격!");

45 ①

String 클래스는 자바에서 문자열을 다루기 위한 클래스로, 문자열(문자들의 집합)은 String 객체로 표현된다. String 객체는 문자열을 생성하고 조작한다.

오답 피하기

- ②, ③, ④ : String 클래스에 존재하지 않는다.

46 ①

case는 switch 문에서 사용되는 예약어이다.

```
switch (표현식) {
    case 값1:
        // 표현식이 값과 일치할 때 실행할 코드
        break;
    case 값2:
        // 표현식이 값2와 일치할 때 실행할 코드
        break;
    // 여러 case를 추가할 수 있음
    default:
        // 위의 어떤 case와도 일치하지 않을 때 실행할 코드
}
```

47 ①

HAVING 절 : 그룹화된 데이터에 조건을 적용한다.

기본 문법

SELECT 기준 열 + 집계 함수(대상 열)
FROM 테이블 명
GROUP BY 기준 열
HAVING 집계 함수에 대한 조건 ;

```
SELECT DEPTNO, AVG(SALARY)
—— 부서 번호와 해당 부서의 평균 급여를 선택
FROM EMP
—— EMP 테이블에서 데이터를 가져온다
GROUP BY DEPTNO
—— DEPTNO(부서 번호)별로 데이터를 그룹화
HAVING AVG(SALARY) >= 20000;
—— 그룹화된 각 부서의 평균 급여가 20000 이상인 경우
```

AVG( )는 평균값(Average)을 계산하는 데 사용되는 집계 함수이다.

48 ④

오답 피하기

- ① : Equi Join(에퀴 조인) : 두 테이블의 칼럼 값이 일치하는 경우에 사용하는 조인으로, 등호(=)를 사용한다.
- ②, ③ : 사용되지 않는 용어이다.

49 ①

Null은 변수에 '값이 없음' 또는 '유효하지 않은 값'을 명시적으로 할당할 때 사용되며, 비어있는 것이 아니라, 값 자체가 없음을 나타내는 특별한 값이다.

50 ④

HTML5는 웹 표준으로서 다양한 플랫폼(Windows, macOS, Linux 등)과 다양한 장치(PC, 스마트폰, 태블릿 등)에서 동일하게 작동하도록 설계되었으며, 특정 컴퓨터 시스템이나 운영체제에 독립적이다.

51 ③

- ① Cartesian Product(데카르트 곱, ×) : 두 집합의 모든 가능한 조합을 만드는 연산이다.

```
A = {1, 2}
B = {x, y}

A × B = {(1, x), (1, y), (2, x), (2, y)}
```

- ② Attribute : 릴레이션의 열(column)을 의미한다.
- ④ Degree : 릴레이션에 포함된 속성(Attribute)의 개수이다.

52 ①

연산자 우선순위

() 괄호 〉 산술연산자 〉 비트연산자 〉 비교연산자 〉 논리연산자

문항의 우선순위 − ③ / 〉 ④ + 〉 ② 〈 〉 ① &&

53 ①

Canvas API는 HTML5에서 제공하는 API(Application Programming Interface)로, 웹 페이지에서 그래픽이나 애니메이션을 그릴 수 있도록 지원한다. CANVAS의 좌표계는 좌측 상단이 (0, 0)이다.

X 좌표 o┄┄┄oY 좌표

54 ②

number는 Oracle에서 사용되는 숫자형 데이터 타입으로, 정수와 실수를 모두 표현할 수 있다.

SQL 숫자형 데이터 유형

- Integer, Int : 정수형 데이터를 저장한다.
- Float, Real : 실수형 데이터를 저장한다.
- Decimal, Numeric : 고정 소수점 숫자를 저장한다.

55 ②

CSS의 속성과 속성값은 콜론(:)으로 구분한다. **예** color: blue;

56 ③

릴레이션은 집합의 특성을 가지므로, 애트리뷰트(속성)의 순서는 중요하지 않다.

57 ①

- ② document 객체 : 현재 로드된 HTML 문서에 접근하고 조작할 수 있는 객체이다.
- ③ history 객체 : 브라우저의 방문 기록을 관리하는 객체이다.
- ④ window 객체 : 브라우저 창을 나타내는 최상위 객체로, 모든 객체의 부모 역할을 한다.

58 ④

- ① 〈input type="reset"〉 : 입력 양식의 모든 입력값을 초기화(리셋)하는 버튼을 생성한다.
- ② 〈input type="button"〉 : 일반적인 버튼을 생성한다.
- ③ 〈input type="send"〉 : send는 존재하지 않는 태그이다.

59 ③

페이지의 배경 색상을 초록색으로 바꾸기 위해서는 document.bgColor="green"; 코드를 사용하며, 최신 표준에서는 document.body.style.backgroundColor = "green"; 를 사용한다.

- ①, ②, ④ : 존재하지 않는 코드이다.

60 ④

placeholder는 입력 필드가 비어 있을 때 표시되는 텍스트를 지정하는 속성이다.

예 〈input type="text" placeholder="이름을 입력하세요"〉

- ① keygen : 공개 키 암호화를 위한 키 쌍을 생성하는 데 사용되었던 태그로, 현재는 HTML5 표준에서 권장되지 않으며, 브라우저 지원이 중단되었다.
- ② step : 숫자나 날짜와 같은 입력값에서 증가 또는 감소할 수 있는 간격(단위)을 지정하는 속성이다.
- ③ autofocus : 페이지가 로드될 때 특정 입력 필드에 자동으로 포커스를 설정하는 속성으로, 페이지가 로드되면 해당 입력 필드에 커서가 위치하게 된다.

4 과목 멀티미디어 제작기술

61 ①

- ② 프랙탈 모델링 : 자기유사성을 가지는 복잡한 기하학적 구조를 생성하는 기법으로, 자연에서 발견되는 복잡한 패턴을 수학적으로 표현하는 데 사용된다.
- ③ 와이어프레임 모델링 : 3D 모델의 골격을 선으로 표현하는 기법이다.
- ④ 파라메트릭 모델링 : 매개변수를 사용하여 모델의 형태를 정의하고 수정할 수 있는 기법으로, CAD 소프트웨어에서 사용된다.

62 ②

오답 피하기

- ① 로토스코핑 : 실사 영상을 기반으로 애니메이션을 제작하는 기법으로, 실제 촬영된 영상을 프레임 단위로 추적하여 애니메이션으로 변환한다.
- ③ 미립자 시스템 : 연기, 불꽃, 폭발, 물방울 등과 같은 자연 현상을 시뮬레이션하기 위해 사용되는 애니메이션 기법이다.
- ④ 양파껍질 효과 : 이전 프레임과 다음 프레임을 반투명하게 겹쳐 보여주는 기법으로 동작의 연속성을 쉽게 확인할 수 있다.

63 ②

주파수차원 변환 기법은 주파수 영역으로 변환하여 압축하는 기법으로, DCT(이산 코사인 변환)와 같은 방법을 사용하여 공간 영역의 데이터를 주파수 영역으로 변환하여 압축한다.

64 ③

DV는 아날로그 비디오의 화질 열화 문제와 편집의 어려움을 개선하기 위해 개발된 디지털 비디오 포맷으로 가정용으로 널리 사용되었다.

오답 피하기

- ② : DV는 디지털 방식으로 YUV 색 공간을 사용하여 데이터를 기록한다.
- ③ : DV 방식의 오디오는 16비트 2채널(48kHz)과 12비트 4채널(32kHz)을 지원한다.

65 ④

오답 피하기

- ① 플립북 애니메이션 : 여러 장의 그림을 빠르게 넘겨서 움직임을 표현하는 방식이다.
- ② 셀 애니메이션 : 투명한 셀룰로이드 시트에 캐릭터를 그린 후, 배경 위에 겹쳐서 촬영하는 전통적인 애니메이션 기법이다.
- ③ 스프라이트 애니메이션 : 2D 게임 등에서 사용되는 기법으로, 캐릭터의 움직임을 여러 개의 스프라이트 이미지로 표현한다.

66 ①

회절(Diffraction)은 빛이 장애물을 만나거나 좁은 틈을 지날 때 휘어지는 현상으로, 이로인해 다양한 색깔의 무늬가 나타난다.

오답 피하기

- ② 굴절(Refraction) : 빛이 한 매질에서 다른 매질로 이동할 때 경계면에서 굴절되어 진행 방향이 바뀌는 현상이다.
- ③ 편광(Polarization) : 빛의 진동 방향이 특정 방향으로 정렬되는 현상으로, 편광 선글라스가 빛 반사를 줄여 눈부심을 감소시킨다.
- ④ 산란(Scattering) : 빛이 공기 중의 입자에 의해 여러 방향으로 퍼지는 현상으로, 하늘이 파랗게 보이는 것은 짧은 파장의 빛(파란색)이 더 많이 산란되기 때문이다.

67 ②

나이퀴스트 샘플링 정리는 원신호를 정확하게 복원하기 위해서는 샘플링 주파수(fs)가 원신호의 최대 주파수(fmax)의 두 배 이상이어야 한다는 이론이다. 나이퀴스트 샘플링 정리 관계는 $fs \geq 2fmax$이다.

68 ③

PL filter(편광 필터)는 특정 방향으로 진동하는 빛만 통과시키고, 다른 방향의 빛은 차단하여 반사광을 줄여준다.

오답 피하기

- ① ND Filter : 빛의 양을 균일하게 줄여주는 필터로, 색상에 영향을 주지 않고 빛의 양만 줄인다.
- ② UV Filter : 자외선을 차단하여 이미지의 흐릿함이나 푸르스름한 색조를 줄여준다.
- ④ Normal Filter : 특별한 광학적 효과를 제공하지 않는 기본 필터이다.

69 ③

양자화(Quantization)는 진폭 축에서 신호를 이산화하는 단계로, 표본화된 신호의 진폭 값을 일정한 레벨로 나누어 정수값으로 변환한다.

70 ①

오답 피하기

- ② 핑크 잡음(Pink Noise) : 주파수가 낮아질수록 에너지가 증가하는 잡음으로, 자연계에서 흔히 나타나는 잡음이다.
  예 빗소리, 바람 소리, 심장 박동 소리
- ③ 왜곡 잡음(Distortion Noise) : 신호가 원래의 형태에서 왜곡되어 발생하는 잡음으로, 과도한 증폭이나 비선형적인 처리로 인해 발생한다.
- ④ 백색 잡음(White Noise) : 모든 주파수 대역에서 에너지가 균일하게 분포된 잡음으로, 배경 소음을 덮어주는 효과가 있어 수면 보조, 집중력 향상, 소음 차단 등에 활용된다.

71 ④

스펙트럼은 빛이 프리즘을 통과할 때 각기 다른 파장에 따라 굴절되어 나타나는 색의 연속체를 의미한다.

72 ①

조도(Illuminance)는 공간의 밝기를 평가하는 단위로 특정 면적에 도달하는 빛의 양을 나타낸다. 조도는 거리 제곱에 반비례하며, 럭스(lx, lux) 단위를 사용한다.

계산하기

E_1은 첫 번째 거리에서의 조도 (100 lux)이다.

d_1은 첫 번째 거리 (1m)이다.

E_2두 번째 거리에서의 조도이다.

d_2는 두 번째 거리 (10m)이다.

$$E_2 = E_1 \cdot \left(\frac{d_1}{d_2}\right)^2$$

$$E_2 = 100 \cdot \left(\frac{1}{10}\right)^2 = 100 \cdot \left(\frac{1}{100}\right)^2 = 1 \text{ lux}$$

73 ②

오답 피하기

- ① 포토그램(Photogram) : 카메라 없이 사진을 만드는 기법으로, 물체를 감광지 위에 놓고 빛을 비추어 이미지를 생성한다.
- ③ 양측미술(Symmetrical Art) : 대칭을 이용한 예술 기법으로, 작품의 양쪽이 대칭을 이루도록 구성한다.
- ④ 솔라리제이션(Solarization) : 사진을 현상하는 과정에서 빛을 노출시켜 이미지의 일부가 반전되도록 하는 기법이다.

74 ③

오답 피하기

- ① 프레임 인/아웃(Frame In/Out) : 카메라가 피사체를 향해 다가 가거나 멀어지는 기법이다.
- ② 틸팅(Tilting) : 카메라를 고정하고 헤드를 수직으로 움직이는 기법이다.
- ④ 패닝(Panning) : 카메라를 수평으로 움직이는 기법이다.

75 ③

오답 피하기

- ①, ④ : 2차원 공간에서 사용된다.

76 ②

오답 피하기

- ① 리미터 : 오디오 신호의 최대 레벨을 제한하여 설정된 스레숄드(임계치) 이상으로 신호가 넘어가지 않도록 하는 기기이다.
- ③ 덕커 : 특정 신호가 들어올 때 다른 신호의 레벨을 자동으로 낮추는 기기로, 방송에서 배경음악을 낮추고 음성을 강조할 때 사용된다.
- ④ 디에서 : 특정 주파수 대역을 감쇠시켜 치찰음이 과도하게 강조되어 불쾌하게 들리는 현상를 줄이는 기기로, 보컬 녹음에 사용된다.

77 ②

오답 피하기

- ① 히스토그램 명세화 : 영상의 이미지의 밝기 분포 그래프(히스토그램)을 조정하여 원하는 밝기를 얻는 기법이다.
- ③ 중위수 필터링 : 영상의 잡음을 제거하기 위해 각 화소의 값을 주변 화소들의 중간값으로 대체하는 기법이다.
- ④ 윤곽선 추출 : 영상에서 물체의 경계를 검출하는 기법이다.

78 ①

블러 효과(Blur Effect)는 이미지를 흐리게 만들어 부드러운 효과를 주는 기법이다.

오답 피하기

- ② : 블랜딩 모드(Blending Mode)는 두 개 이상의 레이어를 합성할 때 각 레이어의 픽셀을 어떻게 혼합할지 결정하는 방법이다.
- ④ : Feather(페더)는 이미지의 경계를 부드럽게 만드는 기법이다.

79 ①

JPEG 압축 알고리즘

1. 색상 변환표(Color Transformation) : RGB 색 공간을 YCbCr 색 공간으로 변환한다.
2. 다운 샘플링(Downsampling) : 인간의 눈이 색상 정보보다 밝기 정보에 더 민감한 특성을 이용하여 색차 성분(Cb와 Cr)의 해상도를 줄인다.
3. DCT(Discrete Cosine Transform) : 각 8x8 블록의 픽셀 값을 주파수 성분으로 변환한다.
4. 양자화(Quantization) : DCT 변환된 주파수 성분을 정수값으로 근사화하여 데이터의 정밀도를 줄인다.
5. 허프만 코딩(Huffman Coding) : 양자화된 데이터를 무손실 압축 기법인 허프만 코딩으로 압축한다.

80 ④

ADPCM(Adaptive Differential PCM)은 DPCM의 발전된 형태로, 샘플 간의 차이를 부호화할 때 양자화 단계의 크기를 적응적으로 조절하여 더 효율적으로 압축한다.

오답 피하기

- ① Run–Length 부호화(Run–Length Encoding, RLE) : 반복되는 데이터의 연속을 하나의 데이터 값과 반복 횟수로 압축하는 손실 압축 기법이다.
- ② Huffman 부호화(Huffman Coding) : 자주 나타나는 데이터는 짧은 코드로, 드물게 나타나는 데이터는 긴 코드로 변환하는 손실 압축 기법이다.
- ③ Lempel–Ziv 부호화(Lempel–Ziv Coding) : 데이터의 반복 패턴을 찾아서 이를 참조로 대체하는 무손실 압축 기법이다.

MEMO